# 福清市圖書館古籍普查登記圖目

福清市圖書館 編

海峽出版發行集團
THE STRAITS PUBLISHING & DISTRIBUTING GROUP
福建人民出版社

**圖書在版編目(CIP)數據**

福清市圖書館古籍普查登記圖目 / 福清市圖書館編. --福州：福建人民出版社，2023. 11
ISBN 978-7-211-09057-0

Ⅰ. ①福… Ⅱ. ①福… Ⅲ. ①古籍—圖書館目録—福清 Ⅳ. ①Z838

中國國家版本館 CIP 數據核字(2023)第 031200 號

**福清市圖書館古籍普查登記圖目**

FUQING SHI TUSHUGUAN GUJI PUCHA DENGJI TUMU

**作　　者：** 福清市圖書館　編
**責任編輯：** 黄須友
**責任校對：** 陳　璟
**出版發行：** 福建人民出版社　　**電　　話：** 0591-87533169(發行部)
**網　　址：** http://www.fjpph.com　　**電子郵箱：** fjpph7211@126.com
**地　　址：** 福州市東水路 76 號　　**郵政編碼：** 350001
**經　　銷：** 福建新華發行（集團）有限責任公司
**印　　刷：** 福州力人彩印有限公司
**地　　址：** 福州市晋安區新店鎮健康村西莊 580 號 9 棟
**開　　本：** 889 毫米×1194 毫米　1/16
**印　　張：** 18. 5
**字　　數：** 295 千字
**版　　次：** 2023 年 11 月第 1 版
**印　　次：** 2023 年 11 月第 1 次印刷
**書　　號：** ISBN 978-7-211-09057-0
**定　　價：** 230. 00 元

# 編纂委員會

**主　編：** 王欽文

**副主編：** 陳小群　鄭　耀

**編　委：** 俞　平　鄭衛英

# 序 言

方寶川

福建，古之七閩，偏居東南一隅。隋唐以前，由於福建遠離當時全國的政治、經濟、文化的中心，經濟與文化均不甚發達。直至唐末五代，王潮、王審知昆仲開發福建，創立閩國地方政權，建都福州，興學重教，漸成“文儒之鄉”。福州便奠定了八閩首府的重要地位，被稱之為“閩都”。宋人祝穆《方輿勝覽》即有福州為“東南一都會”之稱。宋代以降，隨全國政治、經濟、文化重心的南移，福建文化異軍突起。昔日閩越蠻荒偏遠之地，已被時人譽為“東南全盛之邦”，更有“海濱鄒魯”“文獻名邦”之美稱。

福清乃一千年古邑，自古隸屬福州。唐武后聖曆二年（699）始設縣，初名萬安縣。唐天寶元年(742)，更名為福唐縣，取“造福唐朝”之意。唐末五代，閩龍啟元年(933)，改福唐縣為福清縣。據何喬遠《閩書》卷六《方域志·福州府·福清縣》載“山自永福里，水自清源里，會治所”，係從“永福”“清源”各取一字而為之。福清縣名，遂沿用至今。

福清，別名玉融，簡稱“融”，蓋以縣之主峰玉融山而得名。早在南宋時期，即有范處義修、林亦之纂和黃譔修纂的兩种《玉融志》。明洪武年間的馬英、嘉靖年間的周坤、萬曆年間的葉向高等，亦均修纂過《玉融志》。還有明萬曆年間，郭造卿撰《玉融古史》、郭應響修《玉融新志》；清康熙年間，施起元重修《玉融志紀略》等等。諸此以“玉融”題署的福清志乘，今雖均為佚志，然由此可見，福清別名玉融，由來已久。明嘉靖年間，刑部主政郭萬程撰《福清辨》一文，就福清得名之緣由，治所之沿革，考之甚詳，辨之頗明。

福清背山面海，山明水秀，歷史悠久，人文淵藪。早在宋代，就已深受閩都“海濱鄒魯”“文獻名邦”的浸潤與濡染，具有深厚的文化底蘊。若就福清的藏書文化而言，宋代紹興年間，即有劉允恭擁書數千卷，築“桂堂”以藏之。被譽為明初文壇“閩中十才子”之冠的林鴻，嗜好藏書，藏書多鈐“林鴻之印”。明萬曆年間的林春元，家徒四壁，盈帙滿笥，並編《述古堂書目》著錄之。晚明兩入中樞、獨相七年、首輔四載的葉向高，在福清故鄉，建“豆區園”，插架萬軸。清初林古度，承襲其父林春元之所藏，晚年貧困潦倒，依然癡迷藏書、著書與印書，所藏多鈐“茂之”“林氏古度”等。尤值特別一提的是，清初李馥與“居業堂”藏書。李馥一生嗜書如命，從其所撰《居業堂詩稿》可知，他在福州丁戊山前結廬居住時，已“圖書充屋”。曾自稱“性無他癖只書淫”“書還藏得三千卷，田不須謀二頃良”“老更滯書淫”。藏書章有“過眼雲煙”“曾在李鹿山處”“鹿山李馥”“信天居士”“居業堂”“不貪珍寶”“生事不自謀”“舍書百不欲”“書魔惑”“官貧心甚安”“見客惟求轉借書”“居業堂李鹿山珍藏”等，藉以吐露其畢生藏書的心路履跡，並與其人生經歷、性情、趣向相互印證。諸此福清私家之藏書，既是福建古代藏書文化的重要組成部分，也在福建藏書史上佔有舉足輕重的地位，產生了深遠的影響。

古代藏書樓歷經千百年的風雨滄桑，至民國時期，漸漸向近代圖書館嬗變，變私藏為公藏。福清市圖書館作為全國縣級以上的一級公共圖書館，長期致力於搜集、整理、搶救和保護古籍文獻，尤其以庋藏福清地方文獻及其鄉邦人士著述為己任。現今館藏除了“經、史、子、集”四部的一些基本典籍外，還珍藏了一些稀見的福清地方志書稿抄本及福清著名歷史人物的著述。

例如：明黃文煥輯著、清範紫登參定《新鐫黃維章先生詩經嫏嬛集注》八卷，清康熙年間刻本；明黃文煥著《詩經考》十八卷，明末刻本；明毛晉編《十七史》（存九種），明崇禎元年（1628）至十七年（1644）毛氏汲古閣刻清順治間重修本；宋朱熹著、明陳仁錫評閱《資治通鑑綱目》五十九卷，清初刻本；明廖用賢編《尚友錄》二十二卷，明天啟刻清康熙重修本；清徐景熹修，魯曾煜、施廷樞等纂《（乾隆）福州府志》七十六卷首一卷，清乾隆十九年（1754）刻二十一年（1756）李峨峰增刻本；清饒安鼎、邵應龍修，林昂、李修卿纂《（乾隆）福清縣志》二十卷圖一卷，清光緒二十四年（1898）劉玉璋重刻本；梁蕭統著、唐李善注、明陳與郊編《文選章句》二十八卷，明萬曆二十五年（1597）刻本；宋朱松著、清朱玉重輯《韋齋集》十二卷首一卷，清雍正年間刻本；宋文天祥著《盧陵宋丞相信國公文忠烈先生全集》十六卷，清雍正三年（1725）文五桂堂刻本；清陳廷敬著、林佶輯《午亭文編》五十卷，清康熙四十七年（1708）林佶刻乾隆四十三年（1778）重修本；佚名撰《太上大解冤真經》不分卷，清同治十三年（1874）道山同慶社刻本；民國福清縣修志委員會纂修《（民國）福清縣志》稿本5冊；以及其部分鄉賢譜牒稿本等等；或為珍善本，或為稀見地方文獻，均彌足珍貴，並由此而形成了該館鮮明的館藏特色。

為了摸清館藏古籍家底，充分顯示參與全國古籍普查登記工作的直接成果，以及展現福清市圖書館長期以來搜集、整理、搶救與保護古籍所取得的工作業績，福清市圖書館的同仁，懷鉛提槧，共襄輯目，發揚深顯，敘其要錄，編纂了《福清市圖書館古籍普查登記圖目》。該《圖目》類分“經、史、子、集”四部，共著錄了1912年前的古籍和民國時期的線裝書390種。内容包含了館藏索書號、四部分類、題名、卷數、著者、版本、版式、冊數、存卷等等。此外，還悉心擷選了館藏古籍和民國線裝書的精美書影。楮墨清香，洋溢紙上，展卷閱讀，賞心悅目。

在福清市政協黨組書記、主席翁芳明的關心和鼎力支持之下，《福清市圖書館古籍普查登記圖目》才得以順利面世，以澤被後學。該《圖目》告竣之際，摩挲新卷，先睹為快，不禁喜出望外。福清市圖書館同仁索序於我，遂欣然提筆，勉力而作。為了使福清市圖書館典藏的這批古代典籍與民國線裝書，愈發顯示出其珍貴的歷史價值，並為推動中華優秀傳統文化的創造性轉化與創新性發展提供文獻資源，願與福清市圖書館諸同仁共勉之！

是為序。

2022年11月3日

（本文作者係福建師範大學圖書館原館長，現任福建師範大學閩台區域研究中心教授、博士生導師，國務院政府特殊津貼專家，福建省文化名家）

# 凡　例

一、收録範圍爲福清市圖書館所藏，產生於1912年前的古籍和民國時期的線裝書。

二、書目據產生時期分为爲1912年以前、民國時期兩部分，按照四部分類法編排。同一分類的書目，按照索書號排序。

三、書目内容含序號、索書號、分類、題名卷數、著者、版本、版式、册數、存卷等，按照《古籍著録規則》規範著録。

四、書影選取館藏中部分較爲特色的古籍和少量民國線裝書，原書掃描，一般採用卷端葉書影。

# 目　録

# 福清市圖書館古籍普查登記名録

# 古籍

0001　350000-2016-0000024　甲1　經部/叢編

**御纂七經五種**　（清）□□輯　清康熙至乾隆間刻本　版框高22厘米，寬16厘米；开本高28.5厘米，寬18厘米；八行，行十八字，小字雙行，行二十二字，白口，四周雙邊。

五十八冊　存四種八十三卷（御纂周易折中首一、五至十三、二十一至二十二，欽定書經傳説彙纂首一、書序一、一至四、六至十、十六至二十一，欽定詩經傳説彙纂首二、詩序一至二、一至二、五、八至十八、二十一，欽定春秋傳説彙纂首一、一至三十五）

0002　350000-2016-0000033　甲2　經部/叢編

**皇清經解一千四百八卷**　（清）阮元輯　清道光九年（1829）廣東學海堂刻咸豐十一年（1861）補刻本　版框高18.4厘米，寬12厘米；开本高24.6厘米，寬15.7厘米；十一行，行二十四字，白口，左右雙邊。

五冊　存二十六卷（六百一十至六百二十四、六百三十至六百四十）

0003　350000-2016-0000001　甲3　經部/易類/傳説之屬

**易經八卷**　（宋）程頤傳　清光緒九年（1883）江南書局刻本　版框高18厘米，寬13.7厘米；开本高23.6厘米，寬15.6厘米；九行，行十七字，小字雙行，行十七字，白口，左右雙邊。

三冊

0004　350000-2016-0000052　甲4　經部/易類/傳説之屬

**來瞿唐先生易註十五卷首一卷末一卷**　（明）來知德撰　清善成堂刻本　版框高21.5厘米，寬13.5厘米；开本高24.7厘米，寬16.6厘米；九行，行二十二字，白口，四周雙邊。

四冊　存五卷（卷首、一至四）

0005　350000-2016-0000296　甲5　經部/易類/傳説之屬

**易經精華六卷末一卷**　（清）薛嘉穎纂　清道光元年（1821）福州薛氏光韙堂刻七經精華本　版框高22.2厘米，寬13厘米；开本高26.7厘米，寬15.2厘米；十二行，行十五字，小字雙行，行三十字，白口，四周雙邊。

一冊　存二卷（一至二）

0006　350000-2016-0000131　甲5-1　經部/易類/傳說之屬

**易經精華六卷末一卷**　（清）薛嘉穎纂　清道光元年（1821）福州薛氏光韙堂刻七經精華本　版框高22厘米，寬12.5厘米；开本高26.5厘米，寬14.1厘米；十二行，行十五字，小字雙行，行三十字，白口，四周雙邊。

一冊　存二卷（一至二）

0007　350000-2016-0000291　甲5-2　經部/易類/傳說之屬

**易經精華六卷末一卷**　（清）薛嘉穎纂　清道光元年（1821）福州薛氏光韙堂刻七經精華本　版框高21.2厘米，寬13.5厘米；开本高25.5厘米，寬13.8厘米；十二行，行十五字，小字雙行，行三十字，白口，四周雙邊。

二冊　存四卷（二、五至六、末一卷）

0008　350000-2016-0000121　甲5-3　經部/書類/正文之屬

**書經六卷首一卷末一卷**　（宋）蔡沈輯注　清光緒李光明莊刻本　版框高17.1厘米，寬13.6厘米；开本高23.3厘米，寬15.6厘米；白口，左右雙邊。

三冊　存五卷（卷一首、一、四至五、末一卷）

0009　350000-2016-0000058　甲6　經部/書類/傳說之屬

**書經審鵠便覽六卷**　（明）莊奇顯輯　清乾隆刻本　版框高18.8厘米，寬10.3厘米；开本高23厘米，寬13厘米；白口，四周單邊。

二冊　存二卷（四至五）

0010　350000-2016-0000055　甲7　經部/書類/傳說之屬

**書經精華十卷首一卷**　（清）薛嘉穎輯　清光韙堂刻本　版框高21.9厘米，寬12.6厘米；开本高24.8厘米，寬14.4厘米；白口，四周雙邊。

三冊　存五卷（二至六）

0011　350000-2016-0000103　甲8　經部/詩類/正文之屬

**監本詩經全文五卷**　（□）□□輯　清末日新堂刻本　版框高20.5厘米，寬10.7厘米；开本高22.4厘米，寬13厘米。

二冊　存三卷（一、四至五）

0012　350000-2016-0000100　甲9　經部/詩類/正文之屬

**監本詩經全文五卷**　（□）□□輯　清刻本　版框高17.9厘米，寬10.4厘米；开本高20厘米，寬12.5厘米。

二冊　存三卷（一、四至五）

0013　350000-2016-0000099　甲10　經部/詩類/正文之屬

**監本詩經全文五卷**　（□）□□輯　清集新堂刻本　版框高19.5厘米，寬11厘米；开本高22厘米，寬13厘米。

三冊

0014　350000-2016-0000094　甲11　經部/詩類/正文之屬

**監本詩經全文五卷**　（□）□□輯　清同治十三年（1874）靈蘭堂刻本　版框高19.5厘米，寬11.3厘米；开本高21.5厘米，寬13厘米。

一冊　存一卷（三）

0015　350000-2016-0000231　甲12　經部/詩類/傳説之屬

**新鐫黃維章先生詩經娜嬛集注八卷**　（明）黃文煥輯著　**詩經集註八卷**　（宋）朱熹撰　清康熙刻本　版框高15.1厘米，寬11.9厘米；开本高19.2厘米，寬13.2厘米；白口，四周雙邊。

一冊　存四卷（新鐫黃維章先生詩經娜嬛集注一至二、詩經集註一至二）

0016　350000-2016-0000400　甲13　經部/詩類/專著之屬

**詩經考十八卷**　（明）黃文煥輯著　明末刻本　版框高22.1厘米，寬12.5厘米；开本高26.5厘米，寬16.3厘米；十一行，行二十六字，白口，四周單邊。

一冊　存三卷（八至十）

0017　350000-2016-0000109　甲14　經部/詩類/傳説之屬

**詩經精華十卷**　（清）薛嘉穎輯　清刻七經精華本　版框高22厘米，寬12.8厘米；开本高24.5厘米，寬14.5厘米；十二行，行不等，小字雙行，行不等，白口，四周雙邊。

一冊　存三卷（八至十）

0018　350000-2016-0000105　甲15　經部/詩類/傳説之屬

**詩經精華十卷**　（清）薛嘉穎輯　清道光五年（1825）光韙堂刻七經精華本　版框高21.8厘米，寬12.9厘米；开本高24.5厘米，寬14.9厘米；十二行，行不等，小字雙行，行不等，白口，四周雙邊。

四冊　存八卷（一至四、七至十）

0019　350000-2016-0000017　甲16　經部/詩類/傳說之屬

**詩經精華十卷首一卷**　（清）薛嘉穎輯　清光緒十一年（1885）魏氏古香閣刻四經精華本　版框高22厘米，寬12.8厘米；开本高26.2厘米，寬14.7厘米；白口，四周雙邊。

二册　存六卷（五至十）

0020　350000-2016-0000043　甲17　經部/周禮類/傳說之屬

**周禮六卷**　（漢）鄭玄注　（唐）陸德明音義　清光緒李光明莊刻本　版框高17.3厘米，寬13.7厘米；开本高23.5厘米，寬15.8厘米；白口，左右雙邊。

六册

0021　350000-2016-0000079　甲18　經部/禮記類/傳說之屬

**禮記旁訓辨體合訂六卷**　（清）徐立綱輯　清末刻本　版框高18厘米，寬14.4厘米；开本高25厘米，寬16厘米；白口，四周單邊。

二册　存二卷（三至四）

0022　350000-2016-0000251　甲19　經部/三禮總義類/通禮雜禮之屬

**朱子家禮四卷**　（清）汪右衡鑑定　清刻本　版框高19.5厘米，寬11.5厘米；开本高22厘米，寬13厘米；白口，四周單邊。

一册　存二卷（一至二）

0023　350000-2016-0000148　甲20　經部/春秋左傳類/傳說之屬

**左繡三十卷首一卷**　（清）馮李驊評輯　（清）陸浩評輯　（清）沈乃文等參評　（清）馮翼孫等校輯　**春秋經傳集解三十卷**　（晉）杜預撰　（唐）陸元朗音釋　（宋）林堯叟附注　（清）馮李驊增訂　清華川書屋刻本　版框高21.9厘米，寬14.3厘米；开本高25.8厘米，寬16.4厘米；白口，左右雙邊。

十一册　存二十二卷（四至九、十三至十八、二十一至三十）

0024　350000-2016-0000368　甲21　經部/春秋左傳類/傳說之屬

**左繡三十卷首一卷**　（清）馮李驊評輯　（清）陸浩評輯　（清）沈乃文等參評　（清）馮翼孫等校輯　清宣統三年（1911）上海會文堂石印本　版框高22.4厘米，寬13.9厘米；开本高26.8厘米，寬15.5厘米；白口，四周雙邊。

一册　存一卷（首一卷）

0025　350000-2016-0000095　甲22　經部/春秋左傳類/傳說之屬

**批點春秋綱目左傳句解彙雋六卷**　（清）韓菼重訂　清光緒十一年（1885）刻本　版框高19.5厘米，寬12.5厘米；开本高24.1厘米，寬14.2厘米；九行，行二十四字，小字雙行，行二十四字，白口，四周單邊。

三冊　存三卷（二至四）

0026　350000-2016-0000191　甲23　經部/春秋左傳類/傳說之屬

**批點春秋左傳綱目句解彙雋六卷**　（清）韓菼重訂　清末上海章福記書局石印本　版框高18.2厘米，寬11.8厘米；开本高20.4厘米，寬13.6厘米；白口，四周雙邊。

三冊　存四卷（二、四至六）

0027　350000-2016-0000158　甲24　經部/春秋左傳類/傳說之屬

**評點春秋綱目左傳句解彙雋六卷**　（清）韓菼重訂　清刻本　版框高18.8厘米，寬12.3厘米；开本高22.2厘米，寬14厘米；白口，四周單邊。

一冊　存一卷（六）

0028　350000-2016-0000098　甲25　經部/春秋左傳類/傳說之屬

**評點春秋綱目左傳句解彙雋六卷**　（清）韓菼重訂　清光緒十一年（1885）刻本　版框高19.1厘米，寬12.5厘米；开本高25.5厘米，寬14厘米；白口，四周單邊。

一冊　存一卷（二）

0029　350000-2016-0000093　甲25-1　經部/春秋左傳類/傳說之屬

**評點春秋綱目左傳句解彙雋六卷**　（清）韓菼重訂　清光緒十一年（1885）刻本　版框高18.7厘米，寬12.7厘米；开本高23.9厘米，寬14.5厘米；九行，行二十四字，小字雙行，行二十四字，白口，四周單邊。

五冊　存五卷（一至五）

0030　350000-2016-0000092　甲25-2　經部/春秋左傳類/傳說之屬

**評點春秋綱目左傳句解彙雋六卷**　（清）韓菼重訂　清光緒十一年（1885）刻本　版框高20.3厘米，寬12.5厘米；开本高26.4厘米，寬14.9厘米；九行，行二十四字，小字雙行，行二十四字，白口，四周單邊。

六冊

0031　350000-2016-0000204　甲26　經部/春秋左傳類/傳說之屬

**評點春秋綱目左傳句解彙雋六卷**　（清）韓菼重訂　清刻本　版框高19.6厘米，寬

12.6厘米；开本高23.8厘米，寬14.5厘米；白口，四周單邊。
一册　存一卷（六）

0032　350000-2016-0000188　甲26-1　經部/春秋左傳類/傳説之屬
**評點春秋綱目左傳句解彙雋六卷**　（清）韓菼重訂　清刻本　版框高19.4厘米，寬12.4厘米；开本高25.5厘米，寬14.6厘米；白口，四周單邊。
一册　存一卷（五）

0033　350000-2016-0000186　甲26-2　經部/春秋左傳類/傳説之屬
**評點春秋綱目左傳句解彙雋六卷**　（清）韓菼重訂　清刻本　版框高19厘米，寬12.5厘米；开本高23厘米，寬13.5厘米；白口，四周單邊。
一册　存一卷（三）

0034　350000-2016-0000184　甲26-3　經部/春秋左傳類/傳説之屬
**評點春秋綱目左傳句解彙雋六卷**　（清）韓菼重訂　清刻本　版框高19.3厘米，寬12.3厘米；开本高22.5厘米，寬14厘米；白口，四周單邊。
一册　存一卷（四）

0035　350000-2016-0000272　甲27　經部/春秋左傳類/傳説之屬
**評點春秋綱目左傳句解彙雋六卷**　（清）韓菼重訂　清末石印本　版框高20.3厘米，寬14.1厘米；开本高25.7厘米，寬15.1厘米；白口，四周雙邊。
三册

0036　350000-2016-0000270　甲27-1　經部/春秋左傳類/傳説之屬
**評點春秋綱目左傳句解彙雋六卷**　（清）韓菼重訂　清末石印本　版框高20.3厘米，寬14厘米；开本高25.5厘米，寬15.5厘米；白口，四周雙邊。
四册　存五卷（二至六）

0037　350000-2016-0000193　甲27-2　經部/春秋左傳類/傳説之屬
**評點春秋左傳綱目句解彙雋六卷**　（清）韓菼重訂　清末石印本　版框高18厘米，寬11.8厘米；开本高20.4厘米，寬13.5厘米；白口，四周雙邊。
一册　存三卷（四至六）

0038　350000-2016-0000394　甲28　經部/春秋左傳類/傳説之屬
**東萊博議四卷**　（宋）吕祖謙撰　**增補虚字註釋一卷**　（清）馮泰松點定　清刻

本　版框高17.1厘米，寬12.3厘米；开本高20.2厘米，寬13.7厘米；九行，行二十一字，小字雙行，行二十一字，下黑口，左右雙邊。

一冊　存一卷（三）

0039　350000-2016-0000180　甲29　經部/春秋左傳類/專著之屬

**左傳事緯十二卷字釋一卷**　（清）馬驌編　清末石印本　版框高17.2厘米，寬11.7厘米；开本高19.8厘米，寬13.3厘米；白口，四周雙邊。

一冊　存六卷（七至十二）

0040　350000-2016-0000237　甲30　經部/四書類/論語之屬/傳說

**論語集註二十卷**　（宋）朱熹撰　清光緒李光明莊刻本　版框高19.3厘米，寬13.7厘米；开本高23.7厘米，寬15.5厘米；白口，四周單邊。

二冊

0041　350000-2016-0000404　甲31　經部/四書類/孟子之屬/傳說

**論語集註二十卷**　（宋）朱熹撰　清日新堂刻本　版框高17.8厘米，寬10.1厘米；开本高23厘米，寬12.5厘米。

一冊　存五卷（一至五）

0042　350000-2016-0000384　甲32　經部/四書類/論語之屬/傳說

**孟子集註七卷**　（宋）朱熹撰　清末李光明莊刻本　版框高19厘米，寬13.8厘米；开本高23.5厘米，寬15.7厘米；白口，四周單邊。

一冊　存二卷（四至五）

0043　350000-2016-0000409　甲33　經部/四書類

**監本四書正文七卷**　（□）□□輯　清華林堂刻本　版框高16.7厘米，寬11.8厘米；开本高20.3厘米，寬13.5厘米；白口，四周單邊。

一冊　存一卷（上論一）

0044　350000-2016-0000411　甲34　經部/四書類

**監本四書正文七卷**　（□）□□輯　清集新堂刻本　版框高18厘米，寬10.8厘米；开本高20厘米，寬12.5厘米；白口，四周單邊。

二冊　存二卷（上論一、中孟一）

0045　350000-2016-0000415　甲35　經部/四書類

**監本四書正文七卷**　（□）□□輯　清福州集新堂刻本　版框高18厘米，寬10.5厘米；开本高21厘米，寬12.5厘米；白口，四周單邊。

一冊　存一卷（上論一）

0046　350000-2016-0000420　甲36　經部/四書類

**監本四書正文七卷**　（□）□□輯　清刻本　版框高18.9厘米，寬11.2厘米；开本高21厘米，寬13.2厘米；白口，四周單邊。

二冊　存三卷（大學、中庸、上論）

0047　350000-2016-0000422　甲37　經部/四書類

**四書正文七卷**　（□）□□輯　清福州集新堂刻本　版框高18.1厘米，寬12厘米；开本高22厘米，寬13.2厘米；白口，四周單邊。

二冊　存二卷（中孟、下孟）

0048　350000-2016-0000418　甲38　經部/四書類

**四書正文七卷**　（□）□□輯　清刻本　版框高18.4厘米，寬11.7厘米；开本高20.8厘米，寬13.5厘米；白口，四周單邊。

一冊　存一卷（中孟一）

0049　350000-2016-0000417　甲38-1　經部/四書類

**四書正文七卷**　（□）□□輯　清刻本　版框高18厘米，寬12厘米；开本高21.5厘米，寬13厘米；白口，四周單邊。

一冊　存一卷（中孟一）

0050　350000-2016-0000407　甲39　經部/四書類

**四書正文七卷**　（□）□□輯　清福州聚星堂刻本　版框高16.2厘米，寬12厘米；开本高21厘米，寬13.5厘米；白口，四周單邊。

二冊　存二卷（中孟一、下論一）

0051　350000-2016-0000406　甲40　經部/四書類

**四書正文七卷**　（□）□□輯　清福州集新堂刻本　版框高18厘米，寬11.7厘米；开本高20.5厘米，寬13厘米；白口，四周單邊。

一冊　存一卷（下孟）

0052　350000-2016-0000380　甲41　經部/四書類

**精校四書正文七卷**　（□）□□輯　清末上海章福記書局石印本　版框高18厘米，寬12.2厘米；开本高21.2厘米，寬13.5厘米；白口，四周雙邊。

一冊　存一卷（中孟）

0053　350000-2016-0000424　甲42　經部/四書類

**新鐫部頒監本四書正文七卷**　（□）□□輯　清集新堂刻本　版框高19.3厘米，寬11.1厘米；开本高21.2厘米，寬14.2厘米；白口，左右雙邊。

二冊　存二卷（上孟、下孟）

0054　350000-2016-0000441　甲43　經部/四書類/總義之屬/傳説

**圖畫四書白話解二十卷**　王有宗校　清末上海彪蒙書室石印本　版框高16.2厘米，寬11.3厘米；开本高20厘米，寬13.3厘米；白口，四周雙邊。

五冊　存十六卷（大學一卷，中庸二卷，論語十卷，孟子一、四至五）

0055　350000-2016-0000446　甲44　經部/四書類/總義之屬/傳説

**圖畫四書白話解二十卷**　王有宗校　清末民國上海民強書局石印本　版框高17.3厘米，寬12.2厘米；开本高20厘米，寬13.3厘米；白口，四周雙邊。

一冊　存五卷（論語一至五）

0056　350000-2016-0000448　甲44-1　經部/四書類/總義之屬/傳説

**圖畫四書白話解二十卷**　王有宗校　清末民國上海民強書局石印本　版框高16.6厘米，寬12厘米；开本高19.5厘米，寬13.5厘米；白口，四周雙邊。

一冊　存一卷（孟子二）

0057　350000-2016-0000444　甲44-2　經部/四書類/總義之屬/傳説

**圖畫四書白話解二十卷**　王有宗校　清末民國上海民強書局石印本　版框高16.1厘米，寬11.6厘米；开本高20厘米，寬13.5厘米；白口，四周雙邊。

三冊　存八卷（論語一至五，孟子一、四至五）

0058　350000-2016-0000447　甲44-3　經部/四書類/總義之屬/傳説

**圖畫四書白話解二十卷**　王有宗校　清末民國上海民強書局石印本　版框高16.1厘米，寬11.8厘米；开本高20厘米，寬13.8厘米；白口，四周雙邊。

二冊　存二卷（孟子二至三）

0059　350000-2016-0000167　甲45　經部/四書類/總義之屬/傳說

**四書集註十九卷**　（宋）朱熹撰　清咸豐十一年（1861）嫏嬛閣集新堂刻本　版框高19.7厘米，寬11.3厘米；开本高22.2厘米，寬13厘米；白口，四周雙邊。

二冊　存四卷（大學一卷、中庸一卷、孟子四至五）

0060　350000-2016-0000419　甲46　經部/四書類/總義之屬/傳說

**監本四書全註□卷**　（□）□□輯　清末刻本　版框高18厘米，寬10厘米；开本高22.5厘米，寬13厘米；白口，四周單邊。

一冊　存一卷（論語上）

0061　350000-2016-0000305　甲47　經部/四書類/總義之屬/傳說

**新訂四書靈捷解補註備旨十卷**　（明）鄧林著　（明）鄧煜編次　（清）祁文友重校　（清）杜定基增訂　清乾隆四十四年（1779）　江甯杜定基刻本　版框高23.3厘米，寬13.4厘米；开本高26厘米，寬15.2厘米。

五冊

0062　350000-2016-0000345　甲48　經部/四書類/總義之屬/傳說

**新訂四書補註備旨十卷**　（明）鄧林撰（清）杜定基增訂　清末石印本　版框高18.5厘米，寬12厘米；开本高20.5厘米，寬13.2厘米；下黑口，四周單邊。

一冊　存四卷（備旨孟子四卷）

0063　350000-2016-0000343　甲48-1　經部/四書類/總義之屬/傳說

**新訂四書補註備旨十卷**　（明）鄧林撰（清）杜定基增訂　清末石印本　版框高18.6厘米，寬12厘米；开本高20.5厘米，寬13.3厘米；下黑口，四周單邊。

一冊　存一卷（備旨孟子三）

0064　350000-2016-0000342　甲49　經部/四書類/總義之屬/傳說

**新訂四書補註備旨十卷**　（明）鄧林撰（清）杜定基增訂　清末天寶書局石印本　版框高18厘米，寬12.2厘米；开本高20.2厘米，寬13.2厘米；白口，四周雙邊。

二冊　存三卷（備旨孟子一至二、四）

0065　350000-2016-0000391　甲50　經部/四書類/總義之屬/傳說

**四書反身錄八卷**　（清）李顒撰　（清）王心敬輯　清末掃葉山房石印本　版框高16.8厘米，寬12厘米；开本高19.8厘米，寬13.2厘米；十二行，行二十八字，白口，四周雙邊。

二冊　存四卷（三至四、七至八）

0066　350000-2016-0000348　甲51　經部/四書類/總義之屬/傳說

**四書朱子本義匯參四十七卷**　（清）王步青輯　清乾隆十年（1745）敦復堂刻寶章堂重印本　版框高20.5厘米，寬13.5厘米；开本高25厘米，寬15.7厘米；十行，行二十五字，小字雙行，行二十五字，白口，四周單邊。

六冊　存十三卷（大學章句本義匯条首一卷，中庸章句本義匯条五至六、論語章句本義匯条五至六、九至十，孟子章句本義匯条七至十二）

0067　350000-2016-0000069　甲52　經部/四書類/總義之屬/傳說

**四書味根錄三十七卷**　（清）金澂撰　清光緒上海久敬齋石印本　版框高11.2厘米，寬7.6厘米；开本高14.9厘米，寬9厘米；十四行，行五十四字，小字雙行，行五十四字，白口，四周雙邊。

二冊　存九卷（大學味根錄一卷、中庸味根錄二卷、孟子味根錄一至六）

0068　350000-2016-0000414　甲53　經部/四書類/總義之屬/傳說

**四書闡註十九卷**　（清）浦泰輯　清刻本　版框高23.8厘米，寬14.5厘米；开本高27.5厘米，寬16.6厘米。

二冊　存九卷（論語一至九）

0069　350000-2016-0000412　甲54　經部/四書類/總義之屬/傳說

**四書闡註十九卷**　（清）浦泰輯　清雍正刻本　版框高22.9厘米，寬14.7厘米；开本高31厘米，寬16.5厘米。

三冊　存十卷（大學一、中庸一、論語一至五、孟子一至三）

0070　350000-2016-0000437　甲55　經部/四書類/總義之屬/傳說

**漱芳軒合纂四書體註不分卷**　（清）范翔參訂　**四書章句十九卷**　（宋）朱熹撰　清光緒二十五年（1899）集新堂刻本　版框高23.3厘米，寬15.7厘米；开本高28厘米，寬17厘米；二十三行，行三十一字，白口，左右雙邊。

二冊　存四卷（漱芳軒合纂四書體註部分、孟子四至七）

0071　350000-2016-0000351　甲56　經部/羣經總義類/傳說之屬

**五經合纂大成四十四卷**　（□）□□輯　清末石印本　版框高11.7厘米，寬9厘米；开本高15厘米，寬9.2厘米；白口，四周雙邊。

四冊　存十三卷（書經合纂大成一至二、春秋合纂大成一至五、八至十一、禮記

合纂大成七至八）

0072　350000-2016-0000037　甲57　經部/羣經總義類/傳說之屬

**經學輯要二十四卷**　（清）吴潁炎輯　清光緒十三年（1887）點石齋石印經策通纂本　版框高13.4厘米，寬8.8厘米；开本高17.5厘米，寬10.5厘米；二十四行，行五十五字，小字雙行，行五十五字，白口，四周單邊。

八冊　存十卷（經學輯要二至四、五、九至十、十八至十九、二十三、三十四）

0073　350000-2016-0000077　甲58　經部/小學類/文字之屬/字書/字典

**康熙字典十二集三十六卷總目一卷檢字一卷辨似一卷等韻一卷備考一卷補遺一卷**　（清）張玉書等纂修　清道光七年（1827）刻本　版框高12.9厘米，寬9.4厘米；开本高18厘米，寬12厘米；八行，行十六字，小字雙行，行二十四字，白口，四周雙邊。

二冊　存四卷（寅集三卷、酉集下）

0074　350000-2016-0000056　甲59　經部/小學類/文字之屬/字書/訓蒙

**養蒙鍼度五卷**　（清）潘子聲撰　清李光明莊刻本　版框高17.6厘米，寬13.4厘米；开本高23.9厘米，寬16厘米；九行，行二十字，小字雙行，行二十四字，白口，左右雙邊。

一冊　存二卷（三至四）

0075　350000-2016-0000044　甲60　經部/小學類/音韻之屬/韻書

**音韻闡微十八卷韻譜一卷**　（清）李光地承修　（清）王蘭生編纂　清光緒七年（1881）淮南書局刻本　版框高22.9厘米，寬14.7厘米；开本高28厘米，寬17.5厘米；八行，行十二字，小字雙行，行二十四字，白口，四周雙邊。

一冊　存三卷（十一至十三）

0076　350000-2016-0000269　甲61　經部/小學類/音韻之屬/韻書

**詩韻集成不分卷附詞林典腋一卷**　（清）余照輯　清光緒二十一年（1895）上海宏文閣石印本　版框高14.4厘米，寬8.8厘米；开本高17.2厘米，寬10厘米；白口，四周雙邊。

一冊

0077　350000-2016-0000252　甲62　經部/小學類/音韻之屬/韻書

**詩韻合璧五卷**　（清）湯文璐編　清末石印本　版框高16.1厘米，寬10.5厘米；开本高20厘米，寬13.4厘米；白口，四周雙邊。

二冊　存二卷（三、五）

0078　350000-2016-0000428　甲63　經部/小學類/音韻之屬/韻書

**戚參軍八音字義便覽四卷**　（清）蔡士泮輯　**太史林碧山先生珠玉同聲四卷**　（清）陳他輯　清末刻本　版框高20.1厘米，寬11.4厘米；开本高22厘米，寬13.2厘米。

一冊

0079　350000-2016-0000035　甲64　經部/小學類/訓詁之屬/爾雅

**爾雅註疏參義六卷**　（清）姜兆錫撰　清乾隆刻本　版框高19.6厘米，寬15.2厘米；开本高25.6厘米，寬16.7厘米；十行，行二十五字，小字雙行，行二十五字，白口，四周單邊。

一冊　存三卷（四至六）

0080　350000-2016-0000365　乙1　史部/叢編

**十七史**　（明）毛晉編　明崇禎元年至十七年（1628—1644）毛氏汲古閣刻清順治間重修本　版框高21.8厘米，寬15厘米；开本高25.8厘米，寬17厘米；十二行，行二十五字，小字雙行，行三十七字，白口，左右雙邊。

八十五冊　存九種六百一十四卷（宋書一至六十四、七十五至一百，梁書五十六卷，陳書三十六卷，北齊書五十卷，後周書五十卷，后漢書六至二十一卷、七十四至九十，后漢志三十卷，三國志一至四、六至六十五，北史一百卷，魏書一至七、十二、二十五至一百一十四）

0081　350000-2016-0000003　乙2　史部/紀傳類/正史之屬

**南史八十卷**　（唐）李延壽撰　清光緒六年（1880）四川尊經書局刻本　版框高17.5厘米，寬13.5厘米；开本高25.8厘米，寬16.8厘米；十三行，行二十一字，上下黑口，四周雙邊。

一冊　存十八卷（三十二至四十九）

0082　350000-2016-0000402　乙3　史部/編年類/通代之屬

**資治通鑑綱目五十九卷**　（宋）朱熹撰　（明）陳仁錫評閲　**續資治通鑑綱目二十七卷**　（明）商輅等纂修　（明）陳仁錫評閲　**資治通鑑綱目前編二十五卷**　（明）南軒撰　清初刻本　版框高20.3厘米，寬14.6厘米；开本高25.5厘米，寬16.7厘米。

二冊　存二卷（資治通鑑綱目十三、續資治通鑑綱目二）

0083　350000-2016-0000354　乙4　**史部/編年類/通代之屬**

**綱鑑正史約三十六卷**　（明）顧錫疇原編　（清）陳弘謀增訂　**甲子紀元一卷**　（清）陳弘謀輯　清同治八年（1869）浙江書局刻本　版框高17.7厘米，寬13.4厘米；开本高24.6厘米，寬15.5厘米；十一行，行二十字，小字雙行，行二十字，白口，左右雙邊。

二冊　存九卷（五至九、二十五至二十八）

0084　350000-2016-0000313　乙5　**史部/編年類/通代之屬**

**袁王綱鑑合編三十九卷首一卷**　（明）袁黄輯　（明）王世貞編　**御撰明紀綱目二十卷**　（清）張廷玉等撰　清光緒三十年（1904）上海商務印書館鉛印本　版框高16厘米，寬11.9厘米；开本高22厘米，寬13.2厘米；十九行，行四十三字，小字雙行，行五十六字，白口，四周單邊。

七冊　存四十八卷（袁王綱鑑合編一至十、十七至三十三、首一卷，御撰明紀綱目二十卷）

0085　350000-2016-0000149　乙6　**史部/編年類/通代之屬**

**增評加批歷史綱鑑補三十九卷首一卷**　（明）王世貞纂　（明）袁黄纂　清光緒二十八年（1902）上海富強齋石印本　版框高16.8厘米，寬11.8厘米；开本高20.2厘米，寬13.4厘米；二十二行，行五十八字，白口，四周雙邊。

十三冊　存三十七卷（二至三十三、三十五至三十九）

0086　350000-2016-0000153　乙7　**史部/編年類/斷代之屬**

**御撰資治通鑑綱目三編二十卷**　（清）張廷玉編次　清刻本　版框高18.2厘米，寬13厘米；开本高25厘米，寬16.2厘米。

二冊

0087　350000-2016-0000163　乙8　**史部/編年類/通代之屬**

**御撰資治通鑑綱目三編二十卷**　（清）張廷玉等輯　清末上海著易堂石印本　版框高16.5厘米，寬11.8厘米；开本高20.5厘米，寬13厘米。

一冊　存三卷（四至六）

0088　350000-2016-0000319　乙9　**史部/編年類/通代之屬**

**御撰資治通鑑綱目三編二十卷**　（清）張廷玉等輯　清刻本　版框高17.5厘米，寬13厘米；开本高25厘米，寬16厘米。

一冊　存七卷（十四至二十）

0089　350000-2016-0000108　乙10　史部/編年類/通代之屬

**御批歷代通鑑輯覽一百二十卷**　（清）傅恒等編纂　清光緒石印本　版框高15.8厘米，寬11.2厘米；开本高19.5厘米，寬13厘米；白口，四周雙邊。

十一册　存七十四卷（二十一至二十七、三十四至五十二、六十三至七十三、七十八至八十四、九十一至一百二十）

0090　350000-2016-0000142　乙11　史部/編年類/通代之屬

**尺木堂綱鑑易知録九十二卷明鑑易知録十五卷**　（清）吴乘權等輯　清末石印本　版框高17厘米，寬11.8厘米；开本高20厘米，寬13.2厘米。

一册　存三卷（明鑑易知録五至七）

0091　350000-2016-0000136　乙11-1　史部/編年類/通代之屬

**尺木堂綱鑑易知録九十二卷明鑑易知録十五卷**　（清）吴乘權等輯　清末石印本　版框高16.8厘米，寬12厘米；开本高20厘米，寬13厘米。

三册　存十四卷（尺木堂綱鑑易知録十四至十八、二十四至二十八、三十九至四十二）

0092　350000-2016-0000133　乙11-2　史部/編年類/通代之屬

**尺木堂綱鑑易知録九十二卷明鑑易知録十五卷**　（清）吴乘權等輯　清末石印本　版框高17厘米，寬12厘米；开本高20厘米，寬13厘米。

一册　存十一卷（明鑑易知録五至十五）

0093　350000-2016-0000127　乙11-3　史部/編年類/通代之屬

**尺木堂綱鑑易知録九十二卷明鑑易知録十五卷**　（清）吴乘權等輯　清末石印本　版框高18.3厘米，寬12厘米；开本高25厘米，寬15.5厘米。

十二册　存十二卷（尺木堂綱鑑易知録二至三、八至十一、十三至十七、二十三）

0094　350000-2016-0000114　乙12　史部/編年類/通代之屬

**中國歷史教科書七卷**　（清）商務印書館編　清光緒三十三年（1907）商務印書館鉛印本　版框高17.5厘米，寬11厘米；开本高20厘米，寬13.5厘米；十五行，行三十二字，上黑口，四周單邊。

一册　存三卷（一至三）

0095　350000-2016-0000328　乙13　**史部/紀事本末類**

**九朝紀事本末**　（清）陳如升　（清）朱紀榮輯　清光緒二十八年（1902）上海捷記書局石印本　版框高16.8厘米，寬11.4厘米；开本高20厘米，寬13厘米。

十冊　存七種二百二十六卷（通鑑紀事本末六十二至九十一，宋史紀事本末五十六至七十、八十一至一百九，遼史紀事本末十七至四十，金史紀事本末一至二十六、三十至五十二，西夏紀事本末三十六卷、首二卷，元史紀事本末二十七卷，明史紀事本末六十七至八十卷）

0096　350000-2016-0000340　乙14　**史部/紀事本末類**

**九朝紀事本末**　（清）陳如升　（清）朱紀榮輯　清光緒二十八年（1902）上海玉麟書局石印本　版框高16厘米，寬11.5厘米；开本高19.5厘米，寬13厘米。

十冊　存七種二百八十六卷（左傳紀事本末一至二十五，通鑑紀事本末一百九十二至二百三十九，宋史紀事本末三十一至五十四、五十六至八十，遼史紀事本末一至三十，金史紀事本末五十二卷，明史紀事本末二十一至八十，三藩紀事本末二十二卷）

0097　350000-2016-0000323　乙15　**史部/紀事本末類/斷代之屬**

**宋史紀事本末一百九卷**　（明）馮琦原編　（明）陳邦瞻增訂　（明）張溥論正　清光緒二十八年（1902）上海書局石印歷朝紀事本末本　版框高16厘米，寬11.5厘米；开本高20厘米，寬13.5厘米；白口，四周雙邊。

二冊　存五十卷（三十一至八十）

0098　350000-2016-0000283　乙16　**史部/紀事本末類/斷代之屬**

**金史紀事本末五十二卷**　（清）李有棠編纂　清光緒二十八年（1902）上海書局石印　歷朝紀事本末本　版框高20.5厘米，寬15厘米；开本高26.5厘米，寬17厘米；白口，四周雙邊。

一冊

0099　350000-2016-0000366　乙17　**史部/雜史類/斷代之屬**

**國語二十一卷**　（三國吴）韋昭解　（宋）宋庠補音　清刻本　版框高20.4厘米，寬14.5厘米；开本高23.5厘米，寬16.5厘米；白口，四周雙邊。

一冊　存六卷（九至十四）

0100　350000-2016-0000356　乙18　**史部/史抄類**

**綱鑑擇語十卷**　（清）司徒修輯　清末石印本　版框高17.5厘米，寬12.5厘米；开本高25厘米，寬16厘米。

一冊　存二卷（九至十）

0101　350000-2016-0000168　乙19　**史部/史抄類**

**史畧八十七卷**　（清）朱堃輯　清同治六年（1867）皖南朱氏刻本　版框高19.5厘米，寬13.3厘米；开本高26.3厘米，寬15.3厘米；白口，左右雙邊。

十七冊　存七十四卷（一至二十四、二十七至三十九、五十一至八十七）

0102　350000-2016-0000294　乙20　**史部/史評類/史論之屬**

**歷代史論十二卷宋史論三卷元史論一卷**　（明）張溥撰　**明史論四卷**　（清）谷應泰撰　**左傳史論二卷**　（清）高士奇撰　清光緒二十四年（1898）上海書局石印本　版框高13.5厘米，寬9厘米；开本高16.9厘米，寬10.5厘米；白口，四周雙邊。

一冊　存四卷（歷代史論一至四）

0103　350000-2016-0000086　乙21　**史部/史評類/史論之屬**

**史通削繁四卷**　（清）浦起龍注　（清）紀昀削繁　清道光十三年（1833）兩廣節署刻朱墨套印本　版框高18厘米，寬13厘米；开本高26.5厘米，寬15.5厘米；十行，行二十一字，白口，左右雙邊。

一冊　存二卷（一至二）

0104　350000-2016-0000165　乙21-1　**史部/史評類/史論之屬**

**史通削繁四卷**　（清）浦起龍注　（清）紀昀削繁　清道光十三年（1833）兩廣節署刻朱墨套印本　版框高18.2厘米，寬13厘米；开本高26.5厘米，寬15.5厘米；十行，行二十一字，白口，左右雙邊。

一冊　存二卷（一至二）

0105　350000-2016-0000432　乙22　**史部/史評類/史論之屬**

**史論正鵠初集四卷二集四卷三集八卷四集八卷**　（清）王樹敏評點　清光緒三十年（1904）上海久敬齋石印本　版框高13.8厘米，寬9厘米；开本高16.5厘米，寬10厘米。

十二冊　存十二卷（三集二至五、七至八，四集一至三、六至八）

0106　350000-2016-0000429　乙23　**史部/史評類/史論之屬**

**史論正鵠初集四卷二集四卷三集八卷四集八卷**　（清）王樹敏評點　清光緒二十七年（1901）上海久敬齋石印本　版框高14.3厘米，寬9.3厘米；开本高17.5厘米，寬10厘米。

十冊　存十卷（初集一至四，二集一、三，三集一至二、五至六）

0107　350000-2016-0000361　乙24　**史部/史評類/考訂之屬**

**史學提要箋釋五卷**　（宋）黃繼善撰　（清）楊錫祐箋釋　清刻本　版框高19.8厘米，寬15厘米；开本高25.5厘米，寬17.5厘米。

二冊　存二卷（一至二）

0108　350000-2016-0000189　乙25　**史部/傳記類/別傳之屬/年譜**

**和介公［□□］年譜紀畧一卷**　（清）□繩祖輯　清道光刻本　版框高20.5厘米，寬12厘米；开本高27.8厘米，寬15.5厘米。

一冊

0109　350000-2016-0000194　乙26　**史部/傳記類/科舉錄之屬/總錄**

**選舉志不分卷**　（清）□□者　清抄本　版框高29厘米，寬16厘米；开本高29.2厘米，寬16厘米。

一冊

0110　350000-2016-0000005　乙27　**史部/地理類/總志之屬/斷代**

**皇朝輿地通攷二十三卷**　（清）通文主人　清光緒二十九年（1903）上海通文書局石印本　版框高16.5厘米，寬11.8厘米；开本高20厘米，寬13.3厘米；白口，四周雙邊。

三冊　存二卷（五、十一）

0111　350000-2016-0000285　乙28　**史部/地理類/遊記之屬/紀勝**

**武夷山記詩一卷**　（清）□□輯　清抄本　版框高19.5厘米，寬13.8厘米；开本高27.5厘米，寬16.8厘米。

一冊

0112　350000-2016-0000215　乙29　**史部/傳記類/總傳之屬/歷代**

**尚友錄二十二卷**　（明）廖用賢編纂　明天啟刻清康熙重修本　版框高21.3厘米，寬13.5厘米；开本高26.6厘米，寬15.5厘米；七行，行二十字，白口，四周單邊。

三冊　存六卷（二至七）

0113　350000-2016-0000004　乙30　**史部/政書類/通制之屬**

**三通**　（清）□□輯　清咸豐九年（1859）崇仁謝氏刻本　版框高21.8厘米，寬15厘米；开本高30厘米，寬17.8厘米；十行，行二十一字，小字雙行，行二十一字，白口，左右雙邊。

七十六册　存二種二百八十卷（通典一至一百三十二、一百三十六至一百四十六、一百五十二至一百七十四、一百八十至一百八十三、一百八十八至二百，文獻通考一至九十七）

0114　350000-2016-0000260　乙31　**史部/政書類/通制之屬**

**東漢會要四十卷**　（宋）徐天麟撰　清光緒十年（1884）江蘇書局刻本　版框高18.4厘米，寬12.5厘米；开本高25厘米，寬15厘米；白口，左右雙邊。

一册　存五卷（一至五）

0115　350000-2016-0000334　乙32　**史部/政書類/通制之屬**

**欽定續文獻通考輯要二十六卷**　（清）湯壽潛輯　清光緒二十五年（1899）通雅堂圖書集成局鉛印本　版框高16.8厘米，寬11.5厘米；开本高19.5厘米，寬13厘米；十四行，行四十二字，小字雙行，行四十二字，白口，四周單邊。

二册　存八卷（一、二十至二十六）

0116　350000-2016-0000007　乙33　**史部/政書類/通制之屬**

**皇朝文獻通考詳節二十六卷**　（清）嵇璜等纂題　（清）平陽主人節錄　清光緒二十五年（1899）著易堂書局鉛印本　版框高16厘米，寬11.1厘米；开本高19.8厘米，寬12.8厘米；十九行，行四十二字，白口，四周雙邊。

一册　存十卷（十至十九）

0117　350000-2016-0000076　乙34　**史部/政書類/通制之屬**

**二十四史九通政典類要合編三百二十卷**　（清）黄書霖輯　清光緒二十八年（1902）約雅堂石印本　版框高16.2厘米，寬11厘米；开本高19.8厘米，寬13厘米；白口，四周雙邊。

一册　存七卷（五十二至五十八）

0118　350000-2016-0000187　乙35　**史部/政書類/軍政之屬/保甲**

**保甲書輯要四卷**　（清）徐棟輯　（清）丁日昌重編　清同治十年（1871）黔陽官署刻牧令全書本　版框高16.3厘米，寬12.8厘米；开本高23厘米，寬15.6厘米。

一册

0119　350000-2016-0000013　乙36　**史部/地理類/方志之屬/通志**

**［道光］重纂福建通志二百七十八卷首六卷**　（清）孫爾準等修　（清）陳壽祺

纂　（清）程祖洛等續修　（清）魏敬中續纂　清同治七至十年（1868—1871）刻本　版框高23.3厘米，寬16.3厘米；开本高27.5厘米，寬18.5厘米；十一行，行二十五小字雙行，行二十五字，白口，四周雙邊。

七十六冊　存一百三十卷（三十九至四十、五十七至六十二、六十五至六十六、一百五十二至一百六十三、一百六十五至一百九十三、一百九十七至二百零六、二百零八至二百零九、二百一十一至二百六十七、二百六十九至二百七十八）

0120　350000-2016-0000145　乙37　史部/地理類/方志之屬/郡縣志

**［乾隆］福州府志七十六卷首一卷**　（清）徐景熹總裁　（清）魯曾煜　（清）施廷樞等纂修　清乾隆十九年（1754）刻二十一年（1756）增補本　版框高20厘米，寬13.2厘米；开本高26厘米，寬16.5厘米。

二十三冊　存五十卷（四至二十三、三十六至六十六）

0121　350000-2016-0000312　乙37-1　史部/地理類/方志之屬/郡縣志

**［乾隆］福州府志七十六卷首一卷**　（清）徐景熹總裁　（清）魯曾煜　（清）施廷樞等纂修　清乾隆十九年（1754）刻二十一年（1756）增補本　版框高19.9厘米，寬13.3厘米；开本高24厘米，寬14.5厘米。

五冊　存八卷（六、十六、四十九、六十九至七十三）

0122　350000-2016-0000171　乙38　史部/地理類/方志之屬/郡縣志

**［乾隆］福清縣志二十卷圖一卷**　（清）饒安鼎　（清）邵應龍主修　（清）林昂　（清）李修卿纂修　清光緒二十四年（1898）劉玉璋刻本　版框高21.5厘米，寬14.5厘米；开本高25厘米，寬15.5厘米；九行，行二十字，小字雙行，行二十字，白口，四周雙邊。

二冊　存三卷（四至五、十四）

0123　350000-2016-0000170　乙38-1　史部/地理類/方志之屬/郡縣志

**［乾隆］福清縣志二十卷圖一卷**　（清）饒安鼎　（清）邵應龍主修　（清）林昂　（清）李修卿纂修　清光緒二十四年（1898）劉玉璋刻本　版框高21.4厘米，寬14.7厘米；开本高24.6厘米，寬15.7厘米；九行，行二十字，小字雙行，行二十字，白口，四周雙邊。

十二冊

0124　350000-2016-0000233　乙39　史部/地理類/山川之屬/水志

**莫愁湖志六卷首一卷**　（清）馬士圖輯著　清光緒八年（1882）刻本　版框高17.5

厘米，寬13.5厘米；开本高23.5厘米，寬15厘米；上下黑口，左右雙邊。

二冊

0125　350000-2016-0000261　乙40　史部/地理類/外紀之屬

**續瀛環志略初編不分卷**　（清）薛福成鑒定　（清）瞿昂來等譯　清光緒二十八年（1902）無錫傳經樓石印本　版框高16厘米，寬11厘米；开本高19厘米，寬12.5厘米。

四冊

0126　350000-2016-0000066　乙41　史部/地理類/外紀之屬

**海國圖志一百卷**　（清）魏源輯　清末石印本　版框高16.1厘米，寬12厘米；开本高20厘米，寬13.5厘米；二十行，行四十四字，小字雙行，行四十四字，白口，四周雙邊。

一冊　存六卷（三十至三十五）

0127　350000-2016-0000325　丙1　子部/儒家類/儒學之屬/經濟

**皇朝經世文編一百二十卷姓名總目二卷**　（清）賀長齡輯　清光緒鉛印本　版框高17厘米，寬12厘米；开本高22.5厘米，寬14厘米；白口，四周單邊。

十冊　存一百七卷（六至四十七、五十六至一百二十）

0128　350000-2016-0000202　丙2　子部/儒家類/儒學之屬/性理

**淵鑒齋御纂朱子全書六十六卷**　（宋）朱熹撰　（清）李光地等編　清刻本　版框高18.7厘米，寬14厘米；开本高26厘米，寬17.2厘米；上下黑口，四周單邊。

四冊　存八卷（十至十一、二十至二十一、二十五至二十六、三十四至三十五）

0129　350000-2016-0000192　丙3　子部/儒家類/儒學之屬/蒙學

**三字經註解備要二卷**　（宋）王應麟著　（清）賀興思注解　清末福州大西山房書局刻本　版框高16.5厘米，寬11.5厘米；开本高21厘米，寬13.7厘米。

二冊

0130　350000-2016-0000276　丙4　子部/儒家類/儒學之屬/蒙学

**新刻幼學須知直解四卷**　（明）程登吉著　（清）唐良瑜、唐良瑚集注　清刻本　版框高19.5厘米，寬11.8厘米；开本高21.5厘米，寬13厘米；白口，四周單邊。

一冊　存一卷（一）

0131　350000-2016-0000166　丙5　子部/儒家類/儒學之屬/蒙學

**新增繪圖幼學故事瓊林四卷首一卷**　（明）程登吉原本　（清）鄒聖脈增補　新

**增應酬彙選三卷補遺一卷**　（□）□□撰　**攷正字彙不分卷**　（□）□□撰　清末石印本　版框高22.4厘米，寬13.8厘米；开本高26厘米，寬15厘米。

三冊　存七卷（新增繪圖幼學故事瓊林二至四，新增應酬彙選一至三、補遺一卷）

0132　350000-2016-0000245　丙5-1　子部/儒家類/儒學之屬/蒙學

**新增繪圖幼學故事瓊林四卷首一卷**　（明）程登吉原本　（清）鄒聖脈增補　**新增應酬彙選三卷補遺一卷**　（□）□□撰　**攷正字彙不分卷**　（□）□□撰　清末石印本　版框高22.4厘米，寬14厘米；开本高26厘米，寬15厘米。

二冊　存五卷（新增繪圖幼學故事瓊林三至四，新增應酬彙選二至三、補遺一）

0133　350000-2016-0000329　丙6　子部/儒家類/儒學之屬/蒙學

**增補幼學故事羣芳四卷首一卷**　（明）程登吉原本　（清）周達用增訂　**往來尺牘不分卷**　（清）□□撰　清光緒福州集新堂刻本　版框高19.5厘米，寬13厘米；开本高25.5厘米，寬15厘米。

一冊　存三卷（增補幼學故事羣芳一至二、首一卷，往來尺牘不分卷）

0134　350000-2016-0000324　丙6-1　子部/儒家類/儒學之屬/蒙學

**增補幼學故事羣芳四卷首一卷**　（明）程登吉原本　（清）周達用增訂　**往來尺牘不分卷**　（清）□□撰　清光緒福州集新堂刻本　版框高21厘米，寬12.6厘米；开本高23.8厘米，寬14厘米。

二冊

0135　350000-2016-0000218　丙7　子部/儒家類/儒學之屬/蒙學

**啟蒙四種**　（清）□□編　清道光十一年（1831）刻本　版框高17厘米，寬10.5厘米；开本高21厘米，寬11.5厘米。

一冊　存二種二卷（世系序畧一卷、紀數摘要一卷）

0136　350000-2016-0000220　丙8　子部/儒家類/儒學之屬/蒙學

**重訂小學纂註六卷**　（清）高愈纂注　（清）游光繹重訂　清刻本　版框高20厘米，寬14厘米；开本高22.2厘米，寬16厘米；九行，行十九字，小字雙行，行十九字，白口，四周雙邊。

三冊　存四卷（三至六）

0137　350000-2016-0000197　丙9　子部/儒家類/儒學之屬/蒙學

**小學千家詩一卷**　（清）羅英編　清同治十二年（1873）福州羅氏刻本　版框高15.5厘米，寬10.3厘米；开本高17.7厘米，寬12.3厘米；白口，四周雙邊。

一冊

0138　350000-2016-0000259　丙10　子部/儒家類/儒學之屬/俗訓

**新刻續千家詩二卷**　（清）王見山編　清同治十三年（1874）刻本　版框高18.5厘米，寬13.5厘米；开本高25.5厘米，寬15厘米。

一冊

0139　350000-2016-0000397　丙11　子部/法家類

**管子二十四卷**　（唐）房玄齡注　（明）劉績補　清光緒二十九年（1903）六藝書局石印本　版框高16.8厘米，寬11.5厘米；开本高20厘米，寬13厘米；白口，四周雙邊。

二冊　存十一卷（一至五、十九至二十四）

0140　350000-2016-0000029　丙12　子部/雜家類

**林子三教正宗統論三十六卷**　（明）林兆恩撰　（明）盧文輝輯並校　清同治元年（1862）方天賜刻，宣統元年（1909）重修，民國七年（1918）莆陽寶順齋印本　版框高16.9厘米，寬12.2厘米；开本高20厘米，寬13.5厘米；白口，四周雙邊。

三十一冊　（一至十四、十六至二十一、二十五至二十八、三十至三十六）

0141　350000-2016-0000421　丙13　子部/雜著類/雜説之屬

**風俗通義十卷**　（漢）應劭著　清刻本　版框高14厘米，寬10.5厘米；开本高18.5厘米，寬11.5厘米。

一冊　存四卷（一至四）

0142　350000-2016-0000046　丙14　子部/雜著類/雜説之屬

**容齋隨筆十六卷續筆十六卷三筆十六卷四筆十六卷五筆十卷**　（宋）洪邁撰　清乾隆五十九年（1794）掃葉山房刻本　版框高19.5厘米，寬13.8厘米；开本高27.6厘米，寬17厘米；九行，行十八字，上下黑口，左右雙邊。

十冊　存五十三卷（續筆十六卷、三筆十六卷、四筆十六卷、五筆一至五）

0143　350000-2016-0000221　丙15　子部/雜著類/雜説之屬

**見道集十二卷首一卷補遺一卷附録一卷**　（清）黄治基編輯　清光緒二十九年

（1903）福州道學院刻本　版框高18.5厘米，寬12.1厘米；开本高22厘米，寬14厘米；上下黑口，四周單邊。

四冊

0144　350000-2016-0000333　丙16　子部/天文曆算類/算書之屬

**增删算法統宗十二卷**　（明）程大位原編集　（清）梅㲄成增删　清末石印本　版框高17.3厘米，寬12厘米；开本高20.3厘米，寬13.5厘米；二十一行，白口，四周雙邊。

一冊　存三卷（四至六）

0145　350000-2016-0000214　丙17　子部/藝術類/遊藝之屬/聯語

**聲律啟蒙撮要二卷**　（清）車萬育著　（清）夏大觀删補　（清）王之幹箋釋　清光緒十三年（1887）刻本　版框高13.8厘米，寬9.3厘米；开本高15.7厘米，寬10.6厘米。

一冊

0146　350000-2016-0000178　丙18　子部/藝術類/遊藝之屬/聯語

**莫愁湖楹聯便覽不分卷**　（清）釋壽安輯　清光緒五年（1879）刻本　版框高18厘米，寬12厘米；开本高23厘米，寬15厘米。

一冊

0147　350000-2016-0000235　丙19　子部/宗教類/佛教之屬/經疏

**佛說阿彌陀經義疏一卷**　（宋）釋元照述　清光緒二十四年（1898）金陵刻經處刻本　版框高18.5厘米，寬13厘米；开本高23.5厘米，寬15厘米；上下黑口，左右雙邊。

一冊

0148　350000-2016-0000207　丙20　子部/宗教類/佛教之屬

**梁皇寶懺儀文十卷**　□□撰　明刻明清遞修本　版框高22.2厘米，寬14.6厘米；开本高28厘米，寬17.3厘米；九行，行十九字，小字雙行，行十九字，白口，四周雙邊。

一冊　存三卷（一至三）

0149　350000-2016-0000227　丙21　子部/宗教類/道教之屬

**大乘正教□卷**　（清）釋□□輯　清光緒刻本　版框高22厘米，寬11.7厘米；开本高25厘米，寬14厘米。

一冊　存一卷（上）

0150　350000-2016-0000282　丙22　子部/宗教類/道教之屬

**道德經註釋三卷樂育堂語錄一卷**　（清）黄裳撰　清光緒十二年（1886）合川會善堂刻本　版框高19.3厘米，寬12.8厘米；开本高25厘米，寬16.5厘米。

四冊　存四卷（道德經注釋一至二、三下，樂育堂語錄一）

0151　350000-2016-0000063　丙23　子部/宗教類/道教之屬

**太上大解冤真經不分卷**　（□）□□撰　清同治十三年（1874）道山同慶社刻本　版框高20.9厘米，寬11.3厘米；开本高26.5厘米，寬13.5厘米；白口，四周雙邊。

二冊

0152　350000-2016-0000338　丙24　子部/宗教類/道教之屬

**太上全真功課經□卷**　□□撰　清末民國抄本　版框高26厘米，寬14厘米；开本高26厘米，寬14厘米。

一冊　存一卷（□）

0153　350000-2016-0000115　丙25　子部/宗教類/其他宗教之屬/基督教

**新約註釋□卷**　（蘇格蘭）羅約翰注　（美國）那夏禮　（美國）杜步西注　（英國）慕維廉注　清光緒三十年（1904）上海商務印書館鉛印本　版框高19厘米，寬13.8厘米；开本高26厘米，寬15.8厘米。

一冊　存一卷（四）

0154　350000-2016-0000009　丙26　子部/宗教類/其他宗教之屬/基督教

**真道自證四卷首一卷**　（法國）沙守信撰　清末刻本　版框高18厘米，寬13厘米；开本高23.5厘米，寬15厘米；九行，行二十字，小字雙行，行二十字，白口，左右雙邊。

一冊

0155　350000-2016-0000138　丙27　子部/宗教類/其他宗教之屬/基督教

**古史參箴四卷**　（清）沈則寬撰　清光緒十年（1884）鉛印本　版框高20厘米，寬13厘米；开本高27厘米，寬16厘米；白口，四周雙邊。

三冊　存三卷（一至三）

0156　350000-2016-0000162　丙28　子部/宗教類/其他宗教之屬/基督教

**舊約註釋耶利米書不分卷**　（美國）那夏禮注　清光緒二十九年（1903）中國聖教書會鉛印本　版框高19厘米，寬13.3厘米；开本高26厘米，寬15.5厘米；白口，四周雙邊。

一册

0157　350000-2016-0000258　丙29　子部/宗教類/其他宗教之屬/基督教

**取譬訓蒙三卷**　（清）晁德蒞譯述　清同治九年（1870）刻本　版框高17.6厘米，寬11.4厘米；开本高26.3厘米，寬15厘米；白口，四周雙邊。

三册

0158　350000-2016-0000355　丁1　集部/別集類/漢魏六朝別集

**庾子山集十六卷**　（北周）庾信撰　（清）倪璠注釋　**附年譜一卷總釋一卷**　（清）倪璠撰輯　清道光十九年（1839）刻本　版框高19.6厘米，寬14.4厘米；开本高25.3厘米，寬16.7厘米；十行，行二十字，白口，左右雙邊。

六册　存九卷（庾子山集一、四、五至九、十四，總釋一卷）

0159　350000-2016-0000255　丁2　集部/別集類/唐五代別集

**杜詩集説二十卷末一卷目錄一卷**　（清）江浩然纂輯　清乾隆四十八年（1783）刻本　版框高18.8厘米，寬12.7厘米；开本高24.8厘米，寬15厘米。

六册　存九卷（目錄一，四至九、十一至十二）

0160　350000-2016-0000008　丁3　集部/別集類/唐五代別集

**唐陸宣公集二十二卷**　（唐）陸贄撰　（清）年羹堯重訂　清末石印本　版框高12.7厘米，寬9.3厘米；开本高15.5厘米，寬10.2厘米；十行，行二十字，小字雙行，行二十字，白口，四周單邊。

一册　存二卷（二十一至二十二）

0161　350000-2016-0000120　丁4　集部/別集類/宋別集

**蘇文忠詩合註五十卷首一卷**　（宋）蘇軾撰　（清）馮應榴輯訂　清嘉慶二十四年（1819）踵息齋刻本　版框高19厘米，寬14.5厘米；开本高25厘米，寬15.3厘米；十一行，行二十六字，小字雙行，行三十四字，白口，左右雙邊。

十九册　存四十八卷（首一卷、一至三十九、四十三至五十）

0162　350000-2016-0000183　丁5　**集部/別集類/宋別集**

**韋齋集十二卷首一卷**　（宋）朱松著　（清）朱玉重輯　**玉蘭集一卷**　（宋）朱槔著　（清）朱玉重輯　清雍正刻本　版框高17.2厘米，寬14厘米；开本高25.5厘米，寬16.5厘米；十行，行二十字，小字雙行，行二十字，上下黑口，四周單邊。

二冊

0163　350000-2016-0000137　丁6　**集部/別集類/宋別集**

**廬陵宋丞相信國公文忠烈先生全集十六卷**　（宋）文天祥撰　（清）文有煥等編輯　清雍正三年（1725）文五桂堂刻本　版框高22.7厘米，寬15.7厘米；开本高30厘米，寬18.4厘米。

十一冊　存十四卷（一至五、八至十六）

0164　350000-2016-0000196　丁7　**集部/別集類/明別集**

**楊大洪先生文集二卷**　（明）楊漣撰　清光緒十三年（1887）福州正誼書院刻正誼堂全書本　版框高19厘米，寬13.8厘米；开本高26厘米，寬16.2厘米。

二冊

0165　350000-2016-0000224　丁8　**集部/別集類/清別集**

**初學集二十卷**　（清）錢謙益撰　（清）錢曾箋注　**牧翁［錢謙益］先生年譜一卷**　（清）葛萬里編　清宣統三年（1911）上海國學扶輪社石印本　版框高17.3厘米，寬12.2厘米；开本高26.5厘米，寬15厘米；十四行，行三十一字，小字雙行，行三十一字，上下黑口，四周雙邊。

十一冊　存二十卷（初學集一至二十）

0166　350000-2016-0000091　丁9　**集部/別集類/清別集**

**午亭文編五十卷**　（清）陳廷敬撰　（清）林佶輯　清康熙四十七年（1708）林佶刻乾隆四十三年（1778）重修本　版框高15.2厘米，寬11.3厘米；开本高20厘米，寬13.3厘米；白口，左右雙邊。

一冊　存五卷（十六至二十）

0167　350000-2016-0000309　丁10　**集部/別集類/清別集**

**甌北詩鈔二十卷**　（清）趙翼撰　清宣統三年（1911）掃葉山房石印本　版框高17厘米，寬12厘米；开本高20厘米，寬13.5厘米。

三冊

0168　350000-2016-0000057　丁11　**集部/別集類/清別集**

**今雨集二十四卷**　（清）顧沅輯　清道光二十四年（1827）刻賜硯堂叢書本　版框高17.8厘米，寬12.4厘米；开本高26.5厘米，寬16.5厘米；九行，行二十四字，白口，左右雙邊。

六冊　存十八卷（一至十五、二十二至二十四）

0169　350000-2016-0000062　丁12　**集部/別集類/清別集**

**增評寄嶽雲詩四卷**　（清）聶銑敏撰　清文林堂刻本　版框高13.5厘米，寬9.7厘米；开本高17.5厘米，寬11.5厘米。

一冊　存一卷（三）

0170　350000-2016-0000078　丁13　**集部/別集類/清別集**

**雲閑堂詩四卷**　（清）郭柏蒼著　清咸豐刻本　版框高20厘米，寬12.5厘米；开本高27.2厘米，寬15厘米；下黑口，四周雙邊。

一冊　存二卷（一至二）

0171　350000-2016-0000308　丁14　**集部/別集類/清別集**

**飲冰室壬寅文集十八卷**　梁啓超撰　清光緒石印本　版框高17厘米，寬11.5厘米；开本高20厘米，寬13厘米；白口，四周雙邊。

一冊　存一卷（十一）

0172　350000-2016-0000123　丁15　**集部/總集類/選集之屬/通代**

**文選章句二十八卷**　（梁）蕭統撰　（唐）李善注　（明）陳與郊編　明萬曆二十五年（1597）刻本　版框高20.4厘米，寬13.7厘米；开本高28.8厘米，寬17.8厘米；十行，行二十字，小字雙行，行二十字，白口，左右雙邊。

六冊　存九卷（一至三、五至十）

0173　350000-2016-0000049　丁16　**集部/總集類/選集之屬/通代**

**昭明文選集成六十卷**　（梁）蕭統纂　（清）方廷珪批點　（清）陳雲程　補訂　清倣范軒刻本　版框高20.7厘米，寬14.5厘米；开本高25厘米，寬15.5厘米；行四十五字，行二十四字，小字雙行，行二十四字，白口，四周單邊。

一冊　存四卷（二十至二十三）

0174　350000-2016-0000090　丁17　**集部/總集類/選集之屬/通代**

**古文辭類纂七十四卷**　（清）姚鼐纂　**續古文辭類纂三十四卷**　王先謙纂集　清

光緒三十三年（1907）上海商務印書館鉛印本　版框高16.4厘米，寬11.3厘米；开本高20.4厘米，寬13.5厘米。

一冊　存六卷（八至十三）

0175　350000-2016-0000286　丁18　**集部/總集類/選集之屬/通代**

**古文辭類纂七十四卷**　（清）姚鼐纂集　**續古文辭類纂三十四卷**　王先謙纂集　清光緒三十三年（1907）上海商務印書館鉛印本　版框高16.4厘米，寬11.3厘米；开本高20.2厘米，寬13.2厘米；十六行，行三十三字，小字雙行，行三十三字，下黑口，四周雙邊。

一冊　存十卷（古文辭類纂十一至二十）

0176　350000-2016-0000208　丁19　**集部/總集類/選集之屬/通代**

**重訂古文釋義新編八卷**　（清）余誠評注　清末上海著易堂石印本　版框高22.1厘米，寬13.3厘米；开本高26.2厘米，寬15厘米；白口，四周雙邊。

八冊

0177　350000-2016-0000201　丁20　**集部/總集類/選集之屬/通代**

**古文筆法八卷首一卷**　（清）李扶九編　清末石印本　版框高16.5厘米，寬11.5厘米；开本高20厘米，寬13厘米；上下黑口，四周雙邊。

一冊

0178　350000-2016-0000198　丁21　**集部/總集類/選集之屬/通代**

**古文筆法八卷首一卷**　（清）李扶九編　清末石印本　版框高16.6厘米，寬11.2厘米；开本高20厘米，寬13厘米；上下黑口，四周雙邊。

一冊

0179　350000-2016-0000209　丁22　**集部/總集類/選集之屬/通代**

**古文筆法二十卷**　（清）李扶九輯　清末石印本　版框高16.2厘米，寬12.2厘米；开本高20.2厘米，寬13.3厘米；白口，四周雙邊。

三冊　存十三卷（八至二十）

0180　350000-2016-0000205　丁23　**集部/總集類/選集之屬/通代**

**貫華堂選批唐才子詩甲集七言律八卷**　（清）金人瑞評選　清初刻本　版框高19.3厘米，寬14.9厘米；开本高24厘米，寬16.4厘米；九行，行二十一字，白口，左右雙邊。

五冊　存五卷（四至八）

0181　350000-2016-0000301　丁24　集部/總集類/選集之屬/通代

**重編留青新集二十四卷**　（清）馮善長輯（清）陳枚選　清光緒鉛印本　版框高15厘米，寬10厘米；开本高17.2厘米，寬11厘米；白口，四周雙邊。

二冊　存四卷（三至六）

0182　350000-2016-0000089　丁25　集部/總集類/選集之屬/通代

**郁郁齋古文析義詳解十六卷**　（清）林雲銘評注　（清）吴乘權附注　清光緒刻本　版框高17.5厘米，寬12.2厘米；开本高20.7厘米，寬14厘米；九行，行二十三字，小字雙行，行二十三字，白口，四周單邊。

十五冊　存十五卷（一至十二、十四至十六）

0183　350000-2016-0000392　丁26　集部/總集類/選集之屬/通代

**郁郁齋古文析義詳解十六卷**　（清）林雲銘評注　（清）吴乘權附注　清刻本　版框高17.6厘米，寬11.6厘米；开本高23.5厘米，寬13.8厘米；九行，行二十三字，小字雙行，行二十三字，白口，四周單邊。

五冊　存五卷（四至五、七、九、十一）

0184　350000-2016-0000390　丁27　集部/總集類/選集之屬/通代

**郁郁齋古文析義詳解十六卷**　（清）林雲銘評注　（清）吴乘權附注　清刻本　版框高17.2厘米，寬12.7厘米；开本高20.5厘米，寬13.8厘米；九行，行二十三字，小字雙行，行二十三字，白口，四周單邊。

四冊　存四卷（六、十三至十五）

0185　350000-2016-0000389　丁28　集部/總集類/選集之屬/通代

**郁郁齋古文析義詳解十六卷**　（清）林雲銘評注　（清）吴乘權附注　清刻本　版框高17.4厘米，寬12.3厘米；开本高23.8厘米，寬13.5厘米；九行，行二十三字，小字雙行，行二十三字，白口，四周單邊。

六冊　存六卷（二至四、十二至十三、十五）

0186　350000-2016-0000370　丁29　集部/總集類/選集之屬/通代

**郁郁齋古文析義詳解十六卷**　（清）林雲銘評注　（清）吴乘權附注　清光緒刻本　版框高17厘米，寬12厘米；开本高21.5厘米，寬13.5厘米；九行，行二十三字，小字雙行，行二十三字，白口，四周雙邊。

十三冊　存十三卷（二至九、十一至十三、十五至十六）

0187　350000-2016-0000376　丁30　**集部/總集類/選集之屬/通代**

**郁郁齋古文析義詳解十六卷**　（清）林雲銘評注　（清）吴乘權附注　清光緒二十三年（1897）刻本　版框高17.2厘米，寬12厘米；开本高22.5厘米，寬13.2厘米；九行，行二十三字，小字雙行，行二十三字，白口，四周單邊。

十一冊　存九卷（一至三、五至七、十三至十五）

0188　350000-2016-0000010　丁31　**集部/選集類/郡邑之屬**

**閩嶠賦約四卷**　（清）王式金輯　清道光二十二年（1842）王氏刻本　版框高16.8厘米，寬11厘米；开本高22厘米，寬13厘米；九行，行二十五字，小字雙行，行二十五字，白口，四周雙邊。

一冊　存二卷（一至二）

0189　350000-2016-0000280　丁32　**集部/總集類/課藝之屬**

**明文明不分卷**　（清）路德輯　清末刻本　版框高16.3厘米，寬11.5厘米；开本高21厘米，寬13.5厘米；白口，四周雙邊。

一冊　有缺

0190　350000-2016-0000059　丁33　**集部/總集類/課藝之屬**

**國朝存真訂註不分卷**　（清）鄭杰輯　清注韓居刻本　版框高19.2厘米，寬11厘米；开本高23.5厘米，寬13.5厘米；九行，行二十五字，白口，左右雙邊。

一冊　存論語

0191　350000-2016-0000300　丁34　**集部/總集類/課藝之屬**

**鼇峯課選四編不分卷**　（清）鼇峯書院選　清光緒五年（1879）鼇峯書院刻本　版框高17.2厘米，寬10.9厘米；开本高22.5厘米，寬13.3厘米。

一冊　有缺，存上冊

0192　350000-2016-0000223　丁35　**集部/總集類/課藝之屬**

**光明錦前編一卷**　（清）劉木編集　（清）王饗申評選　清嘉慶十八年（1813）集新堂刻本　版框高15.4厘米，寬11.3厘米；开本高20厘米，寬13厘米；上下黑口，四周雙邊。

一冊

0193　350000-2016-0000012　丁36　**集部/總集類/課藝之屬**

**閩海綱珊集二卷**　（清）□□輯　清光緒刻本　版框高18.5厘米，寬11.4厘米；开本高21.5厘米，寬13厘米；九行，行二十五字，小字雙行，行二十五字，白口，四周雙邊。

一冊

0194　350000-2016-0000275　丁37　集部/總集類/課藝之屬

**註釋小題及鋒集八卷**　（清）余之俊評選　清末刻本　版框高17厘米，寬10.5厘米；开本高21.5厘米，寬12.5厘米；白口，四周單邊。

一冊　存二卷（五至六）

0195　350000-2016-0000176　丁38　集部/總集類/課藝之屬

**小題移情集一卷**　（清）林志澄編　（清）林簡參訂　清刻本　版框高18.8厘米，寬11厘米；开本高21.5厘米，寬13厘米；九行，行二十五字，白口，四周雙邊。

一冊

0196　350000-2016-0000075　丁39　集部/詩文評類/文法之屬/雜著

**賦學指南十卷**　（清）余丙照編輯　清道光十五年（1835）刻本　版框高16厘米，寬9.5厘米；开本高19.3厘米，寬12.5厘米。

一冊　存二卷（一至二）

0197　350000-2016-0000248　丁40　集部/戲劇類/雜劇之屬

**貫華堂註釋第六才子書六卷**　（元）王實甫撰　（清）金人瑞評　清同治六年（1867）刻本　版框高13厘米，寬9.4厘米；开本高18厘米，寬10.5厘米；白口，四周單邊。

三冊　存三卷（一、三、五）

0198　350000-2016-0000293　丁41　集部/小説類/長篇之屬

**説唐前傳十卷六十八回説唐薛家府傳六卷四十二回説唐小英雄傳首二卷**　（清）如蓮居士撰　清刻本　版框高17.5厘米，寬9.8厘米；开本高20厘米，寬11.5厘米；白口。

一冊　存二卷（説唐小英雄傳首二卷）

0199　350000-2016-0000071　丁42　集部/小説類/長篇之屬

**新鐫玉茗堂批點按鑑參補南宋志傳四卷五十回**　題（明）研石山樵訂正　（明）織里畸人校閲　清末石印本　版框高17厘米，寬11.8厘米；开本高20厘米，寬13.5厘米。

一冊　存一卷（四）

0200　350000-2016-0000322　丁43　集部/小説類/長篇之屬

**繪圖精忠説岳全傳八卷八十回**　（清）錢彩撰　清末石印本　版框高16.9厘米，寬12.3厘米；开本高20厘米，寬13厘米；二十三行，行四十四字，白口，四周單邊。

二冊　存二卷（四至五）

0201　350000-2016-0000408　丁44　集部/小説類/長篇之屬

**繪圖萬花樓傳十四卷六十八回**　（清）李雨堂撰　清末民國石印本　版框高17.5厘米，寬11厘米；开本高20厘米，寬13.5厘米；白口，四周單邊。

一冊　存一卷十二回（六、五十八至六十八回）

0202　350000-2016-0000067　丁45　集部/小説類/長篇之屬

**新刊繡像評演濟公傳初集十二卷二集十二卷三集四卷**　（□）□□撰　清末上海廣益書局石印本　版框高17.2厘米，寬12.2厘米；开本高20厘米，寬13.3厘米；二十行，行四十五字，白口，四周單邊。

一冊　存二卷（初集七至八）

0203　350000-2016-0000034　丁46　集部/小説類/長篇之屬

**西遊原旨二十四卷一百回**　（清）劉一明解　清嘉慶二十四年（1819）刻　同治二年（1863）印本　版框高19.7厘米，寬13.6厘米；开本高25.3厘米，寬15.8厘米；十行，行二十四字，白口，左右雙邊。

十八冊　存二十二卷（一至三、六至二十四）

0204　350000-2016-0000284　丁47　集部/小説類/長篇之屬

**新編繡像四續金台傳四卷**　（清）□□撰　清末石印本　版框高17.2厘米，寬11.9厘米；开本高20厘米，寬13.5厘米；白口，四周單邊。

一冊　存三卷（一、三至四）

0205　350000-2016-0000030　丁48　集部/小説類/長篇之屬

**綉像緑牡丹全傳六卷六十四回**　（□）□□著　清末刻本　版框高13.4厘米，寬10厘米；开本高17厘米，寬11.5厘米；十一行，行二十五字，白口，四周單邊。

一冊　存一卷（四）

0206　350000-2016-0000073　丁49　集部/小説類/長篇之屬

**繡像封神演義一百回**　（明）許仲琳撰　（明）鐘惺評釋　清末鉛印本　版框高15.9厘米，寬11.4厘米；开本高19.4厘米，寬12.4厘米；十七行，行三十二字，白口，四周雙邊。

一冊　存十回（九十一至一百）

0207　350000-2016-0000072　戊1　類叢部/類書類/通類之屬

**策學備纂三十二卷首一卷**　（清）蔡啓盛　（清）吴穎炎輯　清光緒十三年（1887）點石齋石印本　版框高13.2厘米，寬8.8厘米；开本高17.5厘米，寬10.5厘米；二十四行，行五十五字，白口，四周單邊。

十七冊　存十三卷（一至二、四至五、七、十至十二、十四至十六、二十六、首一）

0208　350000-2016-0000040　戊2　類叢部/類書類/通類之屬

**分類字錦六十四卷**　（清）何焯纂　清康熙六十一年（1722）刻本　版框高17.6厘米，寬12.5厘米；开本高23厘米，寬15厘米；八行，行二十四字，小字雙行，行二十四字，白口，四周雙邊。

十二冊　存十二卷（一、三十四、三十六、四十、四十二至四十五、四十七至四十八、五十、五十四）

0209　350000-2016-0000290　戊3　類叢部/叢書類/彙編之屬

**增訂漢魏叢書九十六種（存三十種）**　（清）王謨輯　清宣統三年（1911）上海大通書局石印本　版框高17.4厘米，寬11.2厘米；开本高20厘米，寬13.5厘米。

九冊　存三十種一百一十八卷（焦氏易林四卷、易傳三卷、關氏易傳一卷、周易略例一卷、古三墳一卷、汲冢周書十卷、詩傳孔氏傳一卷、詩説一卷、韓詩外傳十卷、毛詩草木鳥獸蟲魚疏二卷、大戴禮記十三卷、淮南鴻烈解二十一卷、列子八卷、道德經評注二卷、古今注三卷、中華古今注三卷、文心雕龍十卷、水經二卷、星經二卷、荆楚歲時記一卷、南方草木狀三卷、竹譜一卷、禽經一卷、古今刀劍録一卷、鼎録一卷、天禄閣外史八卷、輶軒絕代語一卷、鄴中記一卷、博異記一卷、世本一卷）

0210　350000-2016-0000426　戊4　類叢部/叢書類/彙編之屬

**正誼堂全書六十八種（存三種）**　（清）張伯行輯　（清）左宗棠校刊　（清）楊浚總校　清同治五年（1866）福州正誼書局刻八年至九年（1869—1870）正誼書院增補光緒十三年（1887）續增補本　版框高19.2厘米，寬13.7厘米；开本高26厘米，寬16厘米。

九冊　存三種二十卷（困學録集粹三至八，近思録一至二、五至十四，海剛峯先生集二卷）

0211　350000-2016-0000304　戊5　類叢部/叢書類/自著之屬

**古愚叢書十七種（存八種）**　（清）汪汲撰　清乾隆嘉慶古愚山房刻清末二銘草堂重修本　版框高14厘米，寬9.8厘米；开本高26.5厘米，寬15.8厘米；9行，行二十四字，小字雙行，行二十四字，白口。

五冊　存八種十八卷（詞名集解六卷續編二卷、宋樂類編二卷、南北詞名宫調匯錄二卷、院本名目一卷、雜劇待考一卷、琴曲萃覽一卷、樂府標源二卷、樂府遺聲一卷）

0212　350000-2016-0000318　己1　新學/史志/别國史

**泰西新史攬要二十四卷**　（英國）馬懇西撰　（英國）李提摩太譯　（清）蔡爾康述　清光緒鉛印本　版框高18厘米，寬11.5厘米；开本高20厘米，寬13厘米；白口，左右雙邊。

三冊　存八卷（四至九、十四至十五）

0213　350000-2016-0000085　己2　新學/史志/諸國史

**萬國通史前編十卷續編十卷三編十卷**　（英國）李思倫白輯譯　清光緒三十一年（1905）上海廣學會鉛印本　版框高21.5厘米，寬13.5厘米；开本高29.3厘米，寬17.5厘米；十一行，行二十七字，白口，四周雙邊。

三冊　存三卷（續編五、七，三編二）

0214　350000-2016-0000118　己3　新學/史志/别國史

**日本維新三十年史十二編附表**　（日本）東京博文館編輯　（清）上海廣智書局譯　清光緒二十九年（1903）上海廣智書局鉛印本　版框高17.5厘米，寬11.2厘米；开本高22厘米，寬14厘米。

三冊　存六編（三至七、附表）

0215　350000-2016-0000271　己4　新學/全體學

進化論四卷十六章　（英國）泰勒撰　（清）任保羅譯　清光緒二十九年（1903）上海廣學會鉛印本　版框高19.6厘米，寬14厘米；开本高26厘米，寬16厘米。

一冊　存一卷（二）

## 民國文獻

0216　350000-2016-0000116　甲1　經部/詩類/傳說之屬

**監本詩經八卷**　（宋）朱熹集傳　民國十八年（1929）上海昌文書局石印本　版框高17.5厘米，寬11.8厘米；开本高20.2厘米，寬13.4厘米；石印本，白口，四周雙邊，綫裝。

一冊

0217　350000-2016-0000102　甲2　經部/詩類/傳説之屬

**監本詩經八卷**　（宋）朱熹集傳　民國十八年（1929）上海昌文書局石印本　版框高17.1厘米，寬11.9厘米；开本高20.1厘米，寬13.4厘米；石印本，白口，四周雙邊，綫裝。

一冊　存三卷（六至八）

0218　350000-2016-0000139　甲3　經部/詩類/傳説之屬

**詩經集傳八卷**　（宋）朱熹撰　民國六年（1917）上海共和書局石印本　版框高16.6厘米，寬12.2厘米；开本高20.1厘米，寬13.4厘米；石印本，綫裝。

一冊

0219　350000-2016-0000140　甲4　經部/詩類/傳説之屬

**詩經集傳八卷**　（宋）朱熹撰　民國六年（1917）上海共和書局石印本　版框高17.5厘米，寬11.9厘米；开本高19.5厘米，寬13.5厘米；石印本，綫裝。

一冊　存四卷（一至四）

0220　350000-2016-0000113　甲5　經部/詩類/傳説之屬

**詩經集傳八卷**　（宋）朱熹集傳　民國二十四年（1935）石印本　版框高14.2厘米，寬11.5厘米；开本高18.8厘米，寬13.1厘米；石印本，白口，四周雙邊，綫裝。

一冊

0221　350000-2016-0000106　甲6　經部/詩類/傳説之屬

**詩經集傳八卷**　（宋）朱熹集傳　民國上海鴻寶齋書局藏版石印本　版框高17.8厘米，寬12厘米；开本高19.5厘米，寬13.3厘米；石印本，綫裝。

一冊　存四卷（五至八）

0222　350000-2016-0000104　甲7　經部/詩類/傳説之屬

**詩經集傳八卷**　（宋）朱熹集傳　民國章福記書局石印本　版框高18厘米，寬11.6厘米；开本高20.5厘米，寬13.6厘米；石印本，綫裝。

二冊　存三卷（三至五）

0223　350000-2016-0000373　甲8　經部/詩類/傳說之屬

**陈氏毛詩五種**　（清）陳奐撰　民國影印本　版框高16.4厘米，寬12.1厘米；开本高20厘米，寬13.5厘米；陳氏毛詩五種，影印本，上下黑口，左右雙邊，綫裝。

六冊　缺七卷（傳疏卷十至十五、十九）

0224　350000-2016-0000097　甲9　經部/詩類/傳說之屬

**詩經白話註解八卷**　不著撰者注　民國七年（1918）上海江東茂記書局石印本　版框高17.4厘米，寬12.7厘米；开本高20.5厘米，寬14.3厘米；石印本，綫裝。

一冊　存二卷（一至二）

0225　350000-2016-0000253　甲10　經部/詩類/傳說之屬

**詩經白話註解八卷**　不著撰者注　民國七年（1918）上海江東茂記書局石印本　版框高17厘米，寬12厘米；开本高20厘米，寬13.5厘米；石印本，綫裝。

一冊　存三卷（六至八）

0226　350000-2016-0000254　甲11　經部/詩類/傳說之屬

**詩經白話註解八卷**　不著撰者　民國江東茂记書局石印本　版框高16.8厘米，寬12厘米；开本高19.8厘米，寬13.4厘米；石印本，白口，四周單邊，綫裝。

二冊　存四卷（卷五至八）

0227　350000-2016-0000018　甲12　經部/詩類/傳說之屬

**新註詩經白話解八卷**　洪子良編纂　民國上海中原書局石印本　版框高17.1厘米，寬12厘米；开本高20.4厘米，寬13.5厘米；石印本，十二行，行二十三字，小字雙行，行四十六字，下黑口，四周雙邊，綫裝。

三冊　存六卷（三至八）

0228　350000-2016-0000101　甲13　經部/詩類/傳說之屬

**五彩繪圖監本詩經八卷**　不著撰者　民國上海錦章書局石印本　版框高17.9厘米，寬12.5厘米；开本高20.4厘米，寬13.5厘米；石印本，綫裝。

一冊　存二卷（三至四）

0229　350000-2016-0000327　甲14　經部/春秋左傳類/傳說之屬

**春秋左傳五十卷**　（齊）杜預注釋　（宋）林堯叟注釋　（唐）陸德明音義　民國上海商務印書館鉛印本　版框高15.8厘米，寬11.7厘米；开本高20厘米，寬13.5厘米；鉛印本，白口，四周雙邊，綫裝。

十册　存四十三卷（四至三十三、三十八至五十）

0230　350000-2016-0000360　甲15　經部/春秋左傳類/傳説之屬

**曲江書屋新訂批註左傳快讀十八卷首一卷**　（晉）杜預注釋　（唐）陸德明音義　（宋）林堯叟　（宋）朱申參注　（清）李紹崧選訂　民國石印本　版框高17.3厘米，寬12厘米；开本高20厘米，寬13.5厘米；石印本，白口，四周雙邊，綫裝。

二册　存四卷（九至十二）

0231　350000-2016-0000112　甲16　經部/春秋左傳類/傳説之屬

**評點春秋綱目左傳句解彙雋六卷**　（清）韓菼重訂　民國五年（1916）上海章福記書局石印本　版框高17.6厘米，寬12厘米；开本高20厘米，寬13.5厘米；石印本，白口，四周雙邊，綫裝。

四册　存五卷（二至六）

0232　350000-2016-0000130　甲17　經部/春秋左傳類/傳説之屬

**評點春秋綱目左傳句解彙雋六卷**　（清）韓菼重訂　民國五年（1916）上海章福記書局石印本　版框高18.1厘米，寬11.5厘米；开本高20.4厘米，寬13.5厘米；石印本，白口，四周雙邊，綫裝。

四册　存五卷（一至二、四至六）

0233　350000-2016-0000193　甲18　經部/春秋左傳類/傳説之屬

**評點春秋左傳綱目句解彙雋六卷**　（清）韓菼重訂　民國石印本　白口，四周雙邊。

一册　存三卷（四至六）

0234　350000-2016-0000135　甲19　經部/春秋左傳類/傳説之屬

**評點春秋綱目左傳句解彙雋六卷**　（清）韓菼重訂　民國九年（1920）上海天寶書局石印本　版框高18厘米，寬11.8厘米；开本高20厘米，寬13.5厘米；石印本，白口，四周雙邊，綫裝。

五册　存二卷（一至二）

0235　350000-2016-0000177　甲20　經部/春秋左傳類/傳説之屬

**評點春秋綱目左傳句解彙雋六卷**　（清）韓菼重訂　民國九年（1920）上海天寶書局石印本　版框高18厘米，寬11.8厘米；开本高20.4厘米，寬13.3厘米；石印本，白口，四周雙邊，綫裝。

五冊　存一卷（一）

0236　350000-2016-0000182　甲21　經部/春秋左傳類/傳説之屬

**評點春秋綱目左傳句解彙雋六卷**　（清）韓菼重訂　民國九年（1920）上海天寶書局石印本　版框高18厘米，寬12厘米；开本高20.8厘米，寬13.5厘米；石印本，白口，四周雙邊，綫裝。

五冊　存五卷（一至五）

0237　350000-2016-0000161　甲22　經部/春秋左傳類/傳説之屬

**評點春秋綱目左傳句解彙雋六卷**　（清）韓菼重訂　民國九年（1920）上海天寶書局石印本　版框高17.9厘米，寬11.8厘米；开本高20.4厘米，寬13.4厘米；石印本，白口，四周雙邊，綫裝。

五冊　存三卷（一至三）

0238　350000-2016-0000316　甲23　經部/春秋左傳類/傳説之屬

**春秋左傳句解六卷**　（清）韓菼重訂　民國上海商務印書館鉛印本　版框高16厘米，寬11.5厘米；开本高20.3厘米，寬13.5厘米；鉛印本，下黑口，四周雙邊，綫裝。

二冊

0239　350000-2016-0000264　甲24　經部/春秋左傳類/傳説之屬

**言文對照左傳句解六卷**　上海廣益書局編譯　民國二十三年（1934）上海廣益書局石印本　版框高16.3厘米，寬11.1厘米；开本高20厘米，寬13.5厘米；石印本，下黑口，四周單邊，綫裝。

四冊　存四卷（一至二、五至六）

0240　350000-2016-0000267　甲25　經部/春秋左傳類/傳説之屬

**言文對照左傳句解六卷**　上海廣益書局編譯　民國二十三年（1934）上海廣益書局石印本　版框高16.5厘米，寬11.3厘米；开本高20厘米，寬13厘米；石印本，下黑口，四周單邊，綫裝。

六冊

0241　350000-2016-0000268　甲26　經部/春秋左傳類/傳説之屬

**言文對照左傳句解六卷**　上海廣益書局編譯　民國十七年（1928）上海廣益書局石印本　版框高16.6厘米，寬11.4厘米；开本高20.5厘米，寬13厘米；石印本。

四冊　存四卷（一、四至六）

0242　350000-2016-0000262　甲27　經部/春秋左傳類/傳說之屬

**言文對照左傳句解六卷**　上海廣益書局編譯　民國二十四年（1935）上海廣益書局石印本　版框高16.2厘米，寬11厘米；开本高20厘米，寬13.5厘米；石印本。

五冊　存五卷（二至六）

0243　350000-2016-0000393　甲28　經部/春秋左傳類/傳說之屬

**分段加評註釋東萊博議四卷**　（宋）呂祖謙撰　（清）劉紫山輯注　（清）許慕羲加評　民國十三年（1924）上海廣益書局石印本　版框高17厘米，寬11.4厘米；开本高20厘米，寬13.5厘米；石印本，綫裝。

一冊　存一卷（一）

0244　350000-2016-0000022　甲29　經部/春秋左傳類/傳說之屬

**分段加評註釋東萊博議四卷**　（宋）呂祖謙撰　（清）劉紫山輯注　（清）許慕羲加評　民國十三年（1924）上海廣益書局石印本　版框高17厘米，寬11.5厘米；开本高20.3厘米，寬13厘米；石印本，綫裝。

三冊　存三卷（一至三）

0245　350000-2016-0000020　甲30　經部/春秋左傳類/傳說之屬

**分段加評註釋東萊博議四卷**　（宋）呂祖謙撰　（清）劉紫山輯注　（清）許慕羲加評　民國十三年（1924）上海廣益書局石印本　版框高17厘米，寬11.4厘米；开本高20厘米，寬13.5厘米；石印本，綫裝。

四冊

0246　350000-2016-0000303　甲31　經部/春秋左傳類/傳說之屬

**加批輯註東萊博議四卷**　（宋）呂祖謙撰　（清）劉鍾英輯注　民國十二年（1923）上海掃葉山房石印本　版框高16厘米，寬11.4厘米；开本高20厘米，寬13.5厘米；石印本，白口，四周雙邊，綫裝。

二冊　存二卷（一、三）

0247　350000-2016-0000281　甲32　經部/春秋左傳類/傳說之屬

**左傳菁華錄二十四卷**　（清）吴曾祺評注　民國商務印書館鉛印本　版框高15.6厘米，寬11.1厘米；开本高19.8厘米，寬13.5厘米；鉛印本，白口，四周單邊，綫裝。

一冊　存四卷（十七至二十）

0248　350000-2016-0000278　甲33　經部/春秋左傳類/傳說之屬

**左傳菁華錄二十四卷**　（清）吴曾祺評注　民國商務印書館鉛印本　版框高15.5厘米，寬11厘米；开本高20厘米，寬13.3厘米；鉛印本，白口，四周單邊，綫裝。

三册　存十二卷（一至八、十七至二十）

0249　350000-2016-0000311　甲34　經部/春秋左傳類/傳說之屬

**新式標點白話譯註春秋左傳六卷**　周樂山編譯　民國十五年（1926）上海中原書局石印本　版框高17厘米，寬11.5厘米；开本高20.2厘米，寬13.8厘米；石印本，上下黑口，四周單邊，綫裝。

二册　存二卷（一、五）

0250　350000-2016-0000364　甲35　經部/春秋左傳類/傳說之屬

**言文對照左傳評註讀本不分卷**　秦同培輯　民國十三年（1924）上海世界書局石印本　版框高17厘米，寬11.3厘米；开本高20厘米，寬13.5厘米；石印本，下黑口，四周單邊，綫裝。

一册

0251　350000-2016-0000314　甲36　經部/春秋公羊傳類/傳說之屬

**春秋公羊傳二十八卷**　（漢）何休注　（唐）陸德明音義　民國五年（1916）大成書局石印本　版框高17.5厘米，寬12.3厘米；开本高20厘米，寬13.5厘米；石印本，白口，四周雙邊，綫裝。

三册　存九卷（一至三、六至十一）

0252　350000-2016-0000449　甲37　經部/春秋公羊傳類/傳說之屬

**春秋公羊傳讀本十二卷**　（漢）何休解詁　（唐）陸德明音義　**重刊宋紹熙公羊傳注附音本校記一卷**　（清）魏彦撰　民國十三經讀本石印本　版框高17.4厘米，寬12.1厘米；开本高20厘米，寬13.4厘米；十三經讀本，石印本，綫裝。

一册　存一卷（重刊宋紹熙公羊傳注附音本校記一卷）

0253　350000-2016-0000042　甲38　經部/羣經總義類/傳說之屬

**經學通論五卷**　（清）皮錫瑞撰　民國十三年（1924）上海商務印書館石印本　版框高14.1厘米，寬10.1厘米；开本高20厘米，寬13.5厘米；石印本，白口，左右雙邊，綫裝。

一册　存二卷（三禮通論卷、春秋通論卷）

0254　350000-2016-0000039　甲39　經部/羣經總義類/授受源流之屬

**經學歷史不分卷**　（清）皮錫瑞撰　民國十九年（1930）上海掃葉山房石印本　版框高16.6厘米，寬11.6厘米；开本高20.5厘米，寬13.4厘米；石印本，白口，左右雙邊，綫裝。

二册

0255　350000-2016-0000435　甲40　經部/四書類/孟子之屬/傳說

**增補蘇批孟子二卷孟子年譜一卷**　（宋）蘇洵批　（清）趙大浣增補　民國石印本　版框高15.2厘米，寬11.5厘米；开本高20厘米，寬13厘米；石印本，上下黑口，四周雙邊，綫裝。

一册　存一卷（下孟）

0256　350000-2016-0000416　甲41　經部/四書類/孟子之屬/傳說

**增補蘇批孟子二卷孟子年譜一卷**　（宋）蘇洵批　（清）趙大浣增補　民國石印本　版框高15.1厘米，寬11.5厘米；开本高20.3厘米，寬13.5厘米；石印本，上下黑口，四周雙邊，綫裝。

一册　存二卷（孟子二卷）

0257　350000-2016-0000173　甲42　經部/四書類/總義之屬/傳說

**四書集註十九卷**　（宋）朱熹集注　民國上海大文書局石印本　版框高16.4厘米，寬12.1厘米；开本高19厘米，寬13.4厘米；石印本，白口，四周雙邊，綫裝。

一册　存三卷（孟子卷一至三）

0258　350000-2016-0000222　甲43　經部/四書類/總義之屬/傳說

**四書集註十九卷**　（宋）朱熹撰　王文英校　民國二十五年（1636）上海廣益書局石印本　版框高15.1厘米，寬12厘米；开本高18.6厘米，寬13.4厘米；石印本，綫裝。

一册　存二卷（卷四至五）

0259　350000-2016-0000451　甲44　經部/四書類/總義之屬/傳說

**四書集註十九卷**　（宋）朱熹撰　民國上海錦章書局石印本　版框高17.1厘米，寬12.2厘米；开本高20.5厘米，寬13.5厘米；石印本，綫裝。

一册　存二卷（大學一，中庸一）存二卷（大學一，中庸一）

0260　350000-2016-0000125　甲45　經部/四書類/總義之屬/傳說

**四書集註十九卷**　（宋）朱熹撰　民國十六年（1927）上海昌文書局石印本　版

框高17.4厘米，寬12.2厘米；开本高20厘米，寬13.5厘米；石印本，白口，四周雙邊，綫裝。

五冊　存十四卷（大學一卷、中庸一卷、孟子一至七、論語一至五）

0261　350000-2016-0000126　甲46　經部/四書類/總義之屬/傳説

**四書集註十九卷**　（宋）朱熹撰　民國十六年（1927）上海昌文書局石印本　版框高17.4厘米，寬12.2厘米；开本高20厘米，寬13.4厘米；石印本，白口，四周雙邊，綫裝。

三冊　存十卷（大學章句一卷、中庸章句一卷、論語集註一至五、孟子集註一至三）

0262　350000-2016-0000341　甲47　經部/四書類/總義之屬/傳説

**四書集註十九卷**　（宋）朱熹撰　民國十六年（1927）上海昌文書局石印本　版框高17.3厘米，寬12厘米；开本高20厘米，寬13.5厘米；石印本，白口，四周雙邊，綫裝。

三冊　存十卷（論語集註六至十、孟子集註一至五）

0263　350000-2016-0000164　甲48　經部/四書類/總義之屬/傳説

**四書集註十九卷**　（宋）朱熹撰　民國上海沈鶴記書局石印本　版框高16.5厘米，寬11.8厘米；开本高20.3厘米，寬13.7厘米；石印本，白口，四周單邊，綫裝。

三冊　存十一卷（中庸章句一卷，論語集註一至五，孟子集註一至三、六至七）

0264　350000-2016-0000452　甲49　經部/四書類/總義之屬/傳説

**四書集註十九卷**　（宋）朱熹撰　民國二十八年（1939）上海文華書局石印本　版框高17.7厘米，寬12.2厘米；开本高19.5厘米，寬13厘米；石印本，綫裝。

二冊　存五卷（孟子集註一至五）

0265　350000-2016-0000445　甲50　經部/四書類/總義之屬/傳説

**新訂四書補註備旨十卷**　（清）鄧林著　民國影印本　版框高17.1厘米，寬11.8厘米；开本高20厘米，寬13.5厘米；影印本，綫裝。

二冊　存三卷（上孟一至二，下孟四）

0266　350000-2016-0000375　甲51　經部/四書類/總義之屬/傳説

**新註四書白話解説三十六卷**　江希張注　民國九年（1920）上海書業公所石印本　版框高16.7厘米，寬11.6厘米；开本高20厘米，寬13.5厘米；石印本，上下黑口，四周雙邊，綫裝。

四冊　存十卷（中庸一卷，論語六至十，孟子一至二、十一至十二）

0267　350000-2016-0000122　甲52　經部/四書類/總義之屬/傳說

**新註四書白話解說三十六卷**　江希張注　民國九年（1920）上海書業公所石印本　版框高16.9厘米，寬11.7厘米；开本高20厘米，寬13.5厘米；石印本，上下黑口，四周雙邊，綫裝。

四冊　存二十卷（大學一卷、論語十至二十、孟子一至六、十三至十四）

0268　350000-2016-0000203　甲53　經部/四書類/總義之屬/傳說

**注音字母增批大字繪圖四書白話句解二十卷**　不著撰者　民國上海沈鶴記書局石印本　版框高16.6厘米，寬12厘米；开本高20厘米，寬13.3厘米；石印本，綫裝。

六冊　存六卷（中庸一，論語一、三，孟子一、三、七）

0269　350000-2016-0000438　甲54　經部/小學類/文字之屬/字書/字典

**中華新字典**　王文濡　張廷華等編纂　民國石印本　版框高17.1厘米，寬11.5厘米；开本高20厘米，寬13.5厘米；石印本，綫裝。

一冊

0270　350000-2016-0000433　甲55　經部/小學類/文字之屬/字書/訓蒙

**繪圖增補益幼雜字一卷**　（□）□□纂　民國鑄記書局石印本　版框高18厘米，寬12.5厘米；开本高20厘米，寬13.4厘米；石印本，白口，四周單邊，綫裝。

一冊

0271　350000-2016-0000038　甲56　經部/小學類/音韻之屬/韻書

**廣韻五卷**　（宋）陳彭年等重修　**附校札一卷**　（清）黎庶昌撰　民國上海商務印書館石印本　版框高16厘米，寬11.2厘米；开本高20厘米，寬13厘米；石印本，白口，左右雙邊，綫裝。

三冊　缺二卷（卷三至四）

0272　350000-2016-0000002　乙1　史部/紀傳類/正史之屬

**三國志六十五卷考證六十五卷**　（晉）陳壽撰　（南朝宋）裴松之注　民國中華圖書館石印本　版框高17.2厘米，寬11.7厘米；开本高20厘米，寬13.2厘米；二十四史，石印本，白口，四周雙邊，綫裝。

一冊　存三卷（一至三）

0273　350000-2016-0000385　乙2　**史部/編年類/通代之屬**

**御批增補了凡綱鑑四十卷**　（宋）司馬光撰　（宋）朱熹綱目　（明）袁黄編纂　（清）李遜齋重校　民國上海著易堂石印本　版框高16.2厘米，寬11.7厘米；开本高20厘米，寬13.1厘米；石印本，白口，四周雙邊，綫裝。

一册　存十五卷（二十六至四十）

0274　350000-2016-0000172　乙3　**史部/編年類/通代之屬**

**增評加批歷史綱鑑補三十九卷首一卷**　（宋）司馬光撰　（宋）朱熹綱目　（明）袁黄　（明）王世貞纂　**資治明紀綱目二十卷三編一卷**　（清）張廷玉等撰　民國上海錦章書局石印本　版框高16.9厘米，寬12.1厘米；开本高20厘米，寬13.5厘米；石印本，綫裝。

一册　存二卷（三十三至三十四）

0275　350000-2016-0000350　乙4　**史部/編年類/通代之屬**

**增評加批歷史綱鑑補三十九卷首一卷**　（宋）司馬光撰　（宋）朱熹綱目　（明）袁黄　（明）王世貞纂　**資治明紀綱目二十卷三編一卷**　（清）張廷玉等撰　民國上海錦章書局石印本　版框高16.5厘米，寬11.8厘米；开本高20厘米，寬13.5厘米；石印本，綫裝。

六册　存十七卷（袁王綱鑑合編二十五至三十二、三十五至三十九，資治明紀綱目一至三）

0276　350000-2016-0000347　乙5　**史部/編年類/通代之屬**

**增評加批歷史綱鑑補三十九卷首一卷**　（宋）司馬光撰　（宋）朱熹綱目　（明）袁黄　（明）王世貞纂　**資治明紀綱目二十卷三編一卷**　（清）張廷玉等撰　民國上海錦章書局石印本　版框高17厘米，寬12厘米；开本高20.2厘米，寬13.5厘米；石印本，綫裝。

七册　存三十八卷（二至三、十至二十四、三十至三十九，資治明紀綱目二十卷，三編一卷）

0277　350000-2016-0000132　乙6　**史部/編年類/通代之屬**

**尺木堂綱鑒易知錄九十二卷明鑒易知錄十五卷**　（清）吴乘權等輯　民國十四年（1925）上海掃葉山房石印本　版框高16.6厘米，寬12.2厘米；开本高20厘米，寬13厘米；石印本，綫裝。

九册　存三十八卷（綱鑒易知錄十四至十八、二十九至三十三、四十七至五十、五十六至六十四，明鑒易知錄一至十五）

0278　350000-2016-0000226　乙7　**史部/編年類/通代之屬**

**增補歷代綱鑑総論二卷**　鴻文書局輯　民國五年（1916）上海鴻文書局石印本　版框高17.1厘米，寬12厘米；开本高20厘米，寬13.4厘米；石印本，白口，四周雙邊，綫裝。

一冊

0279　350000-2016-0000025　乙8　**史部/雜史類/斷代之屬**

**戰國策補註三十三卷**　（漢）高誘注　（民國）吴曾祺編纂　民國九年（1920）上海商務印書館鉛印本　版框高17厘米，寬12厘米；开本高19.8厘米，寬13.1厘米；鉛印本，15行，行30字，白口，四周單邊，綫裝。

二冊　存十五卷（一至七、二十六至三十三）

0280　350000-2016-0000154　乙9　**史部/雜史類/通代之屬**

**路史四十七卷**　（宋）羅泌纂　（宋）羅苹注　民國上海商務印書館鉛印本　版框高15厘米，寬10.7厘米；开本高19.5厘米，寬13.5厘米；四部備要，鉛印本，上下黑口，四周單邊，綫裝。

八冊

0281　350000-2016-0000141　乙10　**史部/史抄類**

**史記菁華錄六卷**　（清）姚祖恩撰　民國三年（1914）上海廣益書局石印本　版框高17.1厘米，寬12.2厘米；开本高20厘米，寬13.5厘米；石印本，白口，左右雙邊，綫裝。

二冊　存二卷（四、六）

0282　350000-2016-0000273　乙11　**史部/史抄類**

**邵氏史記輯評十卷**　（清）邵晉涵撰　民國八年（1919）上海會文堂石印本　版框高16厘米，寬11.5厘米；开本高20厘米，寬13.2厘米；石印本，白口，左右雙邊，綫裝。

三冊　存五卷（卷五至七、九至十）

0283　350000-2016-0000382　乙12　**史部/史抄類**

**通鑑類纂二十卷**　（清）松椿纂　民國上海天章書局石印本　版框高15.6厘米，寬11.2厘米；开本高19.5厘米，寬13厘米；石印本，白口，四周雙邊，綫裝。

三冊　存五卷（卷八、十一、十三至十五）

0284　350000-2016-0000379　乙13　**史部/史抄類**

**校正史略十二卷**　（清）朱坤輯　民國石印本　清光緒三十一年（1905）廣益書

局石印本　版框高12.1厘米，寬8.7厘米；开本高14.8厘米，寬10厘米；石印本，白口，四周雙邊，綫裝。

一册　存二卷（四至五）

**0285　350000-2016-0000107　乙14　史部/史評類/史論之屬**

**最新史事論十二卷**　（清）雷瑨編輯　民國三年（1914）上海掃葉山房石印本　版框高17厘米，寬11.5厘米；开本高20厘米，寬13.5厘米；石印本，綫裝。

三册　存六卷（一至二、五至八）

**0286　350000-2016-0000439　乙15　史部/史評類/史論之屬**

**讀通鑑論十六卷宋論十五卷**　（清）王夫之著　民國會文堂石印本　版框高16.3厘米，寬11.5厘米；开本高20厘米，寬13厘米；石印本，綫裝。

一册

**0287　350000-2016-0000374　乙16　史部/傳記類/總傳之屬/家乘**

**［福建平潭］曹氏族譜不分卷**　闔族纂修　民國稿本　版框高31厘米，寬30厘米；开本高31厘米，寬30厘米；稿本，綫裝。

二册

**0288　350000-2016-0000372　乙17　史部/傳記類/總傳之屬/家乘**

**［福建漳州］曹氏族譜不分卷**　曹祐湘、曹玉盛等纂修　民國二十九年（1940）稿本　版框高31厘米，寬30厘米；开本高31厘米，寬30厘米；稿本，綫裝。

三册

**0289　350000-2016-0000381　乙18　史部/傳記類/總傳之屬/家乘**

**［福建福清］玉桂郭氏族譜不分卷**　（清）郭啓達　（清）郭啓進等脩　郭世燃　郭發鈐　郭發輝等重脩　郭發全等纂整　民國二年（1913）脩三十七年（1948）纂整稿本　版框高28.2厘米，寬32厘米；开本高28.2厘米，寬32厘米；稿本，綫裝。

二册

**0290　350000-2016-0000367　乙19　史部/傳記類/總傳之屬/家乘**

**［福建福清］何氏家譜不分卷**　何賢福、何承後等纂修　民國二十六年（1937）稿本　版框高27.8厘米，寬25.5厘米；开本高27.8厘米，寬25.5厘米；綫裝。

三册

0291　350000-2016-0000228　乙20　**史部/傳記類/總傳之屬/儒林**

**漢學師承記八卷經師經義一卷　宋學淵源記二卷札記一卷**　（清）江藩纂輯　民國上海千頃堂石印本　版框高16.8厘米，寬11.4厘米；开本高20厘米，寬13.4厘米；石印本，綫裝。

三冊　存六卷（漢學師承記一至二、五至六，經師經義一，宋學淵源記上）

0292　350000-2016-0000119　乙21　**史部/政書類/公牘檔冊之屬**

**民國軍民政文牘合編□卷**　上海廣益書局編　民國上海廣益書局石印本　版框高16.8厘米，寬11.9厘米；开本高20.2厘米，寬13.5厘米；石印本，白口，四周單邊，綫裝。

一冊　存一卷（卷二）

0293　350000-2016-0000036　乙22　**史部/地理類/方志之屬/通志**

**［民國］福建通志五十一總卷六十一分卷**　李厚基修　沈瑜慶、陳衍等纂　民國二十七年（1938）福州刻本　版框高23厘米，寬15.5厘米；开本高28厘米，寬18.5厘米；刻本，十三行，行二十八字，白口，四周單邊，綫裝。

一百冊

0294　350000-2016-0000051　乙23　**史部/地理類/方志之屬/通志**

**最新語體福建鄉土教科書四冊**　潘守正、彭傳珍編輯　民國十九年（1930）福州洛陽書社鉛印本　版框高16厘米，寬10.5厘米；开本高18厘米，寬12.6厘米；鉛印本，8行，行16字，小字雙行，行16字，白口，四周雙邊，綫裝。

一冊　存二冊（三至四）

0295　350000-2016-0000200　乙24　**史部/地理類/方志之屬/郡縣志**

**［民國］福清縣志□□卷**　福清縣修志委員會纂修　民國（1911—1949）稿本　版框高21厘米，寬14厘米；开本高26厘米，寬15厘米；稿本，綫裝。

五冊　存五冊（學術、儒行、仕績、選舉、古跡古物）

0296　350000-2016-0000249　乙25　**史部/地理類/方志之屬/郡縣志**

**［民國］福清縣志□□卷**　福清縣修志委員會纂修　謄清稿本　版框高26厘米，寬16.5厘米；开本高26厘米，寬16.5厘米；稿本，綫裝。

一冊　存十卷（列傳一、良吏一、儒林一、文苑一、忠節一、外傳一、孝義一、隱逸一、藝術一、僑寓一）

0297　350000-2016-0000279　乙26　**史部/地理類/方志之屬/郡縣志**

**［民國］長樂縣志三十卷首一卷**　孟昭涵修　李駒等纂　民國六年（1917）鉛印本　版框高20厘米，寬14.6厘米；开本高27.5厘米，寬18.5厘米；鉛印本，綫裝。

十一册　存三十卷（一至三十）

0298　350000-2016-0000151　乙27　**史部/目録類/總録之屬/官修**

**欽定四庫全書簡明目録二十卷首一卷**　（清）紀昀等纂　**四庫未收書目提要五卷**　（清）阮元撰　民國十四年（1925）掃葉山房石印本　版框高16.1厘米，寬11.6厘米；开本高20厘米，寬13.4厘米；石印本，綫裝。

七册　存二十卷（簡明目録一至三、七至十七、首一卷，四庫未收書目提要五卷）

0299　350000-2016-0000369　乙28　**史部/目録類/書志之屬/提要**

**讀書敏求記四卷**　（清）錢曾撰　民國上海掃葉山房石印本　版框高16.5厘米，寬11.8厘米；开本高20厘米，寬13厘米；石印本，白口，左右雙邊，綫裝。

一册　存一卷（卷三）

0300　350000-2016-0000159　丙1　**子部/叢編**

**百子全書一百一種**　（清）崇文書局編　民國四年（1915）上海掃葉山房石印本　版框高16.7厘米，寬11.8厘米；开本高19.8厘米，寬13.3厘米；石印本，綫裝。

七十六册　缺二十三卷（荀子中、下，方言十一至十三，潛夫論十卷，申鑒五卷，文中子中説一卷，續孟子二卷）

0301　350000-2016-0000256　丙2　**子部/叢編**

**三十六子全書**　掃葉山房輯　民國掃葉山房石印本　版框高16.8厘米，寬11.8厘米；开本高19.8厘米，寬13.2厘米；韓非子二十卷　||韓非子識誤三卷　（清）顧廣圻撰　||尸子一卷存疑一卷　（清）汪繼培輯　||山海經十八卷（存一至四）　（晉）郭璞傳　（清）畢沅校正　石印本，綫裝。

十册　存五種四十七卷（孔子集語六至十七、商君書五卷附攷一卷、尸子一卷存疑一卷、韓非子二十卷識誤三卷、山海經一至四）

0302　350000-2016-0000061　丙3　**子部/儒家類/儒家之屬**

**孔子家語十卷**　（三國魏）王肅注　民國三年（1914）上海掃葉山房石印本　版框高16.8厘米，寬12厘米；开本高20厘米，寬13.2厘米；百子全書，石印本，白口，左右雙邊，綫裝。

一冊

0303　350000-2016-0000041　丙4　子部/儒家類/儒家之屬

**孔子家語十卷**　（三國魏）王肅注　民國影印本　版框高14.4厘米，寬10.8厘米；开本高20.2厘米，寬13.2厘米；影印本，白口，四周單邊，綫裝。

三冊　存六卷（卷三至六、卷九至十）

0304　350000-2016-0000021　丙5　子部/儒家類/儒學之屬/經濟

**賈子新書十卷**　（漢）賈誼撰　民國上海埽葉山房石印百子全書本　版框高16.6厘米，寬11.7厘米；开本高19.5厘米，寬13.3厘米；鉛印本，十四行，行三十二字，白口，四周雙邊，綫裝。

一冊

0305　350000-2016-0000336　丙6　子部/儒家類/儒學之屬/經濟

**修齊治平語錄一卷**　吴中柱錄　民國二十三年（1934）上海啓智書局鉛印本　版框高18.5厘米，寬12.5厘米；开本高18.5厘米，寬12.5厘米；鉛印本，綫裝。

一冊

0306　350000-2016-0000266　丙7　子部/儒家類/儒學之屬/性理

**近思錄十四卷**　（清）江永集注　**校勘記一卷**　（清）王炳録　**考訂朱子世家一卷**　（清）江永著　民國上海鴻章書局石印本　版框高17.2厘米，寬11.7厘米；开本高20厘米，寬13.2厘米；石印本，綫裝。

四冊

0307　350000-2016-0000070　丙8　子部/儒家類/儒學之屬/性理

**近思錄十四卷**　（清）江永集注　**校勘記一卷**　（清）王炳録　**考訂朱子世家一卷**　（清）江永著　民國上海掃葉山房石印本　版框高17厘米，寬12.2厘米；开本高20厘米，寬13.2厘米；石印本，綫裝。

二冊　存十二卷（三至十四）

0308　350000-2016-0000211　丙9　子部/儒家類/儒學之屬/性理

**泰和會語一卷宜山會語一卷附錄一卷**　馬浮撰　民國二十八年（1939）刻本　版框高16厘米，寬12厘米；开本高25.5厘米，寬15厘米；刻本，綫裝。

一冊

0309　350000-2016-0000238　丙10　子部/儒家類/儒學之屬/蒙學

**新增繪圖幼學故事瓊林四卷首一卷**　（明）程登吉原本　（清）鄒聖脈增補　**初等學堂尺牘二卷**　（□）□□輯　**增補同音字類標韻不分卷**　（□）□□纂　民國昌文書局石印本　版框高22.5厘米，寬14厘米；开本高26厘米，寬15.2厘米；石印本，綫裝。

一册

0310　350000-2016-0000241　丙11　子部/儒家類/儒學之屬/蒙學

**新增繪圖幼學故事瓊林四卷首一卷**　（明）程登吉原本　（清）鄒聖脈增補　**新增應酬彙選四卷**　（□）□□輯　**攷正字彙不分卷**　（□）□□纂　民國五年（1916）蘭青齋石印本　版框高22厘米，寬13.4厘米；开本高26.5厘米，寬15厘米；石印本，綫裝。

一册　存七卷（幼學故事瓊林一至三、首一卷，應酬彙選一至三）

0311　350000-2016-0000236　丙12　子部/儒家類/儒學之屬/蒙學

**新增繪圖幼學故事瓊林四卷首一卷**　（明）程登吉原本　（清）鄒聖脈增補　**新增應酬彙選四卷**　（□）□□輯　**攷正字彙不分卷**　（□）□□纂　民國五年（1916）蘭青齋石印本　版框高21.8厘米，寬13.2厘米；开本高26.5厘米，寬15.5厘米；石印本，綫裝。

一册

0312　350000-2016-0000243　丙13　子部/儒家類/儒學之屬/蒙學

**新增繪圖幼學故事瓊林四卷首一卷**　（明）程登吉原本　（清）鄒聖脈增補　**普通新字彙不分卷**　（□）□□輯　**最新尺牘不分卷**　（□）□□輯　民國民國石印本　版框高22.5厘米，寬14.2厘米；开本高26.5厘米，寬15.5厘米；石印本，綫裝。

一册　存一卷（二）

0313　350000-2016-0000147　丙14　子部/儒家類/儒學之屬/俗訓

**身世寶鑑一卷**　（清）李迪光輯　民國八年（1919）上海謝文益印刷所石印本　版框高20.5厘米，寬15厘米；开本高26.5厘米，寬17厘米；石印本，白口，四周雙邊，綫裝。

一册

0314　350000-2016-0000431　丙15　子部/儒家類/儒學之屬/俗訓

**益世良言一卷**　（□）□□纂　民國十七年（1928）上海宏大善書局石印本　版框高17厘米，寬12.3厘米；开本高20厘米，寬13.5厘米；石印本，白口，四周雙邊，綫裝。

一冊

0315　350000-2016-0000229　丙16　子部/道家類

**莊子解三十三卷**　（清）王夫之解　（清）王敔增注　民國二十二年（1933）上海太平洋書店石印船山遺書本　版框高15.4厘米，寬10.8厘米；开本高18.5厘米，寬12.4厘米；船山遺書，石印本，上下黑口，四周單邊，綫裝。

一冊　存二十卷（卷一至二十）

0316　350000-2016-0000234　丙17　子部/道家類

**莊子集釋十卷**　（清）郭慶藩輯　民國上海掃葉山房石印本　版框高16.1厘米，寬11.5厘米；开本高20厘米，寬13.5厘米；石印本，白口，左右雙邊，綫裝。

一冊　存一卷（卷一）

0317　350000-2016-0000232　丙18　子部/道家類

**莊子集釋十卷**　（清）郭慶藩輯　民國十二年（1923）上海掃葉山房石印本　版框高16.2厘米，寬11.2厘米；开本高20厘米，寬13.4厘米；石印本，白口，左右雙邊，綫裝。

四冊　存五卷（卷一至四、卷六）

0318　350000-2016-0000405　丙19　子部/兵家類/兵法之屬

**讀史兵略四十六卷**　（清）胡林翼撰　民國石印本　版框高16.8厘米，寬11.2厘米；开本高20厘米，寬13.1厘米；石印本，白口，四周雙邊，綫裝。

一冊　存三卷（卷七至九）

0319　350000-2016-0000289　丙20　子部/醫家類/喉科口齒之屬

**重樓玉鑰四卷**　（清）鄭梅澗撰　民國九年（1920）上海章福記石印本　版框高17.4厘米，寬12厘米；开本高20厘米，寬13.5厘米；石印本，白口，四周雙邊，綫裝。

一冊　存一卷（四）

0320　350000-2016-0000363　丙21　子部/雜著類/雜説之屬

**重論文齋筆錄十二卷**　（清）王端履輯　民國上海文明書局石印本　版框高13厘米，寬9.1厘米；开本高15.5厘米，寬10.5厘米；石印本，上下黑口，四周雙邊，綫裝。

一冊　存四卷（卷五至八）

0321　350000-2016-0000080　丙22　子部/小説家類/雜事之屬

**觚賸八卷續編四卷**　（清）鈕銹輯　民國上海進步書局石印本　版框高13厘米，

寬8厘米；开本高15.3厘米，寬10厘米；石印本，綫裝。

一册　存四卷（觚賸一至四）

0322　350000-2016-0000150　丙23　**子部/術數類/相宅相墓之屬**

**入地眼全書圖說十卷**　（清）萬樹華等編纂　民國四年（1915）上海廣益書局石印本　版框高16.8厘米，寬11.9厘米；开本高19.5厘米，寬13.6厘米；石印本，白口，四周單邊，綫裝。

一册

0323　350000-2016-0000413　丙24　**子部/藝術類/遊藝之屬/詩鐘**

**壺天笙鶴初集二卷**　林幼泉彙輯　**雪鴻初集十卷續集七卷**　（清）黄中選　民國五年（1916）石印本　版框高17.4厘米，寬12.3厘米；开本高20厘米，寬13.5厘米；石印本，白口，四周雙邊，綫裝。

二册　存九卷（壺天笙鶴初集二卷、雪鴻續集七卷）

0324　350000-2016-0000230　丙25　**子部/宗教類/佛教之屬**

**重鐫玉歷因果圖證四卷**　（□）□□撰　民國九年（1920）合川會善堂刻本　版框高20厘米，寬13.2厘米；开本高24.5厘米，寬16.5厘米；刻本，上下黑口，四周單邊，綫裝。

四册

0325　350000-2016-0000217　丙26　**子部/宗教類/佛教之屬**

**壽康寶鑑一卷**　釋印光增訂　民國十六年（1927）浙江印刷公司善書部鉛印本　版框高20厘米，寬12.8厘米；开本高24.5厘米，寬14.5厘米；鉛印本，白口，四周單邊，綫裝。

一册

0326　350000-2016-0000358　丙27　**子部/宗教類/佛教之屬**

**觀世音菩薩靈異記二卷**　萬鈞編　民國十五年（1926）中央刻經院鉛印本　版框高16.1厘米，寬11厘米；开本高20厘米，寬12.7厘米；鉛印本，綫裝。

一册

0327　350000-2016-0000371　丙28　**子部/宗教類/佛教之屬**

**大悲觀音靈感錄一卷**　釋性天編輯　民國三十六年（1947）福華隆書局鉛印本　版框高15.5厘米，寬10.5厘米；开本高19厘米，寬12.5厘米；鉛印本，白口，四周雙邊，綫裝。

一冊

0328　350000-2016-0000082　丙29　子部/宗教類/佛教之屬

**十王寶懺□卷**　（□）□□輯　民國抄本　版框高23.5厘米，寬12.8厘米；开本高23.5厘米，寬12.8厘米；抄本，綫裝。

一冊　存一卷（卷上）

0329　350000-2016-0000331　丙30　子部/宗教類/佛教之屬/經

**觀世音經箋註一卷**　（後秦）釋鳩摩羅什譯　丁福保箋注　民國上海醫學書局鉛印佛學叢書本　版框高17.3厘米，寬12.2厘米；开本高26.5厘米，寬15厘米；佛學叢書，鉛印本，綫裝。

一冊

0330　350000-2016-0000295　丙31　子部/宗教類/道教之屬

**主師秘決科文一卷**　林述香譯　民國抄本　版框高25厘米，寬13.2厘米；开本高25厘米，寬13.2厘米；抄本，綫裝。

一冊

0331　350000-2016-0000199　丙32　子部/宗教類/道教之屬

**增經敬竈全書一卷**　（□）□□纂　民國十七年（1928）上海宏大善書局石印本　版框高16.6厘米，寬12.1厘米；开本高20厘米，寬13.5厘米；石印本，白口，左右雙邊，綫裝。

一冊

0332　350000-2016-0000240　丙33　子部/宗教類/道教之屬

**關帝明聖經一卷**　（□）□□纂　民國十三年（1924）上海鴻寶齋書局石印本　版框高17厘米，寬11.7厘米；开本高20厘米，寬13.5厘米；石印本，白口，四周雙邊，綫裝。

一冊

0333　350000-2016-0000403　丙34　子部/宗教類/道教之屬

**關聖帝君覺世經奉行錄一卷**　（□）□□纂　民國上海宏文善書局石印本　版框高17厘米，寬11.5厘米；开本高20.3厘米，寬13.5厘米；石印本，白口，四周雙邊，綫裝。

一冊

0334　350000-2016-0000247　丙35　子部/宗教類/道教之屬/經文

**彙纂玉皇心印妙經大全□卷**　（清）通虛子彙輯　民國七年（1918）刻本　版框高20.5厘米，寬13厘米；开本高24.5厘米，寬16厘米；刻本　白口，四周單邊，綫裝。

一冊　存一卷（九）

0335　350000-2016-0000246　丙36　子部/宗教類/道教之屬/經文

**彙纂玉皇心印妙經大全□卷**　（清）通虛子彙輯　民國七年（1918）刻本　版框高21厘米，寬12.6厘米；开本高25厘米，寬16.3厘米；刻本　白口，四周單邊，綫裝。

一冊　存一卷（九）

0336　350000-2016-0000157　丙37　子部/宗教類/道教之屬/衆術

**參同契闡幽二卷**　（清）朱元育撰　民國八年（1919）合川會善堂刻重刊道藏輯要本　版框高21.5厘米，寬13厘米；开本高24.5厘米，寬16.5厘米；重刊道藏輯要，刻本，白口，四周單邊，綫裝。

二冊

0337　350000-2016-0000326　丙38　子部/宗教類/其他宗教之屬/基督教

**經訓類纂五卷**　丁良才撰　民國十三年（1924）上海漢口聖教印書局鉛印本　版框高19.5厘米，寬13厘米；开本高24.5厘米，寬15厘米；鉛印本，綫裝。

二冊

0338　350000-2016-0000450　丙39　子部/宗教類/其他宗教之屬/基督教

**普天頌讚不分卷**　六公會聯合聖歌委員會編　民國三十二年（1943）閩北基督教聖書協會鉛印本　版框高14.5厘米，寬10.2厘米；开本高18厘米，寬13厘米；鉛印本，綫裝。

一冊

0339　350000-2016-0000292　丙40　子部/宗教類/其他宗教之屬/基督教

**耶墨衡論五卷首一卷**　黄治基纂述　民國元年（1912）福州美華書局鉛印本　版框高19.9厘米，寬12.8厘米；开本高25厘米，寬15厘米；鉛印本，綫裝。

一冊　存四卷（首一，一至四）

0340　350000-2016-0000298　丁1　集部/別集類

**種竹山房詩鈔三卷**　鄭祖蔭撰　民國種竹山房鉛印本　版框高16厘米，寬11厘米；开本高20厘米，寬13.8厘米；鉛印本，白口，四周單邊，綫裝。

一冊

0341　350000-2016-0000297　丁2　集部/別集類

**梁任公書牘二卷**　梁啓超撰　民國十年（1921）上海文瑞樓書莊石印本　版框高17厘米，寬11.7厘米；开本高20厘米，寬13.5厘米；石印本，下黑口四周雙邊，綫裝。

一冊

0342　350000-2016-0000332　丁3　集部/別集類/清別集

**梅村詩集箋注十八卷**　（清）吴偉業撰　（清）吴翌鳳箋注　民國中華圖書館影印本　版框高16.8厘米，寬11.8厘米；开本高20.3厘米，寬13.5厘米；影印本，白口，四周單邊，綫裝。

四冊　存八卷（一至二、五至八、十六至十八）

0343　350000-2016-0000216　丁4　集部/別集類/清別集

**戴南山文鈔六卷**　（清）戴名世撰　民國上海廣益書局石印本　版框高17厘米，寬12厘米；开本高20厘米，寬13厘米；石印本，上下黑口，四周雙邊，綫裝。

五冊　存五卷（二至六）

0344　350000-2016-0000006　丁5　集部/別集類/清別集

**音注梅伯言文一卷**　（清）梅曾亮撰　（清）沈伯經音注　王益吾選　民國12年（1923）上海文明書局石印本　版框高16厘米，寬11厘米；开本高20厘米，寬13.5厘米；石印本，綫裝。

一冊

0345　350000-2016-0000087　丁6　集部/別集類/唐五代別集

**陶淵明文集十卷**　（晋）陶潛撰　民國六年（1917）上海會文堂書局石印本　版框高16.1厘米，寬11.6厘米；开本高20厘米，寬13.5厘米；石印本，綫裝。

一冊　存二卷（一至二）

0346　350000-2016-0000068　丁7　集部/別集類/唐五代別集

**王子安集註二十卷首一卷末一卷**　（唐）王勃撰　（清）蔣清翊注　民國上海鑄記書局石印本　版框高16.5厘米，寬12.2厘米；开本高20厘米，寬13.7厘米；石印本，白口，左右雙邊，綫裝。

三冊　存六卷（十至十二、十五至十六、首一卷）

0347　350000-2016-0000175　丁8　集部/別集類/唐五代別集

**李太白文集三十卷**　（唐）李白撰　（宋）宋敏求編　（清）繆日芑校正　民國二年（1913）上海文瑞樓石印本　版框高16.5厘米，寬10.2厘米；开本高20厘米，寬13.4厘米；石印本，綫裝。

八冊

0348　350000-2016-0000213　丁9　集部/總集類/彙編之屬

**全國中學國文成績文海十五卷**　劉鐵冷評纂　民國十五年（1926）上海中原書局鉛印本　版框高13厘米，寬9厘米；开本高17厘米，寬10.8厘米；鉛印本，白口，四周雙邊，綫裝。

一冊　存三卷（十三至十五）

0349　350000-2016-0000250　丁10　集部/總集類/彙編之屬

**古今文綜**　張相撰錄　民國五年（1916）中華書局鉛印本　版框高15.5厘米，寬11.3厘米；开本高19.8厘米，寬13.2厘米；鉛印本，綫裝。

九冊　存九冊（一至二、八、十六、十九、二十五、二十九、三十二、三十四）

0350　350000-2016-0000388　丁11　集部/總集類/彙編之屬

**幽光集四卷**　寧澍甫輯　民國十八年（1929）雙桂堂鉛印本　版框高18.6厘米，寬11.4厘米；开本高26.8厘米，寬15.5厘米；鉛印本，上下黑口，四周單邊，綫裝。

一冊

0351　350000-2016-0000124　丁12　集部/總集類/選集之屬/通代

**古文析義初編六卷二編八卷**　（清）林雲銘評注　民國上海錦華書局石印本　版框高18.1厘米，寬12.2厘米；开本高20厘米，寬13.5厘米；石印本，白口，四周雙邊，綫裝。

一冊　存二卷（初編三至四）

0352　350000-2016-0000026　丁13　集部/總集類/選集之屬/通代

**古文析義初編六卷二編八卷**　（清）林雲銘評注　民國上海錦章書局石印本　版框高18.2厘米，寬12.3厘米；开本高20厘米，寬13.5厘米；石印本，綫裝。

四冊　存四卷（二編一至二、五至六）

0353　350000-2016-0000028　丁14　集部/總集類/選集之屬/通代

**古文析義初編六卷二編八卷**　（清）林雲銘評注　民國四年（1915）上海文華書

局石印本　版框高17.6厘米，寬12.5厘米；开本高20厘米，寬13.5厘米；石印本，下黑口，四周雙邊，綫裝。

四册　存四卷（初編一至二、四、六）

0354　350000-2016-0000031　丁15　集部/總集類/選集之屬/通代

**古文析義初編六卷二編八卷**　（清）林雲銘評注　民國石印本　版框高17.8厘米，寬12.2厘米；开本高20.5厘米，寬13.5厘米；石印本，下黑口，四周雙邊，綫裝。

一册　存一卷（二編一）

0355　350000-2016-0000032　丁16　集部/總集類/選集之屬/通代

**古文析義初編六卷二編八卷**　（清）林雲銘評注　民國十三年（1924）上海萃英書局石印本　版框高18.4厘米，寬12.5厘米；开本高20厘米，寬13.5厘米；石印本，下黑口，四周雙邊，綫裝。

五册　缺四卷（二編三至四、七至八）

0356　350000-2016-0000064　丁17　集部/總集類/選集之屬/通代

**新體廣註古文觀止十二卷**　（清）吴乘權　（清）吴大職輯　吴築巖　劉再蘇注釋　民國八年（1919）石印本　版框高16.3厘米，寬11.9厘米；开本高20厘米，寬13.5厘米；石印本，綫裝。

一册　存四卷（一至四）

0357　350000-2016-0000190　丁18　集部/總集類/選集之屬/通代

**評校音注古文辭類纂七十四卷**　（清）姚鼐纂　**續古文辭類纂三十四卷**　王先謙纂　民國中華書局鉛印本　版框高14.8厘米，寬10.9厘米；开本高18.8厘米，寬13.5厘米；鉛印本，下黑口，四周單邊，綫裝。

一册　存二卷（六十八至六十九）

0358　350000-2016-0000346　丁19　集部/總集類/選集之屬/通代

**增批詳註古文精言合編十六卷**　（清）周大璋評選　（清）馬寬裕輯　民國十五年（1926）上海萃英書局石印本　版框高16.9厘米，寬12.4厘米；开本高20.1厘米，寬13.5厘米；石印本，綫裝。

四册

0359　350000-2016-0000128　丁20　集部/總集類/選集之屬/通代

**增批詳註古文精言合編十六卷**　（清）周大璋評選　（清）馬寬裕輯　民國十四

年（1925）上海萃英書局石印本　版框高17.3厘米，寬12.5厘米；开本高20厘米，寬13.5厘米；石印本，綫裝。

三册

0360　350000-2016-0000395　丁21　集部/總集類/選集之屬/通代

**經史百家雜鈔三十六卷首一卷**　（清）曾國藩輯　民國十一年（1922）上海中華圖書館鉛印本　版框高17.2厘米，寬12厘米；开本高20厘米，寬13.5厘米；鉛印本，下黑口，四周單邊，綫裝。

五册　存三十二卷（一至十七、二十三至三十六、首一卷）

0361　350000-2016-0000399　丁22　集部/總集類/選集之屬/通代

**言文對照古文評註十二卷**　（清）過珙　（清）黄越選評　民國十六年（1927）上海廣益書局石印本　版框高16.9厘米，寬12厘米；开本高20.2厘米，寬13.5厘米；石印本，綫裝。

十二册

0362　350000-2016-0000359　丁23　集部/總集類/選集之屬/斷代

**清文評註讀本不分卷**　王文濡評選　沈秉鈞　郭希汾注釋　民國上海文明書局鉛印本　版框高16.8厘米，寬11.4厘米；开本高20厘米，寬13厘米；鉛印本，下黑口四周單邊，綫裝。

一册　存一册（三）

0363　350000-2016-0000019　丁24　集部/總集類/郡邑之屬

**香山詩略十二卷**　黄绍昌　劉熽芬纂輯　民國二十六年（1937）鉛印本　版框高14.4厘米，寬10.4厘米；开本高20厘米，寬13.2厘米；鉛印本，十行，行二十四字，下黑口，四周單邊，綫裝。

二册　存四卷（三至四、七至八）

0364　350000-2016-0000074　丁25　集部/總集類/尺牘之屬

**新體廣註小倉山房尺牘八卷**　（清）袁枚著　（清）胡光斗箋釋　（清）徐楨增注　民國十四年（1925）上海世界書局石印本　版框高16.5厘米，寬11厘米；开本高20厘米，寬13.5厘米；石印本，下黑口，四周單邊，綫裝。

三册　存六卷（三至八）

0365　350000-2016-0000065　丁26　集部/總集類/尺牘之屬

**新體廣註小倉山房尺牘八卷**　（清）袁枚著　（清）胡光斗箋釋　（清）徐楨增注　民國十四年（1925）上海世界書局石印本　版框高16.5厘米，寬11厘米；开本高20厘米，寬13.3厘米；石印本，下黑口，四周單邊，綫裝。

二冊　存四卷（五至八）

0366　350000-2016-0000014　丁27　集部/總集類/氏族之屬

**評點三蘇策論十二卷**　（□）□□輯　民國五年（1916）上海廣益書局石印本　版框高17.6厘米，寬11.9厘米；开本高20厘米，寬13.5厘米；白口，四周雙邊，綫裝。

二冊

0367　350000-2016-0000277　丁28　集部/詩文評類/詩評之屬

**隨園詩話十六卷補遺十卷**　（清）袁枚撰　謝瑢箋注　民國上海會文堂石印本　版框高16.5厘米，寬11.1厘米；开本高20厘米，寬13.5厘米；石印本，上下黑口，四周雙邊，綫裝。

一冊　存八卷（隨園詩話九至十六）

0368　350000-2016-0000181　丁29　集部/詩文評類/文評之屬

**古文快筆貫通解三卷**　杭永年評解　民國五年（1916）上海廣益書局石印本　版框高17.6厘米，寬12.2厘米；开本高20厘米，寬13.5厘米；石印本，白口，四周雙邊，綫裝。

一冊

0369　350000-2016-0000047　丁30　集部/詩文評類/文法之屬/文法

**言文對照小學論說初步四卷**　□□纂　民國十二年（1923）上海會文堂書局石印本　版框高16.6厘米，寬12厘米；开本高20厘米，寬13.4厘米；石印本，上下黑口，四周雙邊，綫裝。

一冊　存一卷（三）

0370　350000-2016-0000219　丁31　集部/詩文評類/文法之屬/文法

**初學論說必讀四卷**　孔憲彭著述　蔡郕評校　民國上海會文堂書局石印本　版框高16.4厘米，寬11.2厘米；开本高20厘米，寬13.5厘米；石印本，綫裝。

一冊　存一卷（二）

0371　350000-2016-0000160　丁32　**集部/詩文評類/文法之屬/文法**

**初學論説文範四卷**　邵伯棠撰述　民國四年（1915）上海石印書局刻本　版框高16.4厘米，寬11.5厘米；开本高20.5厘米，寬13.3厘米；刻本，綫裝。

一册

0372　350000-2016-0000155　丁33　**集部/詩文評類/文法之屬/文法**

**初學論説指南四卷**　陸保璿撰　汪慶琪校訂　民國十六年（1927）上海廣益書局石印本　版框高16.8厘米，寬11.2厘米；开本高20厘米，寬13.4厘米；石印本，上下黑口，四周雙邊，綫裝。

一册

0373　350000-2016-0000111　丁34　**集部/詩文評類/文法之屬/文法**

**言文對照中學新文範二册**　秦同培編　民國十四年（1925）上海世界書局石印本　版框高16.4厘米，寬10.8厘米；开本高20厘米，寬13.3厘米；石印本，綫裝。

一册　存一册（下）

0374　350000-2016-0000110　丁35　**集部/詩文評類/文法之屬/文法**

**中等新論説文範四卷**　蔡郕著述　邵希雍評校　民國上海會文堂書局石印本　版框高16厘米，寬11.1厘米；开本高20厘米，寬13.4厘米；石印本，綫裝。

一册　存一卷（一）

0375　350000-2016-0000015　丁36　**集部/詩文評類/文法之屬/文法**

**高等小學論説文範四卷**　邵伯棠撰　民國上海會文堂書局石印本　版框高16.3厘米，寬12厘米；开本高20厘米，寬13.2厘米；石印本，十行，行二十二字，小字雙行，行二十二字，上下黑口，四周雙邊，綫裝。

一册　存一卷（二）

0376　350000-2016-0000288　丁37　**集部/詩文評類/文法之屬/文法**

**最新論説範本四册**　杜瀚生著　民國上海會文學社石印本　版框高15.8厘米，寬11.4厘米；开本高20厘米，寬13.4厘米；石印本，白口，四周雙邊，綫裝。

一册　存一册（二）

0377　350000-2016-0000053　丁38　**集部/詩文評類/文法之屬/文法**

**記事文百法四卷**　劉鐵冷著　費隻園評注　民國十五年（1926）上海中原崇新書局排印本　版框高16厘米，寬10.6厘米；开本高20厘米，寬13.4厘米；鉛印本，上下黑口，四周雙邊，綫裝。
二冊

0378　350000-2016-0000054　丁39　集部/詩文評類/文法之屬/文法
**新制作文百法二編**　費雙園編纂　劉鐵冷校訂　民國十五年（1926）上海中原書局鉛印本　版框高15.5厘米，寬11.2厘米；开本高20厘米，寬13.4厘米；鉛印本，十二行，行三十一字，上下黑口，四周雙邊，綫裝。
一冊　存一編（下）

0379　350000-2016-0000320　丁40　集部/詩文評類/文法之屬/文法
**作文指南四卷**　陳仲星撰　民國五年（1916）中華書局鉛印本　版框高16厘米，寬11.2厘米；开本高19.8厘米，寬13.4厘米；鉛印本，綫裝。
二冊　存二卷（三至四）

0380　350000-2016-0000083　丁41　集部/詩文評類/文法之屬/文法
**文言白話新法作文指南二冊**　張侶俠　張雲石編輯　民國上海世界書局石印本　版框高17.4厘米，寬11.6厘米；开本高20厘米，寬13.4厘米；石印本，下黑口四周單邊，綫裝。
一冊　存一冊（上）

0381　350000-2016-0000265　丁42　集部/詩文評類/文法之屬/函牘格式
**商業新尺牘四卷**　□□纂　民國二十二年（1933）上海會文堂書局石印本　版框高16.8厘米，寬12.2厘米；开本高20厘米，寬13.4厘米；石印本，綫裝。
一冊　存一卷（四）

0382　350000-2016-0000239　丁43　集部/詩文評類/文法之屬/函牘格式
**改良分類指南尺牘四卷**　丁拱辰纂輯　民國上海萃英書局石印本　版框高14.9厘米，寬9.6厘米；开本高17.3厘米，寬10.3厘米；石印本，綫裝。
一冊

0383　350000-2016-0000315　丁44　集部/詩文評類/文法之屬/公文程式
**分類詳解民國現行公文程式大全十章附大總統頒布公文程式**　張虛白編輯　民國十四年（1925）上海廣益書局石印本　版框高16.3厘米，寬12厘米；开本高20厘米，寬13.5厘米；石印本，綫裝。
四冊　存九章（一至三、六至十，附大總統頒布公文程式）

0384　350000-2016-0000195　丁45　集部/曲類/彈詞之屬

**二十五史彈詞輯註十二卷**　（明）楊慎編　（清）孫德威輯注　楊達奇增訂　民國石印本　版框高17.2厘米，寬12厘米；开本高20厘米，寬13.3厘米；石印本，白口，四周雙邊，綫裝。

二冊　存五卷（五至九）

0385　350000-2016-0000210　丁46　集部/小說類/長篇之屬

**第一才子書十六卷一百二十回首一卷**　（明）羅貫中撰　（清）金人瑞　（清）毛宗崗評　民國中新書局鉛印本　版框高17.5厘米，寬12厘米；开本高20厘米，寬13.7厘米；鉛印本。

一冊　存七回（十七至二十三）

0386　350000-2016-0000344　丁47　集部/小說類/長篇之屬

**第一才子書□□卷一百二十回**　（明）羅貫中撰　（清）金人瑞　（清）毛宗崗評　民國上海中華書局鉛印本　版框高17.6厘米，寬12.5厘米；开本高20.3厘米，寬13.6厘米；鉛印本，白口，四周單邊，綫裝。

一冊　存八回（一至八）

0387　350000-2016-0000299　丁48　集部/小說類/長篇之屬

**繪圖加批西遊記十卷一百回**　（明）吴承恩撰　（清）陳士斌詮解　清末民國上海廣益書局石印本　版框高17.2厘米，寬12.1厘米；开本高20.4厘米，寬13.8厘米；石印本，白口，四周單邊，綫裝。

二冊　存二卷（三、六）

0388　350000-2016-0000244　丁49　集部/小說類/長篇之屬

**足本大字平妖全傳四十回**　（明）羅本撰　（明）馮夢龍增補　民國十六年（1927）上海受古書店石印本　版框高17.8厘米，寬12.1厘米；开本高20厘米，寬13.5厘米；石印本，綫裝。

一冊　存二十三回（七至二十九）

0389　350000-2016-0000011　丁50　集部/小說類/長篇之屬

**繪圖施公案全集四十六卷五百四十一回**　（□）□□撰　民國石印本　版框高17.5厘米，寬12.3厘米；开本高20.5厘米，寬13.8厘米；石印本，白口，四周單邊，綫裝。

一冊　存四卷（後集五至八）

0390　350000-2016-0000016　丁51　集部/小説類/長篇之屬

**繪圖施公案全集四十六卷五百四十一回**　（□）□□撰　民國上海廣益書局石印本　版框高17.3厘米，寬12.1厘米；开本高19.7厘米，寬13.2厘米；石印本，白口，四周單邊，綫裝。

一冊　存二卷（三集三至四）

0391　350000-2016-0000401　丁52　集部/小説類/長篇之屬

**繡像小五義全傳□□卷一百二十四回**　（清）石玉崑撰　民國上海久敬齋書局石印本　版框高17.3厘米，寬12.2厘米；开本高20.5厘米，寬13.5厘米；石印本，白口，左右雙邊，綫裝。

一冊　存一卷（五）

0392　350000-2016-0000027　丁53　集部/小説類/長篇之屬

**繪圖續小五義□□卷一百二十四回**　（清）石玉崑著　民國五年（1916）石印本　版框高17.2厘米，寬12.2厘米；开本高20.5厘米，寬13.7厘米；石印本，綫裝。

一冊　存二十回（八十一至一百）

0393　350000-2016-0000410　丁54　集部/小説類/長篇之屬

**繡像鐵冠圖四卷五十回**　（清）松滋山人編　民國石印本　版框高17.5厘米，寬11.9厘米；开本高20厘米，寬13.5厘米；石印本，白口，四周單邊，綫裝。

一冊　存一卷（四）

0394　350000-2016-0000362　丁55　集部/小説類/長篇之屬

**雍正遊俠傳二卷三十二回**　陸士諤撰　民國十四年（1925）世界書局鉛印本　版框高19厘米，寬13.4厘米；开本高19厘米，寬13.4厘米；鉛印本，白口，無版框，綫裝。

一冊　存一卷（下）

0395　350000-2016-0000357　戊1　類叢部/類書類/通類之屬

**增補事類統編九十三卷首一卷**　（清）黄葆真增輯　民國上海錦章圖書局石印本　版框高17.8厘米，寬12厘米；开本高20.2厘米，寬13.5厘米；石印本，白口，四周雙邊，綫裝。

一冊　存三十一卷（二十八至五十八）

0396　350000-2016-0000088　戊2　類叢部/類書類/專類之屬

**文學津梁十二種**　周鍾游輯　民國五年（1916）上海有正書局石印本　版框高14.8厘米，寬11厘米；开本高19.8厘米，寬13.2厘米；石印本，上下黑口，四周雙邊，綫裝。

四冊　存七種九卷（文章緣起一卷、文章精義一卷、修詞鑑衡二卷、文説一卷、退菴論文一卷、初月樓古文緒論一卷、論文集要三至四）

0397　350000-2016-0000242　戊3　類叢部/叢書類/自著之屬

**歐陽文忠公全集十八種首一卷附録五卷**　（宋）歐陽修撰　（宋）胡柯輯　**廬陵歐陽文忠公年譜一卷**　（宋）胡柯撰　民國上海錦章書局石印本　版框高17.1厘米，寬11.7厘米；开本高20厘米，寬13.5厘米；石印本，白口，四周雙邊，綫裝。

四冊　存十六種一百十四卷（居士集五十卷、表奏書啓四六集七卷、奏議十八卷、河東奉使奏草二卷、河北奉使奏草二卷、奏事録一卷、濮議四卷、崇文總目敘釋一卷、于役志一卷、歸田録二卷、詩話一卷、筆説一卷、試筆一卷、詩余三卷、集古録跋尾十卷、書簡十卷）

0398　350000-2016-0000440　己1　新學/政治法律/政治

**總理遺教二集**　中國國民黨中央執行委員會編　民國二十年（1931）中國國民黨中央執行委員會鉛印本　版框高20厘米，寬14.2厘米；开本高27厘米，寬19厘米；鉛印本，綫裝。

二冊

0399　350000-2016-0000425　己2　新學/政治法律/制度

**知事試驗考試論文法程一卷**　第一次知事試驗主試委員會編　民國三年（1914）上海文藝社鉛印本　版框高16厘米，寬11.5厘米；开本高20厘米，寬13.5厘米；鉛印本，綫裝。

一冊

0400　350000-2016-0000339　己3　新學/政治法律/制度

**警察行政組織之研究一卷**　（□）□□纂　**公共衛生摘要一卷**　（□）□□纂　民國油印本　版框高26.5厘米，寬18厘米；开本高26.5厘米，寬18厘米；油印本，綫裝。

一冊

0401　350000-2016-0000096　己4　新學/政治法律/律例

**文官圭臬不分卷**　□□纂　民國三年（1914）上海文藝社鉛印本　版框高16厘

米，寬11.6厘米；开本高20厘米，寬13.5厘米；鉛印本　上下黑口，四周單邊，綫裝。

一冊

0402　350000-2016-0000274　己5　新學/政治法律/律例

**增訂中華民國現行法令彙纂二十二卷**　王浩、蔣萬里編輯　民國石印本　版框高11.9厘米，寬7.8厘米；开本高14.8厘米，寬9.3厘米；石印本，綫裝。

一冊　存二卷（九、十九）

0403　350000-2016-0000398　己6　新學/政治法律/刑法

**中華民國刑事訴訟法不分卷**　吴瑞書校閲　民國二十四年（1935）大達圖書供應社鉛印本　版框高18.8厘米，寬13.4厘米；开本高18.8厘米，寬13.4厘米；鉛印本，平裝。

一冊

0404　350000-2016-0000263　己7　新學/理學/理學

**實用理科教科書不分卷**　北京教育圖書社編纂　民國四年（1915）上海商務印書館鉛印本　版框高16.2厘米，寬11.3厘米；开本高20厘米，寬13厘米；鉛印本，白口，四周雙邊，綫裝。

一冊　存一冊（六）

0405　350000-2016-0000335　己8　新學/報章

**現代醫藥學社發行月刊（第一卷第式期）**　醫藥學社編輯股編輯　民國二十二年（1933）現代醫藥學社鉛印本　版框高25厘米，寬16.8厘米；开本高25厘米，寬16.8厘米；排印本，綫裝。

一冊

0406　350000-2016-0000225　己9　新學/議論/通論

**政治大同一卷永久和平一卷大德必得一卷**　段德新撰　民國北平道德學社鉛印本　版框高22.5厘米，寬13.8厘米；开本高26.5厘米，寬15.2厘米；鉛印本，綫裝。

二冊　存二卷（永久和平一卷、大德必得一卷）

# 福清市圖書館古籍普查登記圖録

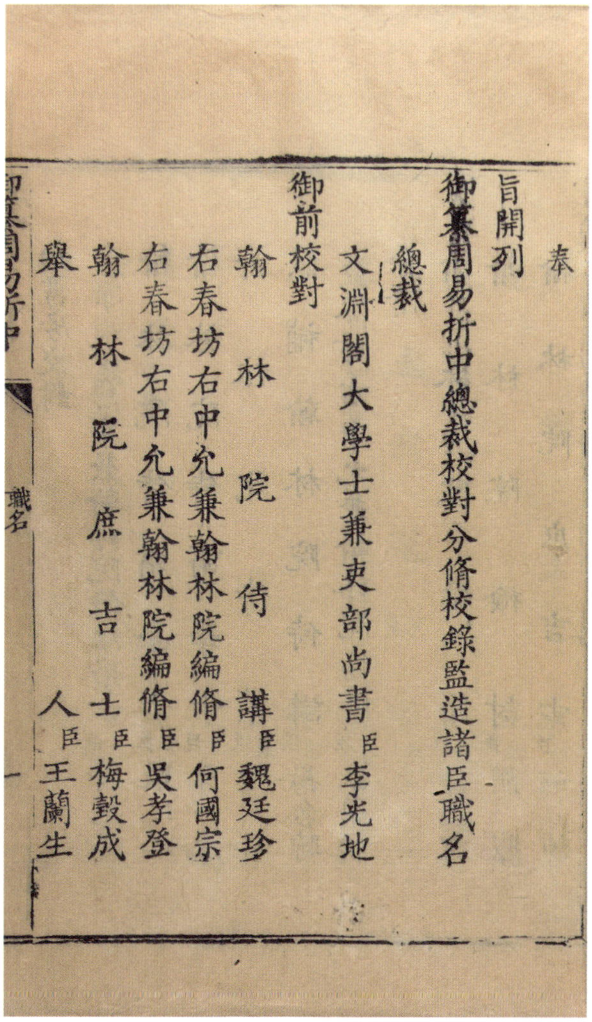

0001　350000-2016-0000024　甲1　經部/叢編

**御纂七經五種**　（清）□□輯　清康熙至乾隆間刻本　版框高22厘米，寬16厘米；开本高28.5厘米，寬18厘米；八行，行十八字，小字雙行，行二十二字，白口，四周雙邊。

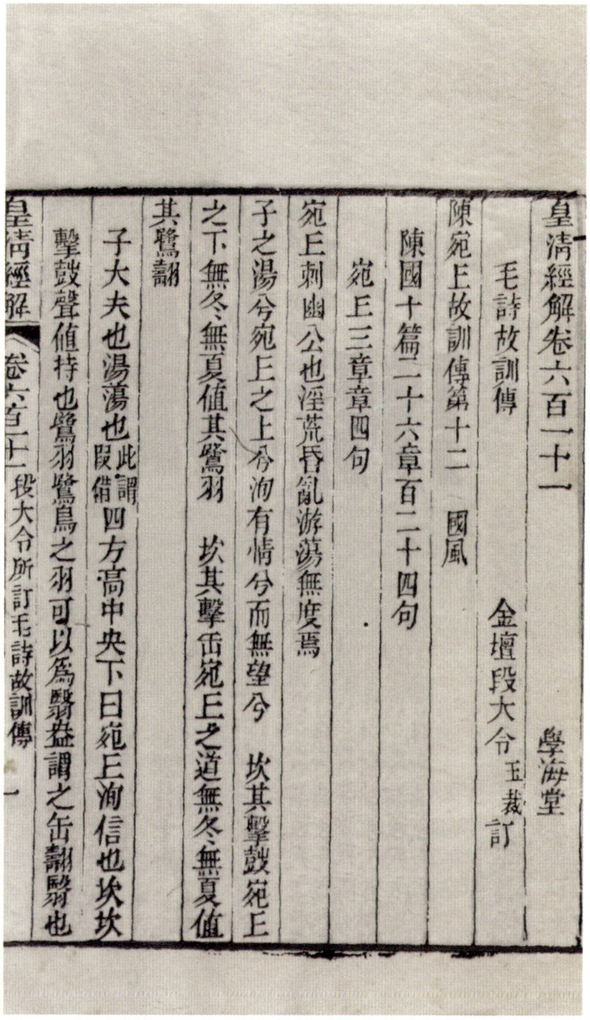

0002　350000-2016-0000033　甲2　經部/叢編

**皇清經解一千四百八卷**　（清）阮元輯　清道光九年（1829）廣東學海堂刻咸豐十一年（1861）補刻本　版框高18.4厘米，寬12厘米；开本高24.6厘米，寬15.7厘米；十一行，行二十四字，白口，左右雙邊。

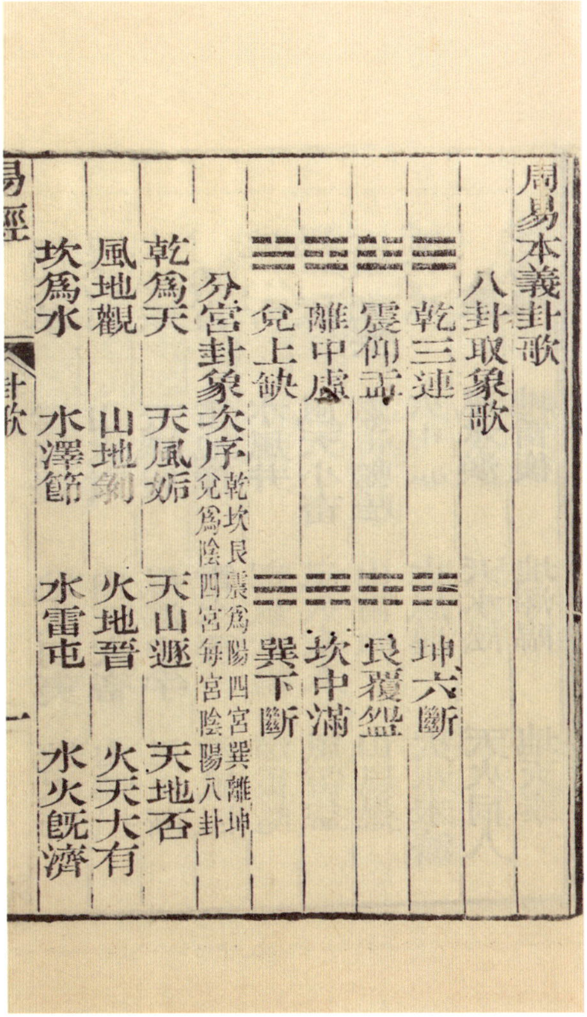
周易本義卦歌

八卦取象歌

☰乾三連 ☷坤六斷

☳震仰盂 ☶艮覆盌

☲離中虛 ☵坎中滿

☱兌上缺 ☴巽下斷

分宮卦象次序 乾坎艮震為陽四宮巽離坤兌為陰四宮每宮陰陽八卦

乾為天 天風姤 天山遯 天地否

風地觀 山地剝 火地晉 火天大有

坎為水 水澤節 水雷屯 水火既濟

易經 卦歌 一

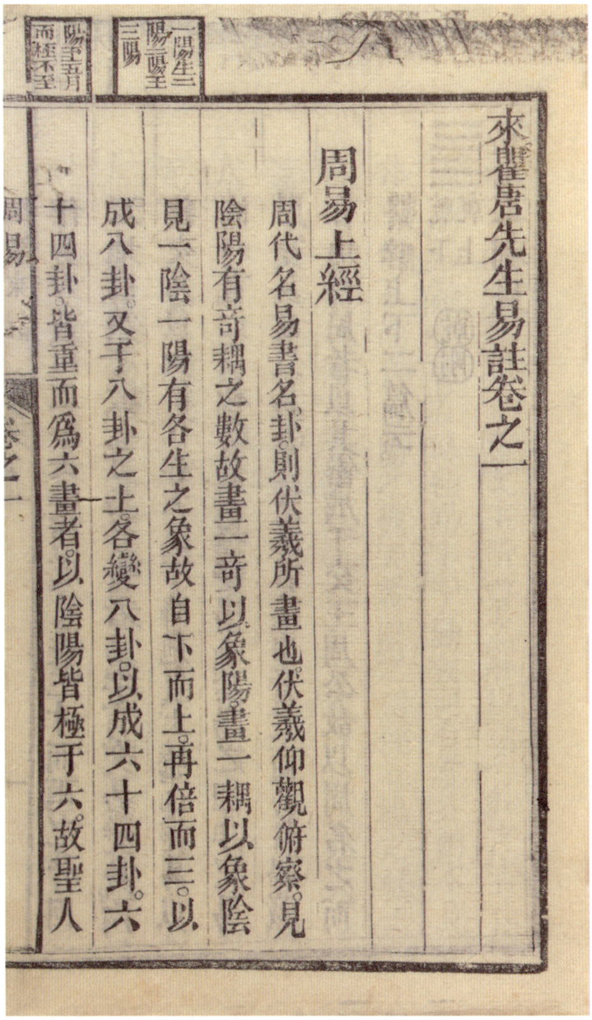
來瞿唐先生易註卷之一

周易上經

周代名易書名卦則伏羲所畫也伏羲仰觀俯察見陰陽有奇耦之數故畫一奇以象陽畫一耦以象陰見一陰一陽有各生之象故自下而上再倍而三以成八卦又于八卦之上各變八卦以成六十四卦六十四卦皆重而為六畫者以陰陽皆極于六故聖人

周易 卷之一

0003 350000-2016-0000001 甲3 經部/易類/傳說之屬

易經八卷 （宋）程頤傳 清光緒九年（1883）江南書局刻本 版框高18厘米，寬13.7厘米；开本高23.6厘米，寬15.6厘米；九行，行十七字，小字雙行，行十七字，白口，左右雙邊。

0004 350000-2016-0000052 甲4 經部/易類/傳說之屬

**來瞿唐先生易註十五卷首一卷末一卷** （明）來知德撰 清善成堂刻本 版框高21.5厘米，寬13.5厘米；开本高24.7厘米，寬16.6厘米；九行，行二十二字，白口，四周雙邊。

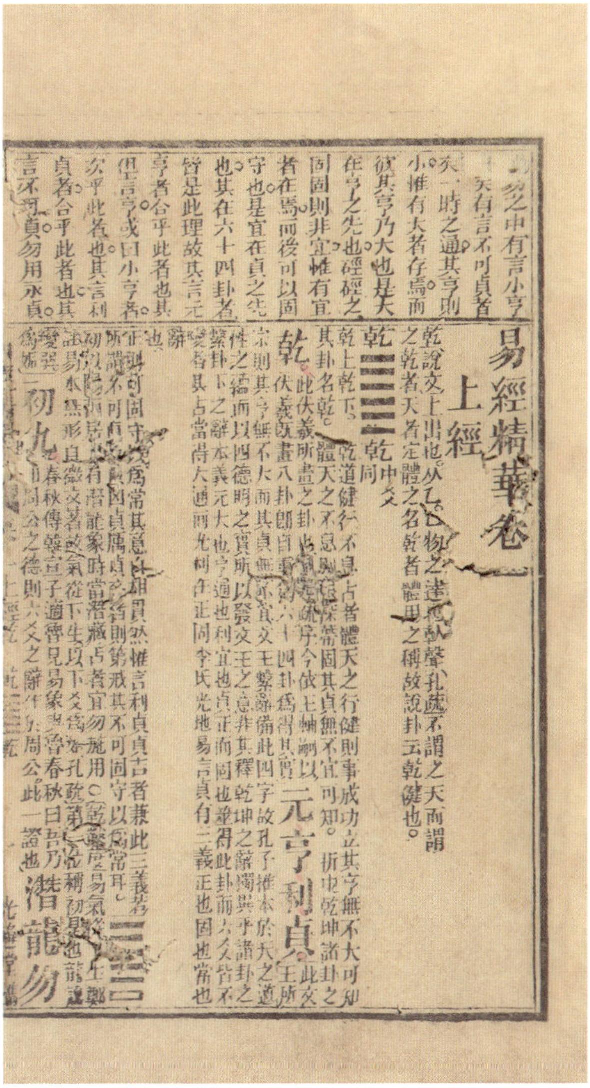

0005　350000-2016-0000296　甲5　經部/易類/傳說之屬

易經精華六卷末一卷　（清）薛嘉穎纂　清道光元年（1821）福州薛氏光韙堂刻七經精華本　版框高22.2厘米，寬13厘米；开本高26.7厘米，寬15.2厘米；十二行，行十五字，小字雙行，行三十字，白口，四周雙邊。

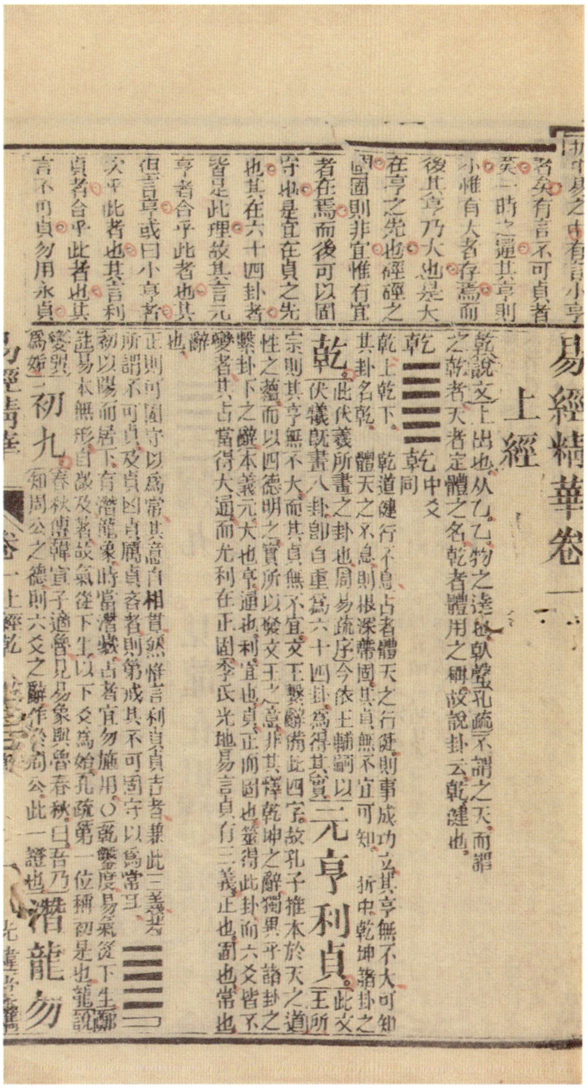

0006　350000-2016-0000131　甲5-1　經部/易類/傳說之屬

易經精華六卷末一卷　（清）薛嘉穎纂　清道光元年（1821）福州薛氏光韙堂刻七經精華本　版框高22厘米，寬12.5厘米；开本高26.5厘米，寬14.1厘米；十二行，行十五字，小字雙行，行三十字，白口，四周雙邊。

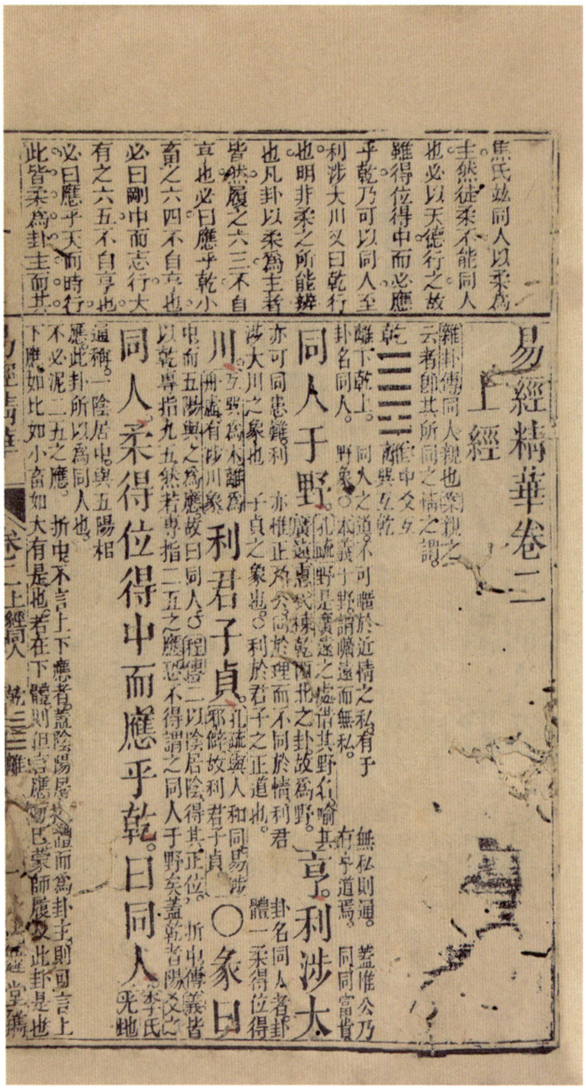

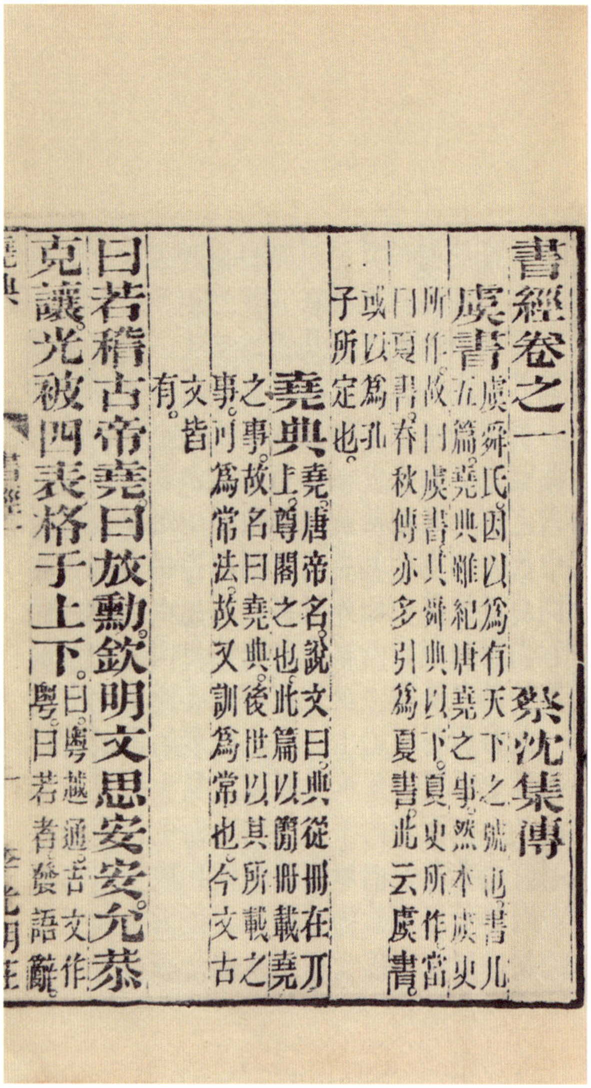

0007　350000-2016-0000291　甲5-2　經部/易類/傳說之屬

易經精華六卷末一卷　（清）薛嘉穎纂　清道光元年（1821）福州薛氏光韙堂刻七經精華本　版框高21.2厘米，寬13.5厘米；开本高25.5厘米，寬13.8厘米；十二行，行十五字，小字雙行，行三十字，白口，四周雙邊。

0008　350000-2016-0000121　甲5-3　經部/書類/正文之屬

書經六卷首一卷末一卷　（宋）蔡沈輯注　清光緒李光明莊刻本　版框高17.1厘米，寬13.6厘米；开本高23.3厘米，寬15.6厘米；白口，左右雙邊。

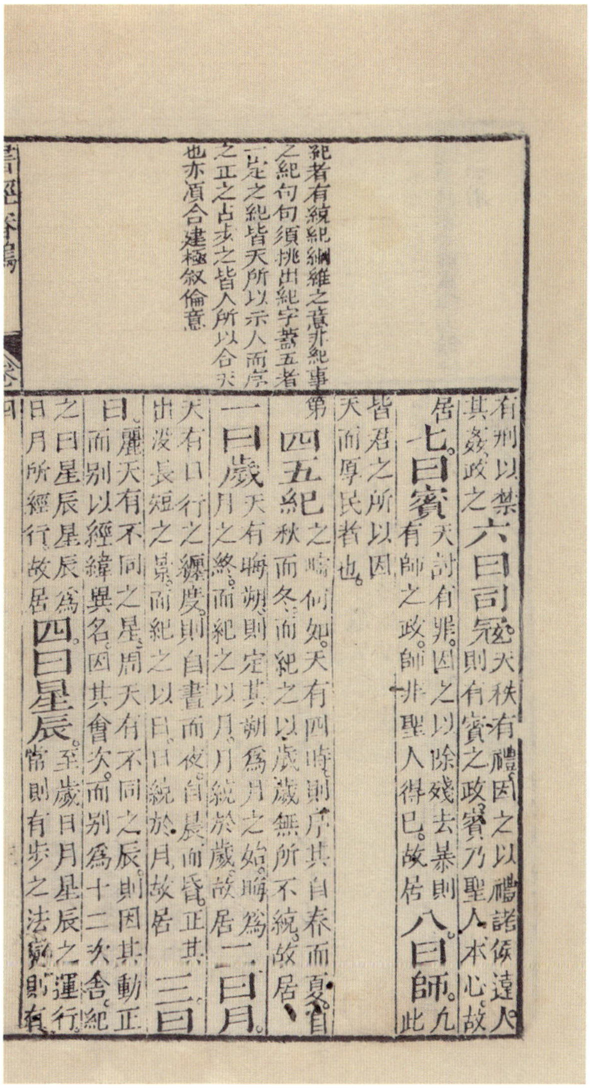

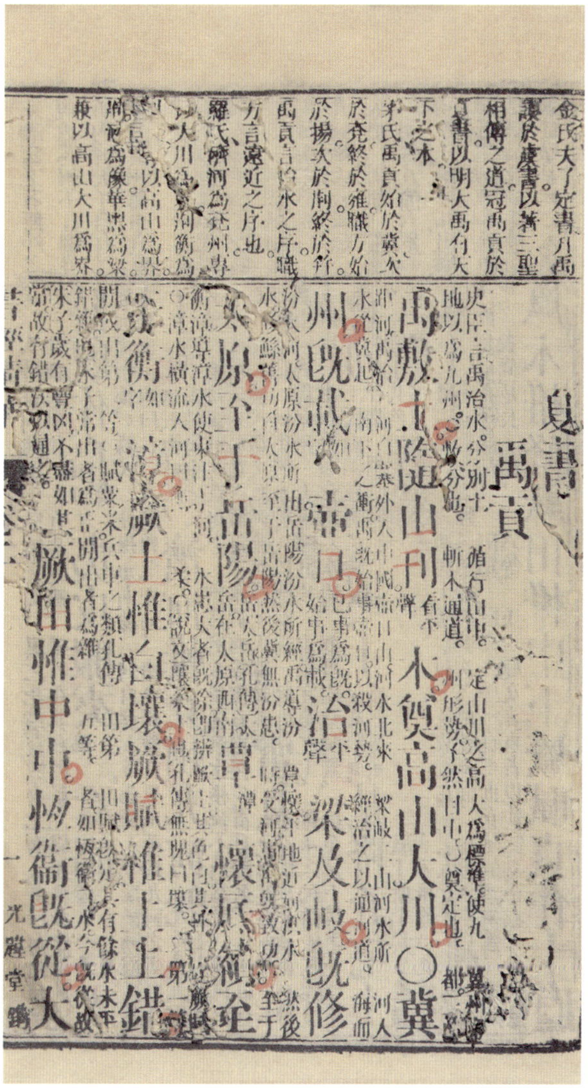

0009　350000-2016-0000058　甲6　經部/書類/傳説之屬

**書經審鵠便覽六卷**　（明）莊奇顯輯　清乾隆刻本　版框高18.8厘米，寬10.3厘米；开本高23厘米，寬13厘米；白口，四周單邊。

0010　350000-2016-0000055　甲7　經部/書類/傳説之屬

**書經精華十卷首一卷**　（清）薛嘉穎輯　清光韙堂刻本　版框高21.9厘米，寬12.6厘米；开本高24.8厘米，寬14.4厘米；白口，四周雙邊。

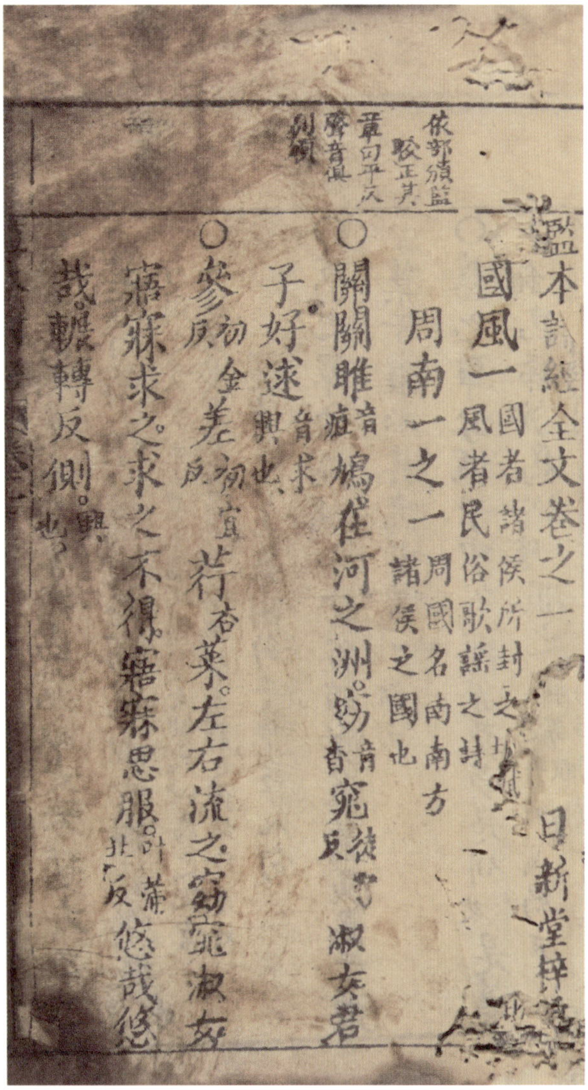

0011　350000-2016-0000103　甲8　經部/詩類/正文之屬

監本詩經全文五卷　（□）□□輯　清末日新堂刻本　版框高20.5厘米，寬10.7厘米；开本高22.4厘米，寬13厘米。

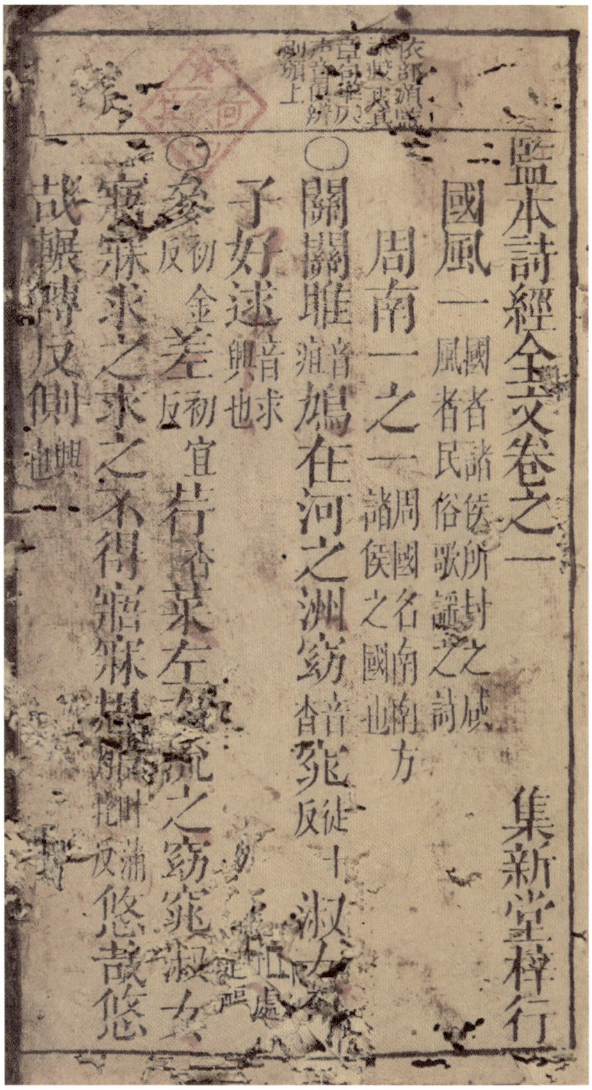

0012　350000-2016-0000100　甲9　經部/詩類/正文之屬

監本詩經全文五卷　（□）□□輯　清刻本　版框高17.9厘米，寬10.4厘米；开本高20厘米，寬12.5厘米。

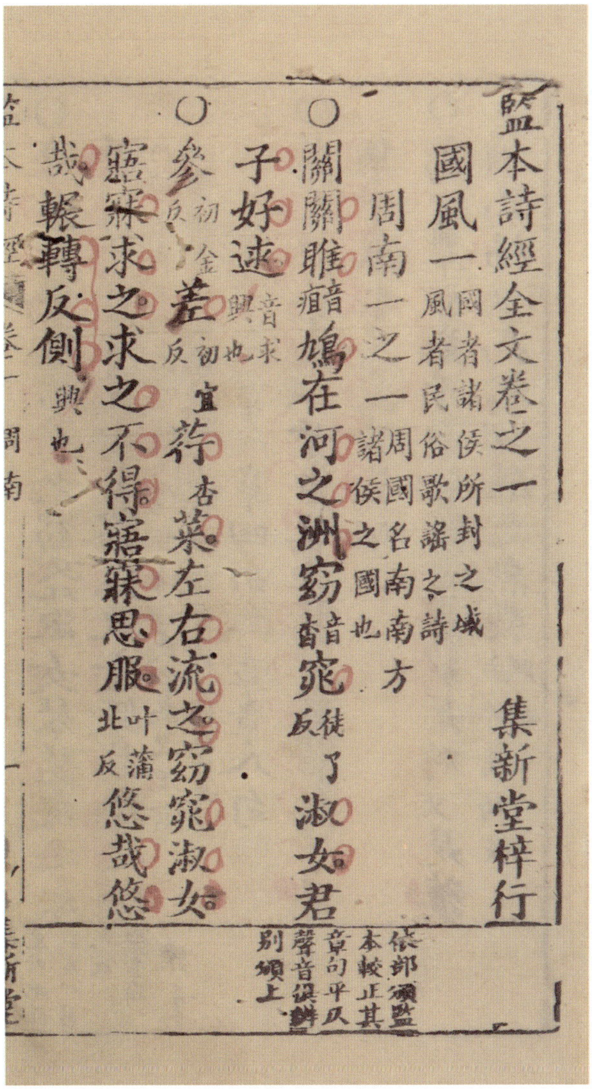
監本詩經全文卷之一　集新堂梓行
國風一
周南一之一
○關關雎鳩在河之洲窈窕淑女君子好逑
○參差荇菜左右流之窈窕淑女寤寐求之求之不得寤寐思服悠哉悠哉輾轉反側

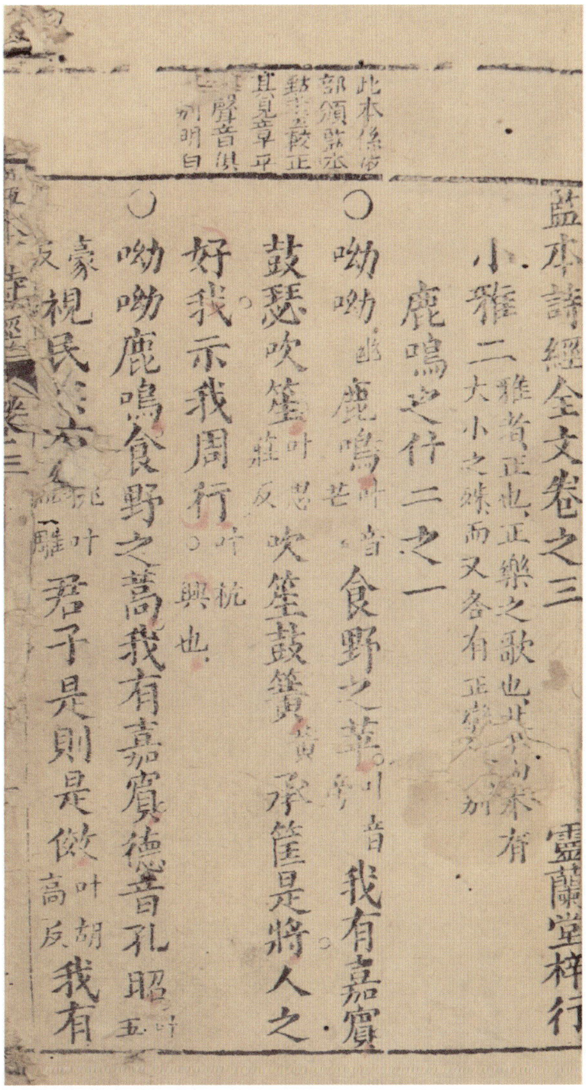
監本詩經全文卷之三　靈蘭堂梓行
小雅二　雅者正也正樂之歌也其篇本有大小之殊而又各有正變之別
鹿鳴之什二之一
○呦呦鹿鳴食野之苹我有嘉賓鼓瑟吹笙吹笙鼓簧承筐是將人之好我示我周行
○呦呦鹿鳴食野之蒿我有嘉賓德音孔昭視民不恌君子是則是傚我有

0013　350000-2016-0000099　甲10　經部/詩類/正文之屬

**監本詩經全文五卷**　（□）□□輯

清集新堂刻本　版框高19.5厘米，寬11厘米；开本高22厘米，寬13厘米。

0014　350000-2016-0000094　甲11　經部/詩類/正文之屬

**監本詩經全文五卷**　（□）□□輯

清同治十三年（1874）靈蘭堂刻本　版框高19.5厘米，寬11.3厘米；开本高21.5厘米，寬13厘米。

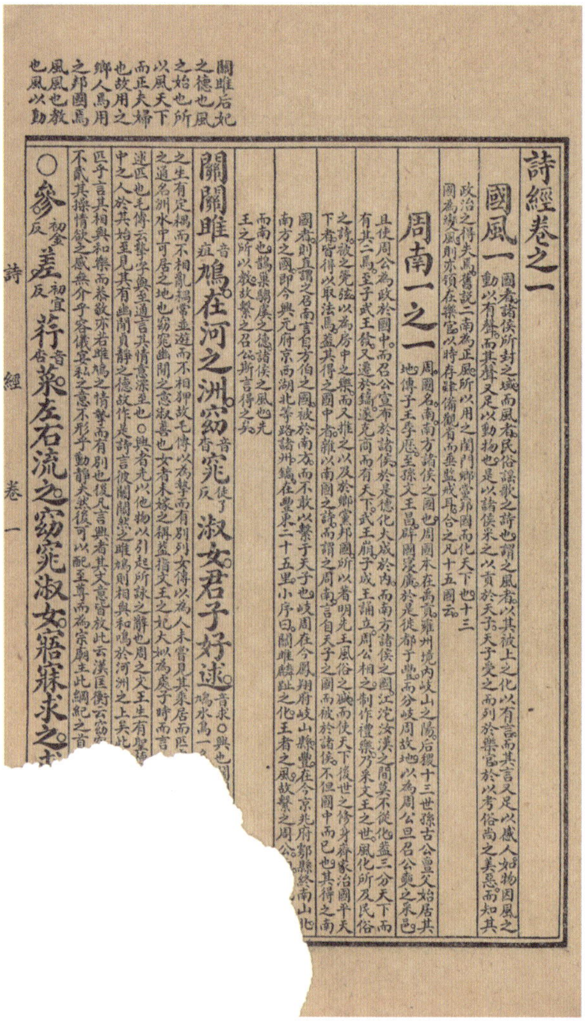

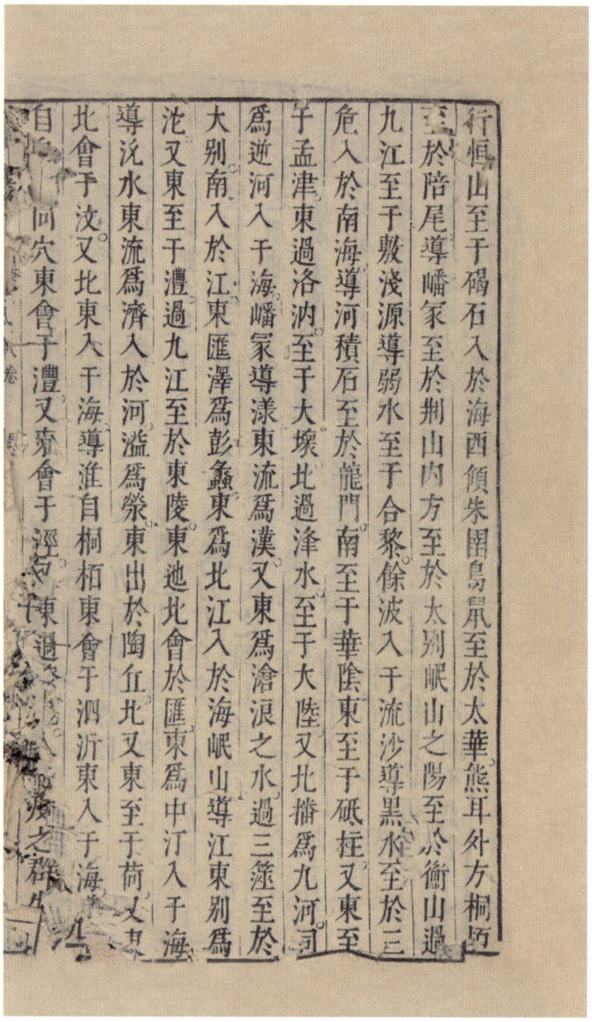

0015　350000-2016-0000231　甲12　經部/詩類/傳說之屬

新鐫黃維章先生詩經嫏嬛集注八卷　（明）黃文煥輯著　詩經集註八卷　（宋）朱熹撰　清康熙刻本　版框高15.1厘米，寬11.9厘米；开本高19.2厘米，寬13.2厘米；白口，四周雙邊。

0016　350000-2016-0000400　甲13　經部/詩類/專著之屬

詩經考十八卷　（明）黃文煥輯著　明末刻本　版框高22.1厘米，寬12.5厘米；开本高26.5厘米，寬16.3厘米；十一行，行二十六字，白口，四周單邊。

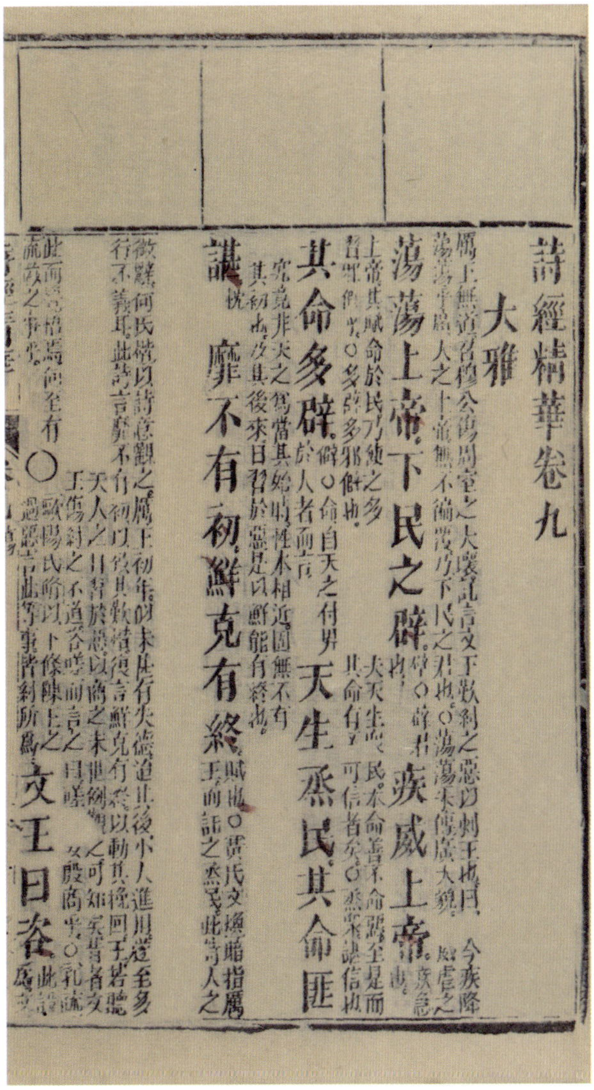

詩經精華卷九

大雅

蕩蕩上帝，下民之辟。疾威上帝，其命多辟。天生烝民，其命匪諶。靡不有初，鮮克有終。

文王曰咨

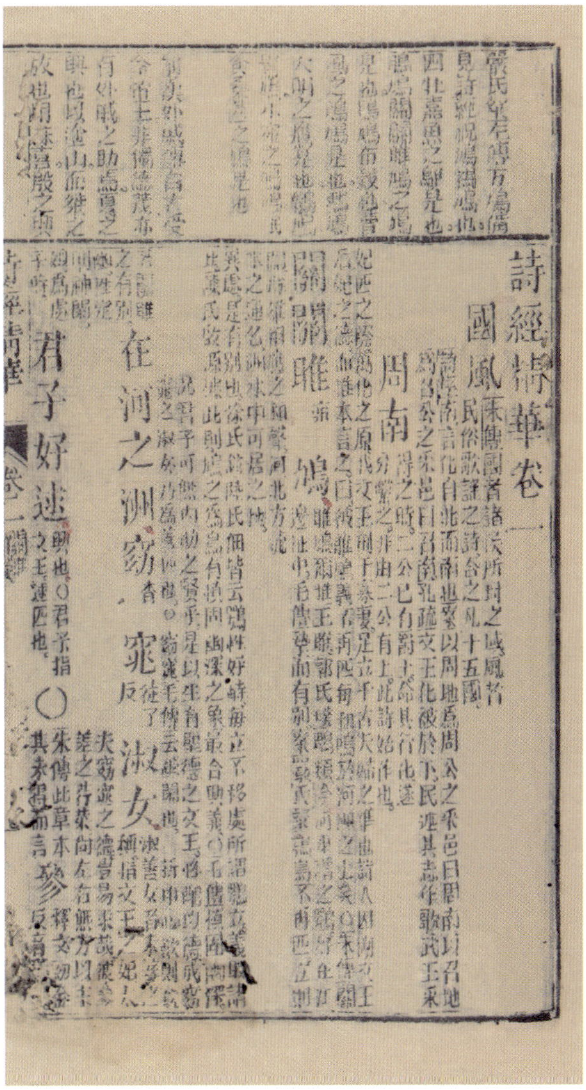

詩經精華卷一

國風

周南

關雎

關關雎鳩，在河之洲。窈窕淑女，君子好逑。

0017　350000-2016-0000109　甲14　經部/詩類/傳說之屬

**詩經精華十卷**　（清）薛嘉穎輯　清刻七經精華本　版框高22厘米，寬12.8厘米；开本高24.5厘米，寬14.5厘米；十二行，行不等，小字雙行，行不等，白口，四周雙邊。

0018　350000-2016-0000105　甲15　經部/詩類/傳說之屬

**詩經精華十卷**　（清）薛嘉穎輯　清道光五年（1825）光韙堂刻七經精華本　版框高21.8厘米，寬12.9厘米；开本高24.5厘米，寬14.9厘米；十二行，行不等，小字雙行，行不等，白口，四周雙邊。

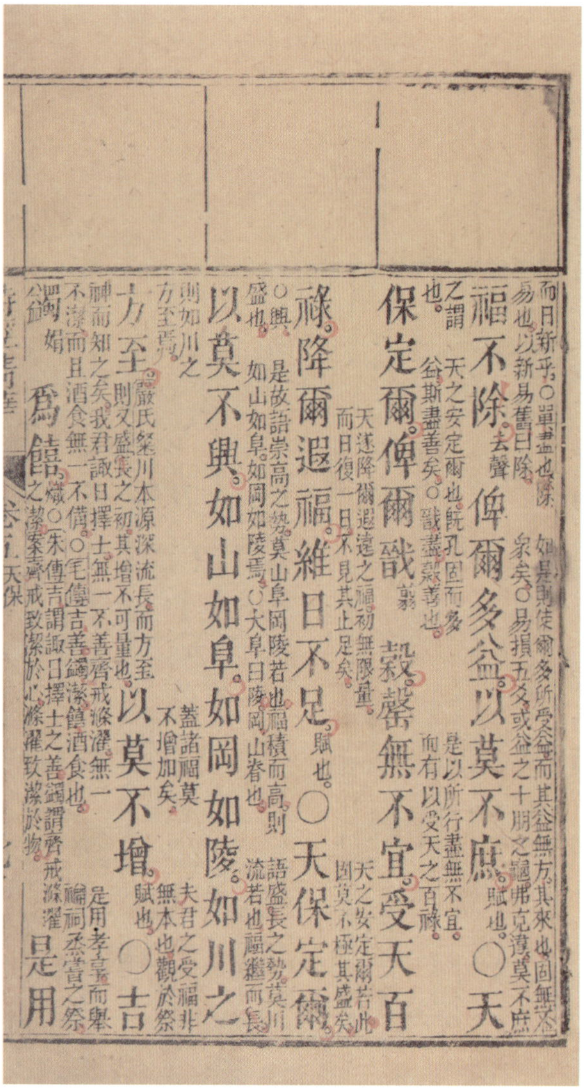

福不除。俾爾多益。以莫不庶。○天
保定爾。俾爾戩穀。罄無不宜。受天百
祿。降爾遐福。維日不足。○天保定爾。
以莫不興。如山如阜。如岡如陵。如川之
方至。以莫不增。○吉
蠲為饎。是用

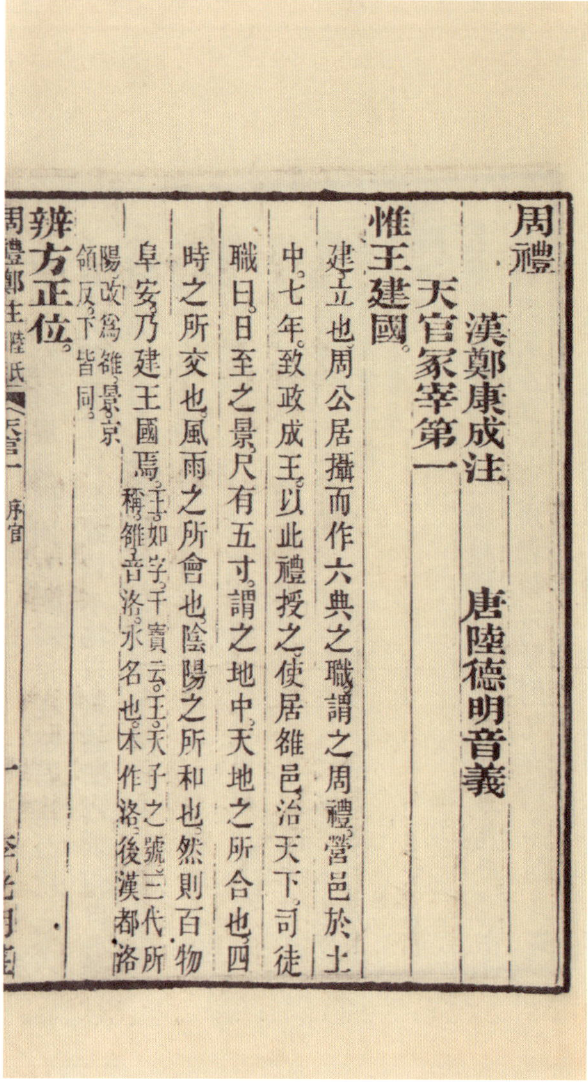

周禮
漢鄭康成注　唐陸德明音義
天官冢宰第一
惟王建國。建立也周公居攝而作六典之職謂之周禮營邑於土中七年致政成王以此禮授之使居雒邑治天下司徒職曰日至之景尺有五寸謂之地中天地之所合也四時之所交也風雨之所會也陰陽之所和也然則百物阜安乃建王國焉王于如字干寶云王天子之號三代所稱雒音洛水名也本作洛後漢都洛陽改為雒景京領反下皆同
辨方正位。
周禮鄭注陸氏　卷一　序官

0019　350000-2016-0000017　甲16　經部/詩類/傳說之屬

**詩經精華十卷首一卷**　（清）薛嘉穎輯　清光緒十一年（1885）魏氏古香閣刻四經精華本　版框高22厘米，寬12.8厘米；开本高26.2厘米，寬14.7厘米；白口，四周雙邊。

0020　350000-2016-0000043　甲17　經部/周禮類/傳說之屬

**周禮六卷**　（漢）鄭玄注　（唐）陸德明音義　清光緒李光明莊刻本　版框高17.3厘米，寬13.7厘米；开本高23.5厘米，寬15.8厘米；白口，左右雙邊。

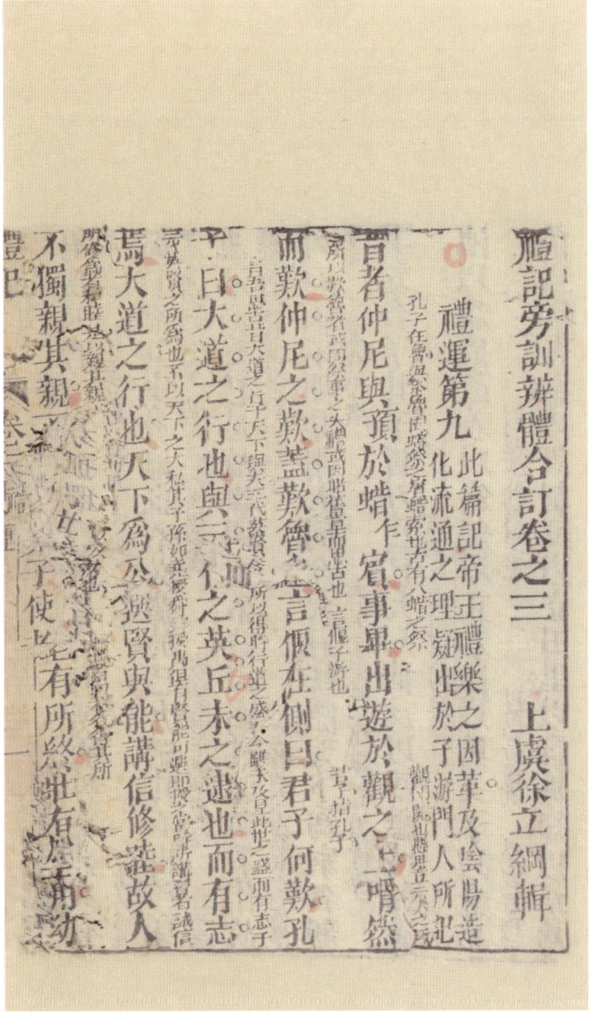

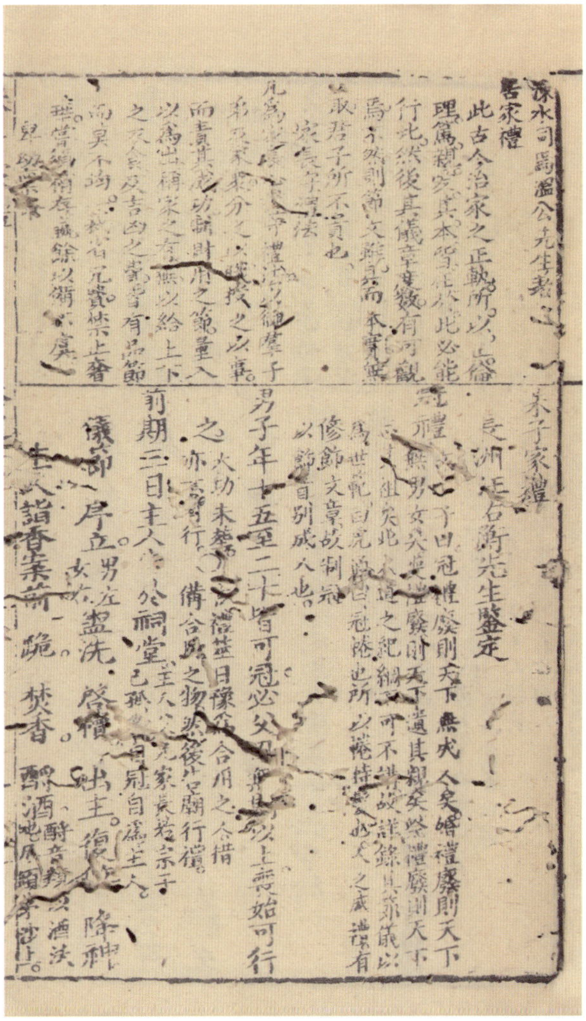

0021　350000-2016-0000079　甲18　經部/禮記類/傳說之屬

**禮記旁訓辨體合訂六卷**　（清）徐立綱輯　清末刻本　版框高18厘米，寬14.4厘米；开本高25厘米，寬16厘米；白口，四周單邊。

0022　350000-2016-0000251　甲19　經部/三禮總義類/通禮雜禮之屬

**朱子家禮四卷**　（清）汪右衡鑑定　清刻本　版框高19.5厘米，寬11.5厘米；开本高22厘米，寬13厘米；白口，四周單邊。

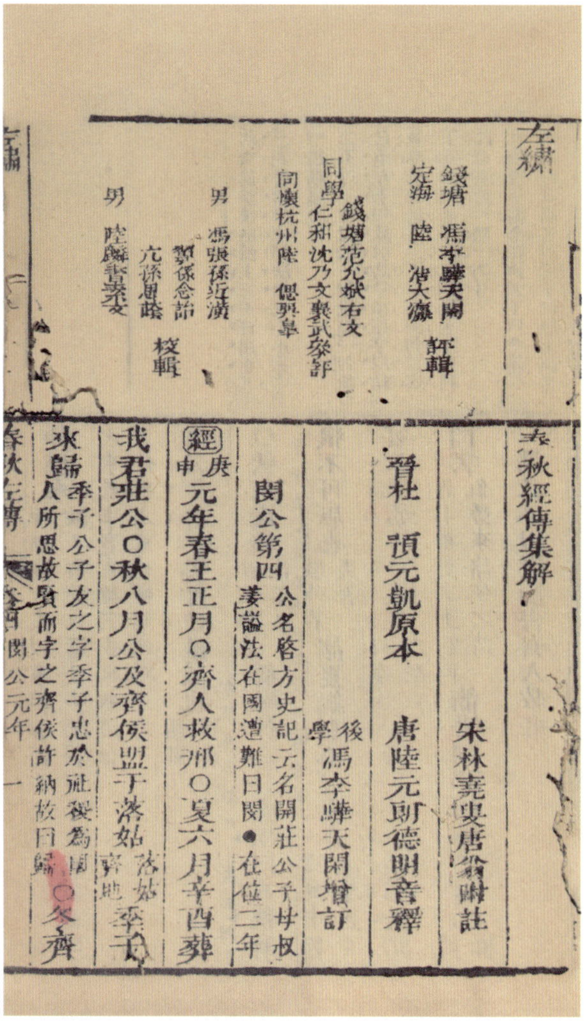


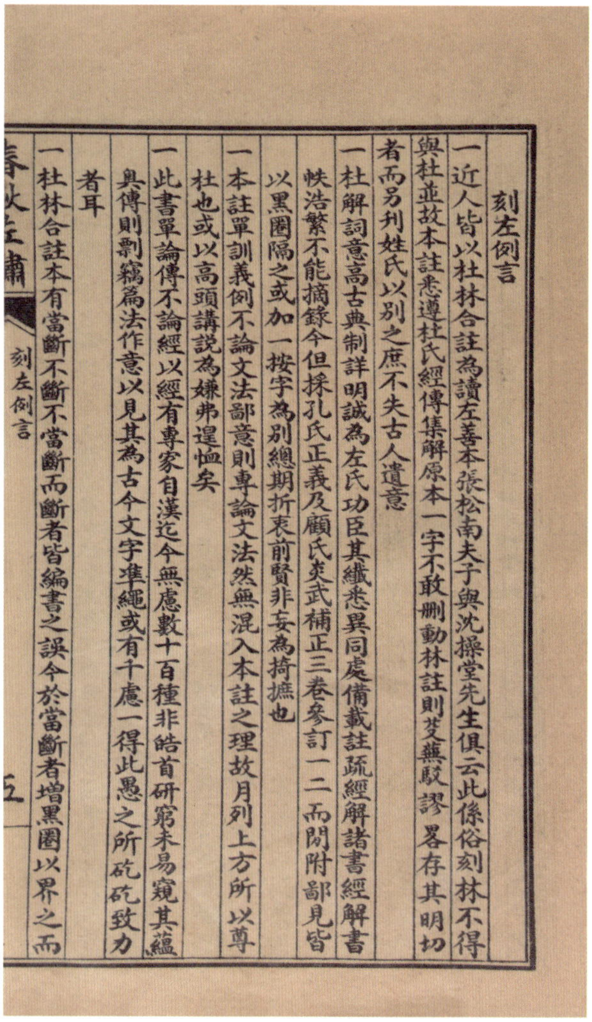


0023　350000-2016-0000148　甲20　經部/春秋左傳類/傳說之屬

**左繡三十卷首一卷**　（清）馮李驊評輯　（清）陸浩評輯　（清）沈乃文等參評　（清）馮翼孫等校輯　**春秋經傳集解三十卷**　（晉）杜預撰　（唐）陸元朗音釋　（宋）林堯叟附注　（清）馮李驊增訂　清華川書屋刻本　版框高21.9厘米，寬14.3厘米；开本高25.8厘米，寬16.4厘米；白口，左右雙邊。

0024　350000-2016-0000368　甲21　經部/春秋左傳類/傳說之屬

**左繡三十卷首一卷**　（清）馮李驊評輯　（清）陸浩評輯　（清）沈乃文等參評　（清）馮翼孫等校輯　清宣統三年（1911）上海會文堂石印本　版框高22.4厘米，寬13.9厘米；开本高26.8厘米，寬15.5厘米；白口，四周雙邊。

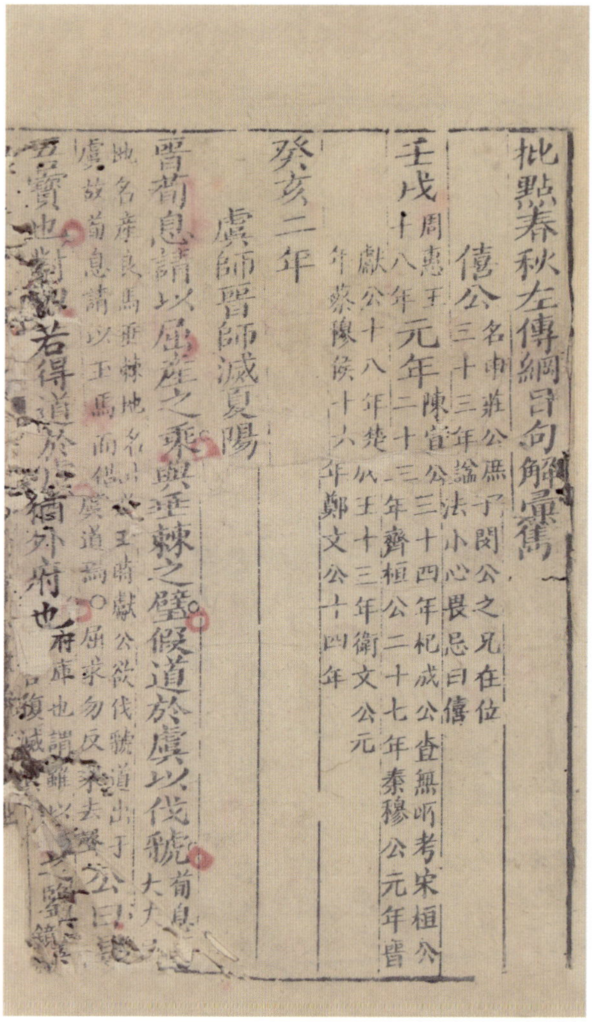
批點春秋左傳綱目句解彙雋
僖公
壬戌 元年
癸亥二年
虞師晉師滅夏陽
晉荀息請以屈產之乘與垂棘之璧假道於虞以伐虢
寶也對曰若得道於虞猶外府也

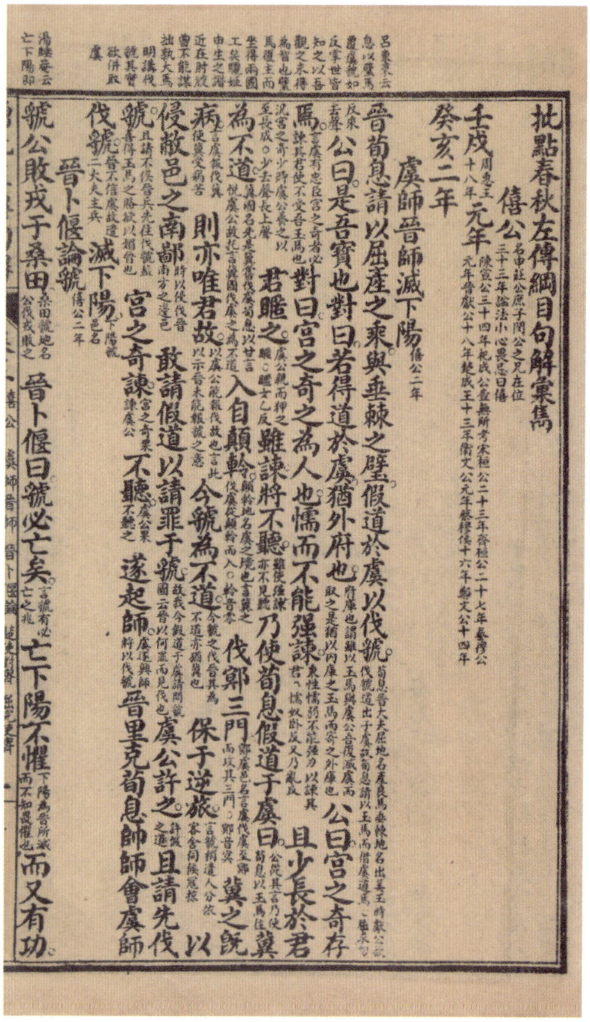
批點春秋左傳綱目句解彙雋
僖公
壬戌 元年
癸亥二年
虞師晉師滅下陽
晉荀息請以屈產之乘與垂棘之璧假道於虞以伐虢
公曰是吾寶也對曰若得道於虞猶外府也
公曰宮之奇存焉
對曰宮之奇之為人也懦而不能強諫
且少長於君
君暱之
雖諫將不聽
乃使荀息假道於虞曰
冀為不道
入自顛軨
伐鄍三門
冀之既病
則亦唯君故
今虢為不道
保于逆旅
以侵敝邑之南鄙
敢請假道以請罪于虢
虞公許之
且請先伐虢
宮之奇諫
不聽
遂起師
夏晉里克荀息帥師會虞師伐虢
滅下陽
晉卜偃論虢
虢公敗戎于桑田
晉卜偃曰虢必亡矣
亡下陽不懼
而又有功

0025　350000-2016-0000095　甲22　經部/春秋左傳類/傳說之屬

**批點春秋綱目左傳句解彙雋六卷**

（清）韓菼重訂　清光緒十一年（1885）刻本　版框高19.5厘米，寬12.5厘米；开本高24.1厘米，寬14.2厘米；九行，行二十四字，小字雙行，行二十四字，白口，四周單邊。

0026　350000-2016-0000191　甲23　經部/春秋左傳類/傳說之屬

**批點春秋左傳綱目句解彙雋六卷**

（清）韓菼重訂　清末上海章福記書局石印本　版框高18.2厘米，寬11.8厘米；开本高20.4厘米，寬13.6厘米；白口，四周雙邊。

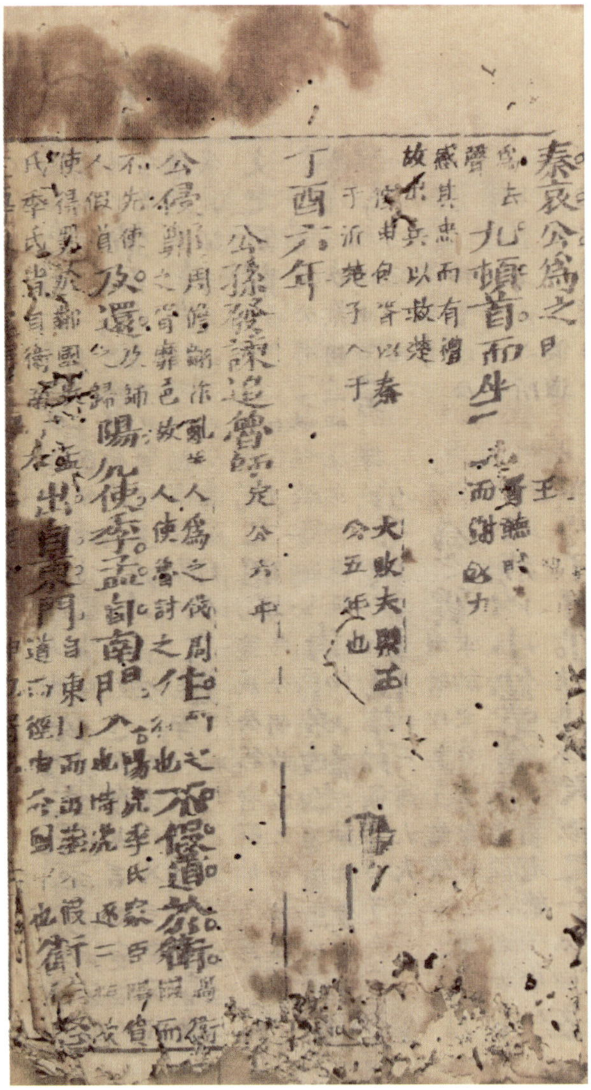

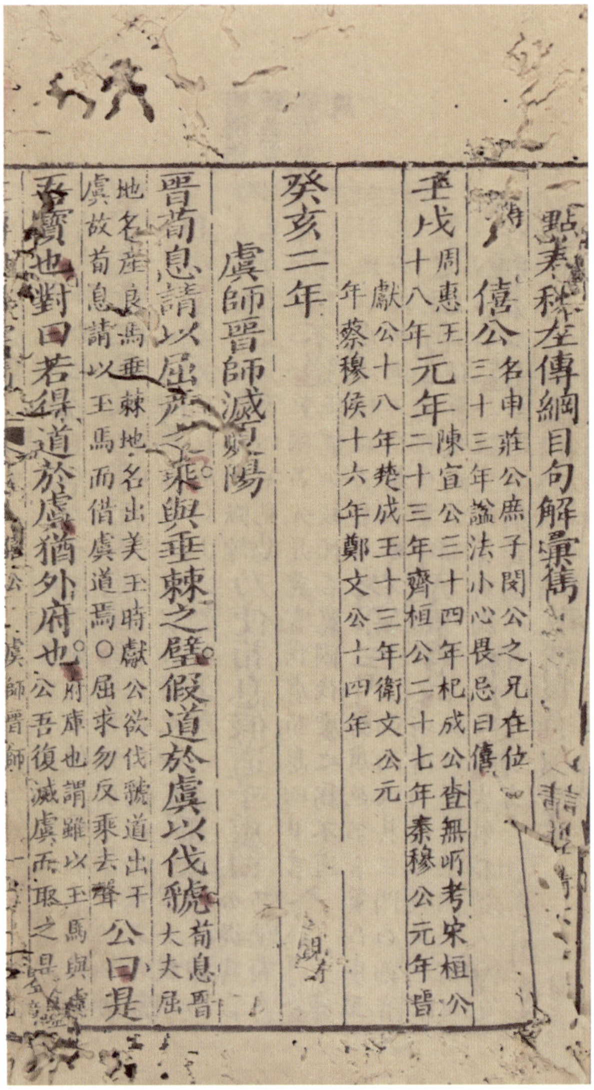

0027　350000-2016-0000158　甲24　經部/春秋左傳類/傳說之屬

評點春秋綱目左傳句解彙雋六卷　（清）韓菼重訂　清刻本　版框高18.8厘米，寬12.3厘米；开本高22.2厘米，寬14厘米；白口，四周單邊。

0028　350000-2016-0000098　甲25　經部/春秋左傳類/傳說之屬

評點春秋綱目左傳句解彙雋六卷　（清）韓菼重訂　清光緒十一年（1885）刻本　版框高19.1厘米，寬12.5厘米；开本高25.5厘米，寬14厘米；白口，四周單邊。

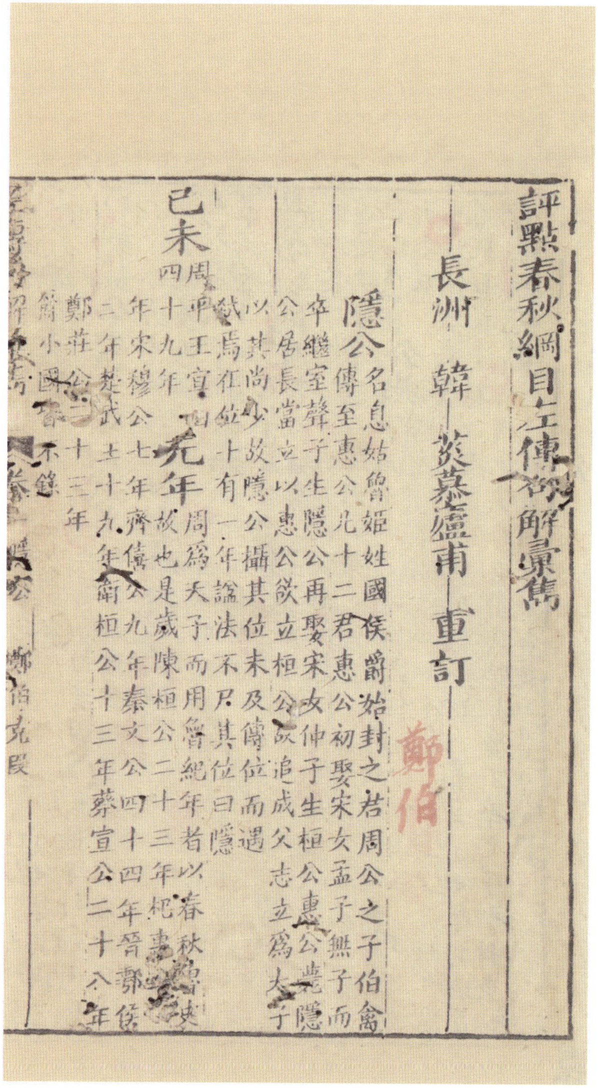

0029　350000-2016-0000093　甲25-1　經部/春秋左傳類/傳說之屬

評點春秋綱目左傳句解彙雋六卷

（清）韓菼重訂　清光緒十一年（1885）刻本　版框高18.7厘米，寬12.7厘米；开本高23.9厘米，寬14.5厘米；九行，行二十四字，小字雙行，行二十四字，白口，四周單邊。

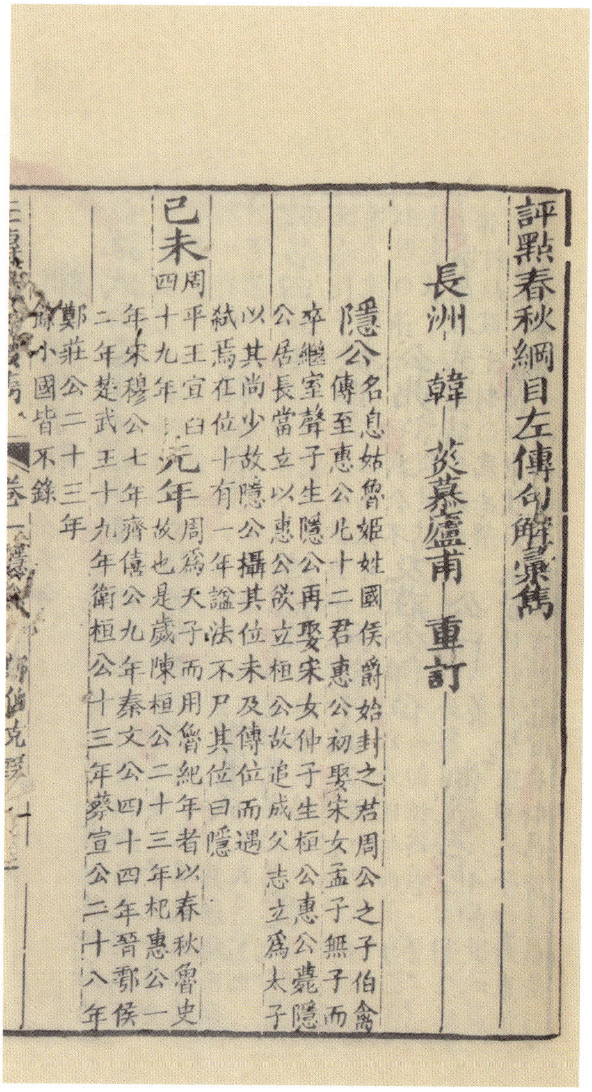

0030　350000-2016-0000092　甲25-2　經部/春秋左傳類/傳說之屬

評點春秋綱目左傳句解彙雋六卷

（清）韓菼重訂　清光緒十一年（1885）刻本　版框高20.3厘米，寬12.5厘米；开本高26.4厘米，寬14.9厘米；九行，行二十四字，小字雙行，行二十四字，白口，四周單邊。

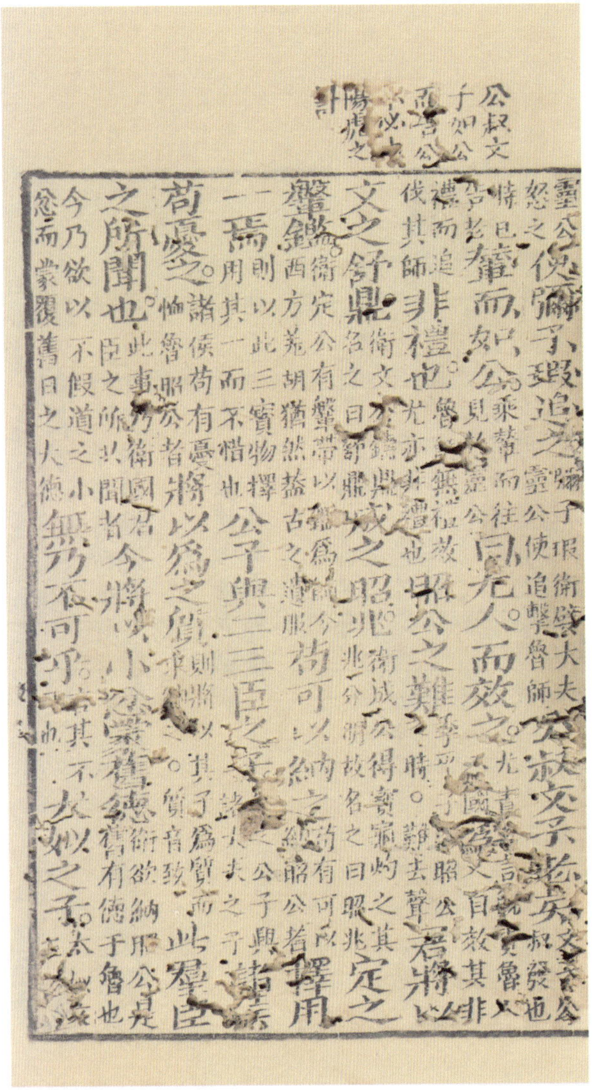

0031　350000-2016-0000204　甲26　經部/春秋左傳類/傳説之屬

評點春秋綱目左傳句解彙雋六卷

（清）韓菼重訂　清刻本　版框高19.6厘米，寬12.6厘米；开本高23.8厘米，寬14.5厘米；白口，四周單邊。

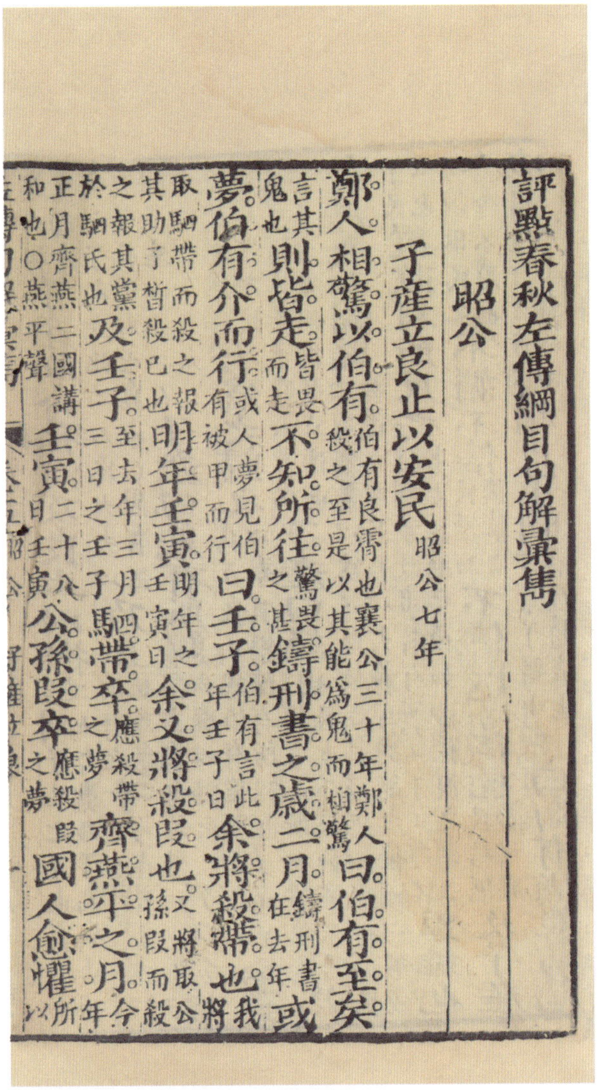

評點春秋左傳綱目句解彙雋

昭公

子産立良止以安民　昭公七年

鄭人相驚以伯有（伯有良霄也襄公三十年鄭人殺之至是以其能爲鬼而相驚）曰伯有至矣

0032　350000-2016-0000188　甲26-1　經部/春秋左傳類/傳説之屬

評點春秋綱目左傳句解彙雋六卷

（清）韓菼重訂　清刻本　版框高19.4厘米，寬12.4厘米；开本高25.5厘米，寬14.6厘米；白口，四周單邊。

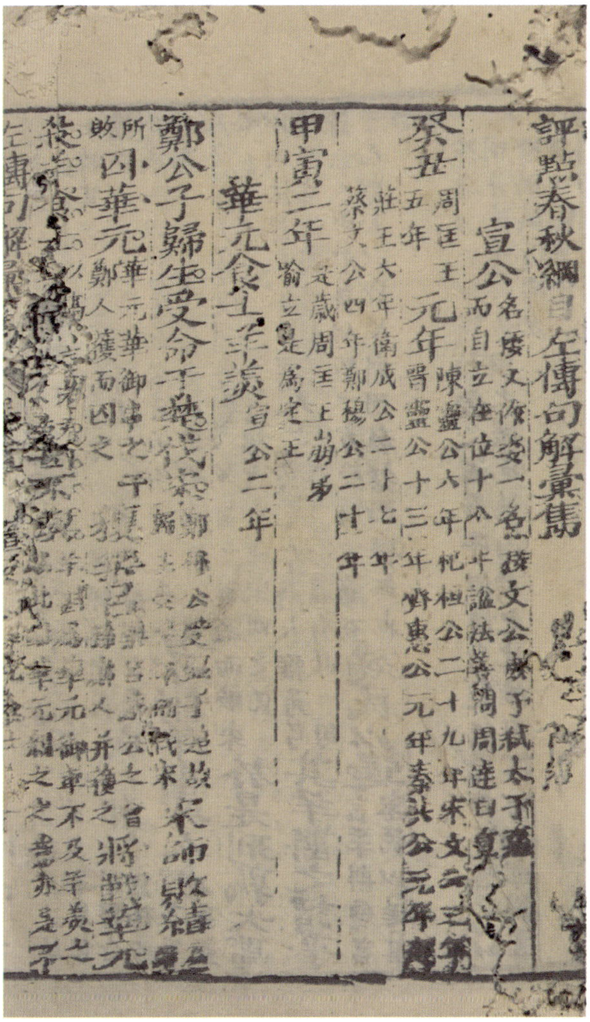

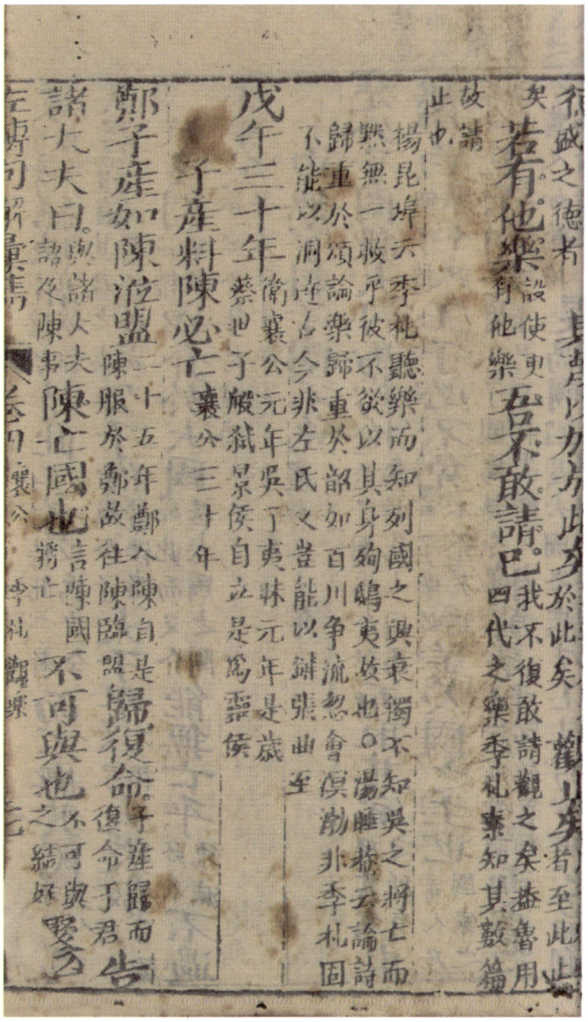

0033　350000-2016-0000186　甲26-2　經部/春秋左傳類/傳説之屬

評點春秋綱目左傳句解彙雋六卷

（清）韓菼重訂　清刻本　版框高19厘米，寬12.5厘米；开本高23厘米，寬13.5厘米；白口，四周單邊。

0034　350000-2016-0000184　甲26-3　經部/春秋左傳類/傳説之屬

評點春秋綱目左傳句解彙雋六卷

（清）韓菼重訂　清刻本　版框高19.3厘米，寬12.3厘米；开本高22.5厘米，寬14厘米；白口，四周單邊。

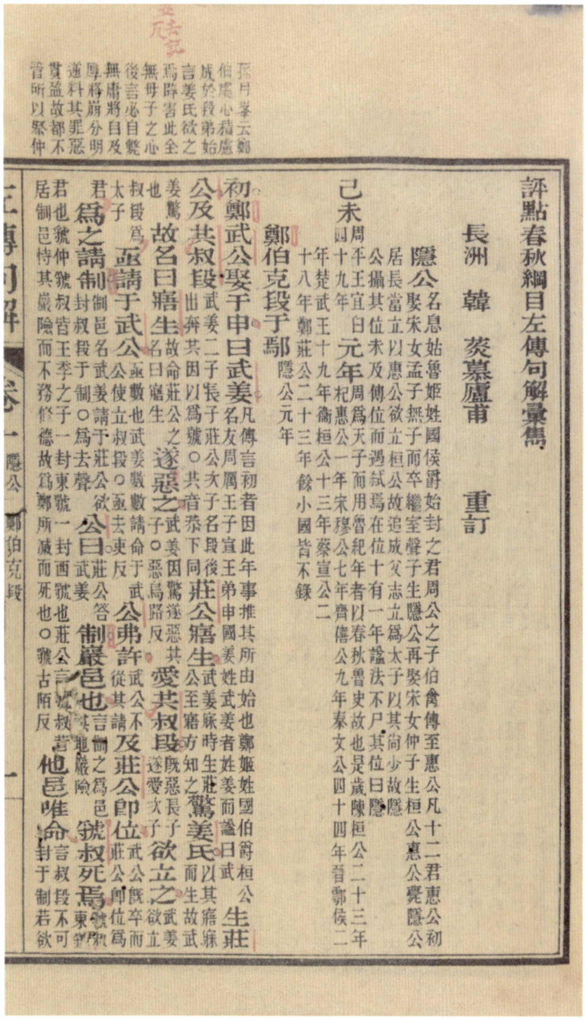

評點春秋綱目左傳句解彙雋

長洲 韓 菼慕廬甫 重訂

己未

隱公 元年

鄭伯克段于鄢

初鄭武公娶于申曰武姜生莊公及共叔段莊公寤生驚姜氏故名曰寤生遂惡之愛共叔段欲立之亟請于武公公弗許及莊公即位爲之請制公曰制巖邑也虢叔死焉佗邑唯命

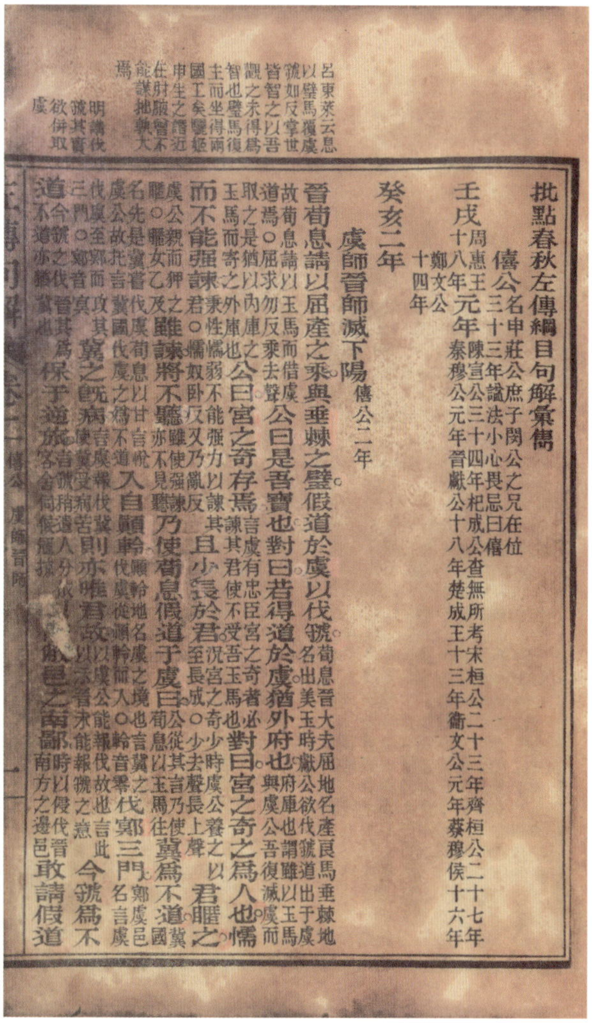

批點春秋綱目左傳句解彙雋

壬戌 僖公 元年

癸亥二年

虞師晉師滅下陽 傳公二年

晉荀息請以屈產之乘與垂棘之璧假道於虞以伐虢公曰是吾寶也對曰若得道於虞猶外府也公曰宮之奇存焉對曰宮之奇之爲人也懦而不能強諫且少長於君君暱之雖諫將不聽乃使荀息假道於虞曰冀爲不道入自顛軨伐鄍三門冀之既病則亦唯君故今虢爲不道保于逆旅以侵敝邑之南鄙敢請假道

0035 350000-2016-0000272 甲27 經部/春秋左傳類/傳說之屬

評點春秋綱目左傳句解彙雋六卷

（清）韓菼重訂 清末石印本 版框高20.3厘米，寬14.1厘米；开本高25.7厘米，寬15.1厘米；白口，四周雙邊。

0036 350000-2016-0000270 甲27-1 經部/春秋左傳類/傳說之屬

評點春秋綱目左傳句解彙雋六卷

（清）韓菼重訂 清末石印本 版框高20.3厘米，寬14厘米；开本高25.5厘米，寬15.5厘米；白口，四周雙邊。

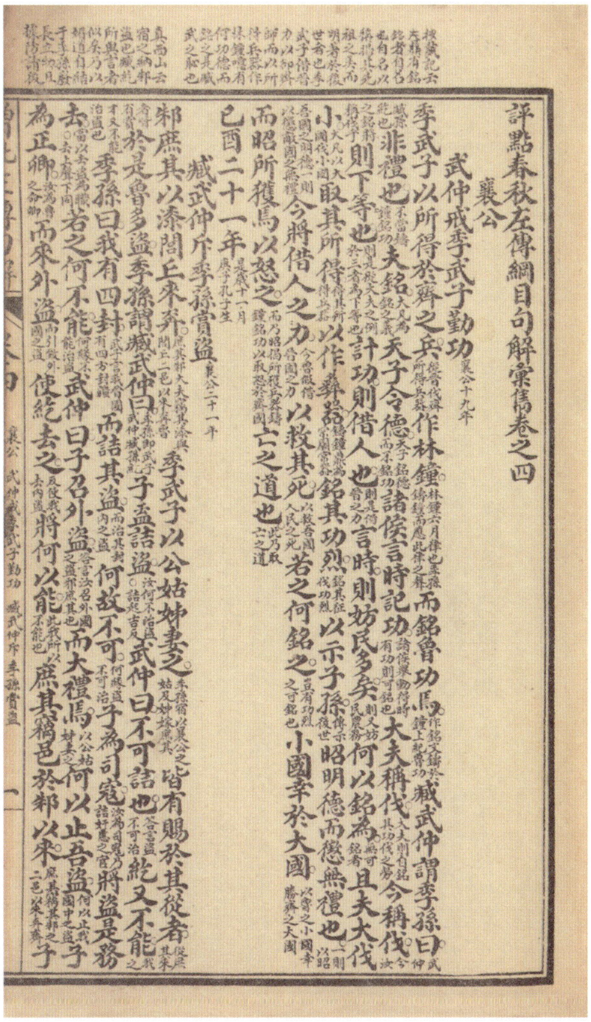

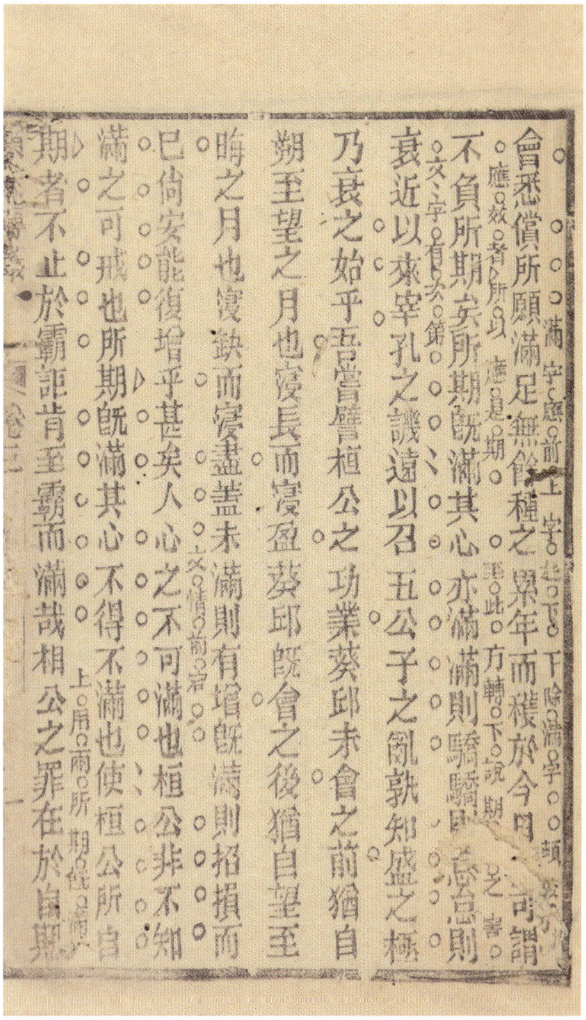

0037　350000-2016-0000193　甲27-2　經部/春秋左傳類/傳説之屬

評點春秋左傳綱目句解彙雋六卷　（清）韓菼重訂　清末石印本　版框高18厘米，寬11.8厘米；开本高20.4厘米，寬13.5厘米；白口，四周雙邊。

0038　350000-2016-0000394　甲28　經部/春秋左傳類/傳説之屬

東萊博議四卷　（宋）呂祖謙撰　增補虛字註釋一卷　（清）馮泰松點定　清刻本　版框高17.1厘米，寬12.3厘米；开本高20.2厘米，寬13.7厘米；九行，行二十一字，小字雙行，行二十一字，下黑口，左右雙邊。

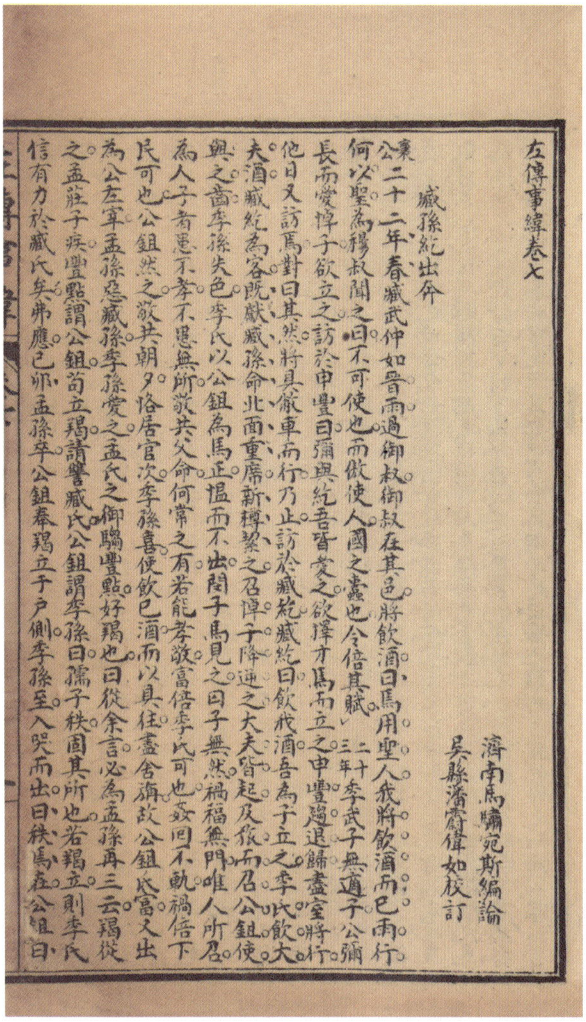

左傳事緯卷七

濟南馬驌宛斯編論
吳縣潘齊偉如校訂

臧孫紇出奔

0039　350000-2016-0000180　甲29　經部/春秋左傳類/專著之屬

左傳事緯十二卷字釋一卷　（清）馬驌編　清末石印本　版框高17.2厘米，寬11.7厘米；开本高19.8厘米，寬13.3厘米；白口，四周雙邊。

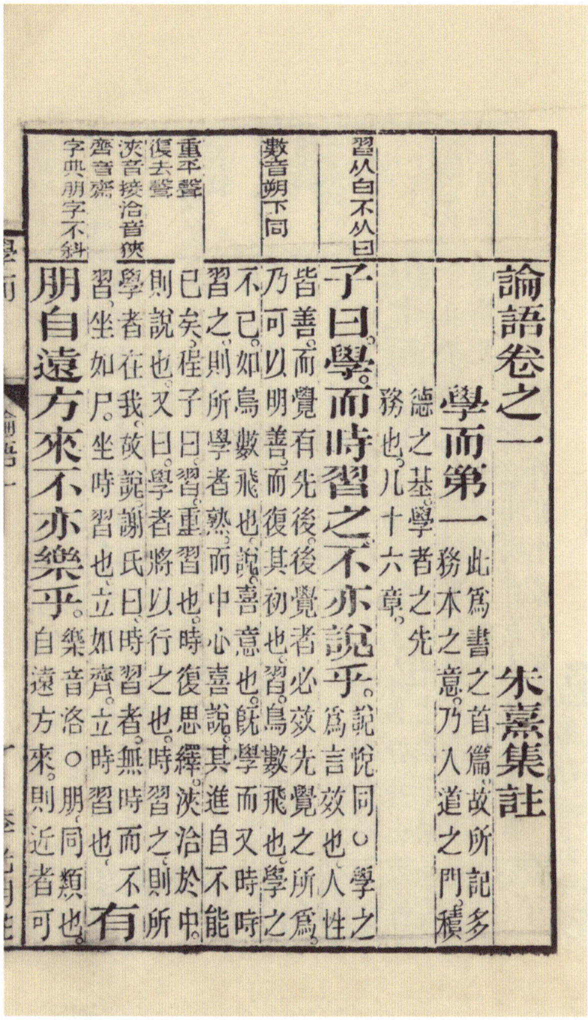

論語卷之一　朱熹集註

學而第一　此爲書之首篇故所記多務本之意乃入道之門積德之基學者之先務也凡十六章

習从白不从曰

數音朔下同

重平聲 復去聲 浹音接洽音狹 齊音齋 字典朋字不斜

子曰學而時習之不亦說乎　說悅同○學之爲言效也人性皆善而覺有先後後覺者必效先覺之所爲乃可以明善而復其初也習鳥數飛也學之不已如鳥數飛也說喜意也既學而又時時習之則所學者熟而中心喜說其進自不能已矣程子曰習重習也時復思繹浹洽於中則說也又曰學者將以行之也時習之則所學者在我故說謝氏曰時習者無時而不習坐如尸坐時習也立如齊立時習也

有朋自遠方來不亦樂乎　樂音洛○朋同類也自遠方來則近者可也

0040　350000-2016-0000237　甲30　經部/四書類/論語之屬/傳說

論語集註二十卷　（宋）朱熹撰　清光緒李光明莊刻本　版框高19.3厘米，寬13.7厘米；开本高23.7厘米，寬15.5厘米；白口，四周單邊。

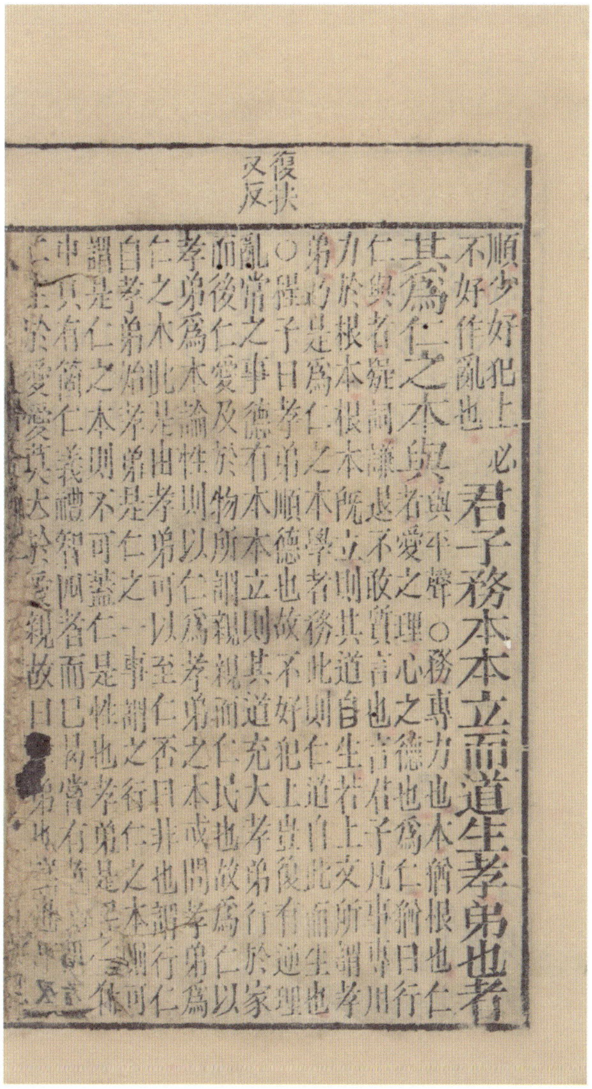
其爲仁之本與
君子務本本立而道生孝弟也者

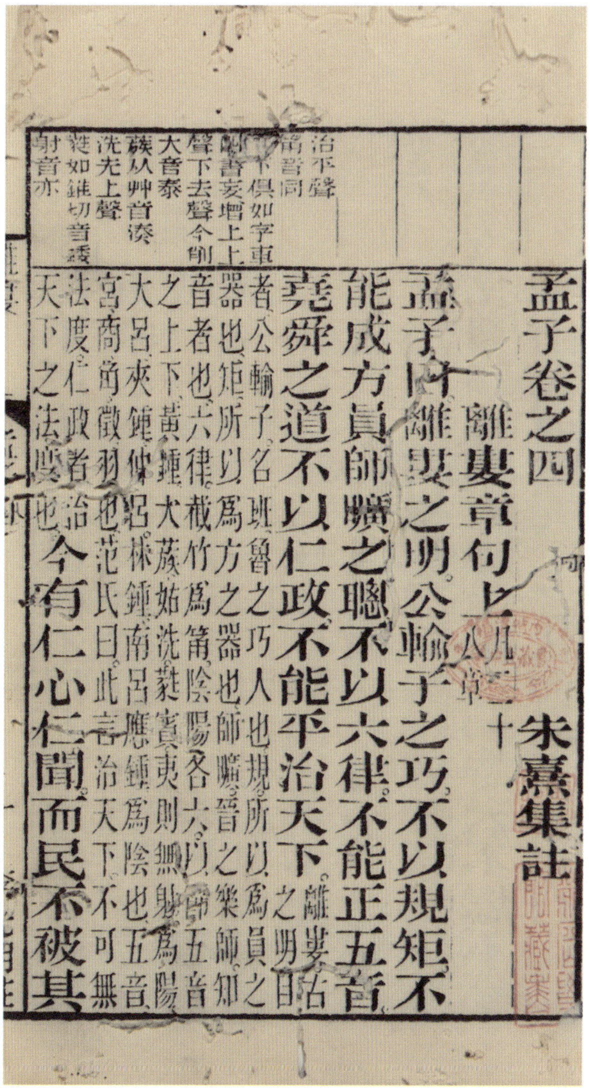
孟子卷之四
離婁章句上
朱熹集註
孟子曰離婁之明公輸子之巧不以規矩不能成方員師曠之聰不以六律不能正五音堯舜之道不以仁政不能平治天下
今有仁心仁聞而民不被其

0041　350000-2016-0000404　甲31　經部/四書類/孟子之屬/傳說

**論語集註二十卷**　（宋）朱熹撰　清日新堂刻本　版框高17.8厘米，寬10.1厘米；开本高23厘米，寬12.5厘米。

0042　350000-2016-0000384　甲32　經部/四書類/論語之屬/傳說

**孟子集註七卷**　（宋）朱熹撰　清末李光明莊刻本　版框高19厘米，寬13.8厘米；开本高23.5厘米，寬15.7厘米；白口，四周單邊。

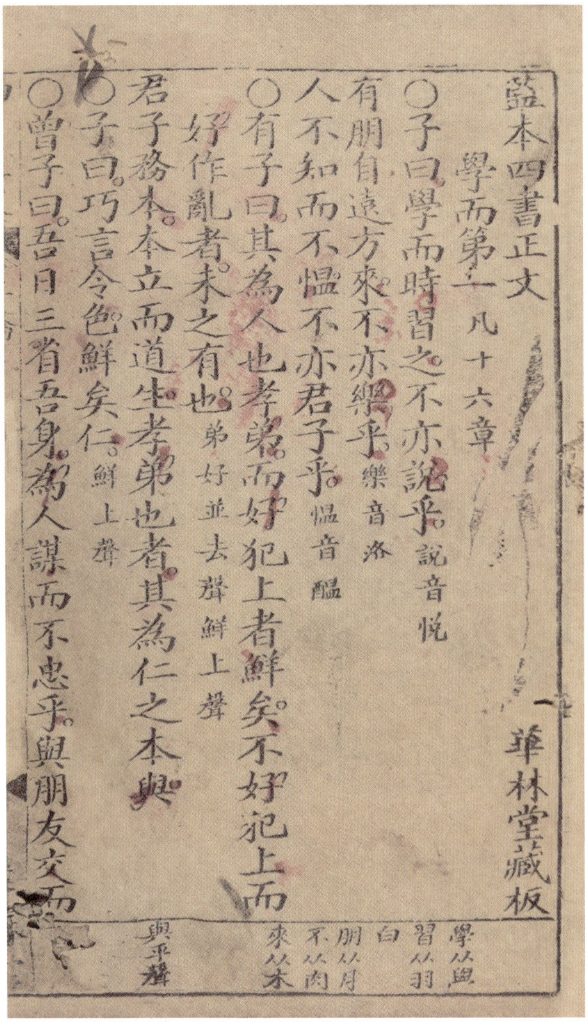

0043　350000-2016-0000409　甲33　經部/四書類

**監本四書正文七卷**　（□）□□輯　清華林堂刻本　版框高16.7厘米，寬11.8厘米；开本高20.3厘米，寬13.5厘米；白口，四周單邊。

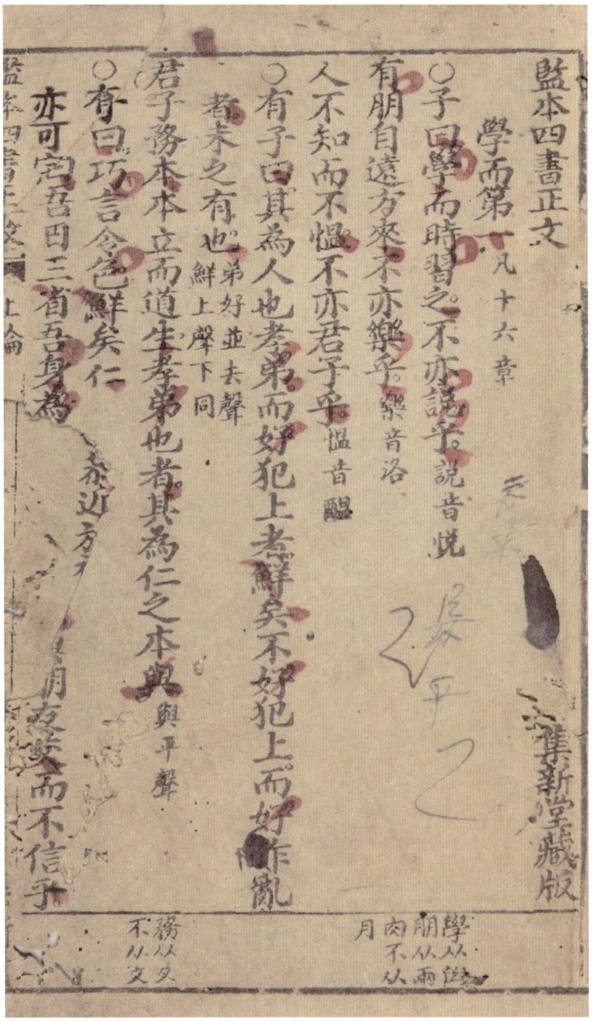

0044　350000-2016-0000411　甲34　經部/四書類

**監本四書正文七卷**　（□）□□輯　清集新堂刻本　版框高18厘米，寬10.8厘米；开本高20厘米，寬12.5厘米；白口，四周單邊。

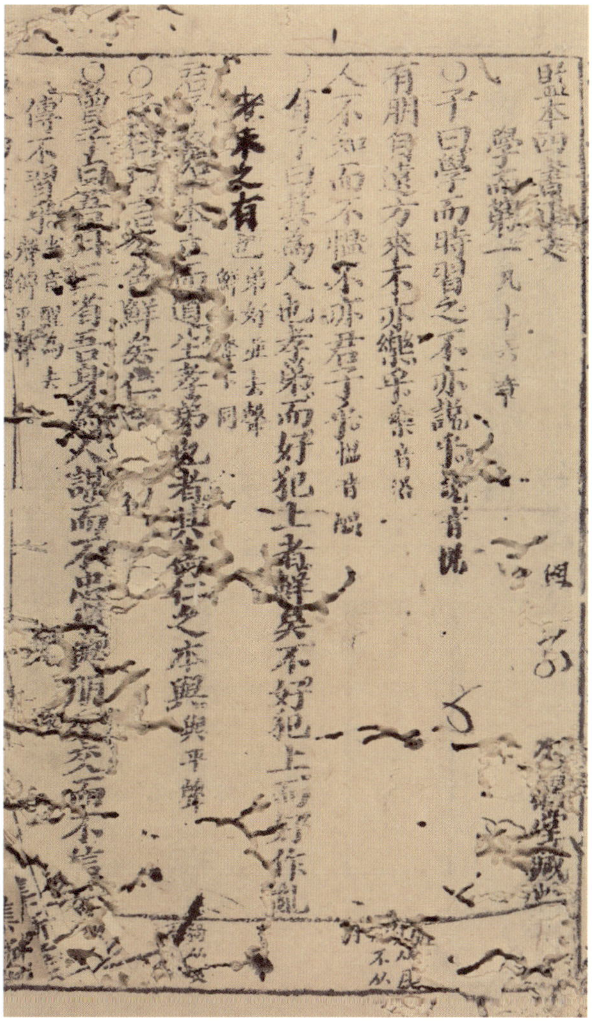

監本四書正文
學而第一　凡十六章
○子曰學而時習之不亦說乎　說音悅
有朋自遠方來不亦樂乎　樂音洛
人不知而不慍不亦君子乎　慍音醞
○有子曰其為人也孝弟而好犯上者鮮矣不好犯上而好作亂
[illegible]未之有也　弟好並去聲鮮上聲
君子務本本立而道生孝弟也者其為仁之本與　與平聲
○子曰巧言令色鮮矣仁
○曾子曰吾日三省吾身為人謀而不忠乎與朋友交而不信[illegible]
傳不習乎　省悉井反為去聲傳平聲
[illegible]

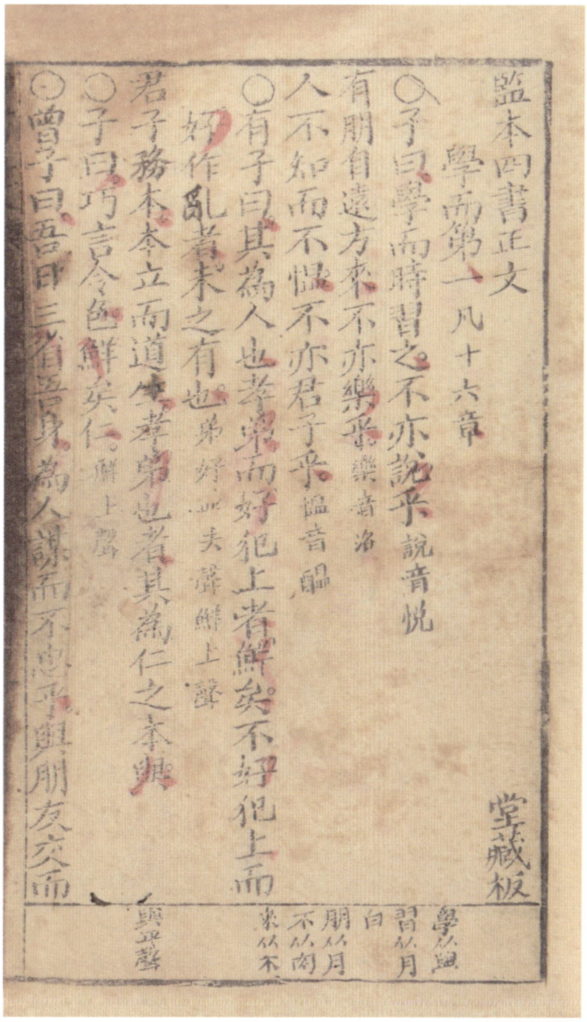

監本四書正文
學而第一　凡十六章
○子曰學而時習之不亦說乎　說音悅
有朋自遠方來不亦樂乎　樂音洛
人不知而不慍不亦君子乎　慍音醞
○有子曰其為人也孝弟而好犯上者鮮矣不好犯上而
好作亂者未之有也　弟好並去聲鮮上聲
君子務本本立而道生孝弟也者其為仁之本與
○子曰巧言令色鮮矣仁　鮮上聲
○曾子曰吾日三省吾身為人謀而不忠乎與朋友交而
堂藏板

0045　350000-2016-0000415　甲35　經部/四書類

**監本四書正文七卷**　（□）□□輯　清福州集新堂刻本　版框高18厘米，寬10.5厘米；开本高21厘米，寬12.5厘米；白口，四周單邊。

0046　350000-2016-0000420　甲36　經部/四書類

**監本四書正文七卷**　（□）□□輯　清刻本　版框高18.9厘米，寬11.2厘米；开本高21厘米，寬13.2厘米；白口，四周單邊。

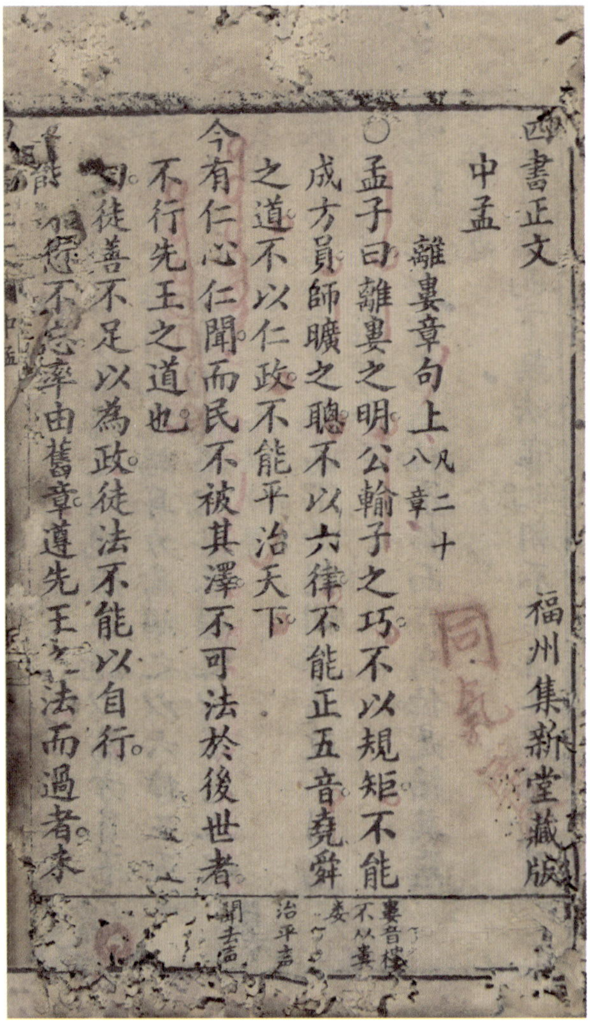

福州集新堂藏版

四書正文

中孟

離婁章句上 凡二十八章

○孟子曰離婁之明公輸子之巧不以規矩不能
成方員師曠之聰不以六律不能正五音堯舜
之道不以仁政不能平治天下
今有仁心仁聞而民不被其澤不可法於後世者
不行先王之道也
故曰徒善不足以為政徒法不能以自行
詩云不愆不忘率由舊章遵先王之法而過者未

婁音樓 不从裏　治平声　聞去声

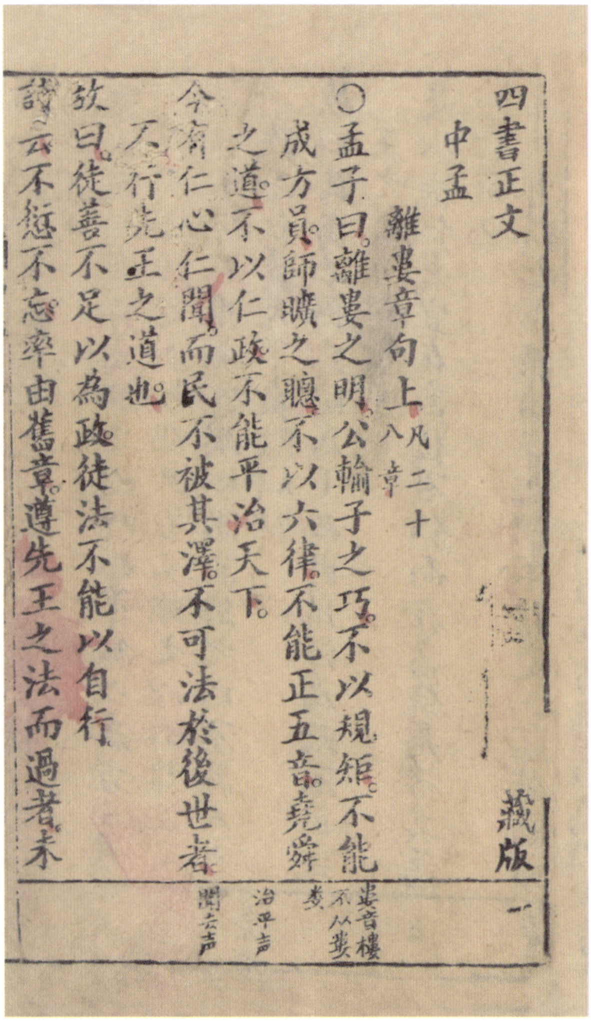

四書正文

中孟

離婁章句上 凡二十八章

○孟子曰離婁之明公輸子之巧不以規矩不能
成方員師曠之聰不以六律不能正五音堯舜
之道不以仁政不能平治天下
今有仁心仁聞而民不被其澤不可法於後世者
不行先王之道也
故曰徒善不足以為政徒法不能以自行
詩云不愆不忘率由舊章遵先王之法而過者未

藏版　一

婁音樓 不从裏　治平声　聞去声

0047　350000-2016-0000422　甲37　經部/四書類

**四書正文七卷**　（□）□□輯　清福州集新堂刻本　版框高18.1厘米，寬12厘米；开本高22厘米，寬13.2厘米；白口，四周單邊。

0048　350000-2016-0000418　甲38　經部/四書類

**四書正文七卷**　（□）□□輯　清刻本　版框高18.4厘米，寬11.7厘米；开本高20.8厘米，寬13.5厘米；白口，四周單邊。

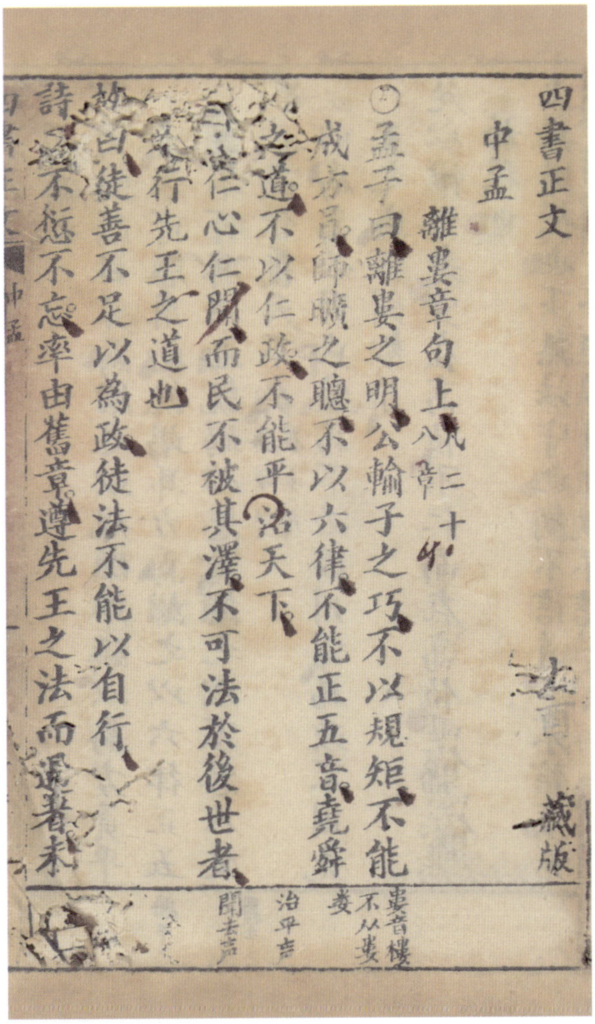

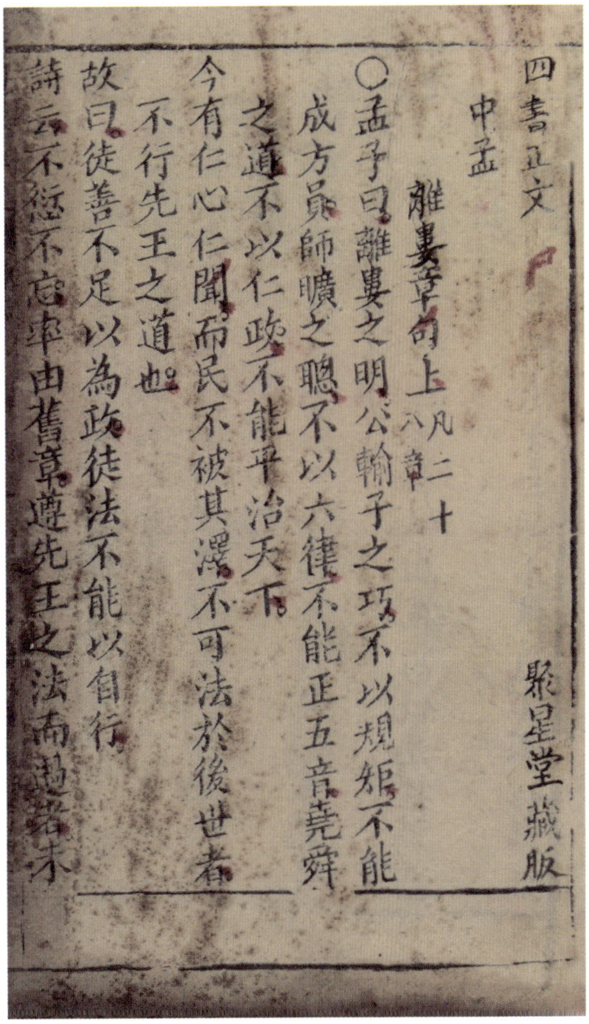

0049　350000-2016-0000417　甲38-1　經部/四書類

**四書正文七卷**　（□）□□輯　清刻本　版框高18厘米，寬12厘米；开本高21.5厘米，寬13厘米；白口，四周單邊。

0050　350000-2016-0000407　甲39　經部/四書類

**四書正文七卷**　（□）□□輯　清福州聚星堂刻本　版框高16.2厘米，寬12厘米；开本高21厘米，寬13.5厘米；白口，四周單邊。

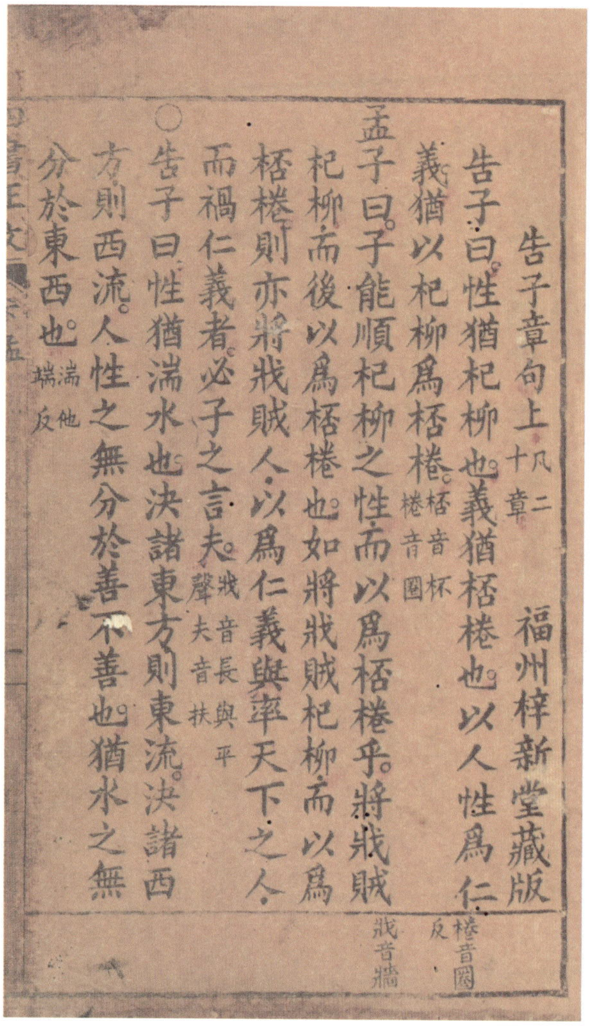

0051　350000-2016-0000406　甲40　經部/四書類

**四書正文七卷**　（□）□□輯　清福州集新堂刻本　版框高18厘米，寬11.7厘米；开本高20.5厘米，寬13厘米；白口，四周單邊。

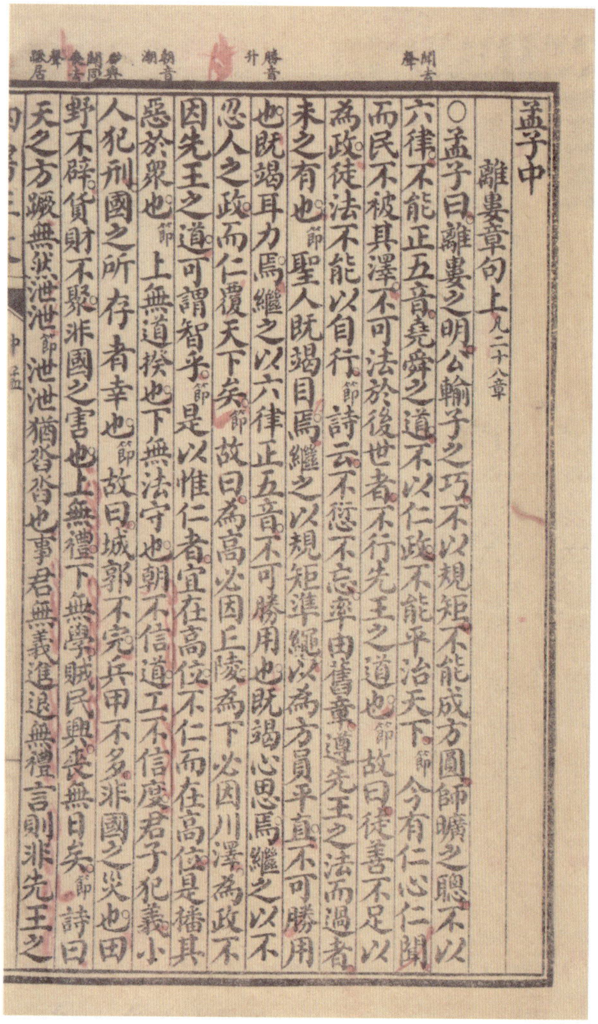

0052　350000-2016-0000380　甲41　經部/四書類

**精校四書正文七卷**　（□）□□輯　清末上海章福記書局石印本　版框高18厘米，寬12.2厘米；开本高21.2厘米，寬13.5厘米；白口，四周雙邊。

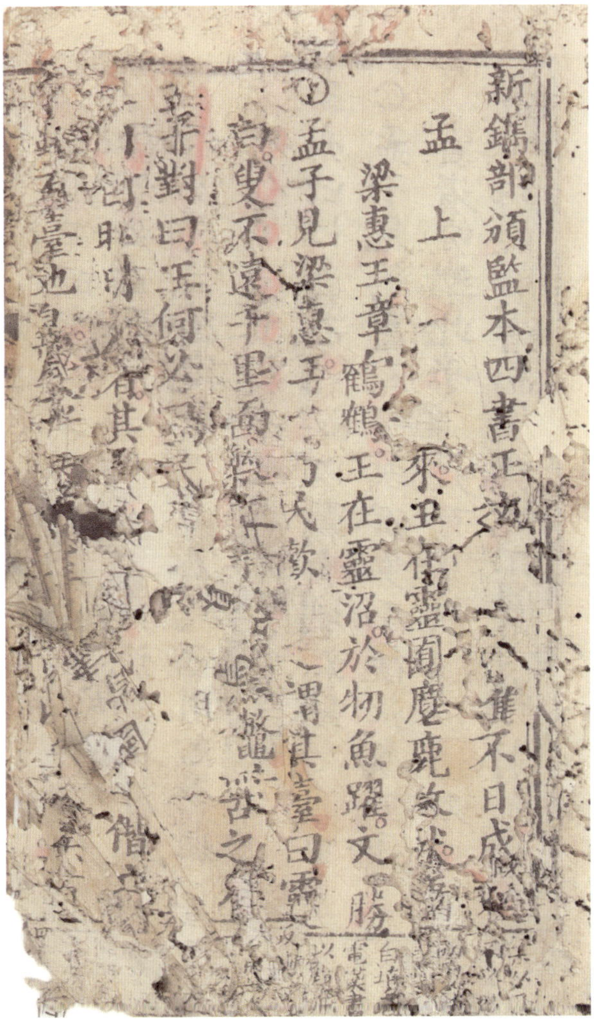

新鐫部頒監本四書正文

孟　上

梁惠王章

孟子見梁惠王

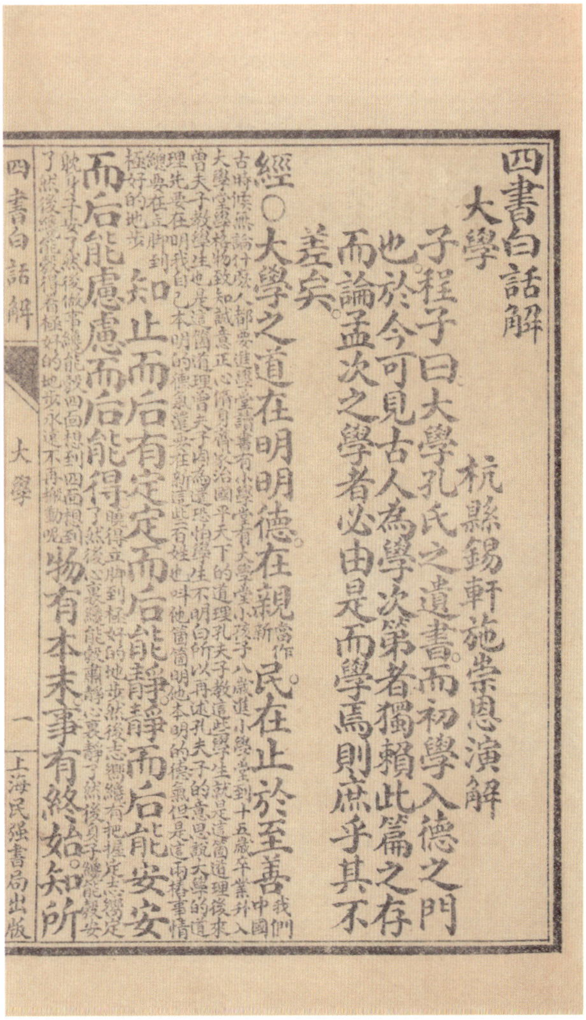

四書白話解

大學　　杭縣錫軒施崇恩演解

子程子曰大學孔氏之遺書而初學入德之門也於今可見古人為學次第者獨賴此篇之存而論孟次之學者必由是而學焉則庶乎其不差矣

經○大學之道在明明德在親民在止於至善

知止而后有定定而后能靜靜而后能安安而后能慮慮而后能得

物有本末事有終始知所

四書白話解　大學　一　上海民强書局出版

0053　350000-2016-0000424　甲42　經部/四書類

**新鐫部頒監本四書正文七卷**　（□）□□輯　清集新堂刻本　版框高19.3厘米，寬11.1厘米；开本高21.2厘米，寬14.2厘米；白口，左右雙邊。

0054　350000-2016-0000441　甲43　經部/四書類/總義之屬/傳說

**圖畫四書白話解二十卷**　王有宗校　清末上海彪蒙書室石印本　版框高16.2厘米，寬11.3厘米；开本高20厘米，寬13.3厘米；白口，四周雙邊。

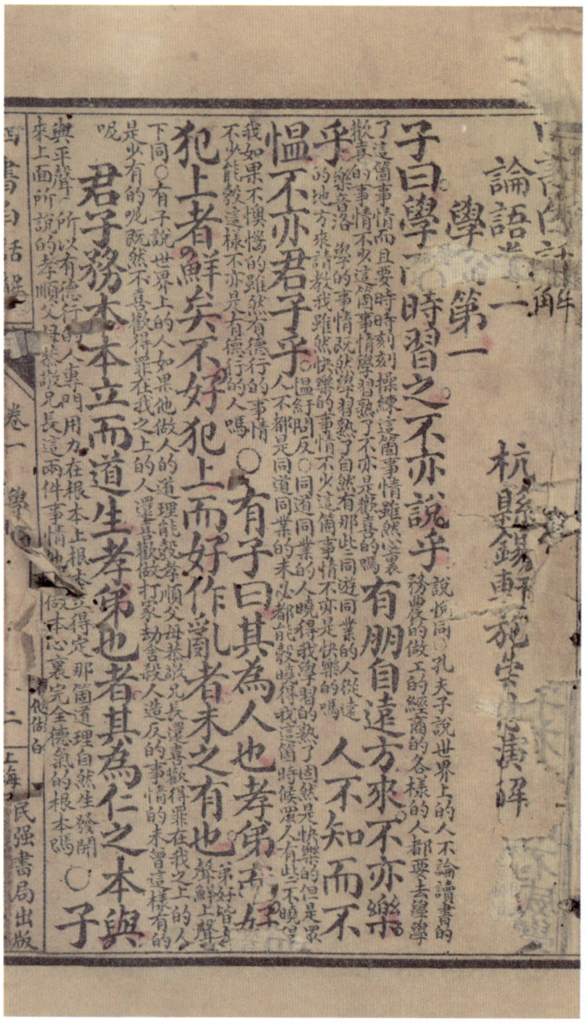

0055　350000-2016-0000446　甲44　經部/四書類/總義之屬/傳説

**圖畫四書白話解二十卷**　王有宗校

清末民國上海民強書局石印本　版框高17.3厘米，寬12.2厘米；开本高20厘米，寬13.3厘米；白口，四周雙邊。

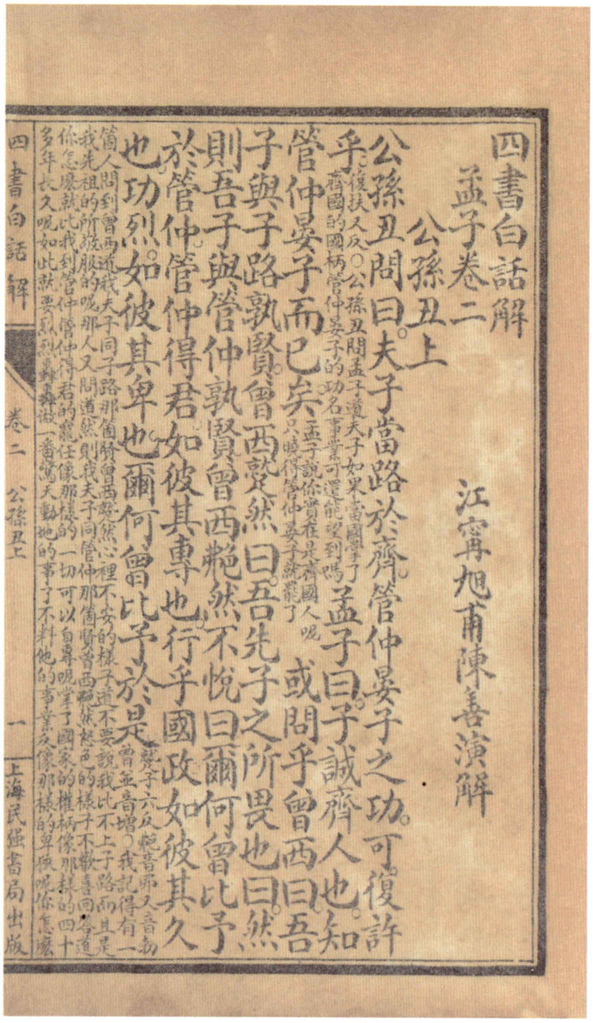

0056　350000-2016-0000448　甲44-1　經部/四書類/總義之屬/傳説

**圖畫四書白話解二十卷**　王有宗校

清末民國上海民強書局石印本　版框高16.6厘米，寬12厘米；开本高19.5厘米，寬13.5厘米；白口，四周雙邊。

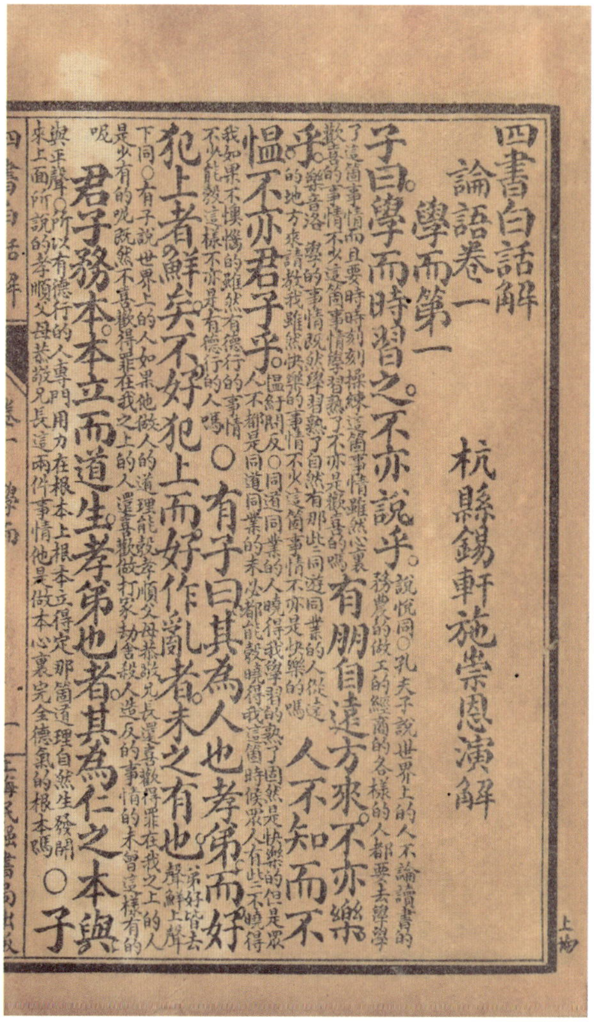

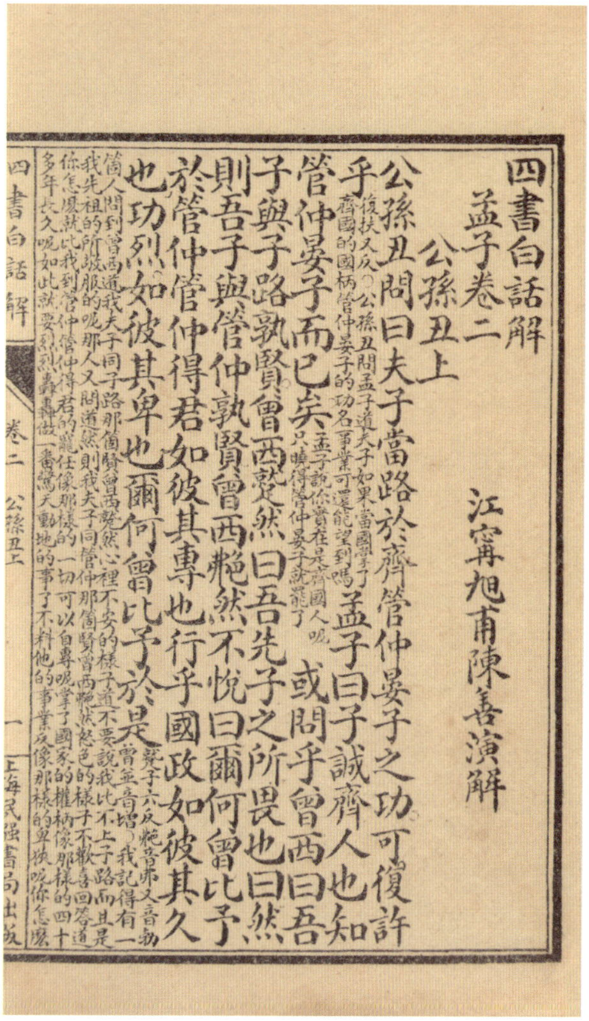

0057　350000-2016-0000444　甲44-2　經部/四書類/總義之屬/傳說

**圖畫四書白話解二十卷**　王有宗校　清末民國上海民強書局石印本　版框高16.1厘米，寬11.6厘米；开本高20厘米，寬13.5厘米；白口，四周雙邊。

0058　350000-2016-0000447　甲44-3　經部/四書類/總義之屬/傳說

**圖畫四書白話解二十卷**　王有宗校　清末民國上海民強書局石印本　版框高16.1厘米，寬11.8厘米；开本高20厘米，寬13.8厘米；白口，四周雙邊。

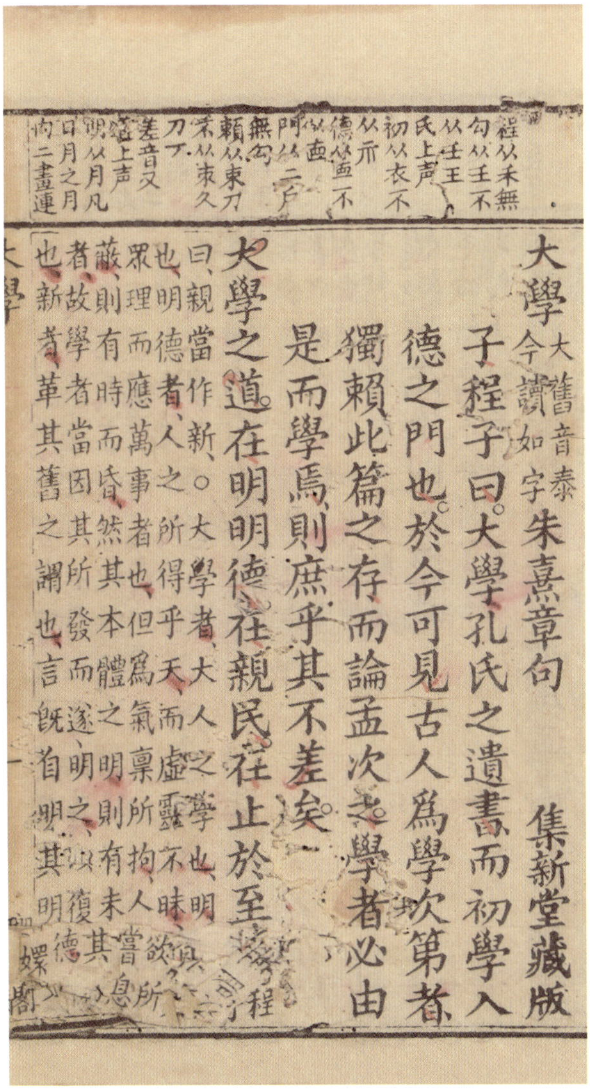

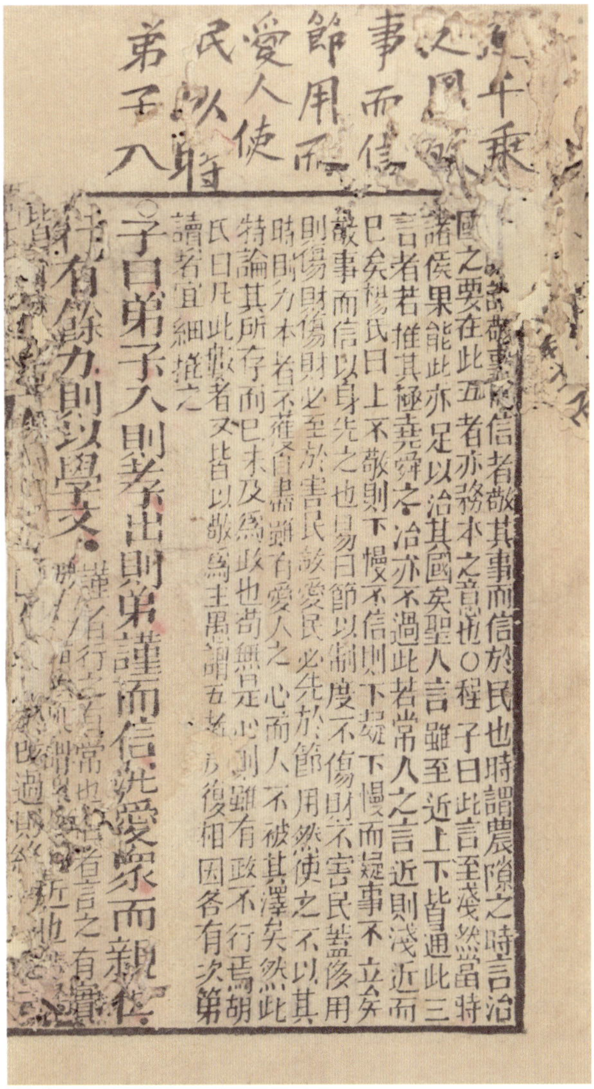

0059　350000-2016-0000167　甲45　經部/四書類/總義之屬/傳說

四書集註十九卷　（宋）朱熹撰　清咸豐十一年（1861）鄉嬛閣集新堂刻本　版框高19.7厘米，寬11.3厘米；开本高22.2厘米，寬13厘米；白口，四周雙邊。

0060　350000-2016-0000419　甲46　經部/四書類/總義之屬/傳說

監本四書全註□卷　（□）□□輯　清末刻本　版框高18厘米，寬10厘米；开本高22.5厘米，寬13厘米；白口，四周單邊。

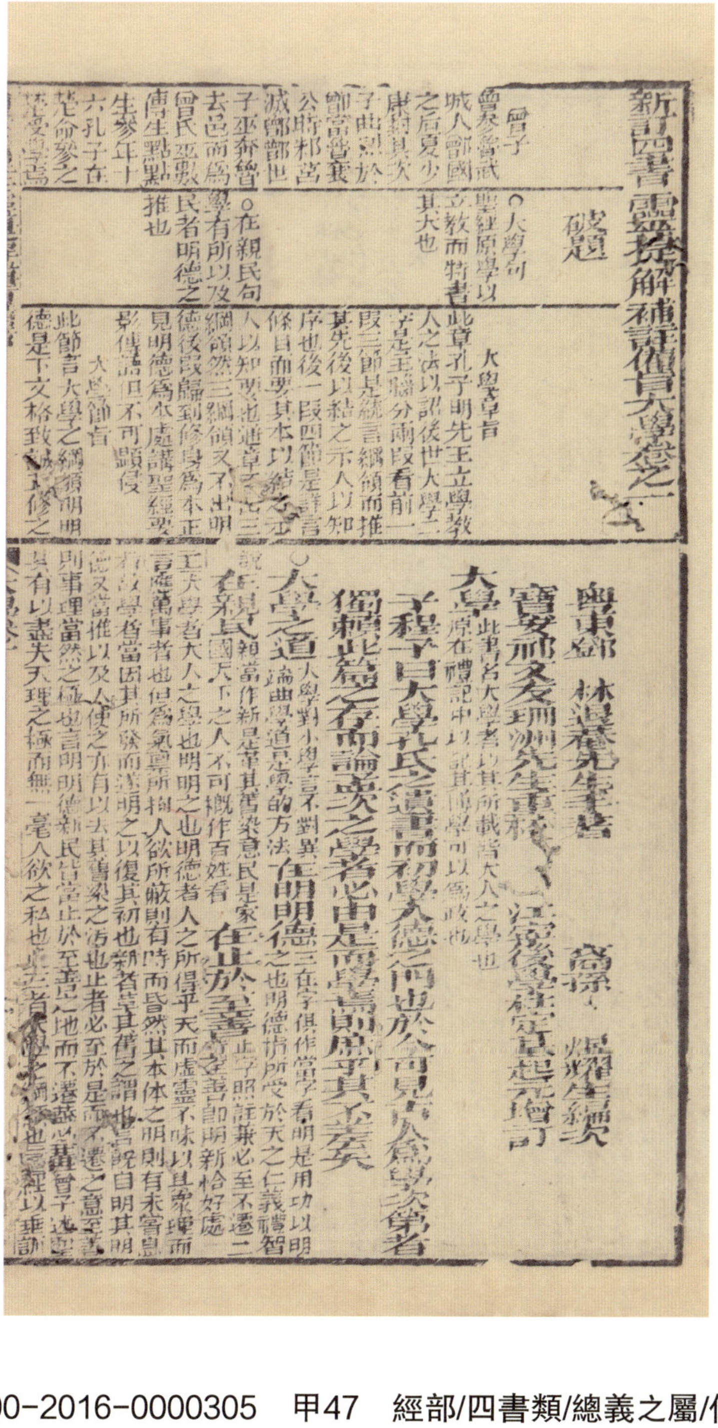
新訂四書靈捷解補註備旨大學卷之一

粵東鄧 林退菴先生著　男 煜耀宗編次

寶安祁文友珊洲先生重校　江寧後學杜定基起元增訂

0061　350000-2016-0000305　甲47　經部/四書類/總義之屬/傳說

**新訂四書靈捷解補註備旨十卷**　（明）鄧林著　（明）鄧煜編次　（清）祁文友重校　（清）杜定基增訂　清乾隆四十四年（1779）　江甯杜定基刻本　版框高23.3厘米，寬13.4厘米；开本高26厘米，寬15.2厘米。

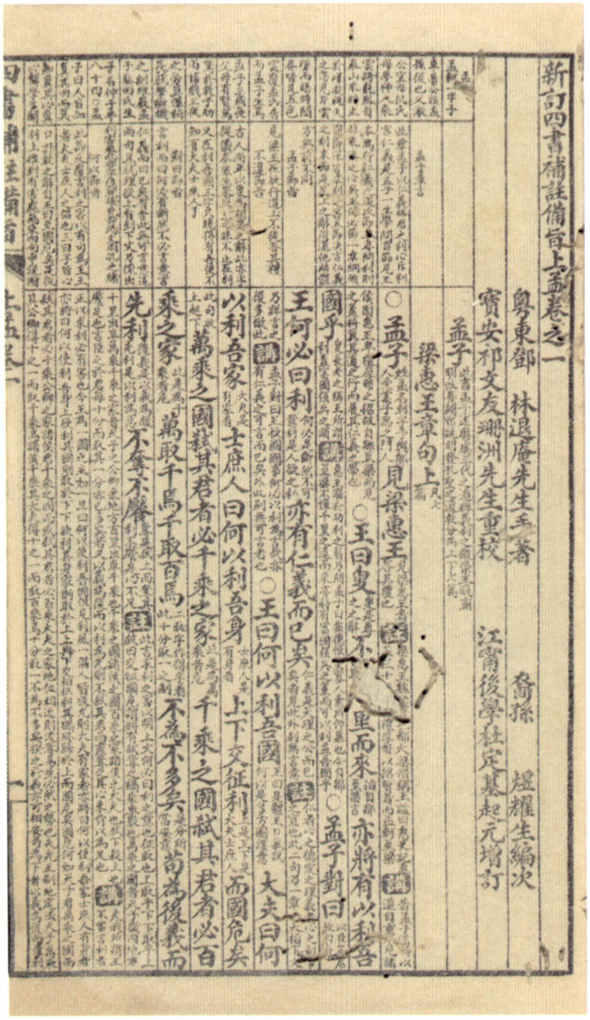

0062　350000-2016-0000345　甲48　經部/四書類/總義之屬/傳說

新訂四書補註備旨十卷　（明）鄧林撰　（清）杜定基增訂　清末石印本　版框高18.5厘米，寬12厘米；开本高20.5厘米，寬13.2厘米；下黑口，四周單邊。

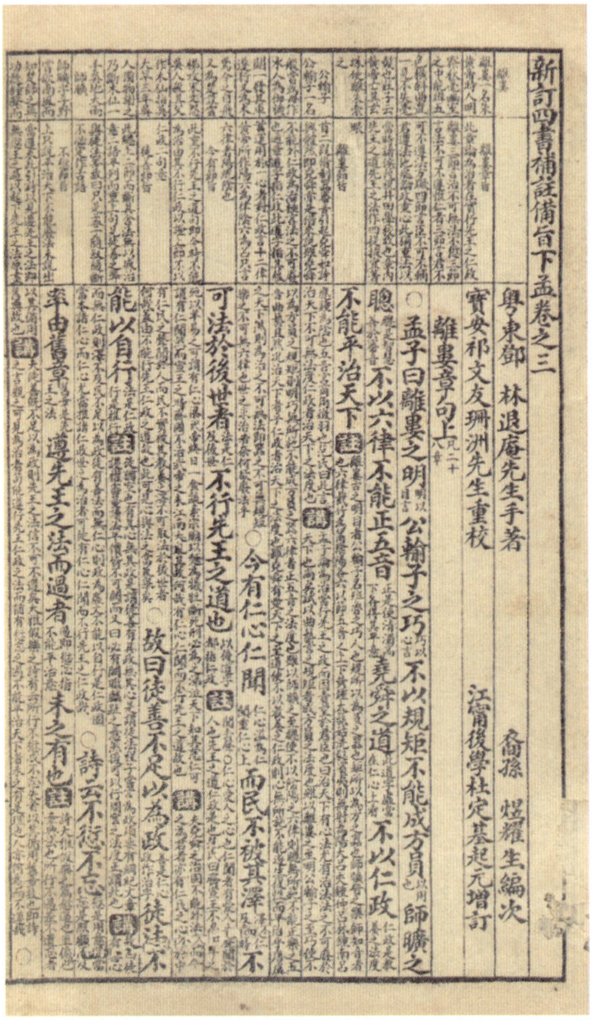

0063　350000-2016-0000343　甲48-1　經部/四書類/總義之屬/傳說

新訂四書補註備旨十卷　（明）鄧林撰　（清）杜定基增訂　清末石印本　版框高18.6厘米，寬12厘米；开本高20.5厘米，寬13.3厘米；下黑口，四周單邊。

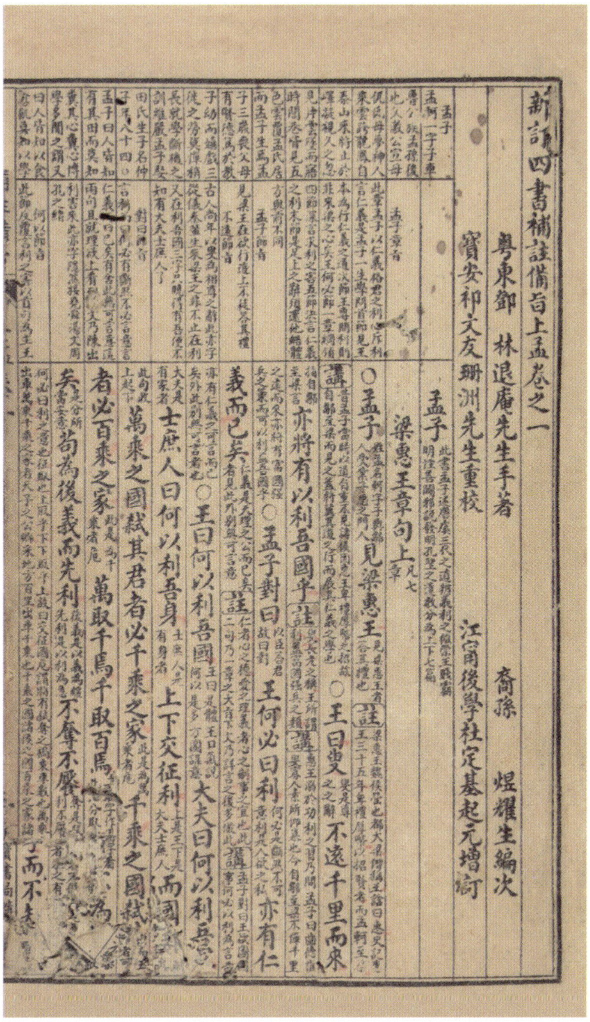

新訂四書補註備旨上孟卷之一

粵東鄧　林退庵先生手著
寶安祁文友珊洲先生重校
裔孫　煋耀生編次
江甯後學杜定基起元增訂

孟子

梁惠王章句上

孟子見梁惠王　王曰叟不遠千里而來　亦將有以利吾國乎　孟子對曰王何必曰利亦有仁義而已矣　王曰何以利吾國　大夫曰何以利吾家　士庶人曰何以利吾身　上下交征利而國危矣　萬乘之國弒其君者必千乘之家　千乘之國弒其君者必百乘之家　萬取千焉千取百焉　苟為後義而先利不奪不饜

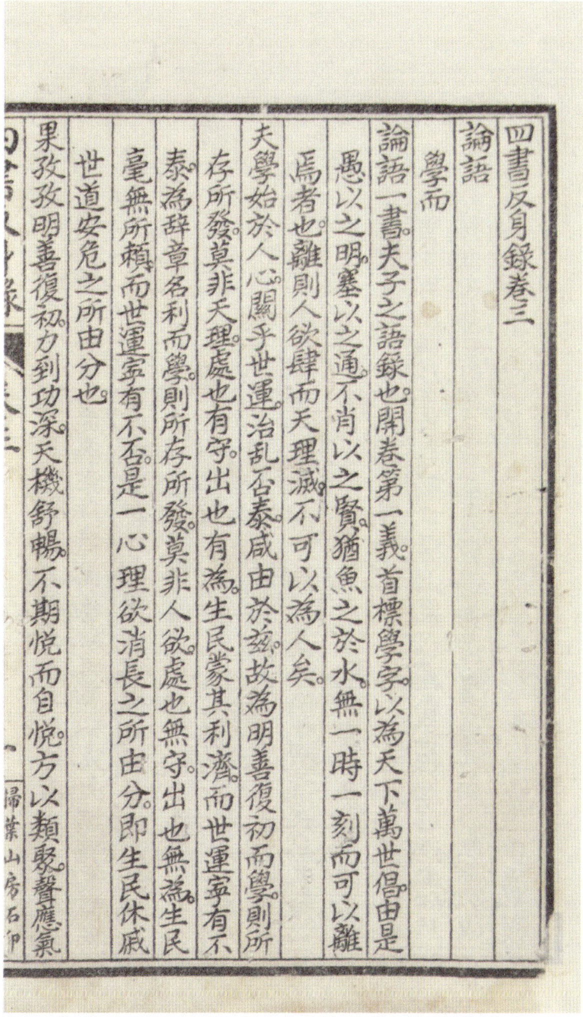

四書反身錄卷三

論語

學而

論語一書夫子之語錄也開卷第一義首標學字以為天下萬世倡由是愚以之明塞以之通不肖以之賢猶魚之於水無一時一刻而可以離焉者也離則人欲肆而天理滅不可以為人矣

夫學始於人心關乎世運治亂否泰咸由於茲故為明善復初而學則所存所發莫非天理處也有守出也有為生民蒙其利濟而世運寧有不泰為辞章名利而學則所存所發莫非人欲處也無守出也無為生民毫無所賴而世運寧有不否是一心理欲消長之所由分即生民休戚世道安危之所由分也

果孜孜明善復初力到功深天機舒暢不期悅而自悅方以類聚聲應氣

掃葉山房石印

0064　350000-2016-0000342　甲49　經部/四書類/總義之屬/傳說

**新訂四書補註備旨十卷**　（明）鄧林撰　（清）杜定基增訂　清末天寶書局石印本　版框高18厘米，寬12.2厘米；开本高20.2厘米，寬13.2厘米；白口，四周雙邊。

0065　350000-2016-0000391　甲50　經部/四書類/總義之屬/傳說

**四書反身錄八卷**　（清）李顒撰　（清）王心敬輯　清末掃葉山房石印本　版框高16.8厘米，寬12厘米；开本高19.8厘米，寬13.2厘米；十二行，行二十八字，白口，四周雙邊。

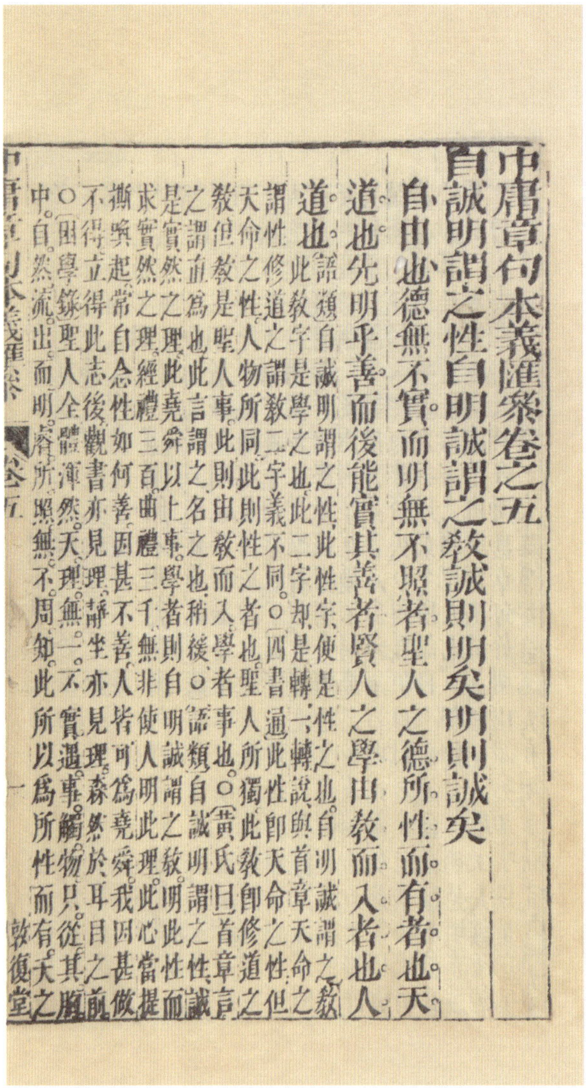

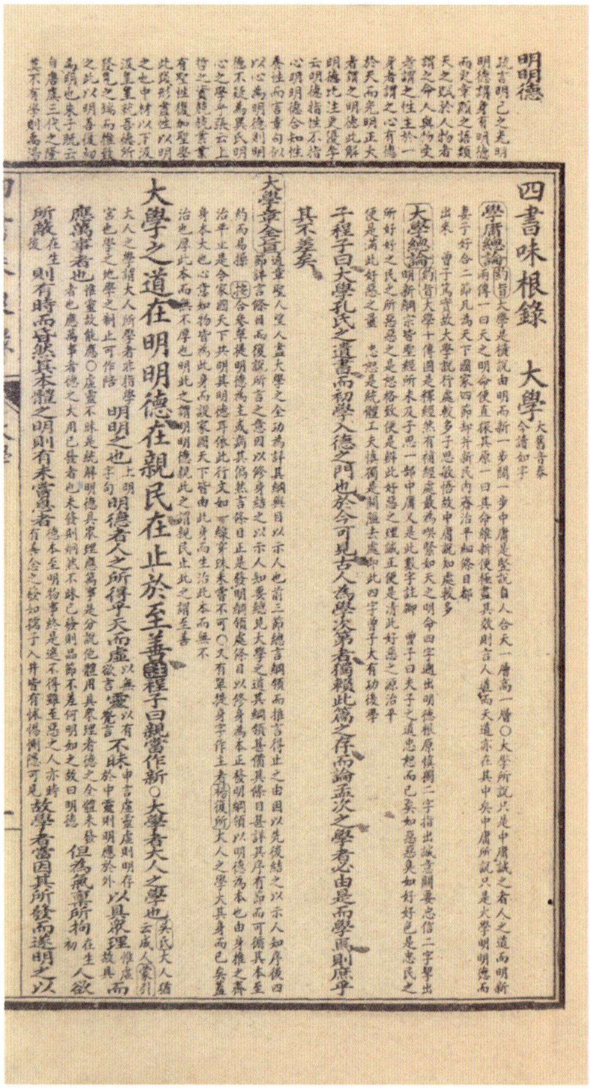

0066　350000-2016-0000348　甲51　經部/四書類/總義之屬/傳説

**四書朱子本義匯參四十七卷**　（清）王步青輯　清乾隆十年（1745）敦復堂刻寶章堂重印本　版框高20.5厘米，寬13.5厘米；开本高25厘米，寬15.7厘米；十行，行二十五字，小字雙行，行二十五字，白口，四周單邊。

0067　350000-2016-0000069　甲52　經部/四書類/總義之屬/傳説

**四書味根錄三十七卷**　（清）金澂撰　清光緒上海久敬齋石印本　版框高11.2厘米，寬7.6厘米；开本高14.9厘米，寬9厘米；十四行，行五十四字，小字雙行，行五十四字，白口，四周雙邊。

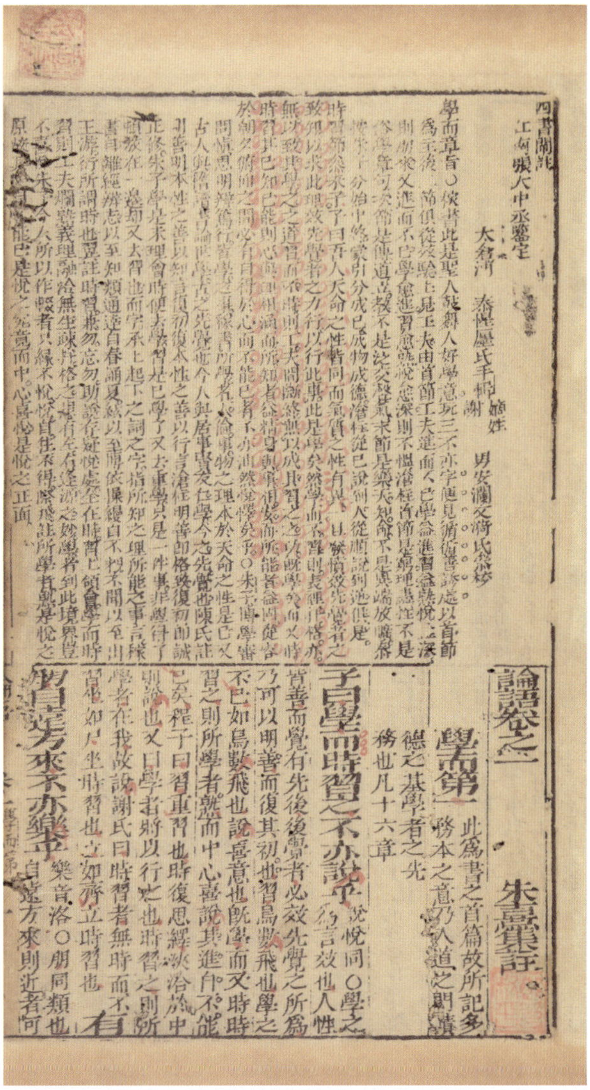


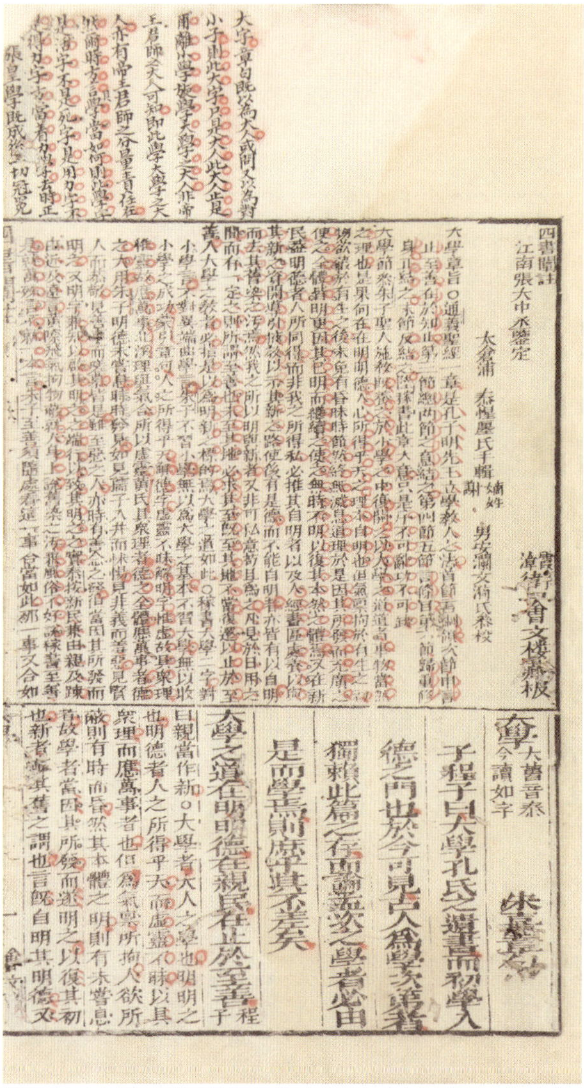


0068　350000-2016-0000414　甲53　經部/四書類/總義之屬/傳說

**四書闡註十九卷**　（清）浦泰輯　清刻本　版框高23.8厘米，寬14.5厘米；开本高27.5厘米，寬16.6厘米。

0069　350000-2016-0000412　甲54　經部/四書類/總義之屬/傳說

**四書闡註十九卷**　（清）浦泰輯　清雍正刻本　版框高22.9厘米，寬14.7厘米；开本高31厘米，寬16.5厘米。

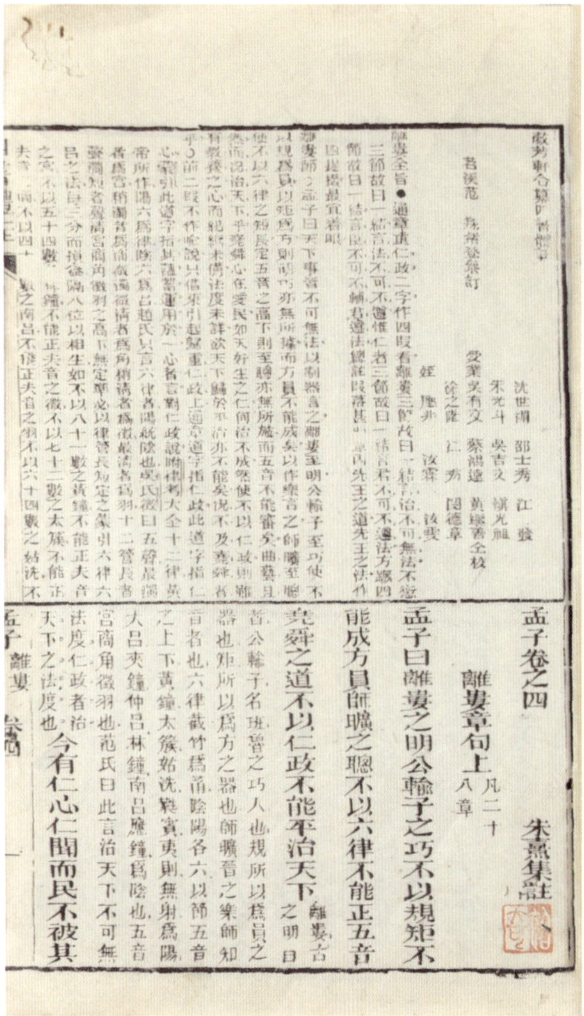

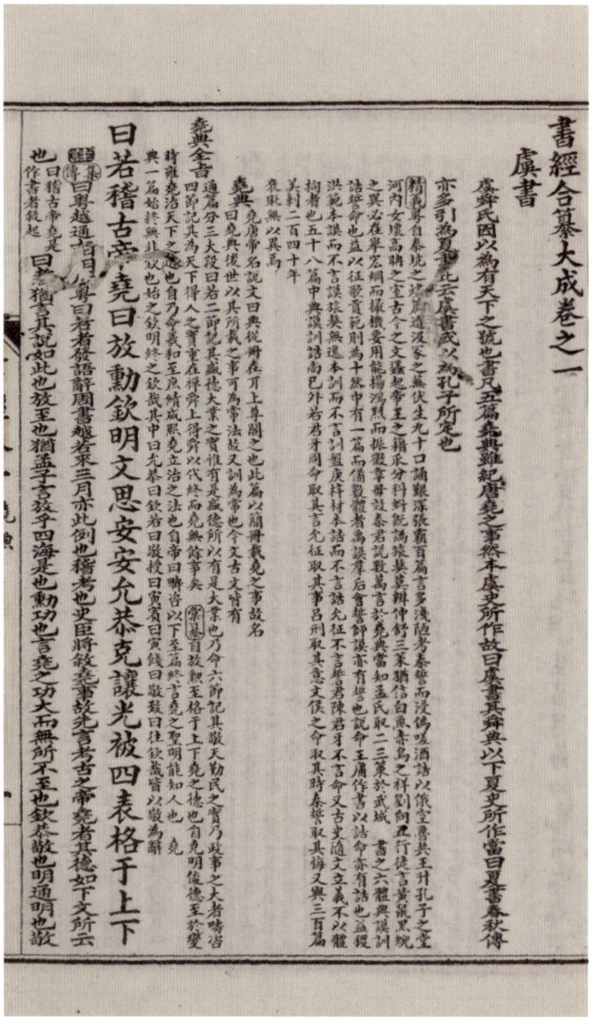

0070　350000-2016-0000437　甲55　經部/四書類/總義之屬/傳說

漱芳軒合纂四書體註不分卷　（清）范翔參訂　四書章句十九卷　（宋）朱熹撰　清光緒二十五年（1899）集新堂刻本　版框高23.3厘米，寬15.7厘米；开本高28厘米，寬17厘米；二十三行，行三十一字，白口，左右雙邊。

0071　350000-2016-0000351　甲56　經部/羣經總義類/傳說之屬

五經合纂大成四十四卷　（□）□□輯　清末石印本　版框高11.7厘米，寬9厘米；开本高15厘米，寬9.2厘米；白口，四周雙邊。

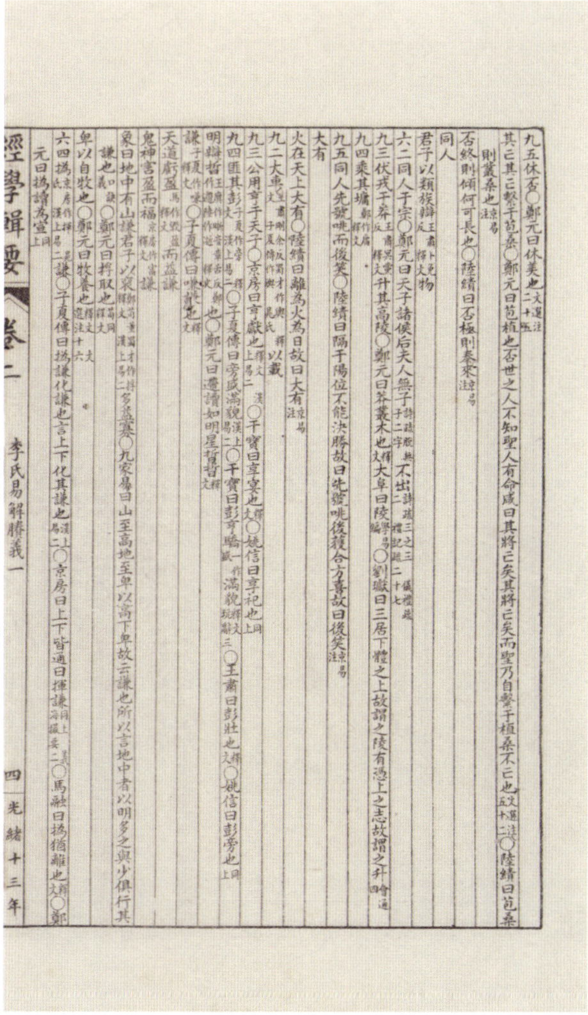

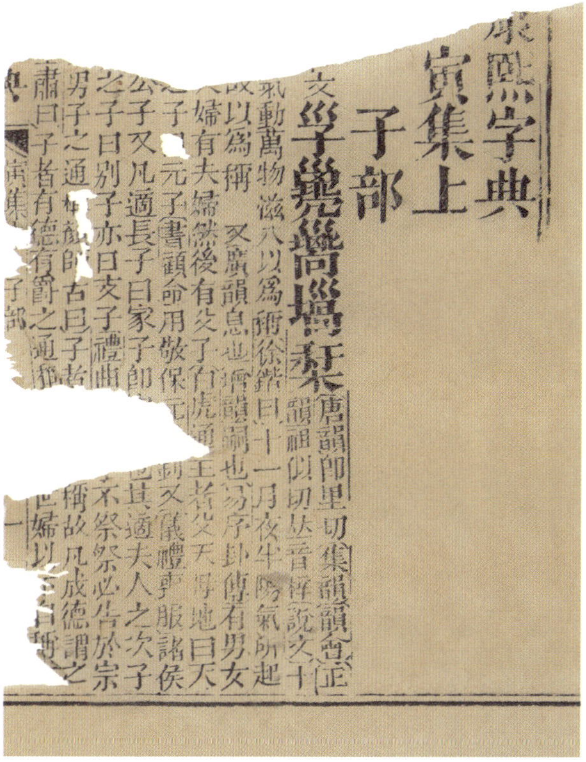

0072　350000-2016-0000037　甲57　經部/羣經總義類/傳説之屬

**經學輯要二十四卷**　（清）吴潁炎輯　清光緒十三年（1887）點石齋石印經策通纂本　版框高13.4厘米，寬8.8厘米；开本高17.5厘米，寬10.5厘米；二十四行，行五十五字，小字雙行，行五十五字，白口，四周單邊。

0073　350000-2016-0000077　甲58　經部/小學類/文字之屬/字書/字典

**康熙字典十二集三十六卷總目一卷檢字一卷辨似一卷等韻一卷備考一卷補遺一卷**　（清）張玉書等纂修　清道光七年（1827）刻本　版框高12.9厘米，寬9.4厘米；开本高18厘米，寬12厘米；八行，行十六字，小字雙行，行二十四字，白口，四周雙邊。

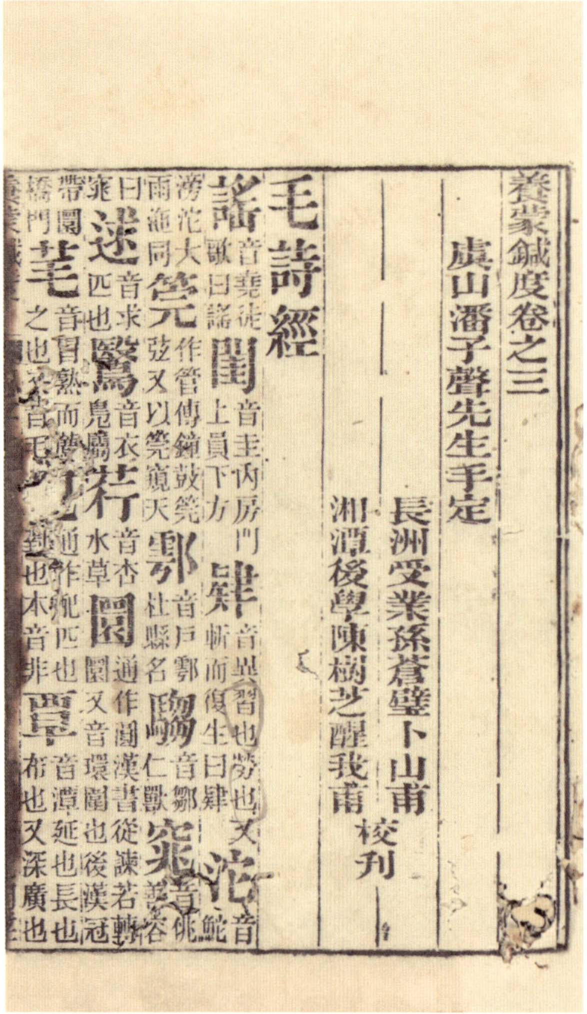


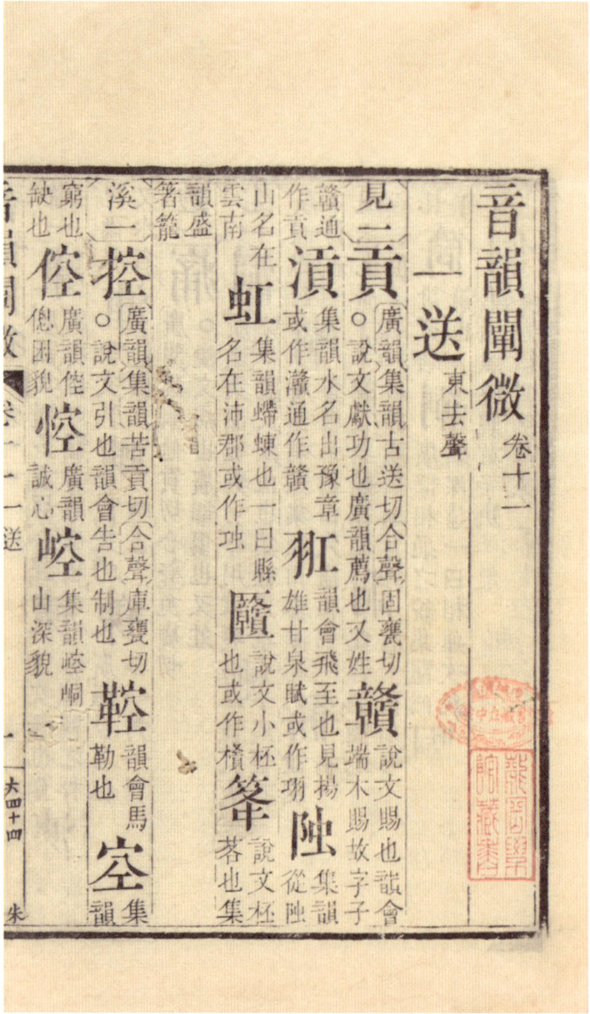


0074　350000-2016-0000056　甲59　經部/小學類/文字之屬/字書/訓蒙

**養蒙鍼度五卷**　（清）潘子聲撰　清李光明莊刻本　版框高17.6厘米，寬13.4厘米；开本高23.9厘米，寬16厘米；九行，行二十字，小字雙行，行二十四字，白口，左右雙邊。

0075　350000-2016-0000044　甲60　經部/小學類/音韻之屬/韻書

**音韻闡微十八卷韻譜一卷**　（清）李光地承修　（清）王蘭生編纂　清光緒七年（1881）淮南書局刻本　版框高22.9厘米，寬14.7厘米；开本高28厘米，寬17.5厘米；八行，行十二字，小字雙行，行二十四字，白口，四周雙邊。

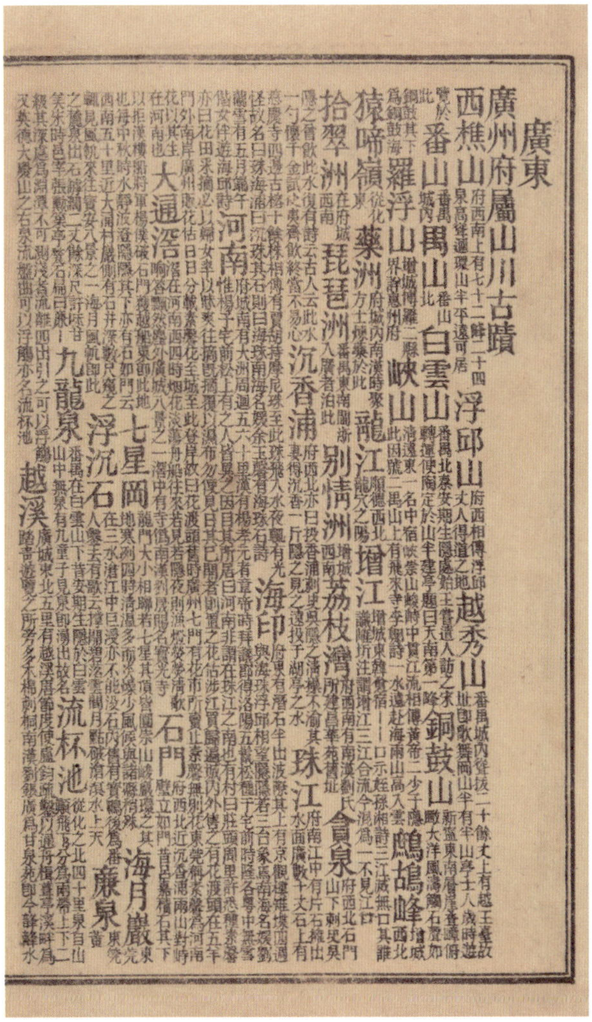

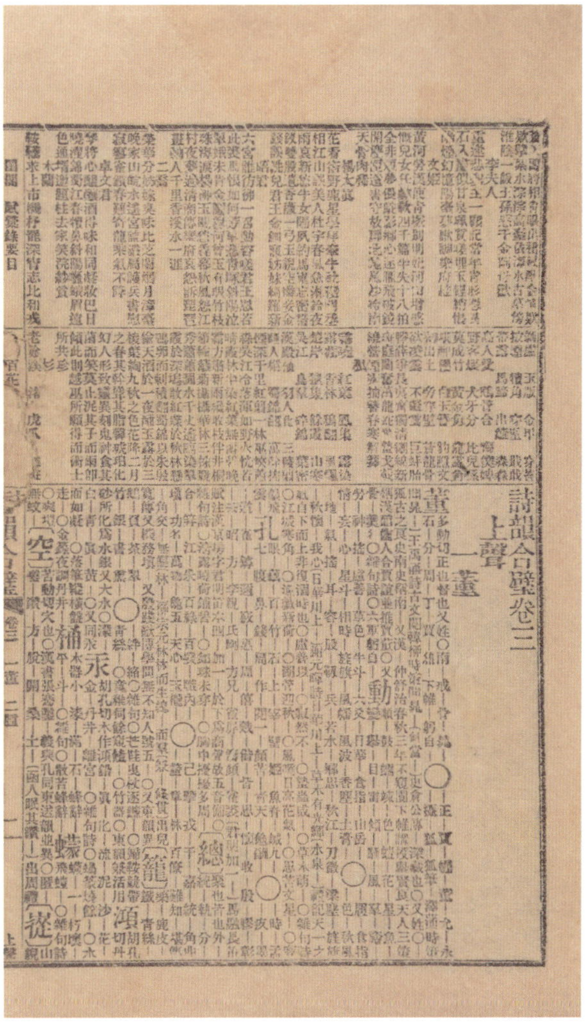

0076 350000-2016-0000269 甲61 經部/小學類/音韻之屬/韻書

詩韻集成不分卷附詞林典腋一卷 （清）余照輯 清光緒二十一年（1895）上海宏文閣石印本 版框高14.4厘米，寬8.8厘米；开本高17.2厘米，寬10厘米；白口，四周雙邊。

0077 350000-2016-0000252 甲62 經部/小學類/音韻之屬/韻書

詩韻合璧五卷 （清）湯文璐編 清末石印本 版框高16.1厘米，寬10.5厘米；开本高20厘米，寬13.4厘米；白口，四周雙邊。

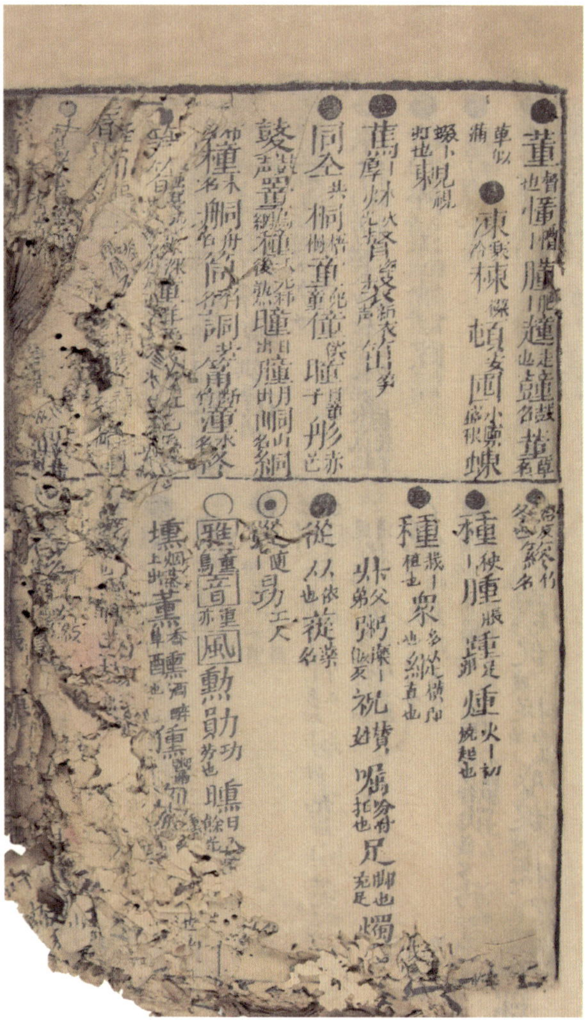

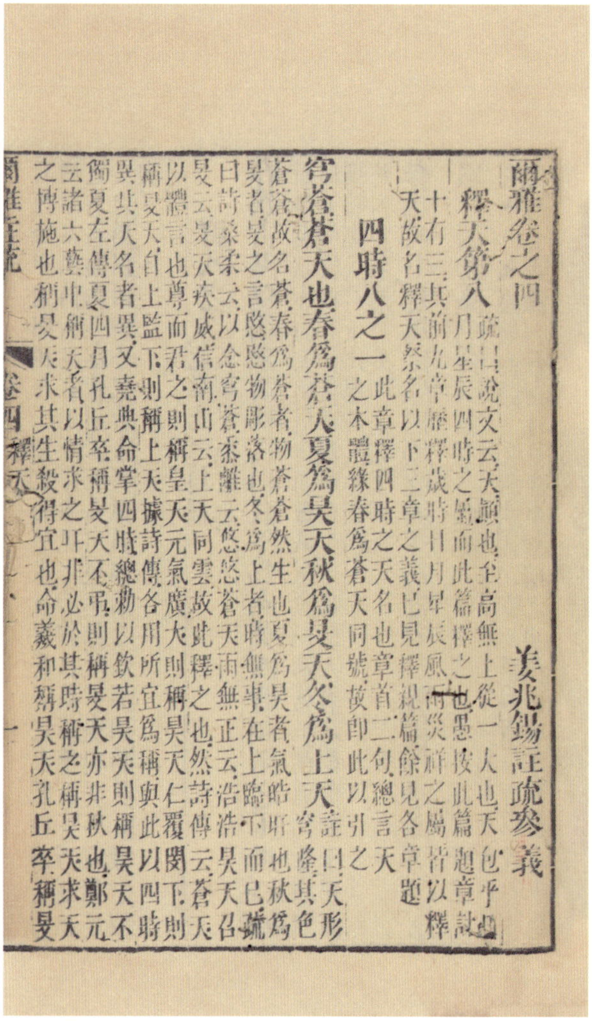


0078　350000-2016-0000428　甲63　經部/小學類/音韻之屬/韻書

**戚參軍八音字義便覽四卷**　（清）蔡士泮輯　**太史林碧山先生珠玉同聲四卷**　（清）陳他輯　清末刻本　版框高20.1厘米，寬11.4厘米；开本高22厘米，寬13.2厘米。

0079　350000-2016-0000035　甲64　經部/小學類/訓詁之屬/爾雅

**爾雅註疏參義六卷**　（清）姜兆錫撰　清乾隆刻本　版框高19.6厘米，寬15.2厘米；开本高25.6厘米，寬16.7厘米；十行，行二十五字，小字雙行，行二十五字，白口，四周單邊。

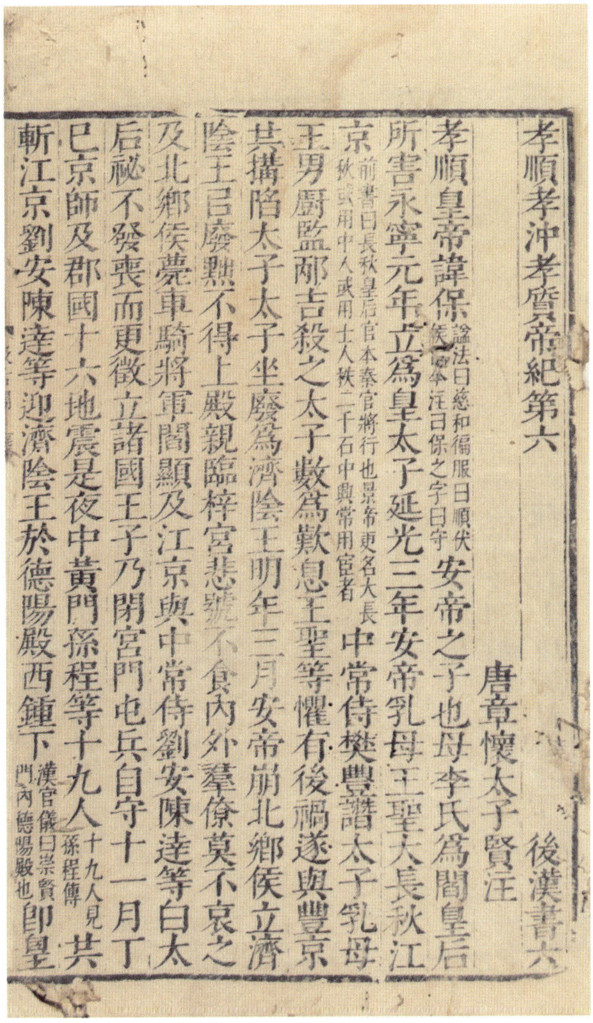

0080　350000-2016-0000365　乙1　史部/叢編

**十七史**　（明）毛晉編　明崇禎元年至十七年（1628—1644）毛氏汲古閣刻清順治間重修本　版框高21.8厘米，寬15厘米；开本高25.8厘米，寬17厘米；十二行，行二十五字，小字雙行，行三十七字，白口，左右雙邊。

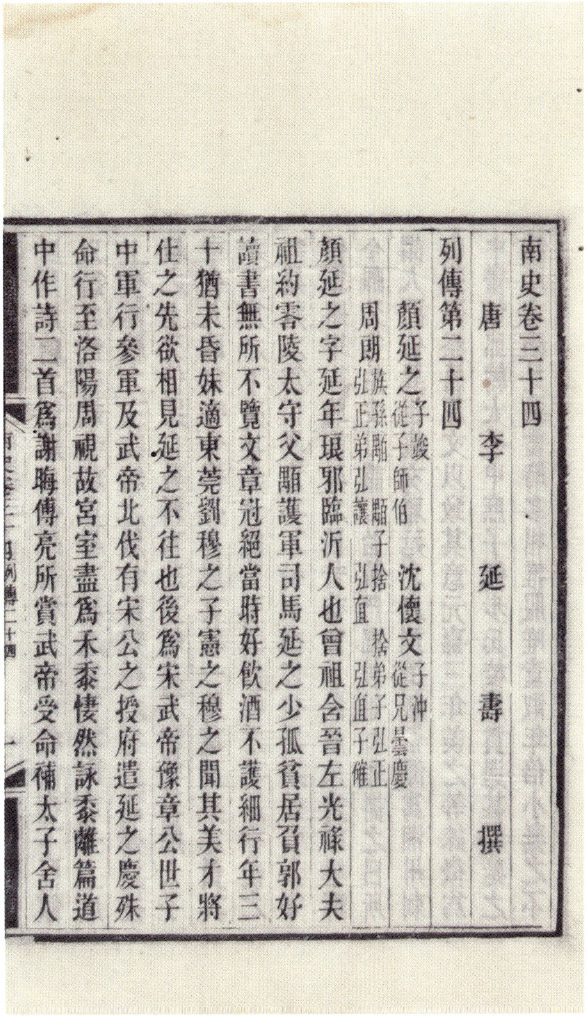

0081　350000-2016-0000003　乙2　史部/紀傳類/正史之屬

**南史八十卷**　（唐）李延壽撰　清光緒六年（1880）四川尊經書局刻本　版框高17.5厘米，寬13.5厘米；开本高25.8厘米，寬16.8厘米；十三行，行二十一字，上下黑口，四周雙邊。

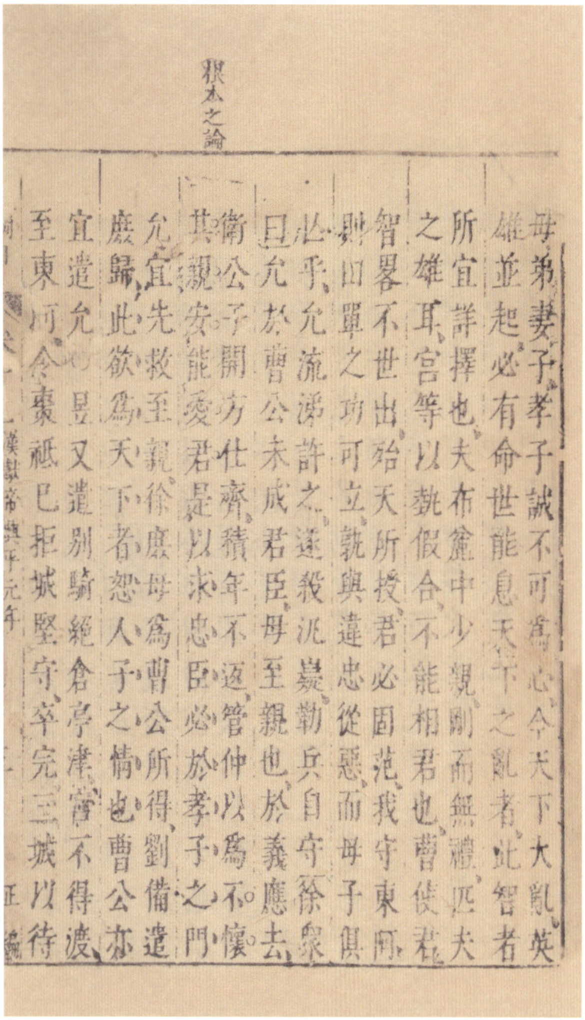

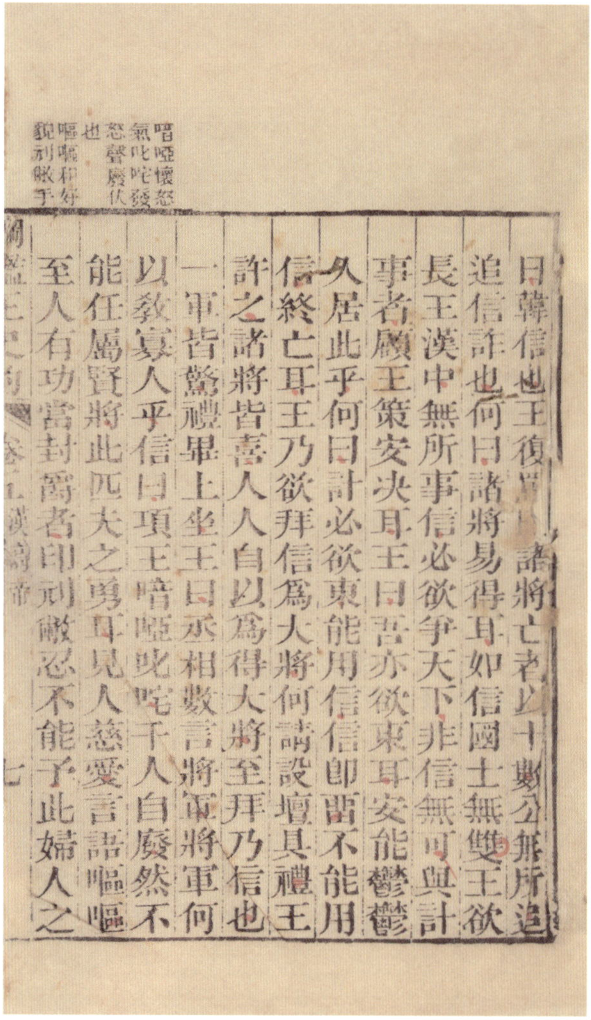

0082　350000-2016-0000402　乙3　史部/編年類/通代之屬

**資治通鑑綱目五十九卷**　（宋）朱熹撰　（明）陳仁錫評閱　**續資治通鑑綱目二十七卷**　（明）商輅等纂修　（明）陳仁錫評閱　**資治通鑑綱目前編二十五卷**　（明）南軒撰　清初刻本　版框高20.3厘米，寬14.6厘米；开本高25.5厘米，寬16.7厘米。

0083　350000-2016-0000354　乙4　史部/編年類/通代之屬

**綱鑑正史約三十六卷**　（明）顧錫疇原編　（清）陳弘謀增訂　**甲子紀元一卷**　（清）陳弘謀輯　清同治八年（1869）浙江書局刻本　版框高17.7厘米，寬13.4厘米；开本高24.6厘米，寬15.5厘米；十一行，行二十字，小字雙行，行二十字，白口，左右雙邊。

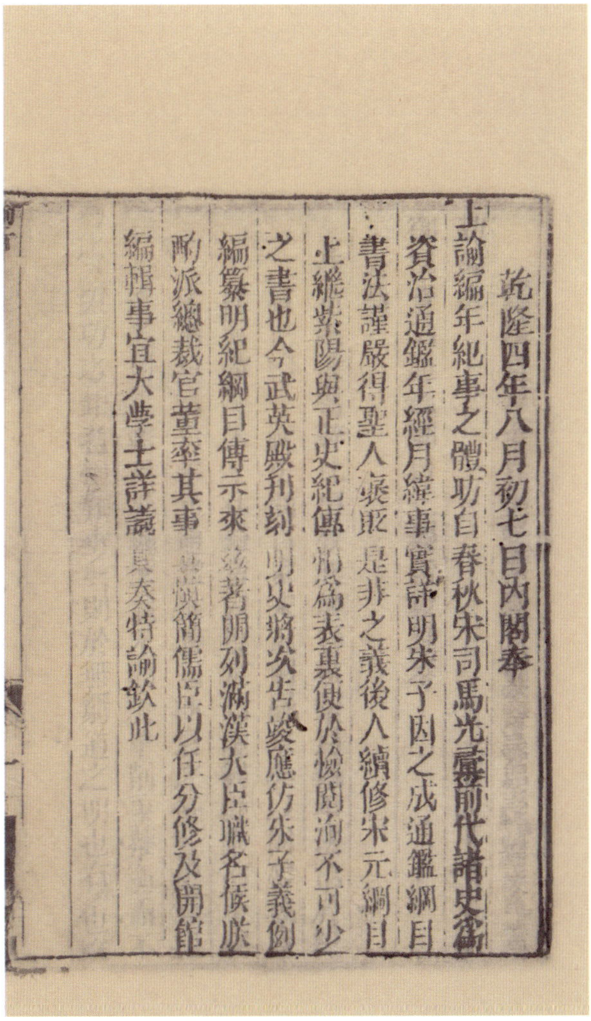
乾隆四年八月初七日内閣奉
上諭編年紀事之體昉自春秋宋司馬光彙前代諸史爲
資治通鑑年經月緯事實詳明朱子因之成通鑑綱目
書法謹嚴得聖人褒貶是非之義後人續修宋元綱目
上繼紫陽與正史紀傳相爲表裏便於檢閱洵不可少
之書也今武英殿刊刻明史將次告竣應仿朱子義例
編纂明紀綱目傳示來茲著開列滿漢大臣職名候朕
酌派總裁官董率其事慎簡儒臣以任分修及開館
編輯事宜大學士詳議具奏特諭欽此

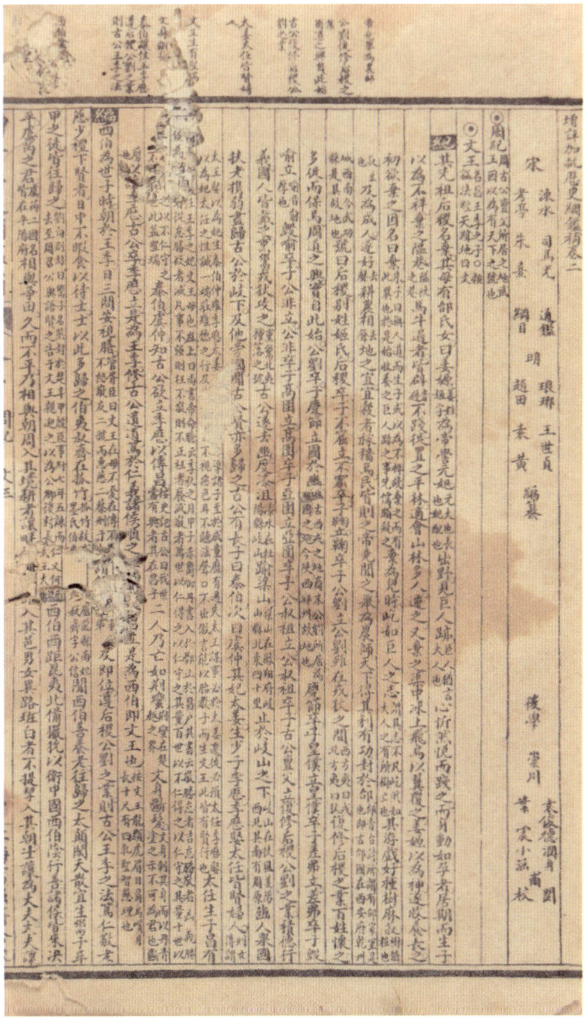
增評加批歷史綱鑑補卷之二

0084　350000-2016-0000313　乙5　史部/編年類/通代之屬

**袁王綱鑑合編三十九卷首一卷**　（明）袁黄輯　（明）王世貞編　**御撰明紀綱目二十卷**　（清）張廷玉等撰　清光緒三十年（1904）上海商務印書館鉛印本　版框高16厘米，寬11.9厘米；开本高22厘米，寬13.2厘米；十九行，行四十三字，小字雙行，行五十六字，白口，四周單邊。

0085　350000-2016-0000149　乙6　史部/編年類/通代之屬

**增評加批歷史綱鑑補三十九卷首一卷**　（明）王世貞纂　（明）袁黄纂　清光緒二十八年（1902）上海富強齋石印本　版框高16.8厘米，寬11.8厘米；开本高20.2厘米，寬13.4厘米；二十二行，行五十八字，白口，四周雙邊。

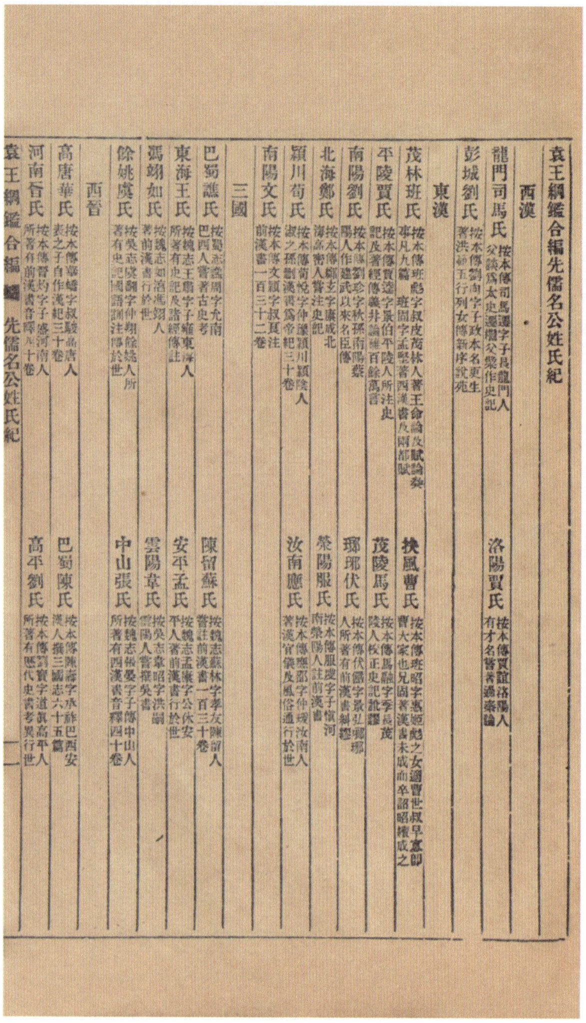

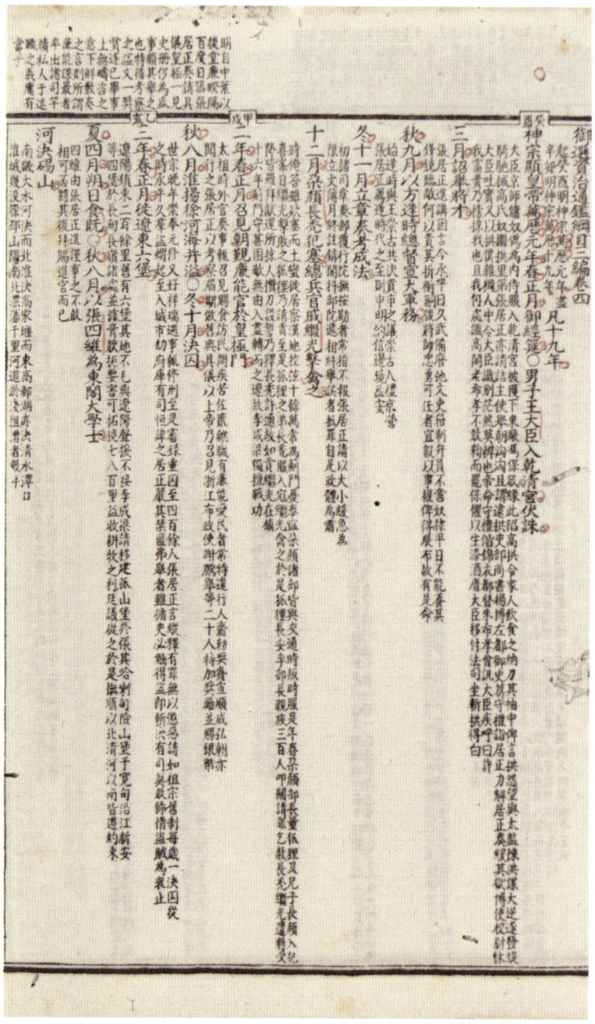

0086　350000-2016-0000153　乙7　史部/編年類/斷代之屬

御撰資治通鑑綱目三編二十卷　（清）張廷玉編次　清刻本　版框高18.2厘米，寬13厘米；开本高25厘米，寬16.2厘米。

0087　350000-2016-0000163　乙8　史部/編年類/通代之屬

御撰資治通鑑綱目三編二十卷　（清）張廷玉等輯　清末上海著易堂石印本　版框高16.5厘米，寬11.8厘米；开本高20.5厘米，寬13厘米。

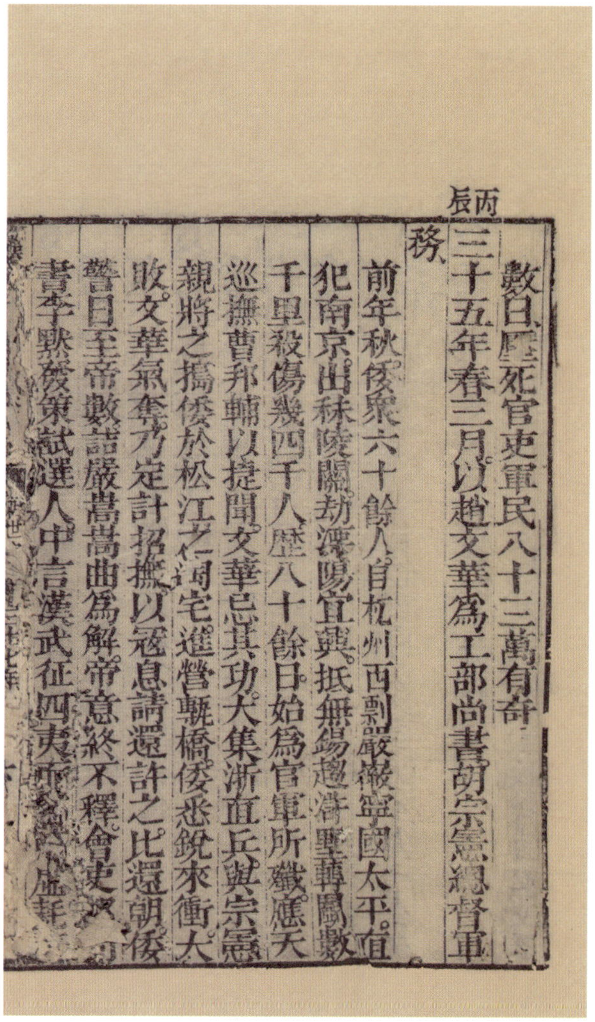

0088　350000-2016-0000319　乙9　史部/編年類/通代之屬

**御撰資治通鑑綱目三編二十卷**　（清）張廷玉等輯　清刻本　版框高17.5厘米，寬13厘米；开本高25厘米，寬16厘米。

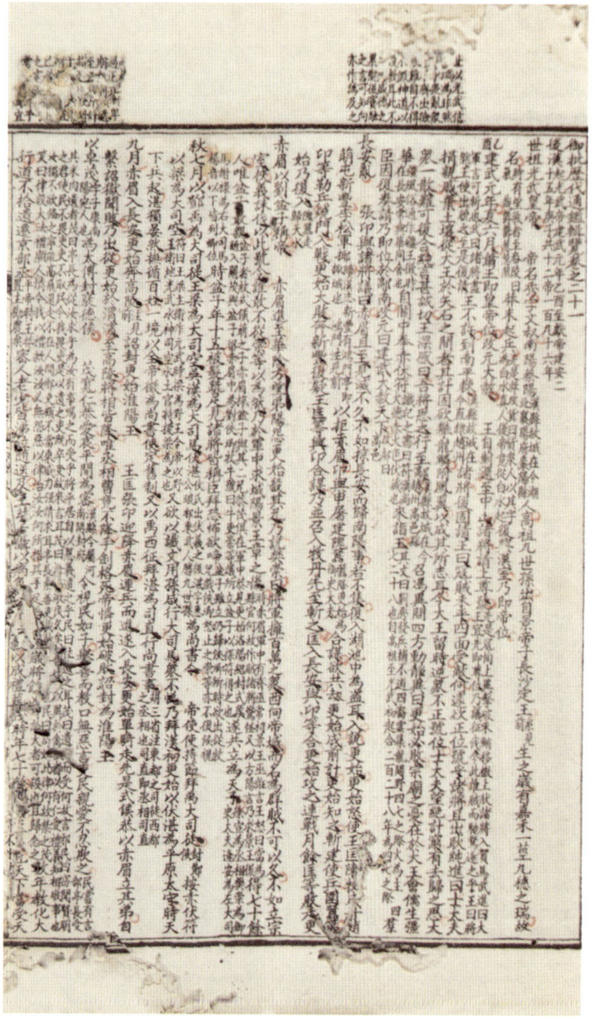

0089　350000-2016-0000108　乙10　史部/編年類/通代之屬

**御批歷代通鑑輯覽一百二十卷**　（清）傅恒等編纂　清光緒石印本　版框高15.8厘米，寬11.2厘米；开本高19.5厘米，寬13厘米；白口，四周雙邊。

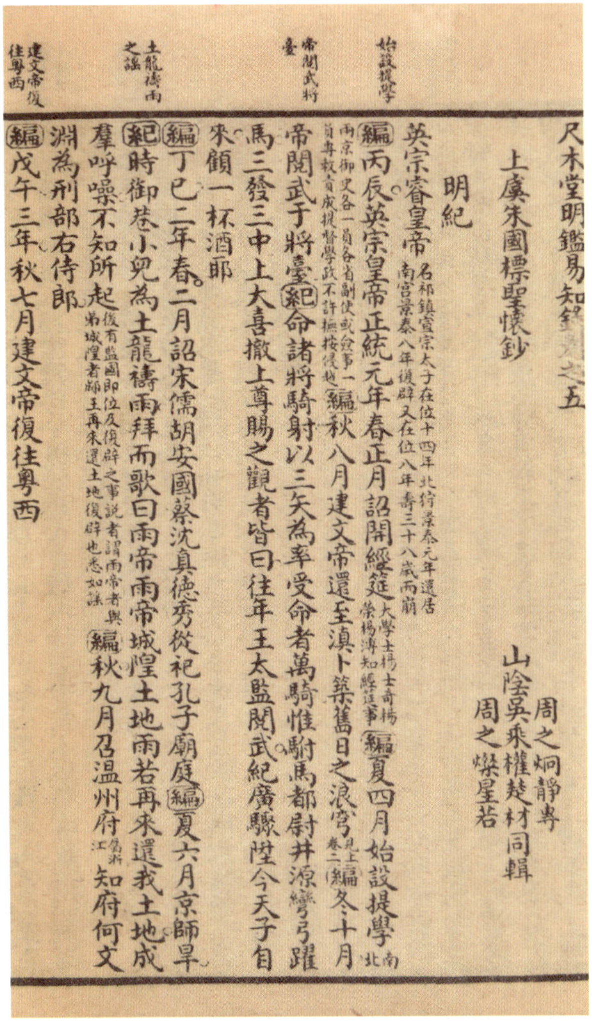

0090　350000-2016-0000142　乙11　史部/編年類/通代之屬

**尺木堂綱鑑易知錄九十二卷明鑑易知錄十五卷**　（清）吴乘權等輯　清末石印本　版框高17厘米，寬11.8厘米；开本高20厘米，寬13.2厘米。

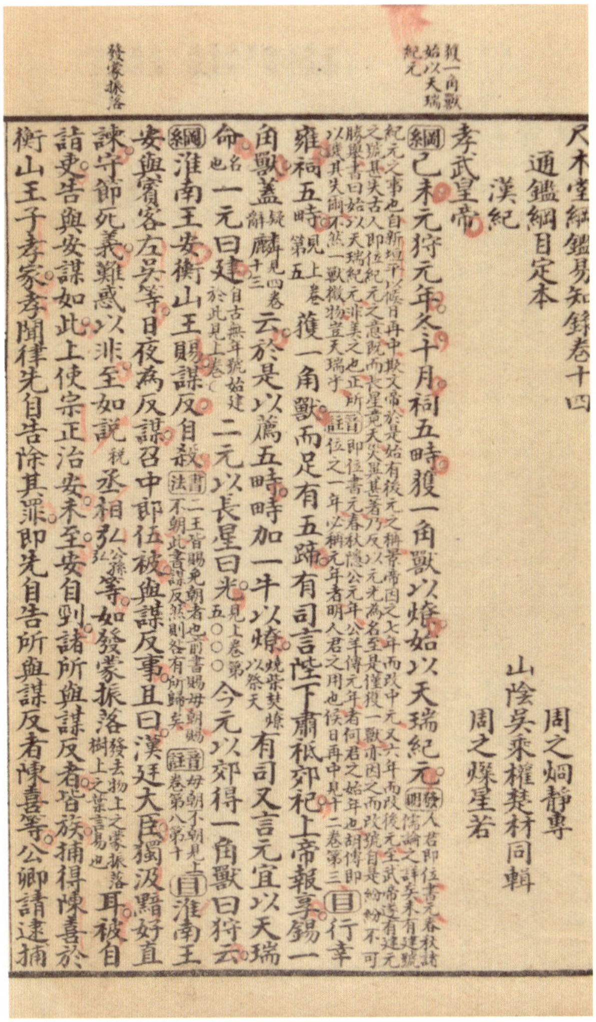

0091　350000-2016-0000136　乙11-1　史部/編年類/通代之屬

**尺木堂綱鑑易知錄九十二卷明鑑易知錄十五卷**　（清）吴乘權等輯　清末石印本　版框高16.8厘米，寬12厘米；开本高20厘米，寬13厘米。

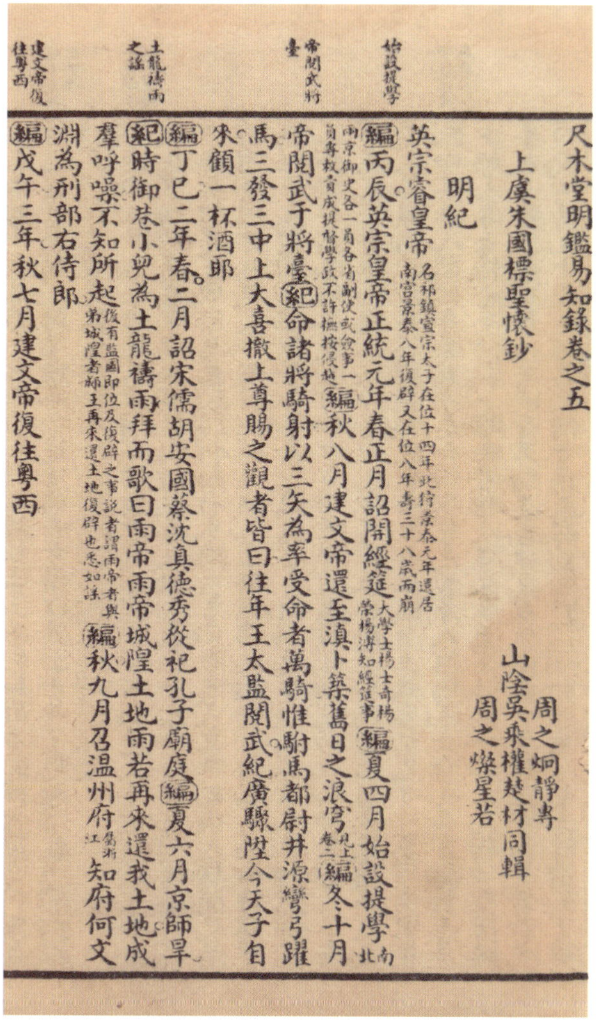

尺木堂明鑑易知錄卷之五
上虞朱國標聖懷鈔
山陰吳乘權楚材同輯　周之炯静專　周之燦星若
明紀
英宗睿皇帝
編丙辰英宗皇帝正統元年春正月詔開經筵編夏四月始設提學
編秋八月建文帝還至滇卜築舊日之浪穹編冬十月
帝閱武于將臺紀命諸將騎射以三矢為率受命者萬騎惟駙馬都尉井源彎弓躍
馬三發三中上大喜撤上尊賜之觀者皆曰往年王太監閱武紀廣騾陛今天子自
來顧一杯酒耶
編丁巳二年春二月詔宋儒胡安國蔡沈真德秀從祀孔子廟庭編夏六月京師旱
紀時御巷小兒為土龍禱雨拜而歌曰雨帝雨帝城隍土地雨若再來還我土地成
羣呼噪不知所起編秋九月召温州府知府何文
淵為刑部右侍郎
編戊午三年秋七月建文帝復往粵西

0092　350000-2016-0000133　乙11-2　史部/編年類/通代之屬

**尺木堂綱鑑易知錄九十二卷明鑑易知錄十五卷**　（清）吳乘權等輯　清末石印本　版框高17厘米，寬12厘米；開本高20厘米，寬13厘米。

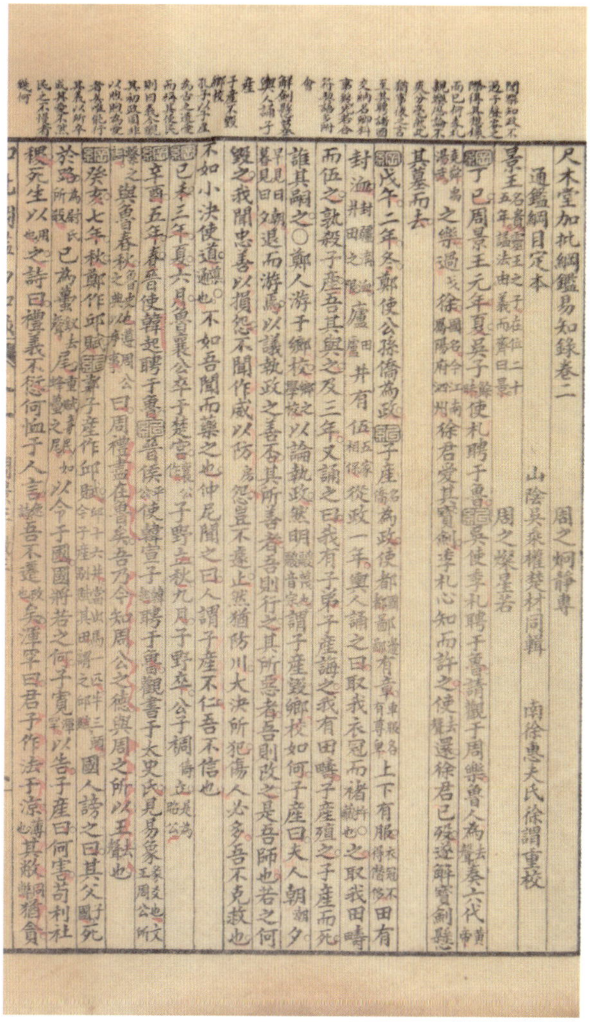

尺木堂加批綱鑑易知錄卷二
通鑑綱目定本　周之炯静專
山陰吳乘權楚材同輯　南徐惠夫氏徐謂重校
周之燦星若
景王
綱丁巳周景王元年夏吳子使札聘于魯目吳使季札聘于魯請觀于周樂魯人為奏六代
之樂過徐徐君愛其寶劍季札心知而許之使還徐君已殁遂解寶劍懸
其墓而去
綱戊午二年冬鄭使公孫僑為政目子產為政使都鄙有章上下有服田有
封洫廬井有伍從政一年輿人誦之曰取我衣冠而褚之取我田疇
而伍之孰殺子產吾其與之及三年又誦之曰我有子弟子產誨之我有田疇子產殖之子產而死
誰其嗣之○鄭人游于鄉校以論執政然明謂子產毀鄉校如何子產曰夫人朝夕
退而游焉以議執政之善否其所善者吾則行之其所惡者吾則改之是吾師也若之何
毀之我聞忠善以損怨不聞作威以防怨豈不遽止然猶防川大決所犯傷人必多吾不克救也
不如小決使道不如吾聞而藥之也仲尼聞之曰人謂子產不仁吾不信也
綱己未三年夏六月魯襄公卒于楚宮子野立秋九月子野卒公子禂立
綱辛酉五年春晉使韓起聘于魯目晉侯使韓宣子聘于魯觀書于太史氏見易象
與魯春秋曰周禮盡在魯矣吾乃今知周公之德與周之所以王也
綱癸亥七年秋鄭作丘賦目子產作丘賦國人謗之曰其父死
於路已為蠆尾以令于國國將若之何子寬以告子產曰何害苟利社
稷死生以之詩曰禮義不愆何恤于人言吾不遷矣渾罕曰君子作法于涼其敝猶貪

0093　350000-2016-0000127　乙11-3　史部/編年類/通代之屬

**尺木堂綱鑑易知錄九十二卷明鑑易知錄十五卷**　（清）吳乘權等輯　清末石印本　版框高18.3厘米，寬12厘米；開本高25厘米，寬15.5厘米。

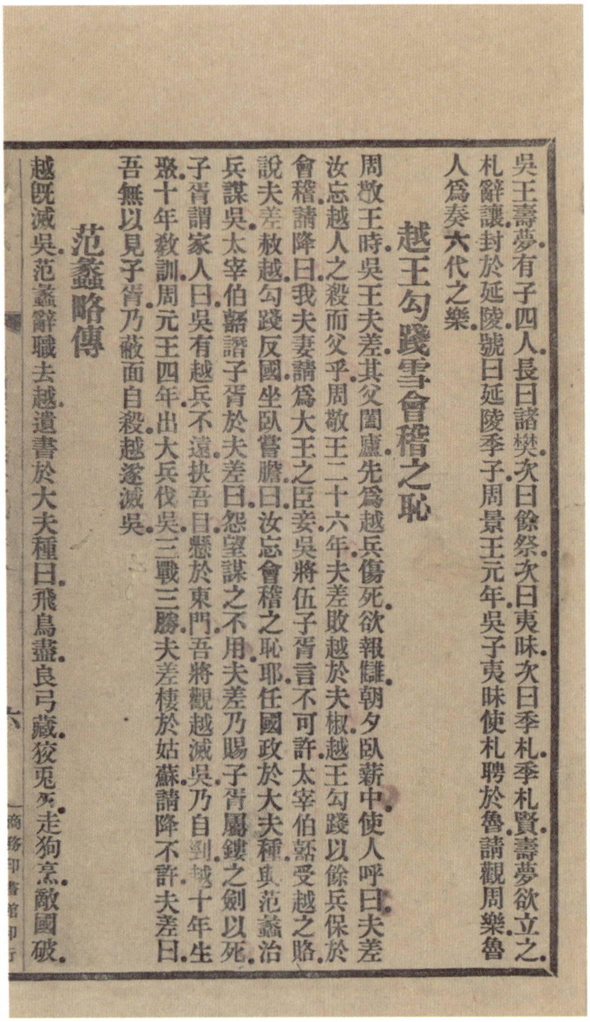

吳王壽夢有子四人長曰諸樊次曰餘祭次曰夷昧次曰季札季札賢壽夢欲立之札辭讓封於延陵號曰延陵季子周景王元年吳子夷昧使札聘於魯請觀周樂魯人爲奏六代之樂

越王勾踐雪會稽之恥

周敬王時吳王夫差其父闔廬先爲越兵傷死欲報讎朝夕臥薪中使人呼曰夫差汝忘越人之殺而父乎周敬王二十六年夫差敗越於夫椒越王勾踐以餘兵保於會稽請降曰我夫妻請爲大王之臣妾吳將伍子胥言不可許太宰伯嚭受越之賂說夫差赦越勾踐反國坐臥嘗膽曰汝忘會稽之恥耶任國政於大夫種與范蠡治兵謀吳太宰伯嚭譖子胥於夫差曰怨望謀之不用夫差乃賜子胥屬鏤之劍以死子胥謂家人曰吳有越兵不遠抉吾目懸於東門吾將觀越滅吳乃自剄越十年生聚十年教訓周元王四年出大兵伐吳三戰三勝夫差棲於姑蘇請降不許夫差曰吾無以見子胥乃蔽面自殺越遂滅吳

范蠡略傳

越既滅吳范蠡辭職去越遺書於大夫種曰飛鳥盡良弓藏狡兎死走狗烹敵國破

商務印書館印行

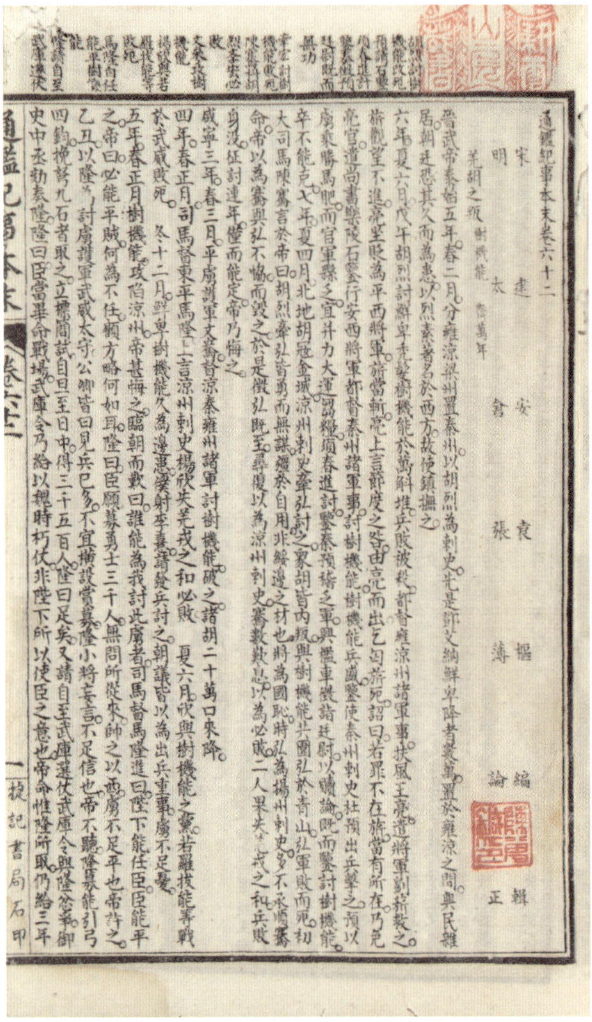

通鑑紀事本末卷六十二

宋 建安 袁 樞 編輯

明 太倉 張 溥 論正

羌胡之叛 樹機能 齊萬年

晉武帝泰始五年春二月分雍涼梁州置秦州以胡烈爲刺史先是鄧艾納鮮卑降者數萬置於雍涼之間與民雜居朝廷恐其久而爲患以烈素著名於西方故使鎮撫之

六年夏六月戊午胡烈討鮮卑禿髮樹機能於萬斛堆兵敗被殺都督雍涼州諸軍事扶風王亮遣將軍劉旂救之旂觀望不進亮坐貶爲平西將軍旂當斬亮上言節度之咎由亮而出乙丑詔曰若罪不在旂當有所在乃免亮官遣尚書樂陵石鑒行安西將軍都督秦州諸軍事討樹機能樹機能兵盛鑒使秦州刺史杜預出兵擊之預以虜乘勝馬肥而官軍縣乏宜并力大運芻糧須春進討鑒奏預擅飾城門官舍稽乏軍興檻車徵詣廷尉以贖論既而鑒討樹機能卒不能克七年夏四月北地胡寇金城涼州刺史牽弘討之衆胡皆內叛與樹機能共圍弘於青山弘軍敗而死初大司馬陳騫言於帝曰胡烈牽弘皆勇而無謀彊於自用非綏邊之材也將爲國恥時弘爲揚州刺史多不承順騫命帝以爲騫與弘不協而毀之於是徵弘既至尋復以爲涼州刺史騫竊歎息以爲必敗二人果失羌戎之和兵敗身沒征討連年僅而能定帝乃悔之

咸寧三年春三月平虜護軍文鴦督涼秦雍州諸軍討樹機能破之諸胡二十萬口來降

四年春正月司馬督東平馬隆上言涼州刺史楊欣失羌戎之和必敗 夏六月欣與樹機能之黨若羅拔能等戰於武威敗死 冬十二月鮮卑樹機能久爲邊患僕射李憙請發兵討之朝議皆以爲出兵重事虜不足憂

五年春正月樹機能攻陷涼州帝甚悔之臨朝而歎曰誰能爲我討此虜者司馬督馬隆進曰陛下能任臣臣能平之帝曰必能平賊何爲不任顧方略何如耳隆曰臣願募勇士三千人無問所從來帥之以西虜不足平也帝許之乙丑以隆爲討虜護軍武威太守公卿皆曰見兵已多不宜橫設賞募隆小將妄言不足信也帝不聽隆募能引弓四鈞挽弩九石者取之立標簡試自旦至日中得三千五百人隆曰足矣又請自至武庫選仗武庫令與隆忿爭御史中丞劾奏隆隆曰臣當畢命戰場武庫令乃給以魏時朽仗非陛下所以使臣之意也帝命惟隆所取仍給三年

通鑑紀事本末 卷六十二 一

捷記書局石印

0094　350000-2016-0000114　乙12　史部/編年類/通代之屬

**中國歷史教科書七卷**　（清）商務印書館編　清光緒三十三年（1907）商務印書館鉛印本　版框高17.5厘米，寬11厘米；开本高20厘米，寬13.5厘米；十五行，行三十二字，上黑口，四周單邊。

0095　350000-2016-0000328　乙13　史部/紀事本末類

**九朝紀事本末**　（清）陳如升　（清）朱紀榮輯　清光緒二十八年（1902）上海捷記書局石印本　版框高16.8厘米，寬11.4厘米；开本高20厘米，寬13厘米。

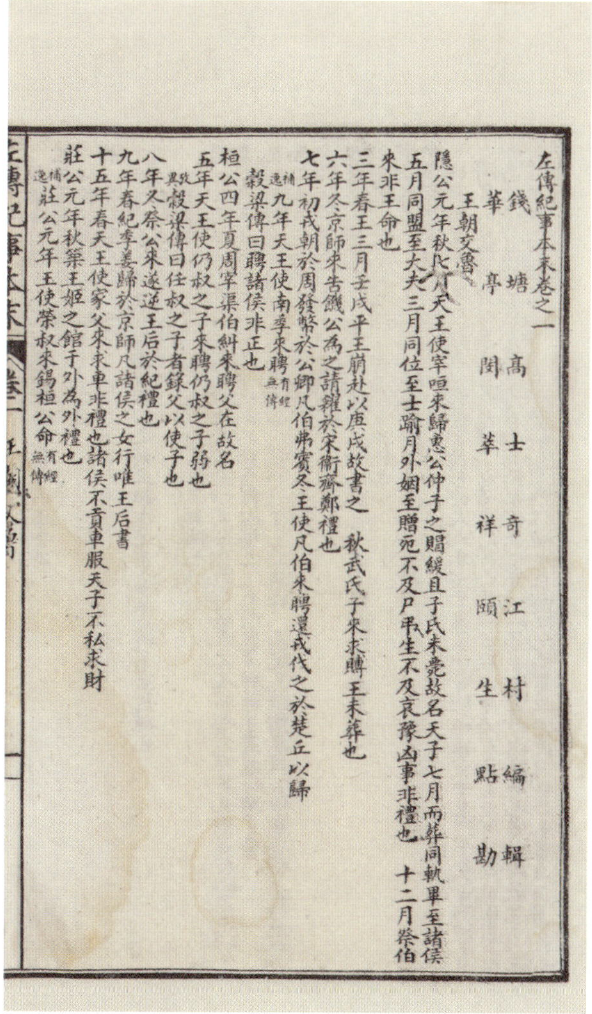

0096　350000-2016-0000340　乙14　史部/紀事本末類

**九朝紀事本末**　（清）陳如升　（清）朱紀榮輯　清光緒二十八年（1902）上海玉麟書局石印本　版框高16厘米，寬11.5厘米；开本高19.5厘米，寬13厘米。

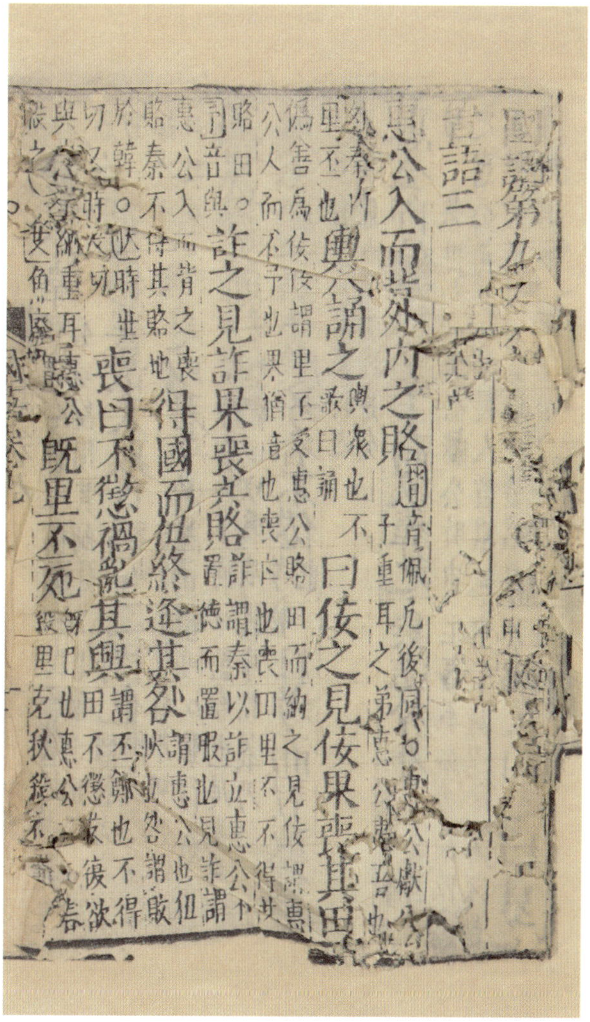

0099　350000-2016-0000366　乙17　史部/雜史類/斷代之屬

**國語二十一卷**　（三國吴）韋昭解　（宋）宋庠補音　清刻本　版框高20.4厘米，寬14.5厘米；开本高23.5厘米，寬16.5厘米；白口，四周雙邊。

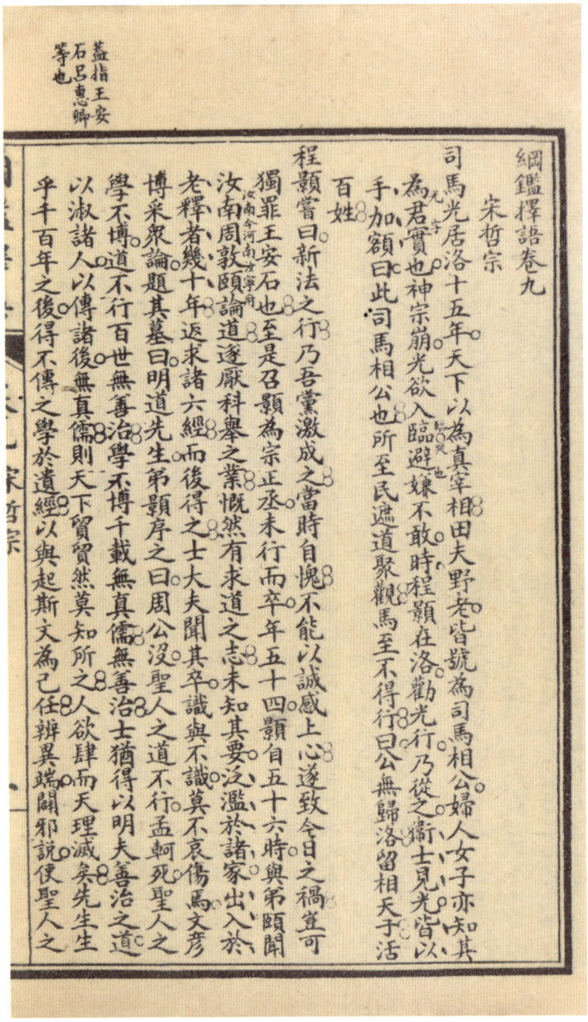
蓋指王安石呂惠卿等也
綱鑑擇語卷九
宋哲宗
司馬光居洛十五年天下以為真宰相田夫野老皆號為司馬相公婦人女子亦知其
為君實也神宗崩光欲入臨避嫌不敢時程顥在洛勸光行乃從之衛士見光皆以
手加額曰此司馬相公也所至民遮道聚觀馬至不得行曰公無歸洛留相天子活
百姓
程顥嘗曰新法之行乃吾黨激成之當時自愧不能以誠感上心遂致今日之禍豈可
獨罪王安石也至是召顥為宗正丞未行而卒年五十四顥自五十六時與弟頤聞
汝南周敦頤論道遂厭科舉之業慨然有求道之志未知其要泛濫於諸家出入於
老釋者幾十年返求諸六經而後得之士大夫聞其卒識與不識莫不哀傷馬文彥
博采眾論題其墓曰明道先生弟頤序之曰周公沒聖人之道不行孟軻死聖人之
學不博道不行百世無善治學不博千載無真儒無善治士猶得以明夫善治之道
以淑諸人以傳諸後無真儒則天下貿貿然莫知所之人欲肆而天理滅矣先生生
乎千百年之後得不傳之學於遺經以與起斯文為己任辨異端闢邪說使聖人之

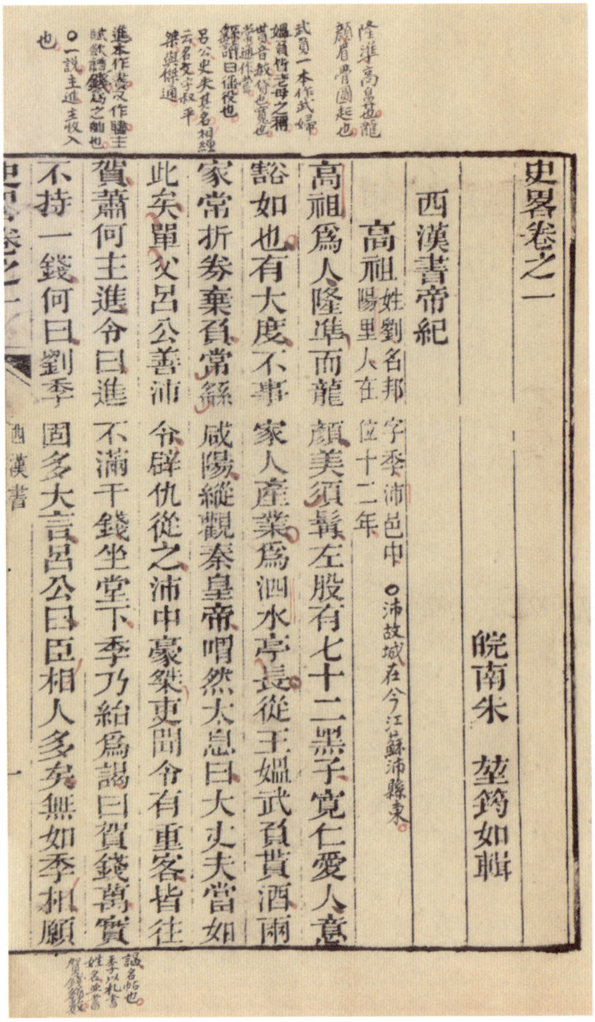
隆準高鼻也龍顏眉骨圓起也
史畧卷之一
皖南朱　堃鈞如輯
西漢書帝紀
高祖姓劉名邦字季沛邑中陽里人在位十二年　○沛故城在今江蘇沛縣東
高祖爲人隆準而龍顏美須髯左股有七十二黑子寬仁愛人意
豁如也有大度不事家人產業爲泗水亭長從王媪武負貰酒兩
家常折券棄負常繇咸陽縱觀秦皇帝喟然太息曰大丈夫當如
此矣單父呂公善沛令辟仇從之沛中豪桀吏聞令有重客皆往
賀蕭何主進令曰進不滿千錢坐堂下季乃紿爲謁曰賀錢萬實
不持一錢何曰劉季固多大言呂公曰臣相人多矣無如季相願

0100　350000-2016-0000356　乙18　史部/史抄類

**綱鑑擇語十卷**　（清）司徒修輯　清末石印本　版框高17.5厘米，寬12.5厘米；开本高25厘米，寬16厘米。

0101　350000-2016-0000168　乙19　史部/史抄類

**史畧八十七卷**　（清）朱堃輯　清同治六年（1867）皖南朱氏刻本　版框高19.5厘米，寬13.3厘米；开本高26.3厘米，寬15.3厘米；白口，左右雙邊。

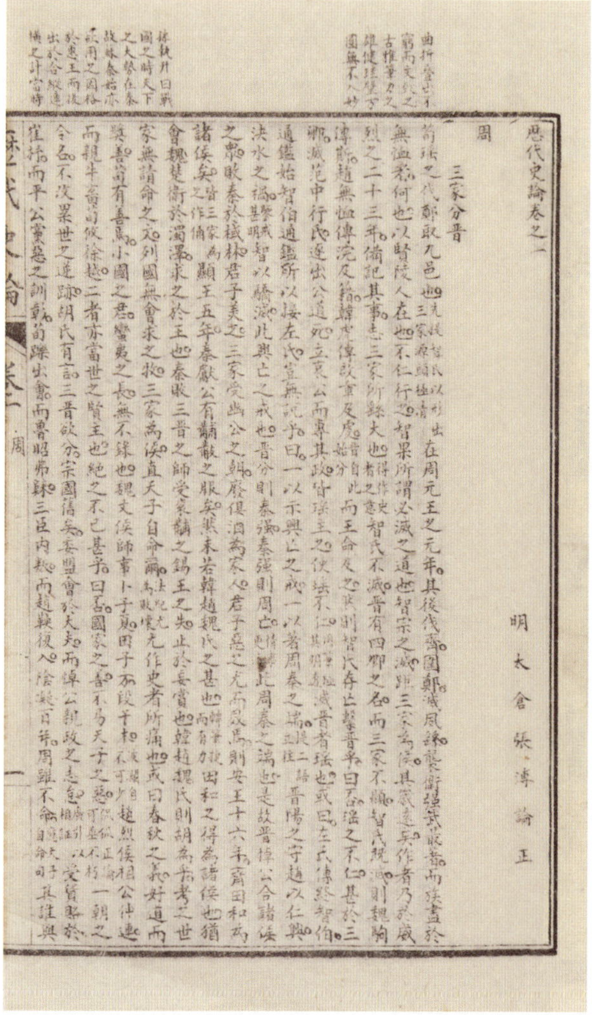


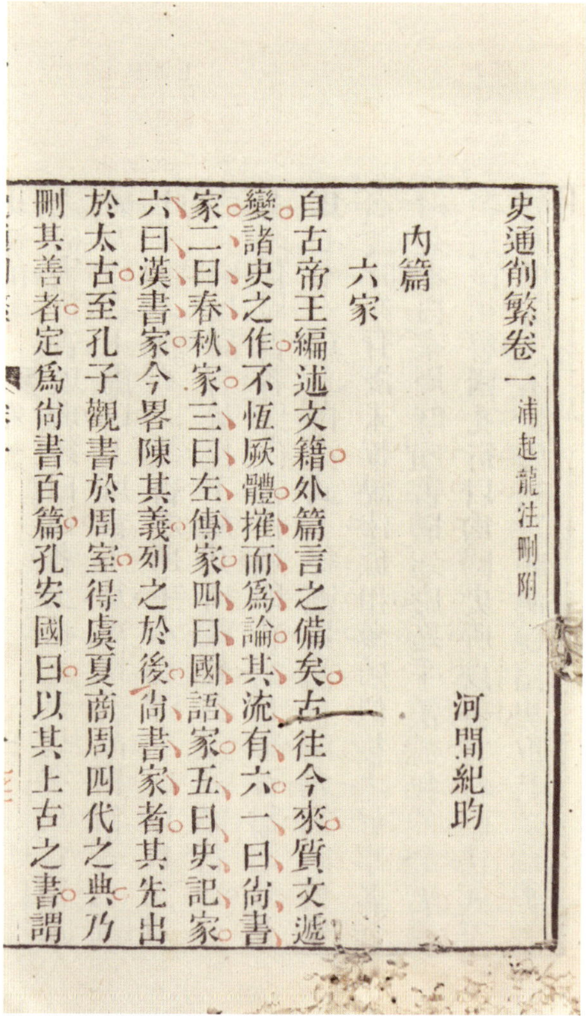


0102　350000-2016-0000294　乙20　史部/史評類/史論之屬

**歷代史論十二卷宋史論三卷元史論一卷**　（明）張溥撰　**明史論四卷**　（清）谷應泰撰　**左傳史論二卷**　（清）高士奇撰　清光緒二十四年（1898）上海書局石印本　版框高13.5厘米，寬9厘米；开本高16.9厘米，寬10.5厘米；白口，四周雙邊。

0103　350000-2016-0000086　乙21　史部/史評類/史論之屬

**史通削繁四卷**　（清）浦起龍注　（清）紀昀削繁　清道光十三年（1833）兩廣節署刻朱墨套印本　版框高18厘米，寬13厘米；开本高26.5厘米，寬15.5厘米；十行，行二十一字，白口，左右雙邊。

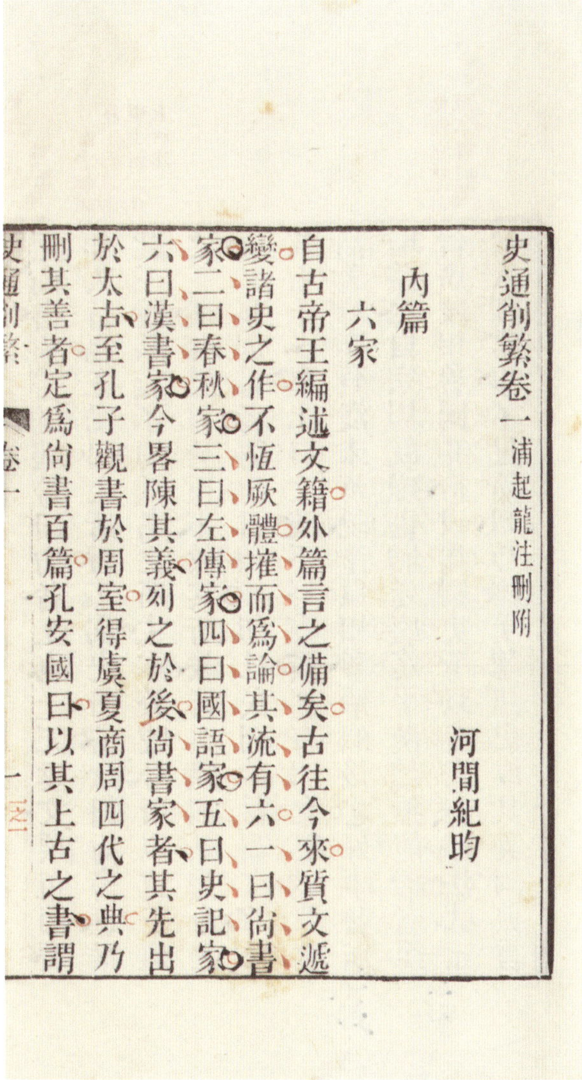


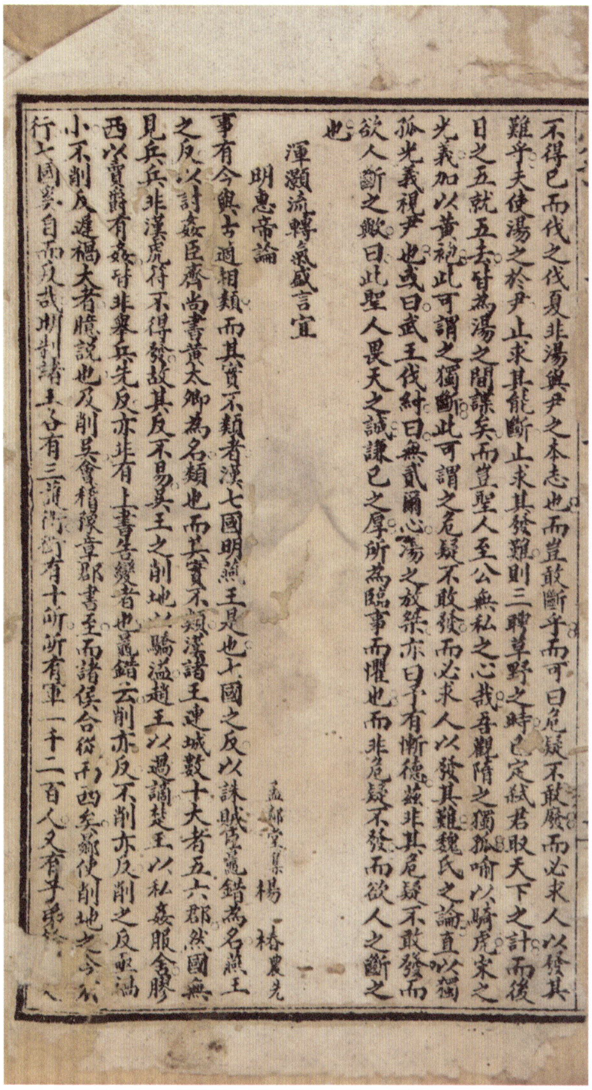


0104　350000-2016-0000165　乙21-1　**史部/史評類/史論之屬**

**史通削繁四卷**　（清）浦起龍注　（清）紀昀削繁　清道光十三年（1833）兩廣節署刻朱墨套印本　版框高18.2厘米，寬13厘米；开本高26.5厘米，寬15.5厘米；十行，行二十一字，白口，左右雙邊。

0105　350000-2016-0000432　乙22　**史部/史評類/史論之屬**

**史論正鵠初集四卷二集四卷三集八卷四集八卷**　（清）王樹敏評點　清光緒三十年（1904）上海久敬齋石印本　版框高13.8厘米，寬9厘米；开本高16.5厘米，寬10厘米。

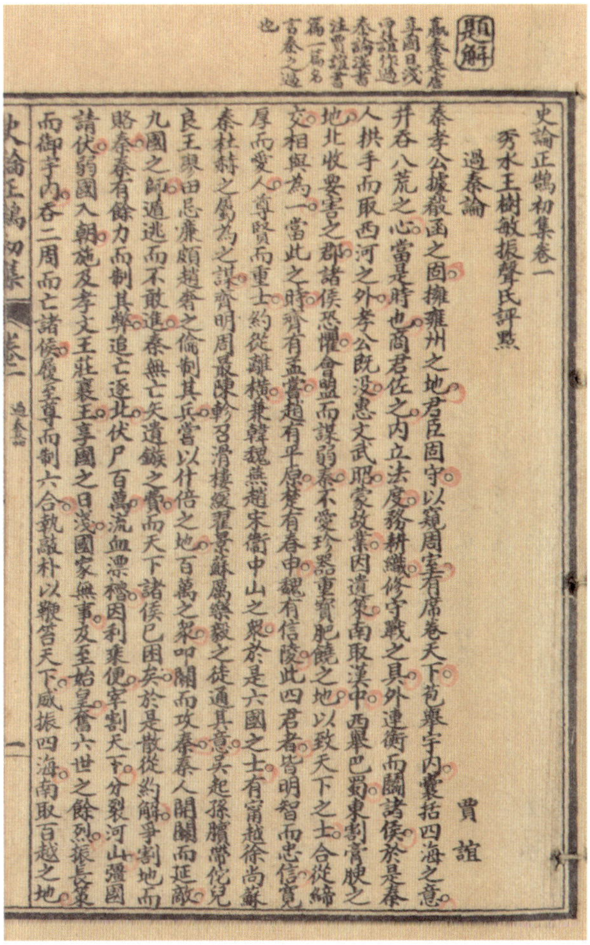

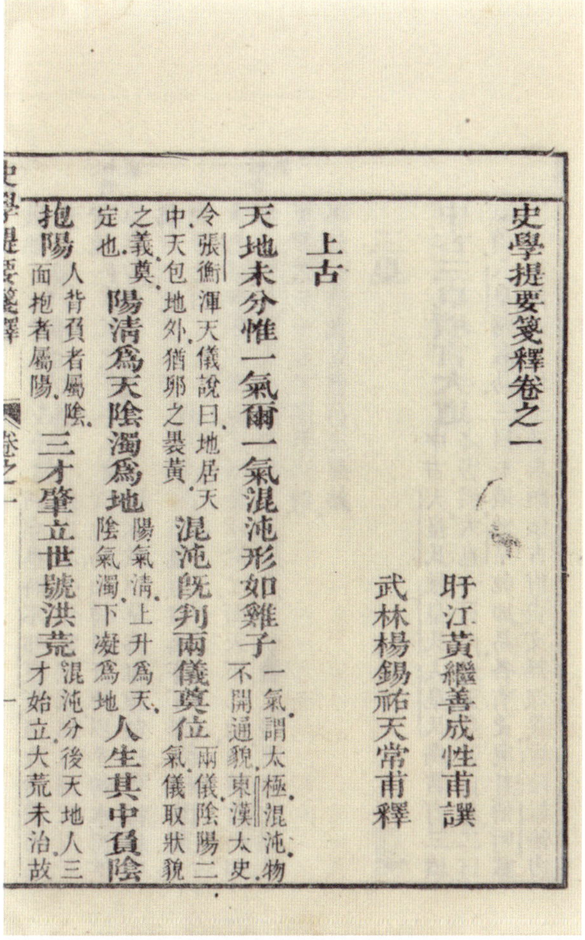

0106　350000-2016-0000429　乙23　史部/史評類/史論之屬

**史論正鵠初集四卷二集四卷三集八卷四集八卷**　（清）王樹敏評點　清光緒二十七年（1901）上海久敬齋石印本　版框高14.3厘米，寬9.3厘米；开本高17.5厘米，寬10厘米。

0107　350000-2016-0000361　乙24　史部/史評類/考訂之屬

**史學提要箋釋五卷**　（宋）黃繼善撰　（清）楊錫祐箋釋　清刻本　版框高19.8厘米，寬15厘米；开本高25.5厘米，寬17.5厘米。

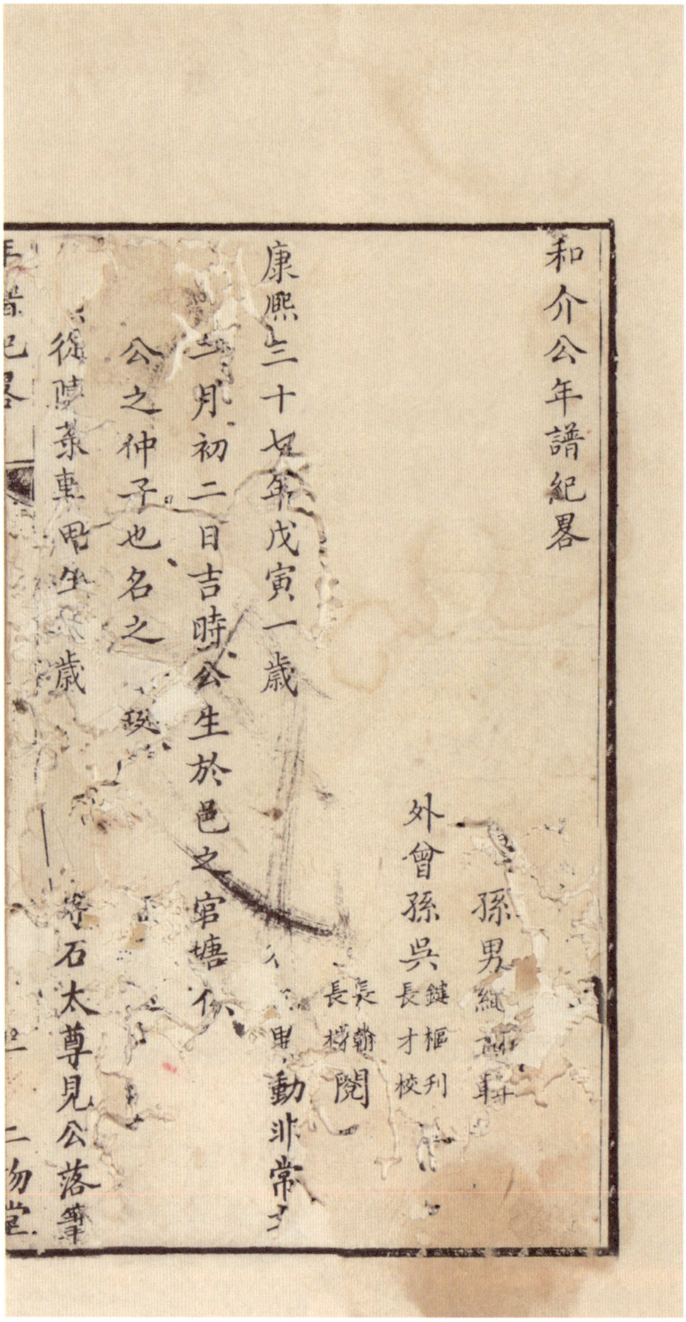

0108　350000-2016-0000189　乙25　史部/傳記類/別傳之屬/年譜

**和介公［□□］年譜紀畧一卷**　（清）□繩祖輯　清道光刻本　版框高20.5厘米，寬12厘米；开本高27.8厘米，寬15.5厘米。

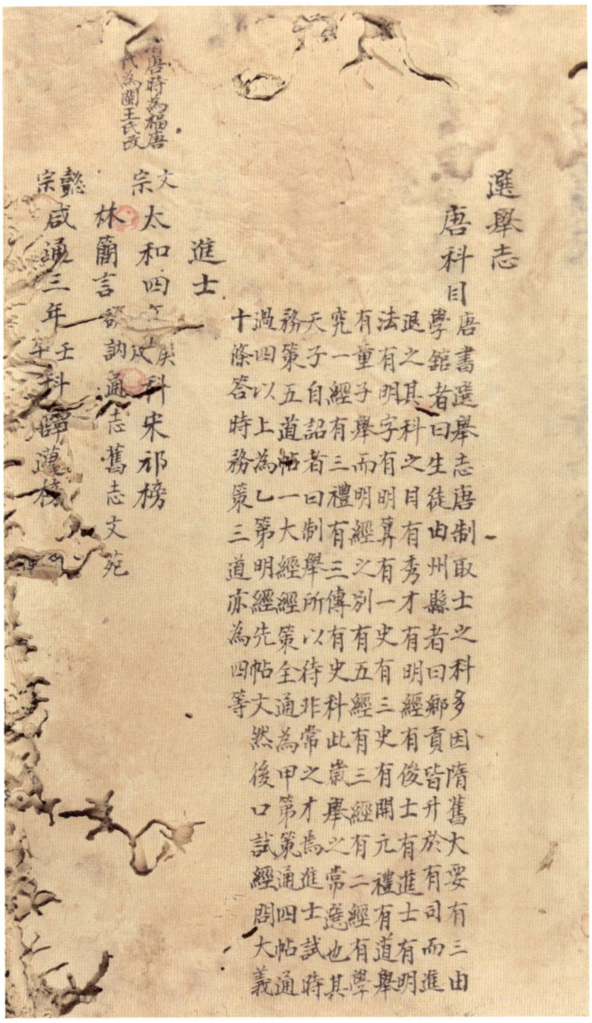

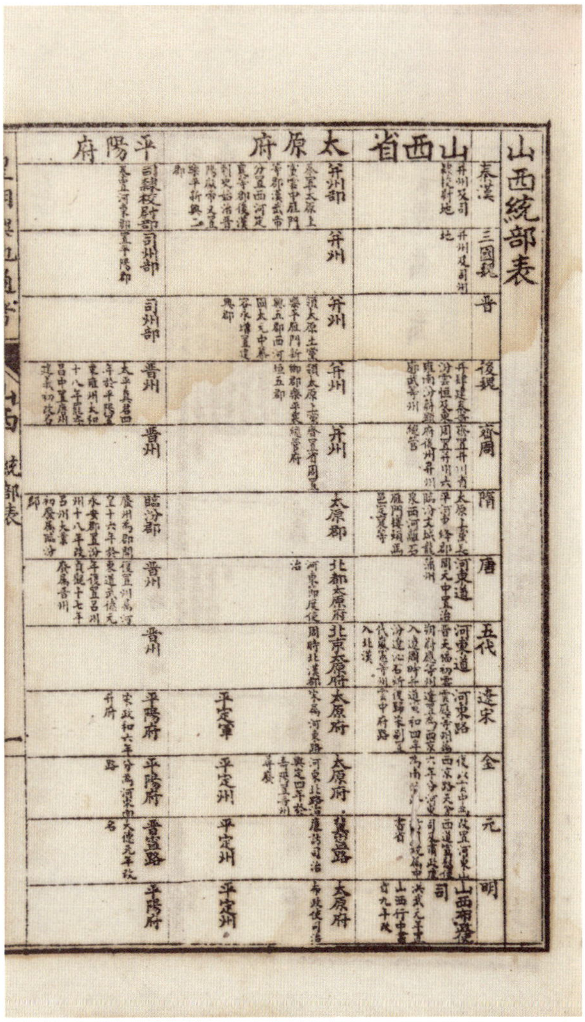

0109　350000-2016-0000194　乙26　史部/傳記類/科舉録之屬/總録

**選舉志不分卷**　（清）□□者　清抄本　版框高29厘米，寬16厘米；开本高29.2厘米，寬16厘米。

0110　350000-2016-0000005　乙27　史部/地理類/總志之屬/斷代

**皇朝輿地通攷二十三卷**　（清）通文主人　清光緒二十九年（1903）上海通文書局石印本　版框高16.5厘米，寬11.8厘米；开本高20厘米，寬13.3厘米；白口，四周雙邊。

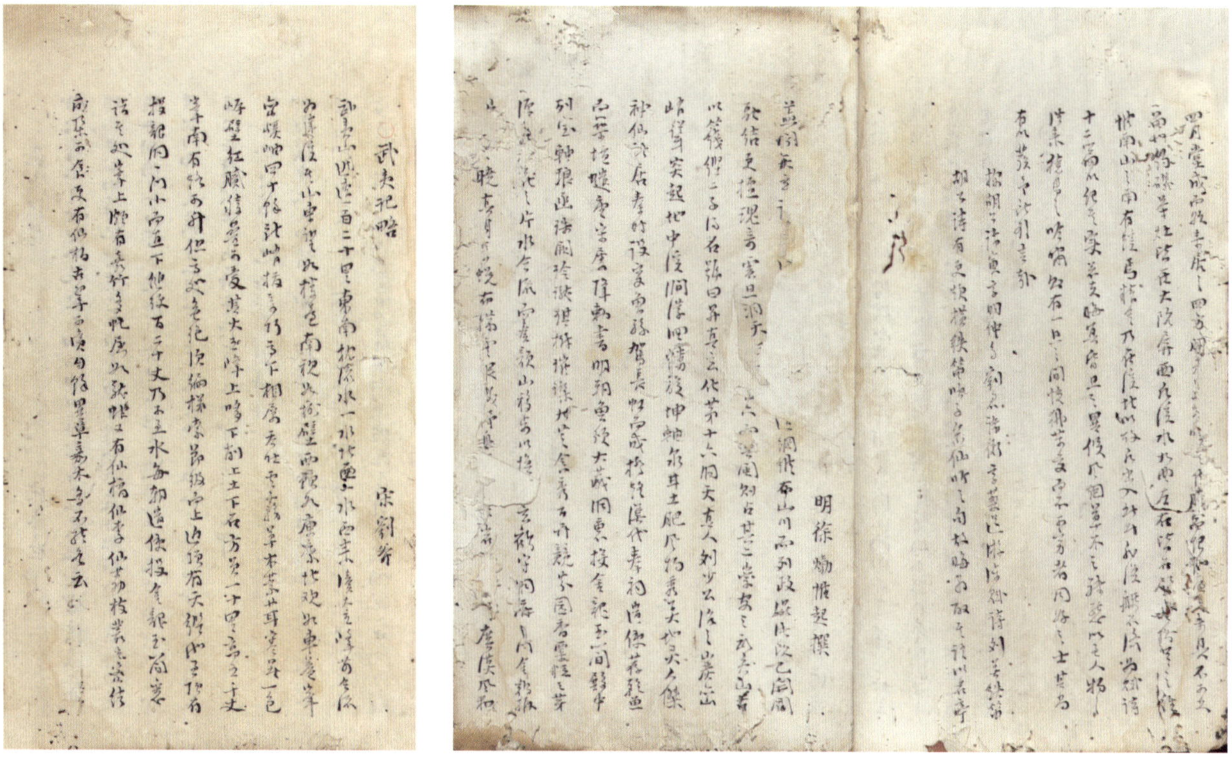

0111　350000-2016-0000285　乙28　史部/地理類/遊記之屬/紀勝

**武夷山記詩一卷**　（清）□□輯　清抄本　版框高19.5厘米，寬13.8厘米；开本高27.5厘米，寬16.8厘米。

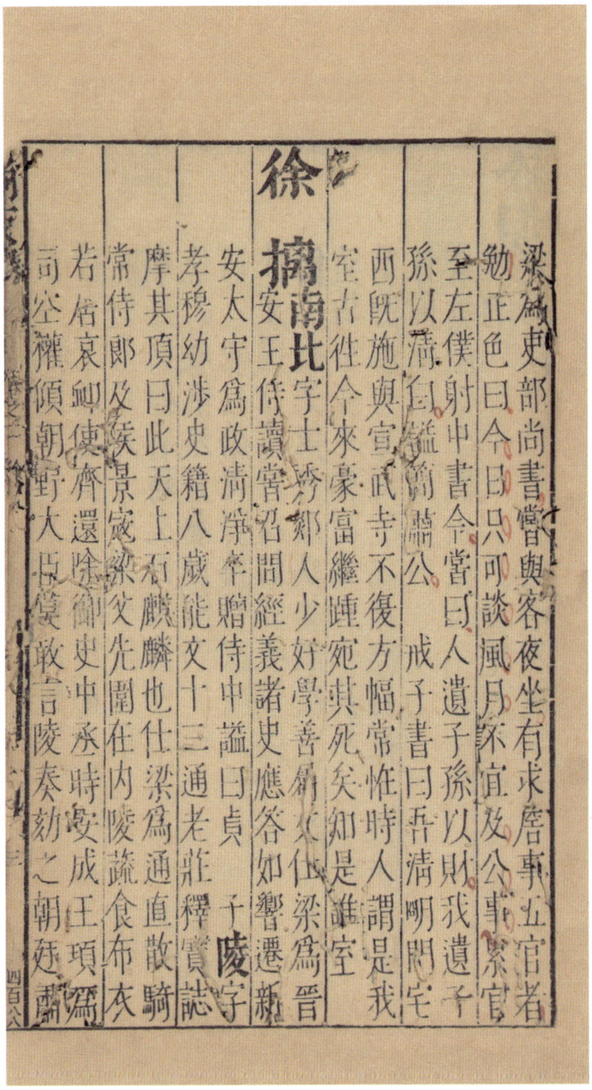

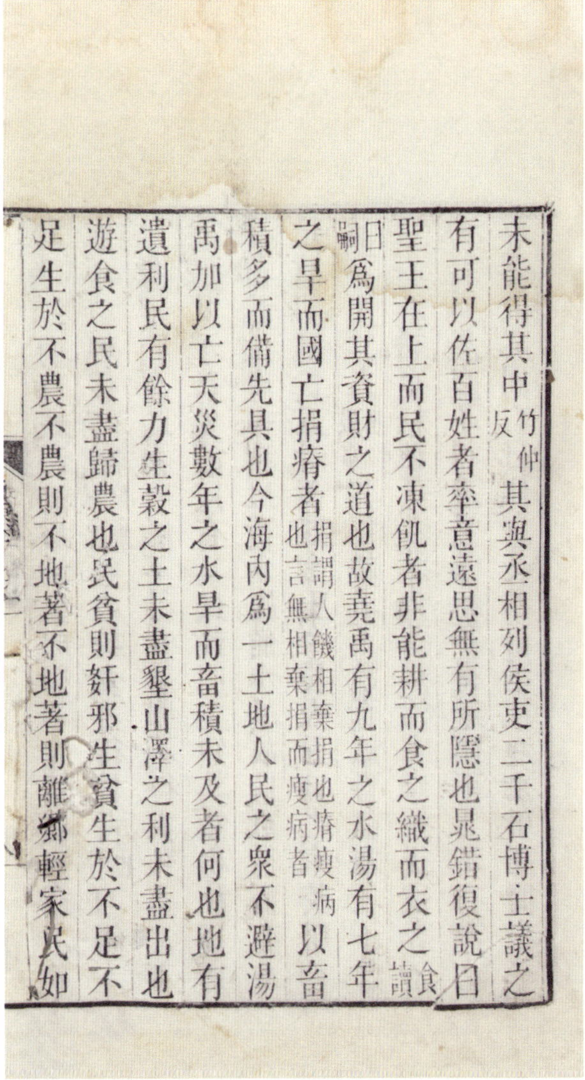

0112　350000-2016-0000215　乙29　史部/傳記類/總傳之屬/歷代

**尚友錄二十二卷**　（明）廖用賢編纂　明天啟刻清康熙重修本　版框高21.3厘米，寬13.5厘米；开本高26.6厘米，寬15.5厘米；七行，行二十字，白口，四周單邊。

0113　350000-2016-0000004　乙30　史部/政書類/通制之屬

**三通**　（清）□□輯　清咸豐九年（1859）崇仁謝氏刻本　版框高21.8厘米，寬15厘米；开本高30厘米，寬17.8厘米；十行，行二十一字，小字雙行，行二十一字，白口，左右雙邊。

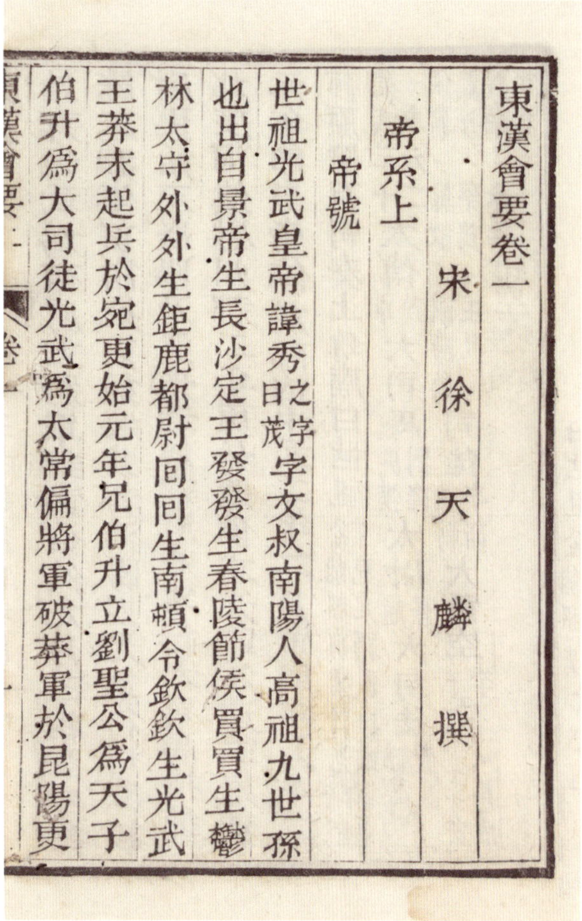

東漢會要卷一

宋　徐天麟　撰

帝系上

帝號

世祖光武皇帝諱秀（之字曰茂）字文叔南陽人高祖九世孫也出自景帝生長沙定王發發生舂陵節侯買買生鬱林太守外外生鉅鹿都尉回回生南頓令欽欽生光武王莽末起兵於宛更始元年兄伯升立劉聖公爲天子伯升爲大司徒光武爲太常偏將軍破莽軍於昆陽更

東漢會要　卷一

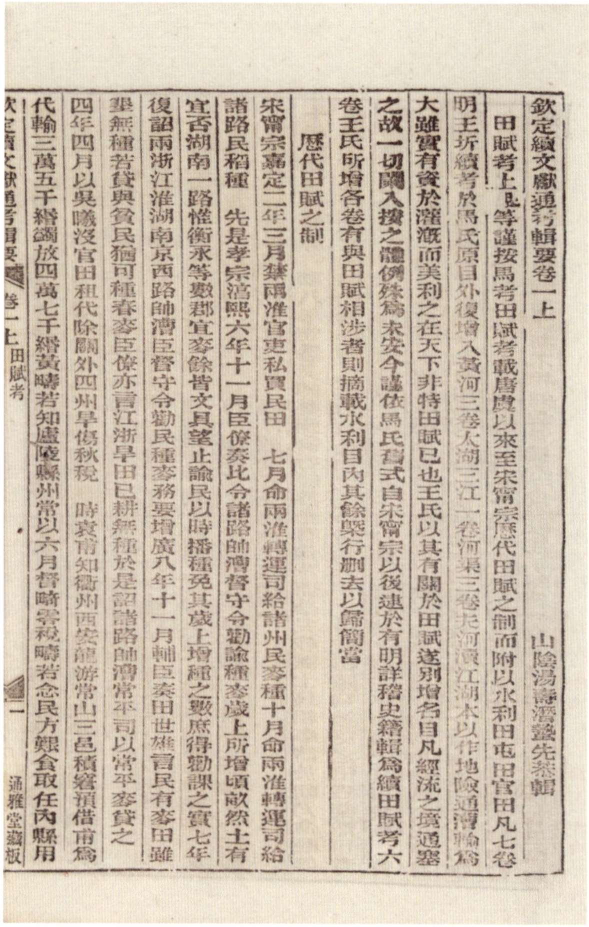

欽定續文獻通考輯要卷一上　山陰湯壽潛蟄先纂輯

田賦考上臣等謹按馬考田賦考載唐虞以來至宋甯宗歷代田賦之制而附以水利田屯田官田凡七卷明王圻續考於馬氏原目外復增入黃河三卷太湖三江一卷河渠三卷夫河瀆江湖本以作地險通漕輸爲大雖實有資於灌溉而美利之在天下非特田賦已也王氏以其有關於田賦遂別增名目凡經流之境通塞之故一切闌入援之體例殊爲未安今謹依馬氏舊式自宋甯宗以後逮於有明詳稽史籍輯爲續田賦考六卷王氏所增各卷有與田賦相涉者則摘載水利目內其餘槩行删去以歸簡當

歷代田賦之制

宋甯宗嘉定二年三月禁兩淮官吏私買民田　七月命兩淮轉運司給諸州民麥種十月命兩淮轉運司給諸路民稻種　先是孝宗淳熙六年十一月臣僚奏比令諸路帥漕督守令勸諭種麥歲上所增頃畝然土有宜否湖南一路惟衡永等數郡宜麥餘皆文具望止諭民以時播種免其歲上增種之數庶得勸課之實七年復詔兩浙江淮湖南京西路帥漕臣督守令勸民種麥務要增廣八年十一月輔臣奏田世雄言民有麥田雖墾無種若貸與貧民猶可種春麥臣僚亦言江浙旱田已耕無種於是詔諸路帥漕常平司以常平麥貸之四年四月以吳曦沒官田租代除關外四州旱傷秋稅　時袁甫知衢州西安龍游常山三邑積窘預借甫爲代輸三萬五千緡蠲放四萬七千緡黃疇若知盧陵縣州常以六月督畸零稅疇若念民方艱食取任內縣用

欽定續文獻通考輯要　卷一上　田賦考　一　通雅堂藏板

0114　350000-2016-0000260　乙31　史部/政書類/通制之屬

**東漢會要四十卷**　（宋）徐天麟撰　清光緒十年（1884）江蘇書局刻本　版框高18.4厘米，寬12.5厘米；开本高25厘米，寬15厘米；白口，左右雙邊。

0115　350000-2016-0000334　乙32　史部/政書類/通制之屬

**欽定續文獻通考輯要二十六卷**　（清）湯壽潛輯　清光緒二十五年（1899）通雅堂圖書集成局鉛印本　版框高16.8厘米，寬11.5厘米；开本高19.5厘米，寬13厘米；十四行，行四十二字，小字雙行，行四十二字，白口，四周單邊。

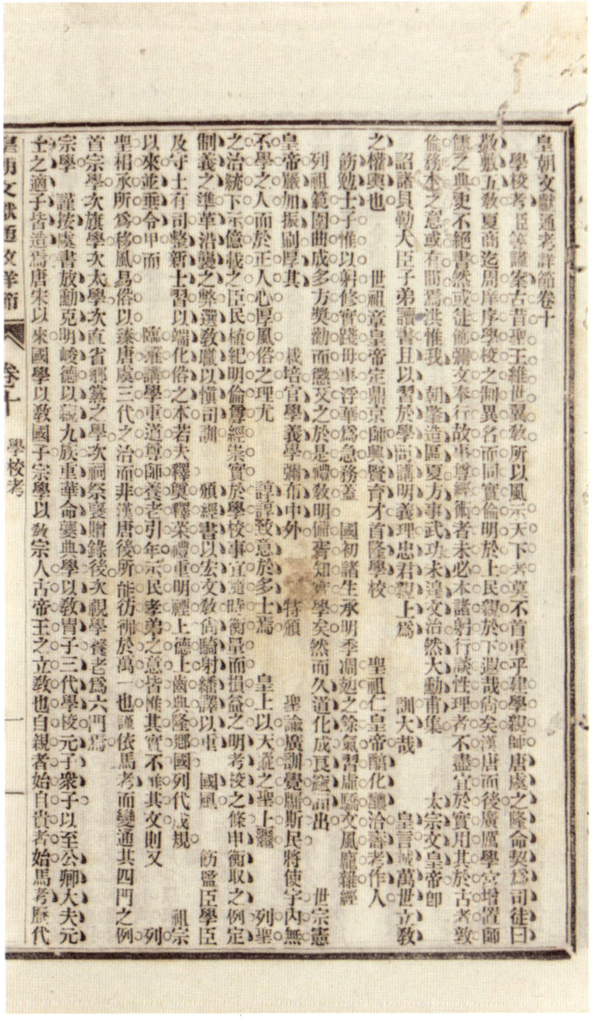

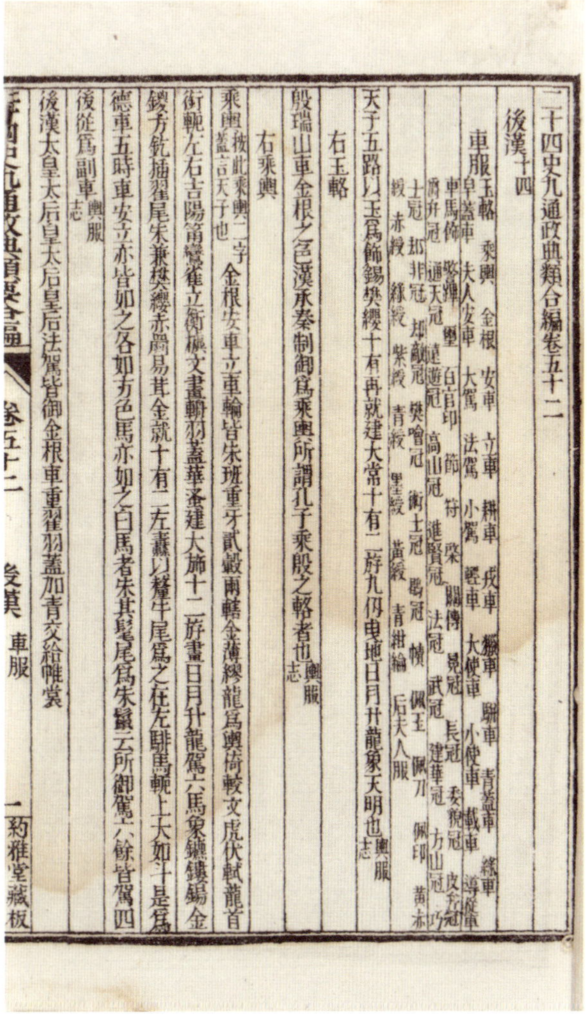

0116　350000-2016-0000007　乙33　史部/政書類/通制之屬

**皇朝文獻通考詳節二十六卷**　（清）嵇璜等纂題　（清）平陽主人節錄　清光緒二十五年（1899）著易堂書局鉛印本　版框高16厘米，寬11.1厘米；开本高19.8厘米，寬12.8厘米；十九行，行四十二字，白口，四周雙邊。

0117　350000-2016-0000076　乙34　史部/政書類/通制之屬

**二十四史九通政典類要合編三百二十卷**　（清）黃書霖輯　清光緒二十八年（1902）約雅堂石印本　版框高16.2厘米，寬11厘米；开本高19.8厘米，寬13厘米；白口，四周雙邊。

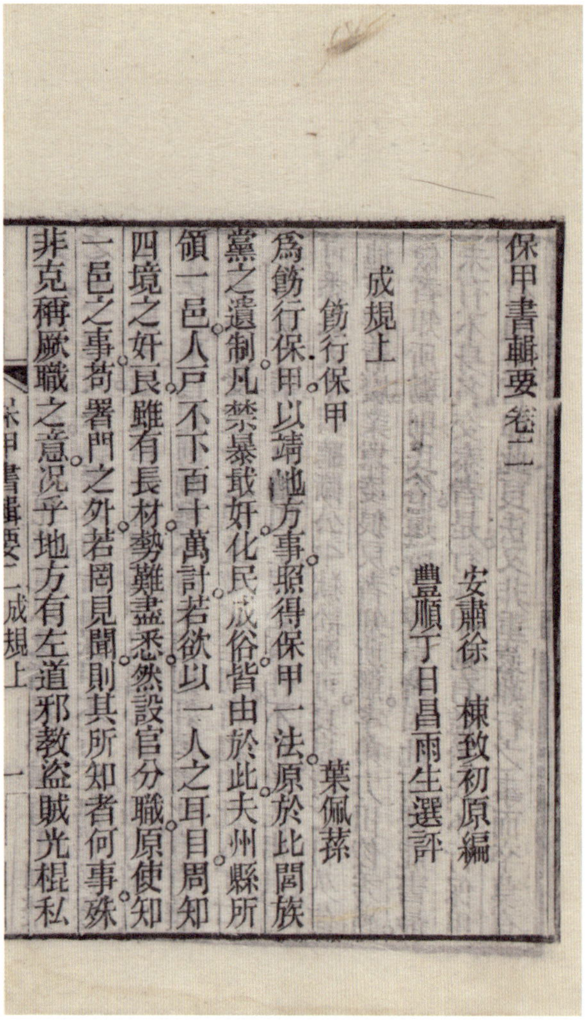

保甲書輯要卷二
安肅徐　棟致初原編
豐順丁日昌雨生選評
成規上
飭行保甲　葉佩蓀
爲飭行保甲以靖地方事照得保甲一法原於比閭族黨之遺制凡禁暴戢奸化民成俗皆由於此夫州縣所領一邑人戶不下百十萬計若欲以一人之耳目周知四境之奸良雖有長材勢難盡悉然設官分職原使知一邑之事苟署門之外若罔見聞則其所知者何事殊非克稱厥職之意況乎地方有左道邪教盜賊光棍私
保甲書輯要卷二成規上　一

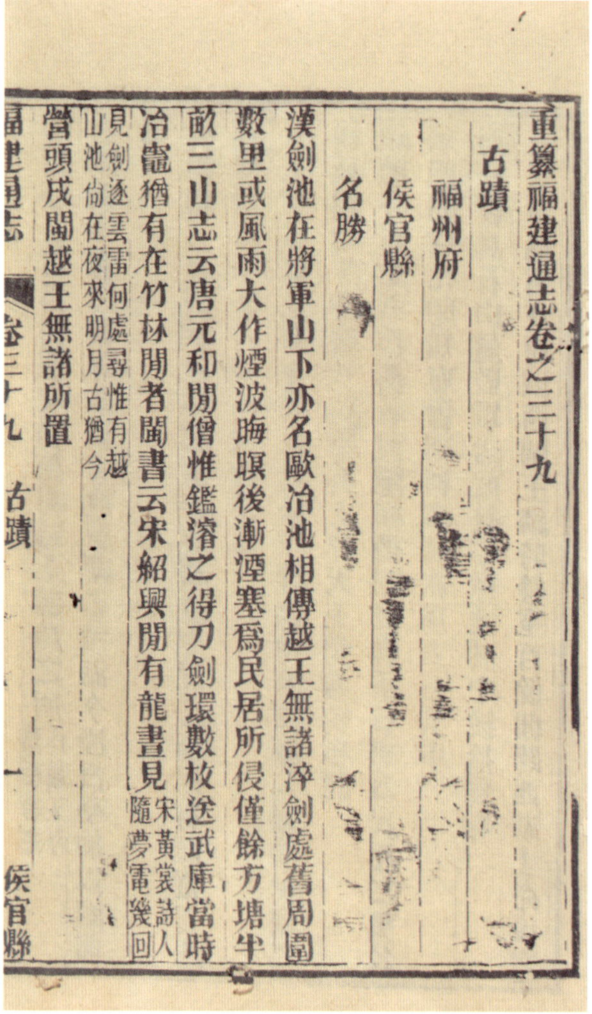

重纂福建通志卷之三十九
古蹟
福州府
侯官縣
名勝
漢劍池在將軍山下亦名歐冶池相傳越王無諸淬劍處舊周圍數里或風雨大作煙波晦暝後漸湮塞爲民居所侵僅餘方塘半畝三山志云唐元和閒僧惟鑑濬之得刀劍環數枚送武庫當時冶竈猶有在竹林閒者閩書云宋紹興閒有龍書見宋黃裳詩人隨夢電幾回見劍逐雲雷何處尋惟有越山池尚在夜來明月古猶今
營頭戍閩越王無諸所置
福建通志卷三十九　古蹟　一　侯官縣

0118　350000-2016-0000187　乙35　史部/政書類/軍政之屬/保甲

**保甲書輯要四卷**　（清）徐棟輯　（清）丁日昌重編　清同治十年（1871）黔陽官署刻牧令全書本　版框高16.3厘米，寬12.8厘米；开本高23厘米，寬15.6厘米。

0119　350000-2016-0000013　乙36　史部/地理類/方志之屬/通志

**［道光］重纂福建通志二百七十八卷首六卷**　（清）孫爾準等修　（清）陳壽祺纂　（清）程祖洛等續修　（清）魏敬中續纂　清同治七至十年（1868—1871）刻本　版框高23.3厘米，寬16.3厘米；开本高27.5厘米，寬18.5厘米；十一行，行二十五小字雙行，行二十五字，白口，四周雙邊。

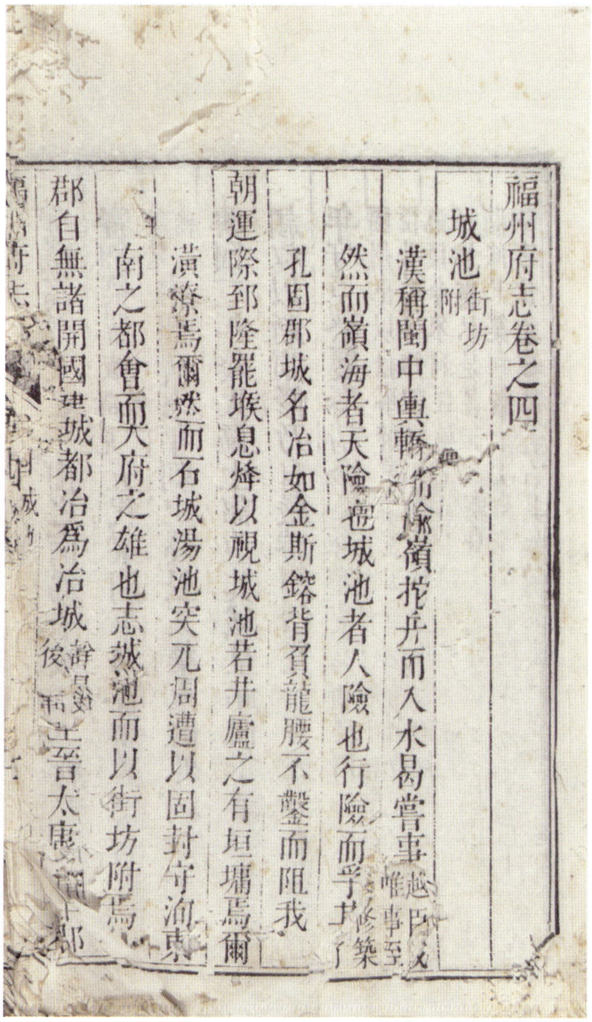

0120　350000-2016-0000145　乙37　史部/地理類/方志之屬/郡縣志

［乾隆］福州府志七十六卷首一卷　（清）徐景熹總裁　（清）魯曾煜（清）施廷樞等纂修　清乾隆十九年（1754）刻二十一年（1756）增補本　版框高20厘米，寬13.2厘米；开本高26厘米，寬16.5厘米。

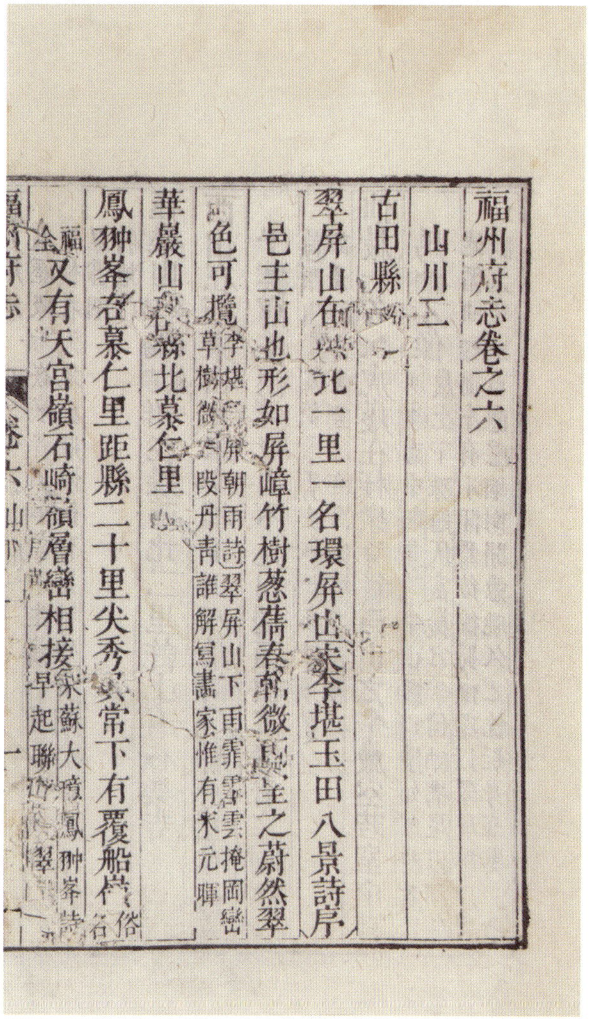

0121　350000-2016-0000312　乙37-1　史部/地理類/方志之屬/郡縣志

［乾隆］福州府志七十六卷首一卷　（清）徐景熹總裁　（清）魯曾煜（清）施廷樞等纂修　清乾隆十九年（1754）刻二十一年（1756）增補本　版框高19.9厘米，寬13.3厘米；开本高24厘米，寬14.5厘米。

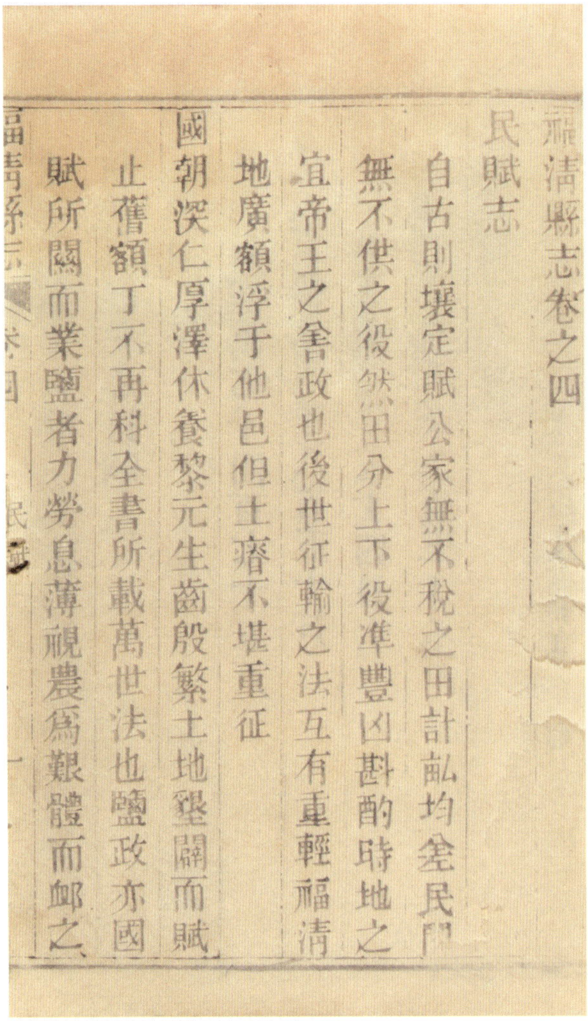
福清縣志卷之四
民賦志
自古則壤定賦公家無不稅之田計畝均差民門
無不供之役然田分上下役準豐凶斟酌時地之
宜帝王之舍政也後世征輸之法互有重輕福清
地廣額浮于他邑但土瘠不堪重征
國朝深仁厚澤休養黎元生齒殷繁土地墾闢而賦
止舊額丁不再科全書所載萬世法也鹽政亦國
賦所關而業鹽者力勞息薄視農爲艱體而卹之
福清縣志 卷四 民賦 一

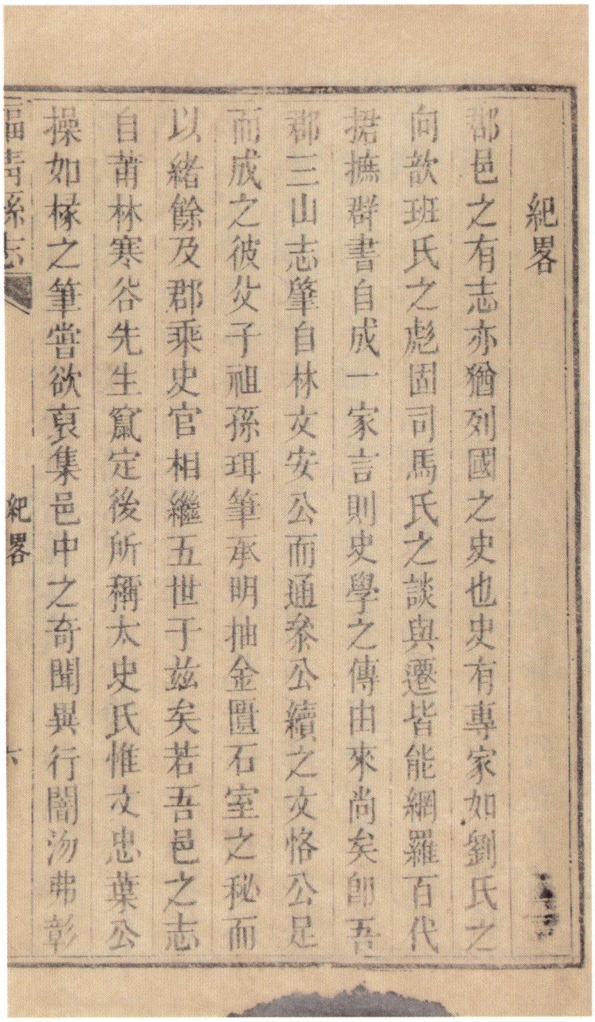
紀畧
郡邑之有志亦猶列國之史也史有專家如劉氏之
向歆班氏之彪固司馬氏之談與遷皆能網羅百代
捃摭群書自成一家言則史學之傳由來尚矣即吾
郡三山志肇自林文安公而通叅公續之文恪公足
而成之彼父子祖孫珥筆承明抽金匱石室之秘而
以緒餘及郡乘史官相繼五世于茲矣若吾邑之志
自莆林寒谷先生竄定後所稱太史氏惟文忠葉公
操如椽之筆嘗欲裒集邑中之奇聞異行闡沕弗彰
福清縣志 紀畧 六

0122　350000-2016-0000171　乙38　史部/地理類/方志之屬/郡縣志

［乾隆］福清縣志二十卷圖一卷　（清）饒安鼎　（清）邵應龍主修　（清）林昂　（清）李修卿纂修　清光緒二十四年（1898）劉玉璋刻本　版框高21.5厘米，寬14.5厘米；开本高25厘米，寬15.5厘米；九行，行二十字，小字雙行，行二十字，白口，四周雙邊。

0123　350000-2016-0000170　乙38-1　史部/地理類/方志之屬/郡縣志

［乾隆］福清縣志二十卷圖一卷　（清）饒安鼎　（清）邵應龍主修　（清）林昂　（清）李修卿纂修　清光緒二十四年（1898）劉玉璋刻本　版框高21.4厘米，寬14.7厘米；开本高24.6厘米，寬15.7厘米；九行，行二十字，小字雙行，行二十字，白口，四周雙邊。

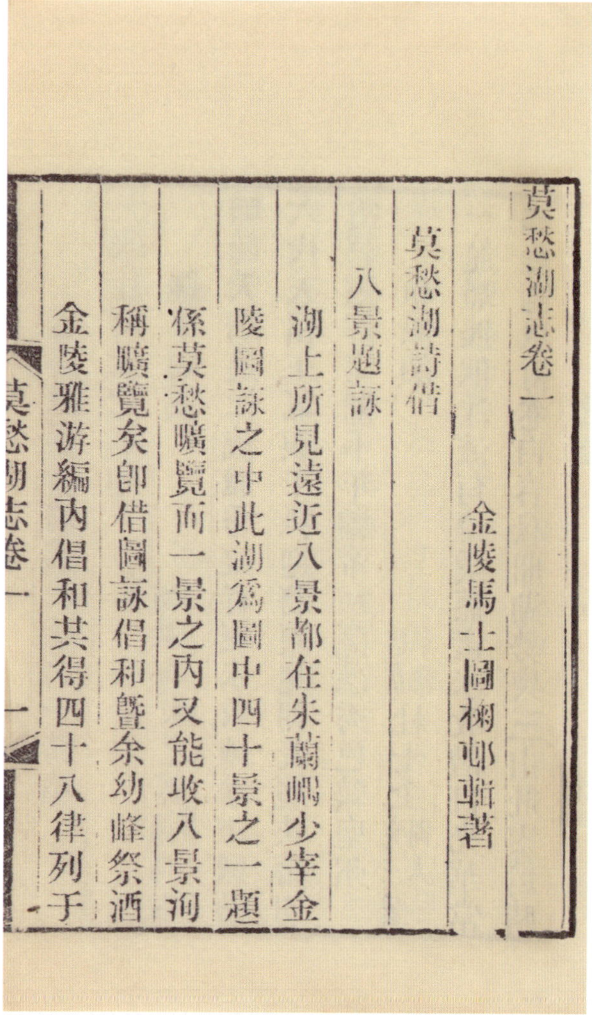
莫愁湖志卷一
金陵馬士圖梱卿輯著
莫愁湖詩借
八景題詠
湖上所見遠近八景都在朱蘭嵎少宰金陵圖詠之中此湖爲圖中四十景之一題係莫愁曠覽而一景之內又能收八景洵稱曠覽矣卽借圖詠倡和暨余幼峰祭酒金陵雅游編內倡和共得四十八律列于
莫愁湖志卷一　一

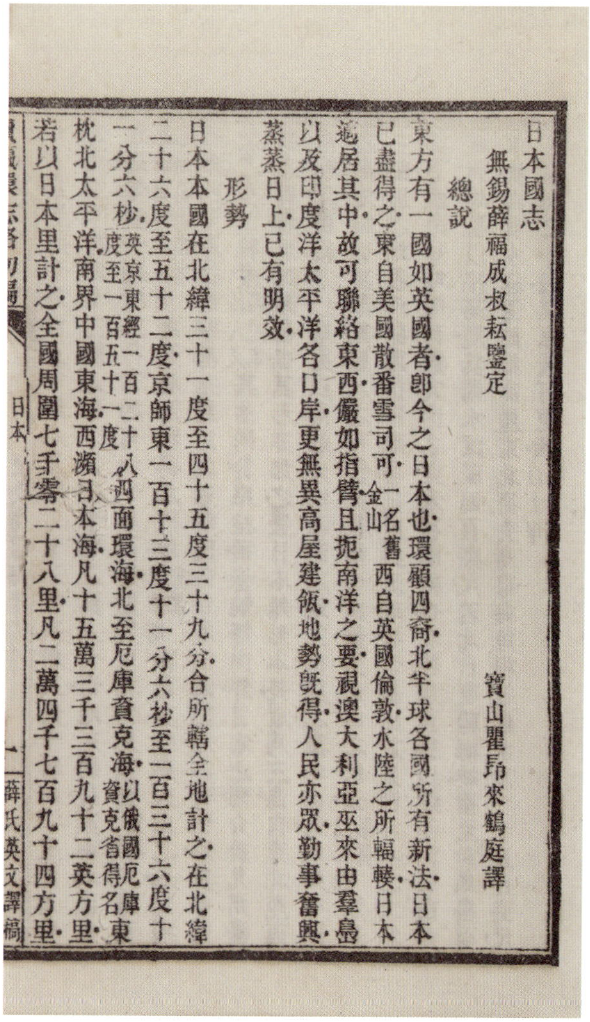
日本國志
無錫薛福成叔耘鑒定
寶山瞿昂來鶴庭譯
總說
東方有一國如英國者卽今之日本也環顧四裔北半球各國所有新法日本已盡得之東自美國散番雪司可一名舊金山西自英國倫敦水陸之所輻輳日本適居其中故可聯絡東西儼如指臂且扼南洋之要視澳大利亞巫來由羣島以及印度洋太平洋各口岸更無異高屋建瓴地勢既得人民亦眾勤事奮興蒸蒸日上已有明效
形勢
日本本國在北緯三十一度至四十五度三十九分合所轄全地計之在北緯二十六度至五十二度京師東一百十三度十一分六秒至一百三十六度十一分六秒英京東經一百二十八度至一百五十一度四面環海北至厄庫貢克海以俄國厄庫貢克省得名東枕北太平洋南界中國東海西瀕日本海凡十五萬三千三百九十二英方里若以日本里計之全國周圍七千零二十八里凡二萬四千七百九十四方里
續瀛環志略初編　日本　一　薛氏英文譯稿

0124　350000-2016-0000233　乙39　史部/地理類/山川之屬/水志

**莫愁湖志六卷首一卷**　（清）馬士圖輯著　清光緒八年（1882）刻本　版框高17.5厘米，寬13.5厘米；开本高23.5厘米，寬15厘米；上下黑口，左右雙邊。

0125　350000-2016-0000261　乙40　史部/地理類/外紀之屬

**續瀛環志略初編不分卷**　（清）薛福成鑒定　（清）瞿昂來等譯　清光緒二十八年（1902）無錫傳經樓石印本　版框高16厘米，寬11厘米；开本高19厘米，寬12.5厘米。

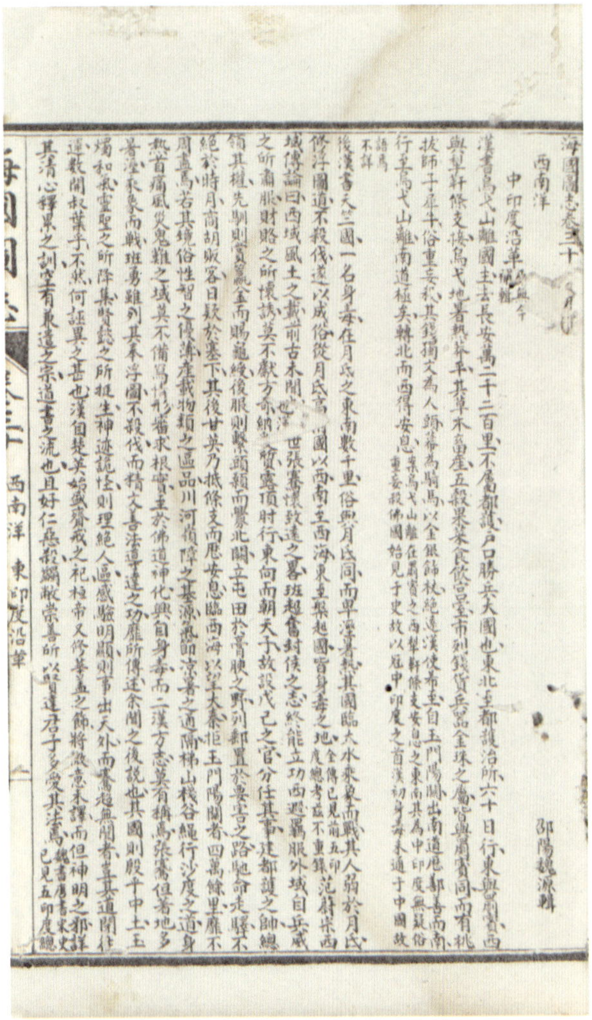

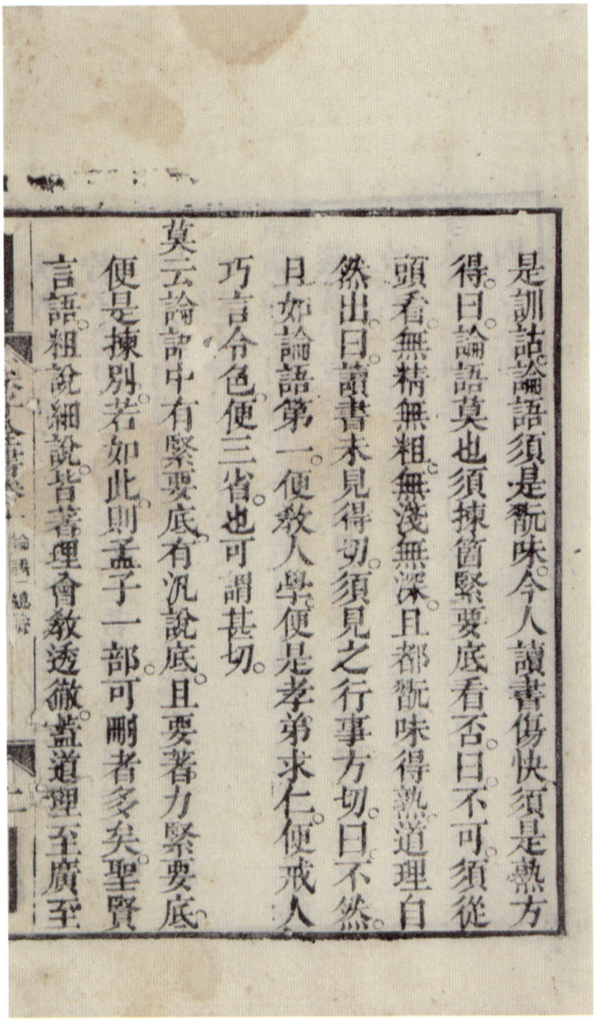

0126　350000-2016-0000066　乙41　史部/地理類/外紀之屬

海國圖志一百卷　（清）魏源輯　清末石印本　版框高16.1厘米，寬12厘米；开本高20厘米，寬13.5厘米；二十行，行四十四字，小字雙行，行四十四字，白口，四周雙邊。

0128　350000-2016-0000202　丙2　子部/儒家類/儒學之屬/性理

淵鑒齋御纂朱子全書六十六卷　（宋）朱熹撰　（清）李光地等編　清刻本　版框高18.7厘米，寬14厘米；开本高26厘米，寬17.2厘米；上下黑口，四周單邊。

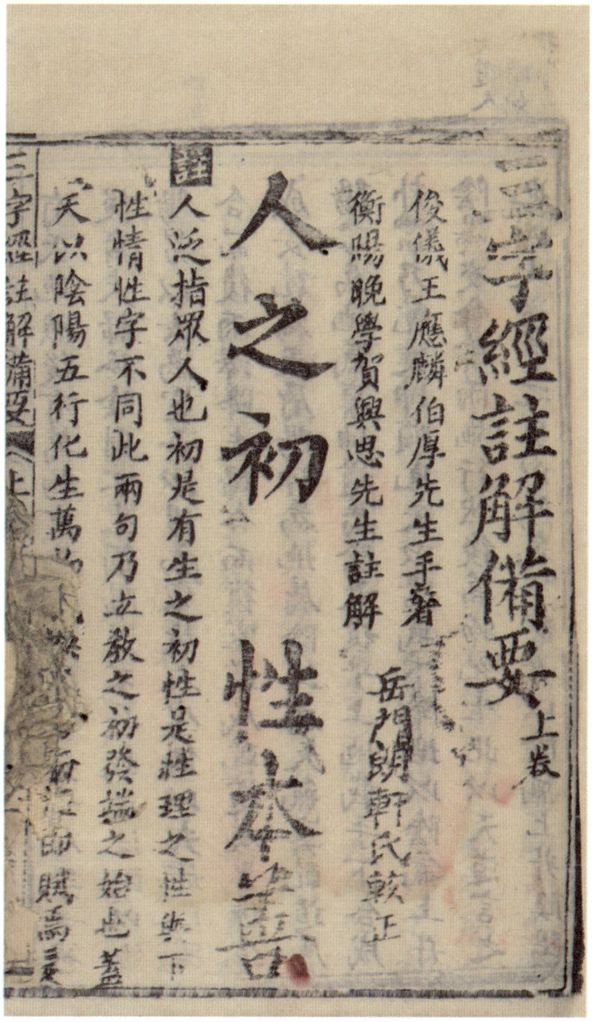
三字經註解備要 上卷
俊儀王應麟伯厚先生手著
衡陽晚學賀興思先生註解
岳門朗軒氏較正
人之初 性本善
註 人字指衆人也初是有生之初性是性理之性與下
性情性字不同此兩句乃立教之初發端之始也蓋
天以陰陽五行化生萬物

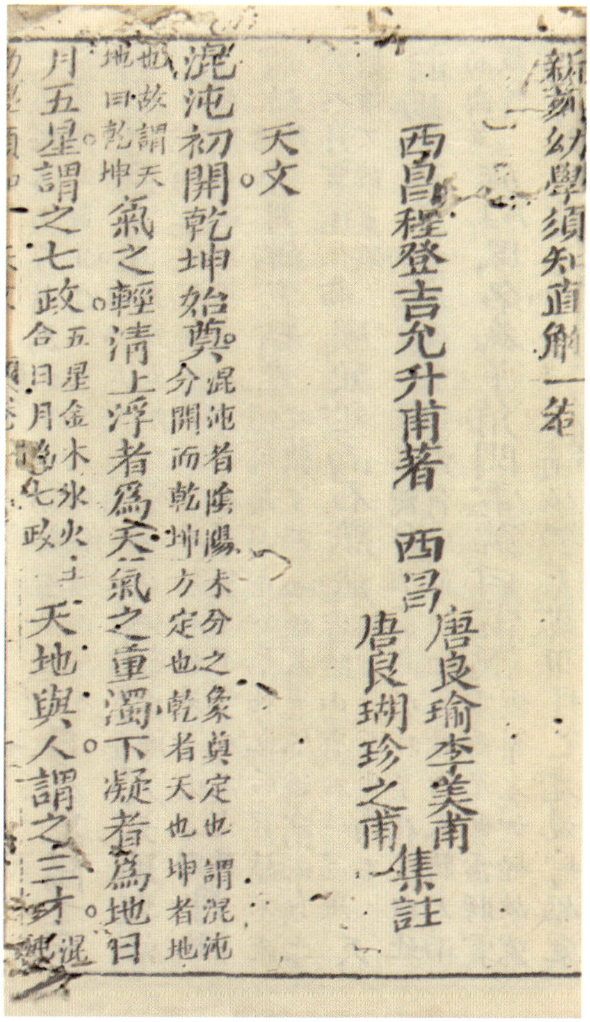
新刻幼學須知直解一卷
西昌程登吉允升甫著
西昌 唐良瑜李美甫 唐良瑚珍之甫 集註
天文
混沌初開乾坤始奠 混沌者陰陽未分之象奠定也謂混沌分開而乾坤方定也乾者天也坤者地也故謂天地曰乾坤
氣之輕清上浮者爲天氣之重濁下凝者爲地日
月五星謂之七政 五星金木水火土合日月爲七政
天地與人謂之三才

0129　350000-2016-0000192　丙3　子部/儒家類/儒學之屬/蒙學

三字經註解備要二卷　（宋）王應麟著　（清）賀興思注解　清末福州大西山房書局刻本　版框高16.5厘米，寬11.5厘米；开本高21厘米，寬13.7厘米。

0130　350000-2016-0000276　丙4　子部/儒家類/儒學之屬/蒙学

新刻幼學須知直解四卷　（明）程登吉著　（清）唐良瑜、唐良瑚集注　清刻本　版框高19.5厘米，寬11.8厘米；开本高21.5厘米，寬13厘米；白口，四周單邊。

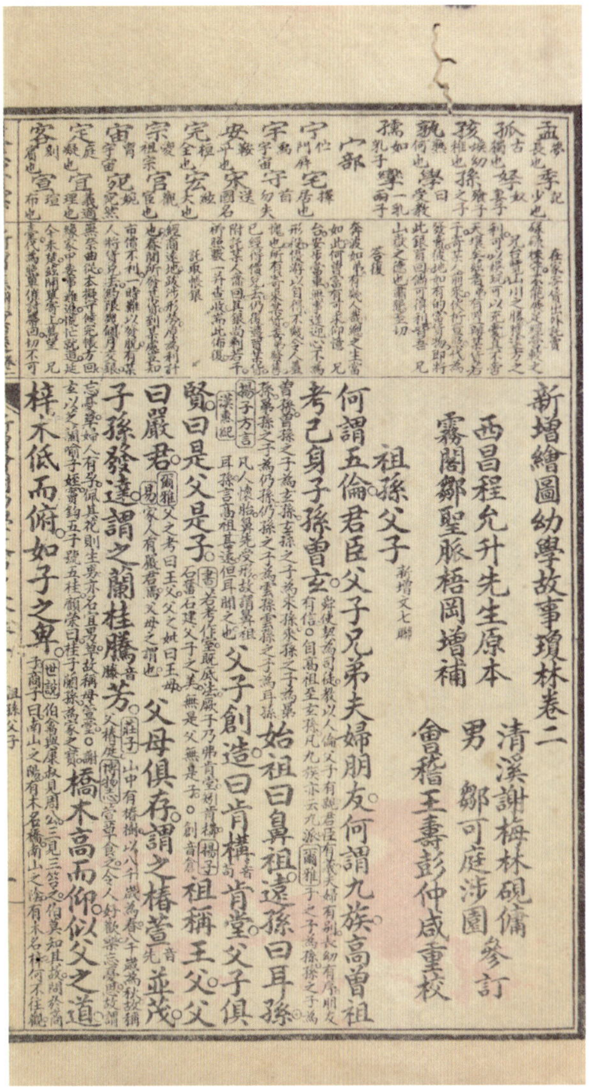

新增繪圖幼學故事瓊林卷二

西昌程允升先生原本　清溪謝梅林硯傭
霧閣鄒聖脈梧岡增補　男鄒可庭涉園參訂
會稽王壽彭仲咸重校

祖孫父子

何謂五倫君臣父子兄弟夫婦朋友何謂九族高曾祖考己身子孫曾玄始祖曰鼻祖遠孫曰耳孫父子創造曰肯構肯堂父子俱賢曰是父是子祖稱王父父曰嚴君父母俱存謂之椿萱並茂子孫發達謂之蘭桂騰芳橋木高而仰似父之道梓木低而俯如子之卑

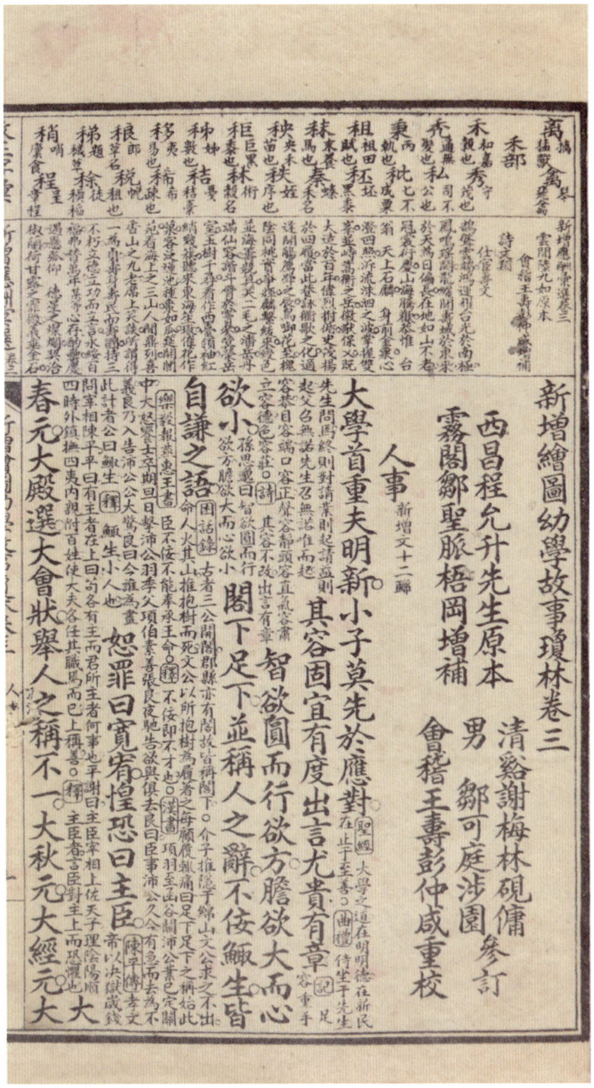

新增繪圖幼學故事瓊林卷三

西昌程允升先生原本　清谿謝梅林硯傭
霧閣鄒聖脈梧岡增補　男鄒可庭涉園參訂
會稽王壽彭仲咸重校

人事

大學首重夫明新小子莫先於應對其容固宜有度出言尤貴有章智欲圓而行欲方膽欲大而心欲小閣下足下並稱人之辭不佞鯫生皆自謙之語恕罪曰寬宥惶恐曰主臣大春元大殿選大會狀舉人之稱不一大秋元大經元大

0131　350000-2016-0000166　丙5　子部/儒家類/儒學之屬/蒙學

新增繪圖幼學故事瓊林四卷首一卷　（明）程登吉原本　（清）鄒聖脈增補　新增應酬彙選三卷補遺一卷　（□）□□撰　攷正字彙不分卷　（□）□□撰　清末石印本　版框高22.4厘米，寬13.8厘米；開本高26厘米，寬15厘米。

0132　350000-2016-0000245　丙5-1　子部/儒家類/儒學之屬/蒙學

新增繪圖幼學故事瓊林四卷首一卷　（明）程登吉原本　（清）鄒聖脈增補　新增應酬彙選三卷補遺一卷　（□）□□撰　攷正字彙不分卷　（□）□□撰　清末石印本　版框高22.4厘米，寬14厘米；開本高26厘米，寬15厘米。

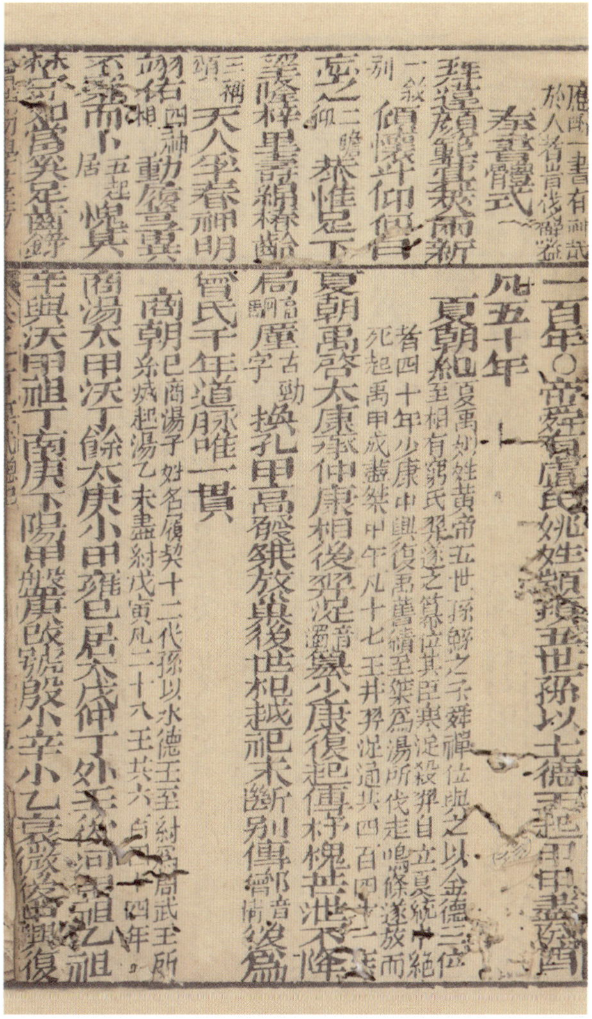

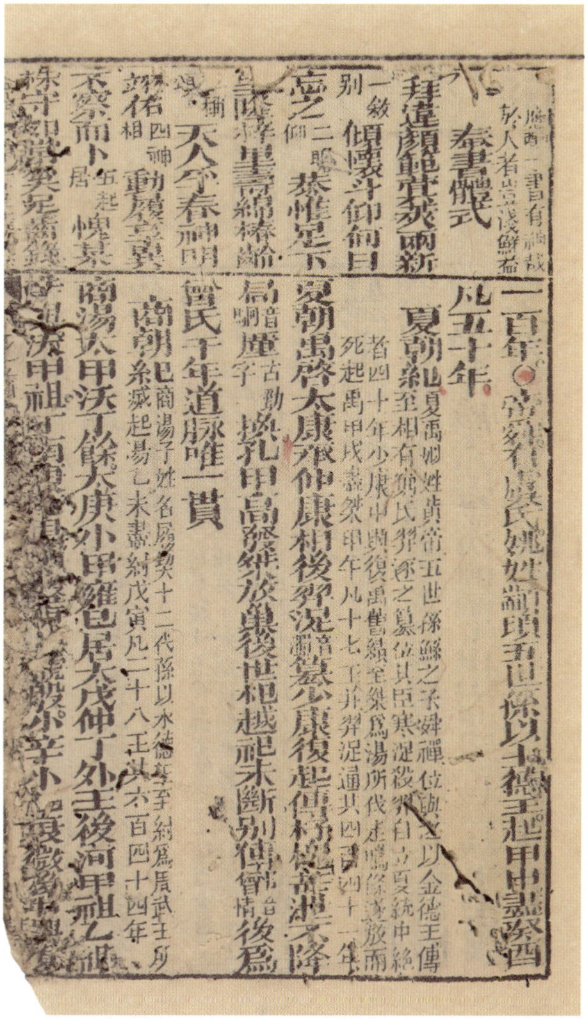

0133　350000-2016-0000329　丙6　子部/儒家類/儒學之屬/蒙學

**增補幼學故事羣芳四卷首一卷**（明）程登吉原本　（清）周達用增訂　**往來尺牘不分卷**　（清）□□撰　清光緒福州集新堂刻本　版框高19.5厘米，寬13厘米；开本高25.5厘米，寬15厘米。

0134　350000-2016-0000324　丙6-1　子部/儒家類/儒學之屬/蒙學

**增補幼學故事羣芳四卷首一卷**（明）程登吉原本　（清）周達用增訂　**往來尺牘不分卷**　（清）□□撰　清光緒福州集新堂刻本　版框高21厘米，寬12.6厘米；开本高23.8厘米，寬14厘米。

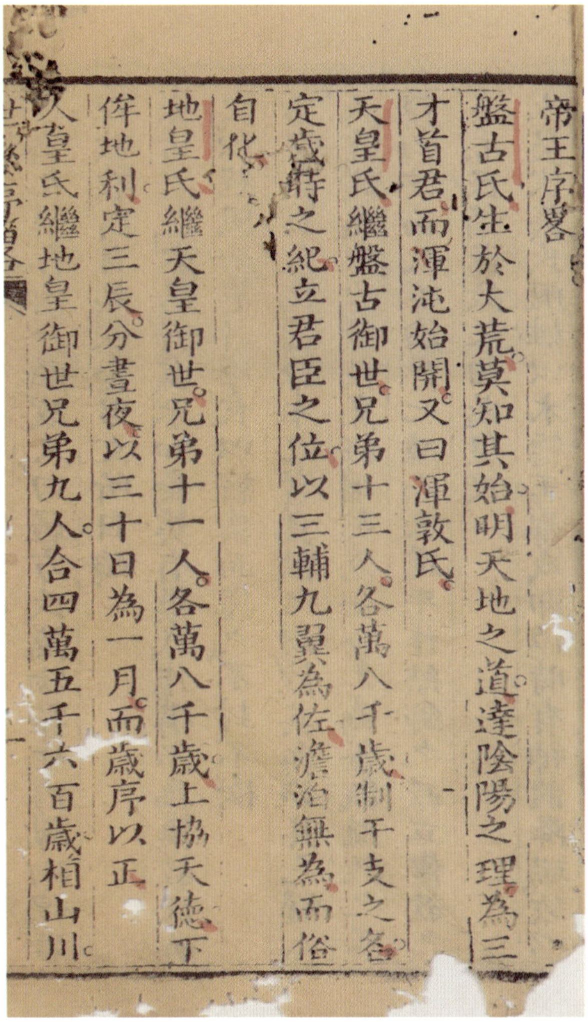
帝王序略

盤古氏生於大荒莫知其始明天地之道達陰陽之理為三才首君而渾沌始開又曰渾敦氏

天皇氏繼盤古御世兄弟十三人各萬八千歲制干支之名定歲時之紀立君臣之位以三輔九翼為佐澹泊無為而俗自化

地皇氏繼天皇御世兄弟十一人各萬八千歲上協天德下侔地利定三辰分晝夜以三十日為一月而歲序以正

人皇氏繼地皇御世兄弟九人合四萬五千六百歲相山川

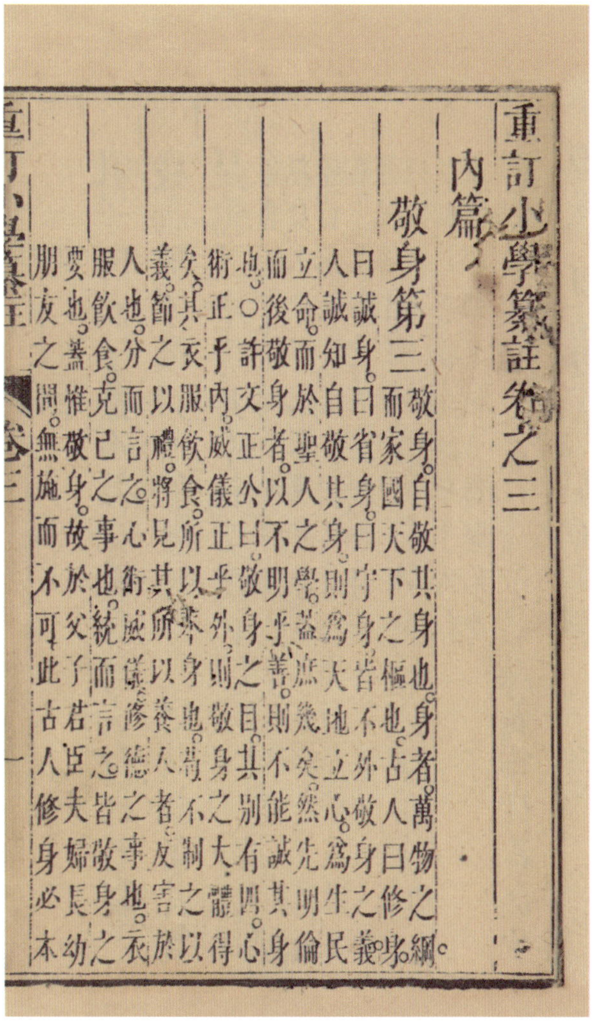
重訂小學纂註卷之三

內篇

敬身第三

0135　350000-2016-0000218　丙7　子部/儒家類/儒學之屬/蒙學

**啟蒙四種**　（清）□□編　清道光十一年（1831）刻本　版框高17厘米，寬10.5厘米；开本高21厘米，寬11.5厘米。

0136　350000-2016-0000220　丙8　子部/儒家類/儒學之屬/蒙學

**重訂小學纂註六卷**　（清）高愈纂注　（清）游光繹重訂　清刻本　版框高20厘米，寬14厘米；开本高22.2厘米，寬16厘米；九行，行十九字，小字雙行，行十九字，白口，四周雙邊。

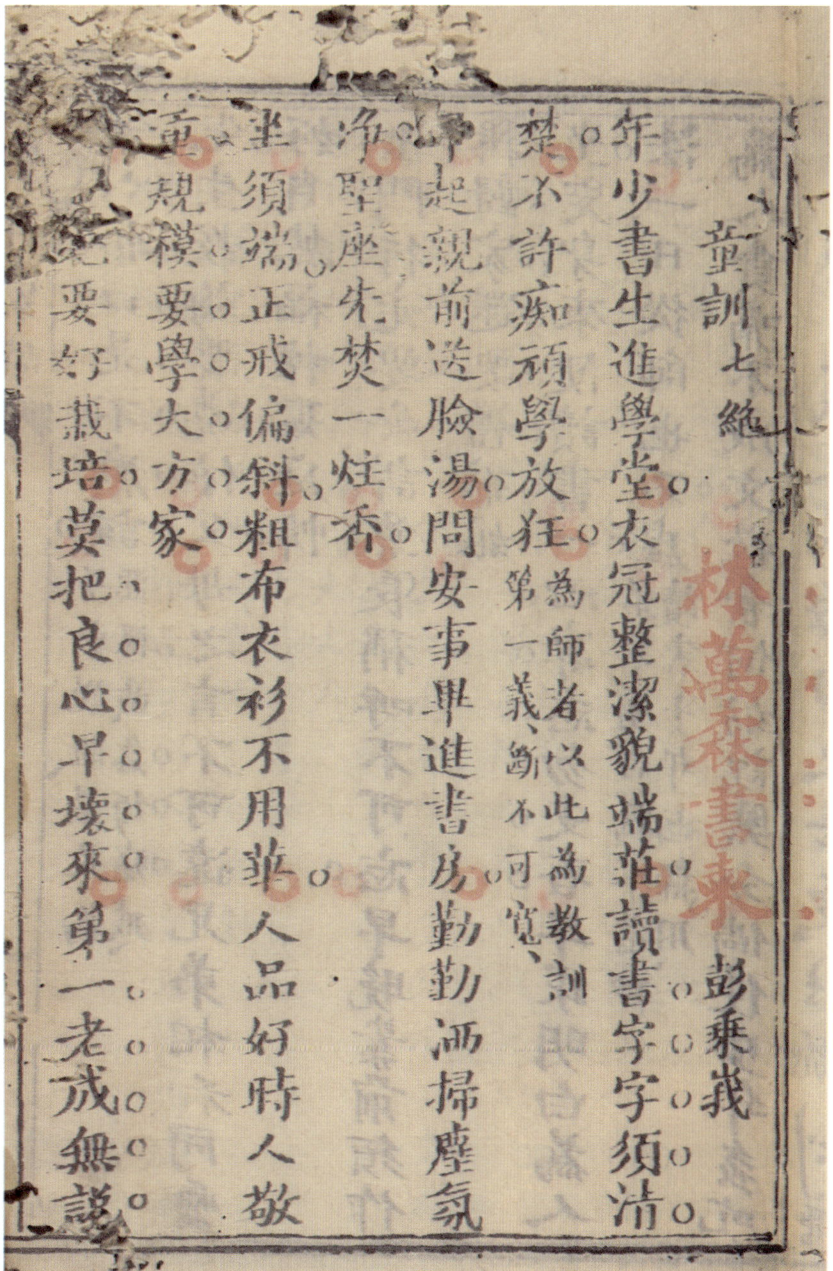
童訓七絶
彭乘莪
年少書生進學堂。衣冠整潔貌端莊。讀書字字須清
楚。不許痴頑學放狂。為師者以此為教訓第一義、斷不可寬、
早起親前進臉湯。問安事畢進書房。勤勤洒掃塵氛
淨。聖座先焚一炷香。
坐須端正戒偏斜。粗布衣衫不用華。人品好時人敬
重。規模要學大方家。
[illegible]少要好栽培。莫把良心早壞來。第一老成無謊[illegible]

0137　350000-2016-0000197　丙9　子部/儒家類/儒學之屬/蒙學

**小學千家詩一卷**　（清）羅英編　清同治十二年（1873）福州羅氏刻本　版框高15.5厘米，寬10.3厘米；开本高17.7厘米，寬12.3厘米；白口，四周雙邊。

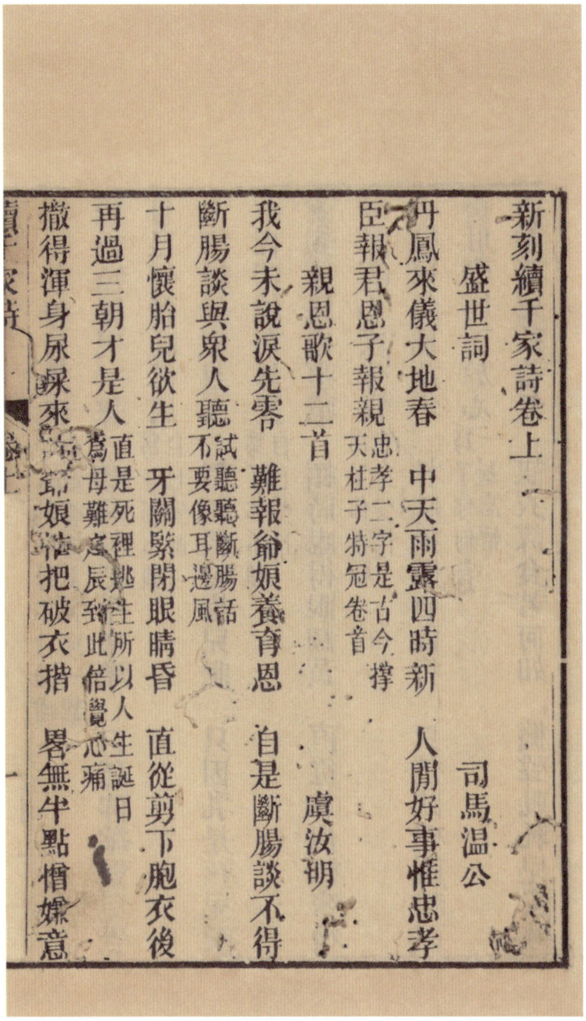

0138　350000-2016-0000259　丙10　子部/儒家類/儒學之屬/俗訓

新刻續千家詩二卷　（清）王見山編　清同治十三年（1874）刻本　版框高18.5厘米，寬13.5厘米；开本高25.5厘米，寬15厘米。

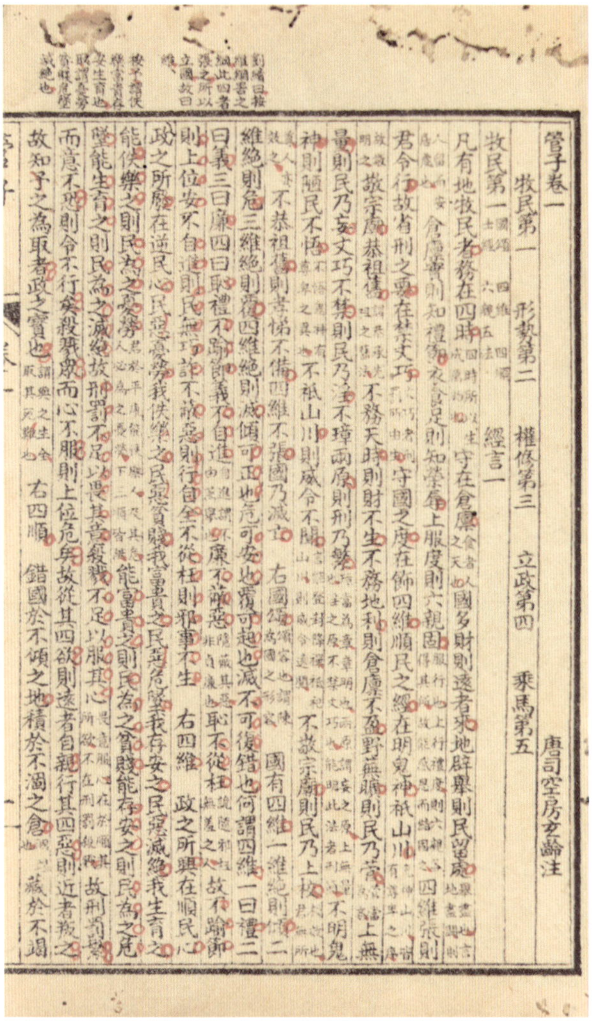

0139　350000-2016-0000397　丙11　子部/法家類

管子二十四卷　（唐）房玄齡注（明）劉績補　清光緒二十九年（1903）六藝書局石印本　版框高16.8厘米，寬11.5厘米；开本高20厘米，寬13厘米；白口，四周雙邊。

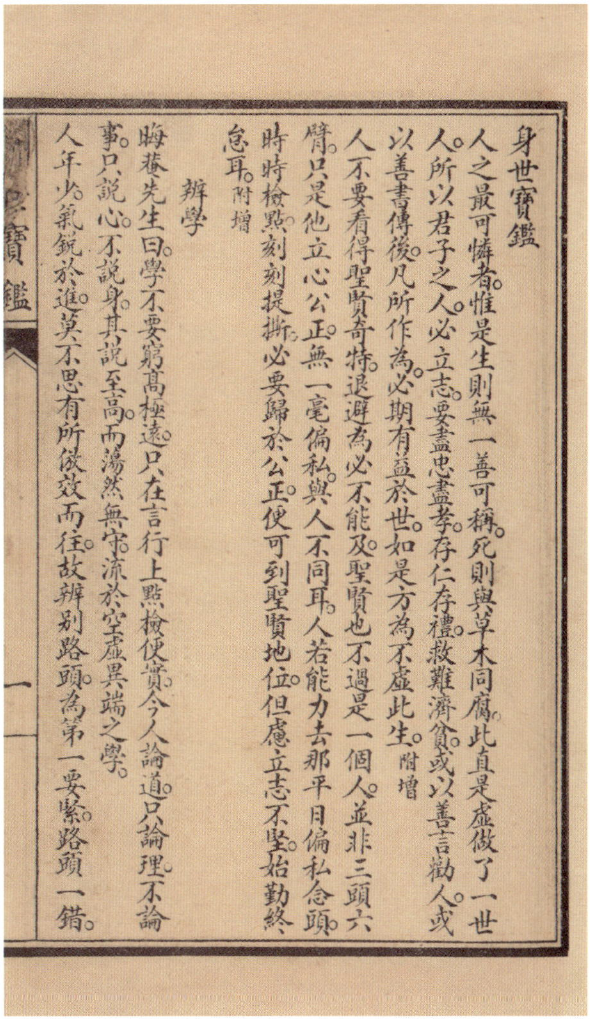

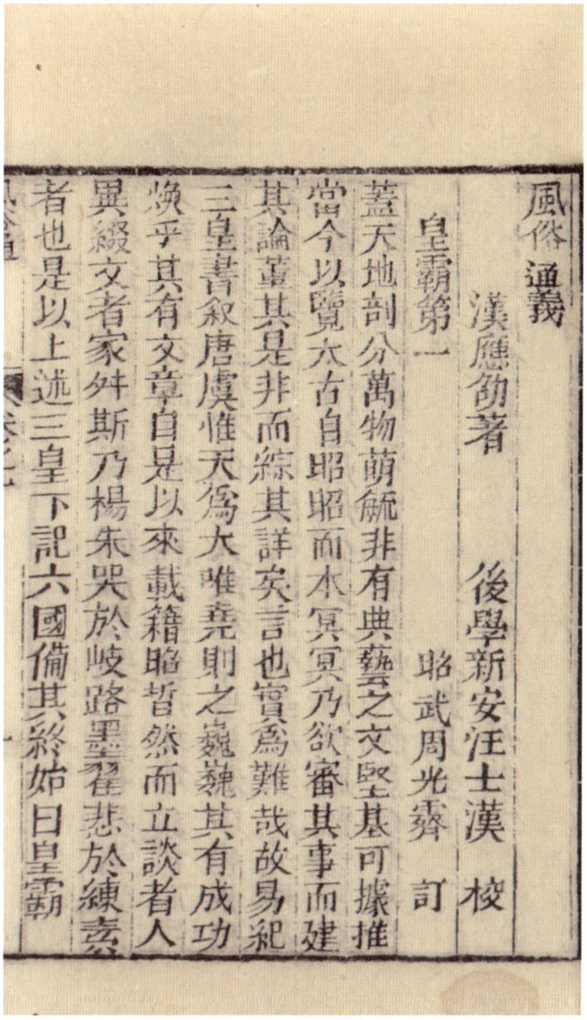

0140　350000-2016-0000029　丙12　子部/雜家類

**林子三教正宗統論三十六卷**　（明）林兆恩撰　（明）盧文輝輯並校　清同治元年（1862）方天賜刻，宣統元年（1909）重修，民國七年（1918）莆陽寶順齋印本　版框高16.9厘米，寬12.2厘米；开本高20厘米，寬13.5厘米；白口，四周雙邊。

0141　350000-2016-0000421　丙13　子部/雜著類/雜說之屬

**風俗通義十卷**　（漢）應劭著　清刻本　版框高14厘米，寬10.5厘米；开本高18.5厘米，寬11.5厘米。

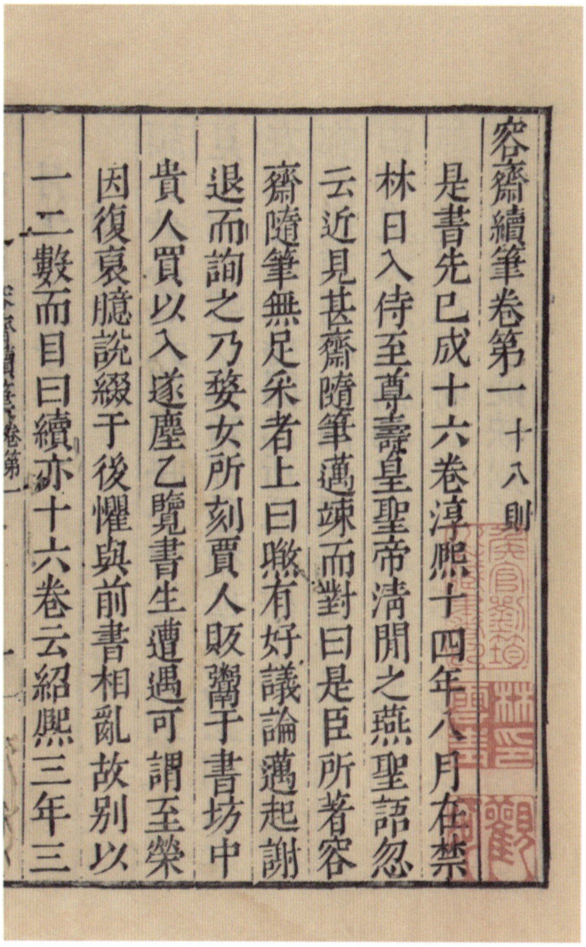

0142　350000-2016-0000046　丙14　子部/雜著類/雜説之屬

容齋隨筆十六卷續筆十六卷三筆十六卷四筆十六卷五筆十卷　（宋）洪邁撰　清乾隆五十九年（1794）掃葉山房刻本　版框高19.5厘米，寬13.8厘米；开本高27.6厘米，寬17厘米；九行，行十八字，上下黑口，左右雙邊。

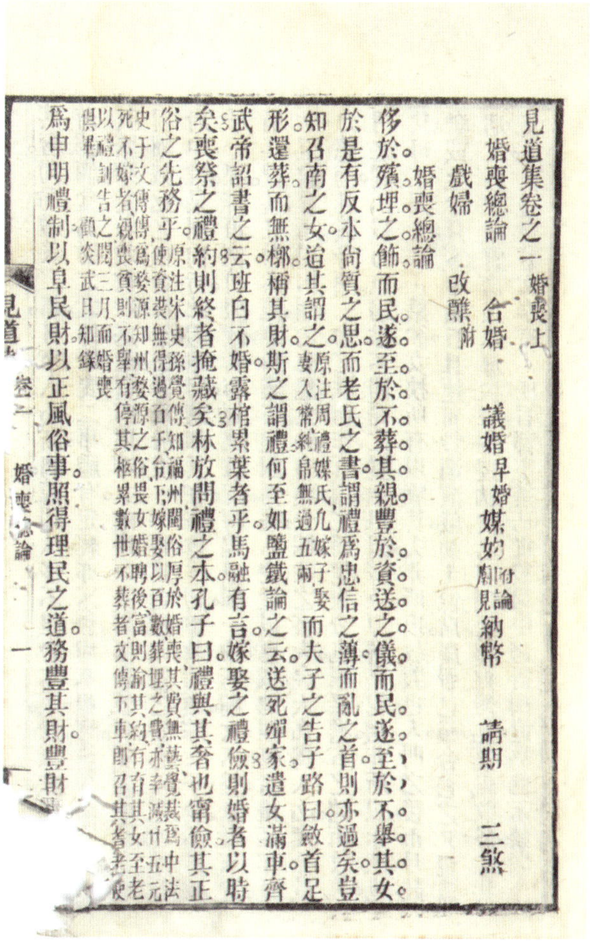

0143　350000-2016-0000221　丙15　子部/雜著類/雜説之屬

見道集十二卷首一卷補遺一卷附錄一卷　（清）黄治基編輯　清光緒二十九年（1903）福州道學院刻本　版框高18.5厘米，寬12.1厘米；开本高22厘米，寬14厘米；上下黑口，四周單邊。

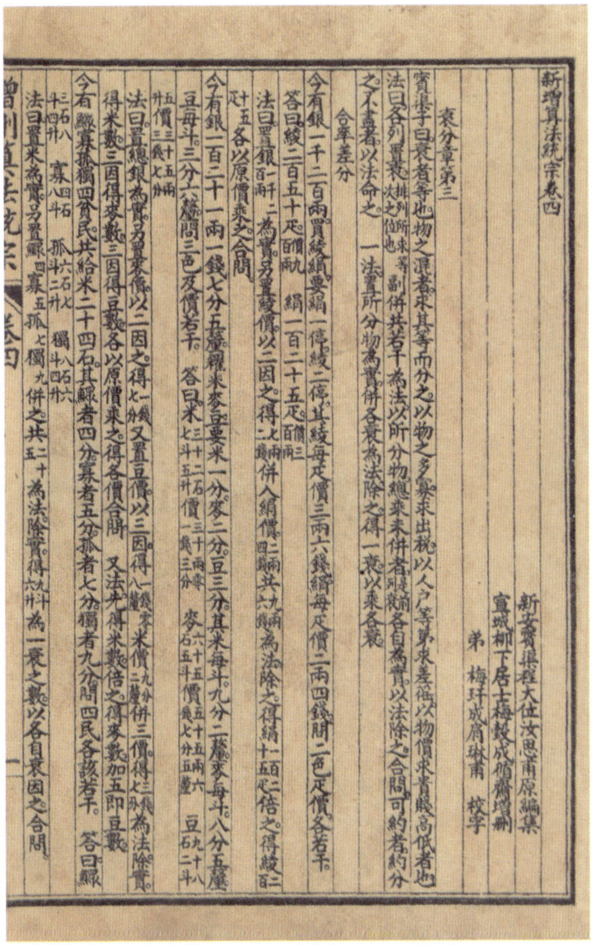

0144　350000-2016-0000333　丙16　子部/天文曆算類/算書之屬

**增刪算法統宗十二卷**　（明）程大位原編集　（清）梅瑴成增刪　清末石印本　版框高17.3厘米，寬12厘米；开本高20.3厘米，寬13.5厘米；二十一行，白口，四周雙邊。

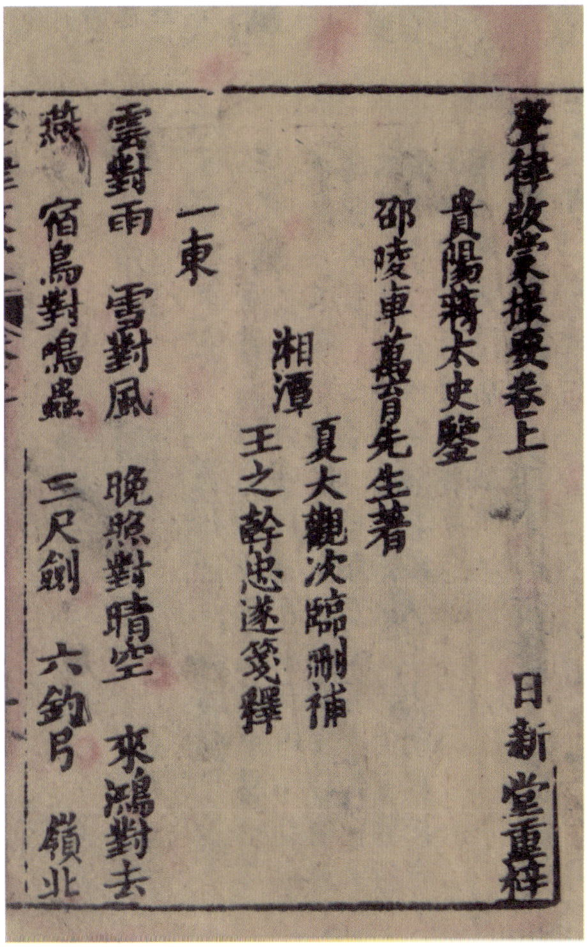

0145　350000-2016-0000214　丙17　子部/藝術類/遊藝之屬/聯語

**聲律啟蒙撮要二卷**　（清）車萬育著　（清）夏大觀刪補　（清）王之幹箋釋　清光緒十三年（1887）刻本　版框高13.8厘米，寬9.3厘米；开本高15.7厘米，寬10.6厘米。

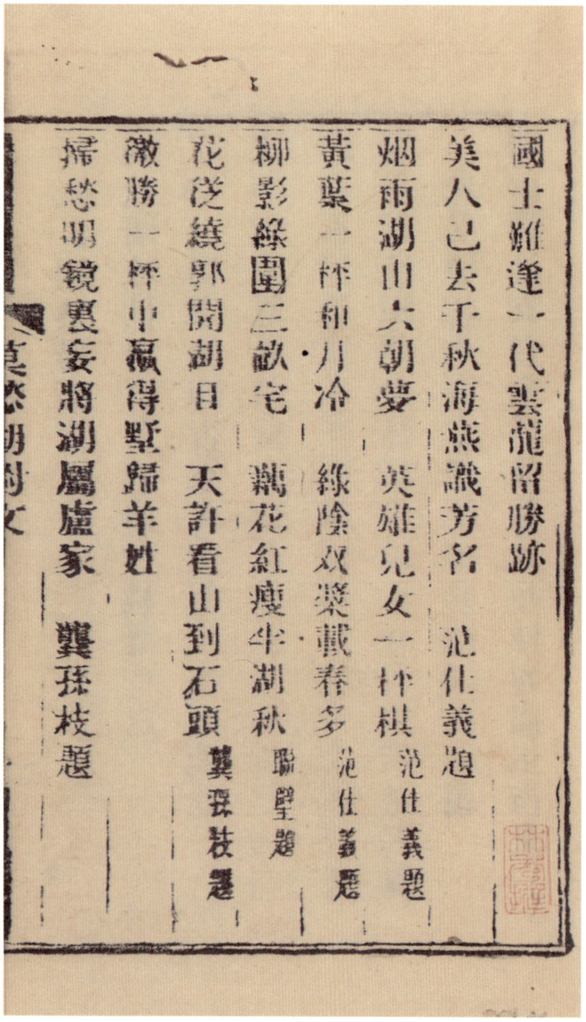


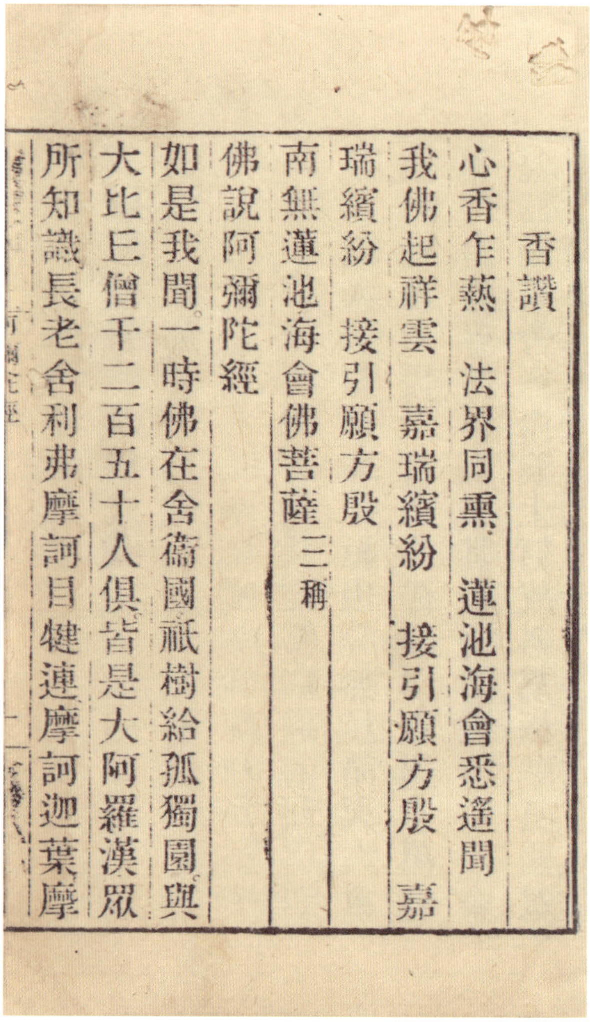


0146　350000-2016-0000178　丙18　子部/藝術類/遊藝之屬/聯語

**莫愁湖楹聯便覽不分卷**　（清）釋壽安輯　清光緒五年（1879）刻本　版框高18厘米，寬12厘米；开本高23厘米，寬15厘米。

0147　350000-2016-0000235　丙19　子部/宗教類/佛教之屬/經疏

**佛說阿彌陀經義疏一卷**　（宋）釋元照述　清光緒二十四年（1898）金陵刻經處刻本　版框高18.5厘米，寬13厘米；开本高23.5厘米，寬15厘米；上下黑口，左右雙邊。

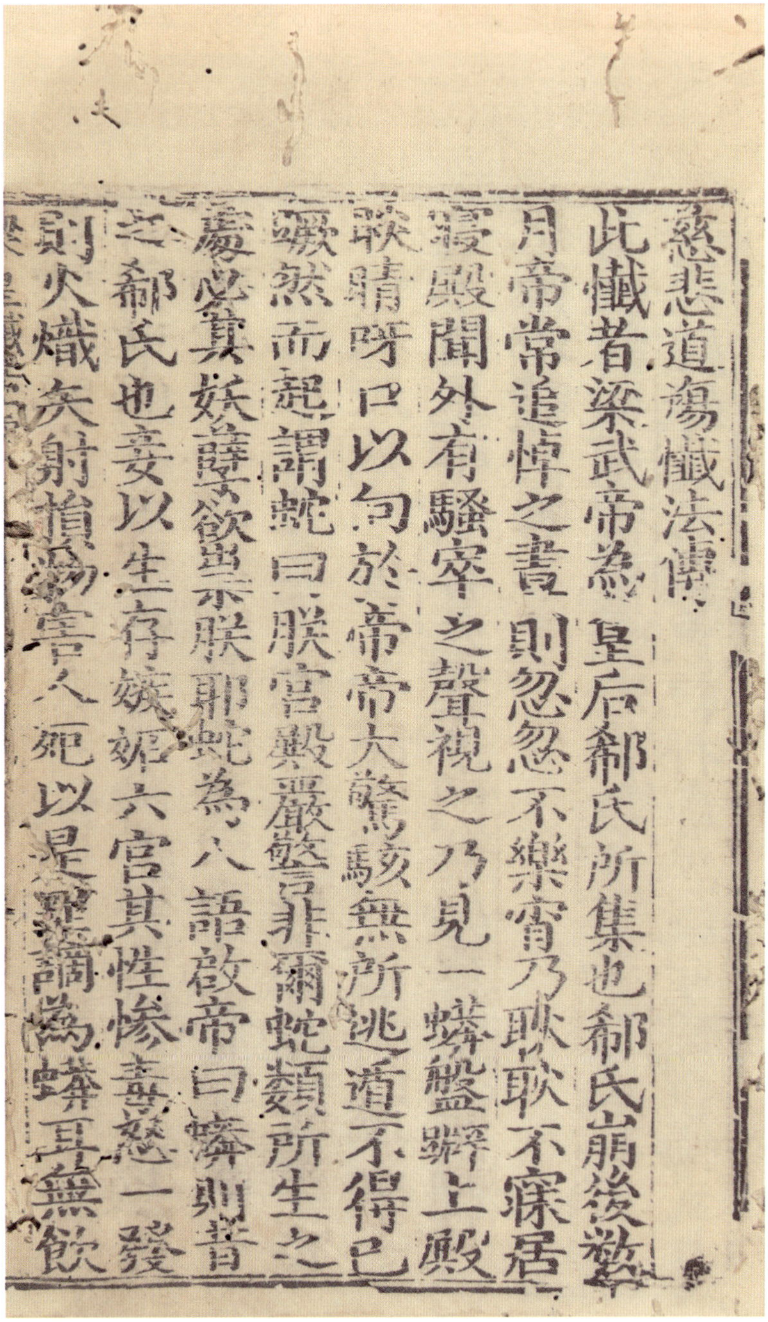
慈悲道場懺法傳
此懺者梁武帝為 皇后郗氏所集也郗氏崩後數
月帝常追悼之晝則忽忽不樂宵乃耿耿不寐居
寢殿聞外有騷窣之聲視之乃見一蟒盤躃上殿
睒睛呀口以向於帝帝大驚駭無所逃遁不得已
蹶然而起謂蛇曰朕宮殿嚴警非爾蛇類所生之
處必是妖孽欲祟朕耶蛇為人語啟帝曰蟒則昔
之郗氏也妾以生存嫉妒六宮其性慘毒怒一發
則火熾矢射損物害人死以是罪謫為蟒耳無飲

0148　350000-2016-0000207　丙20　子部/宗教類/佛教之屬

**梁皇寶懺儀文十卷**　□□撰　明刻明清遞修本　版框高22.2厘米，寬14.6厘米；开本高28厘米，寬17.3厘米；九行，行十九字，小字雙行，行十九字，白口，四周雙邊。

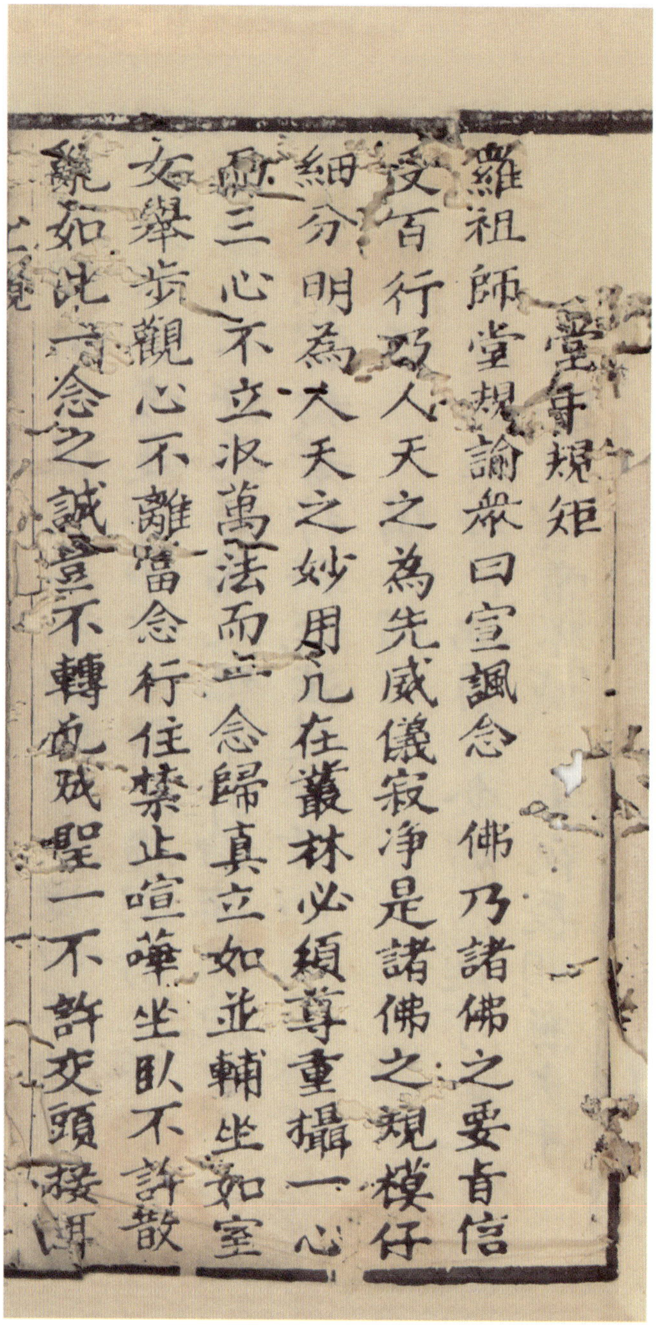
堂守規矩
羅祖師堂規諭衆曰宣諷念　佛乃諸佛之要旨信
受百行取人天之爲先威儀寂淨是諸佛之規模仔
細分明爲大天之妙用凡在叢林必須尊重攝一心
融三心不立収萬法而一念歸真立如並輔坐如室
女舉步觀心不離當念行住禁止喧嘩坐臥不許散
亂如此一念之誠豈不轉凡成聖一不許交頭接耳

0149　350000-2016-0000227　丙21　子部/宗教類/道教之屬

**大乘正教□卷**　（清）釋□□輯　清光緒刻本　版框高22厘米，寬11.7厘米；开本高25厘米，寬14厘米。

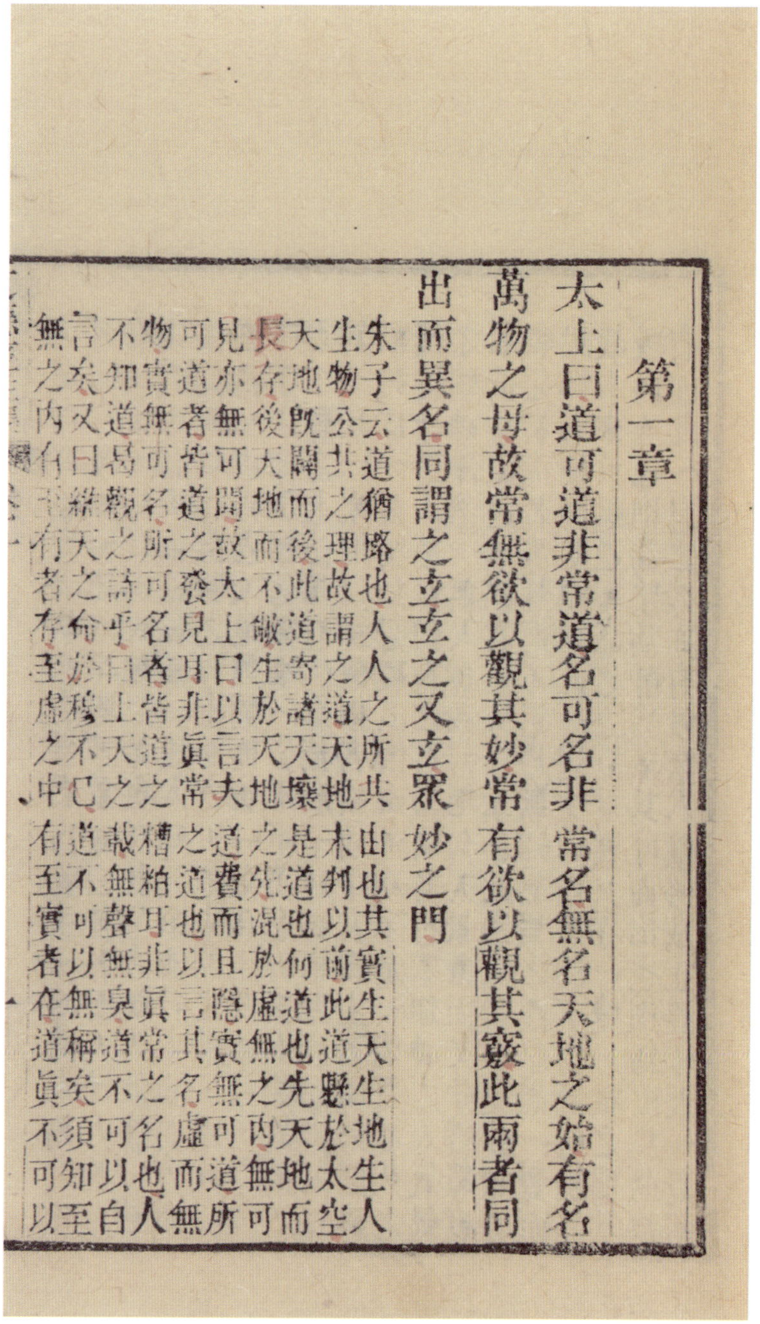

第一章

太上曰道可道非常道名可名非常名無名天地之始有名萬物之母故常無欲以觀其妙常有欲以觀其竅此兩者同出而異名同謂之玄玄之又玄衆妙之門

朱子云道猶路也人人之所共由也其實生天生地生人生物公共之理故謂之道天地未判以前此道懸於太空天地既闢而後此道寄諸天壤是道也何道也先天地而長存後天地而不敝生於天地之先混於虛無之內無可見亦無可聞故太上曰以言夫道費而且隱實無可道所可道者皆道之發見耳非眞常之道也以言其名虛而無物實無可名所可名者皆道之糟粕耳非眞常之名也人不知道曷觀之詩乎曰上天之載無聲無臭道不可以自言矣又曰維天之命於穆不已道不可以無稱矣須知至無之內有至有者存至虛之中有至實者在道眞不可以

0150　350000-2016-0000282　丙22　子部/宗教類/道教之屬

**道德經註釋三卷樂育堂語錄一卷**　（清）黃裳撰　清光緒十二年（1886）合川會善堂刻本　版框高19.3厘米，寬12.8厘米；开本高25厘米，寬16.5厘米。

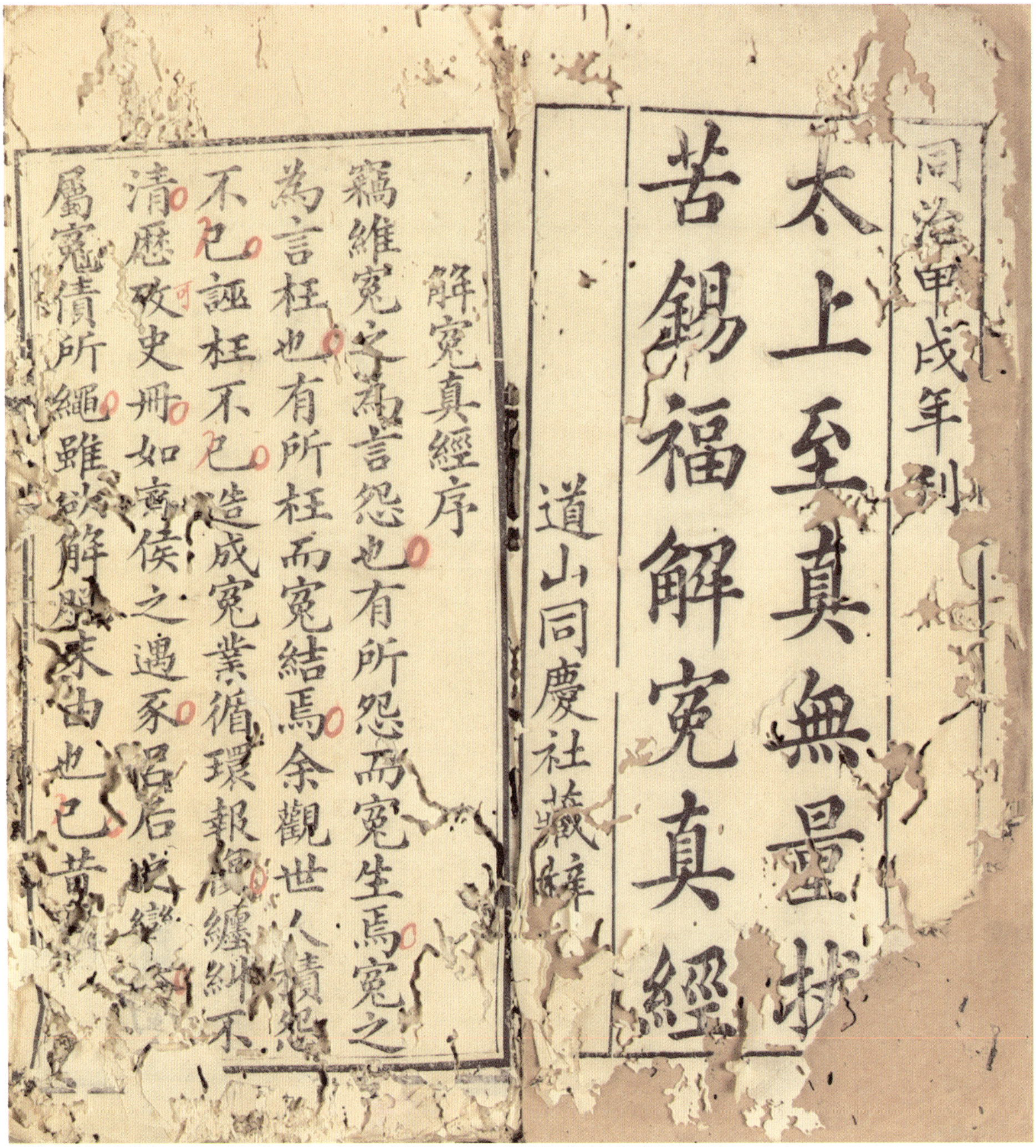

0151　350000-2016-0000063　丙23　子部/宗教類/道教之屬

**太上大解冤真經不分卷**　（□）□□撰　清同治十三年（1874）道山同慶社刻本　版框高20.9厘米，寬11.3厘米；开本高26.5厘米，寬13.5厘米；白口，四周雙邊。

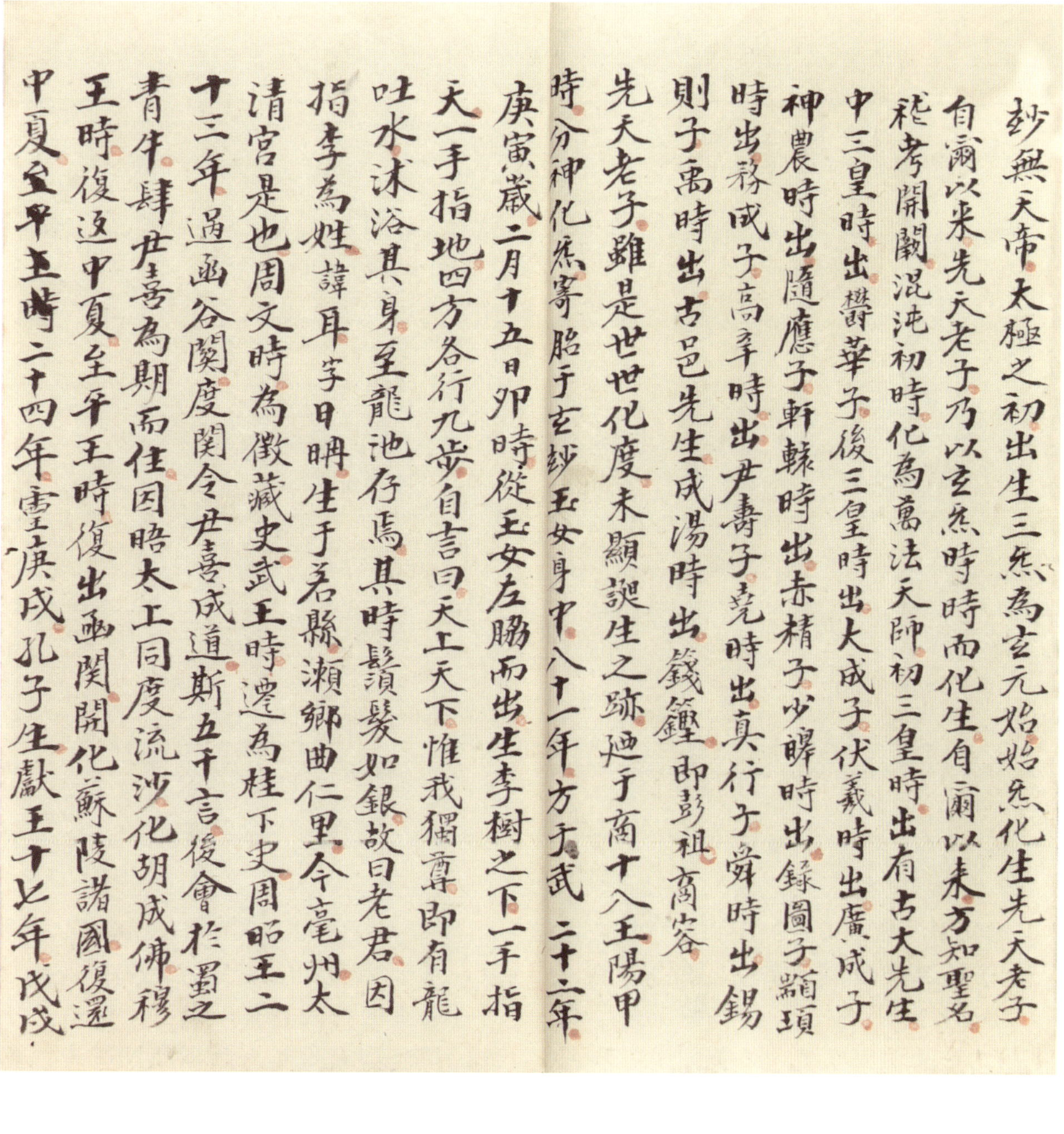
杪無天帝太極之初出生三炁為玄元始始炁化生先天老子
自爾以來先天老子乃以玄炁時時而化生自爾以來方知聖名
稱考開闢混沌初時化為萬法天師初三皇時出有古大先生
中三皇時出鬱華子後三皇時出大成子伏羲時出廣成子
神農時出隨應子軒轅時出赤精子少皞時出錄圖子顓頊
時出務成子高辛時出尹壽子堯時出真行子舜時出錫
則子禹時出古邑先生成湯時出錢鏗即彭祖商容
先天老子雖是世世化度未顯誕生之跡廼于商十八王陽甲
時分神化炁寄胎于玄妙玉女身中八十一年方于武 二十二年
庚寅歲二月十五日卯時從玉女左腋而出生李樹之下一手指
天一手指地四方各行九步自言曰天上天下惟我獨尊即有龍
吐水沐浴其身至龍池存焉其時鬚髮如銀故曰老君因
指李為姓諱耳字曰聃生于苦縣瀨鄉曲仁里今亳州太
清宮是也周文時為徵藏史武王時遷為桂下史周昭王二
十三年過函谷關度關令尹喜成道斯五千言後會於蜀之
青牛肆尹喜為期而往因晤太上同度流沙化胡成佛穆
王時復返中夏至平王時復出函關開化蘇陵諸國復還
中夏至平王時二十四年靈王庚戌孔子生獻王十七年戊戌

0152　350000-2016-0000338　丙24　子部/宗教類/道教之屬

**太上全真功課經□卷**　□□撰　清末民國抄本　版框高26厘米，寬14厘米；开本高26厘米，寬14厘米。

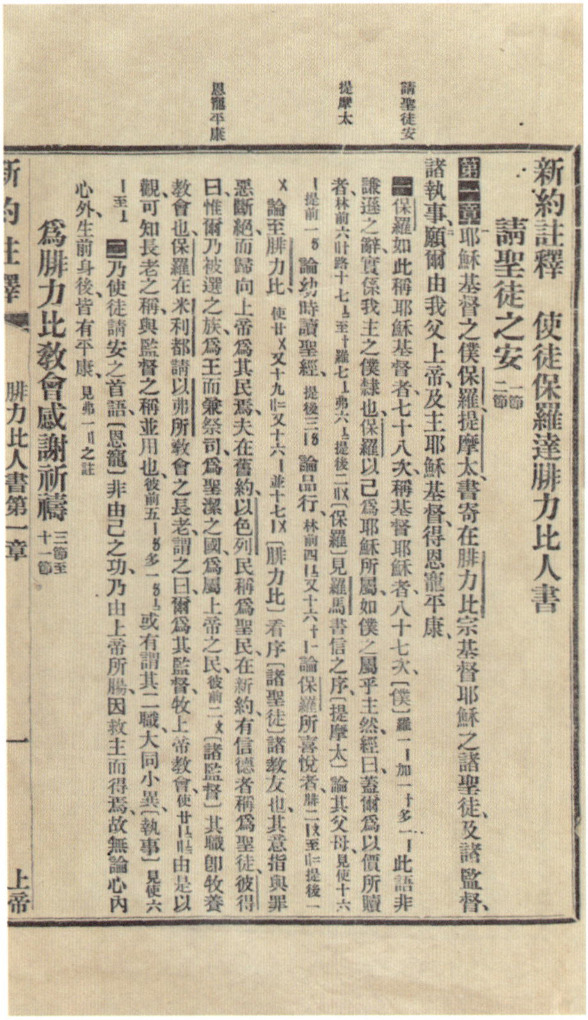

請聖徒安
提摩太
恩寵平康

新約註釋　使徒保羅達腓力比人書
請聖徒之安 一節二節
第一章 耶穌基督之僕保羅提摩太書寄在腓力比宗基督耶穌之諸聖徒、及諸監督、
諸執事、願爾由我父上帝及主耶穌基督得恩寵平康、
一保羅如此稱耶穌基督者七十八次、稱基督耶穌者八十七次、〔僕〕羅一1加一十多一1此語非
謙遜之辭、實係我主之僕隸也、保羅以己為耶穌所屬、如僕之屬乎主、然經曰、蓋爾為以價所贖
者、林前六廿路十七10至十羅七1弗六10提後二廿〔保羅〕見羅馬書信之序、〔提摩太〕論其父母、見使十六
1提前一5論幼時讀聖經、提後三15論品行、林前四17又十六十1論保羅所喜悅者腓二19至22提後一
4論至腓力比 使廿4又十九22又十六1並十七14〔腓力比〕看序〔諸聖徒〕諸教友也、其意指與罪
惡斷絕、而歸向上帝、為其民焉、夫在舊約、以色列民稱為聖民、在新約、有信德者稱為聖徒、彼得
曰、惟爾乃被選之族、為王而兼祭司、為聖潔之國、為屬上帝之民、彼前二9〔諸監督〕其職即牧養
教會也、保羅在米利都請以弗所教會之長老、謂之曰、爾為其監督、牧上帝教會、使廿17、28由是以
觀、可知長老之稱、與監督之稱並用也、彼前五1多一5、7或有謂其二職大同小異、〔執事〕見使六
1至6 二乃使徒請安之首語、〔恩寵〕非由己之功、乃由上帝所賜、因救主而得焉、故無論心內
心外、生前身後、皆有平康、見弗一2之註
為腓力比教會感謝祈禱 三節至十一節

新約註釋　腓力比人書第一章　一

上帝

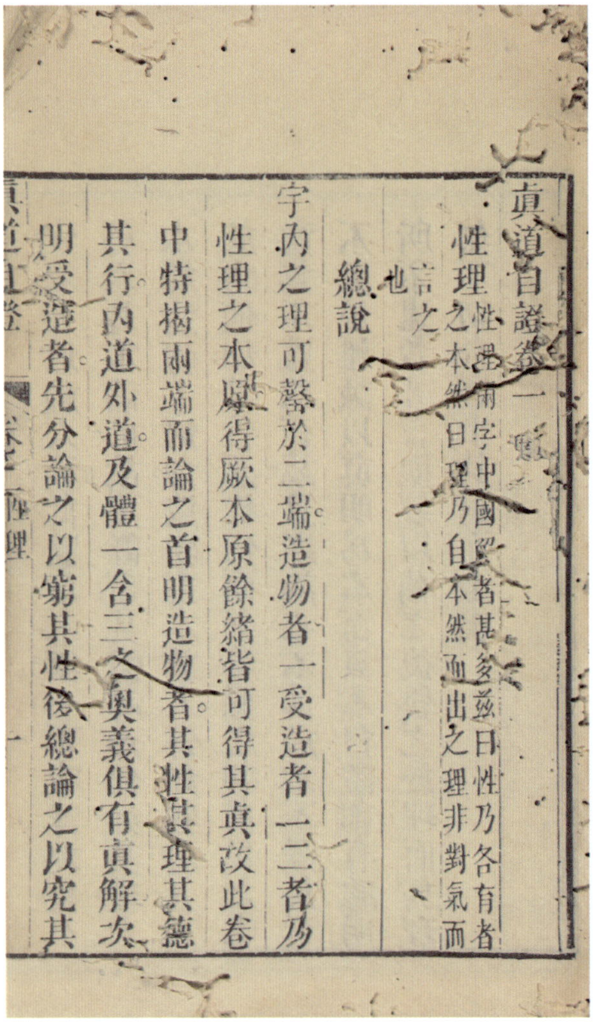

真道自證卷一
性理 性理兩字中國解者甚多茲曰性乃各有者之本然曰理乃自本然而出之理非對氣而言之也
總說
宇內之理可繫於二端造物者一受造者一二者乃
性理之本體得厥本原餘緒皆可得其真茲此卷
中特揭兩端而論之首明造物者其性其理其德
其行內道外道及體一含三之奧義俱有真解次
明受造者先分論之以窮其性後總論之以究其

真道自證　卷一　性理　一

0153　350000-2016-0000115　丙25　子部/宗教類/其他宗教之屬/基督教

新約註釋□卷　（蘇格蘭）羅約翰注　（美國）那夏禮　（美國）杜步西注　（英國）慕維廉注　清光緒三十年（1904）上海商務印書館鉛印本　版框高19厘米，寬13.8厘米；开本高26厘米，寬15.8厘米。

0154　350000-2016-0000009　丙26　子部/宗教類/其他宗教之屬/基督教

真道自證四卷首一卷　（法國）沙守信撰　清末刻本　版框高18厘米，寬13厘米；开本高23.5厘米，寬15厘米；九行，行二十字，小字雙行，行二十字，白口，左右雙邊。

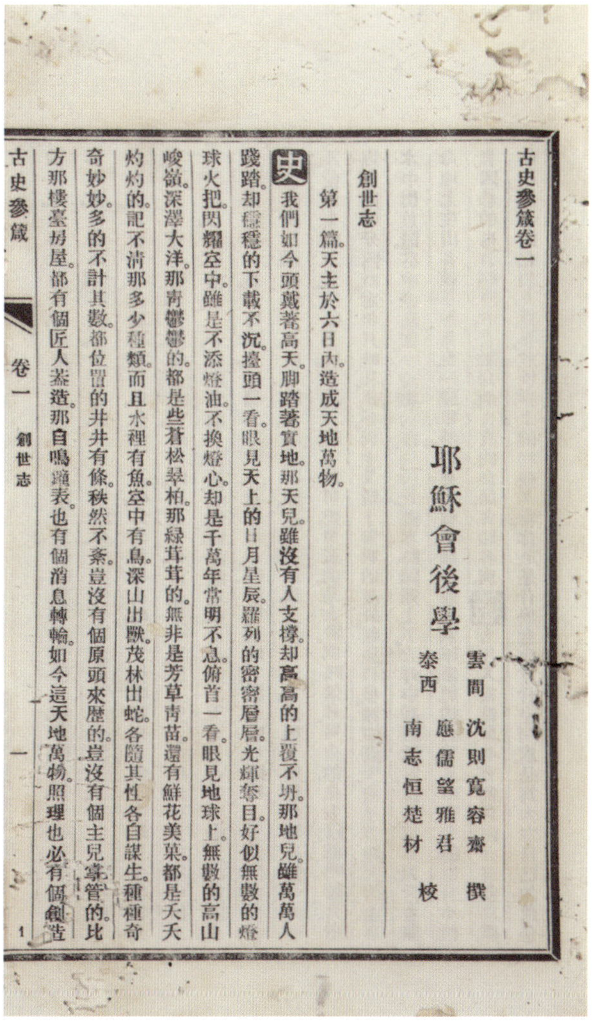

0155　350000-2016-0000138　丙27　子部/宗教類/其他宗教之屬/基督教

**古史參箴四卷**　（清）沈則寬撰　清光緒十年（1884）鉛印本　版框高20厘米，寬13厘米；开本高27厘米，寬16厘米；白口，四周雙邊。

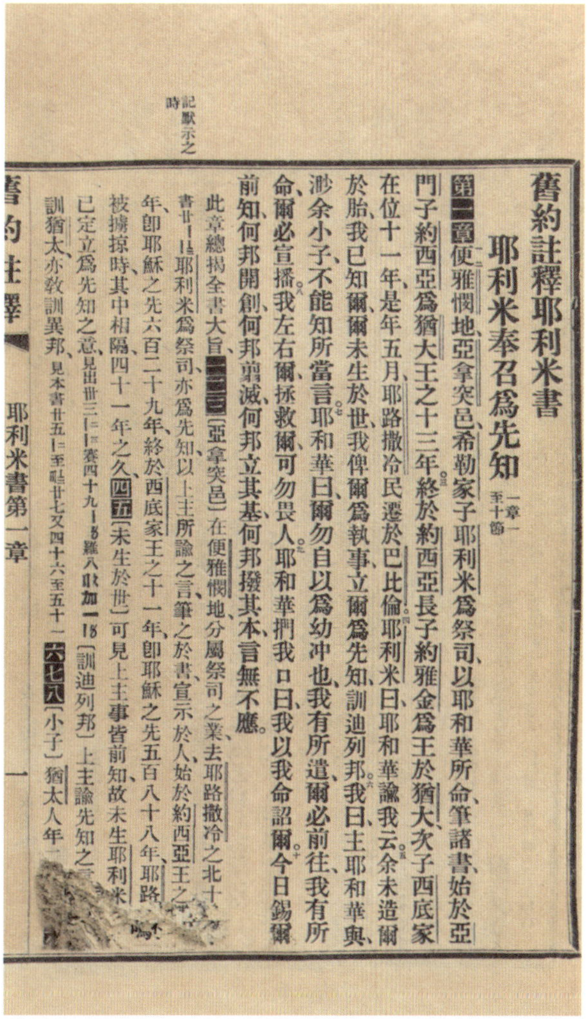

0156　350000-2016-0000162　丙28　子部/宗教類/其他宗教之屬/基督教

**舊約註釋耶利米書不分卷**　（美國）那夏禮注　清光緒二十九年（1903）中國聖教書會鉛印本　版框高19厘米，寬13.3厘米；开本高26厘米，寬15.5厘米；白口，四周雙邊。

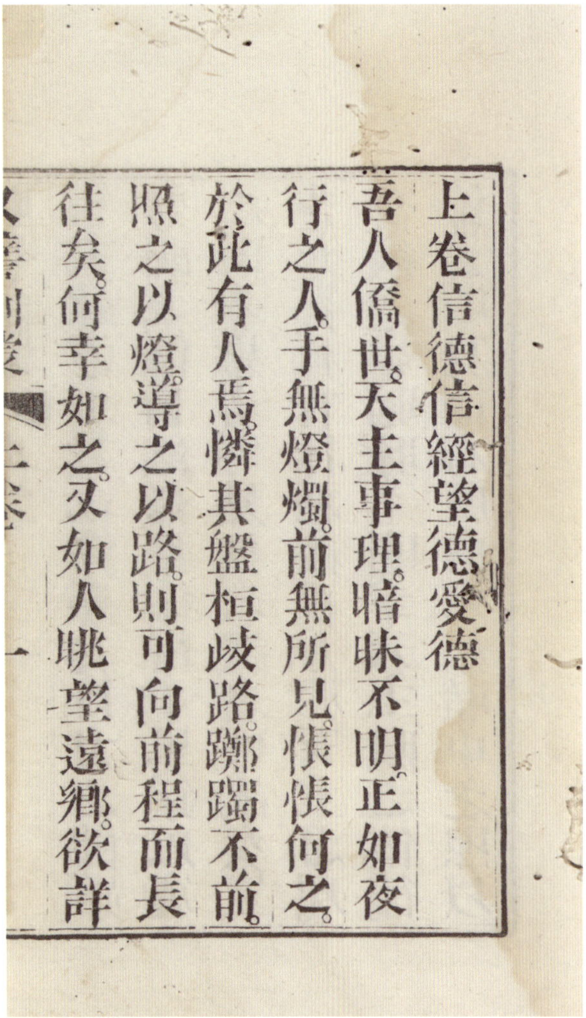

上卷信德信經望德愛德
吾人僑世。天主事理。暗昧不明。正如夜
行之人。手無燈燭。前無所見。悵悵何之。
於此有人焉憐其盤桓歧路。躑躅不前。
照之以燈。導之以路。則可向前程而長
往矣。何幸如之。又如人眺望遠鄉。欲詳

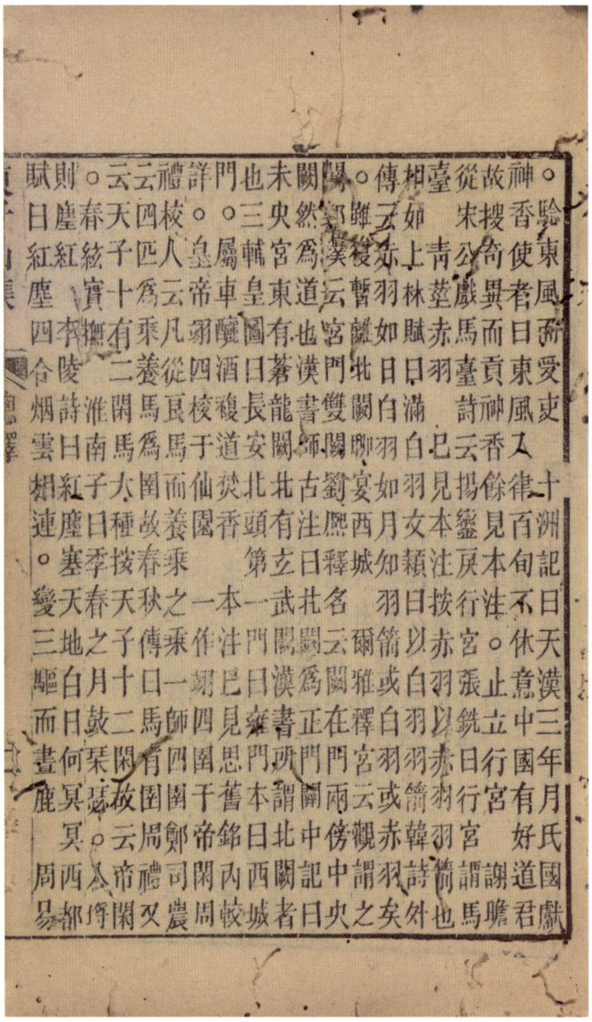

0157　350000-2016-0000258　丙29　子部/宗教類/其他宗教之屬/基督教

**取譬訓蒙三卷**　（清）晁德蒞譯述　清同治九年（1870）刻本　版框高17.6厘米，寬11.4厘米；开本高26.3厘米，寬15厘米；白口，四周雙邊。

0158　350000-2016-0000355　丁1　集部/别集類/漢魏六朝别集

**庾子山集十六卷**　（北周）庾信撰　（清）倪璠注釋　**附年譜一卷總釋一卷**　（清）倪璠撰輯　清道光十九年（1839）刻本　版框高19.6厘米，寬14.4厘米；开本高25.3厘米，寬16.7厘米；十行，行二十字，白口，左右雙邊。

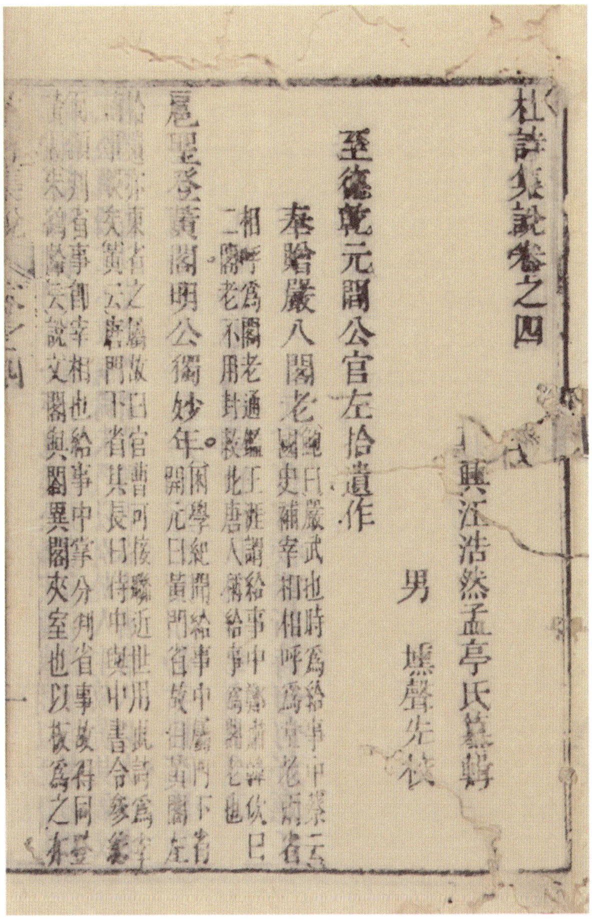

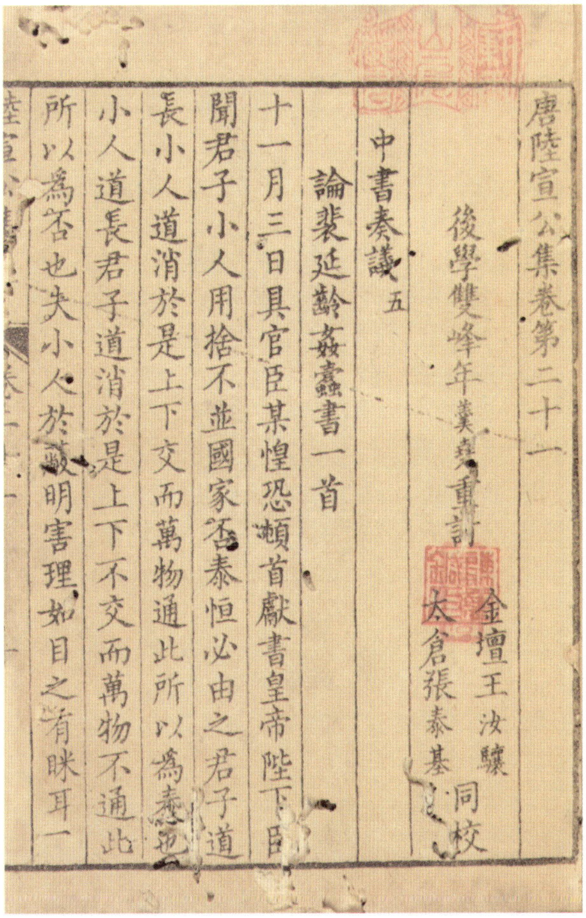

0159　350000-2016-0000255　丁2　集部/別集類/唐五代別集

**杜詩集説二十卷末一卷目録一卷**　（清）江浩然纂輯　清乾隆四十八年（1783）刻本　版框高18.8厘米，寬12.7厘米；开本高24.8厘米，寬15厘米。

0160　350000-2016-0000008　丁3　集部/別集類/唐五代別集

**唐陸宣公集二十二卷**　（唐）陸贄撰　（清）年羹堯重訂　清末石印本　版框高12.7厘米，寬9.3厘米；开本高15.5厘米，寬10.2厘米；十行，行二十字，小字雙行，行二十字，白口，四周單邊。

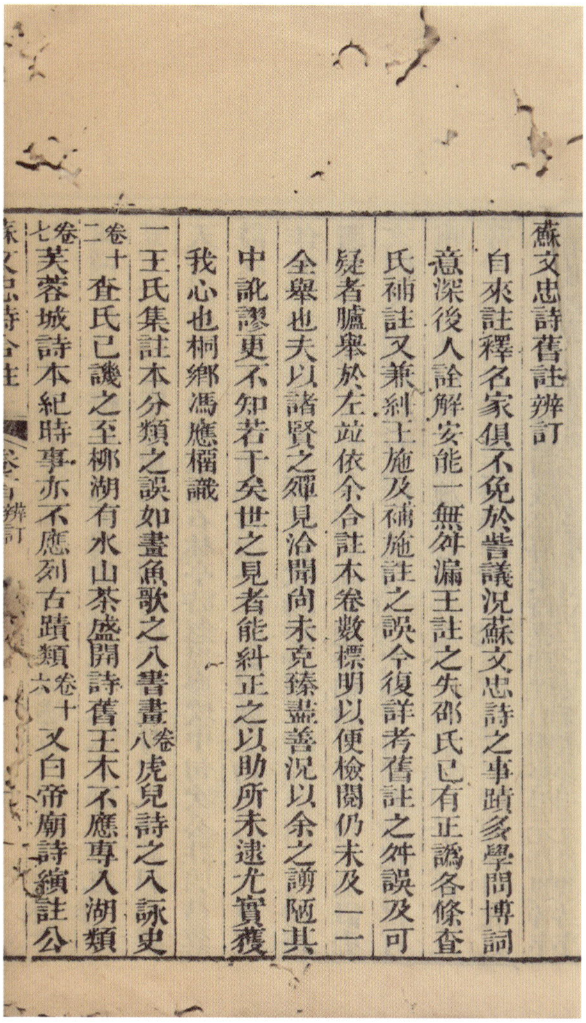

蘇文忠詩舊註辨訂

自來註釋名家俱不免於訾議況蘇文忠詩之事蹟多學問博詞意深後人詮解安能一無舛漏王註之失邵氏已有正譌各條查氏補註又兼糾王施及補施註之誤今復詳考舊註之舛誤及可疑者臚舉於左並依余合註本卷數標明以便檢閱仍未及一一全舉也夫以諸賢之殫見洽聞尚未克臻盡善況以余之謭陋其中訛謬更不知若干矣世之見者能糾正之以助所未逮尤實獲我心也桐鄉馮應榴識

一王氏集註本分類之誤如畫魚歌之入書畫八卷虎兒詩之入詠史卷十二查氏已譏之至樃湖有水山茶盛開詩舊王本不應專入湖類卷十七芙蓉城詩本紀時事亦不應刻古蹟類卷十六又白帝廟詩續註公

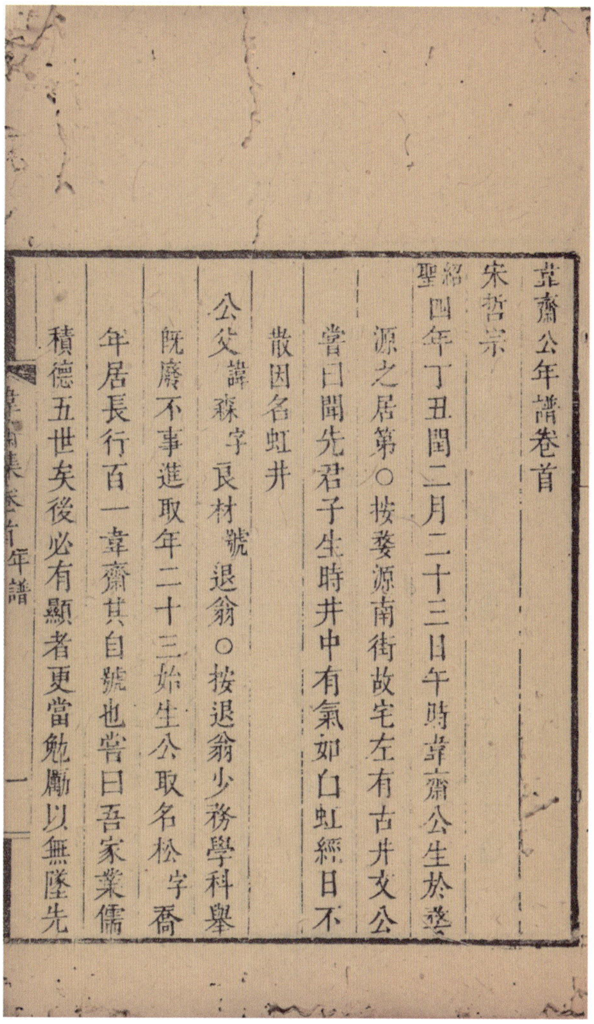

韋齋公年譜卷首

宋哲宗

紹聖四年丁丑閏二月二十三日午時韋齋公生於婺源之居第○按婺源南街故宅左有古井文公嘗曰聞先君子生時井中有氣如白虹經日不散因名虹井

公父諱森字良材號退翁○按退翁少務學科舉既廢不事進取年二十三始生公取名松字喬年居長行百一韋齋其自號也嘗曰吾家業儒積德五世矣後必有顯者更當勉勵以無墜先

0161　350000-2016-0000120　丁4　集部/別集類/宋別集

**蘇文忠詩合註五十卷首一卷**　（宋）蘇軾撰　（清）馮應榴輯訂　清嘉慶二十四年（1819）踵息齋刻本　版框高19厘米，寬14.5厘米；开本高25厘米，寬15.3厘米；十一行，行二十六字，小字雙行，行三十四字，白口，左右雙邊。

0162　350000-2016-0000183　丁5　集部/別集類/宋別集

**韋齋集十二卷首一卷**　（宋）朱松著　（清）朱玉重輯　**玉蘭集一卷**　（宋）朱槔著　（清）朱玉重輯　清雍正刻本　版框高17.2厘米，寬14厘米；开本高25.5厘米，寬16.5厘米；十行，行二十字，小字雙行，行二十字，上下黑口，四周單邊。

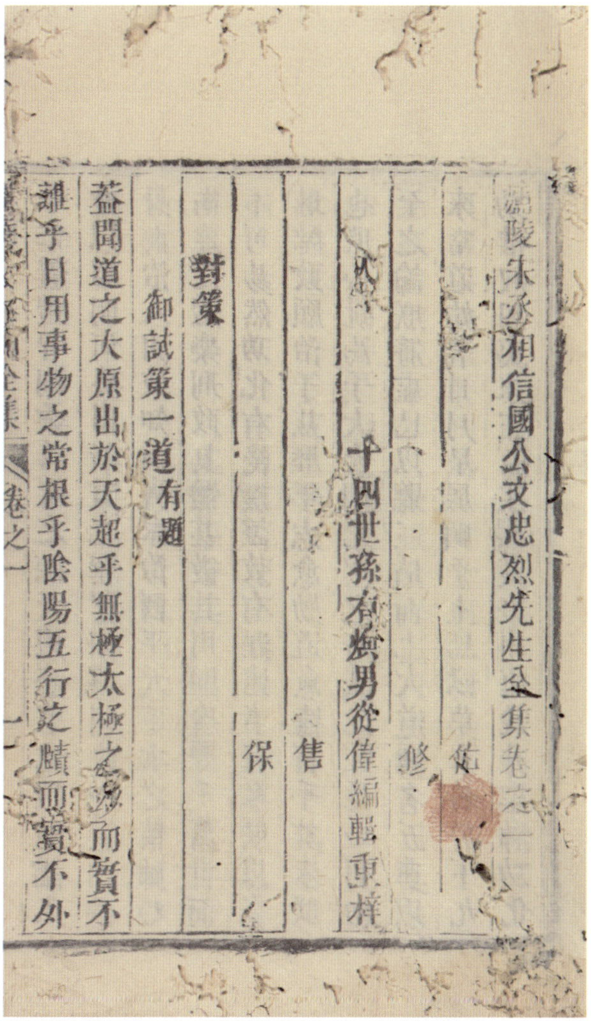

0163　350000-2016-0000137　丁6　集部/別集類/宋別集

**廬陵宋丞相信國公文忠烈先生全集十六卷**　（宋）文天祥撰　（清）文有煥等編輯　清雍正三年（1725）文五桂堂刻本　版框高22.7厘米，寬15.7厘米；开本高30厘米，寬18.4厘米。

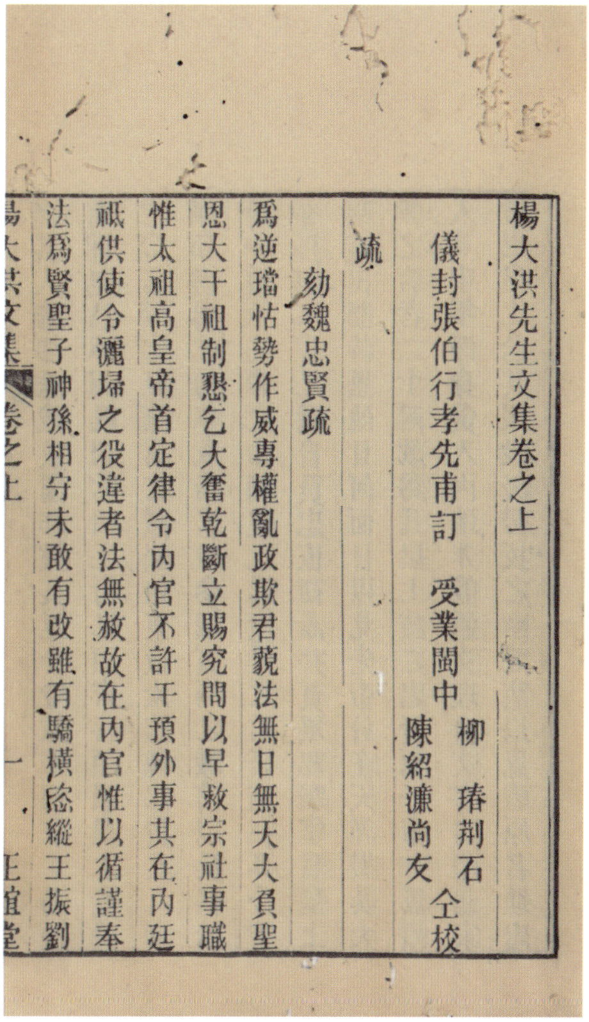

0164　350000-2016-0000196　丁7　集部/別集類/明別集

**楊大洪先生文集二卷**　（明）楊漣撰　清光緒十三年（1887）福州正誼書院刻正誼堂全書本　版框高19厘米，寬13.8厘米；开本高26厘米，寬16.2厘米。

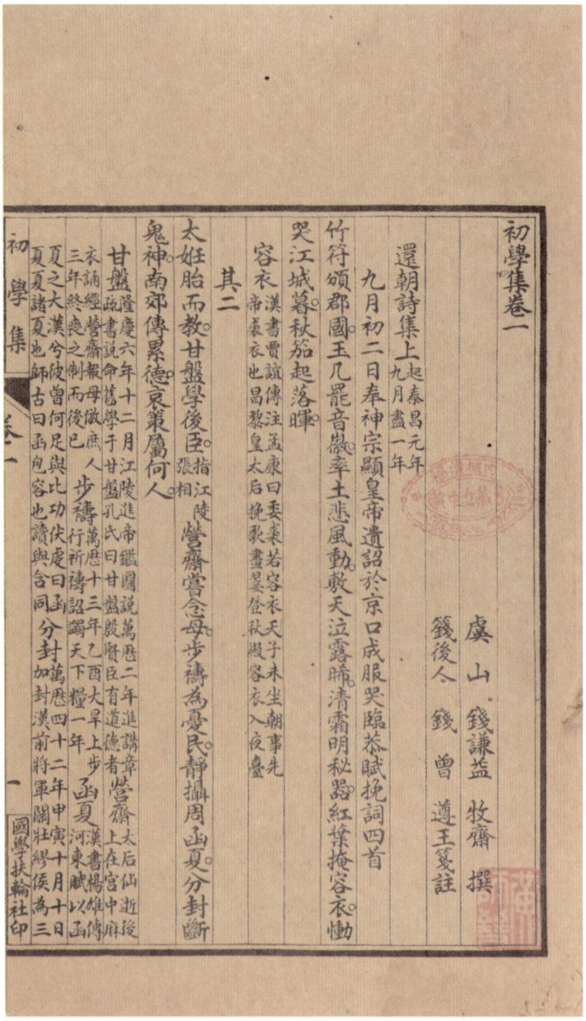

初學集卷一

虞山 錢謙益 牧齋 撰

箋後人 錢 曾 遵王箋註

還朝詩集上 起泰昌元年九月盡一年

九月初二日奉神宗顯皇帝遺詔於京口成服哭臨恭賦挽詞四首

竹符頒郡國玉几罷音徽率土悲風動敷天泣露晞清霜明秘器紅葉掩容衣慟哭江城暮秋笳起落暉

容衣 漢書賈誼傳注孟康曰委裘若容衣天子未坐朝事先帝裘衣也 昌黎皇太后挽歌晝晏登秋殿容衣入夜臺

其二

太姙胎而教甘盤學後臣指江陵張相營齋嘗念母步禱為憂民靜攝周函夏分封斷鬼神南郊傳累德哀策屬何人

甘盤 隆慶六年十二月江陵進帝鑑圖說萬歷二年進講章疏書說命舊學于甘盤孔氏曰甘盤殷賢臣有道德者 營齋 太后仙逝後上在宮中麻衣誦經營齋報母徵庶人三年終喪之制而後已 步禱 萬歷十三年乙酉大旱上步行祈禱詔蠲天下糧一年 函夏 漢書揚雄傳以函夏之大漢兮彼曾何足與比功伏虔曰函夏諸夏也師古曰函包容也讀與含同 分封 萬歷四十二年甲寅十月十日加封漢前將軍關壯繆侯為三

初學集 卷一 一

國學扶輪社印

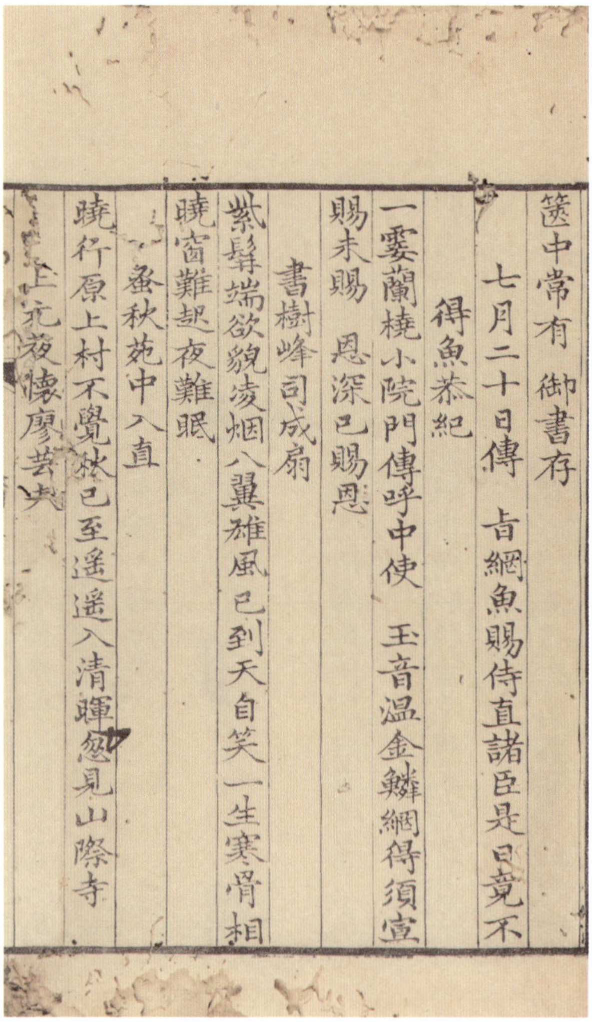

篋中常有 御書存

七月二十日傳 旨網魚賜侍直諸臣是日竟不得魚恭紀

一霎蘭橈小院門傳呼中使 玉音溫金鱗網得須宣賜未賜 恩深已賜恩

書樹峰司成扇

紫髯端欲貌凌烟八翼雄風已到天自笑一生寒骨相曉窗難起夜難眠

蚤秋苑中入直

曉行原上村不覺秋已至遙遙入清暉忽見山際寺

上元夜懷廖芸夫

0165 350000-2016-0000224 丁8 集部/別集類/清別集

**初學集二十卷** （清）錢謙益撰 （清）錢曾箋注 牧翁［錢謙益］先生年譜一卷 （清）葛萬里編 清宣統三年（1911）上海國學扶輪社石印本 版框高17.3厘米，寬12.2厘米；开本高26.5厘米，寬15厘米；十四行，行三十一字，小字雙行，行三十一字，上下黑口，四周雙邊。

0166 350000-2016-0000091 丁9 集部/別集類/清別集

**午亭文編五十卷** （清）陳廷敬撰 （清）林佶輯 清康熙四十七年（1708）林佶刻乾隆四十三年（1778）重修本 版框高15.2厘米，寬11.3厘米；开本高20厘米，寬13.3厘米；白口，左右雙邊。

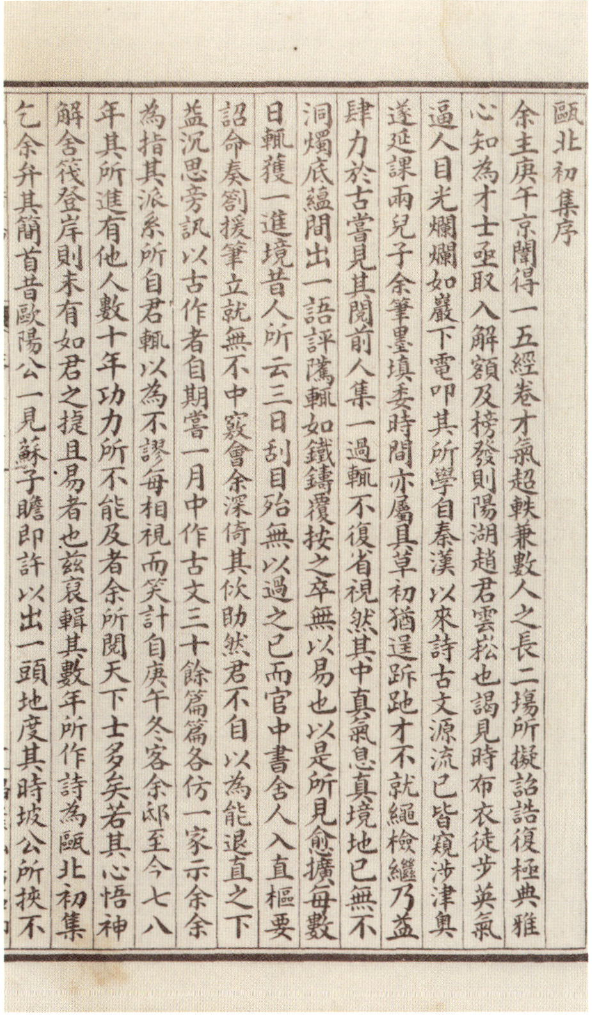
甌北初集序
余主庚午京闈得一五經卷才氣超軼兼數人之長二場所擬誥詔復極典雅
心知為才士亟取入解額及榜發則陽湖趙君雲崧也謁見時布衣徒步英氣
逼人目光爛爛如巖下電叩其所學自秦漢以來詩古文源流已皆窺涉津奧
遂延課兩兒子余筆墨填委時間亦屬其草初猶逞跅弛才不就繩檢繼乃益
肆力於古嘗見其閱前人集一過輒不復省視然其中真氣息真境地已無不
洞燭底緼間出一語評騭輒如鐵鑄覆按之卒無以易也以是所見愈擴每數
日輒獲一進境昔人所云三日刮目殆無以過之已而官中書舍人入直樞要
詔命奏劄援筆立就無不中窾會余深倚其佽助然君不自以為能退直之下
益沉思旁訊以古作者自期嘗一月中作古文三十餘篇篇各仿一家示余余
為指其派系所自君輒以為不謬每相視而笑計自庚午冬客余邸至今七八
年其所進有他人數十年功力所不能及者余所閱天下士多矣若其心悟神
解舍筏登岸則未有如君之捷且易者也茲裒輯其數年所作詩為甌北初集
乞余弁其簡首昔歐陽公一見蘇子瞻即許以出一頭地度其時坡公所挾不

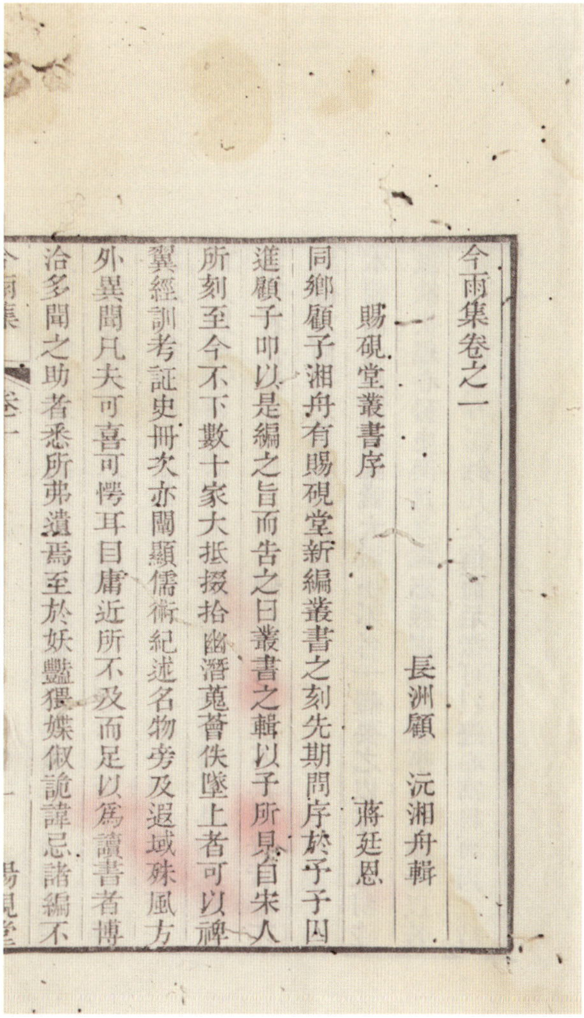
今雨集卷之一
長洲顧　沅湘舟輯
賜硯堂叢書序
蔣廷恩
同鄉顧子湘舟有賜硯堂新編叢書之刻先期問序於予予四
進顧子叩以是編之旨而告之曰叢書之輯以予所見自宋人
所刻至今不下數十家大抵掇拾幽潛蒐葺佚墜上者可以裨
翼經訓考証史冊次亦闡顯儒術紀述名物旁及遐域殊風方
外異聞凡夫可喜可愕耳目庸近所不及而足以為讀書者博
洽多聞之助者悉所弗遺焉至於妖蠱猥媟叙詭諱忌諸編不

0167　350000-2016-0000309　丁10　集部/別集類/清別集

**甌北詩鈔二十卷**　（清）趙翼撰　清宣統三年（1911）掃葉山房石印本　版框高17厘米，寬12厘米；开本高20厘米，寬13.5厘米。

0168　350000-2016-0000057　丁11　集部/別集類/清別集

**今雨集二十四卷**　（清）顧沅輯　清道光二十四年（1827）刻賜硯堂叢書本　版框高17.8厘米，寬12.4厘米；开本高26.5厘米，寬16.5厘米；九行，行二十四字，白口，左右雙邊。

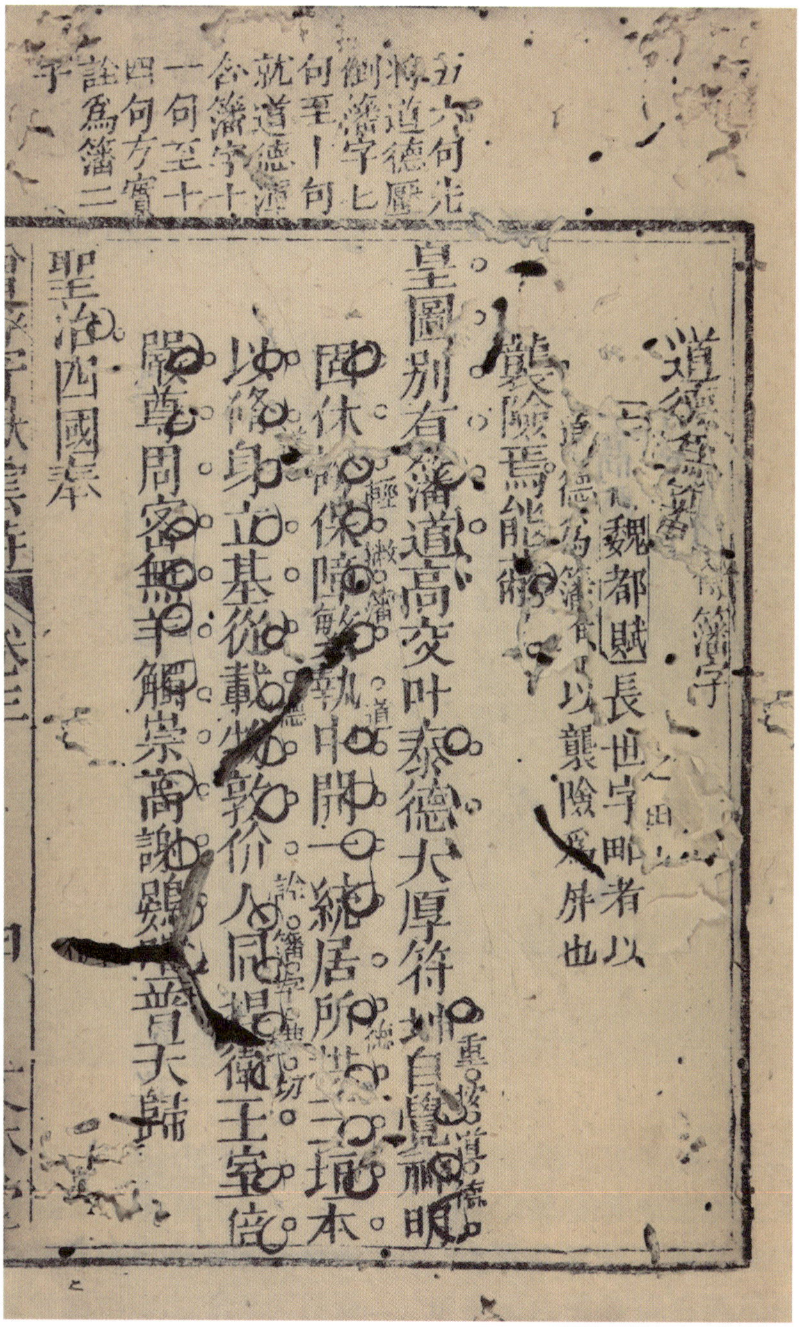

0169　350000-2016-0000062　丁12　集部/別集類/清別集

**增評寄嶽雲詩四卷**　（清）聶銑敏撰　清文林堂刻本　版框高13.5厘米，寬9.7厘米；开本高17.5厘米，寬11.5厘米。

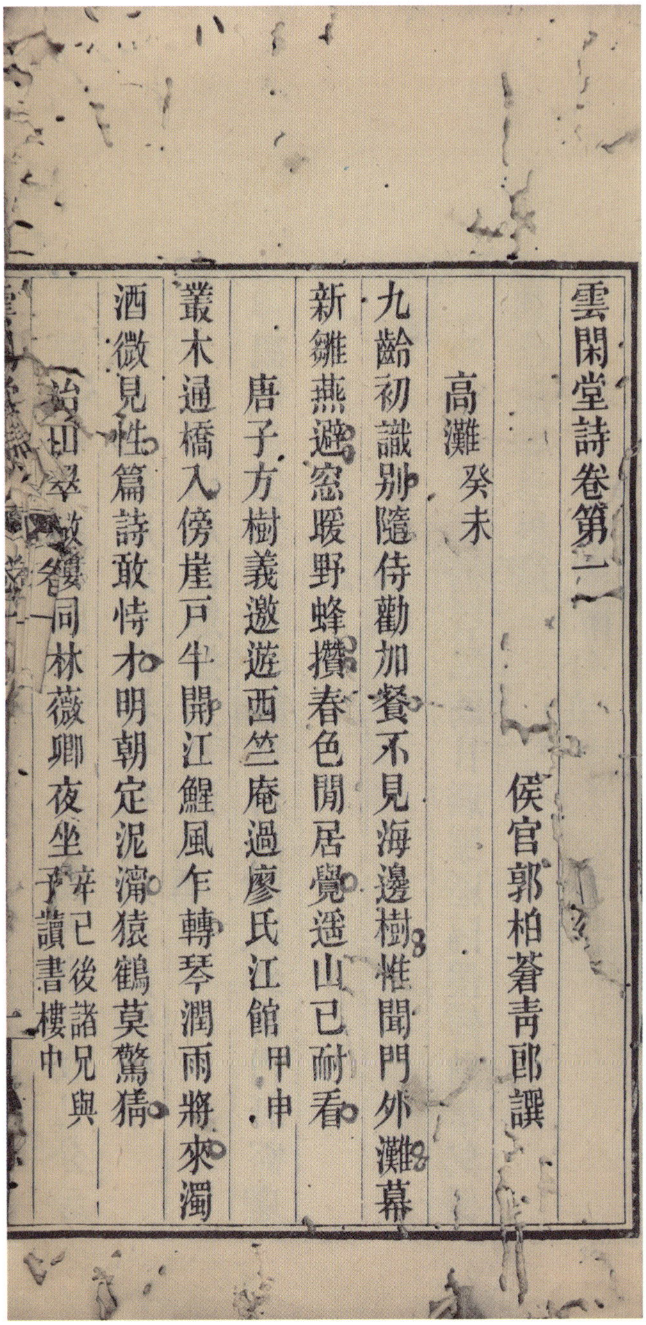

雲閑堂詩卷第一

侯官郭柏蒼青郎譔

高灘 癸未

九齡初識別隨侍勸加餐不見海邊樹惟聞門外灘幕

新雛燕避窗暖野蜂攢春色閒居覺遥山已耐看

唐子方樹義邀遊西竺庵過廖氏江館 甲申

叢木通橋入傍崖戸半開江鱏風乍轉琴潤雨將來濁

酒徵見性篇詩敢恃才明朝定泥濘猿鶴莫驚猜

治山學放鑊同林薇卿夜坐予讀書樓中 辛巳後諸兄與

0170　350000-2016-0000078　丁13　**集部/别集類/清别集**

**雲閑堂詩四卷**　（清）郭柏蒼著　清咸豐刻本　版框高20厘米，寬12.5厘米；开本高27.2厘米，寬15厘米；下黑口，四周雙邊。

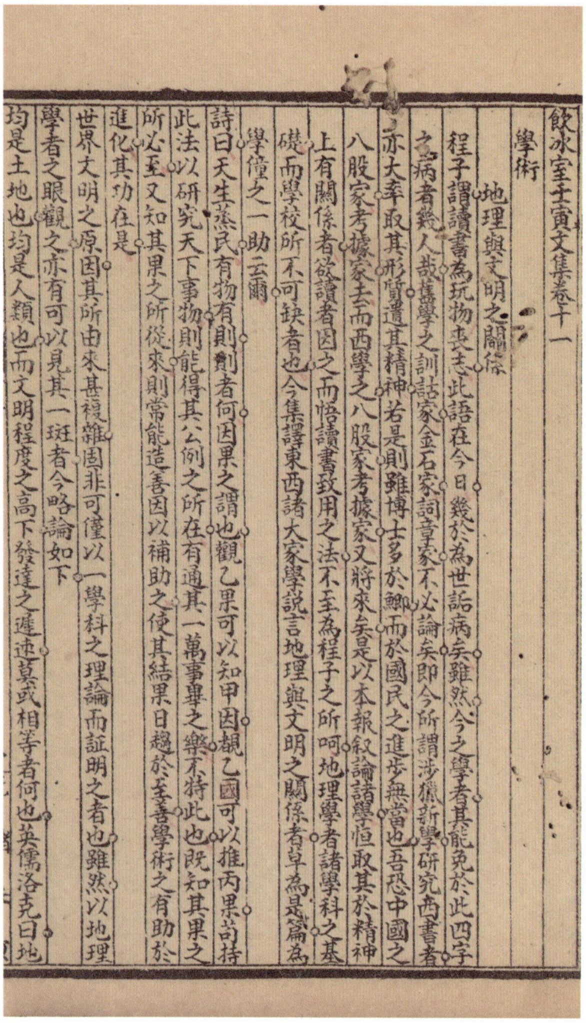

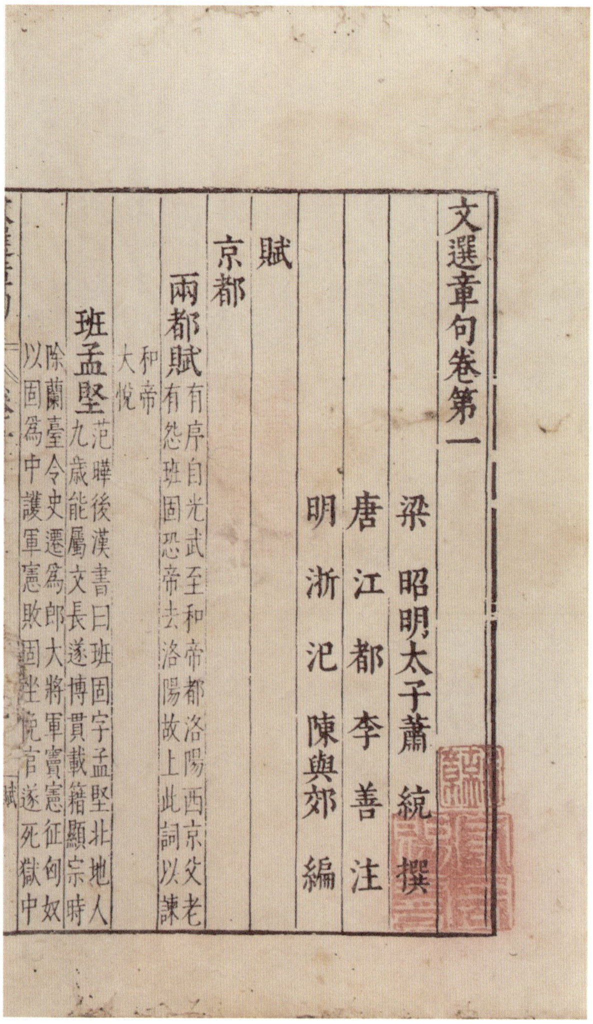

0171　350000-2016-0000308　丁14　集部/別集類/清別集

**飲冰室壬寅文集十八卷**　梁啓超撰　清光緒石印本　版框高17厘米，寬11.5厘米；开本高20厘米，寬13厘米；白口，四周雙邊。

0172　350000-2016-0000123　丁15　集部/總集類/選集之屬/通代

**文選章句二十八卷**　（梁）蕭統撰　（唐）李善注　（明）陳與郊編　明萬曆二十五年（1597）刻本　版框高20.4厘米，寬13.7厘米；开本高28.8厘米，寬17.8厘米；十行，行二十字，小字雙行，行二十字，白口，左右雙邊。

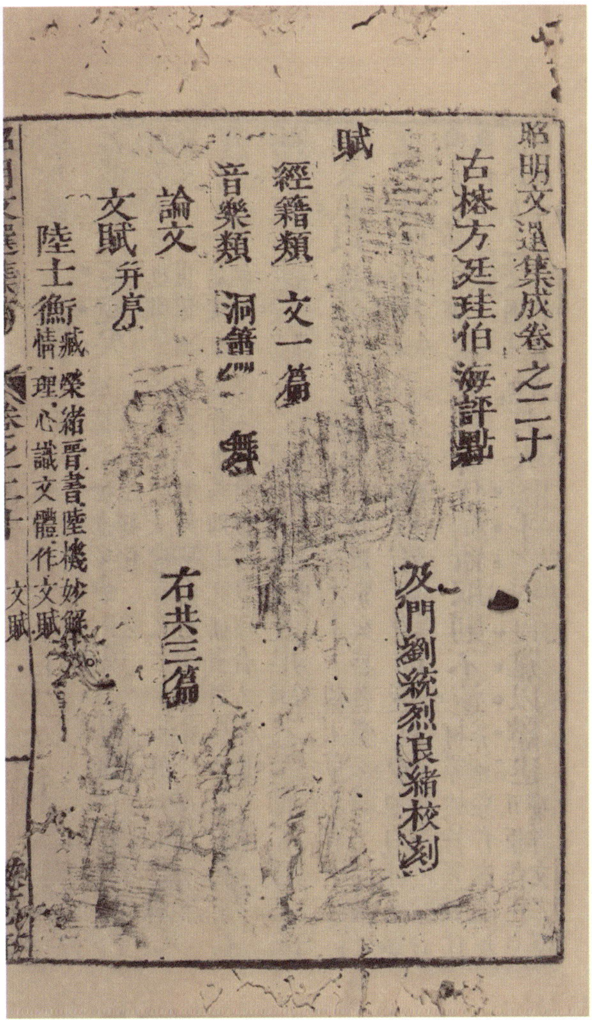
昭明文選集成卷之二十
古桃方廷珪伯海評點
及門劉統烈良緒校刻
賦
經籍類 文一篇
音樂類 洞簫 舞
右共三篇
論文
文賦并序
陸士衡

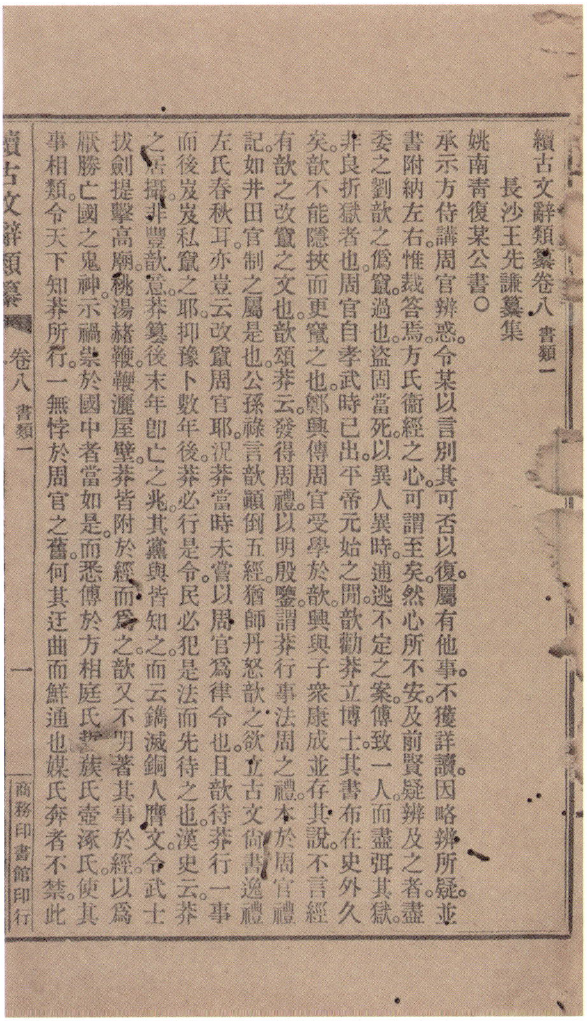
續古文辭類纂卷八 書類一
長沙王先謙纂集
姚南青復某公書
承示方侍講周官辨惑令某以言別其可否以復屬有他事不獲詳讀因略辨所疑並書附納左右惟裁答焉方氏衛經之心可謂至矣然心所不安及前賢疑辨及之者盡委之劉歆之僞竄過也盜固當死以異人異時遁逃不定之案傳致一人而盡弭其獄非良折獄者也周官自孝武時已出平帝元始之閒歆勸莽立博士其書布在史外久矣歆不能隱挾而更竄之也鄭興與子衆康成並存其說不言經有歆之改竄之文也歆頌莽云發得周禮以明殷鑒謂莽行事法周之禮本於周官禮記如井田官制之屬是也公孫祿言歆顛倒五經猶師丹怒歆之欲立古文尚書逸禮左氏春秋耳亦豈云改竄周官耶況莽當時未嘗以周官爲律令也且歆待莽行一事而後岌岌私竄之耶抑豫卜數年後莽必行是令民必犯是法而先待之也漢史云莽之居攝非獨歆意莽篡後末年卽亡之兆其黨與皆知之而云鑄滅銅人膺文令武士拔劍提擊高廟桃湯赭鞭灑屋壁莽皆附於經而爲之歆又不明著其事於經以爲厭勝亡國之鬼神示禍祟於國中者當如是而悉傳於方相庭氏𧉈蔟氏壺涿氏使其事相類令天下知莽所行一無悖於周官之舊何其迂曲而鮮通也媒氏奔者不禁此
續古文辭類纂 卷八 書類一 一
商務印書館印行

0173　350000-2016-0000049　丁16　集部/總集類/選集之屬/通代

**昭明文選集成六十卷**　（梁）蕭統纂　（清）方廷珪批點　（清）陳雲程補訂　清倣范軒刻本　版框高20.7厘米，寬14.5厘米；开本高25厘米，寬15.5厘米；行四十五字，行二十四字，小字雙行，行二十四字，白口，四周單邊。

0174　350000-2016-0000090　丁17　集部/總集類/選集之屬/通代

**古文辭類纂七十四卷**　（清）姚鼐纂　**續古文辭類纂三十四卷**　王先謙纂集　清光緒三十三年（1907）上海商務印書館鉛印本　版框高16.4厘米，寬11.3厘米；开本高20.4厘米，寬13.5厘米。

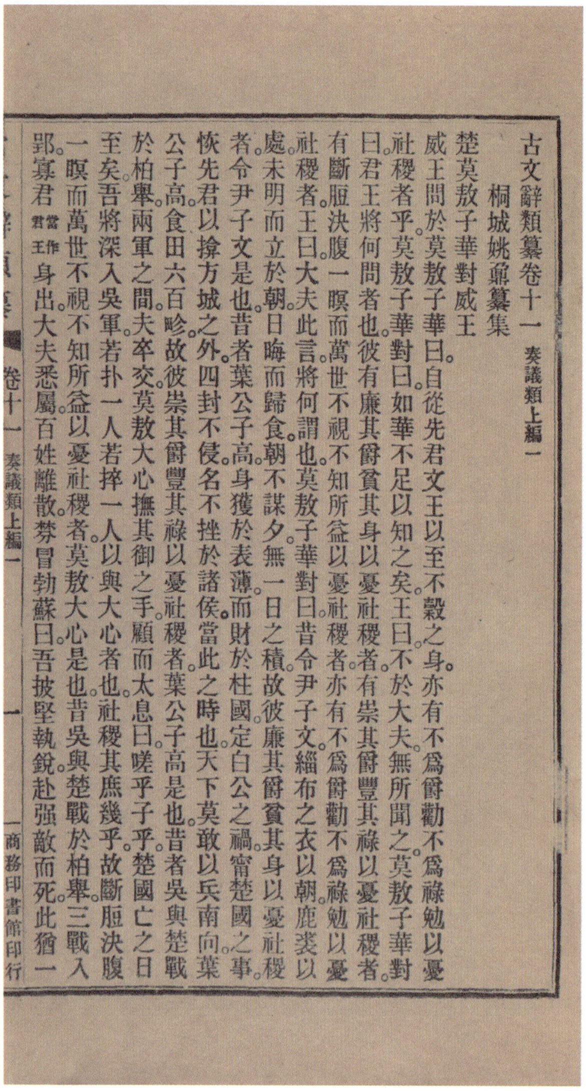
古文辭類纂卷十一　奏議類上編一

桐城姚鼐纂集

楚莫敖子華對威王

威王問於莫敖子華曰自從先君文王以至不穀之身亦有不為爵勸不為祿勉以憂社稷者乎莫敖子華對曰如華不足以知之矣王曰不於大夫無所聞之莫敖子華對曰君王將何問者也彼有廉其爵貧其身以憂社稷者有崇其爵豐其祿以憂社稷者有斷脰決腹一瞑而萬世不視不知所益以憂社稷者亦有不為爵勸不為祿勉以憂社稷者王曰大夫此言將何謂也莫敖子華對曰昔令尹子文緇布之衣以朝鹿裘以處未明而立於朝日晦而歸食朝不謀夕無一日之積故彼廉其爵貧其身以憂社稷者令尹子文是也昔者葉公子高身獲於表薄而財於柱國定白公之禍寧楚國之事恢先君以揜方城之外四封不侵名不挫於諸侯當此之時也天下莫敢以兵南向葉公子高食田六百畛故彼崇其爵豐其祿以憂社稷者葉公子高是也昔者吳與楚戰於柏舉兩軍之間夫卒交莫敖大心撫其御之手顧而太息曰嗟乎子乎楚國亡之日至矣吾將深入吳軍若扑一人若捽一人以與大心者也社稷其庶幾乎故斷脰決腹一瞑而萬世不視不知所益以憂社稷者莫敖大心是也昔吳與楚戰於柏舉三戰入郢寡君（君當作王）身出大夫悉屬百姓離散棼冒勃蘇曰吾披堅執銳赴強敵而死此猶一

古文辭類纂　卷十一　奏議類上編　一　商務印書館印行

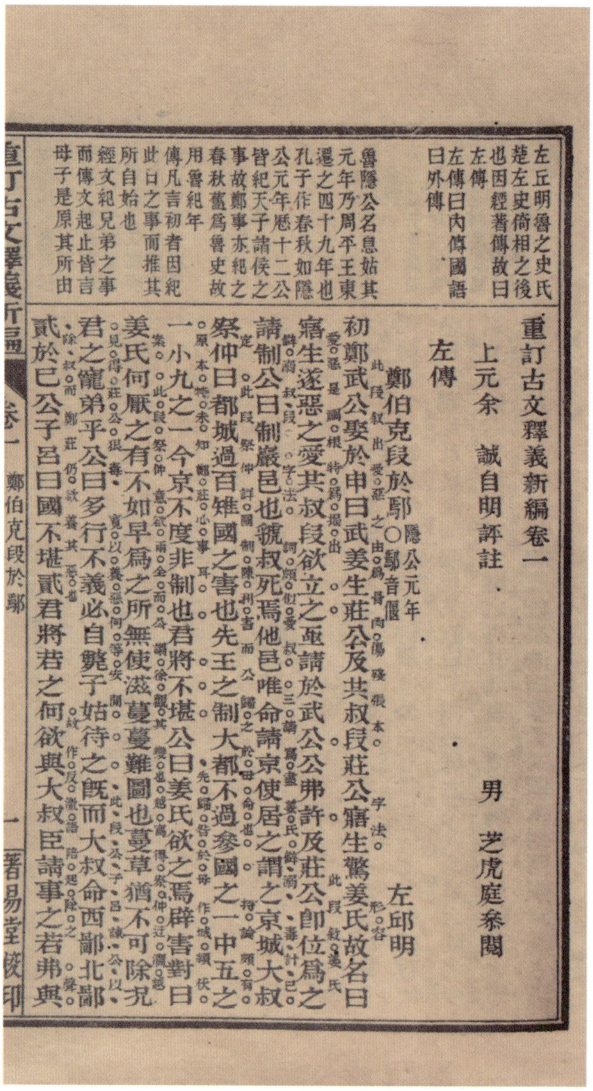
左丘明魯之史氏楚左史倚相之後也因經著傳故曰左傳左傳曰內傳國語曰外傳

魯隱公名息姑其元年乃周平王東遷之四十九年也孔子作春秋如隱公元年歷十二公皆紀天子諸侯之事故鄭事亦紀之春秋舊為魯史故用魯紀年傳凡言初者因紀世曰之事而推其所自始也經文紀兄弟之事而傳文起止皆言母子是原其所由

重訂古文釋義新編卷一

上元余　誠自明評註　男　芝虎庭參閱

左傳

鄭伯克段於鄢（隱公元年）　左邱明

初鄭武公娶於申曰武姜生莊公及共叔段莊公寤生驚姜氏故名曰寤生遂惡之愛共叔段欲立之亟請於武公公弗許及莊公即位為之請制公曰制巖邑也虢叔死焉佗邑唯命請京使居之謂之京城大叔祭仲曰都城過百雉國之害也先王之制大都不過參國之一中五之一小九之一今京不度非制也君將不堪公曰姜氏欲之焉辟害對曰姜氏何厭之有不如早為之所無使滋蔓蔓難圖也蔓草猶不可除況君之寵弟乎公曰多行不義必自斃子姑待之既而大叔命西鄙北鄙貳於已公子呂曰國不堪貳君將若之何欲與大叔臣請事之若弗與

重訂古文釋義新編　卷一　鄭伯克段於鄢　一　著易堂校印

0175　350000-2016-0000286　丁18　集部/總集類/選集之屬/通代

**古文辭類纂七十四卷**　（清）姚鼐纂集　**續古文辭類纂三十四卷**　王先謙纂集　清光緒三十三年（1907）上海商務印書館鉛印本　版框高16.4厘米，寬11.3厘米；开本高20.2厘米，寬13.2厘米；十六行，行三十三字，小字雙行，行三十三字，下黑口，四周雙邊。

0176　350000-2016-0000208　丁19　集部/總集類/選集之屬/通代

**重訂古文釋義新編八卷**　（清）余誠評注　清末上海著易堂石印本　版框高22.1厘米，寬13.3厘米；开本高26.2厘米，寬15厘米；白口，四周雙邊。

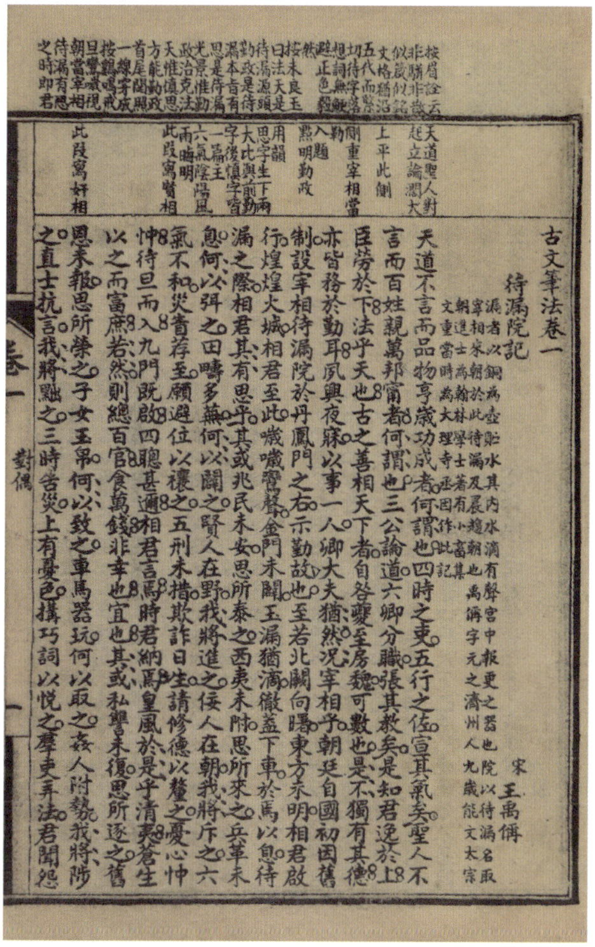

古文筆法卷一

待漏院記　宋 王禹偁

天道不言而品物亨歲功成者何謂也四時之吏五行之佐宣其氣矣聖人不言而百姓親萬邦寧者何謂也三公論道六卿分職張其教矣是知君逸於上臣勞於下法乎天也古之善相天下者自咎夔至房魏可數也是不獨有其德亦皆務於勤耳况夙興夜寐以事一人卿大夫猶然况宰相乎朝廷自國初因舊制設宰相待漏院於丹鳳門之右示勤政也至若北闕向曙東方未明相君啟行煌煌火城相君至止噦噦鑾聲金門未闢玉漏猶滴徹蓋下車於焉以息待漏之際相君其有思乎其或兆民未安思所泰之四夷未附思所來之兵革未息何以弭之田疇多蕪何以闢之賢人在野我將進之佞人在朝我將斥之六氣不和災眚荐至願避位以禳之五刑未措欺詐日生請修德以釐之憂心忡忡待旦而入九門既啟四聰甚邇相君言焉時君納焉皇風於是乎清夷蒼生以之而富庶若然則總百官食萬錢非幸也宜也其或私讐未復思所逐之舊恩未報思所榮之子女玉帛何以致之車馬器玩何以取之姦人附勢我將陟之直士抗言我將黜之三時告災上有憂色搆巧詞以悅之羣吏弄法君聞怨

0177　350000-2016-0000201　丁20　集部/總集類/選集之屬/通代

**古文筆法八卷首一卷**　（清）李扶九編　清末石印本　版框高16.5厘米，寬11.5厘米；开本高20厘米，寬13厘米；上下黑口，四周雙邊。

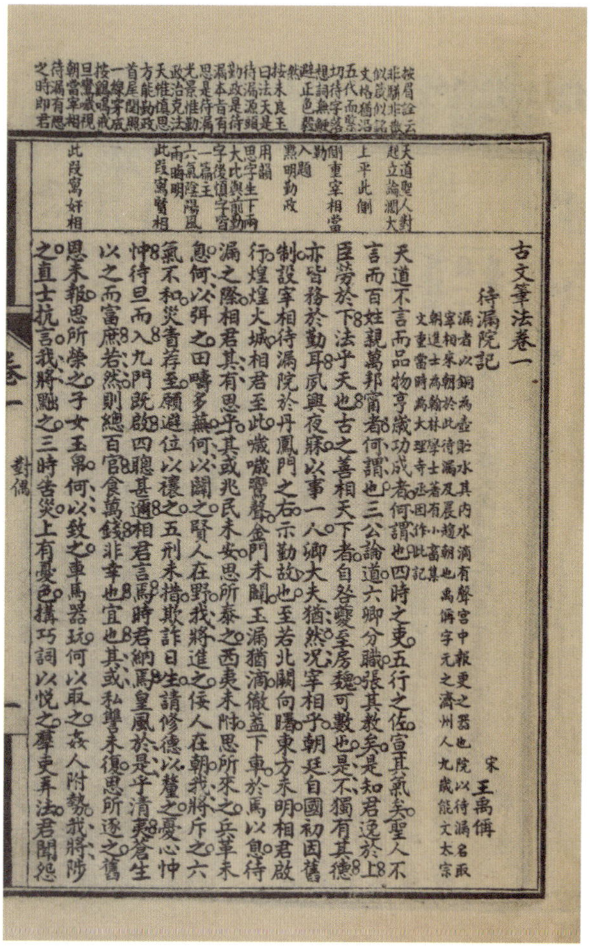

古文筆法卷一

待漏院記　宋 王禹偁

天道不言而品物亨歲功成者何謂也四時之吏五行之佐宣其氣矣聖人不言而百姓親萬邦寧者何謂也三公論道六卿分職張其教矣是知君逸於上臣勞於下法乎天也古之善相天下者自咎夔至房魏可數也是不獨有其德亦皆務於勤耳况夙興夜寐以事一人卿大夫猶然况宰相乎朝廷自國初因舊制設宰相待漏院於丹鳳門之右示勤政也至若北闕向曙東方未明相君啟行煌煌火城相君至止噦噦鑾聲金門未闢玉漏猶滴徹蓋下車於焉以息待漏之際相君其有思乎其或兆民未安思所泰之四夷未附思所來之兵革未息何以弭之田疇多蕪何以闢之賢人在野我將進之佞人在朝我將斥之六氣不和災眚荐至願避位以禳之五刑未措欺詐日生請修德以釐之憂心忡忡待旦而入九門既啟四聰甚邇相君言焉時君納焉皇風於是乎清夷蒼生以之而富庶若然則總百官食萬錢非幸也宜也其或私讐未復思所逐之舊恩未報思所榮之子女玉帛何以致之車馬器玩何以取之姦人附勢我將陟之直士抗言我將黜之三時告災上有憂色搆巧詞以悅之羣吏弄法君聞怨

0178　350000-2016-0000198　丁21　集部/總集類/選集之屬/通代

**古文筆法八卷首一卷**　（清）李扶九編　清末石印本　版框高16.6厘米，寬11.2厘米；开本高20厘米，寬13厘米；上下黑口，四周雙邊。

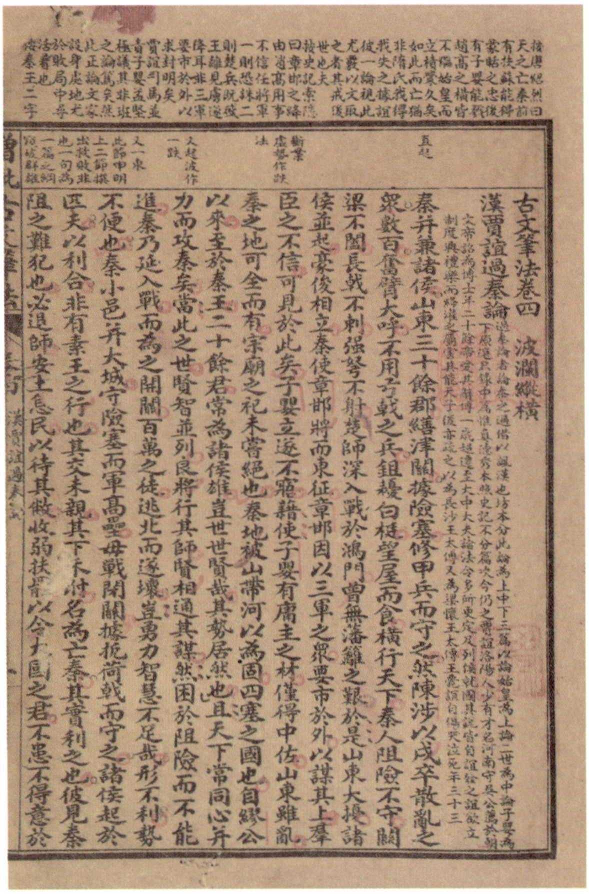

0179　350000-2016-0000209　丁22　集部/總集類/選集之屬/通代

古文筆法二十卷　（清）李扶九輯　清末石印本　版框高16.2厘米，寬12.2厘米；开本高20.2厘米，寬13.3厘米；白口，四周雙邊。

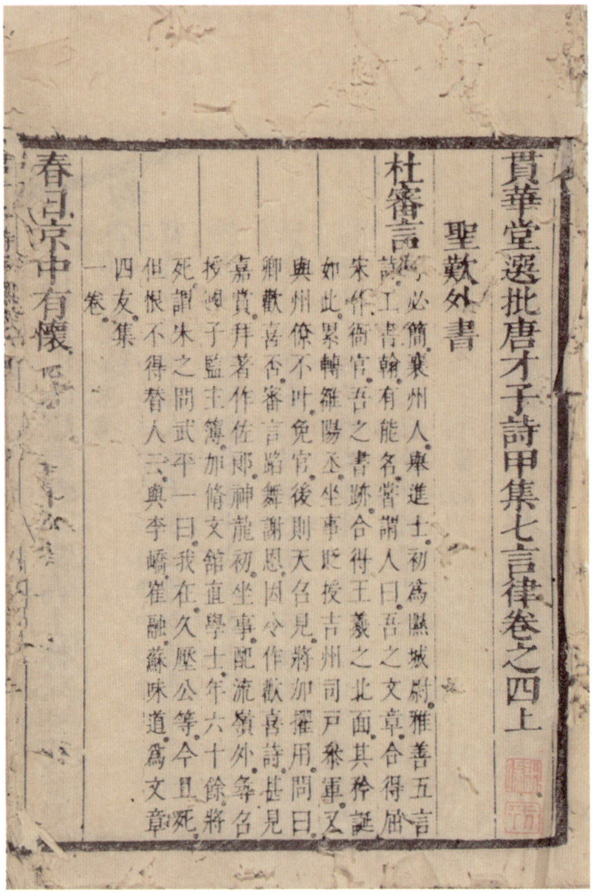

0180　350000-2016-0000205　丁23　集部/總集類/選集之屬/通代

貫華堂選批唐才子詩甲集七言律八卷　（清）金人瑞評選　清初刻本　版框高19.3厘米，寬14.9厘米；开本高24厘米，寬16.4厘米；九行，行二十一字，白口，左右雙邊。

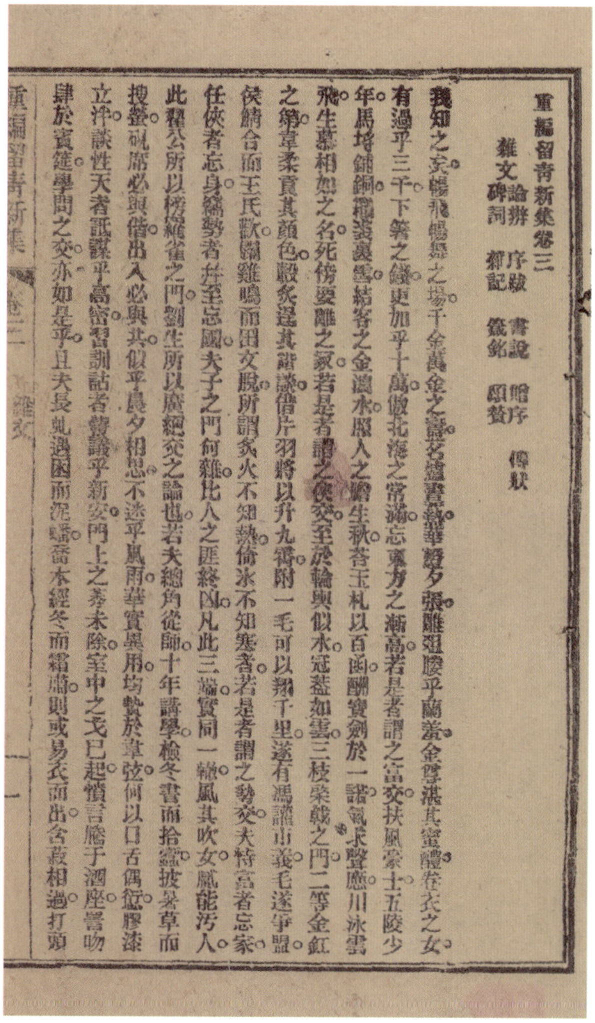

重編留青新集卷三

論辨　序跋　書說　贈序　傳狀
雜文　碑詞　雜記　箴銘　頌贊

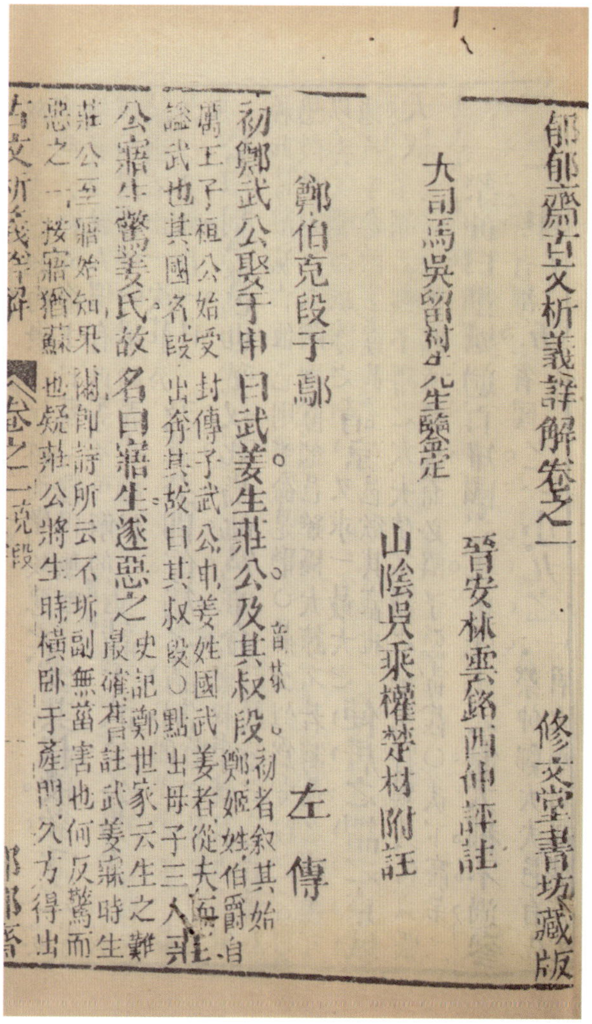

郁郁齋古文析義詳解卷之一　修文堂書坊藏版

大司馬吳留村先生鑒定

晉安林雲銘西仲評註
山陰吳乘權楚材附註

鄭伯克段于鄢　左傳

初鄭武公娶于申曰武姜生莊公及共叔段

0181　350000-2016-0000301　丁24　集部/總集類/選集之屬/通代

**重編留青新集二十四卷**　（清）馮善長輯　（清）陳枚選　清光緒鉛印本　版框高15厘米，寬10厘米；开本高17.2厘米，寬11厘米；白口，四周雙邊。

0182　350000-2016-0000089　丁25　集部/總集類/選集之屬/通代

**郁郁齋古文析義詳解十六卷**　（清）林雲銘評注　（清）吳乘權附注　清光緒刻本　版框高17.5厘米，寬12.2厘米；开本高20.7厘米，寬14厘米；九行，行二十三字，小字雙行，行二十三字，白口，四周單邊。

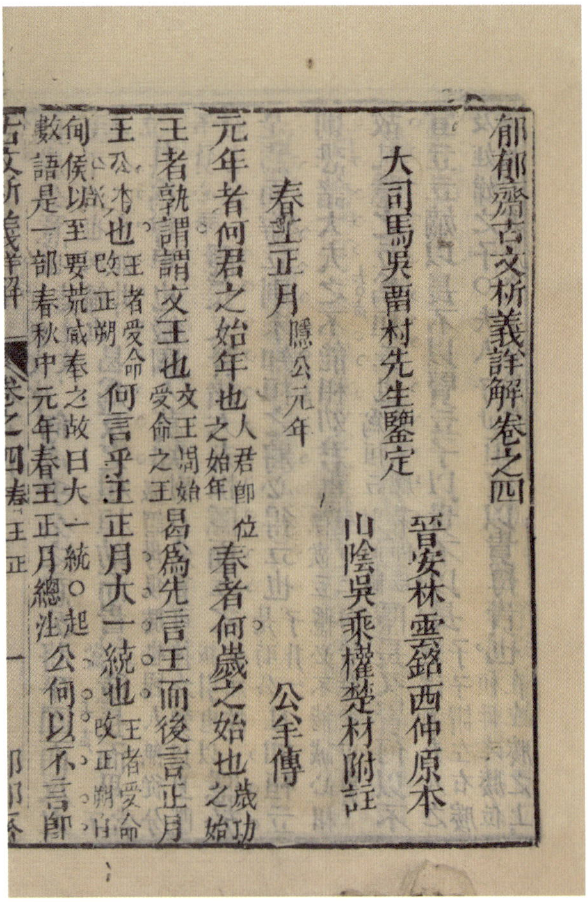

郁郁齋古文析義詳解卷之四
晉安林雲銘西仲原本
大司馬吳畱村先生鑒定
山陰吳乘權楚材附註
公羊傳
春王正月 隱公元年
元年者何君之始年也 人君即位之始年 春者何歲之始也 歲功之始
王者孰謂謂文王也 文王周始受命之王 曷爲先言王而後言正月
王正月也 何言乎王正月大一統也
數語是一部春秋中元年春王正月總注 公何以不言即

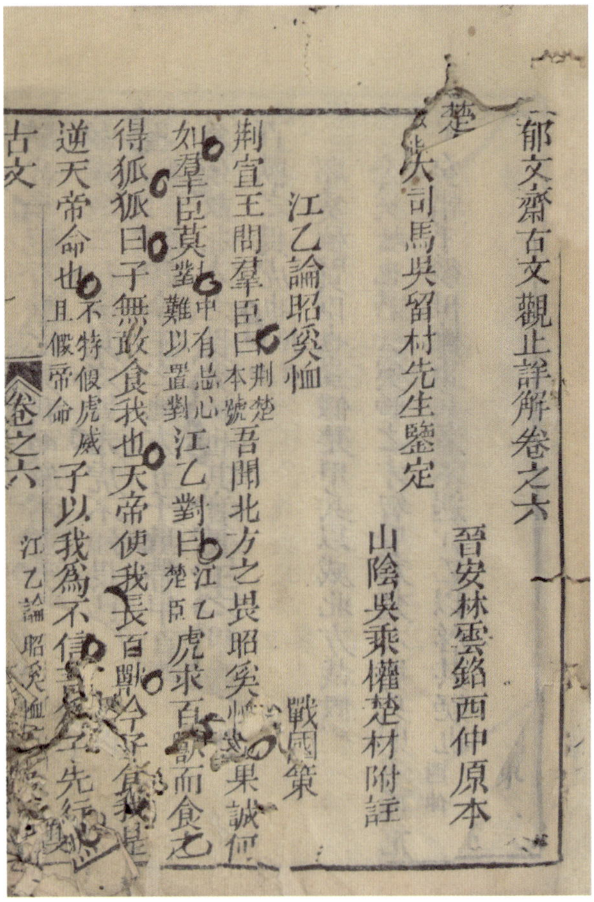

郁文齋古文觀止詳解卷之六
晉安林雲銘西仲原本
大司馬吳留村先生鑒定
山陰吳乘權楚材附註
楚
戰國策
江乙論昭奚恤
荊宣王問羣臣曰 荊楚本號 吾聞北方之畏昭奚恤也果誠何
如羣臣莫對 羣中有忠心難以置對 江乙對曰 江乙楚臣 虎求百獸而食之
得狐狐曰子無敢食我也天帝使我長百獸今子食我是
逆天帝命也 不特假虎威且假帝命 子以我爲不信吾爲子先行

0183　350000-2016-0000392　丁26　集部/總集類/選集之屬/通代

**郁郁齋古文析義詳解十六卷**　（清）林雲銘評注　（清）吴乘權附注　清刻本　版框高17.6厘米，寬11.6厘米；开本高23.5厘米，寬13.8厘米；九行，行二十三字，小字雙行，行二十三字，白口，四周單邊。

0184　350000-2016-0000390　丁27　集部/總集類/選集之屬/通代

**郁郁齋古文析義詳解十六卷**　（清）林雲銘評注　（清）吴乘權附注　清刻本　版框高17.2厘米，寬12.7厘米；开本高20.5厘米，寬13.8厘米；九行，行二十三字，小字雙行，行二十三字，白口，四周單邊。

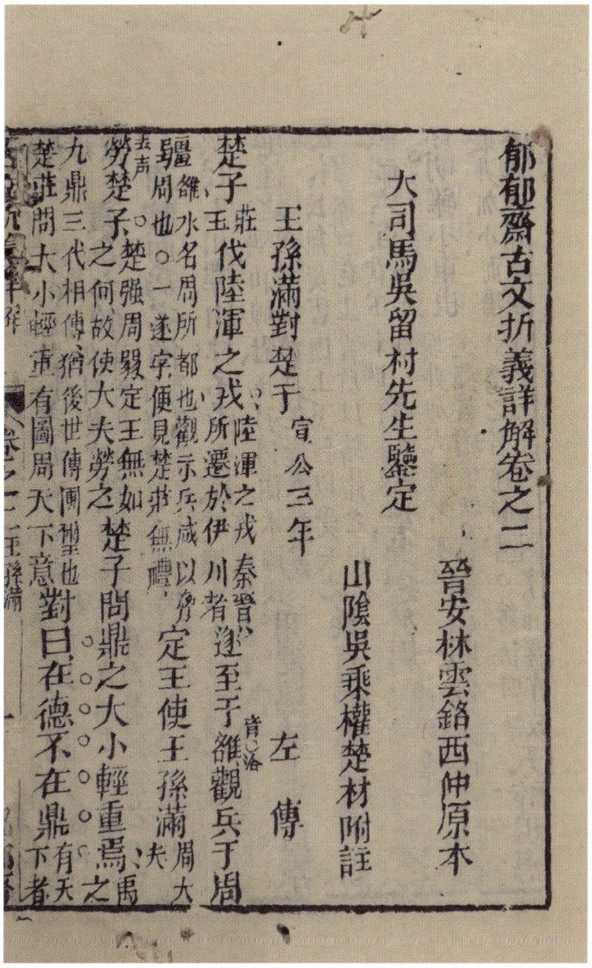

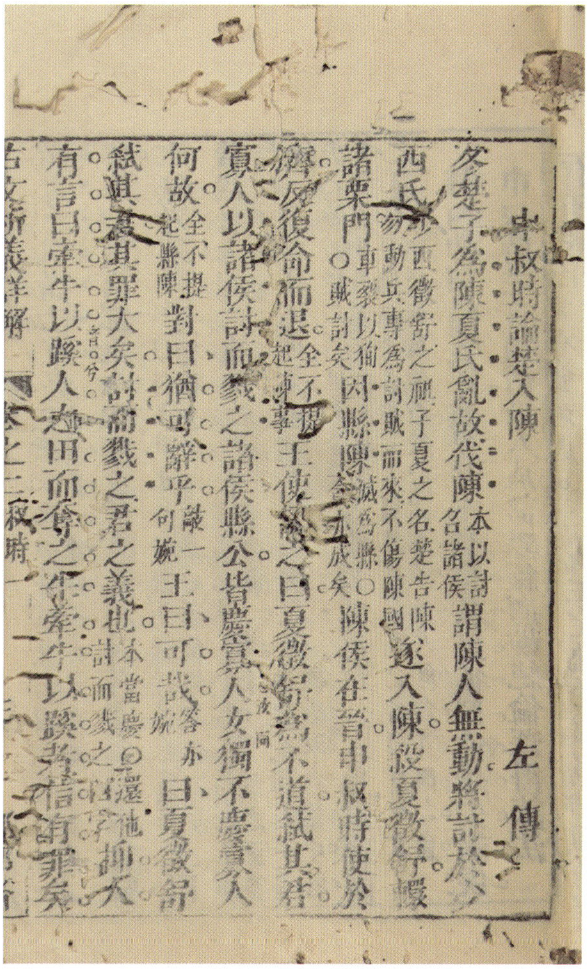

0185　350000-2016-0000389　丁28　集部/總集類/選集之屬/通代

**郁郁齋古文析義詳解十六卷**　（清）林雲銘評注　（清）吴乘權附注　清刻本　版框高17.4厘米，寬12.3厘米；开本高23.8厘米，寬13.5厘米；九行，行二十三字，小字雙行，行二十三字，白口，四周單邊。

0186　350000-2016-0000370　丁29　集部/總集類/選集之屬/通代

**郁郁齋古文析義詳解十六卷**　（清）林雲銘評注　（清）吴乘權附注　清光緒刻本　版框高17厘米，寬12厘米；开本高21.5厘米，寬13.5厘米；九行，行二十三字，小字雙行，行二十三字，白口，四周雙邊。

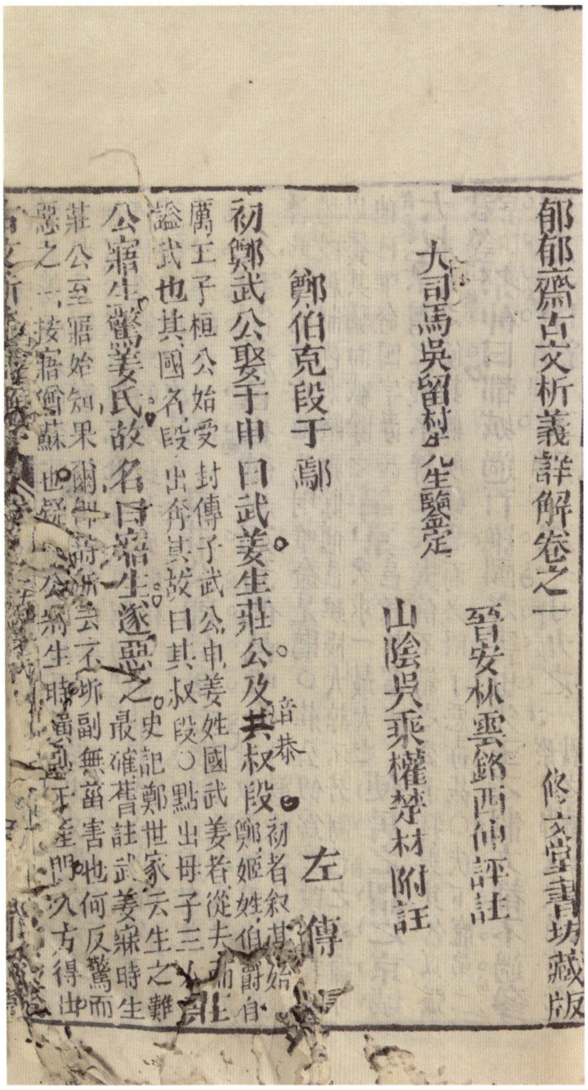

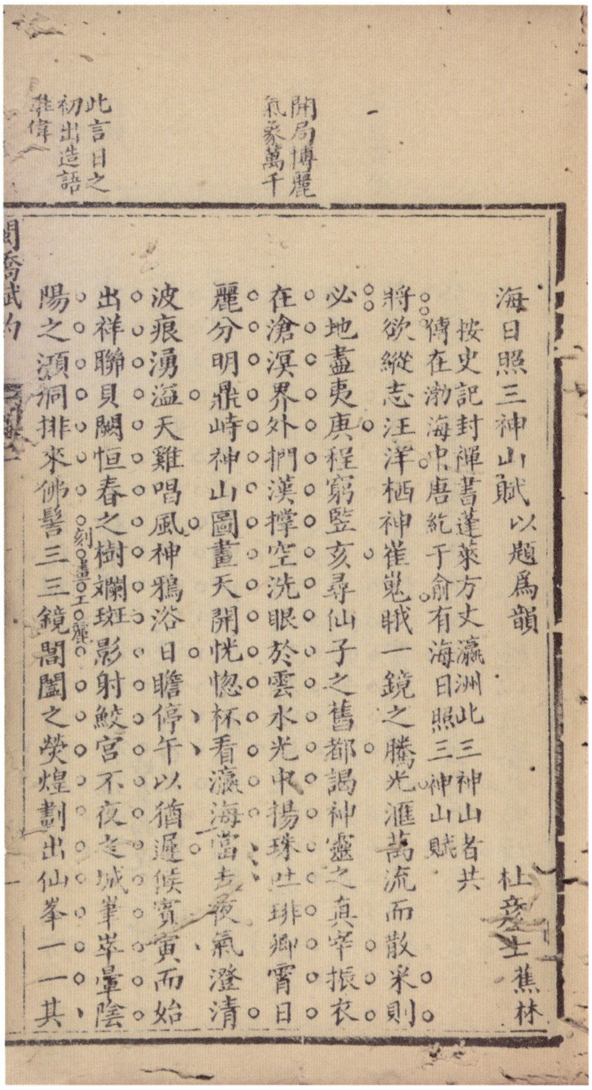

0187　350000-2016-0000376　丁30　集部/總集類/選集之屬/通代

郁郁齋古文析義詳解十六卷　（清）林雲銘評注　（清）吴乘權附注　清光緒二十三年（1897）刻本　版框高17.2厘米，寬12厘米；开本高22.5厘米，寬13.2厘米；九行，行二十三字，小字雙行，行二十三字，白口，四周單邊。

0188　350000-2016-0000010　丁31　集部/選集類/郡邑之屬

閩嶠賦約四卷　（清）王式金輯　清道光二十二年（1842）王氏刻本　版框高16.8厘米，寬11厘米；开本高22厘米，寬13厘米；九行，行二十五字，小字雙行，行二十五字，白口，四周雙邊。

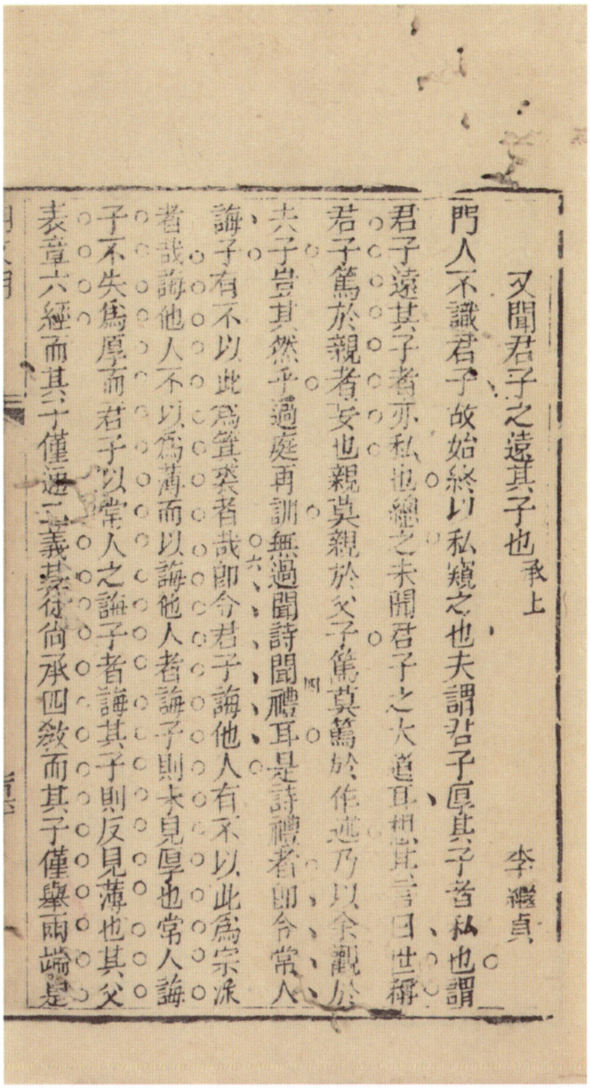

0189　350000-2016-0000280　丁32　集部/總集類/課藝之屬

**明文明不分卷**　（清）路德輯　清末刻本　版框高16.3厘米，寬11.5厘米；开本高21厘米，寬13.5厘米；白口，四周雙邊。

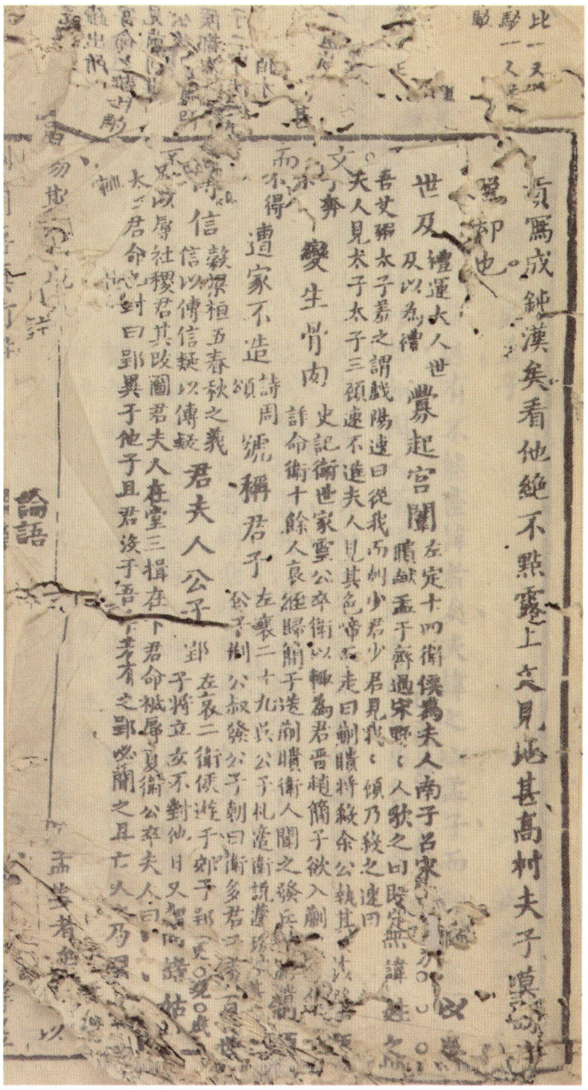

0190　350000-2016-0000059　丁33　集部/總集類/課藝之屬

**國朝存真訂註不分卷**　（清）鄭杰輯　清注韓居刻本　版框高19.2厘米，寬11厘米；开本高23.5厘米，寬13.5厘米；九行，行二十五字，白口，左右雙邊。

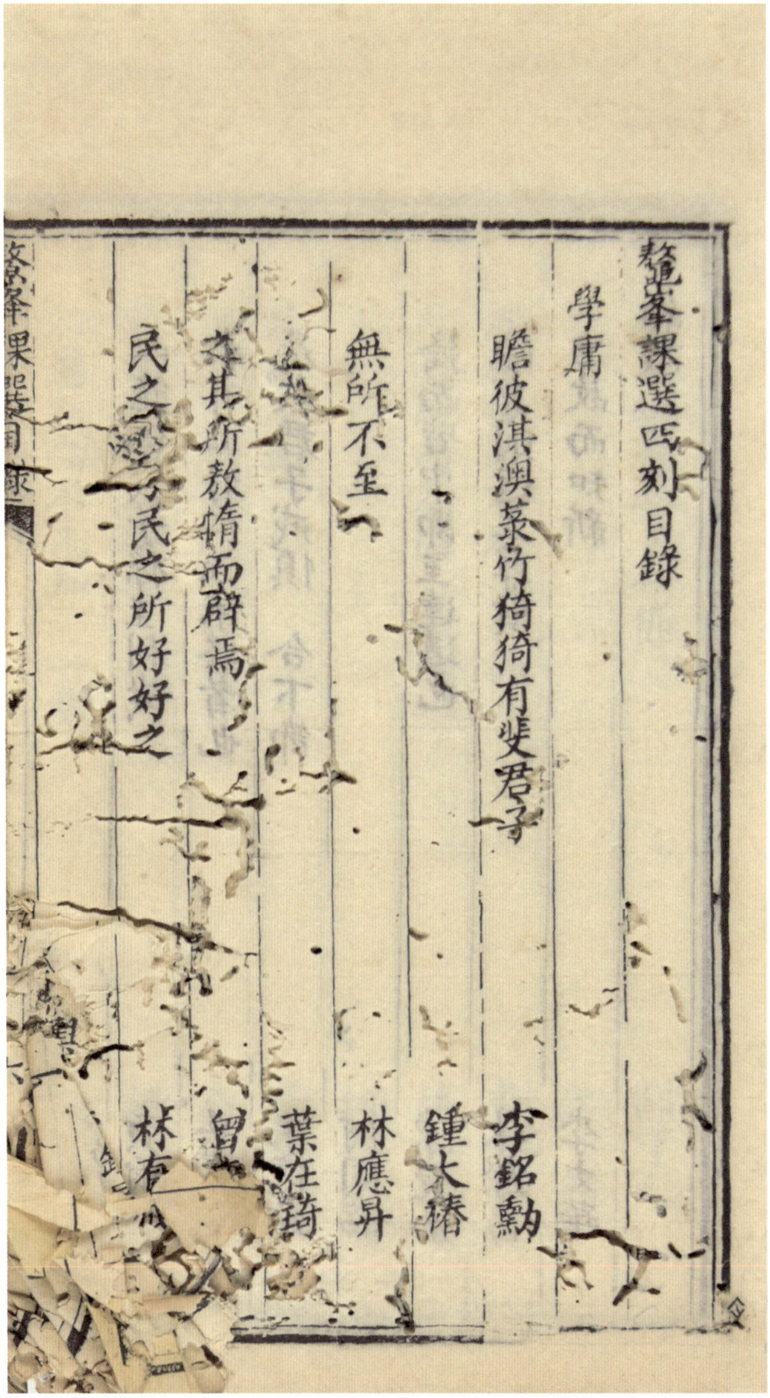
鼇峯課選四刻目錄
學庸
瞻彼淇澳菉竹猗猗有斐君子　李銘勳
鍾大椿
無所不至　林應昇
葉在琦
其所敖惰而辟焉　曾
民之所好好之　林

0191　350000-2016-0000300　丁34　集部/總集類/課藝之屬

**鼇峯課選四編不分卷**　（清）鼇峯書院選　清光緒五年（1879）鼇峯書院刻本

版框高17.2厘米，寬10.9厘米；开本高22.5厘米，寬13.3厘米。

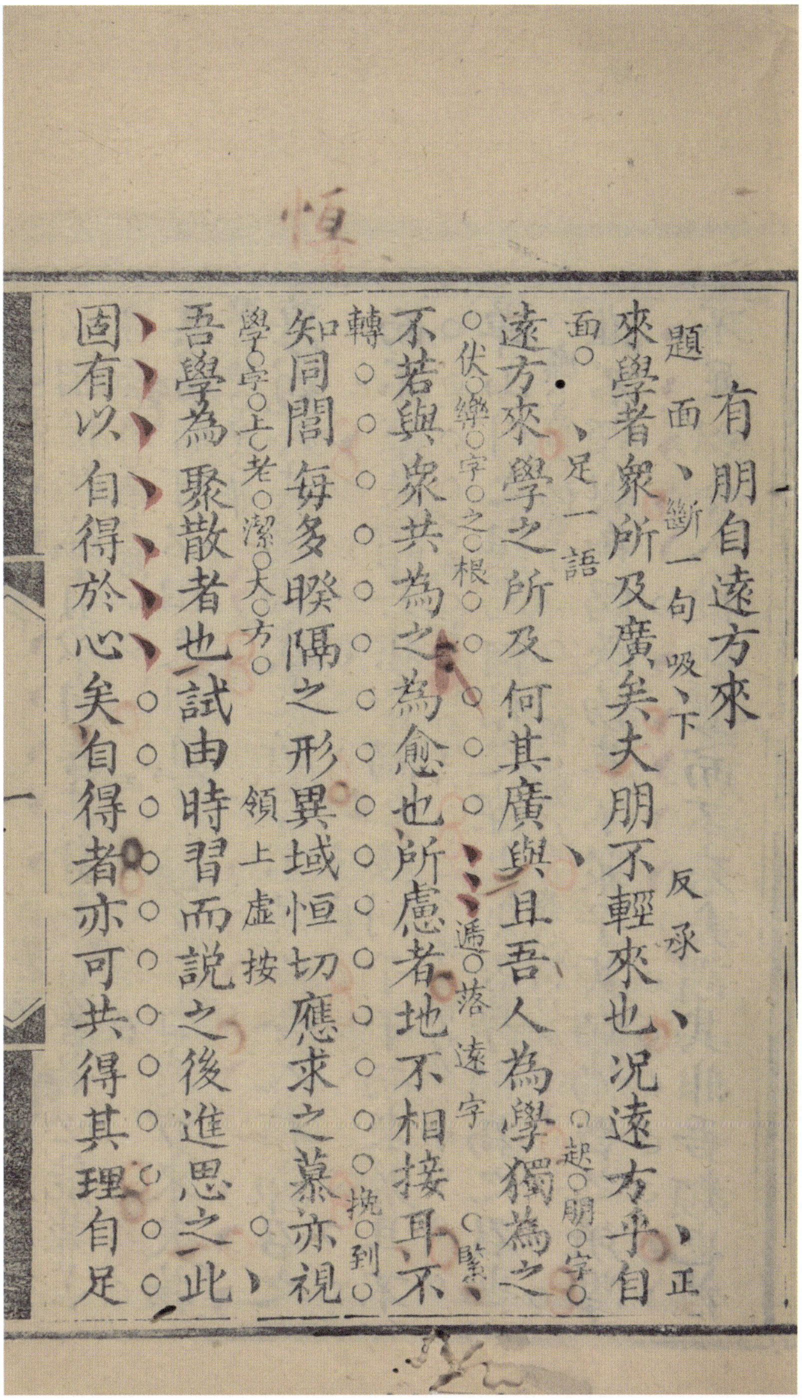
有朋自遠方來
題面斷一句吸下 反承 正
來學者衆所及廣矣夫朋不輕來也況遠方乎自
面 足一語 起朋字
遠方來學之所及何其廣與且吾人為學獨為之
伏線字之根 遞落遠字 緊
不若與衆共為之為愈也所慮者地不相接耳不
轉 挽到
知同閭每多睽隔之形異域恒切應求之慕亦視
學字上七老潔大方 領上虛按
吾學為聚散者也試由時習而說之後進思之此
固有以自得於心矣自得者亦可共得其理自足

0192　350000-2016-0000223　丁35　集部/總集類/課藝之屬

**光明錦前編一卷**　（清）劉木編集　（清）王贇申評選　清嘉慶十八年（1813）集新堂刻本　版框高15.4厘米，寬11.3厘米；开本高20厘米，寬13厘米；上下黑口，四周雙邊。

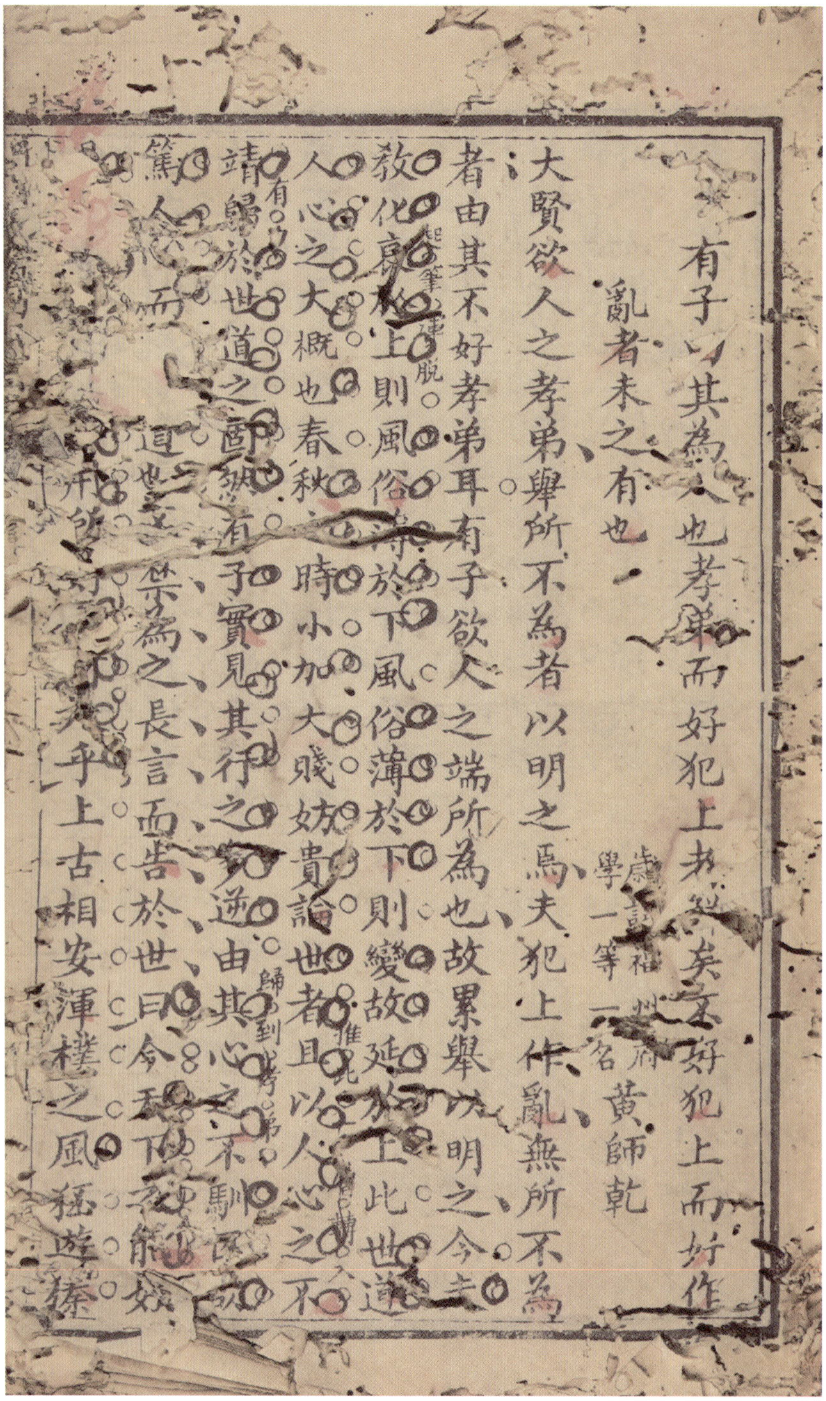
有子曰其爲人也孝弟而好犯上者鮮矣不好犯上而好作
亂者未之有也　歲試福州府學一等一名　黃師乾
大賢欲人之孝弟舉所不爲者以明之焉夫犯上作亂無所不爲
者由其不好孝弟耳有子欲人之端所爲也故累舉以明之今夫
教化廢於上則風俗薄於下風俗薄於下則變故延於上此世道
人心之大概也春秋之時小加大賤妨貴諭世者且以人心之不
靖歸於世道之節綱有子實見其行之逆由其心之不馴[illegible]
道世[illegible]禁爲之長言而告於世曰今[illegible]
篇人[illegible]而[illegible]天乎上古相安渾樸之風猶[illegible]

0193　350000-2016-0000012　丁36　集部/總集類/課藝之屬

**閩海綱珊集二卷**　（清）□□輯　清光緒刻本　版框高18.5厘米，寬11.4厘米；开本高21.5厘米，寬13厘米；九行，行二十五字，小字雙行，行二十五字，白口，四周雙邊。

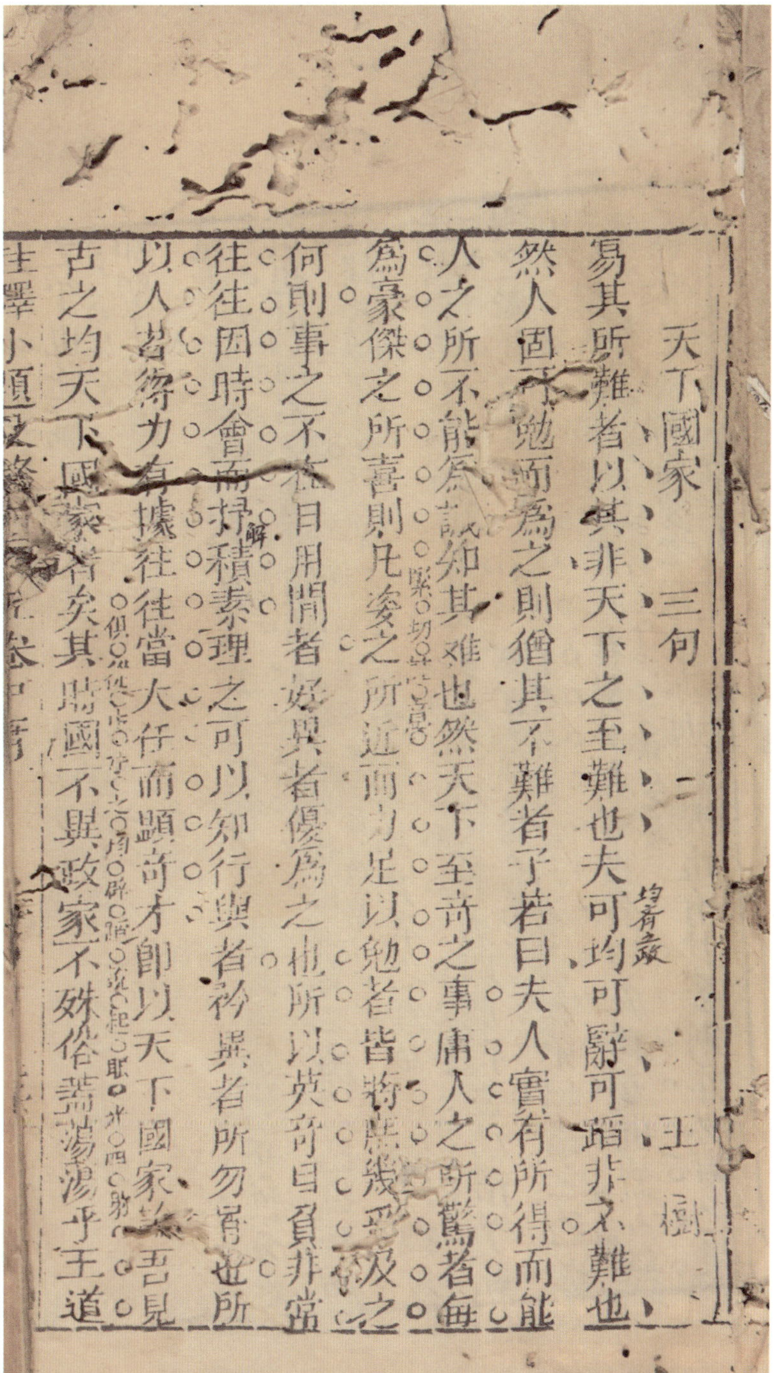
天下國家　三句　王樹

爲其所難者以其非天下之至難也夫可均可辭可蹈非不難也然人固不勉而爲之則猶其不難者乎若曰夫人實有所得而能人之所不能爲誠知其難也然天下至奇之事庸人之所驚者每爲豪傑之所喜則凡衆之所近而力足以勉者皆將[illegible]幾及之何則事之不在日用間者好異者優爲之也所以英奇自負非常往往因時會而抒積素理之可以知行與者矜異者所勿屑也所以人若務力有據往往當大任而顯奇才即以天下國家言吾見古之均天下國家者矣其時國不異政家不殊俗蕩蕩乎王道

註釋小題及鋒集　[illegible]

0194　350000-2016-0000275　丁37　集部/總集類/課藝之屬

**註釋小題及鋒集八卷**　（清）余之俊評選　清末刻本　版框高17厘米，寬10.5厘米；开本高21.5厘米，寬12.5厘米；白口，四周單邊。

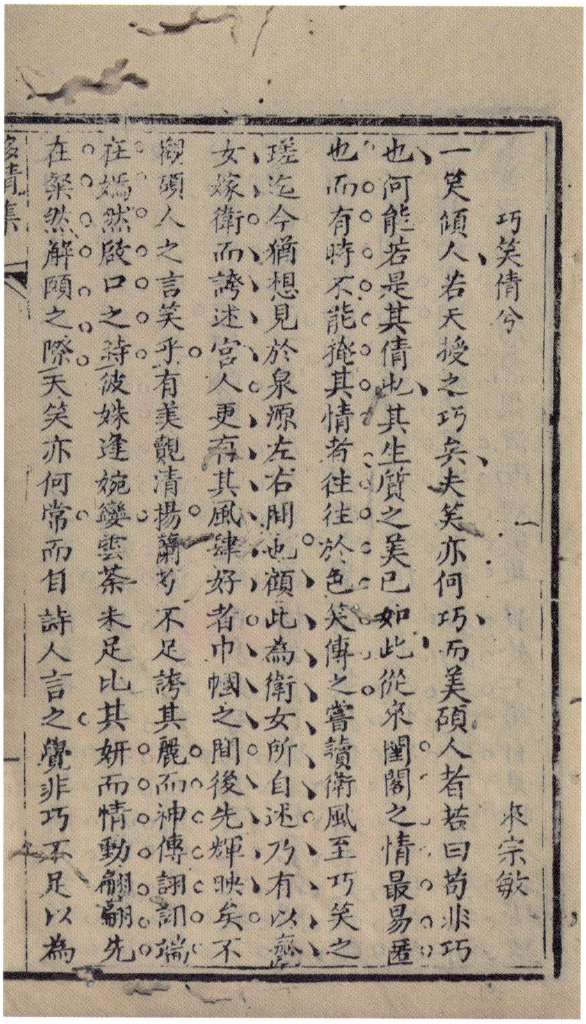

巧笑倩兮　　朱宗敏

一笑傾人若天授之巧矣夫笑亦何巧而美頎人者若曰苟非巧也何能若是其倩也其生質之美已如此從來閨閣之情最易匿也而有時不能掩其情者往往於色笑傳之嘗讀衛風至巧笑之瑳迄今猶想見於泉源左右閒也頎此為衛女所自述乃有以嫁女嫁衛而誇述宮人更存其風肆好者巾幗之間後先輝映矣不觀頌人之言笑乎有美艷清揚觸兮不足誇其麗而神傳詡詡端在焉然啟口之詩彼姝逢婉孌雲荼未足比其妍而情動翩翩先在粲然解頤之際天笑亦何常而自詩人言之覺非巧不足以為

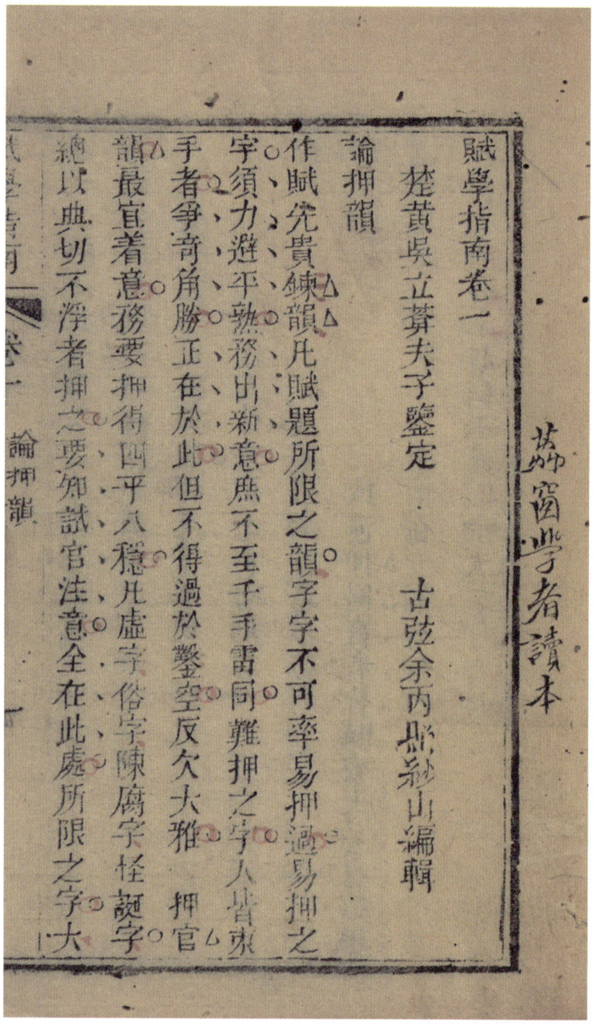



賦學指南卷一

楚黃吳立齋夫子鑒定　　古弦余丙照紗山編輯

論押韻

作賦先貴鍊韻凡賦題所限之韻字字不可率易押過易押之字須力避平熟務出新意庶不至千手雷同難押之字人皆束手者爭奇角勝正在於此但不得過於鑿空反欠大雅　押官韻最宜着意務要押得四平八穩凡虛字俗字陳腐字怪誕字總以典切不浮者押之要知試官注意全在此處所限之字大

0195　350000-2016-0000176　丁38　**集部/總集類/課藝之屬**

**小題移情集一卷**　（清）林志澄編　（清）林簡參訂　清刻本　版框高18.8厘米，寬11厘米；开本高21.5厘米，寬13厘米；九行，行二十五字，白口，四周雙邊。

0196　350000-2016-0000075　丁39　**集部/詩文評類/文法之屬/雜著**

**賦學指南十卷**　（清）余丙照編輯　清道光十五年（1835）刻本　版框高16厘米，寬9.5厘米；开本高19.3厘米，寬12.5厘米。

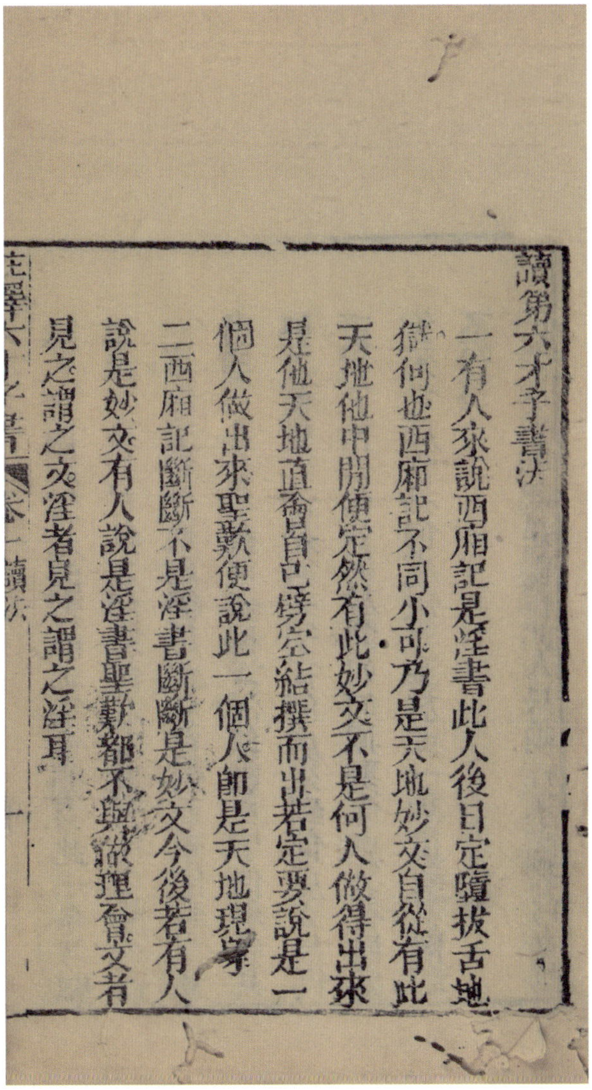 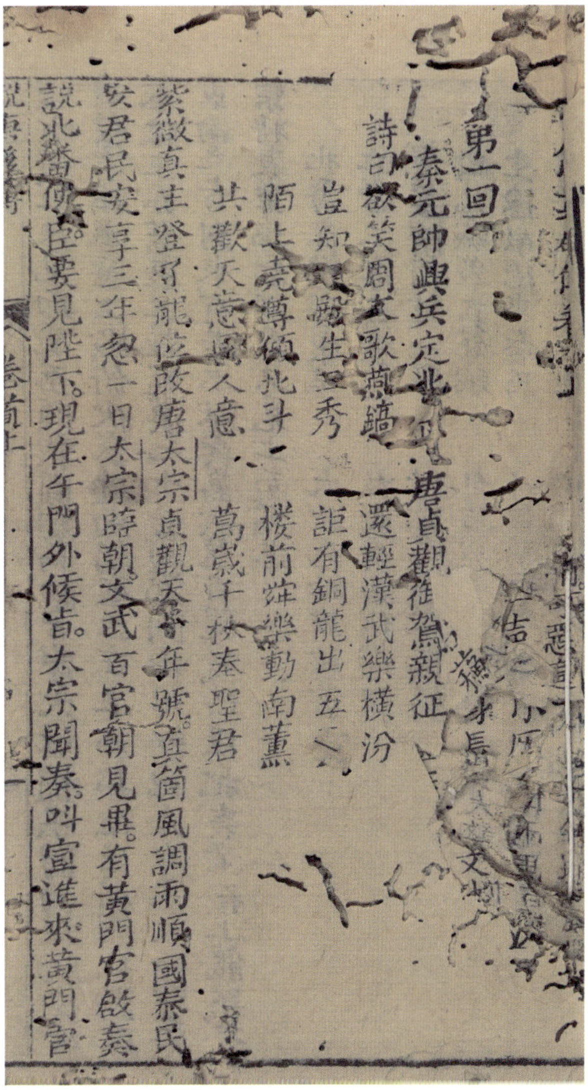

0197　350000-2016-0000248　丁40　集部/戲劇類/雜劇之屬

**貫華堂註釋第六才子書六卷**　（元）王實甫撰　（清）金人瑞評　清同治六年（1867）刻本　版框高13厘米，寬9.4厘米；开本高18厘米，寬10.5厘米；白口，四周單邊。

0198　350000-2016-0000293　丁41　集部/小説類/長篇之屬

**説唐前傳十卷六十八回説唐薛家府傳六卷四十二回説唐小英雄傳首二卷**　（清）如蓮居士撰　清刻本　版框高17.5厘米，寬9.8厘米；开本高20厘米，寬11.5厘米；白口。

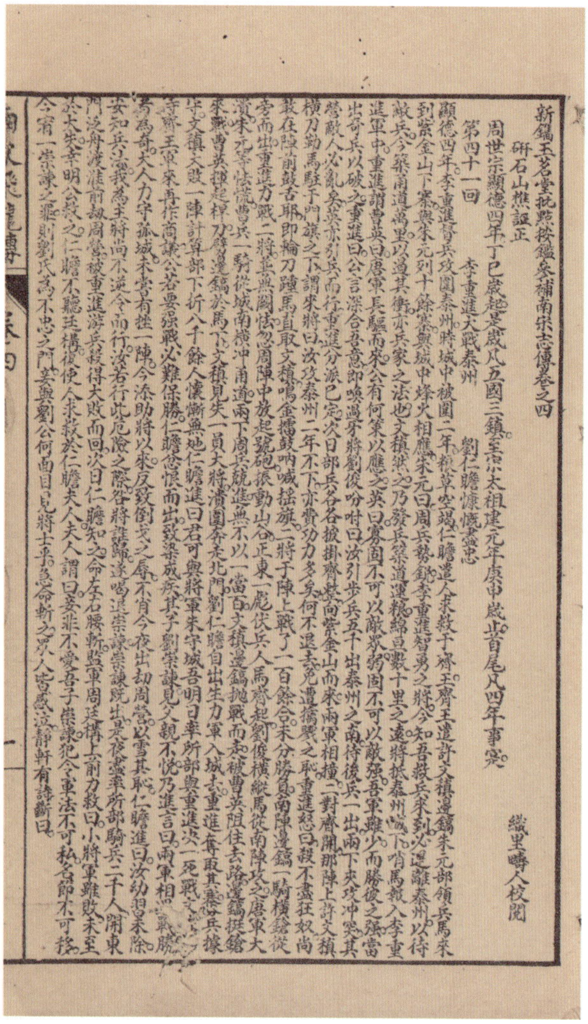

0199　350000-2016-0000071　丁42　集部/小説類/長篇之屬

**新鐫玉茗堂批點按鑑參補南宋志傳四卷五十回**　題（明）研石山樵訂正（明）織里畸人校閲　清末石印本　版框高17厘米，寬11.8厘米；开本高20厘米，寬13.5厘米。

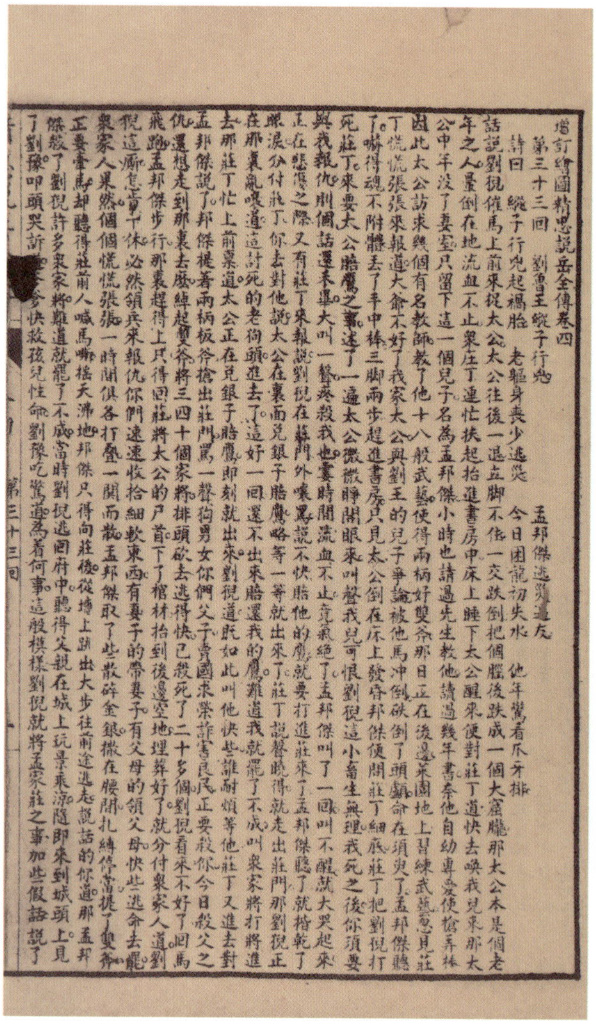

0200　350000-2016-0000322　丁43　集部/小説類/長篇之屬

**繪圖精忠説岳全傳八卷八十回**（清）錢彩撰　清末石印本　版框高16.9厘米，寬12.3厘米；开本高20厘米，寬13厘米；二十三行，行四十四字，白口，四周單邊。

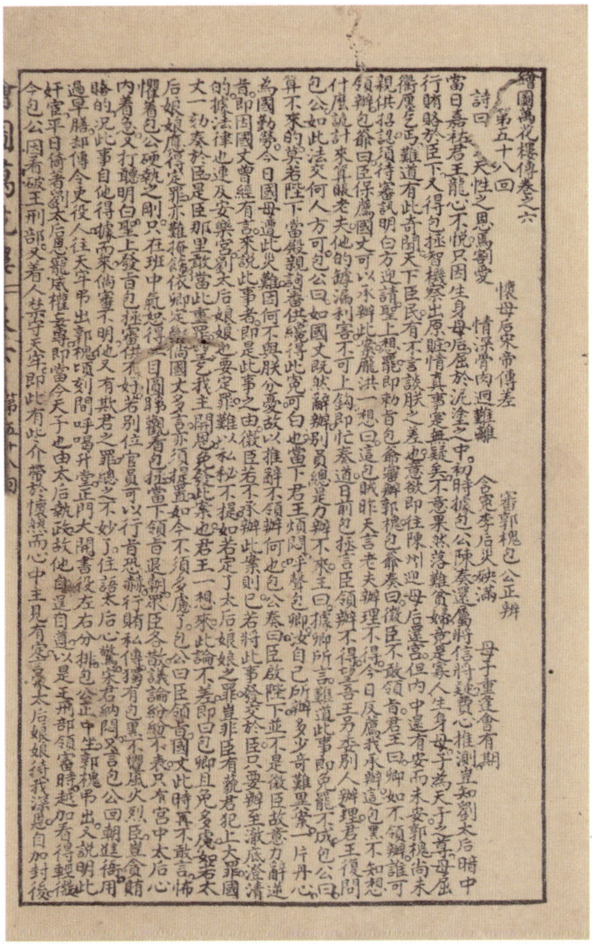

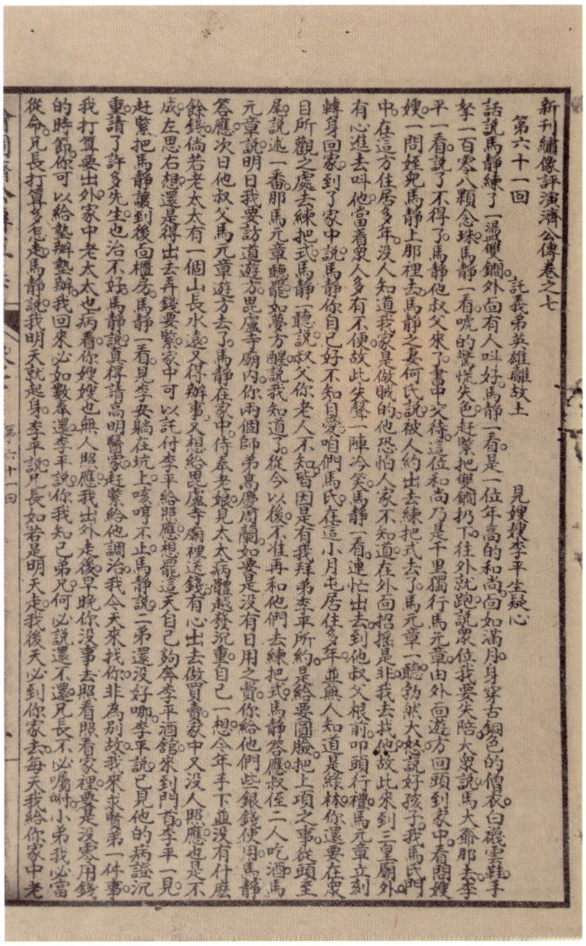

0201　350000-2016-0000408　丁44　集部/小說類/長篇之屬

繪圖萬花樓傳十四卷六十八回　（清）李雨堂撰　清末民國石印本　版框高17.5厘米，寬11厘米；开本高20厘米，寬13.5厘米；白口，四周單邊。

0202　350000-2016-0000067　丁45　集部/小說類/長篇之屬

新刊繡像評演濟公傳初集十二卷二集十二卷三集四卷　（□）□□撰　清末上海廣益書局石印本　版框高17.2厘米，寬12.2厘米；开本高20厘米，寬13.3厘米；二十行，行四十五字，白口，四周單邊。

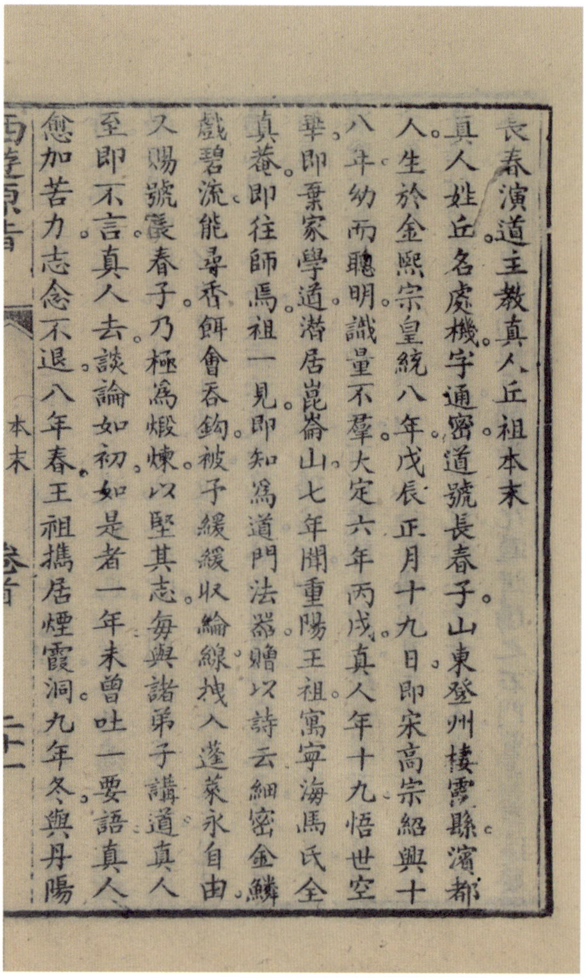

長春演道主教真人丘祖本末

真人姓丘名處機字通密道號長春子山東登州棲霞縣濱都人生於金熙宗皇統八年戊辰正月十九日即宋高宗紹興十八年幼而聰明識量不羣大定六年丙戌真人年十九悟世空華即棄家學道潛居崑嵛山七年聞重陽王祖寓寧海馬氏全真菴即往師焉祖一見即知為道門法器贈以詩云細密金鱗戲碧流能尋香餌會吞鉤被子緩緩收綸線拽入蓬萊永自由又賜號長春子乃極為煆煉以堅其志每與諸弟子講道真人至即不言真人去談論如初如是者一年未曾吐一要語真人愈加苦力志念不退八年春王祖攜居煙霞洞九年冬與丹陽

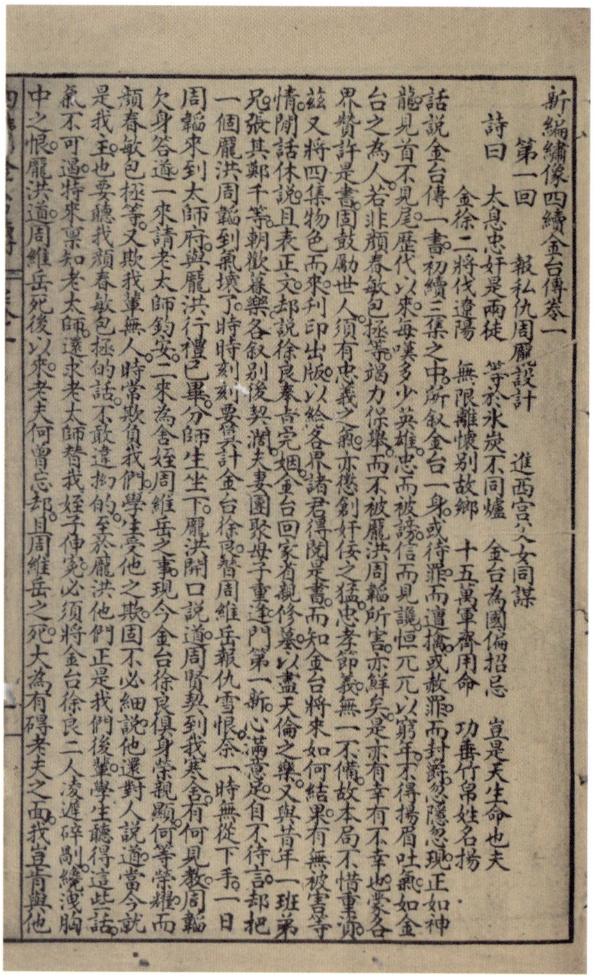

新編繡像四續金台傳卷一

第一回　報私仇周貂設計　進西宮八女同謀

詩曰　太息忠奸是兩徒　等於冰炭不同爐　金台為國偏招忌　豈是天生命也夫

金徐二將伐遼陽　無限離懷別故鄉　十五萬軍齊用命　功垂竹帛姓名揚

話說金台傳一書初續三集之中所叙金台一身或待罪而遭擒或赦罪而封爵忽隱忽現正如神龍見首不見尾歷代以來每嘆多少英雄忠而被謗信而見讒恒兀兀以窮年不得揚眉吐氣如金台之為人若非顏春敏包拯等竭力保舉而不被龐洪周貂所害亦鮮矣是亦有幸有不幸也蒙各界贊許是書固鼓勵世人須有忠義之氣亦懲創奸佞之猛忠孝節義無一不備故本局不惜重資茲又將四集物色而來刊印出版以給各界諸君得閱是書而知金台將來如何結果有無被害等情閒話休說且表正文却說徐良奉旨完姻金台回家省親修墓以盡天倫之樂又與昔年一班弟兄張其鄭千等朝歡暮樂各叙別後契濶夫妻團聚母子重逢門第一新心滿意足自不待言却把一個龐洪周貂到氣壞了時時刻刻要算計金台徐良替周維岳報仇雪恨奈一時無從下手一日周貂來到太師府與龐洪行禮已畢分師生坐下龐洪開口說道周賢契到我寒舍有何見教周貂欠身答道一來請老太師鈞安二來為舍姪周維岳之事現今金台徐良俱身榮親顯何等榮耀而顏春敏包拯等又欺我輩無人時常欺負我們學生受他之欺固不必細說他還對人說道當今就是我主也要聽我顏春敏包拯的話不敢違拗的至於龐洪他們正是我們後輩學生聽得這些話氣不可遏特來稟知老太師還求老太師替我姪子伸冤必須將金台徐良二人淩遲碎剮纔洩胸中之恨龐洪道周維岳死後以來老夫何曾忘却且周維岳之死大為有碍老夫之面我豈肯與他

0203　350000-2016-0000034　丁46　集部/小說類/長篇之屬

**西遊原旨二十四卷一百回**　（清）劉一明解　清嘉慶二十四年（1819）刻　同治二年（1863）印本　版框高19.7厘米，寬13.6厘米；开本高25.3厘米，寬15.8厘米；十行，行二十四字，白口，左右雙邊。

0204　350000-2016-0000284　丁47　集部/小說類/長篇之屬

**新編繡像四續金台傳四卷**　（清）□□撰　清末石印本　版框高17.2厘米，寬11.9厘米；开本高20厘米，寬13.5厘米；白口，四周單邊。

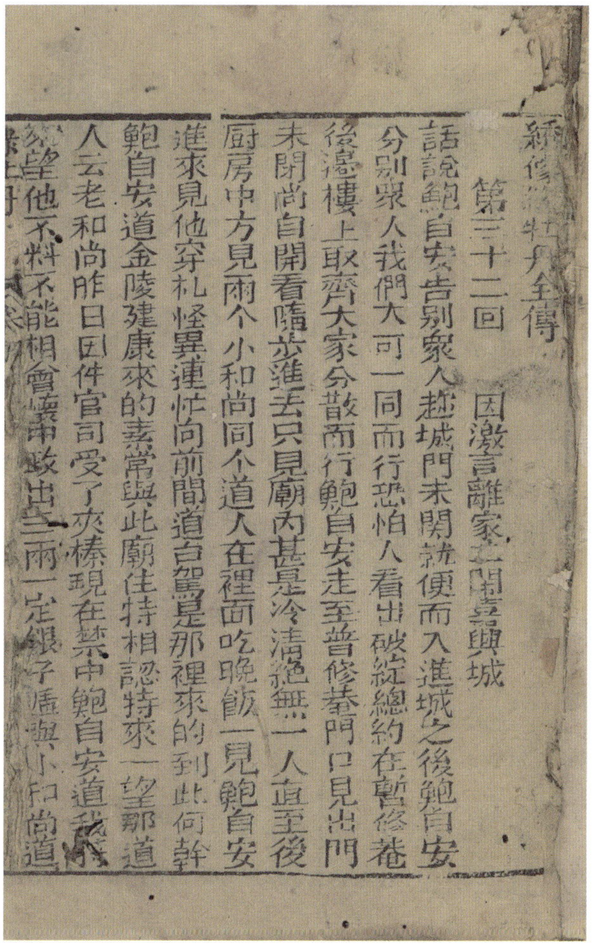

0205　350000-2016-0000030　丁48　集部/小説類/長篇之屬

綉像綠牡丹全傳六卷六十四回　（□）□□著　清末刻本　版框高13.4厘米，寬10厘米；开本高17厘米，寬11.5厘米；十一行，行二十五字，白口，四周單邊。

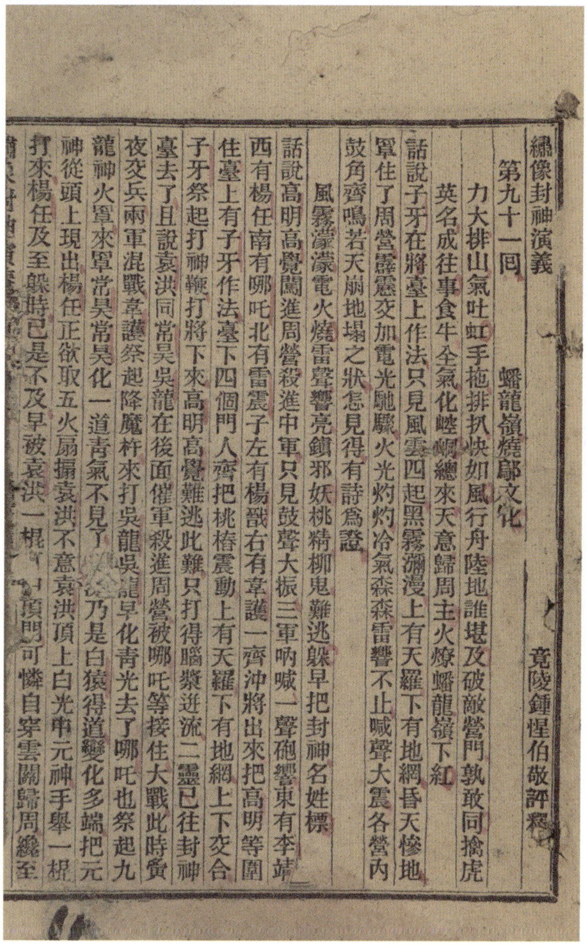

0206　350000-2016-0000073　丁49　集部/小説類/長篇之屬

繡像封神演義一百回　（明）許仲琳撰　（明）鐘惺評釋　清末鉛印本　版框高15.9厘米，寬11.4厘米；开本高19.4厘米，寬12.4厘米；十七行，行三十二字，白口，四周雙邊。

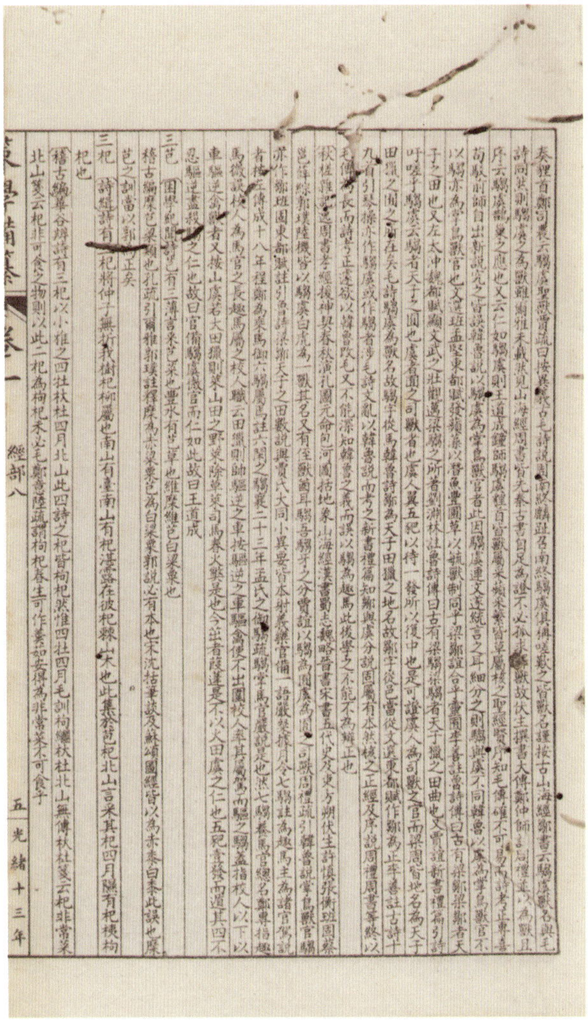

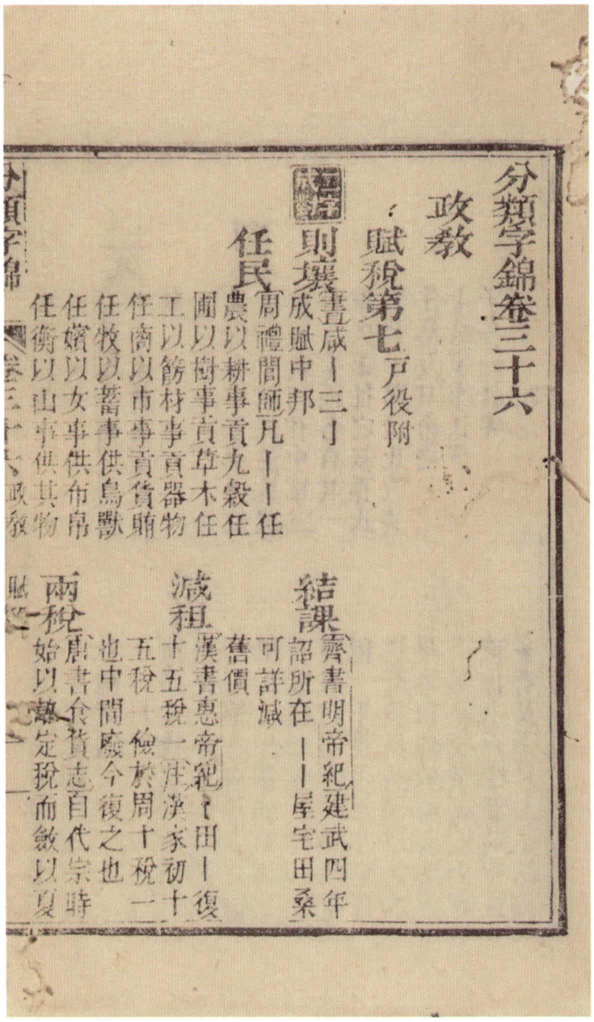

0207　350000-2016-0000072　戊1　類叢部/類書類/通類之屬

**策學備纂三十二卷首一卷**　（清）蔡啓盛　（清）吴穎炎輯　清光緒十三年（1887）點石齋石印本　版框高13.2厘米，寬8.8厘米；开本高17.5厘米，寬10.5厘米；二十四行，行五十五字，白口，四周單邊。

0208　350000-2016-0000040　戊2　類叢部/類書類/通類之屬

**分類字錦六十四卷**　（清）何焯纂　清康熙六十一年（1722）刻本　版框高17.6厘米，寬12.5厘米；开本高23厘米，寬15厘米；八行，行二十四字，小字雙行，行二十四字，白口，四周雙邊。

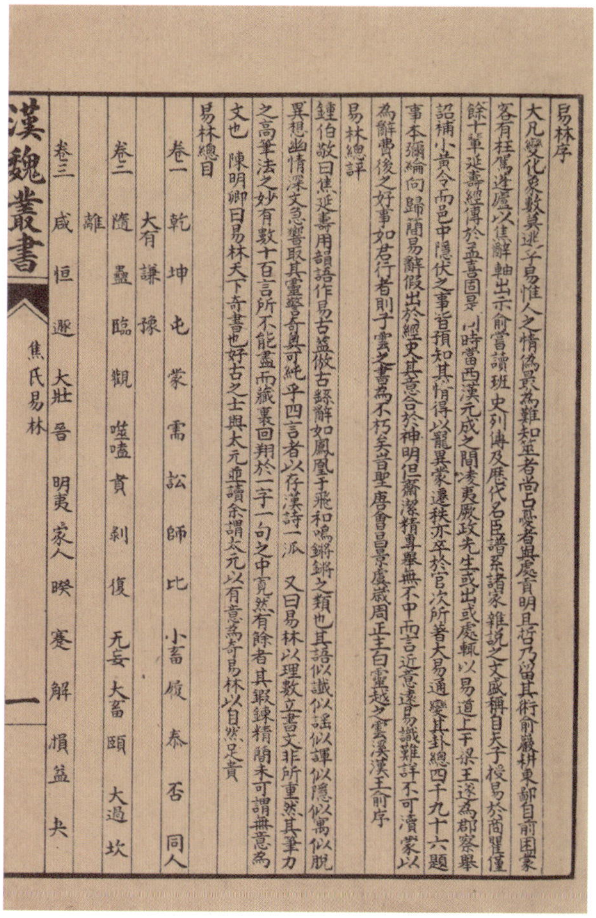

易林序

大凡變化象數莫逃乎易惟人之情偽最為難知至者尚占受者與處貢明且哲乃留其術俞巖耕東鄙自前困蒙客有枉駕造廬以焦辭軸出示俞嘗讀班史列傳及歷代名臣譜系諸家雜說之文咸稱自天子授易於商瞿僅餘十葉延壽經傳於孟喜固是 川時當西漢元成之間凌夷厥政先生或出或處輒以易道上干梁王遂為郡察舉詔補小黃令而邑中隱伏之事皆預知其情得以寵異蒙遷秩亦卒於官次所著大易通變其卦總四千九十六題事本彌綸向歸簡易辭假出於經史其意合於神明但辭潔精專舉無不中而言近意遠易識難詳不可瀆蒙以為辭費後之好事如君行者則子雲之書為不朽矣皆聖唐會昌景虞歲周正主白靈越之雲溪漢王俞序

易林總評

鍾伯敬曰焦延壽用韻語作易古蓋倣古繇辭如鳳凰于飛和鳴鏘鏘之類也其語似讖似謠似諢似隱似寓似脫異想幽情深文急響取其靈警奇奧可純乎四言者以存漢詩一派　又曰易林以理數立書文非所重然其筆力之高筆法之妙有數十百言所不能盡而藏裹回翔於一字一句之中寬然有餘者其鍛鍊精簡未可謂無意為文也　陳明卿曰易林天下奇書也好古之士與太元並讀余謂太元以有意為奇易林以自然足貴

易林總目

卷一　乾 坤 屯 蒙 需 訟 師 比 小畜 履 泰 否 同人 大有 謙 豫

卷二　隨 蠱 臨 觀 噬嗑 賁 剝 復 无妄 大畜 頤 大過 坎 離

卷三　咸 恒 遯 大壯 晉 明夷 家人 睽 蹇 解 損 益 夬

漢魏叢書　焦氏易林　一

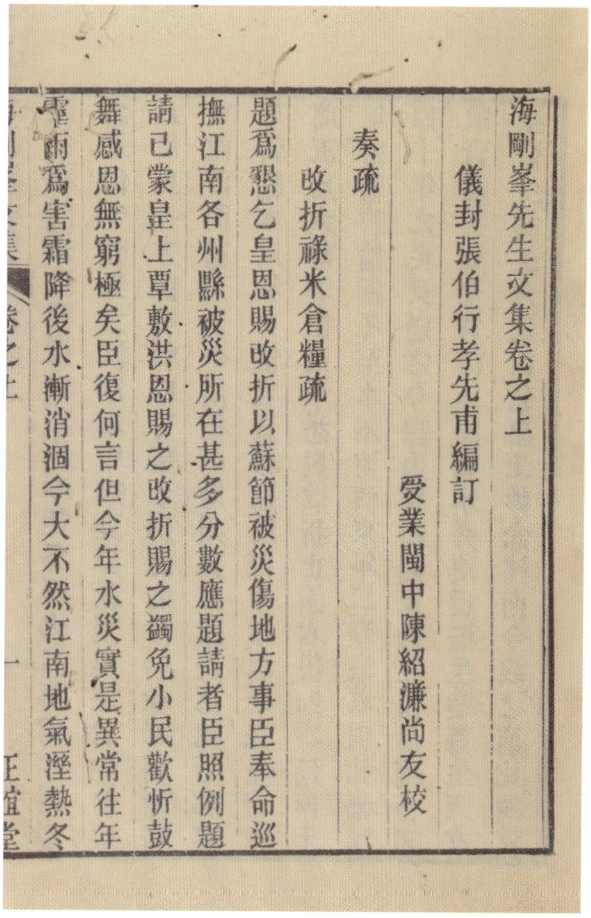

海剛峯先生文集卷之上

儀封張伯行孝先甫編訂

受業閩中陳紹濂尚友校

奏疏

改折祿米倉糧疏

題爲懇乞皇恩賜改折以蘇節被災傷地方事臣奉命巡撫江南各州縣被災所在甚多分數應題請者臣照例題請已蒙皇上覃敷洪恩賜之改折賜之蠲免小民歡忻鼓舞感恩無窮極矣臣復何言但今年水災實是異常往年霪雨爲害霜降後水漸消涸今大不然江南地氣溼熱冬

0209　350000-2016-0000290　戊3　類叢部/叢書類/彙編之屬

**增訂漢魏叢書九十六種（存三十種）**　（清）王謨輯　清宣統三年（1911）上海大通書局石印本　版框高17.4厘米，寬11.2厘米；开本高20厘米，寬13.5厘米。

0210　350000-2016-0000426　戊4　類叢部/叢書類/彙編之屬

**正誼堂全書六十八種（存三種）**　（清）張伯行輯　（清）左宗棠校刊　（清）楊浚總校　清同治五年（1866）福州正誼書局刻八年至九年（1869—1870）正誼書院增補光緒十三年（1887）續增補本　版框高19.2厘米，寬13.7厘米；开本高26厘米，寬16厘米。

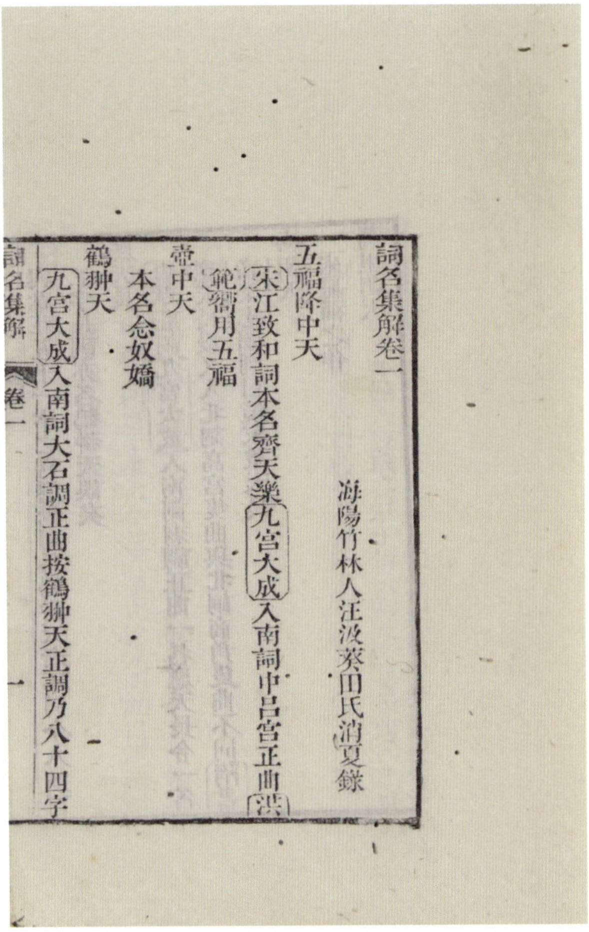
詞名集解卷一
海陽竹林人汪汲葵田氏消夏錄
五福降中天
宋江致和詞本名齊天樂九宮大成入南詞中呂宮正曲洪
紵詞用五福
壺中天
本名念奴嬌
鶴翀天
九宮大成入南詞大石調正曲按鶴翀天正調乃八十四字
詞名集解 卷一 一

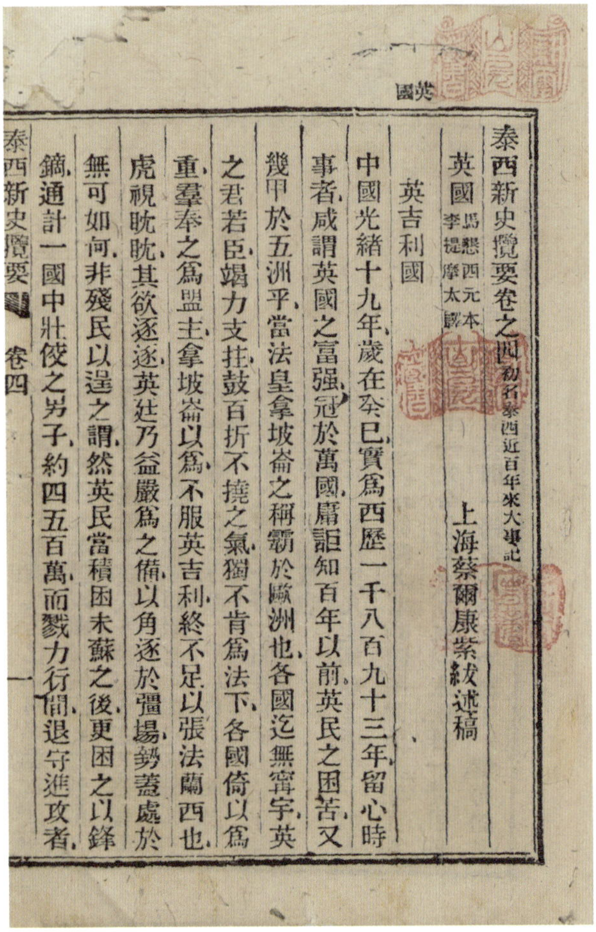
英國
泰西新史攬要卷之四 初名泰西近百年來大事記
英國 馬懇西元本 李提摩太譯
上海蔡爾康紫紱述稿
英吉利國
中國光緒十九年歲在癸巳實爲西歷一千八百九十三年留心時
事者咸謂英國之富强冠於萬國詎知百年以前英民之困苦又
幾甲於五洲乎當法皇拿坡崙之稱霸於歐洲也各國迄無寧宇英
之君若臣竭力支拄鼓百折不撓之氣獨不肯爲法下各國倚以爲
重羣奉之爲盟主拿坡崙以爲不服英吉利終不足以張法蘭西也
虎視眈眈其欲逐逐英廷乃益嚴爲之備以角逐於彊埸勢盡處於
無可如何非殘民以逞之謂然英民當積困未蘇之後更困之以鋒
鏑通計一國中壯佼之男子約四五百萬而戮力行閒退守進攻者
泰西新史攬要 卷四 一

0211　350000-2016-0000304　戊5　類叢部/叢書類/自著之屬

**古愚叢書十七種（存八種）**　（清）汪汲撰　清乾隆嘉慶古愚山房刻清末二銘草堂重修本　版框高14厘米，寬9.8厘米；开本高26.5厘米，寬15.8厘米；9行，行二十四字，小字雙行，行二十四字，白口。

0212　350000-2016-0000318　己1　新學/史志/別國史

**泰西新史攬要二十四卷**　（英國）馬懇西撰　（英國）李提摩太譯　（清）蔡爾康述　清光緒鉛印本　版框高18厘米，寬11.5厘米；开本高20厘米，寬13厘米；白口，左右雙邊。

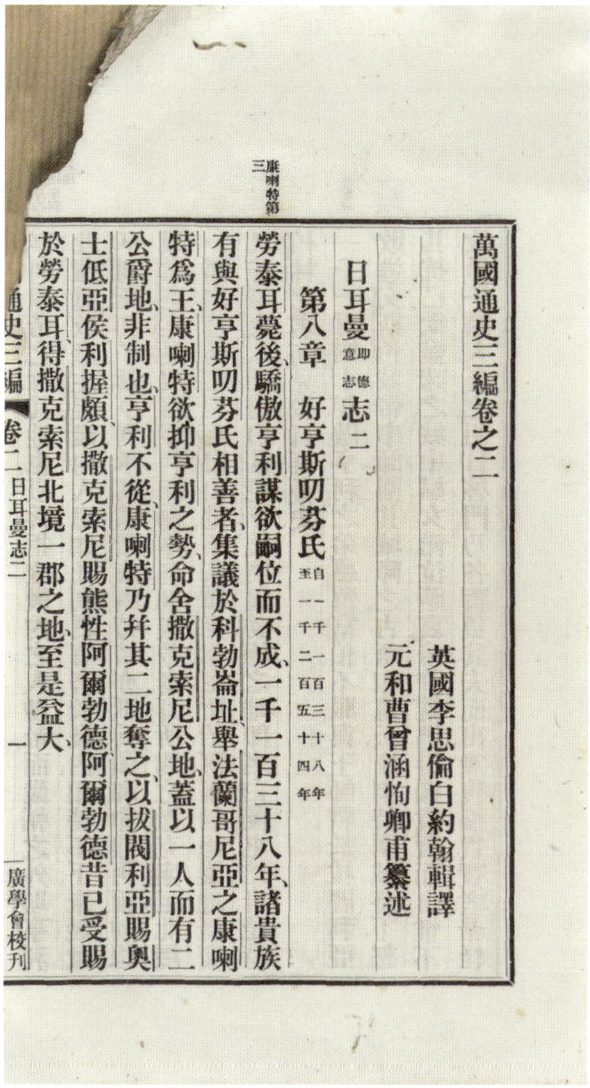


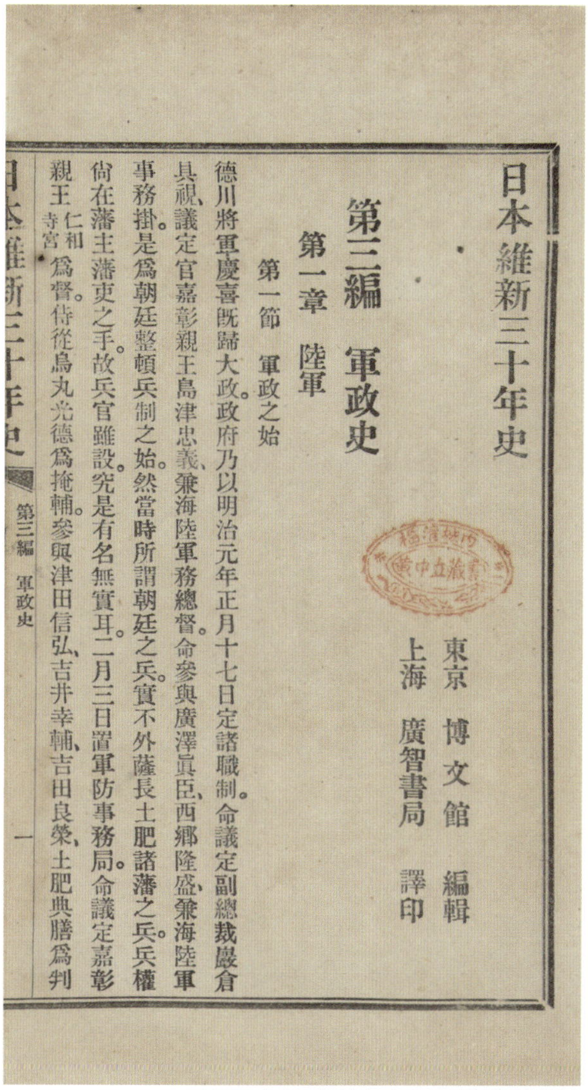


0213　350000-2016-0000085　己2　新學/史志/諸國史

**萬國通史前編十卷續編十卷三編十卷**　（英國）李思倫白輯譯　清光緒三十一年（1905）上海廣學會鉛印本　版框高21.5厘米，寬13.5厘米；开本高29.3厘米，寬17.5厘米；十一行，行二十七字，白口，四周雙邊。

0214　350000-2016-0000118　己3　新學/史志/别國史

**日本維新三十年史十二編附表**　（日本）東京博文館編輯　（清）上海廣智書局譯　清光緒二十九年（1903）上海廣智書局鉛印本　版框高17.5厘米，寬11.2厘米；开本高22厘米，寬14厘米。

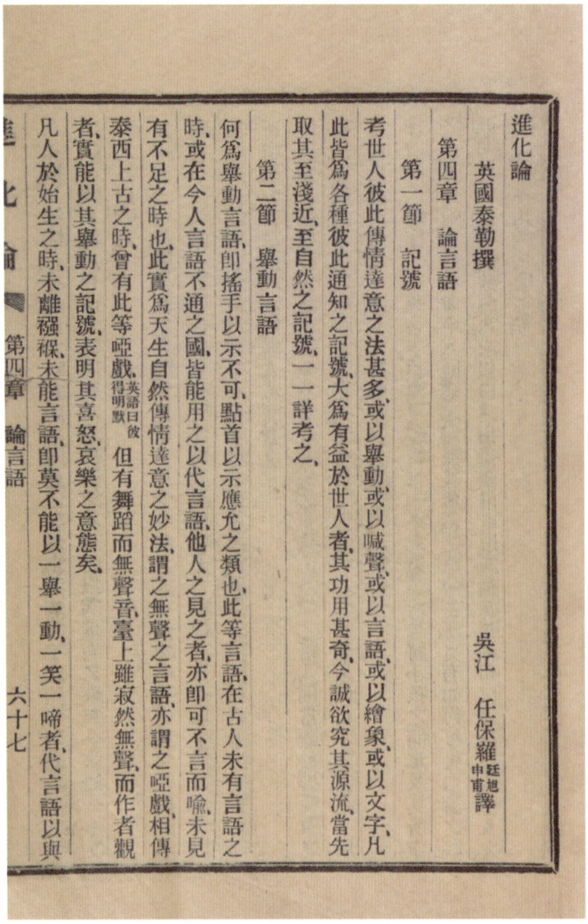

0215　350000-2016-0000271　己4　新學/全體學

**進化論四卷十六章**　（英國）泰勒撰　（清）任保羅譯　清光緒二十九年（1903）上海廣學會鉛印本　版框高19.6厘米，寬14厘米；开本高26厘米，寬16厘米。

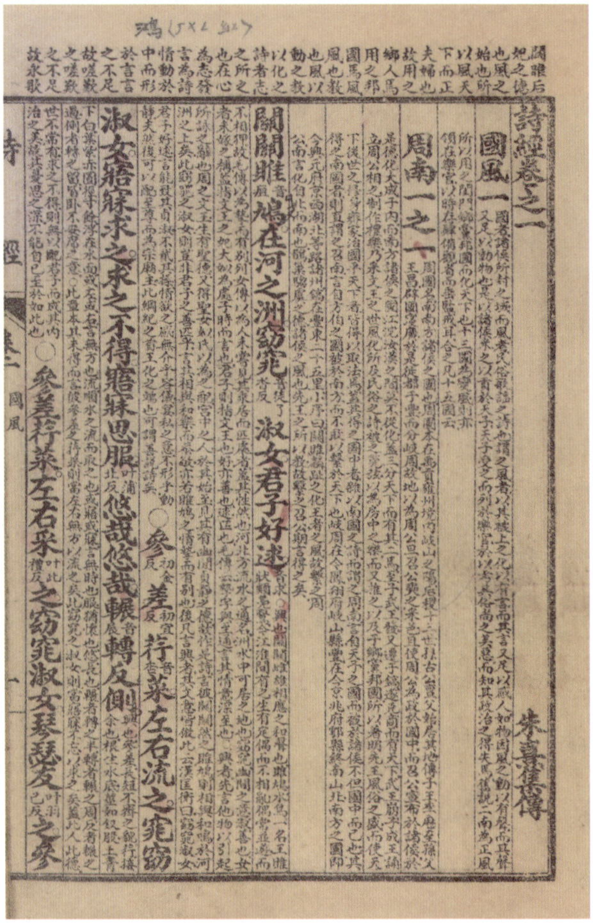

0216　350000-2016-0000116　甲1　經部/詩類/傳説之屬

**監本詩經八卷**　（宋）朱熹集傳　民國十八年（1929）上海昌文書局石印本　版框高17.5厘米，寬11.8厘米；开本高20.2厘米，寬13.4厘米；石印本，白口，四周雙邊，綫裝。

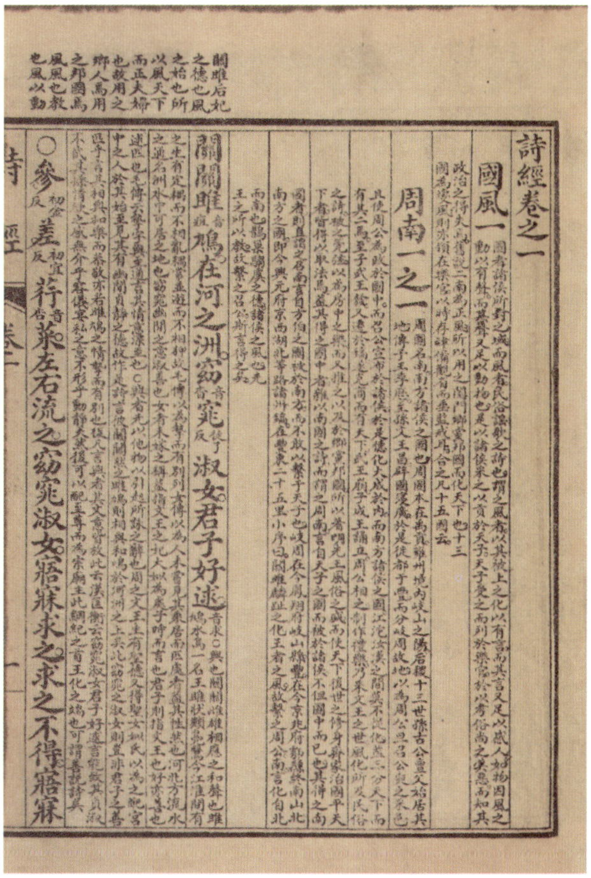

0218　350000-2016-0000139　甲3　經部/詩類/傳説之屬

**詩經集傳八卷**　（宋）朱熹撰　民國六年（1917）上海共和書局石印本　版框高16.6厘米，寬12.2厘米；开本高20.1厘米，寬13.4厘米；石印本，綫裝。

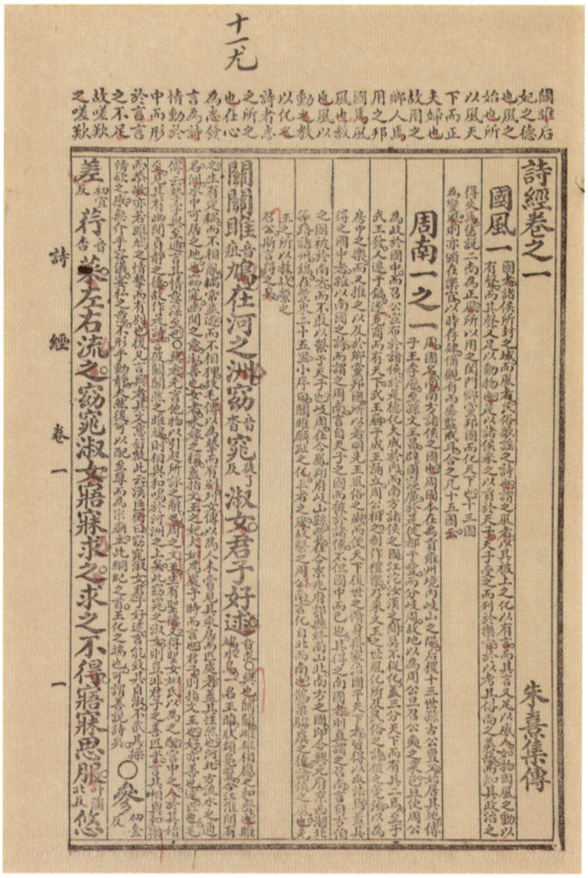

0220　350000-2016-0000113　甲5　經部/詩類/傳説之屬

**詩經集傳八卷**　（宋）朱熹集傳　民國二十四年（1935）石印本　版框高14.2厘米，寬11.5厘米；开本高18.8厘米，寬13.1厘米；石印本，白口，四周雙邊，綫裝。

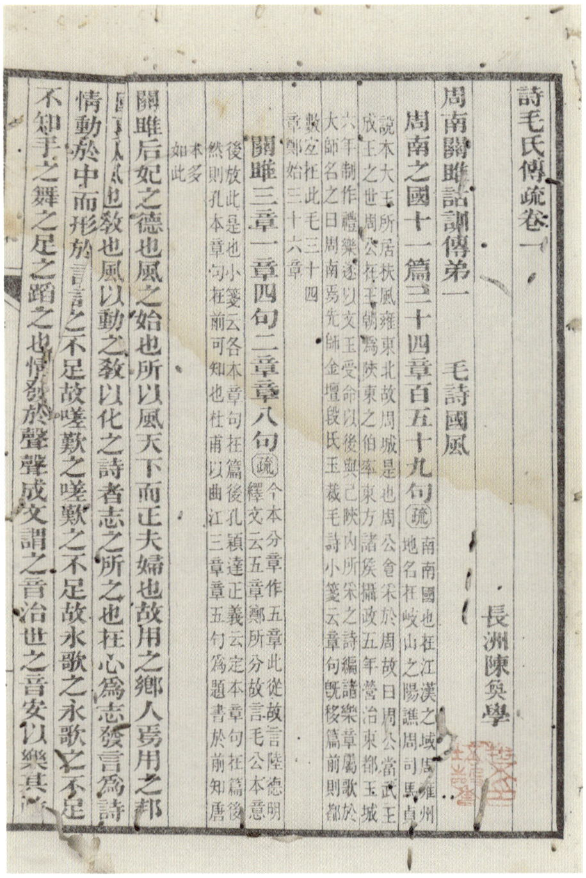

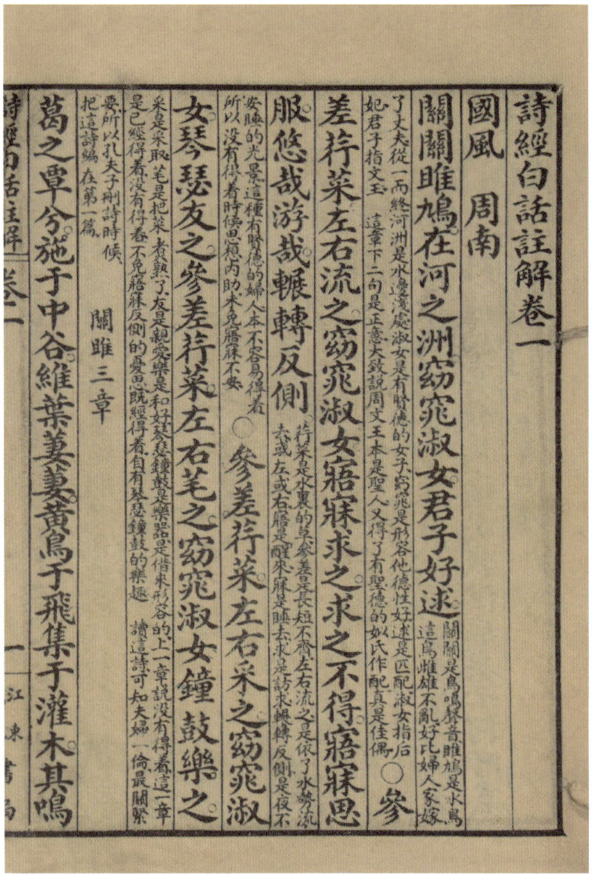

0223　350000-2016-0000373　甲8　經部/詩類/傳說之屬

**陈氏毛詩五種**　（清）陳奐撰　民國影印本　版框高16.4厘米，寬12.1厘米；开本高20厘米，寬13.5厘米；陳氏毛詩五種，影印本，上下黑口，左右雙邊，綫裝。

0224　350000-2016-0000097　甲9　經部/詩類/傳說之屬

**詩經白話註解八卷**　不著撰者注　民國七年（1918）上海江東茂記書局石印本　版框高17.4厘米，寬12.7厘米；开本高20.5厘米，寬14.3厘米；石印本，綫裝。

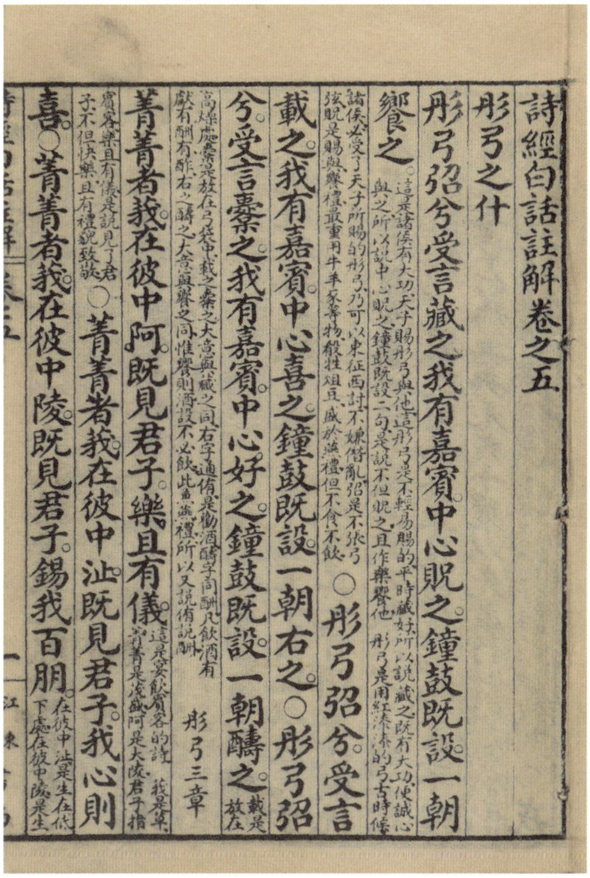


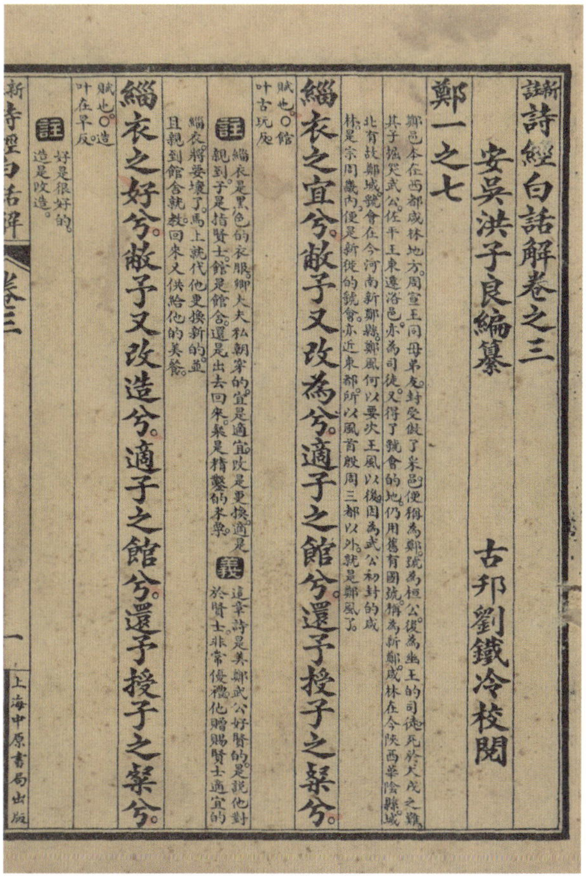


0226　350000-2016-0000254　甲11　經部/詩類/傳説之屬

詩經白話註解八卷　不著撰者　民國江東茂记書局石印本　版框高16.8厘米，寬12厘米；开本高19.8厘米，寬13.4厘米；石印本，白口，四周單邊，綫裝。

0227　350000-2016-0000018　甲12　經部/詩類/傳説之屬

新註詩經白話解八卷　洪子良編纂　民國上海中原書局石印本　版框高17.1厘米，寬12厘米；开本高20.4厘米，寬13.5厘米；石印本，十二行，行二十三字，小字雙行，行四十六字，下黑口，四周雙邊，綫裝。

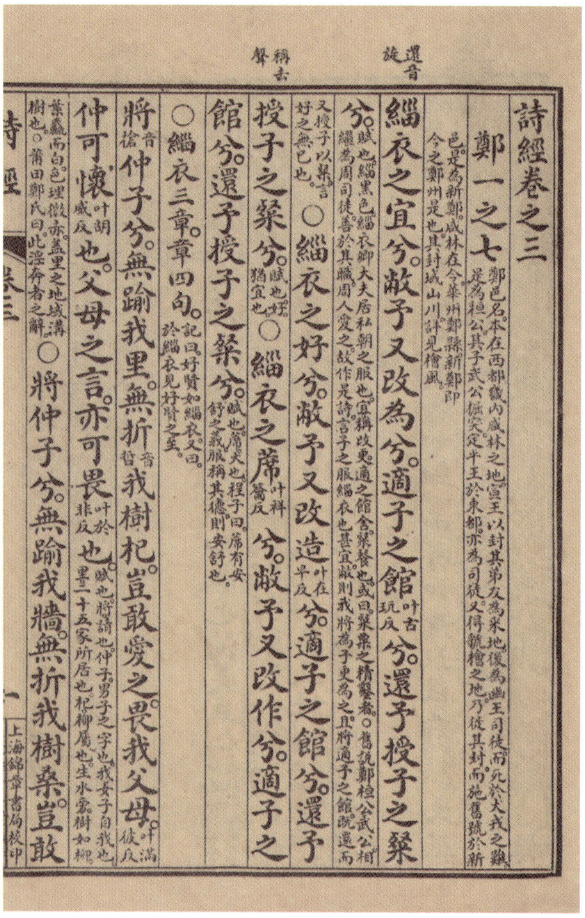

詩經卷之三

鄭一之七

緇衣之宜兮。敝予又改為兮。適子之館兮。還予授子之粲兮。

緇衣之好兮。敝予又改造兮。適子之館兮。還予授子之粲兮。

緇衣之蓆兮。敝予又改作兮。適子之館兮。還予授子之粲兮。

緇衣三章章四句。

將仲子兮。無踰我里。無折我樹杞。豈敢愛之。畏我父母。仲可懷也。父母之言。亦可畏也。

將仲子兮。無踰我牆。無折我樹桑。豈敢

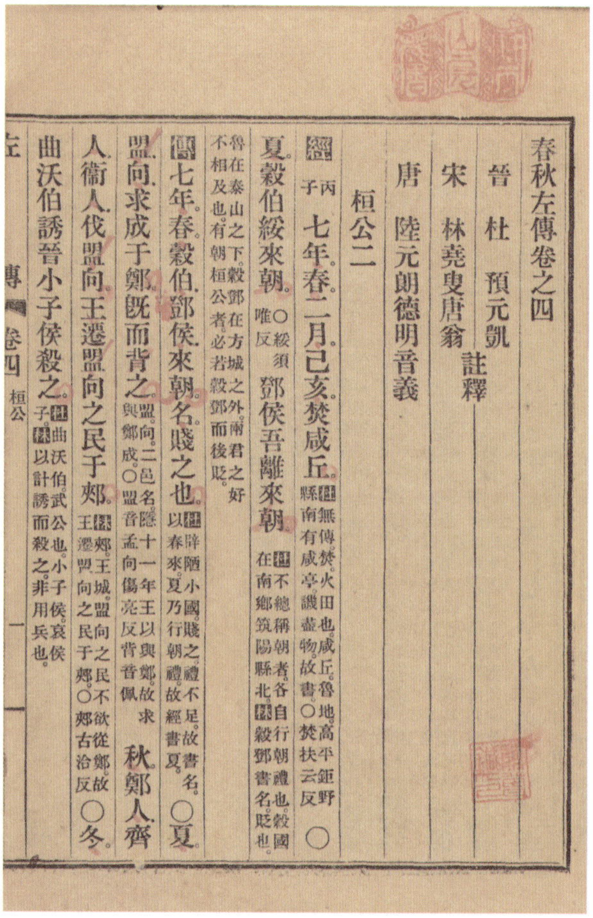

春秋左傳卷之四

晉 杜預元凱

宋 林堯叟唐翁 註釋

唐 陸元朗德明音義

桓公二

經 七年春二月己亥。焚咸丘。

夏。穀伯綏來朝。鄧侯吾離來朝。

傳 七年春。穀伯鄧侯來朝。名。賤之也。

夏。盟向求成于鄭。既而背之。

秋。鄭人齊人衛人伐盟向。王遷盟向之民于郟。

冬。曲沃伯誘晉小子侯殺之。

0228 350000-2016-0000101 甲13 經部/詩類/傳說之屬

**五彩繪圖監本詩經八卷** 不著撰者 民國上海錦章書局石印本 版框高17.9厘米，寬12.5厘米；开本高20.4厘米，寬13.5厘米；石印本，綫裝。

0229 350000-2016-0000327 甲14 經部/春秋左傳類/傳說之屬

**春秋左傳五十卷** （晉）杜預注釋 （宋）林堯叟注釋 （唐）陸德明音義 民國上海商務印書館鉛印本 版框高15.8厘米，寬11.7厘米；开本高20厘米，寬13.5厘米；鉛印本，白口，四周雙邊，綫裝。

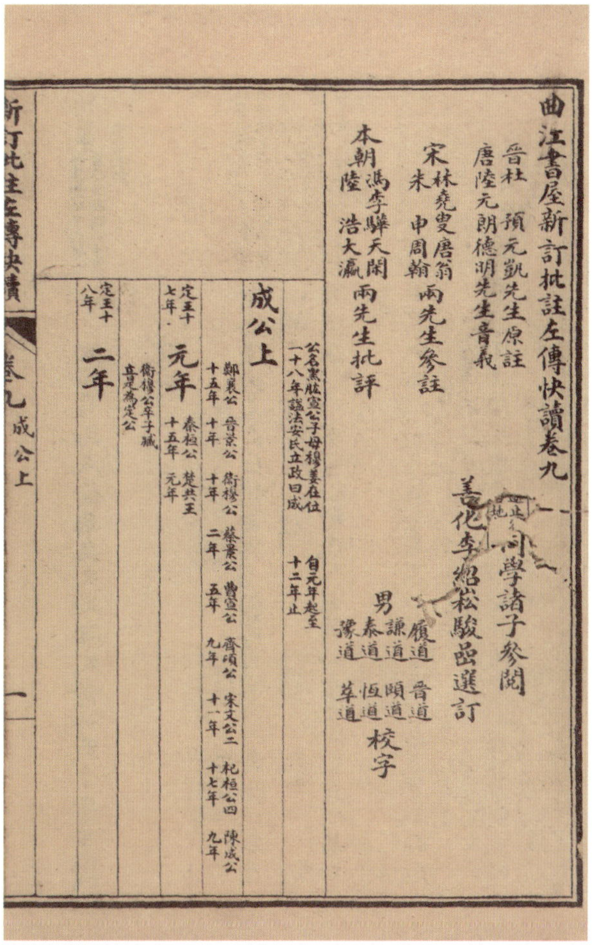

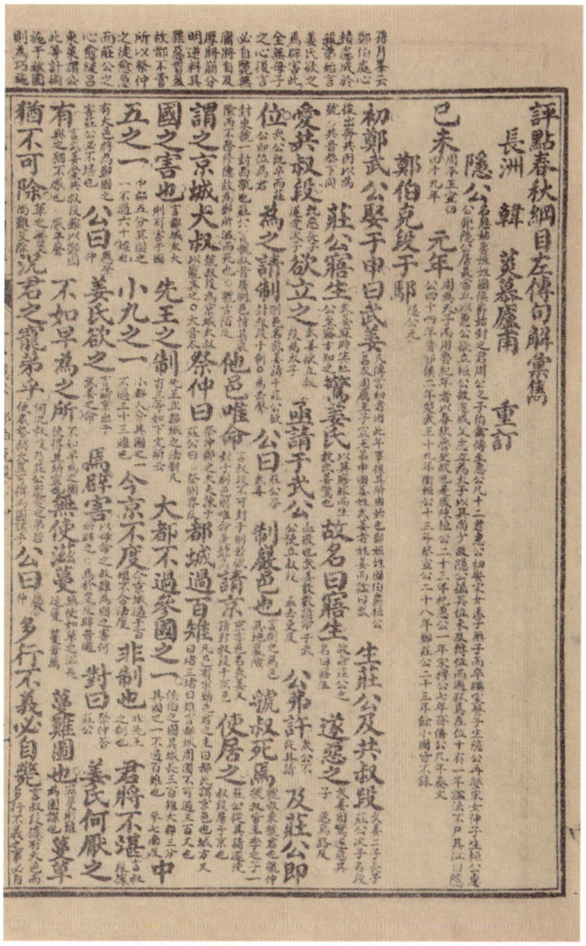

0230　350000-2016-0000360　甲15　經部/春秋左傳類/傳説之屬

**曲江書屋新訂批註左傳快讀十八卷首一卷**　（晋）杜預注釋　（唐）陸德明音義　（宋）林堯叟　（宋）朱申參注　（清）李紹崧選訂　民國石印本　版框高17.3厘米，寬12厘米；开本高20厘米，寬13.5厘米；石印本，白口，四周雙邊，綫裝。

0232　350000-2016-0000130　甲17　經部/春秋左傳類/傳説之屬

**評點春秋綱目左傳句解彙雋六卷**　（清）韓菼重訂　民國五年（1916）上海章福記書局石印本　版框高18.1厘米，寬11.5厘米；开本高20.4厘米，寬13.5厘米；石印本，白口，四周雙邊，綫裝。

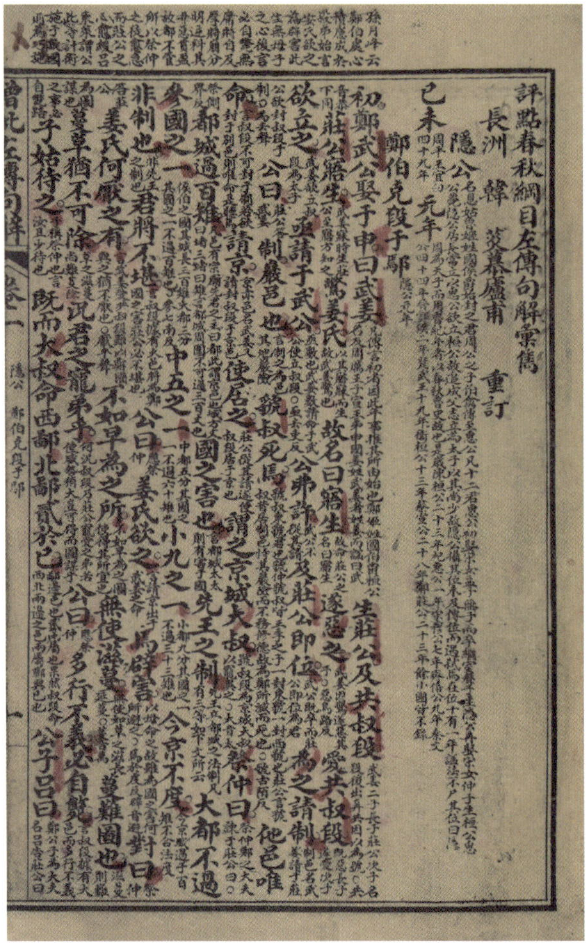

0236　350000-2016-0000182　甲21　經部/春秋左傳類/傳說之屬

評點春秋綱目左傳句解彙雋六卷　（清）韓菼重訂　民國九年（1920）上海天寶書局石印本　版框高18厘米，寬12厘米；开本高20.8厘米，寬13.5厘米；石印本，白口，四周雙邊，綫裝。

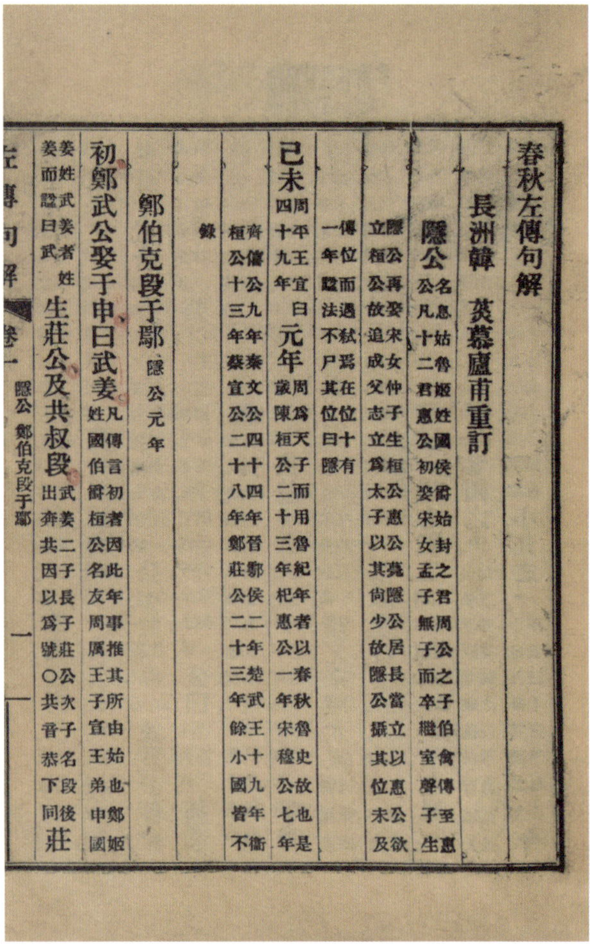

0238　350000-2016-0000316　甲23　經部/春秋左傳類/傳說之屬

春秋左傳句解六卷　（清）韓菼重訂　民國上海商務印書館鉛印本　版框高16厘米，寬11.5厘米；开本高20.3厘米，寬13.5厘米；鉛印本，下黑口，四周雙邊，綫裝。

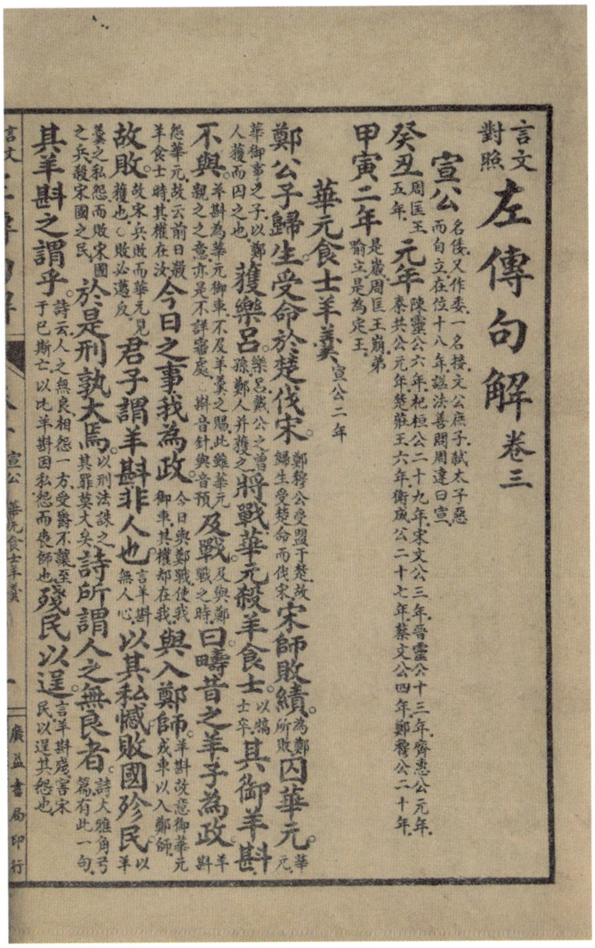

0240　350000-2016-0000267　甲25　經部/春秋左傳類/傳説之屬

**言文對照左傳句解六卷**　上海廣益書局編譯　民國二十三年（1934）上海廣益書局石印本　版框高16.5厘米，寬11.3厘米；开本高20厘米，寬13厘米；石印本，下黑口，四周單邊，綫裝。

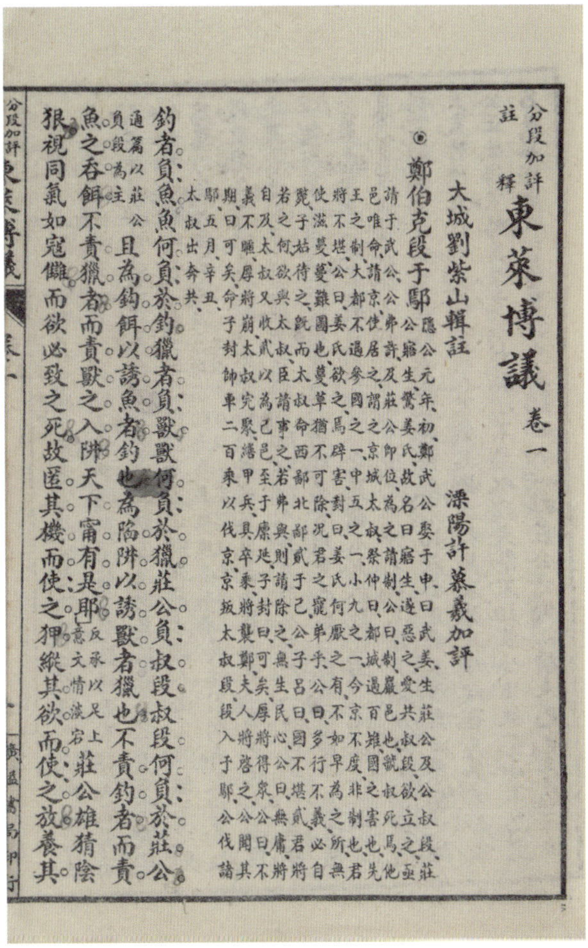

0245　350000-2016-0000020　甲30　經部/春秋左傳類/傳説之屬

**分段加評註釋東萊博議四卷**　（宋）呂祖謙撰　（清）劉紫山輯注　（清）許慕羲加評　民國十三年（1924）上海廣益書局石印本　版框高17厘米，寬11.4厘米；开本高20厘米，寬13.5厘米；石印本，綫裝。

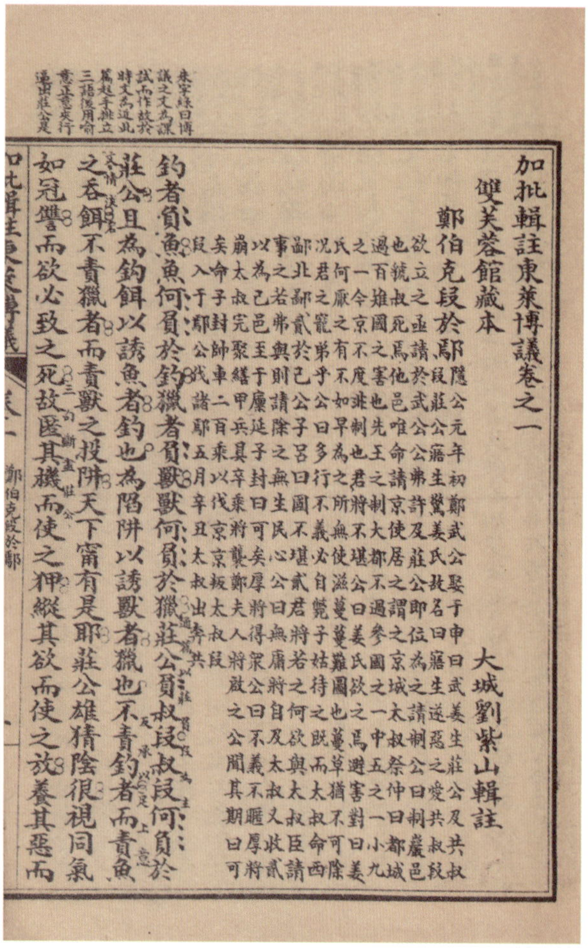

加批輯註東萊博議卷之一
雙芙蓉館藏本
鄭伯克段於鄢
大城劉紫山輯註
釣者負魚，魚何負於釣？獵者負獸，獸何負於獵？莊公負叔段，叔段何負於莊公？且為鈎餌以誘魚者，釣也；為陷阱以誘獸者，獵也。不責釣者而責魚之吞餌，不責獵者而責獸之投阱，天下寧有是耶？莊公雄猜陰很，視同氣如寇讐，而欲必致之死，故匿其機而使之狎，縱其欲而使之放，養其惡而

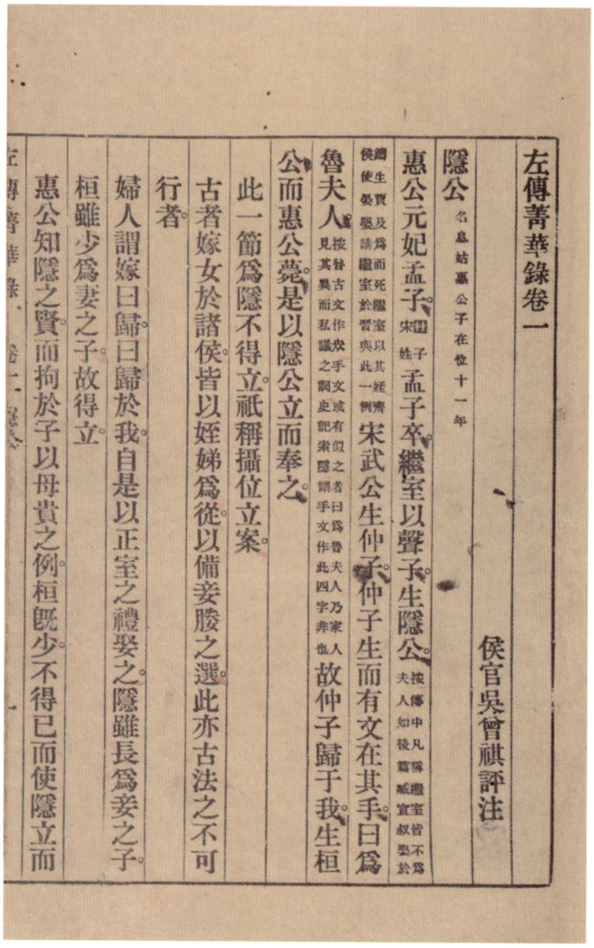

左傳菁華錄卷一
侯官吳曾祺評注
隱公
惠公元妃孟子。孟子卒，繼室以聲子，生隱公。宋武公生仲子。仲子生而有文在其手，曰為魯夫人，故仲子歸于我。生桓公而惠公薨，是以隱公立而奉之。
此一節為隱不得立，祇稱攝位立案。
古者嫁女於諸侯，皆以姪娣為從，以備妾媵之選，此亦古法之不可行者。
婦人謂嫁曰歸，曰歸於我，自是以正室之禮娶之，隱雖長為妾之子，桓雖少為妻之子，故得立。
惠公知隱之賢，而拘於子以母貴之例，桓既少，不得已而使隱立而

0246　350000-2016-0000303　甲31　經部/春秋左傳類/傳說之屬

**加批輯註東萊博議四卷**　（宋）呂祖謙撰　（清）劉鍾英輯注　民國十二年（1923）上海掃葉山房石印本　版框高16厘米，寬11.4厘米；开本高20厘米，寬13.5厘米；石印本，白口，四周雙邊，綫裝。

0248　350000-2016-0000278　甲33　經部/春秋左傳類/傳說之屬

**左傳菁華錄二十四卷**　（清）吳曾祺評注　民國商務印書館鉛印本　版框高15.5厘米，寬11厘米；开本高20厘米，寬13.3厘米；鉛印本，白口，四周單邊，綫裝。

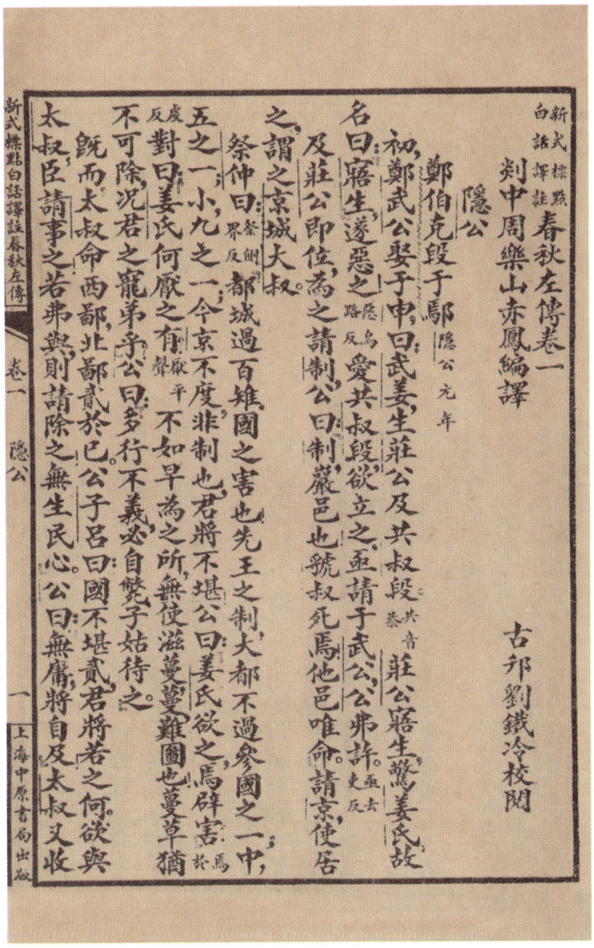

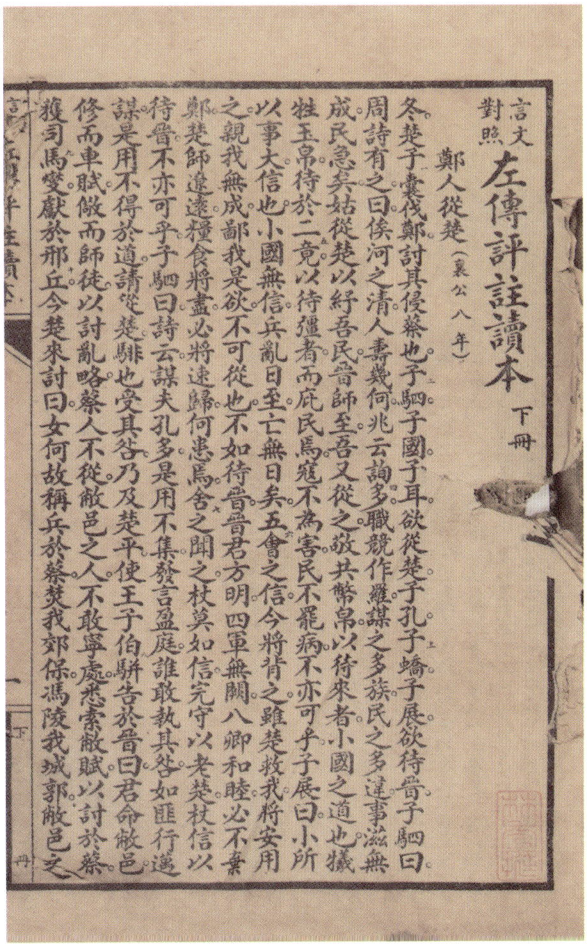

0249　350000-2016-0000311　甲34　經部/春秋左傳類/傳說之屬

新式標點白話譯註春秋左傳六卷　周樂山編譯　民國十五年（1926）上海中原書局石印本　版框高17厘米，寬11.5厘米；开本高20.2厘米，寬13.8厘米；石印本，上下黑口，四周單邊，綫裝。

0250　350000-2016-0000364　甲35　經部/春秋左傳類/傳說之屬

言文對照左傳評註讀本不分卷　秦同培輯　民國十三年（1924）上海世界書局石印本　版框高17厘米，寬11.3厘米；开本高20厘米，寬13.5厘米；石印本，下黑口，四周單邊，綫裝。

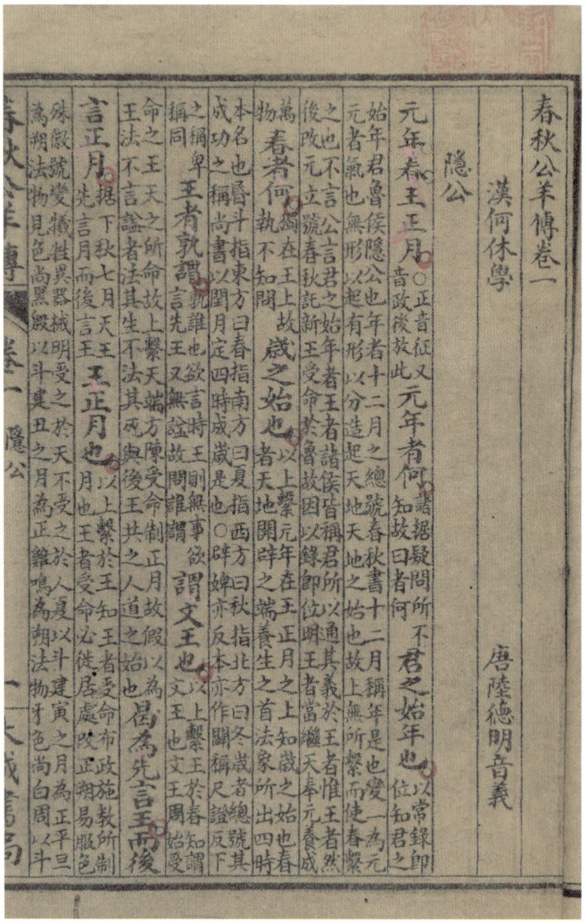
春秋公羊傳卷一
漢何休學　唐陸德明音義
隱公
元年春王正月○正音征又音政後放此 元年者何 諸據疑問所不知故曰者何 君之始年也 以常錄即位知君之
始年君魯侯隱公也年者十二月之總號春秋書十二月稱年是也變一為元
元者氣也無形以起有形以分造起天地天地之始也故上無所繫而使春繫
之也不言公言君之始年者王者諸侯皆稱君所以通其義於王者惟王者然
後改元立號春秋託新王受命於魯故因以錄即位明王者當繼天奉元養成
萬物 春者何 獨在王上故問之 歲之始也 以上繫元年在王正月之上知歲之始也春者天地開辟之端養生之首法象所出四時
本名也昏斗指東方曰春指南方曰夏指西方曰秋指北方曰冬歲者總號其
成功之稱尚書以閏月定四時成歲是也○辟婢亦反本亦作闢稱尺證反下
之稱皆同 王者孰謂 孰誰也欲言時王則無事欲言先王又無謚故問誰謂 謂文王也 以上繫王於春知謂文王也文王周始受
命之王天之所命故上繫天端方陳受命制正月故假以為王法不言謚者法其生不法其死與後王共之人道之始也 曷為先言王而後
言正月 據下秋七月天王先言月而後言王 王正月也 以上繫於王知王者受命布政施教所制月也王者受命必徙居處改正朔易服色
殊徽號變犧牲異器械明受之於天不受之於人夏以斗建寅之月為正平旦
為朔法物見色尚黑殷以斗建丑之月為正雞鳴為朔法物牙色尚白周以斗
春秋公羊傳　卷一　隱公　一　大成書局

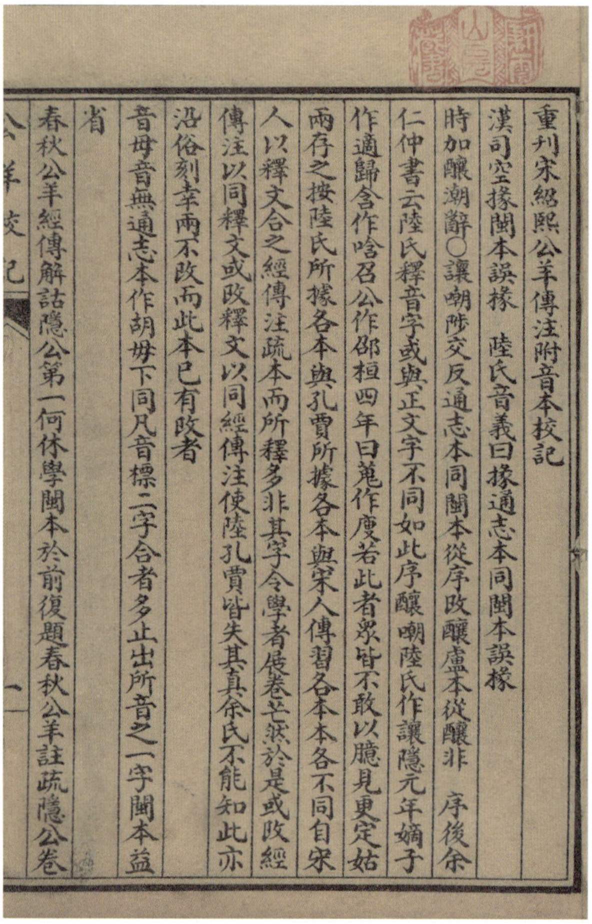
重刊宋紹熙公羊傳注附音本校記
漢司空掾閩本誤掾　陸氏音義曰掾通志本同閩本誤掾
時加釀潮辭○讓嘲陟交反通志本同閩本從序改釀盧本從釀非　序後余
仁仲書云陸氏釋音字或與正文字不同如此序釀嘲陸氏作讓隱元年嫡子
作適歸含作啥召公作邵桓四年曰蒐作廋若此者衆皆不敢以臆見更定姑
兩存之按陸氏所據各本與孔賈所據各本與宋人傳習各本本各不同自宋
人以釋文合之經傳注疏本而所釋多非其字今學者展卷茫然於是或改經
傳注以同釋文或改釋文以同經傳注使陸孔賈皆失其真余氏不能知此亦
沿俗刻本兩不改而此本已有改者
音毋音無通志本作胡毋下同凡音標二字合者多止出所音之一字閩本益
省
春秋公羊經傳解詁隱公第一何休學閩本於前復題春秋公羊註疏隱公卷
公羊校記　一

0251　350000-2016-0000314　甲36　經部/春秋公羊傳類/傳說之屬

**春秋公羊傳二十八卷**　（漢）何休注　（唐）陸德明音義　民國五年（1916）大成書局石印本　版框高17.5厘米，寬12.3厘米；开本高20厘米，寬13.5厘米；石印本，白口，四周雙邊，綫裝。

0252　350000-2016-0000449　甲37　經部/春秋公羊傳類/傳說之屬

**春秋公羊傳讀本十二卷**　（漢）何休解詁　（唐）陸德明音義　**重刊宋紹熙公羊傳注附音本校記一卷**　（清）魏彥撰　民國十三經讀本石印本　版框高17.4厘米，寬12.1厘米；开本高20厘米，寬13.4厘米；十三經讀本，石印本，綫裝。

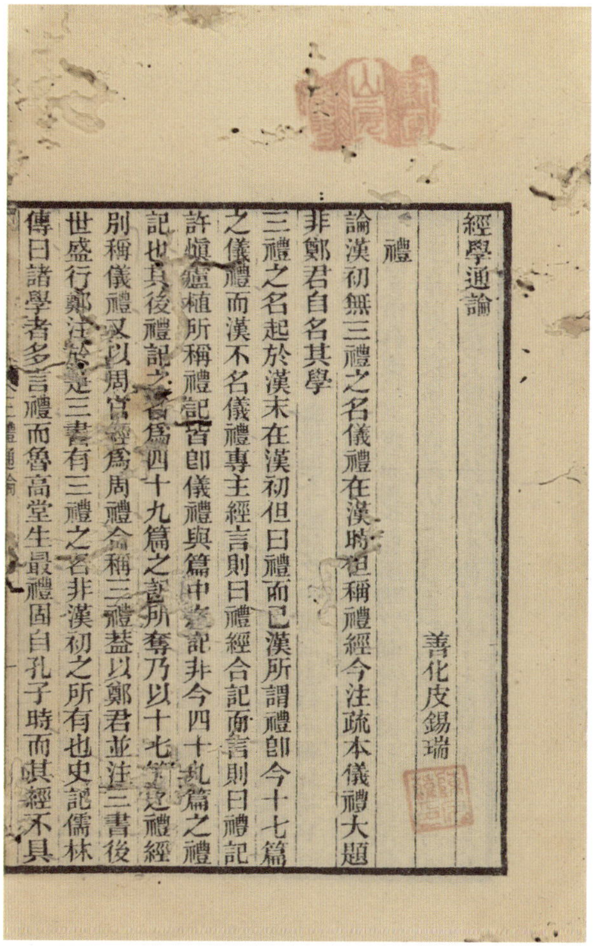

經學通論

善化皮錫瑞

禮

論漢初無三禮之名儀禮在漢時但稱禮經今注疏本儀禮大題非鄭君自名其學

三禮之名起於漢末在漢初但曰禮而已漢所謂禮卽今十七篇之儀禮而漢不名儀禮專主經言則曰禮經合記而言則曰禮記許愼盧植所稱禮記皆卽儀禮與篇中之記非今四十九篇之禮記也其後禮記之名爲四十九篇之記所奪乃以十七篇之禮經別稱儀禮又以周官經爲周禮合稱三禮蓋以鄭君並注三書後世盛行鄭注於是三書有三禮之名非漢初之所有也史記儒林傳曰諸學者多言禮而魯高堂生最禮固自孔子時而其經不具

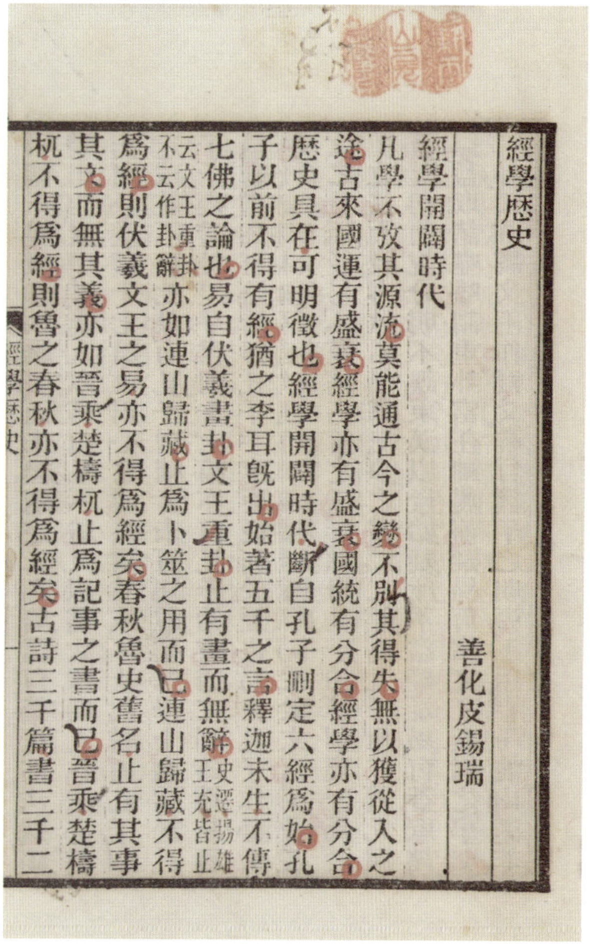

經學歷史

善化皮錫瑞

經學開闢時代

凡學不攷其源流莫能通古今之變不別其得失無以獲從入之途古來國運有盛衰經學亦有盛衰國統有分合經學亦有分合歷史具在可明徵也經學開闢時代斷自孔子刪定六經爲始孔子以前不得有經猶之李耳旣出始著五千之言釋迦未生不傳七佛之論也易自伏羲畫卦文王重卦止有畫而無辭（史遷揚雄王充皆止云文王重卦不云作卦辭）亦如連山歸藏止爲卜筮之用而已連山歸藏不得爲經則伏羲文王之易亦不得爲經矣春秋魯史舊名止有其事其文而無其義亦如晉乘楚檮杌止爲記事之書而已晉乘楚檮杌不得爲經則魯之春秋亦不得爲經矣古詩三千篇書三千二

0253　350000-2016-0000042　甲38　經部/羣經總義類/傳説之屬

**經學通論五卷**　（清）皮錫瑞撰　民國十三年（1924）上海商務印書館石印本　版框高14.1厘米，寬10.1厘米；开本高20厘米，寬13.5厘米；石印本，白口，左右雙邊，綫裝。

0254　350000-2016-0000039　甲39　經部/羣經總義類/授受源流之屬

**經學歷史不分卷**　（清）皮錫瑞撰　民國十九年（1930）上海掃葉山房石印本　版框高16.6厘米，寬11.6厘米；开本高20.5厘米，寬13.4厘米；石印本，白口，左右雙邊，綫裝。

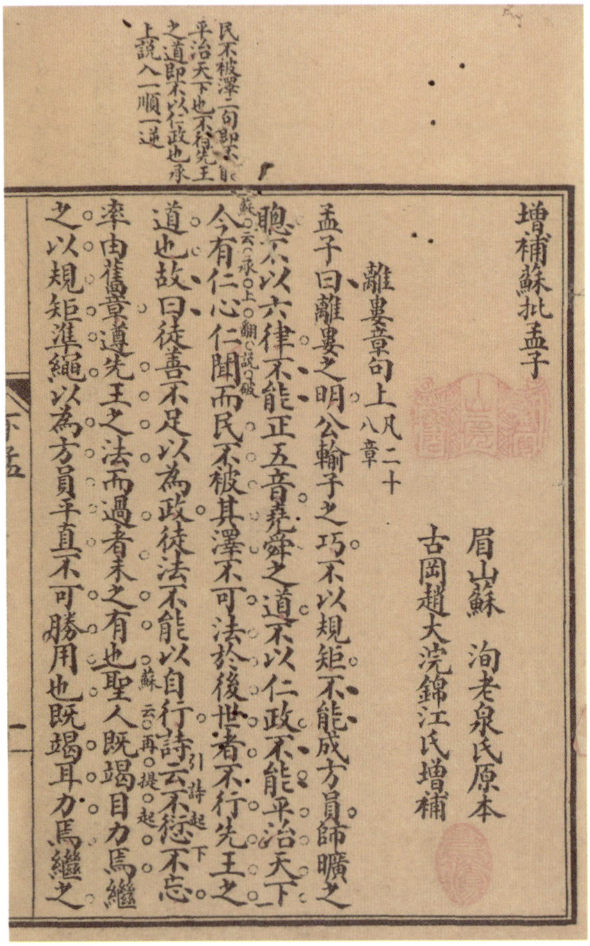


0255　350000-2016-0000435　甲40　經部/四書類/孟子之屬/傳說

增補蘇批孟子二卷孟子年譜一卷　（宋）蘇洵批　（清）趙大浣增補

民國石印本　版框高15.2厘米，寬11.5厘米；开本高20厘米，寬13厘米；石印本，上下黑口，四周雙邊，綫裝。

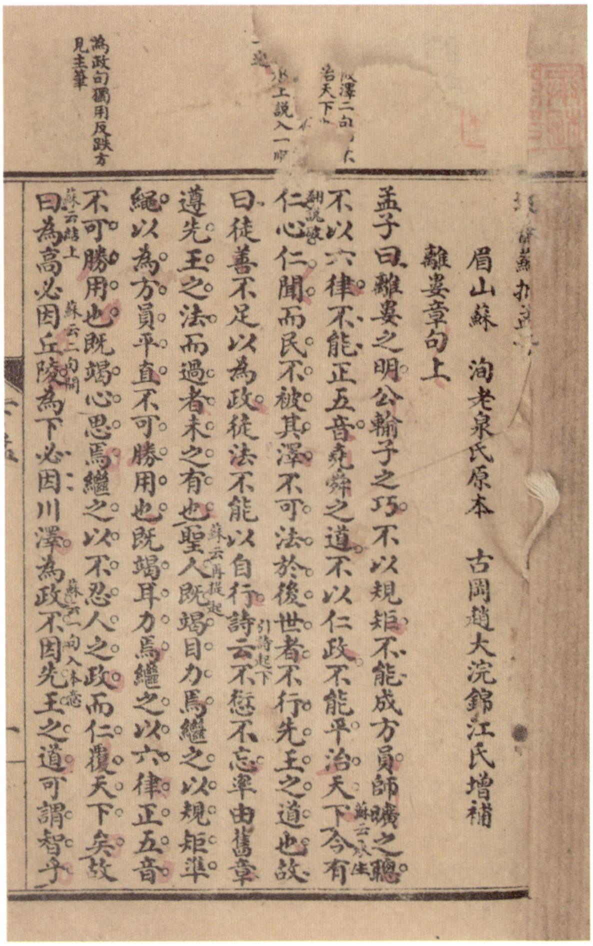


0256　350000-2016-0000416　甲41　經部/四書類/孟子之屬/傳說

增補蘇批孟子二卷孟子年譜一卷　（宋）蘇洵批　（清）趙大浣增補

民國石印本　版框高15.1厘米，寬11.5厘米；开本高20.3厘米，寬13.5厘米；石印本，上下黑口，四周雙邊，綫裝。

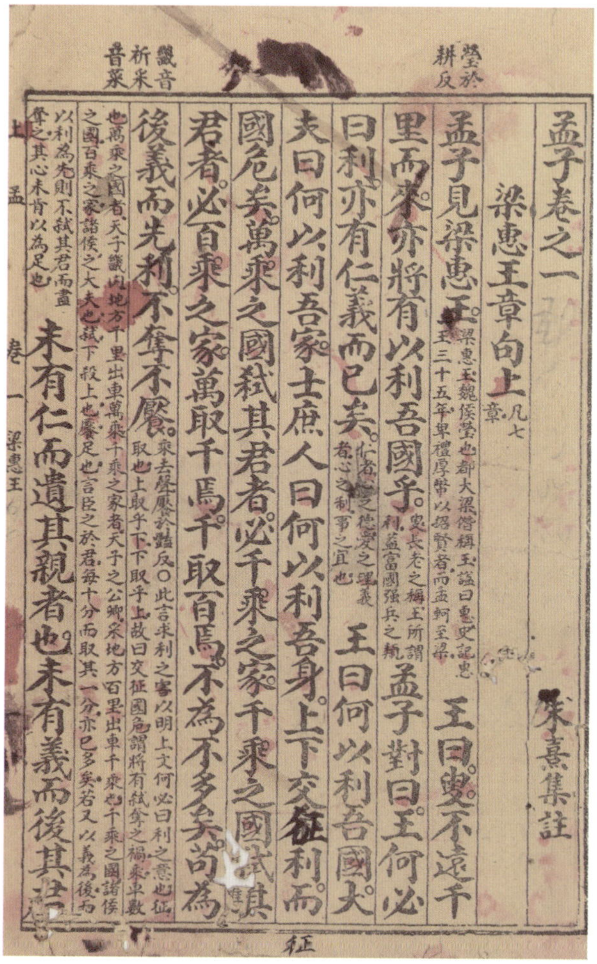

0257　350000-2016-0000173　甲42　經部/四書類/總義之屬/傳說

**四書集註十九卷**　（宋）朱熹集注　民國上海大文書局石印本　版框高16.4厘米，寬12.1厘米；开本高19厘米，寬13.4厘米；石印本，白口，四周雙邊，綫裝。

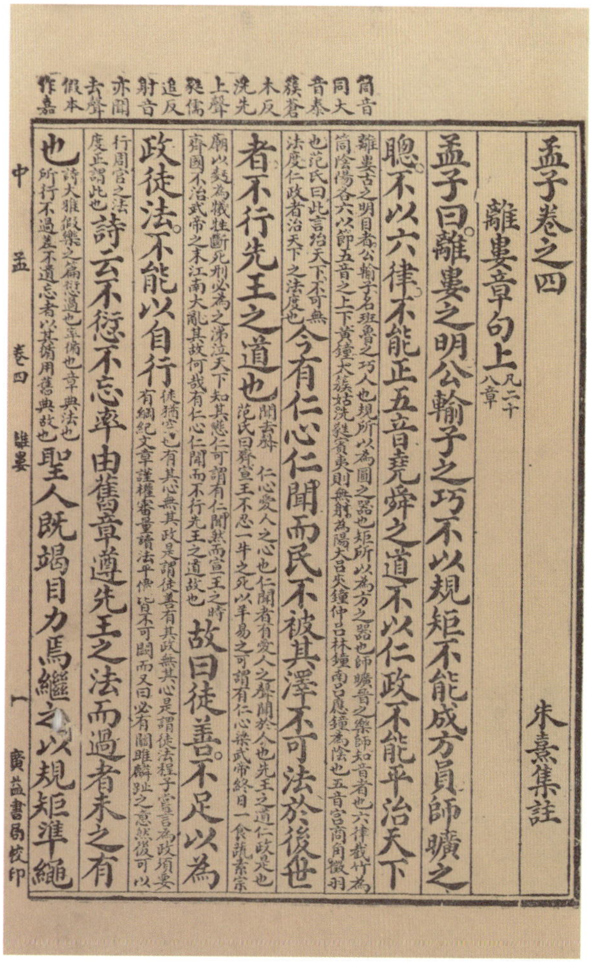

0258　350000-2016-0000222　甲43　經部/四書類/總義之屬/傳說

**四書集註十九卷**　（宋）朱熹撰　王文英校　民國二十五年（1636）上海廣益書局石印本　版框高15.1厘米，寬12厘米；开本高18.6厘米，寬13.4厘米；石印本，綫裝。

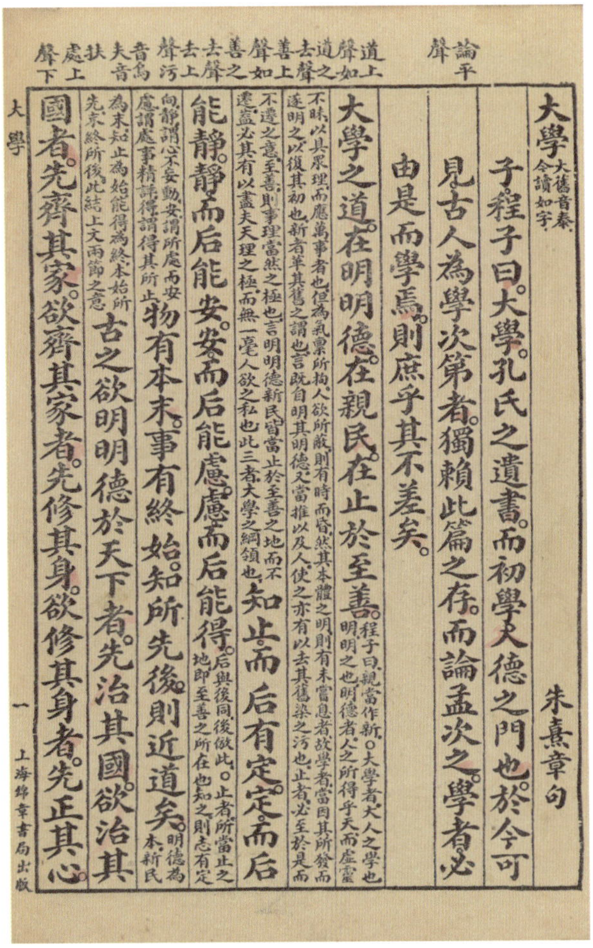

大學 朱熹章句

子程子曰。大學。孔氏之遺書。而初學入德之門也。於今可見古人為學次第者。獨賴此篇之存。而論孟次之。學者必由是而學焉。則庶乎其不差矣。

大學之道。在明明德。在親民。在止於至善。知止而后有定。定而后能靜。靜而后能安。安而后能慮。慮而后能得。物有本末。事有終始。知所先後。則近道矣。古之欲明明德於天下者。先治其國。欲治其國者。先齊其家。欲齊其家者。先修其身。欲修其身者。先正其心。

0259　350000-2016-0000451　甲44　經部/四書類/總義之屬/傳說

**四書集註十九卷**　（宋）朱熹撰　民國上海錦章書局石印本　版框高17.1厘米，寬12.2厘米；开本高20.5厘米，寬13.5厘米；石印本，綫裝。

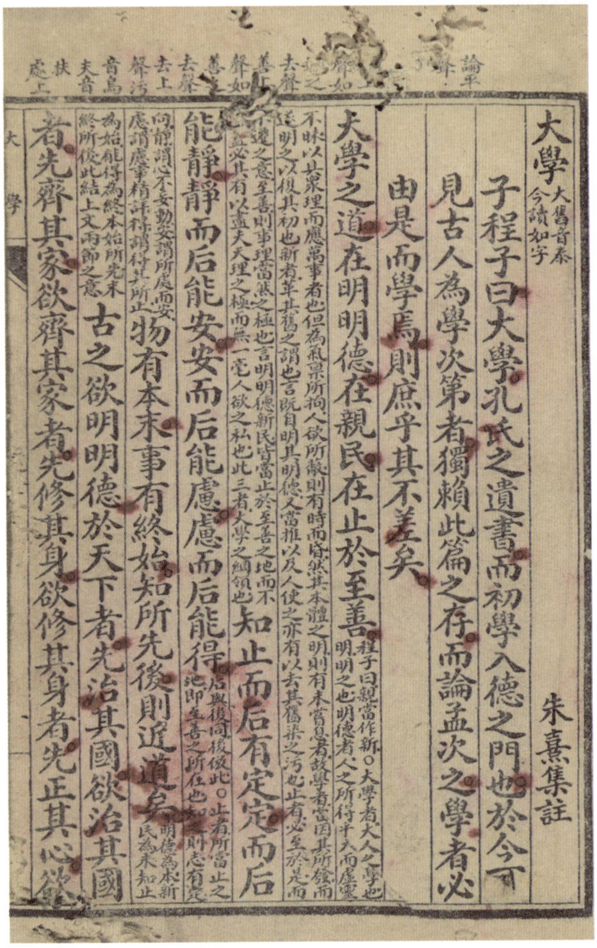

0260　350000-2016-0000125　甲45　經部/四書類/總義之屬/傳說

**四書集註十九卷**　（宋）朱熹撰　民國十六年（1927）上海昌文書局石印本　版框高17.4厘米，寬12.2厘米；开本高20厘米，寬13.5厘米；石印本，白口，四周雙邊，綫裝。

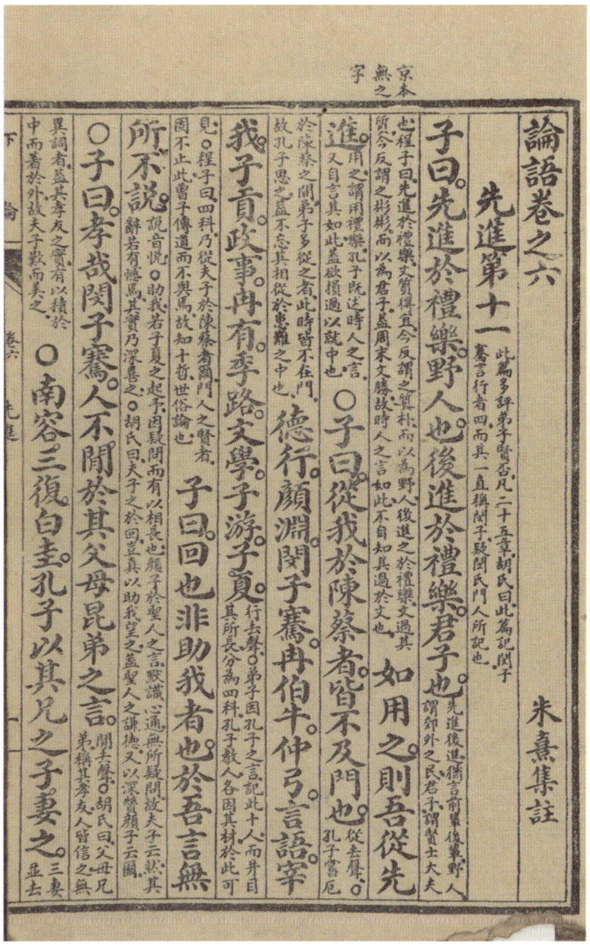
京本無之字

論語卷之六　朱熹集註

先進第十一

子曰先進於禮樂野人也後進於禮樂君子也

如用之則吾從先進

○子曰從我於陳蔡者皆不及門也

德行顏淵閔子騫冉伯牛仲弓言語宰我子貢政事冉有季路文學子游子夏

子曰回也非助我者也於吾言無所不說

○子曰孝哉閔子騫人不間於其父母昆弟之言

○南容三復白圭孔子以其兄之子妻之

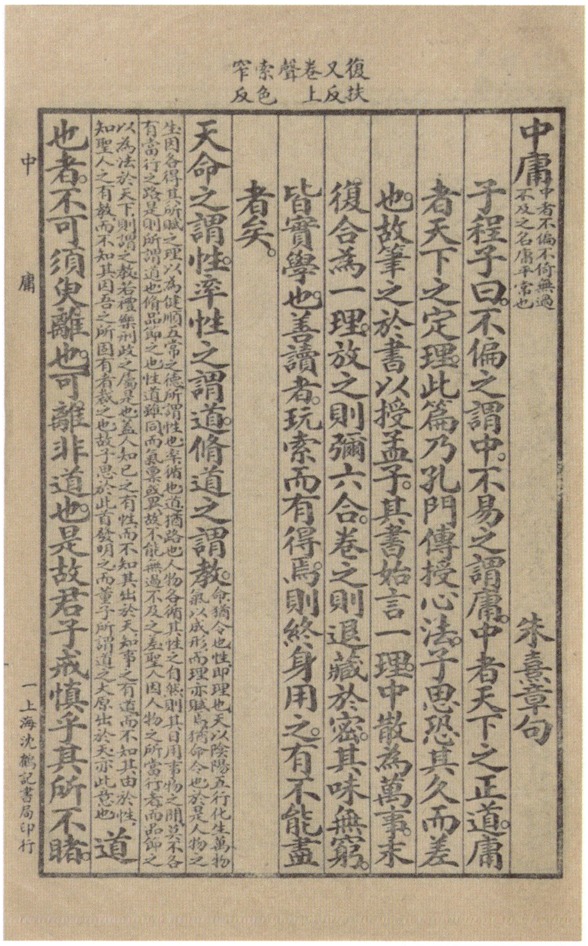
復扶又反　卷上聲　索色窄反

中庸　朱熹章句

子程子曰不偏之謂中不易之謂庸中者天下之正道庸者天下之定理此篇乃孔門傳授心法子思恐其久而差也故筆之於書以授孟子其書始言一理中散為萬事末復合為一理放之則彌六合卷之則退藏於密其味無窮皆實學也善讀者玩索而有得焉則終身用之有不能盡者矣

天命之謂性率性之謂道脩道之謂教

道也者不可須臾離也可離非道也是故君子戒慎乎其所不睹

中庸　一　上海沈鶴記書局印行

0262　350000-2016-0000341　甲47　經部/四書類/總義之屬/傳説

**四書集註十九卷**　（宋）朱熹撰　民國十六年（1927）上海昌文書局石印本　版框高17.3厘米，寬12厘米；开本高20厘米，寬13.5厘米；石印本，白口，四周雙邊，綫裝。

0263　350000-2016-0000164　甲48　經部/四書類/總義之屬/傳説

**四書集註十九卷**　（宋）朱熹撰　民國上海沈鶴記書局石印本　版框高16.5厘米，寬11.8厘米；开本高20.3厘米，寬13.7厘米；石印本，白口，四周單邊，綫裝。

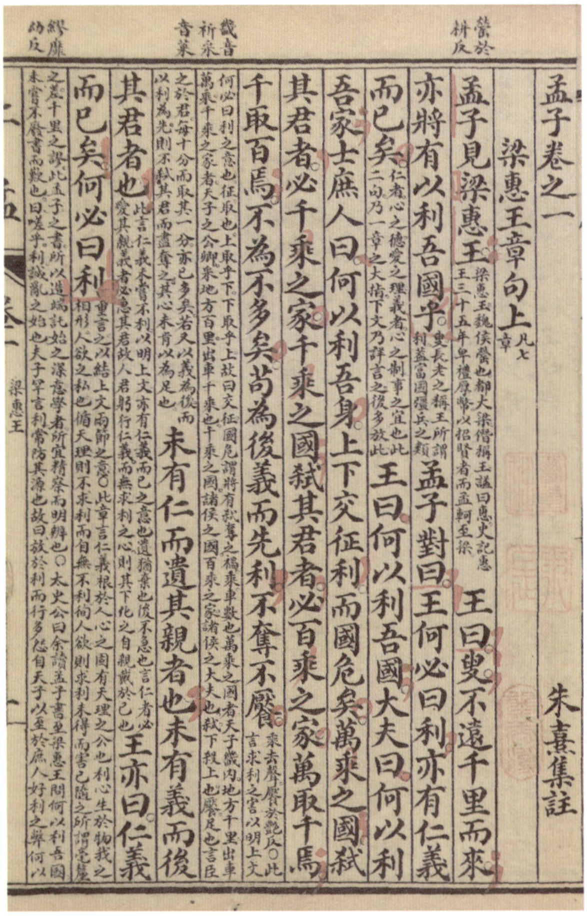

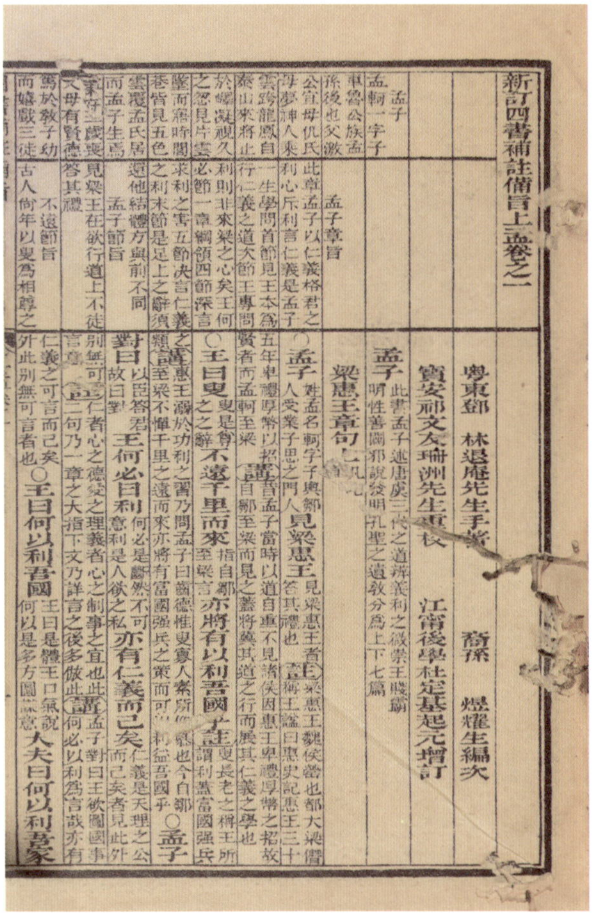

0264　350000-2016-0000452　甲49　經部/四書類/總義之屬/傳説

**四書集註十九卷**　（宋）朱熹撰　民國二十八年（1939）上海文華書局石印本　版框高17.7厘米，寬12.2厘米；开本高19.5厘米，寬13厘米；石印本，綫裝。

0265　350000-2016-0000445　甲50　經部/四書類/總義之屬/傳説

**新訂四書補註備旨十卷**　（清）鄧林著　民國影印本　版框高17.1厘米，寬11.8厘米；开本高20厘米，寬13.5厘米；影印本，綫裝。

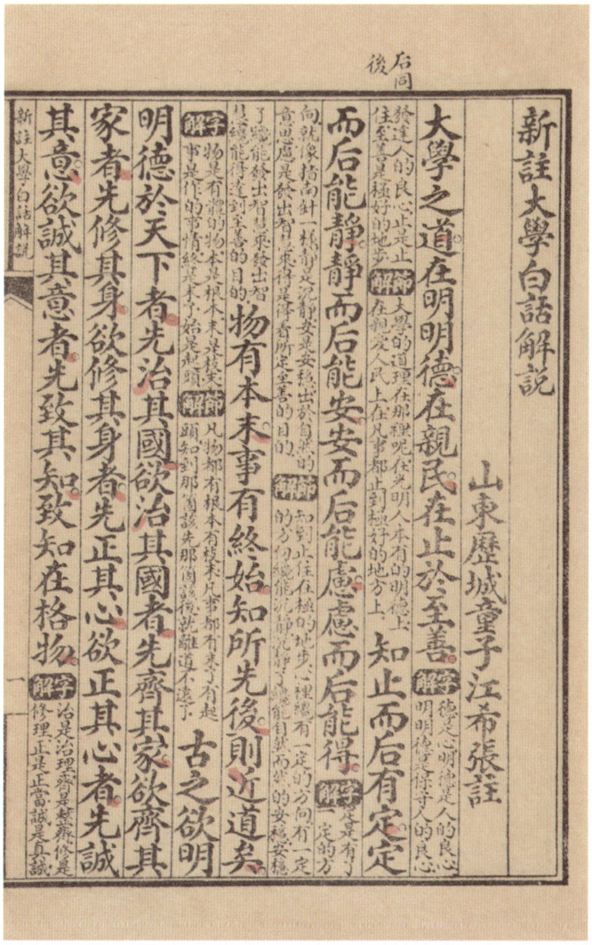

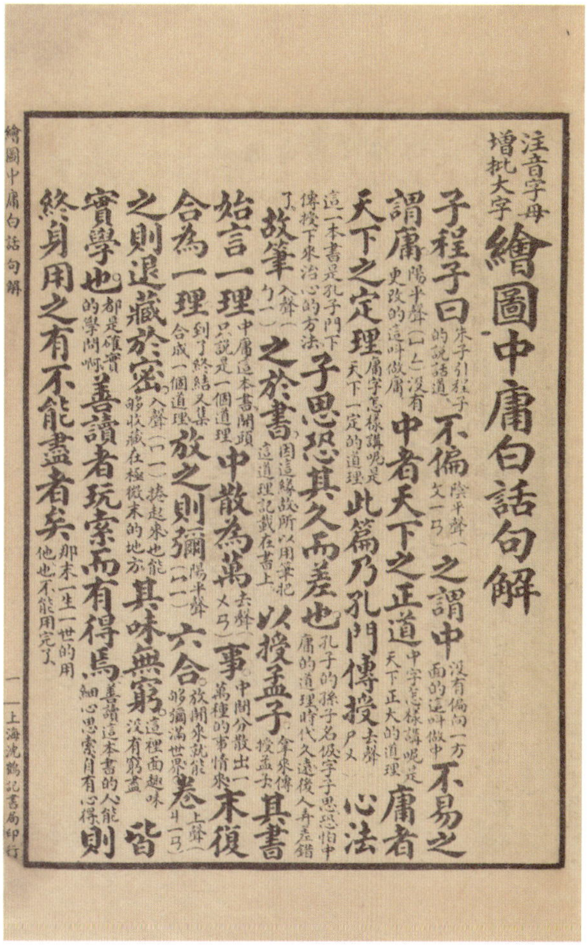

0267　350000-2016-0000122　甲52　經部/四書類/總義之屬/傳說

**新註四書白話解說三十六卷**　江希張注　民國九年（1920）上海書業公所石印本　版框高16.9厘米，寬11.7厘米；开本高20厘米，寬13.5厘米；石印本，上下黑口，四周雙邊，綫裝。

0268　350000-2016-0000203　甲53　經部/四書類/總義之屬/傳說

**注音字母增批大字繪圖四書白話句解二十卷**　不著撰者　民國上海沈鶴記書局石印本　版框高16.6厘米，寬12厘米；开本高20厘米，寬13.3厘米；石印本，綫裝。

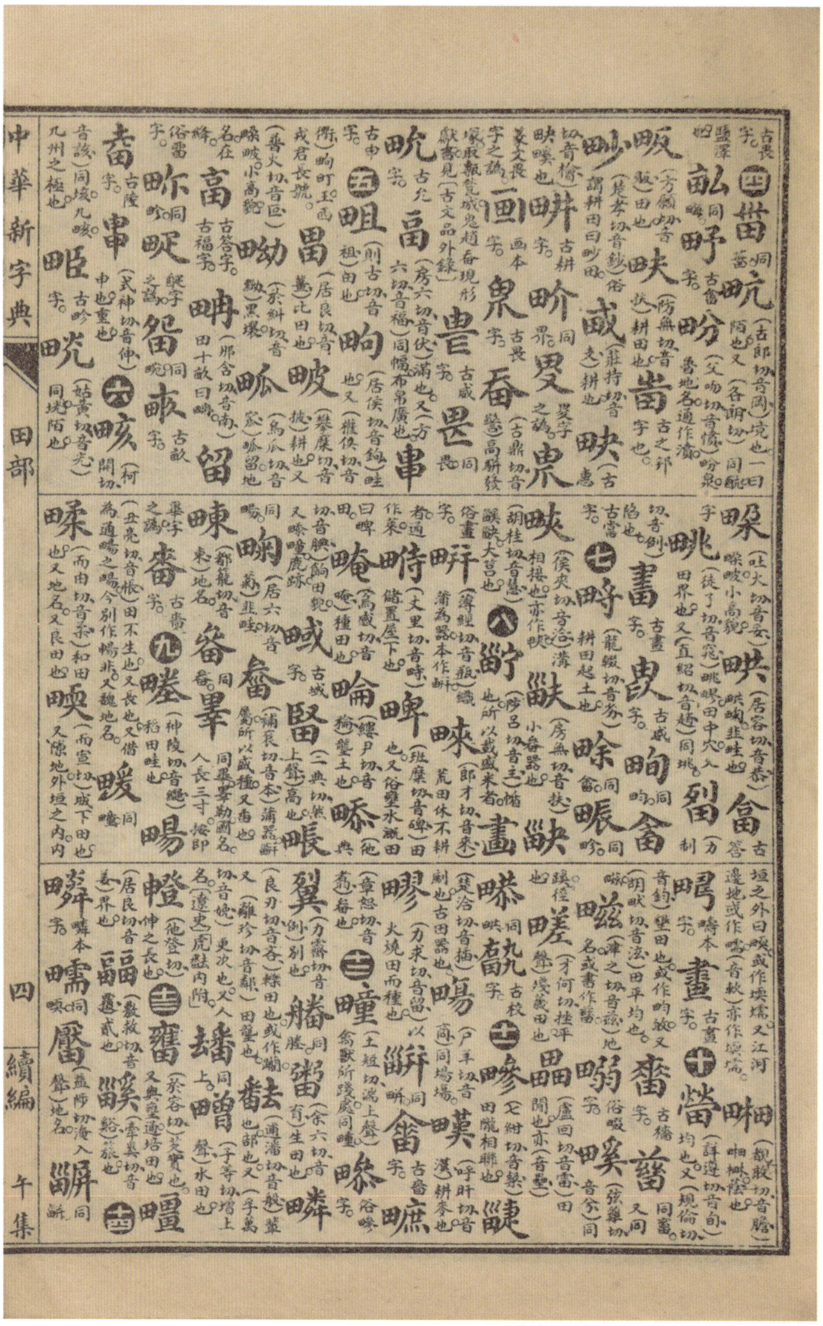
中華新字典　田部　四　續編　午集

0269　350000-2016-0000438　甲54　經部/小學類/文字之屬/字書/字典

**中華新字典**　王文濡　張廷華等編纂　民國石印本　版框高17.1厘米，寬11.5厘米；开本高20厘米，寬13.5厘米；石印本，綫裝。

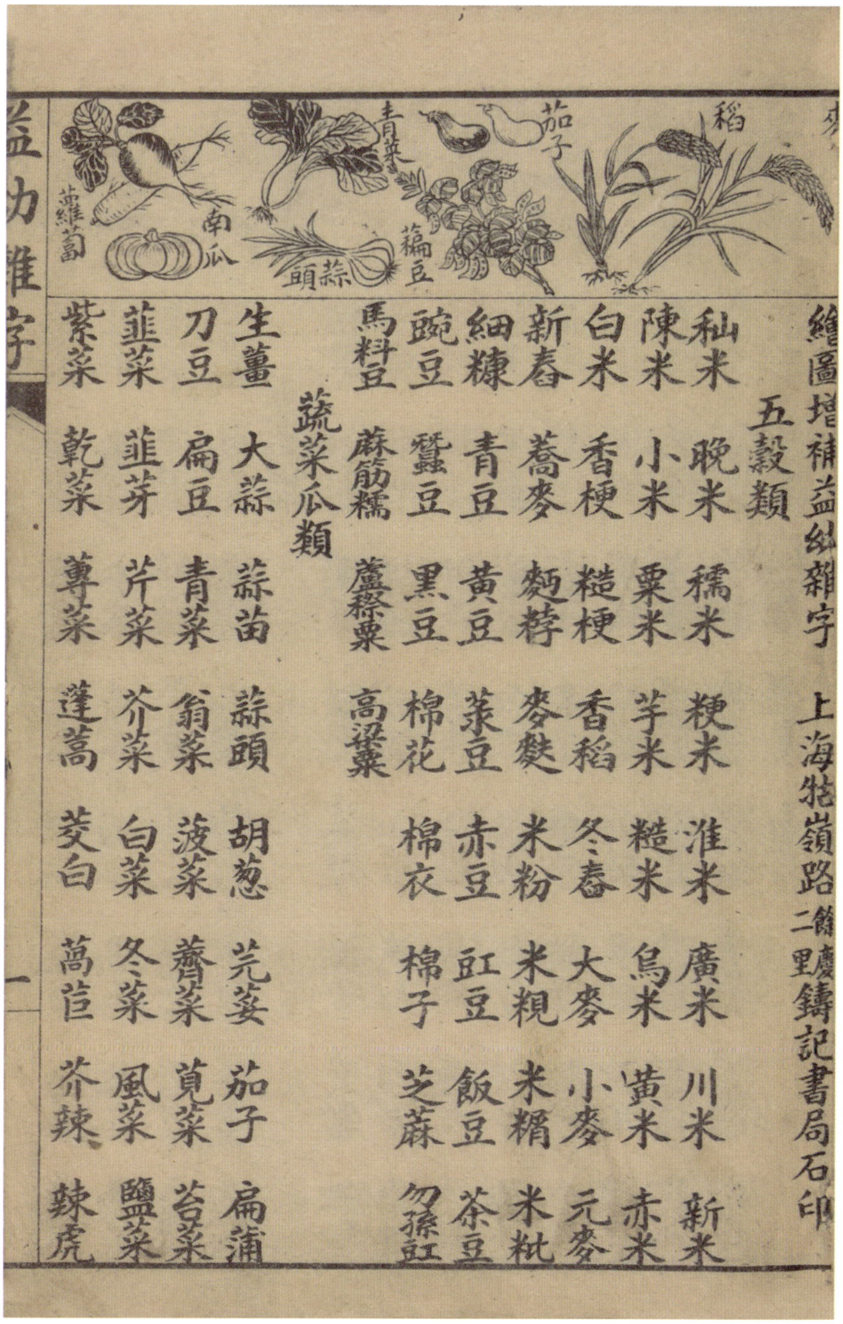


繪圖增補益幼雜字　上海牯嶺路餘慶二里鑄記書局石印

五穀類

秈米　晚米　糯米　粳米　淮米　廣米　川米　新米

陳米　小米　粟米　芋米　糙米　烏米　黃米　赤米

白米　香粳　糙粳　香稻　冬舂　大麥　小麥　元麥

新舂　蕎麥　麪粭　麥麩　米粉　米粯　米糈　米粃

細糠　青豆　黃豆　菉豆　赤豆　豇豆　飯豆　茶豆

豌豆　蠶豆　黑豆　棉花　棉衣　棉子　芝蔴　勿孫豇

馬料豆　蔴筋糯　蘆穄粟　高粱粟

蔬菜瓜類

生薑　大蒜　蒜苗　蒜頭　胡葱　芫荽　茄子　扁蒲

刀豆　扁豆　青菜　翁菜　菠菜　薺菜　莧菜　苔菜

韭菜　韭芽　芹菜　芥菜　白菜　冬菜　風菜　鹽菜

紫菜　乾菜　蕁菜　蓬蒿　茭白　萵苣　芥辣　辣虎

0270　350000-2016-0000433　甲55　經部/小學類/文字之屬/字書/訓蒙

**繪圖增補益幼雜字一卷**　（□）□□纂　民國鑄記書局石印本　版框高18厘米，寬12.5厘米；开本高20厘米，寬13.4厘米；石印本，白口，四周單邊，綫裝。

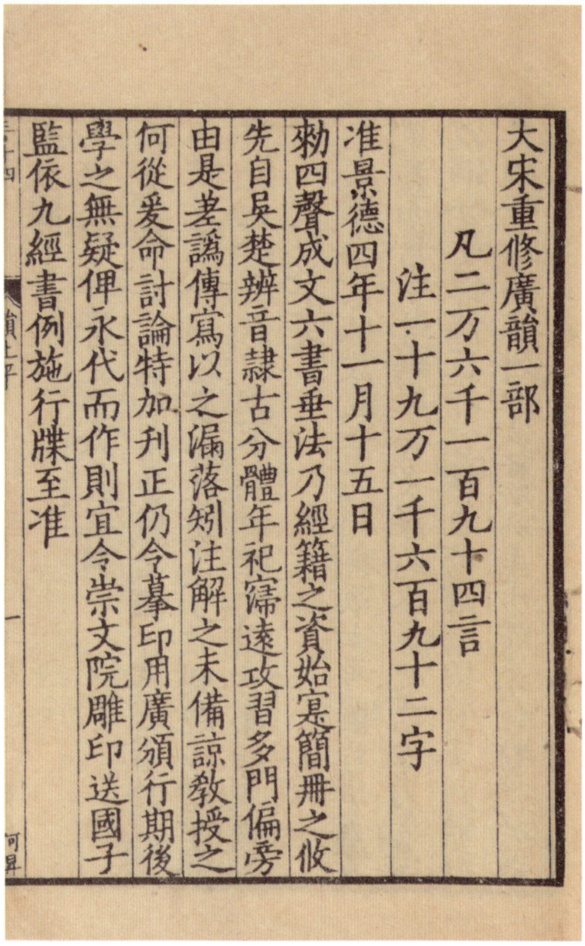
大宋重修廣韻一部
凡二万六千一百九十四言
注一十九万一千六百九十二字
准景德四年十一月十五日
勑四聲成文六書垂法乃經籍之資始寔簡冊之攸
先自吳楚辨音隸古分體年祀寖遠攻習多門偏旁
由是差譌傳寫以之漏落矧注解之未備諒教授之
何從爰命討論特加刊正仍令摹印用廣頒行期後
學之無疑俾永代而作則宜令崇文院雕印送國子
監依九經書例施行牒至准

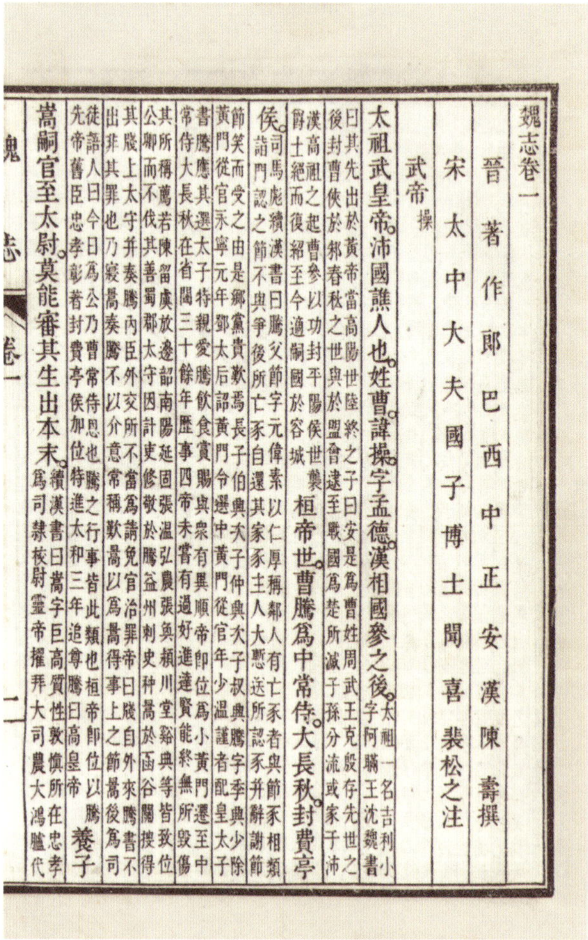
魏志卷一
晉著作郎巴西中正安漢陳壽撰
宋太中大夫國子博士聞喜裴松之注
武帝操
太祖武皇帝，沛國譙人也，姓曹，諱操，字孟德，漢相國參之後。太祖一名吉利小字阿瞞王沈魏書曰其先出於黃帝當高陽世陸終之子曰安是爲曹姓周武王克殷存先世之後封曹俠於邾春秋之世與於盟會逮至戰國爲楚所滅子孫分流或家于沛漢高祖之起曹參以功封平陽侯世襲爵土絕而復紹至今適嗣國於容城桓帝世，曹騰爲中常侍、大長秋，封費亭侯。司馬彪續漢書曰騰父節字元偉素以仁厚稱鄰人有亡豕者與節豕相類詣門認之節不與爭後所亡豕自還其家豕主人大慚送所認豕并辭謝節節笑而受之由是鄉黨貴歎焉長子伯興次子仲興次子叔興騰字季興少除黃門從官永寧元年鄧太后詔黃門令選中黃門從官年少溫謹者配皇太子書騰應其選太子特親愛騰飲食賞賜與衆有異順帝即位爲小黃門遷至中常侍大長秋在省闥三十餘年歷事四帝未嘗有過好進達賢能終無所毀傷其所稱薦若陳留虞放邊韶南陽延固張溫弘農張奐潁川堂谿典等皆致位公卿而不伐其善蜀郡太守因計吏修敬於騰益州刺史种暠於函谷關搜得其牋上太守并奏騰內臣外交所不當爲請免官治罪帝曰牋自外來騰書不出非其罪也乃寢暠奏騰不以介意常稱歎暠以爲暠得事上之節暠後爲司徒語人曰今日爲公乃曹常侍恩也騰之行事皆此類也桓帝即位以騰先帝舊臣忠孝彰著封費亭侯加位特進太和三年追尊騰曰高皇帝養子嵩嗣，官至太尉，莫能審其生出本末。續漢書曰嵩字巨高質性敦慎所在忠孝爲司隸校尉靈帝擢拜大司農大鴻臚代
魏志　卷一　二

0271　350000-2016-0000038　甲56　經部/小學類/音韻之屬/韻書

**廣韻五卷**　（宋）陳彭年等重修　**附校札一卷**　（清）黎庶昌撰　民國上海商務印書館石印本　版框高16厘米，寬11.2厘米；开本高20厘米，寬13厘米；石印本，白口，左右雙邊，綫裝。

0272　350000-2016-0000002　乙1　史部/紀傳類/正史之屬

**三國志六十五卷考證六十五卷**　（晉）陳壽撰　（南朝宋）裴松之注　民國中華圖書館石印本　版框高17.2厘米，寬11.7厘米；开本高20厘米，寬13.2厘米；二十四史，石印本，白口，四周雙邊，綫裝。

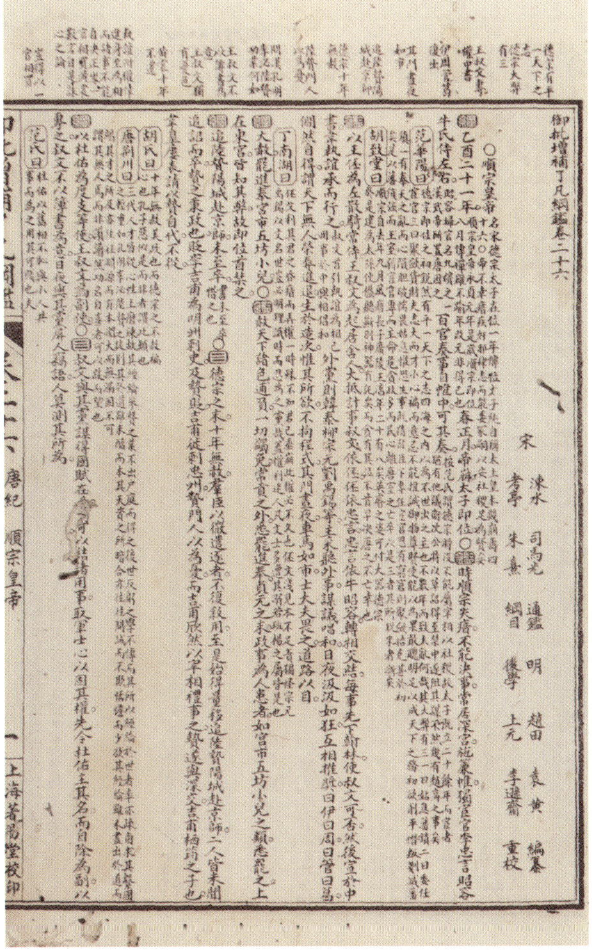

0273　350000-2016-0000385　乙2　史部/編年類/通代之屬

**御批增補了凡綱鑑四十卷**　（宋）司馬光撰　（宋）朱熹綱目　（明）袁黄編纂　（清）李遜齋重校　民國上海著易堂石印本　版框高16.2厘米，寬11.7厘米；开本高20厘米，寬13.1厘米；石印本，白口，四周雙邊，綫裝。

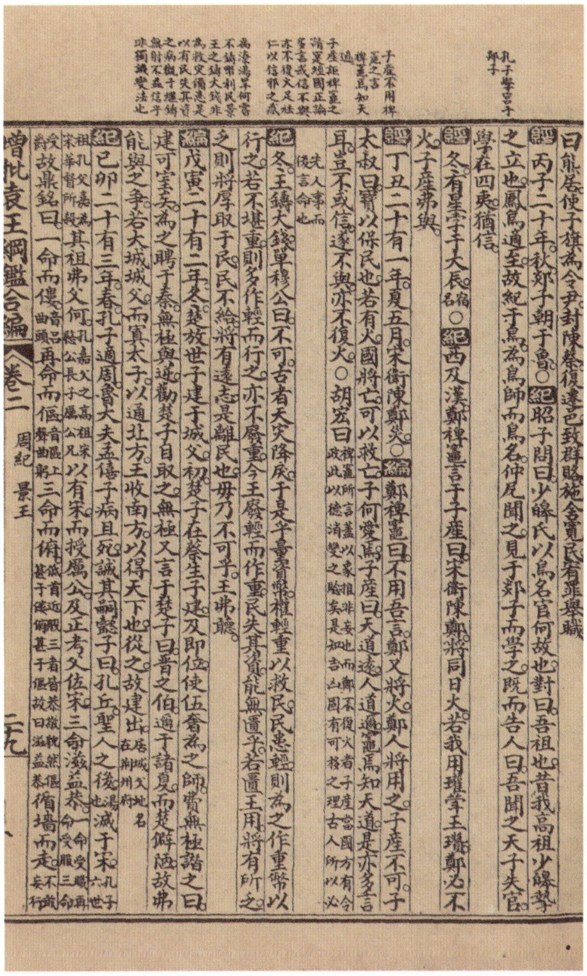

0276　350000-2016-0000347　乙5　史部/編年類/通代之屬

**增評加批歷史綱鑑補三十九卷首一卷**　（宋）司馬光撰　（宋）朱熹綱目　（明）袁黄　（明）王世貞纂　**資治明紀綱目二十卷三編一卷**　（清）張廷玉等撰　民國上海錦章書局石印本　版框高17厘米，寬12厘米；开本高20.2厘米，寬13.5厘米；石印本，綫裝。

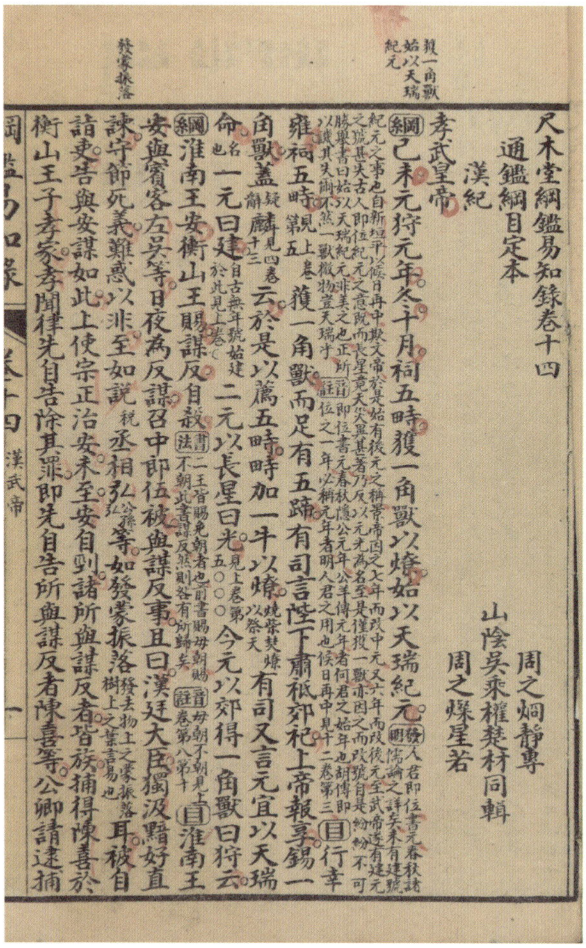
尺木堂綱鑑易知錄卷十四
通鑑綱目定本
漢紀
山陰吳乘權楚材同輯
周之炯靜專
周之燦星若
孝武皇帝
綱 乙未元狩元年冬十月祠五畤獲一角獸以燎始以天瑞紀元
目 行幸雍祠五畤獲一角獸而足有五蹄有司言陛下肅祇郊祀上帝報享錫一角獸蓋麟云於是以薦五畤時加一牛以燎有司又言元宜以天瑞命一元曰建二元以長星曰光今元以郊得一角獸曰狩云
綱 淮南王安衡山王賜謀反自殺
目 淮南王安與賓客左吳等日夜為反謀召中郎伍被與謀反事且曰漢廷大臣獨汲黯好直諫守節死義難惑以非至如說丞相弘等如發蒙振落耳被自詣吏告與安謀如此上使宗正治安未至安自剄諸所與謀反者皆族捕得陳喜於衡山王子孝家孝聞律先自告除其罪即先自告所與謀反者陳喜等公卿請逮捕

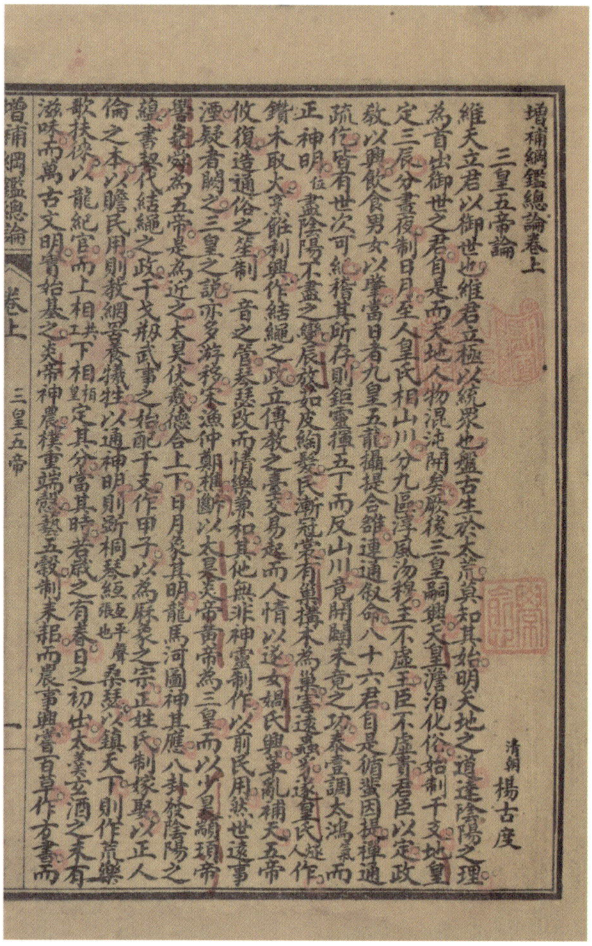
增補綱鑑總論卷上
三皇五帝論
清朝 楊古度
維天立君以御世也維君立極以統衆也盤古生於太荒莫知其始明天地之道達陰陽之理為首出御世之君自是而天地人物混沌開吳殿後三皇嗣興天皇澹泊化俗始制干支地皇定三辰分晝夜制日月至人皇氏相山川分九區淳風湯穆王不虛王臣不虛責君臣以定政教以興飲食男女以舉當日者九皇五龍攝提合雒連通敘命八十六君自是循蜚因提禪通疏仡皆有世次可紀稽其所存則鉅靈揮五丁而反山川竟開闢未竟之功泰壹調太鴻氣而正神明位盡陰陽不盡之變辰放如皮綯髮民漸冠裳有巢構木為巢害遠燧人遂皇氏人作鑽木取火烹飪利興作結繩之政立傳教之臺交易起而人情以遂女媧氏興革亂補天五帝攸復造通俗之笙制一音之管葵琴瑟政而情樂兼和其他無非神靈制作以前民用然世遠事湮疑者闕之三皇之說亦多游移宋漁仲鄭樵斷以太昊炎帝黃帝為三皇而以少昊顓頊帝嚳高辛唐虞為五帝是為近之太昊伏羲德合上下日月象其明龍馬河圖神其應八卦於陰陽之蘊書契代結繩之政干戈敘武事之始配干支作甲子以為麻象之宗正姓氏制嫁娶以正人倫之本以贍民用則教網罟養犧牲以通神明則斫桐琴絙絲以鎮天下則作荒樂歌扶徠以龍紀官而上相共工下相皇栢定其分當其時若歲之有春日之初出太昊玄酒之未有滋味而萬古文明實始基之炎帝神農樸重端愨藝五穀制耒耜而農事興嘗百草作方書而

0277　350000-2016-0000132　乙6　史部/編年類/通代之屬

**尺木堂綱鑑易知錄九十二卷明鑒易知錄十五卷**　（清）吴乘權等輯　民國十四年（1925）上海掃葉山房石印本　版框高16.6厘米，寬12.2厘米；开本高20厘米，寬13厘米；石印本，綫裝。

0278　350000-2016-0000226　乙7　史部/編年類/通代之屬

**增補歷代綱鑑総論二卷**　鴻文書局輯　民國五年（1916）上海鴻文書局石印本　版框高17.1厘米，寬12厘米；开本高20厘米，寬13.4厘米；石印本，白口，四周雙邊，綫裝。

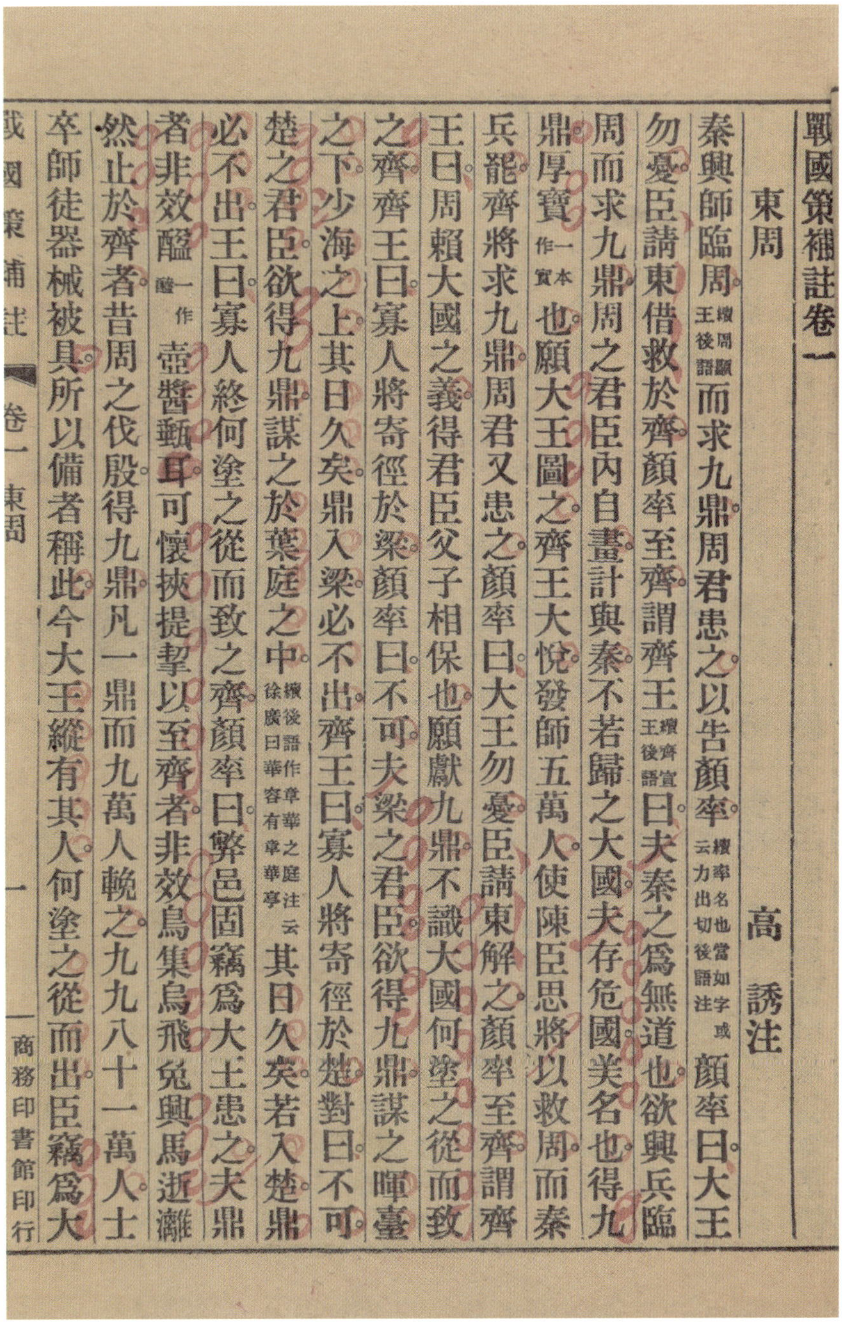

戰國策補註卷一

東周　高誘注

秦興師臨周續周顯王後語而求九鼎周君患之以告顏率續率名也當如字或云力出切後語注顏率曰大王勿憂臣請東借救於齊顏率至齊謂齊王續齊宣王後語曰夫秦之爲無道也欲興兵臨周而求九鼎周之君臣內自畫計與秦不若歸之大國夫存危國美名也得九鼎厚寶一本作實也願大王圖之齊王大悅發師五萬人使陳臣思將以救周而秦兵罷齊將求九鼎周君又患之顏率曰大王勿憂臣請東解之顏率至齊謂齊王曰周賴大國之義得君臣父子相保也願獻九鼎不識大國何塗之從而致之齊齊王曰寡人將寄徑於梁顏率曰不可夫梁之君臣欲得九鼎謀之暉臺之下少海之上其日久矣鼎入梁必不出齊王曰寡人將寄徑於楚對曰不可楚之君臣欲得九鼎謀之於葉庭之中續後語作章華之庭注云徐廣曰華容有章華亭其日久矣若入楚鼎必不出王曰寡人終何塗之從而致之齊顏率曰弊邑固竊爲大王患之夫鼎者非效醯一作醯壺醬甀耳可懷挾提挈以至齊者非效鳥集烏飛兔興馬逝灕然止於齊者昔周之伐殷得九鼎凡一鼎而九萬人輓之九九八十一萬人士卒師徒器械被具所以備者稱此今大王縱有其人何塗之從而出臣竊爲大

戰國策補註　卷一　東周　一　商務印書館印行

0279　350000-2016-0000025　乙8　史部/雜史類/斷代之屬

**戰國策補註三十三卷**　（漢）高誘注　（民國）吴曾祺編纂　民國九年（1920）上海商務印書館鉛印本　版框高17厘米，寬12厘米；开本高19.8厘米，寬13.1厘米；鉛印本，15行，行30字，白口，四周單邊，綫裝。

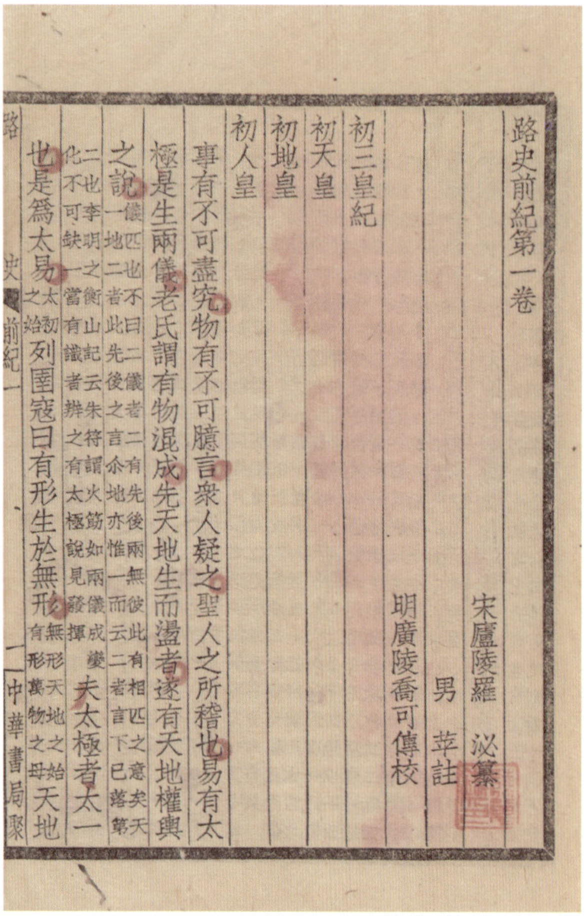
路史前紀第一卷
宋廬陵羅　泌纂
男　苹註
明廣陵喬可傳校
初三皇紀
初天皇
初地皇
初人皇
事有不可盡究物有不可臆言衆人疑之聖人之所稽也易有太
極是生兩儀老氏謂有物混成先天地生而邉者遂有天地權輿
之說（儀四也不曰二儀者二有先後兩無彼此有相四之意矣天一地二者此先後之言亦惟一而云二者言下已落第二也李明之衡山記云朱符謂火筋如兩儀成變化不可缺一當有識者辨之有太極說見發揮）夫太極者太一
也是爲太易（太初之始）列圉寇曰有形生於無形（無形天地之始有形萬物之母）天地
路史　前紀一　一　中華書局聚

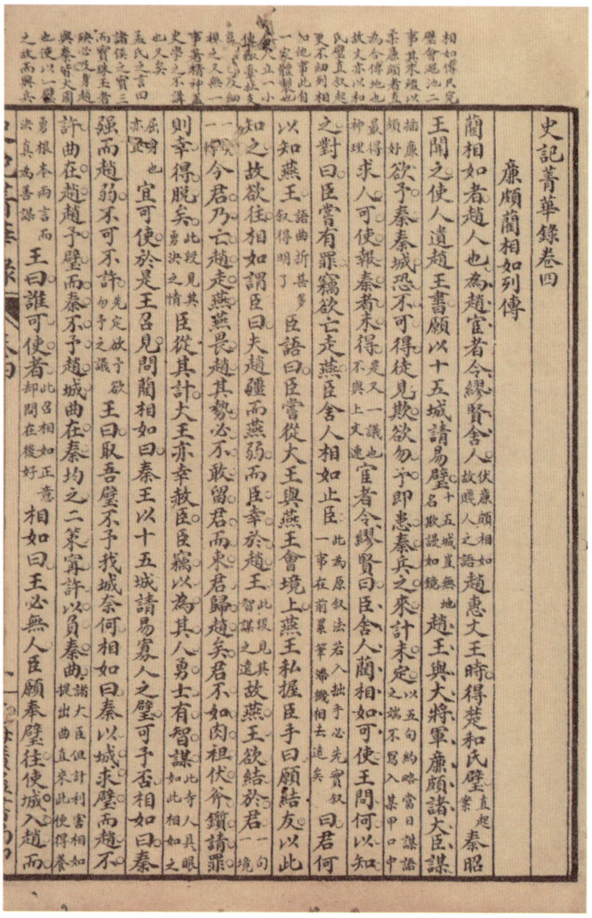
史記菁華錄卷四
廉頗藺相如列傳
藺相如者趙人也爲趙宦者令繆賢舍人（伏廉頗相如故賤人之語）趙惠文王時得楚和氏璧（案直起）秦昭
王聞之使人遺趙王書願以十五城請易璧（十五城豈無地名欺誑如鏡）趙王與大將軍廉頗諸大臣謀
（插廉頗好）欲予秦秦城恐不可得徒見欺欲勿予即患秦兵之來計未定（以五句約略當日謀諮之端不冩入某甲口中）
求人可使報秦者未得（是又一議也不與上文連）宦者令繆賢曰臣舍人藺相如可使王問何以知
之對曰臣嘗有罪竊欲亡走燕臣舍人相如止臣（此爲原叙法若入拙手必先實叙一事在前累筆滯機相去遠矣）曰君何
以知燕王（語曲折甚多叙得明了）臣語曰臣嘗從大王與燕王會境上燕王私握臣手曰願結友以此
知之故欲往相如謂臣曰夫趙彊而燕弱而君幸於趙王（此從見其智謀之遠）故燕王欲結於君（一句一境）
今君乃亡趙走燕燕畏趙其勢必不敢留君而束君歸趙矣君不如肉袒伏斧鑕請罪
則幸得脫矣（此從見其勇決之情）臣從其計大王亦幸赦臣臣竊以爲其人勇士有智謀（此寺人具眼如此相如之）
宜可使於是王召見問藺相如曰秦王以十五城請易寡人之璧可予否相如曰秦
彊而趙弱不可不許（先定欲予之議）王曰取吾璧不予我城奈何相如曰秦以城求璧而趙不
許曲在趙趙予璧而秦不予趙城曲在秦均之二策寧許以負秦曲（諸大臣但計利害相如提出曲直來此使得養）
（勇根本而言而決真爲善謀）王曰誰可使者（此召相如正意却問在後好）相如曰王必無人臣願奉璧往使城入趙而

0280　350000-2016-0000154　乙9　史部/雜史類/通代之屬

**路史四十七卷**　（宋）羅泌纂　（宋）羅苹注　民國上海商務印書館鉛印本　版框高15厘米，寬10.7厘米；开本高19.5厘米，寬13.5厘米；四部備要，鉛印本，上下黑口，四周單邊，綫裝。

0281　350000-2016-0000141　乙10　史部/史抄類

**史記菁華錄六卷**　（清）姚祖恩撰　民國三年（1914）上海廣益書局石印本　版框高17.1厘米，寬12.2厘米；开本高20厘米，寬13.5厘米；石印本，白口，左右雙邊，綫裝。

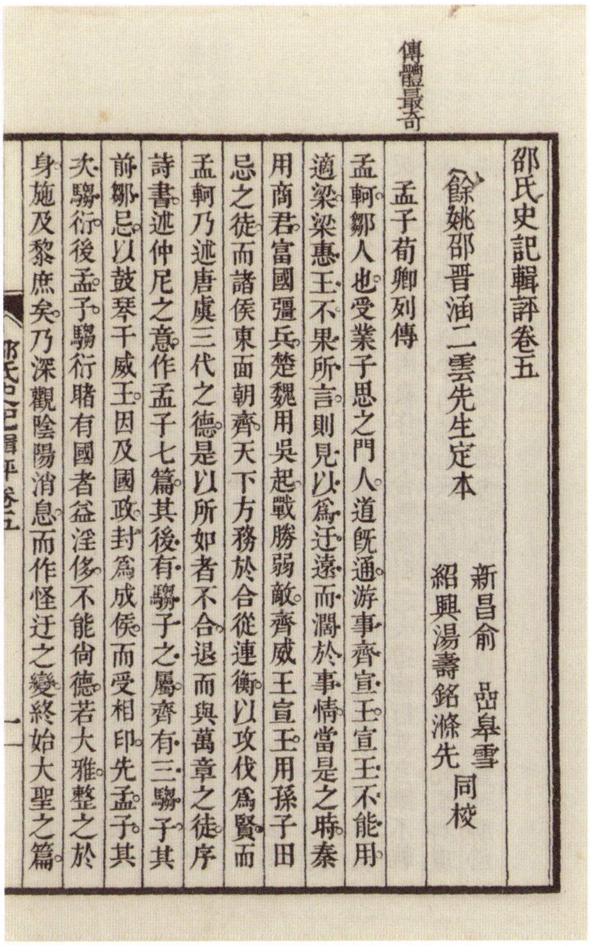
傳體最奇

邵氏史記輯評卷五

餘姚邵晉涵二雲先生定本

新昌俞　嶽皋雪
紹興湯壽銘滌先　同校

孟子荀卿列傳

孟軻鄒人也受業子思之門人道既通游事齊宣王宣王不能用適梁梁惠王不果所言則見以爲迂遠而濶於事情當是之時秦用商君富國彊兵楚魏用吴起戰勝弱敵齊威王宣王用孫子田忌之徒而諸侯東面朝齊天下方務於合從連衡以攻伐爲賢而孟軻乃述唐虞三代之德是以所如者不合退而與萬章之徒序詩書述仲尼之意作孟子七篇其後有騶子之屬齊有三騶子其前鄒忌以鼓琴干威王因及國政封爲成侯而受相印先孟子其次騶衍後孟子騶衍睹有國者益淫侈不能尚德若大雅整之於身施及黎庶矣乃深觀陰陽消息而作怪迂之變終始大聖之篇

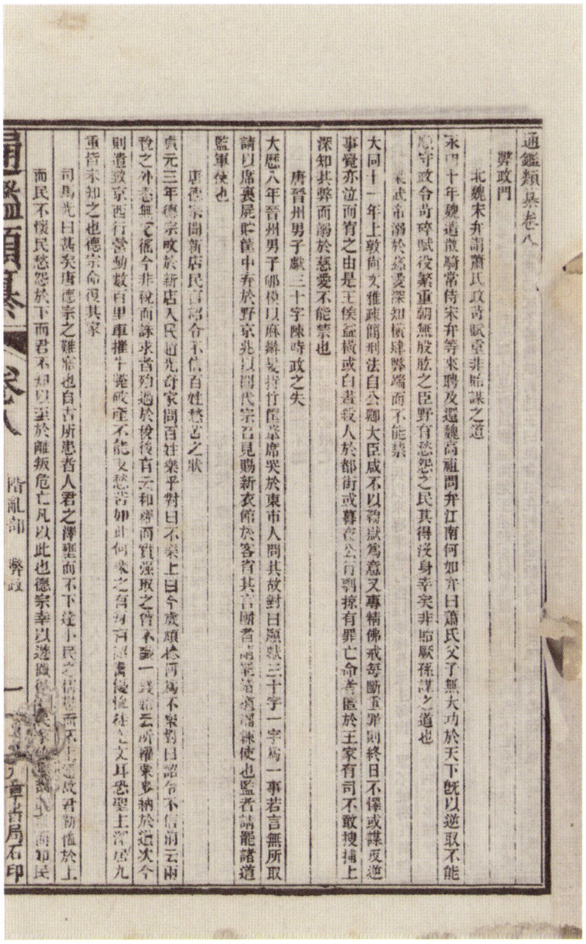
通鑑類纂卷八

弊政門

0282　350000-2016-0000273　乙11　史部/史抄類

**邵氏史記輯評十卷**　（清）邵晉涵撰　民國八年（1919）上海會文堂石印本　版框高16厘米，寬11.5厘米；开本高20厘米，寬13.2厘米；石印本，白口，左右雙邊，綫裝。

0283　350000-2016-0000382　乙12　史部/史抄類

**通鑑類纂二十卷**　（清）松椿纂　民國上海天章書局石印本　版框高15.6厘米，寬11.2厘米；开本高19.5厘米，寬13厘米；石印本，白口，四周雙邊，綫裝。

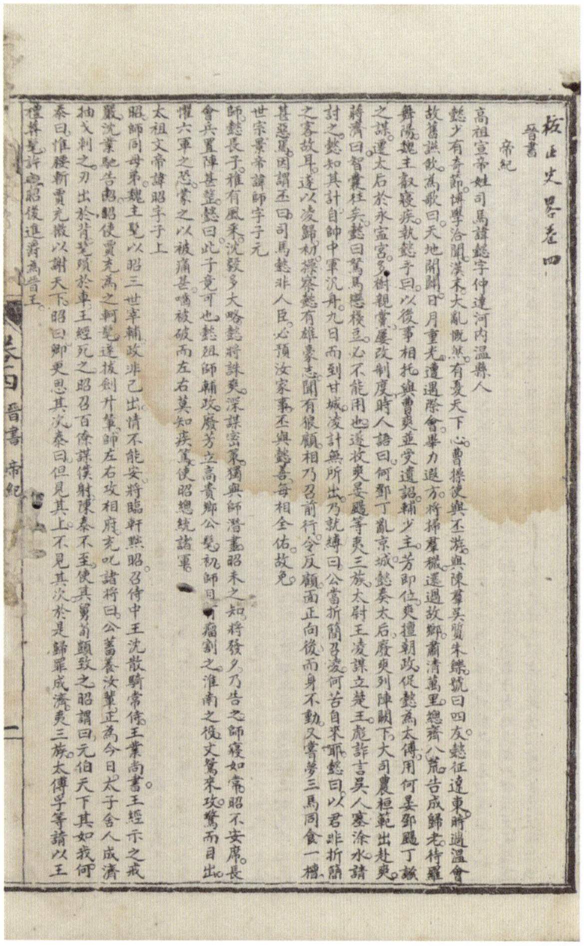

校正史畧卷四

晉書

帝紀

高祖宣帝姓司馬諱懿字仲達河內溫縣人

懿少有奇節博學洽聞漢末大亂慨然有憂天下心曹操使與丕游與陳羣吳質朱鑠號曰四友懿征遼東將過溫會故舊讌飲爲歌曰天地開闢日月重光遭遇際會畢力遐方將掃羣穢還過故鄉肅清萬里總齊八荒告成歸老待罪舞陽魏主叡寢疾執懿手曰以後事相托與曹爽並受遺詔輔少主芳即位爽擅朝政促懿爲太傅用何晏鄧颺丁謐之謀遷太后於永寧宮多樹親黨屢改制度時人語曰何鄧丁亂京城懿奏太后廢爽列陣闕下大司農桓範出赴爽蔣濟曰智囊往矣懿曰駑馬戀棧豆必不能用也遂收爽晏颺等夷三族太尉王凌謀立楚王彪詐言吳人塞涂水請討之懿知其計自帥中軍泛舟九日而到甘城凌計無所出乃就縛曰公當折簡召凌何苦自來耶懿曰以君非折簡之客故耳遂以凌歸初操察懿有雄豪志聞有狼顧相乃召前行令反顧面正向後而身不動又嘗夢三馬同食一槽甚惡焉因謂丕曰司馬懿非人臣也必預汝家事丕與懿善每相全佑故免

世宗景帝諱師字子元

師懿長子雅有風釆沈毅多大略懿將誅爽深謀密策獨與師潛畫昭未之知將發夕乃告之師寢如常昭不安席長會兵置陣甚整懿曰此子竟可也懿殂師輔政廢芳立高貴鄉公髦初師目有瘤割之淮南之役文鴦來攻驚而目出懼六軍之恐蒙之以被痛甚嚙被破而左右莫知疾篤使昭總統諸軍

太祖文帝諱昭字子上

昭師同母弟魏主髦以昭三世宰輔政非己出情不能安將臨軒黜昭召侍中王沈散騎常侍王業尚書王經示之戒嚴沈業馳告昭昭使賈充爲之衛髦遂拔劍升輦帥左右攻相府充叱諸將曰公畜養汝輩正爲今日太子舍人成濟抽戈刺之刃出於背髦殞於車王經死之昭召百僚謀其故僕射陳泰不至使其舅荀顗致之昭謂曰元伯天下其如我何泰曰惟腰斬賈充微以謝天下昭曰卿更思其次泰曰但見其上不見其次於是歸罪成濟夷三族太傅孚等請以王禮葬髦許之昭後進爵爲晉王

0284　350000-2016-0000379　乙13　史部/史抄類

**校正史略十二卷**　（清）朱坤輯　民國石印本　清光緒三十一年（1905）廣益書局石印本　版框高12.1厘米，寬8.7厘米；开本高14.8厘米，寬10厘米；石印本，白口，四周雙邊，綫裝。

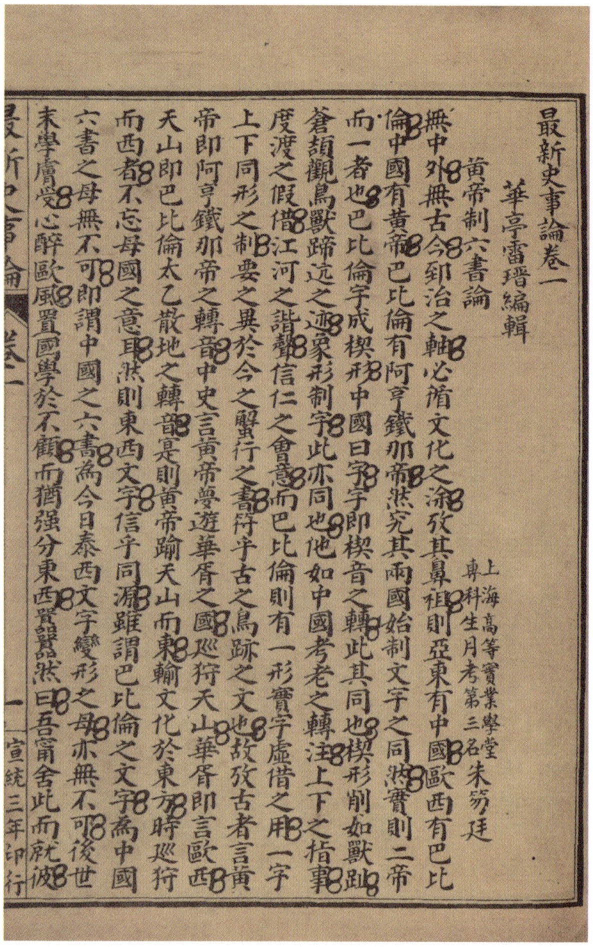

最新史事論卷一

華亭雷瑨編輯

黃帝制六書論　上海高等實業學堂專科生月考第三名朱荔廷

無中外無古今郅治之軌必循文化之塗攷其鼻祖則亞東有中國歐西有巴比倫中國有黃帝巴比倫有阿亨鐵那帝然究其兩國始制文字之同然實則二帝而一者也巴比倫字成楔形中國曰字字即楔音之轉此其同也楔形削如獸趾蒼頡觀鳥獸蹏迒之迹象形制字此亦同也他如中國考老之轉注上下之指事度渡之假借江河之諧聲信仁之會意而巴比倫則有一形實字虛借之用一字上下同形之制要之異於今之蟹行之書符乎古之鳥跡之文也故攷古者言黃帝即阿亨鐵那帝之轉音中史言黃帝學遊華胥之國巡狩天山華胥即言歐西天山即巴比倫太乙散地之轉音是則黃帝踰天山而東輸文化於東方時巡狩而西者不忘母國之意耶然則東西文字信乎同源雖謂巴比倫之文字爲中國六書之母無不可即謂中國之六書爲今日泰西文字變形之母亦無不可後世末學膚受心醉歐風置國學於不顧而猶強分東西囂囂然曰吾甯舍此而就彼

0285　350000-2016-0000107　乙14　史部/史評類/史論之屬

**最新史事論十二卷**　（清）雷瑨編輯　民國三年（1914）上海掃葉山房石印本　版框高17厘米，寬11.5厘米；开本高20厘米，寬13.5厘米；石印本，綫裝。

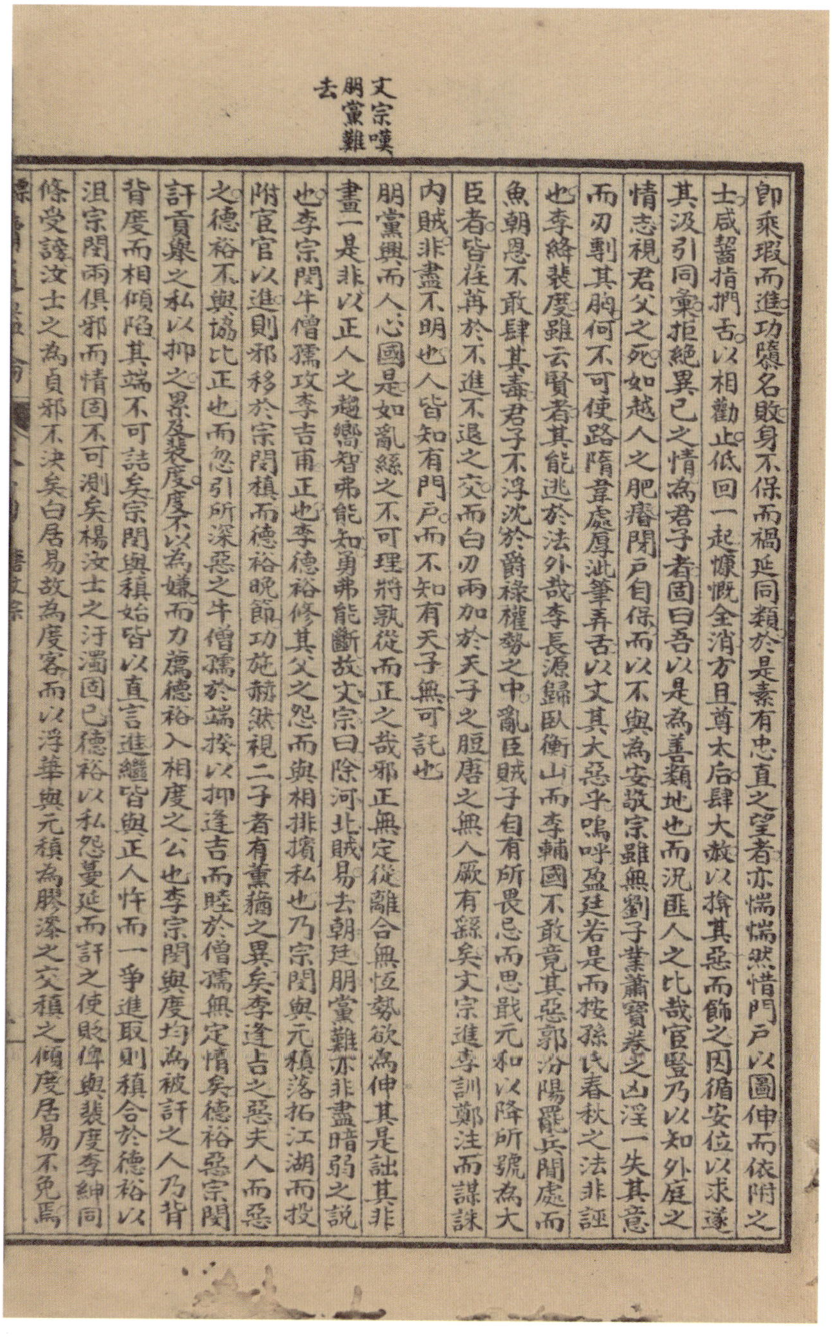

文宗嘆朋黨難去

卽乘瑕而進功隳名敗身不保而禍延同類於是素有忠直之望者亦惴惴然惜門戶以圖伸而依附之士咸瘖指捫舌以相勸止低回一起慷慨全消方且尊太后肆大赦以掩其惡而飾之因循安位以求遂其汲引同彙拒絕異己之情爲君子者固曰吾以是爲善類地也而況匪人之比哉宦豎乃以知外庭之情志視君父之死如越人之肥瘠閉戶自保而以不與爲安敬宗雖無劉子業蕭寶卷之凶淫一失其意而刃剸其胸何不可使路隋韋處厚泚筆弄舌以文其大惡乎嗚呼盈廷若是而援孫氏春秋之法非誣也李絳裴度雖云賢者其能逃於法外哉李長源歸臥衡山而李輔國不敢竟其惡郭汾陽罷兵閒處而魚朝恩不敢肆其毒君子不浮沈於爵祿權勢之中亂臣賊子自有所畏忌而思戢元和以降所號爲大臣者皆荏苒於不進不退之交而白刃兩加於天子之脰唐之無人厥有繇矣文宗進李訓鄭注而謀誅內賊非盡不明也人皆知有門戶而不知有天子無可託也

朋黨興而人心國是如亂絲之不可理將孰從而正之哉邪正無定從離合無恆勢欲爲伸其是詘其非盡一是非以正人之趨嚮智弗能知勇弗能斷故文宗曰除河北賊易去朝廷朋黨難亦非盡暗弱之說也李宗閔牛僧孺攻李吉甫正也李德裕修其父之怨而與相排擯私也乃宗閔與元稹落拓江湖而投附宦官以進則邪移於宗閔稹而德裕晚節功施赫然視二子者有薰蕕之異矣李逢吉之惡夫人而惡之德裕不與協比正也而忽引所深惡之牛僧孺於端揆以抑逢吉而睽於僧孺無定情矣德裕惡宗閔許貢舉之私以抑之累及裴度度不以爲嫌而力薦德裕入相度之公也李宗閔與度均爲被訐之人乃背背度而相傾陷其端不可詰矣宗閔與稹始皆以直言進繼皆與正人忤而一爭進取則稹合於德裕以沮宗閔兩俱邪而情固不可測矣楊汝士之汙濁固已德裕以私怨蔓延而訐之使貶俾與裴度李紳同條受譴汝士之爲貞邪不決矣白居易故爲度客而以浮華與元稹爲膠漆之交稹之傾度居易不免焉

0286　350000-2016-0000439　乙15　史部/史評類/史論之屬

**讀通鑑論十六卷宋論十五卷**　（清）王夫之著　民國會文堂石印本　版框高16.3厘米，寬11.5厘米；开本高20厘米，寬13厘米；石印本，綫裝。

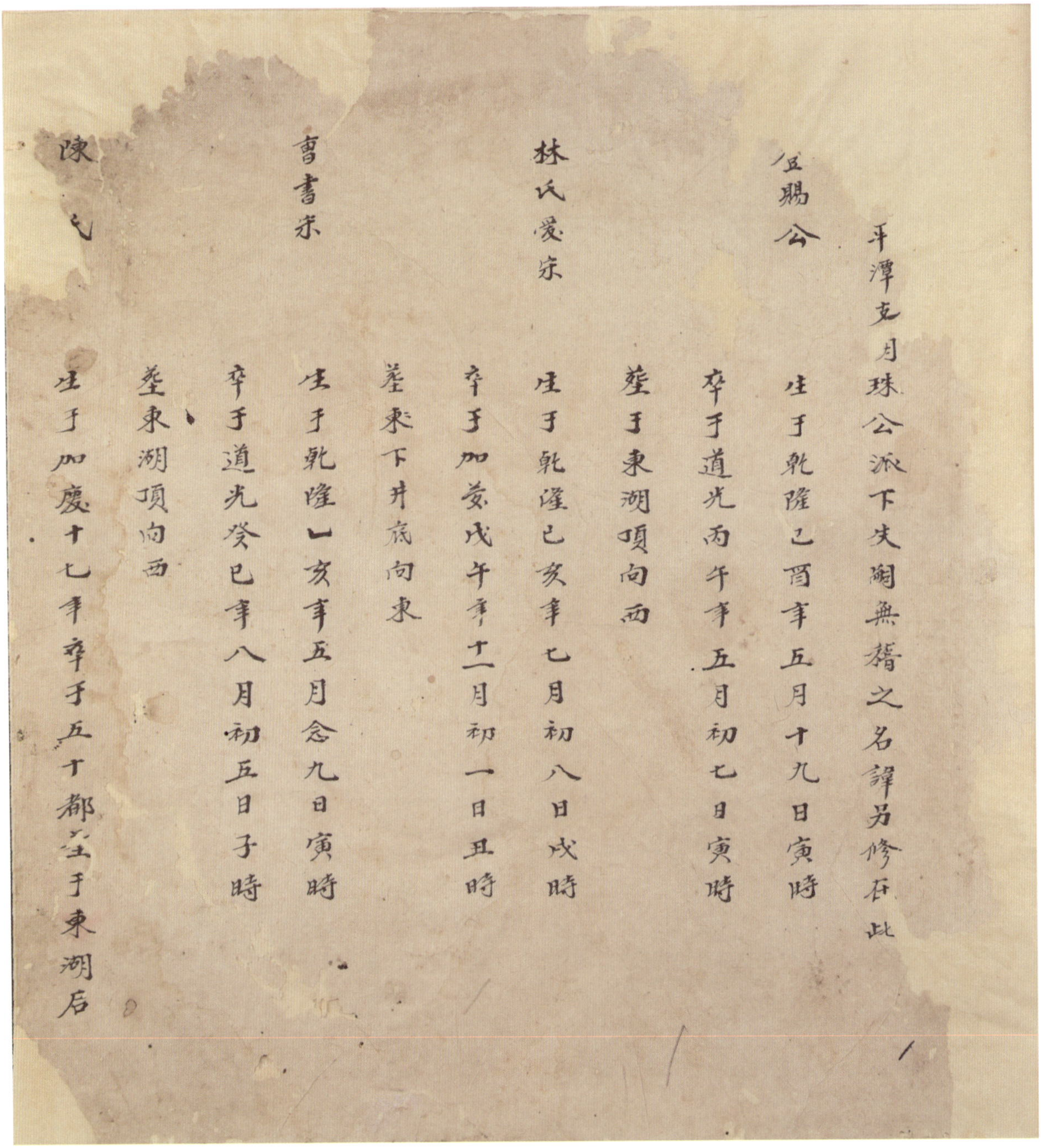

平潭支月珠公派下失闕無稽之名諱另修在此

位賜公　生于乾隆己酉年五月十九日寅時

卒于道光丙午年五月初七日寅時

葬于東湖頂向西

林氏愛宋　生于乾隆己亥年七月初八日戌時

卒于加慶戊午年十一月初一日丑時

葬東下井底向東

曹書宋　生于乾隆乙亥年五月念九日寅時

卒于道光癸巳年八月初五日子時

葬東湖頂向西

陳氏　生于加慶十七年卒于五十都葬于東湖后

0287　350000-2016-0000374　乙16　史部/傳記類/總傳之屬/家乘

［福建平潭］曹氏族譜不分卷　闔族纂修　民國稿本　版框高31厘米，寬30厘米；开本高31厘米，寬30厘米；稿本，綫裝。

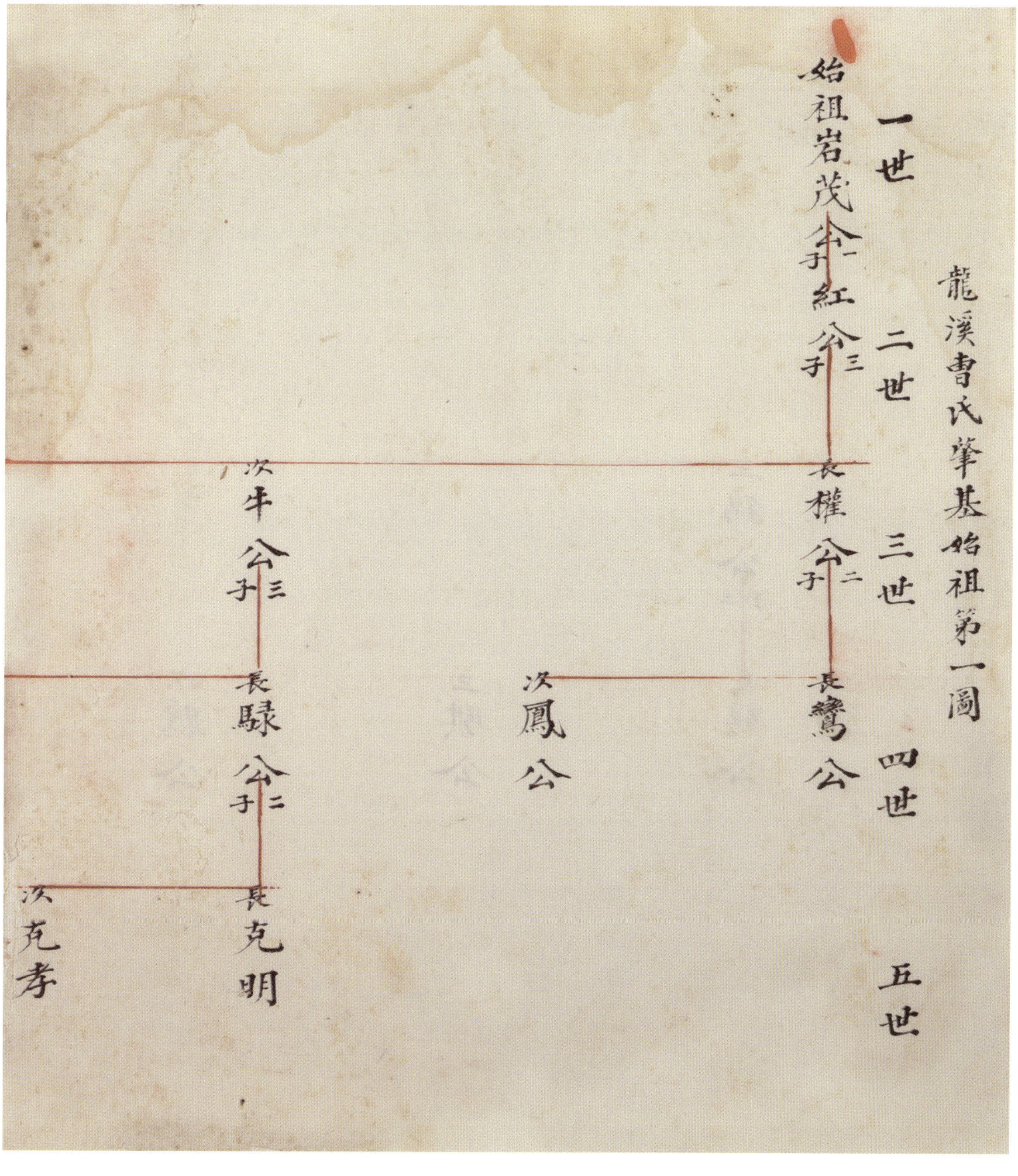


0288　350000-2016-0000372　乙17　史部/傳記類/總傳之屬/家乘

［福建漳州］曹氏族譜不分卷　曹祐湘、曹玉盛等纂修　民國二十九年（1940）稿本　版框高31厘米，寬30厘米；开本高31厘米，寬30厘米；稿本，綫裝。

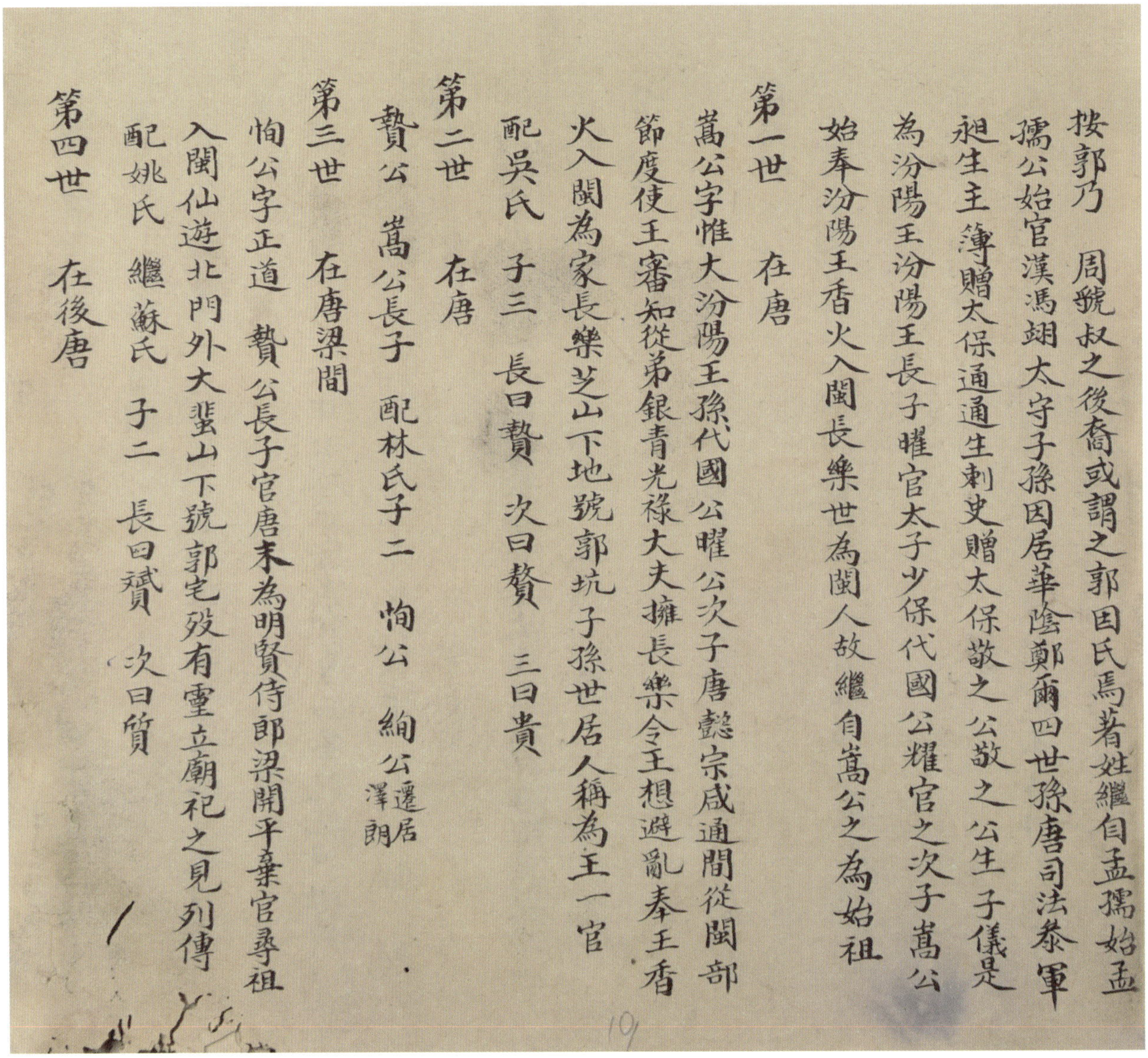


0289　350000-2016-0000381　乙18　史部/傳記類/總傳之屬/家乘

［福建福清］玉桂郭氏族譜不分卷　（清）郭啓達　（清）郭啓進等脩　郭世燃　郭發鈐　郭發輝等重脩　郭發全等纂整　民國二年（1913）脩三十七年（1948）纂整　稿本　版框高28.2厘米，寬32厘米；开本高28.2厘米，寬32厘米；稿本，綫裝。

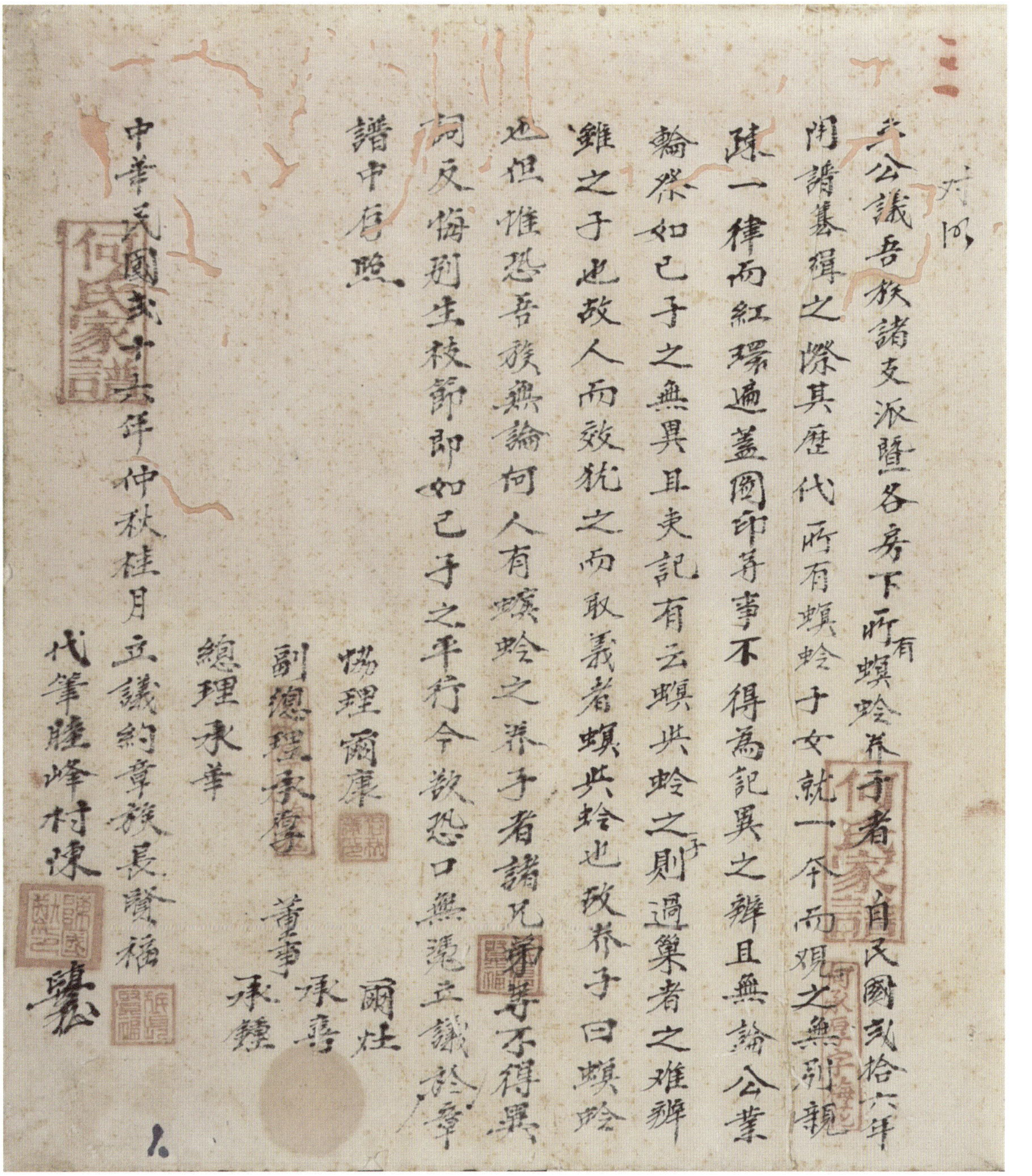
对何

今公議吾族諸支派暨各房下所有螟蛉養子者自民國弍拾六年
開譜纂輯之際其歷代所有螟蛉子女就一一而觀之無所親
疏一律而紅環過蓋圖印等事不得爲記異之辨且無論公業
輪祭如己子之無異且吏記有云螟蛉之子則過巢者之難辨
雖之子也故人而效尤之而取義者螟蛉也故養子曰螟蛉
也但惟恐吾族無論何人有螟蛉之養子者諸兄弟等不得異
詞反悔別生枝節即如己子之平行今欲恐口無憑立議於章
譜中存照

協理爾康 爾灶
副總理承厚 承亭
總理承華
董事 承鏤
中華民國弍十六年仲秋桂月立議約章族長賢福
代筆睦峰村陳

0290　350000-2016-0000367　乙19　史部/傳記類/總傳之屬/家乘

［福建福清］何氏家譜不分卷　何賢福、何承後等纂修　民國二十六年（1937）稿本　版框高27.8厘米，寬25.5厘米；开本高27.8厘米，寬25.5厘米；綫裝。

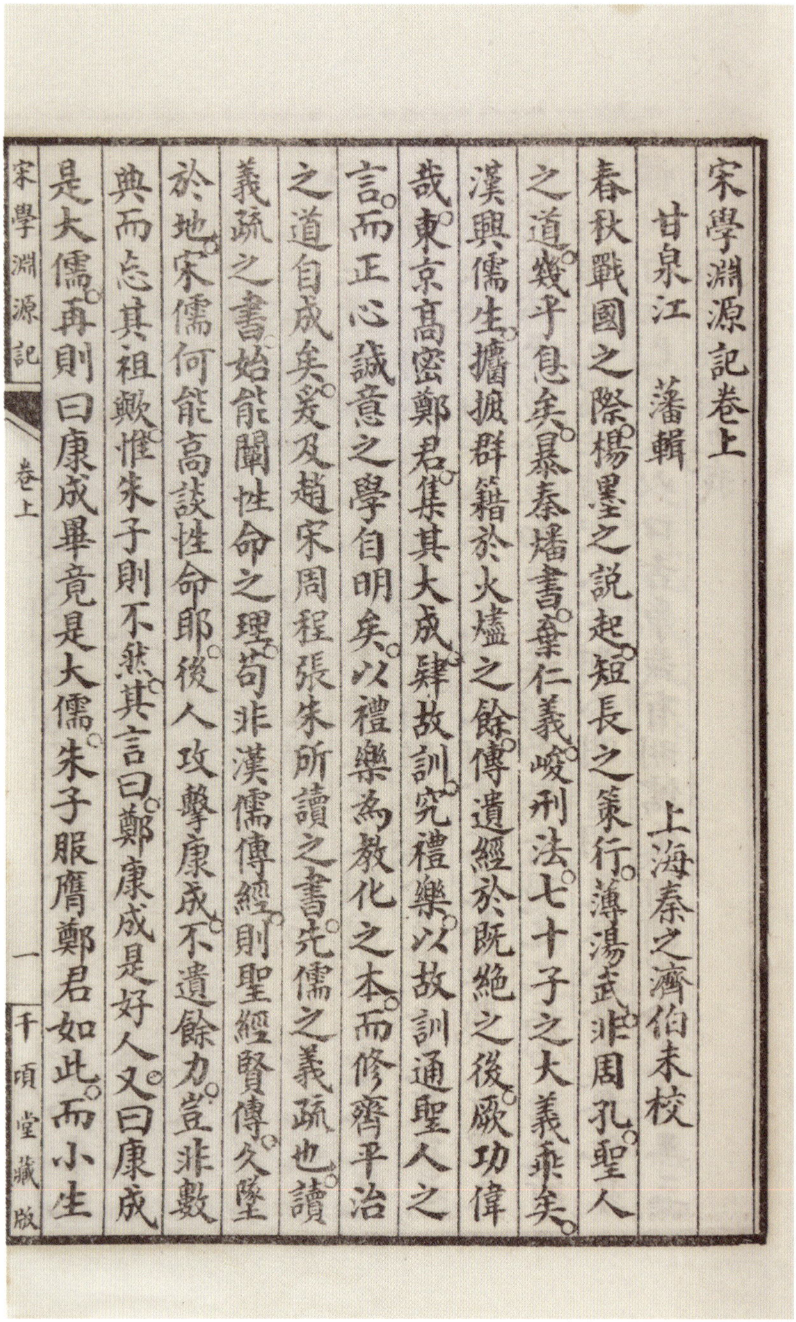

宋學淵源記卷上

甘泉江　藩輯　　上海秦之濟伯未校

春秋戰國之際楊墨之說起短長之策行薄湯武非周孔聖人之道幾乎息矣暴秦燔書棄仁義峻刑法七十子之大義乖矣漢興儒生攟摭群籍於火燼之餘傳遺經於既絕之後厥功偉哉東京高密鄭君集其大成肄故訓究禮樂以故訓通聖人之言而正心誠意之學自明矣以禮樂為教化之本而修齊平治之道自成矣爰及趙宋周程張朱所讀之書先儒之義疏也讀義疏之書始能闡性命之理苟非漢儒傳經則聖經賢傳久墜於地宋儒何能高談性命耶後人攻擊康成不遺餘力豈非數典而忘其祖歟惟朱子則不然其言曰鄭康成是好人又曰康成是大儒再則曰康成畢竟是大儒朱子服膺鄭君如此而小生

宋學淵源記　卷上　一　千頃堂藏版

0291　350000-2016-0000228　乙20　史部/傳記類/總傳之屬/儒林

漢學師承記八卷經師經義一卷　宋學淵源記二卷札記一卷　（清）江藩纂輯　民國上海千頃堂石印本　版框高16.8厘米，寬11.4厘米；开本高20厘米，寬13.4厘米；石印本，綫裝。

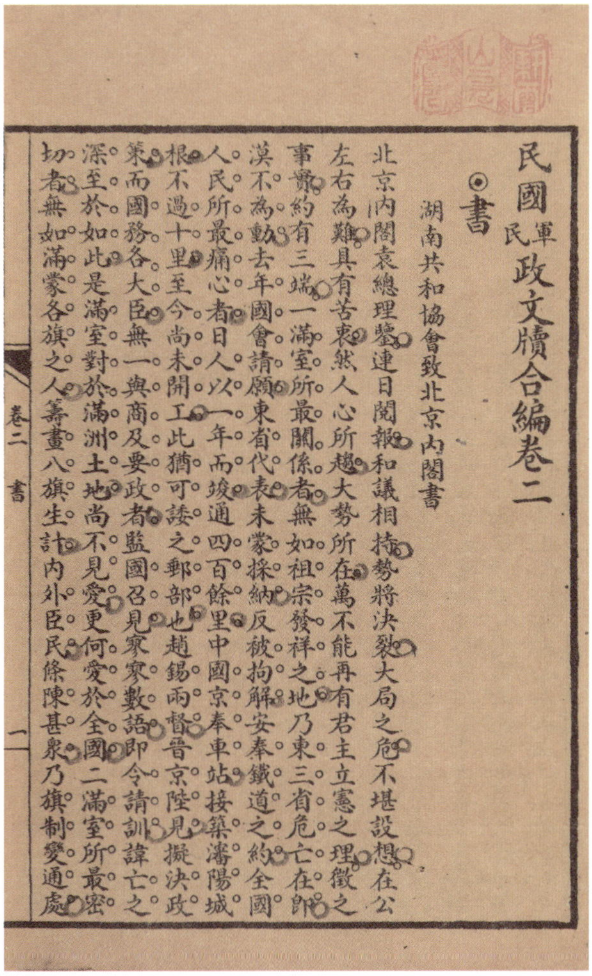
民國軍民政文牘合編卷二

◉書

湖南共和協會致北京內閣書

北京內閣袁總理鑒連日閱報和議相持勢將決裂大局之危不堪設想在公左右為難具有苦衷然人心所趨大勢所在萬不能再有君主立憲之理徵之事實約有三端一滿室所最關係者無如祖宗發祥之地乃東三省危亡在即漢不為動去年國會請願東省代表未蒙採納反被拘解安奉鐵道之約全國人民所最痛心者日人以一年而竣通四百餘里中國京奉車站接築瀋陽城根不過十里至今尚未開工此猶可諉之郵部也趙錫兩督晉京陛見擬決政策而國務各大臣無一與商及要政者監國召見寥寥數語即令請訓諱亡之深至於如此是滿室對於滿洲土地尚不見愛更何愛於全國二滿室所最密切者無如滿蒙各旗之人籌畫八旗生計內外臣民條陳甚衆乃旗制變通處

卷二 書 一

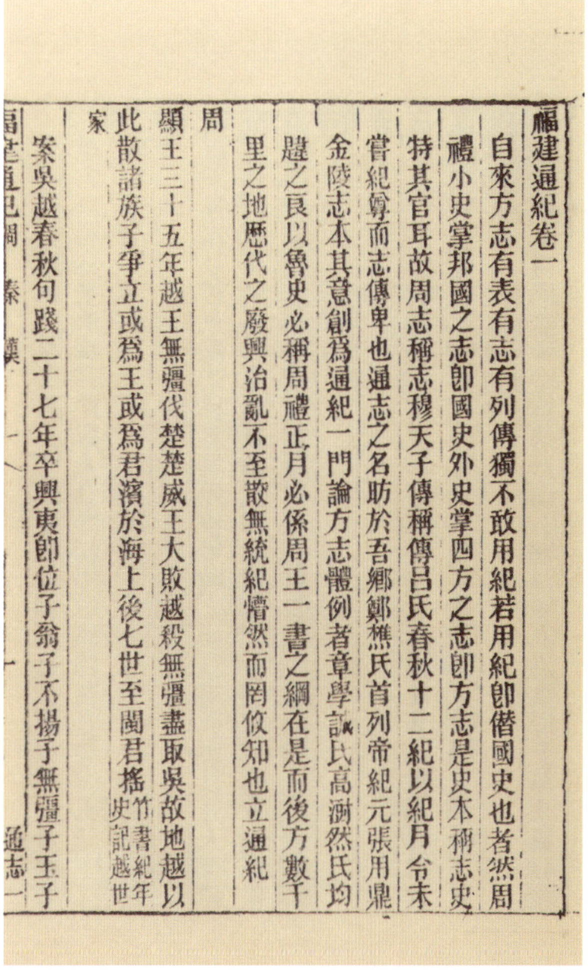
福建通紀卷一

自來方志有表有志有列傳獨不敢用紀若用紀即僭國史也者然周禮小史掌邦國之志即國史外史掌四方之志即方志是史本稱志史特其官耳故周志稱志穆天子傳稱傳呂氏春秋十二紀以紀月令未嘗紀尊而志傳卑也通志之名昉於吾鄉鄭樵氏首列帝紀元張用鼎金陵志本其意創爲通紀一門論方志體例者章學誠氏高澍然氏均韙之良以魯史必稱周禮正月必係周王一書之綱在是而後方數千里之地歷代之廢興治亂不至散無統紀憒然而罔攸知也立通紀

周

顯王三十五年越王無彊伐楚楚威王大敗越殺無彊盡取吳故地越以此散諸族子爭立或爲王或爲君濱於海上後七世至閩君搖 竹書紀年 史記越世家

案吳越春秋句踐二十七年卒興夷即位子翁子不揚子無彊子玉子

福建通紀周秦漢 一 通志一

0292　350000-2016-0000119　乙21　史部/政書類/公牘檔冊之屬

**民國軍民政文牘合編□卷**　上海廣益書局編　民國上海廣益書局石印本　版框高16.8厘米，寬11.9厘米；开本高20.2厘米，寬13.5厘米；石印本，白口，四周單邊，綫裝。

0293　350000-2016-0000036　乙22　史部/地理類/方志之屬/通志

**［民國］福建通志五十一總卷六十一分卷**　李厚基修　沈瑜慶、陳衍等纂　民國二十七年（1938）福州刻本　版框高23厘米，寬15.5厘米；开本高28厘米，寬18.5厘米；刻本，十三行，行二十八字，白口，四周單邊，綫裝。

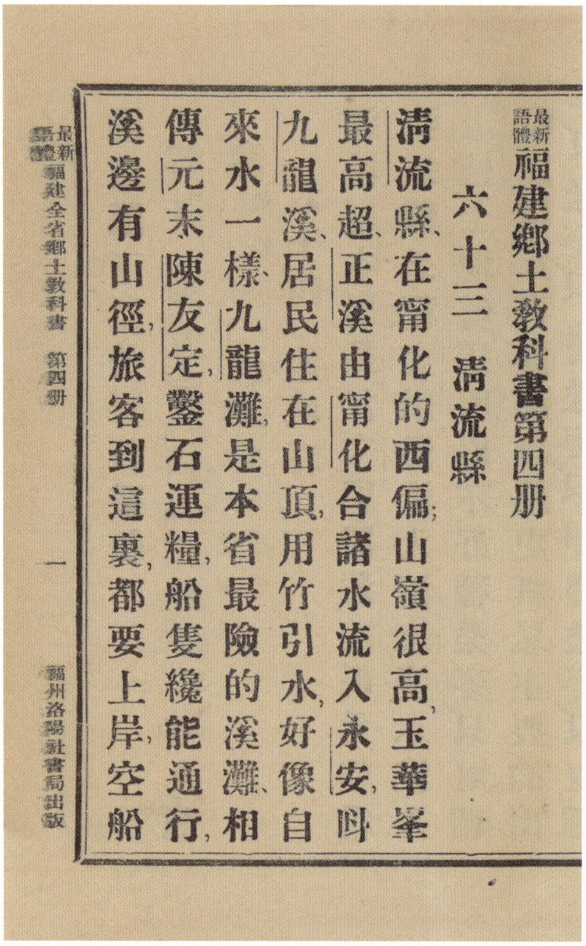
最新語體福建鄉土教科書第四冊

六十三 清流縣

清流縣,在甯化的西偏;山嶺很高,玉華峯最高,超正溪由甯化合諸水流入永安,叫九龍溪,居民住在山頂,用竹引水,好像自來水一樣。九龍灘是本省最險的溪灘,相傳元末陳友定,鑿石運糧,船隻纔能通行,溪邊有山徑,旅客到這裏,都要上岸,空船

最新語體福建全省鄉土教科書 第四冊 一 福州洛陽社書局出版

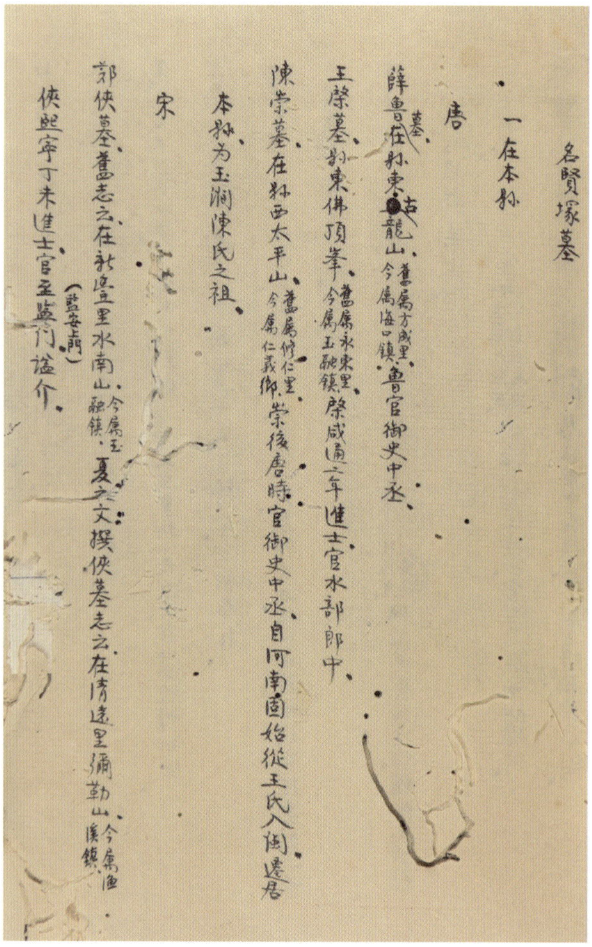
名賢塚墓

一在本縣

唐

薛魯墓在縣東古龍山(舊屬方成里,今屬海口鎮)。魯官御史中丞。

王傑墓縣東佛頂峯(舊屬永東里,今屬玉融鎮)。傑咸通六年進士,官水部郎中。

陳崇墓在縣西太平山(舊屬修仁里,今屬仁義鄉)。崇後唐時官御史中丞,自河南固始從王氏入閩,遂居本縣,為玉澗陳氏之祖。

宋

鄭俠墓,舊志云在新豐里水南山(今屬玉融鎮)。夏之文撰俠墓志云在清遠里蒲勒山(今屬漁溪鎮)。俠熙寧丁未進士,官至監門,謚介。(監安上門)

0294　350000-2016-0000051　乙23　史部/地理類/方志之屬/通志

最新語體福建鄉土教科書四冊　潘守正、彭傳珍編輯　民國十九年(1930)福州洛陽書社鉛印本　版框高16厘米,寬10.5厘米;开本高18厘米,寬12.6厘米;鉛印本,8行,行16字,小字雙行,行16字,白口,四周雙邊,綫裝。

0295　350000-2016-0000200　乙24　史部/地理類/方志之屬/郡縣志

[民國]福清縣志□□卷　福清縣修志委員會纂修　民國(1911—1949)稿本　版框高21厘米,寬14厘米;开本高26厘米,寬15厘米;稿本,綫裝。

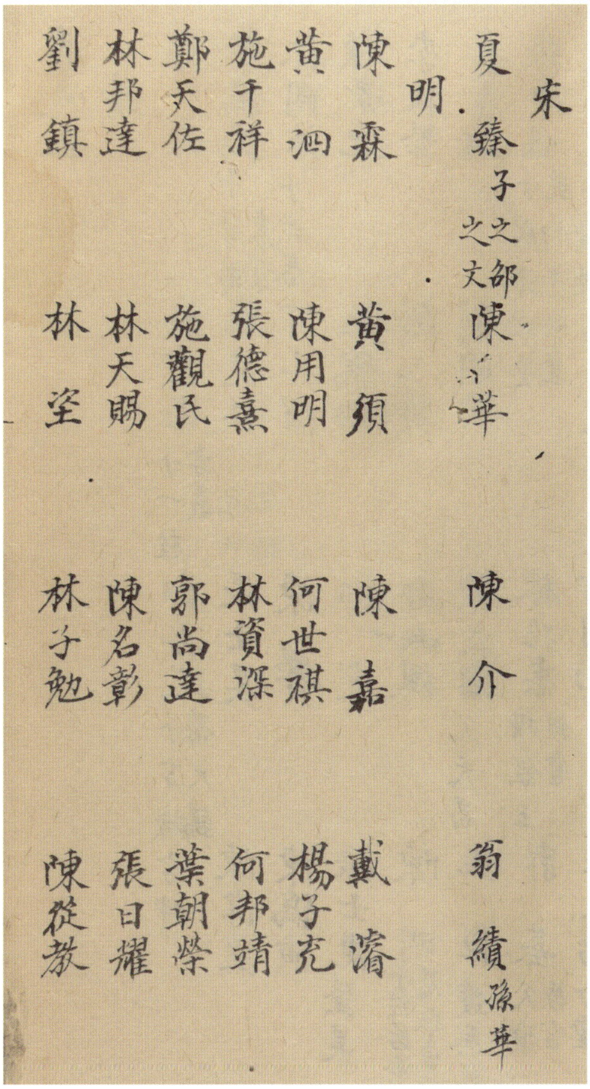

0296　350000-2016-0000249　乙25　史部/地理類/方志之屬/郡縣志

［民國］福清縣志□□卷　福清縣修志委員會纂修　謄清稿本　版框高26厘米，寬16.5厘米；开本高26厘米，寬16.5厘米；稿本，綫裝。

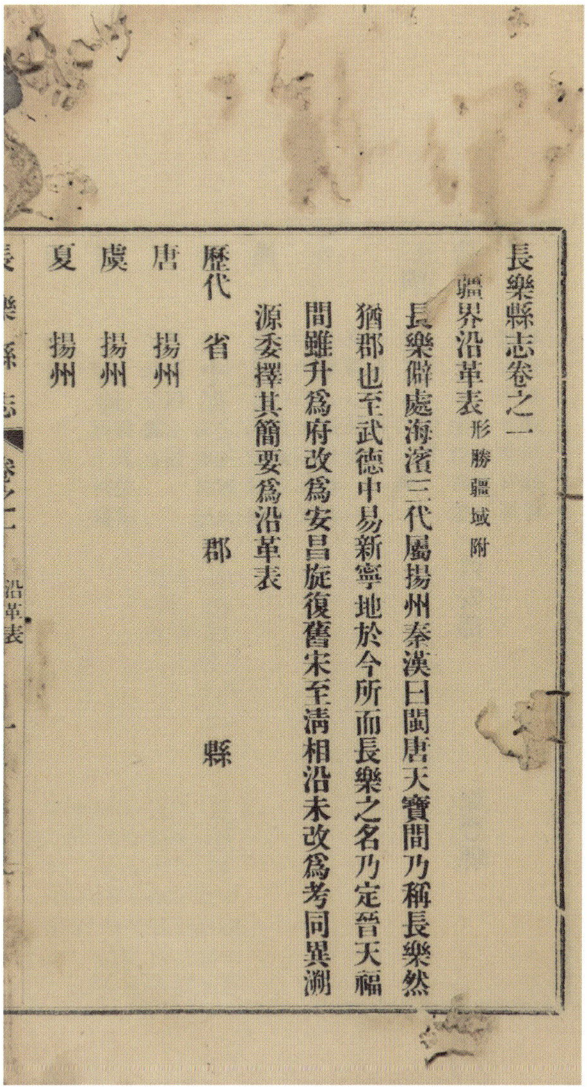

0297　350000-2016-0000279　乙26　史部/地理類/方志之屬/郡縣志

［民國］長樂縣志三十卷首一卷　孟昭涵修　李駒等纂　民國六年（1917）鉛印本　版框高20厘米，寬14.6厘米；开本高27.5厘米，寬18.5厘米；鉛印本，綫裝。

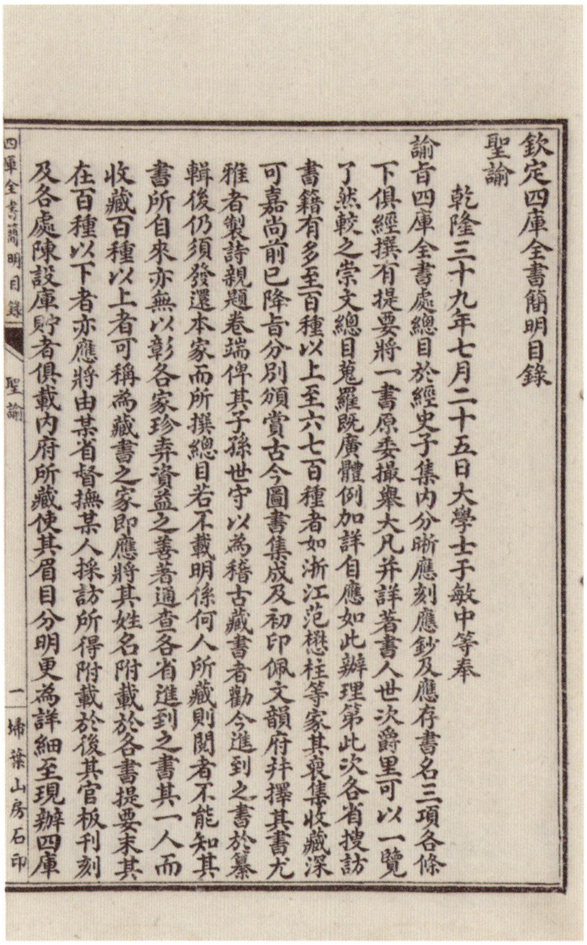
欽定四庫全書簡明目錄

聖諭

乾隆三十九年七月二十五日大學士于敏中等奉

諭旨四庫全書處總目於經史子集內分晰應刻應鈔及應存書名三項各條下俱經撰有提要將一書原委撮舉大凡并詳著書人世次爵里可以一覽了然較之崇文總目蒐羅既廣體例加詳自應如此辦理第此次各省搜訪書籍有多至百種以上至六七百種者如浙江范懋柱等家其裒集收藏深可嘉尚前已降旨分別頒賞古今圖書集成及初印佩文韻府并擇其書尤雅者製詩親題卷端俾其子孫世守以為稽古藏書者勸今進到之書於纂輯後仍須發還本家而所撰總目若不載明係何人所藏則閱者不能知其書所自來亦無以彰各家珍弆資益之善著通查各省進到之書其一人而收藏百種以上者可稱為藏書之家即應將其姓名附載於各書提要末其在百種以下者亦應將由某省督撫某人採訪所得附載於後其官板刊刻及各處陳設庫貯者俱載內府所藏使其眉目分明更為詳細至現辦四庫

四庫全書簡明目錄　聖諭　一　埽葉山房石印

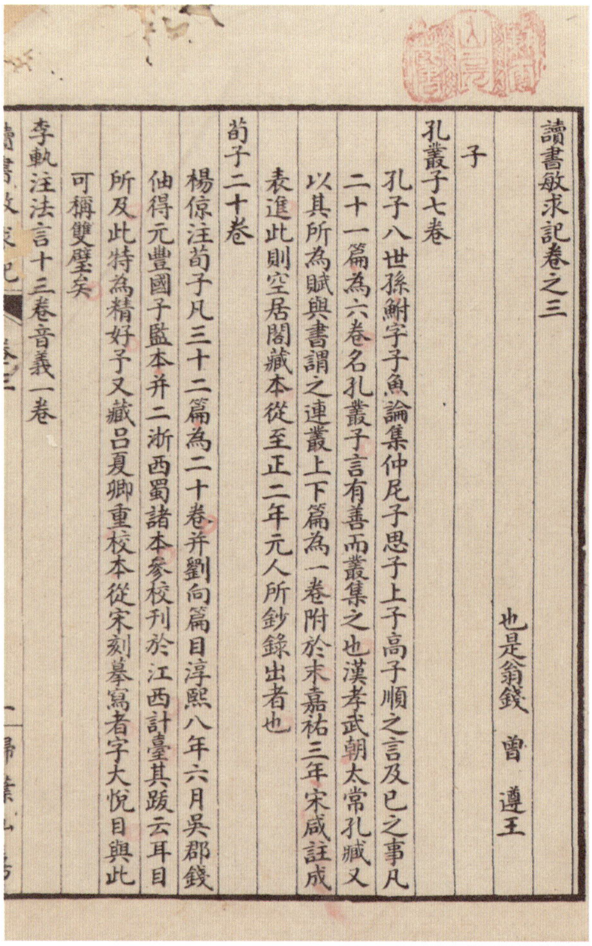
讀書敏求記卷之三

也是翁錢　曾　遵王

子

孔叢子七卷

孔子八世孫鮒字子魚論集仲尼子思子上子高子順之言及已之事凡二十一篇為六卷名孔叢子言有善而叢集之也漢孝武朝太常孔臧又以其所為賦與書謂之連叢上下篇為一卷附於末嘉祐三年宋咸註成表進此則空居閣藏本從至正二年元人所鈔錄出者也

荀子二十卷

楊倞注荀子凡三十二篇為二十卷并劉向篇目淳熙八年六月吳郡錢佃得元豐國子監本幷二浙西蜀諸本參校刊於江西計臺其跋云耳目所及此特為精好予又藏呂夏卿重校本從宋刻摹寫者字大悅目與此可稱雙璧矣

李軌注法言十三卷音義一卷

讀書敏求記　卷三　一　埽葉山房

0298　350000-2016-0000151　乙27　史部/目錄類/總錄之屬/官修

欽定四庫全書簡明目錄二十卷首一卷　（清）紀昀等纂　四庫未收書目提要五卷　（清）阮元撰　民國十四年（1925）掃葉山房石印本　版框高16.1厘米，寬11.6厘米；开本高20厘米，寬13.4厘米；石印本，綫裝。

0299　350000-2016-0000369　乙28　史部/目錄類/書志之屬/提要

讀書敏求記四卷　（清）錢曾撰　民國上海掃葉山房石印本　版框高16.5厘米，寬11.8厘米；开本高20厘米，寬13厘米；石印本，白口，左右雙邊，綫裝。

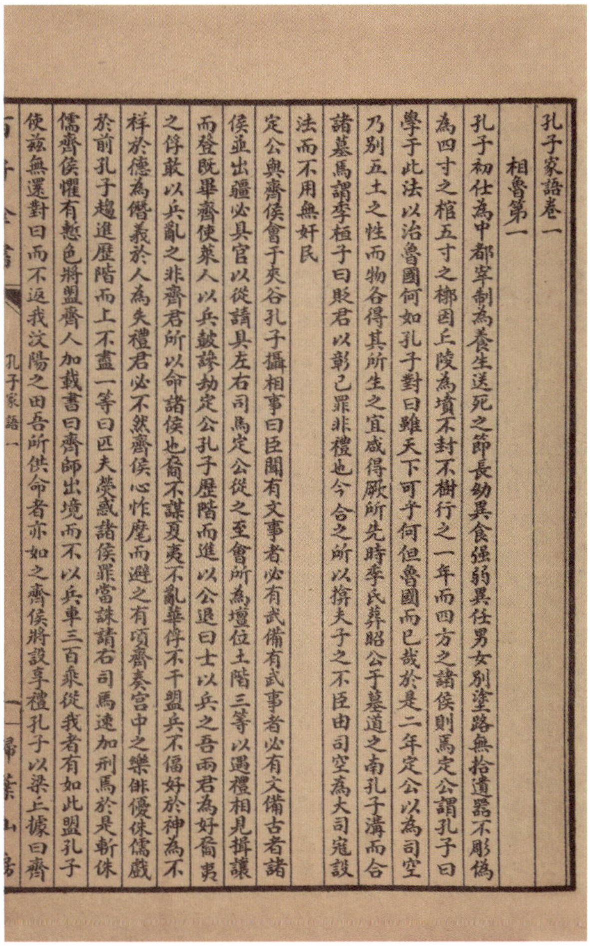

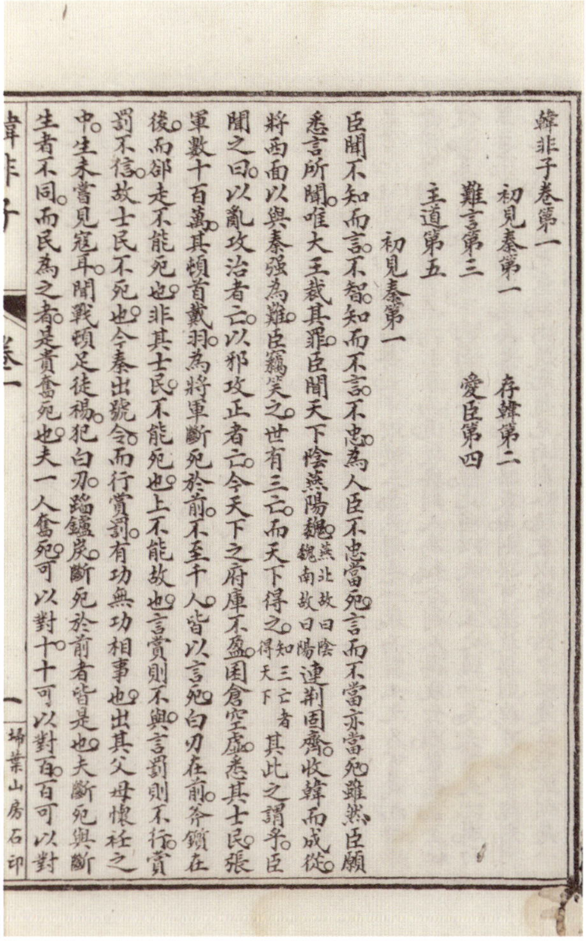

0300　350000-2016-0000159　丙1　子部/叢編

**百子全書一百一種**　（清）崇文書局編　民國四年（1915）上海掃葉山房石印本　版框高16.7厘米，寬11.8厘米；开本高19.8厘米，寬13.3厘米；石印本，綫裝。

0301　350000-2016-0000256　丙2　子部/叢編

**三十六子全書**　掃葉山房輯　民國掃葉山房石印本　版框高16.8厘米，寬11.8厘米；开本高19.8厘米，寬13.2厘米；**韓非子二十卷　韓非子識誤三卷**　（清）顧廣圻撰　**尸子一卷存疑一卷**　（清）汪繼培輯　**山海經十八卷**（存一至四）（晉）郭璞傳　（清）畢沅校正　石印本，綫裝。

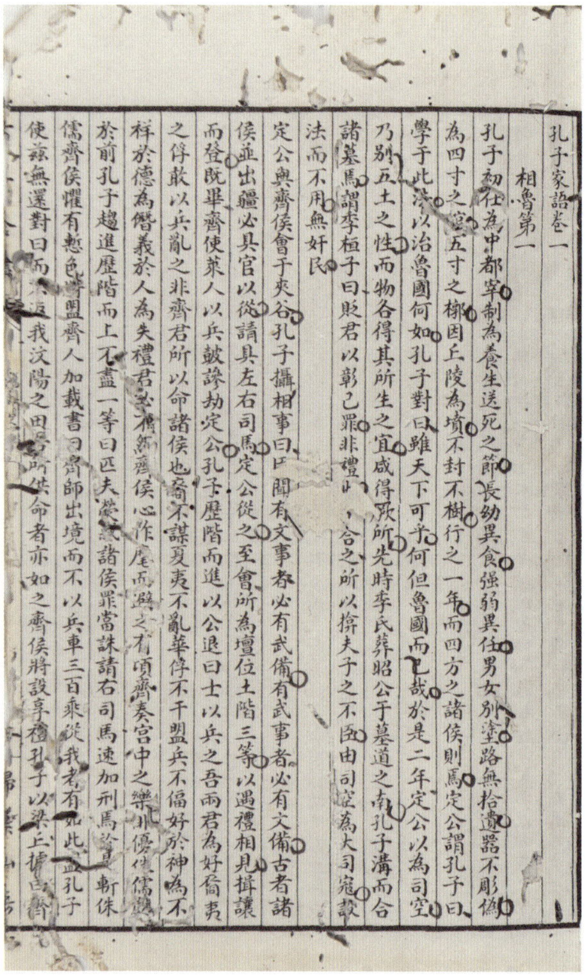
孔子家語卷一

相魯第一

孔子初仕為中都宰制為養生送死之節長幼異食强弱異任男女別塗路無拾遺器不彫僞為四寸之棺五寸之槨因丘陵為墳不封不樹行之一年而四方之諸侯則焉定公謂孔子曰學子此法以治魯國何如孔子對曰雖天下可乎何但魯國而已哉於是二年定公以為司空乃別五土之性而物各得其所生之宜咸得厥所先時季氏葬昭公于墓道之南孔子溝而合諸墓焉謂季桓子曰貶君以彰己罪非禮也今合之所以揜夫子之不臣由司空為大司寇設法而不用無姦民

定公與齊侯會于夾谷孔子攝相事曰臣聞有文事者必有武備有武事者必有文備古者諸侯並出疆必具官以從請具左右司馬定公從之至會所為壇位土階三等以遇禮相見揖讓而登既畢齊使萊人以兵鼓譟劫定公孔子歷階而進以公退曰士以兵之吾兩君為好裔夷之俘敢以兵亂之非齊君所以命諸侯也裔不謀夏夷不亂華俘不干盟兵不偪好於神為不祥於德為僭義於人為失禮君必不然齊侯心怍麾而避之有頃齊奏宮中之樂俳優侏儒戲於前孔子趨進歷階而上不盡一等曰匹夫熒惑諸侯者罪當誅請右司馬速加刑焉於是斬侏儒齊侯懼有慚色將盟齊人加載書曰齊師出境而不以兵車三百乘從我者有如此盟孔子使茲無還對曰而不返我汶陽之田吾以供命者亦如之齊侯將設享禮孔子以梁丘據曰齊

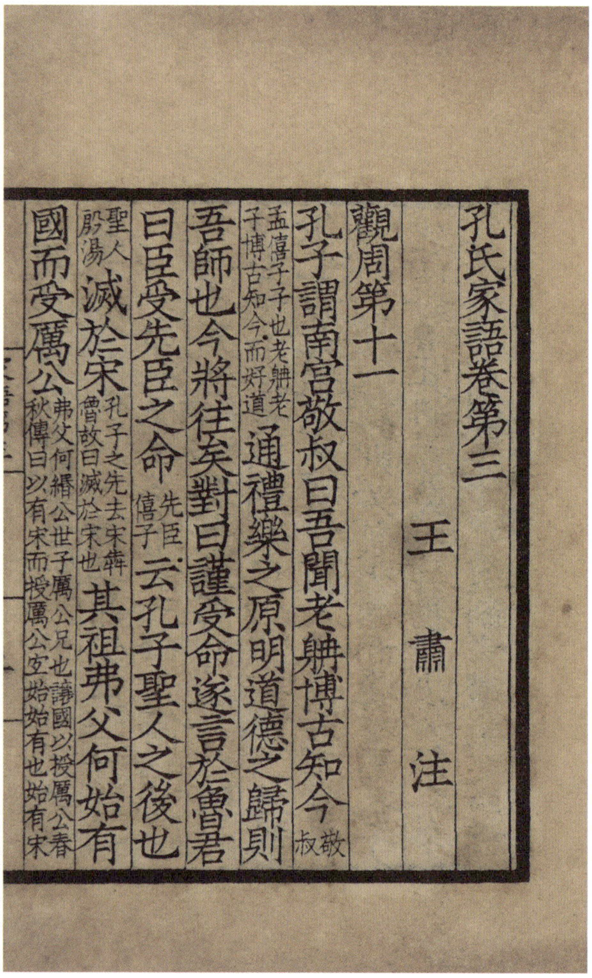
孔氏家語卷第三

王肅注

觀周第十一

孔子謂南宮敬叔曰（敬叔）吾聞老聃博古知今（孟僖子子也老聃老子博古知今而好道）通禮樂之原明道德之歸則吾師也今將往矣對曰謹受命遂言於魯君曰臣受先臣之命（先臣僖子）云孔子聖人之後也（聖人殷湯）滅於宋（孔子之先去宋奔魯故曰滅於宋也）其祖弗父何始有國而受厲公（弗父何繆公世子厲公兄也讓國以授厲公春秋傳曰以有宋而授厲公宋始始有也始有宋）

0302　350000-2016-0000061　丙3　子部/儒家類/儒家之屬

**孔子家語十卷**　（三國魏）王肅注　民國三年（1914）上海掃葉山房石印本　版框高16.8厘米，寬12厘米；开本高20厘米，寬13.2厘米；百子全書，石印本，白口，左右雙邊，綫裝。

0303　350000-2016-0000041　丙4　子部/儒家類/儒家之屬

**孔子家語十卷**　（三國魏）王肅注　民國影印本　版框高14.4厘米，寬10.8厘米；开本高20.2厘米，寬13.2厘米；影印本，白口，四周單邊，綫裝。

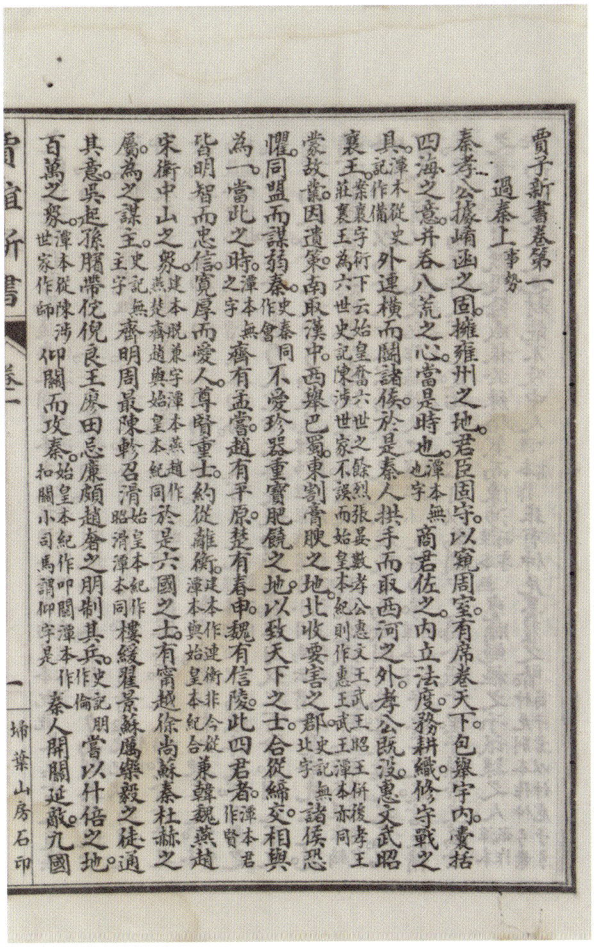
賈子新書卷第一

過秦上 事勢

秦孝公據崤函之固，擁雍州之地，君臣固守，以窺周室，有席卷天下，包舉宇內，囊括四海之意，并吞八荒之心。當是時也，潭本無也字 商君佐之，內立法度，務耕織，修守戰之具，潭本從史記作備 外連橫而鬬諸侯，於是秦人拱手而取西河之外。孝公既沒，惠文、武、昭襄王，案襄字衍下云始皇奮六世之餘烈張晏數孝公惠文王武王昭王併後孝王莊襄王為六世史記陳涉世家不誤而始皇本紀則作惠王武王潭本亦同 蒙故業，因遺策，南取漢中，西舉巴蜀，東割膏腴之地，北收要害之郡，史記無北字 諸侯恐懼，同盟而謀弱秦，史秦同作會 不愛珍器重寶肥饒之地，以致天下之士，合從締交，相與為一。當此之時，潭本無之字 齊有孟嘗，趙有平原，楚有春申，魏有信陵。此四君者，潭本君作賢 皆明智而忠信，寬厚而愛人，尊賢重士，約從離衡，建本作連衡非今從潭本與始皇本紀合 兼韓魏燕趙宋衛中山之衆。建本脫宋字潭本燕趙作燕楚齊趙與始皇本紀同 於是六國之士，有甯越、徐尚、蘇秦、杜赫之屬為之謀主，史記無主字 齊明、周最、陳軫、召滑、始皇本紀作昭滑潭本同 樓緩、翟景、蘇厲、樂毅之徒通其意，吳起、孫臏、帶佗、倪良、王廖、田忌、廉頗、趙奢之朋制其兵。史記朋作倫 嘗以什倍之地，百萬之衆，潭本從陳涉世家作師 仰關而攻秦。始皇本紀作叩關潭本作扣關小司馬謂仰字是 秦人開關延敵，九國

賈誼新書 卷一 一 埽葉山房石印

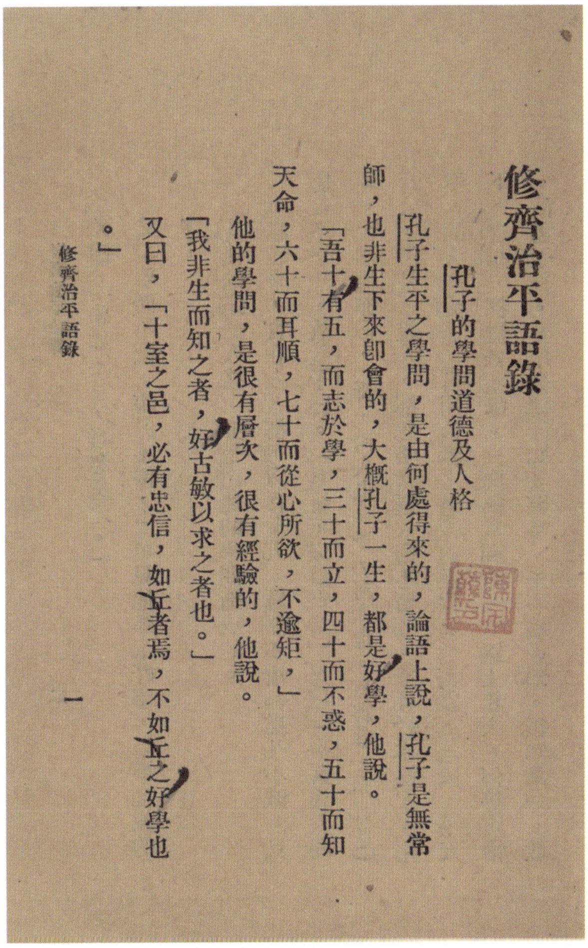
# 修齊治平語錄

孔子的學問道德及人格

孔子生平之學問，是由何處得來的，論語上說，孔子是無常師，也非生下來即會的，大概孔子一生，都是好學，他說。

「吾十有五，而志於學，三十而立，四十而不惑，五十而知天命，六十而耳順，七十而從心所欲，不逾矩，」

他的學問，是很有層次，很有經驗的，他說。

「我非生而知之者，好古敏以求之者也。」

又曰，「十室之邑，必有忠信，如丘者焉，不如丘之好學也。」

修齊治平語錄 一

0304　350000-2016-0000021　丙5　子部/儒家類/儒學之屬/經濟

**賈子新書十卷**　（漢）賈誼撰　民國上海埽葉山房石印百子全書本　版框高16.6厘米，寬11.7厘米；开本高19.5厘米，寬13.3厘米；鉛印本，十四行，行三十二字，白口，四周雙邊，綫裝。

0305　350000-2016-0000336　丙6　子部/儒家類/儒學之屬/經濟

**修齊治平語錄一卷**　吴中柱録　民國二十三年（1934）上海啓智書局鉛印本　版框高18.5厘米，寬12.5厘米；开本高18.5厘米，寬12.5厘米；鉛印本，綫裝。

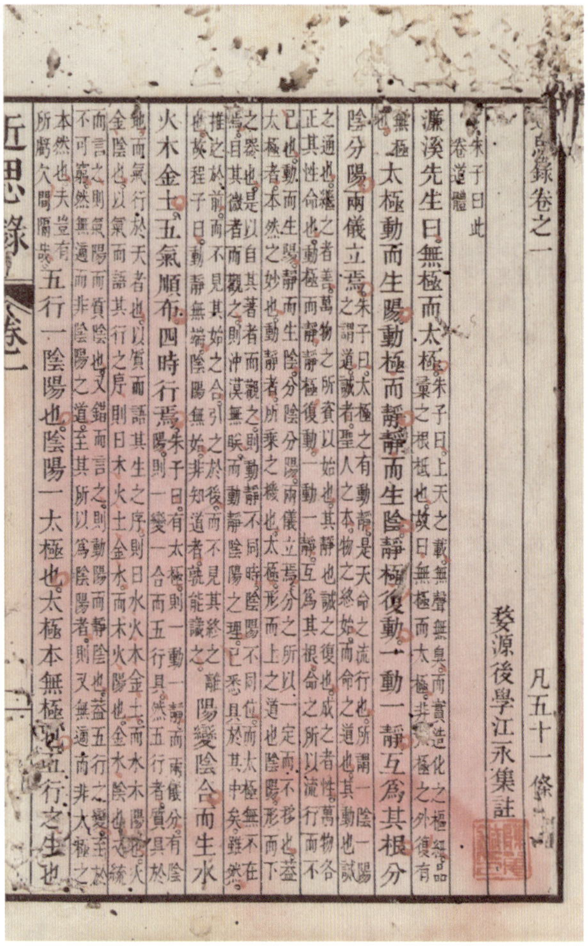

0306　350000-2016-0000266　丙7　子部/儒家類/儒學之屬/性理

**近思錄十四卷**　（清）江永集注　**校勘記一卷**　（清）王炳録　**考訂朱子世家一卷**　（清）江永著　民國上海鴻章書局石印本　版框高17.2厘米，寬11.7厘米；开本高20厘米，寬13.2厘米；石印本，綫裝。

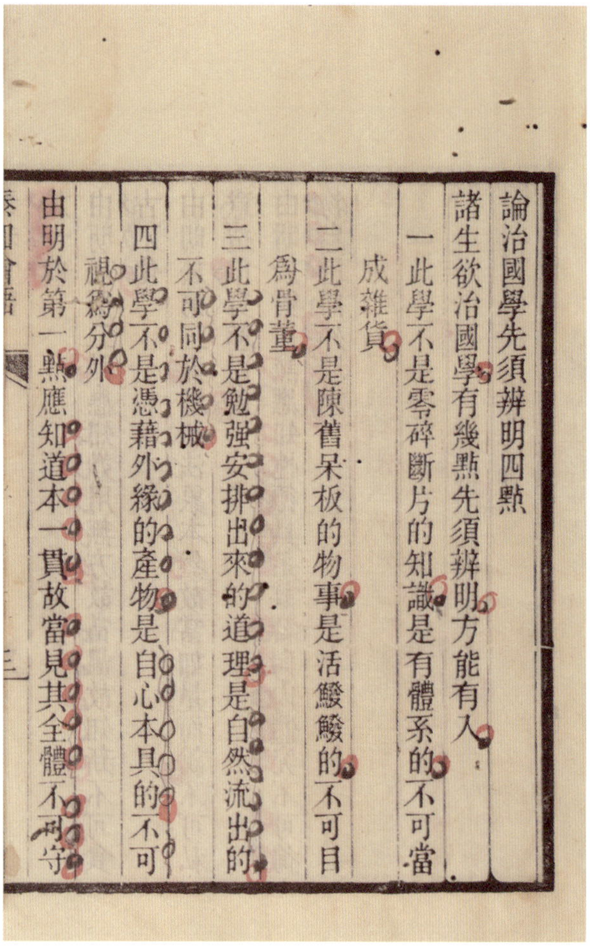

0308　350000-2016-0000211　丙9　子部/儒家類/儒學之屬/性理

**泰和會語一卷宜山會語一卷附錄一卷**　馬浮撰　民國二十八年（1939）刻本　版框高16厘米，寬12厘米；开本高25.5厘米，寬15厘米；刻本，綫裝。

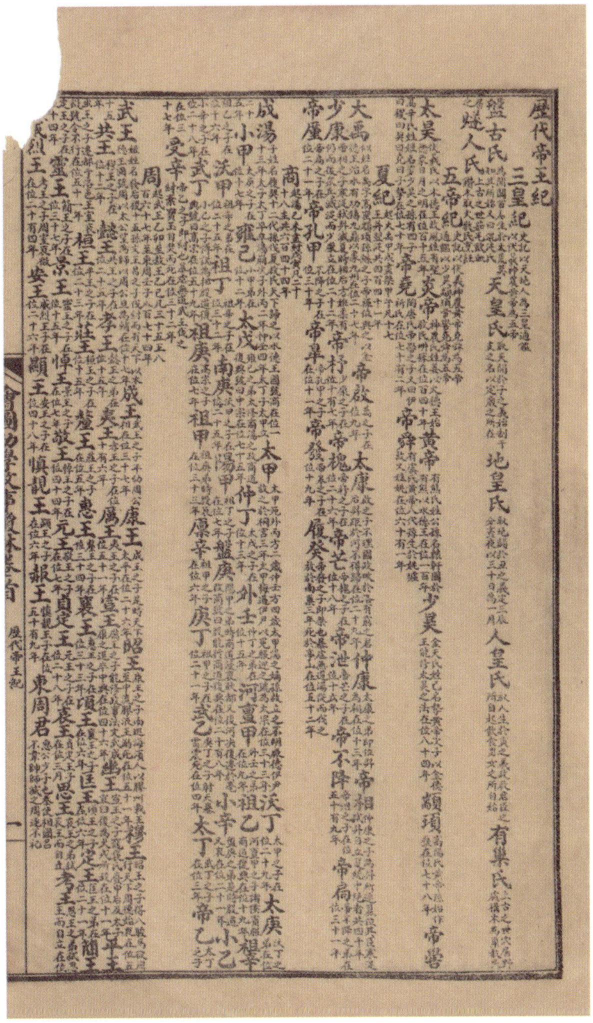

歷代帝王紀

玫正字彙 總目

一畫 一丨ノ乙亅

二畫 二亠人儿入八冂冖冫几凵刀力勹匕匚匸十卜卩厂厶又

三畫 口囗土

新增應酬彙選 目錄

新增繪圖幼學故事瓊林卷一

西昌程允升先生原本

霧閣鄒聖脈梧岡增補

清溪謝梅林硯傭

男 鄒可庭涉園 參訂

山陰石韞玉東楠重校

天文

混沌初開，乾坤始奠。氣之輕清上浮者為天，氣之重濁下凝者為地。日月五星，謂之七政；天地與人，謂之三才。日為眾陽之宗，月乃太陰之象。虹名螮蝀，乃天地之淫氣；月裏蟾蜍，是月魄之精光。風欲起而石燕飛，天將雨而商羊舞。旋風名

0309　350000-2016-0000238　丙10　子部/儒家類/儒學之屬/蒙學

新增繪圖幼學故事瓊林四卷首一卷　（明）程登吉原本　（清）鄒聖脈增補　初等學堂尺牘二卷　（□）□□輯　增補同音字類標韻不分卷　（□）□□纂　民國昌文書局石印本　版框高22.5厘米，寬14厘米；开本高26厘米，寬15.2厘米；石印本，綫裝。

0311　350000-2016-0000236　丙12　子部/儒家類/儒學之屬/蒙學

新增繪圖幼學故事瓊林四卷首一卷　（明）程登吉原本　（清）鄒聖脈增補　新增應酬彙選四卷　（□）□□輯　玫正字彙不分卷　（□）□□纂　民國五年（1916）蘭青齋石印本　版框高21.8厘米，寬13.2厘米；开本高26.5厘米，寬15.5厘米；石印本，綫裝。

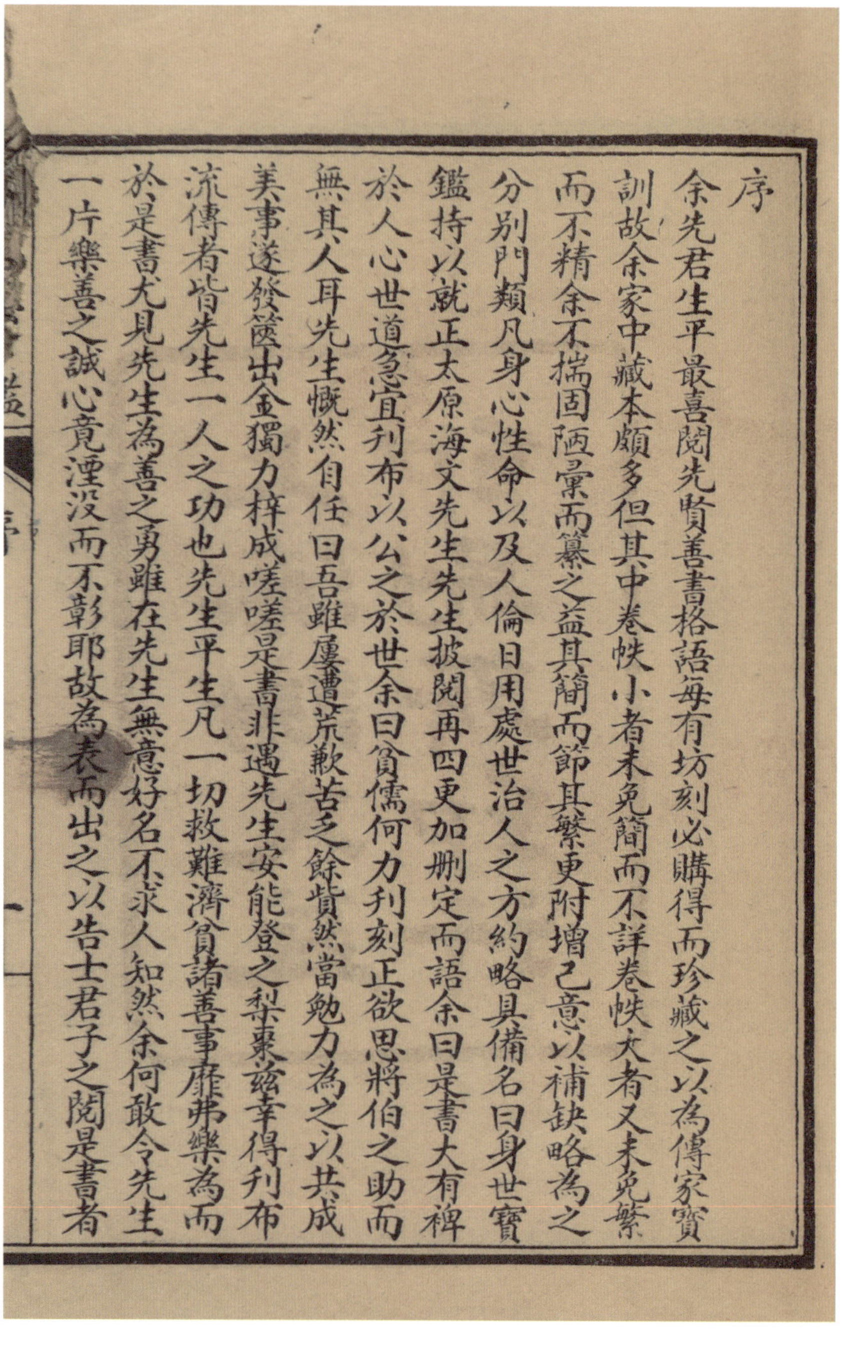
序
余先君生平最喜閱先賢善書格語每有坊刻必購得而珍藏之以為傳家寶訓故余家中藏本頗多但其中卷帙小者未免簡而不詳卷帙大者又未免繁而不精余不揣固陋彙而纂之益其簡而節其繁更附增己意以補缺略為之分別門類凡身心性命以及人倫日用處世治人之方約略具備名曰身世寶鑑持以就正太原海文先生先生披閱再四更加删定而語余曰是書大有裨於人心世道急宜刋布以公之於世余曰貧儒何力刋刻正欲思將伯之助而無其人耳先生慨然自任曰吾雖屢遭荒歉苦乏餘貲然當勉力為之以共成美事遂發篋出金獨力捐成嗟嗟是書非遇先生安能登之梨棗玆幸得刋布流傳者皆先生一人之功也先生平生凡一切救難濟貧諸善事靡弗樂為而於是書尤見先生為善之勇雖在先生無意好名不求人知然余何敢令先生一片樂善之誠心竟湮沒而不彰耶故為表而出之以告士君子之閱是書者

0313　350000-2016-0000147　丙14　子部/儒家類/儒學之屬/俗訓

**身世寶鑑一卷**　（清）李迪光輯　民國八年（1919）上海謝文益印刷所石印本　版框高20.5厘米，寬15厘米；开本高26.5厘米，寬17厘米；石印本，白口，四周雙邊，綫裝。

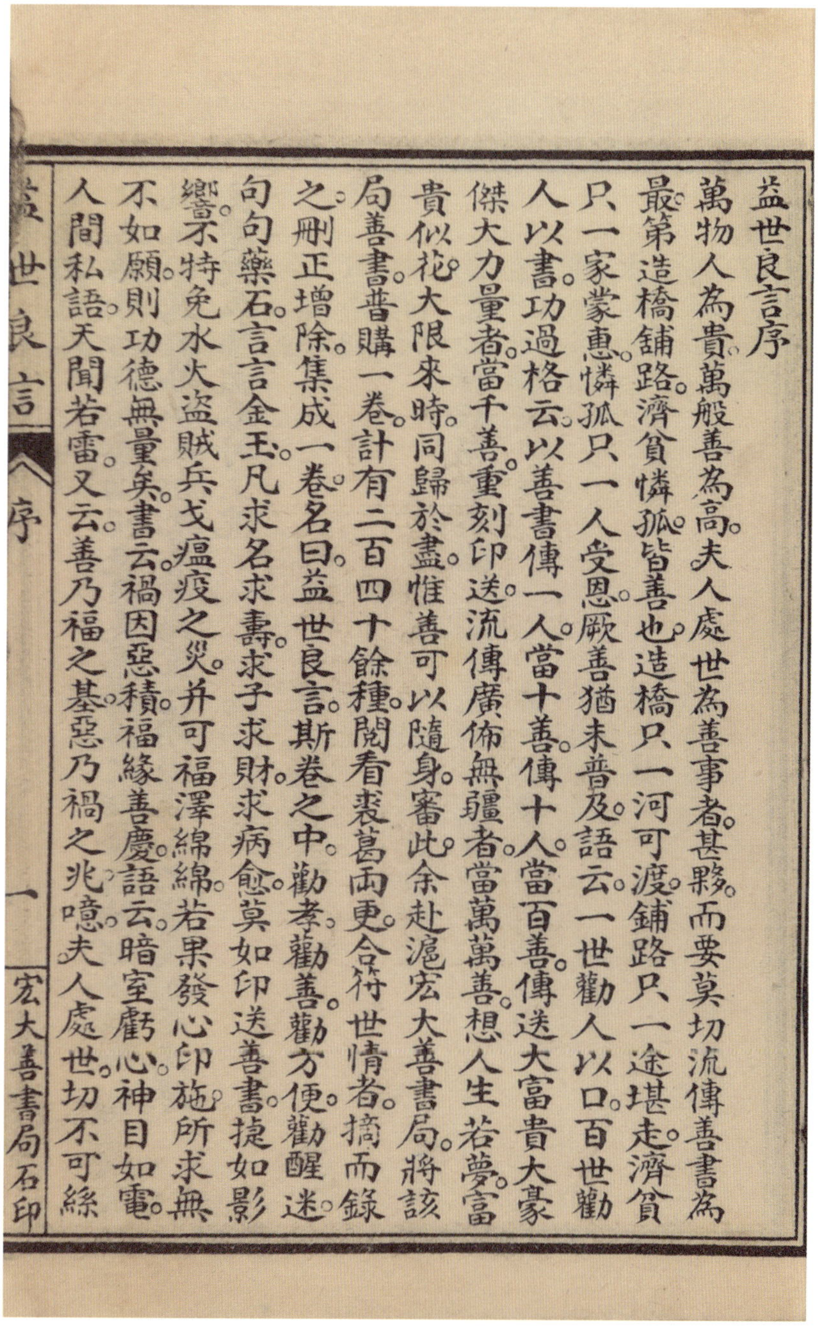

益世良言序

萬物人為貴。萬般善為高。夫人處世為善事者。甚夥。而要莫切流傳善書為最。第造橋鋪路。濟貧憐孤。皆善也。造橋只一河可渡。鋪路只一途堪走。濟貧只一家蒙惠。憐孤只一人受恩。厥善猶未普及。語云。一世勸人以口。百世勸人以書。功過格云。以善書傳一人。當十善。傳十人。當百善。傳送大富貴大豪傑大力量者。當千善。重刻印送。流傳廣佈無疆者。當萬萬善。想人生若夢。富貴似花。大限來時。同歸於盡。惟善可以隨身。審此余赴滬宏大善書局。將該局善書。普購一卷。計有二百四十餘種。閱看裘葛兩更。合符世情者。摘而錄之。刪正增除。集成一卷。名曰益世良言。斯卷之中。勸孝。勸善。勸方便勸醒迷。句句藥石。言言金玉。凡求名求壽求子求財求病愈。莫如印送善書。捷如影響。不特免水火盜賊兵戈瘟疫之災。并可福澤綿綿。若果發心印施。所求無不如願。則功德無量矣。書云。禍因惡積。福緣善慶。語云。暗室虧心。神目如電。人間私語。天聞若雷。又云。善乃福之基。惡乃禍之兆。噫。夫人處世。切不可絲

益世良言　序　一　宏大善書局石印

0314　350000-2016-0000431　丙15　子部/儒家類/儒學之屬/俗訓

**益世良言一卷**　（□）□□纂　民國十七年（1928）上海宏大善書局石印本　版框高17厘米，寬12.3厘米；开本高20厘米，寬13.5厘米；石印本，白口，四周雙邊，綫裝。

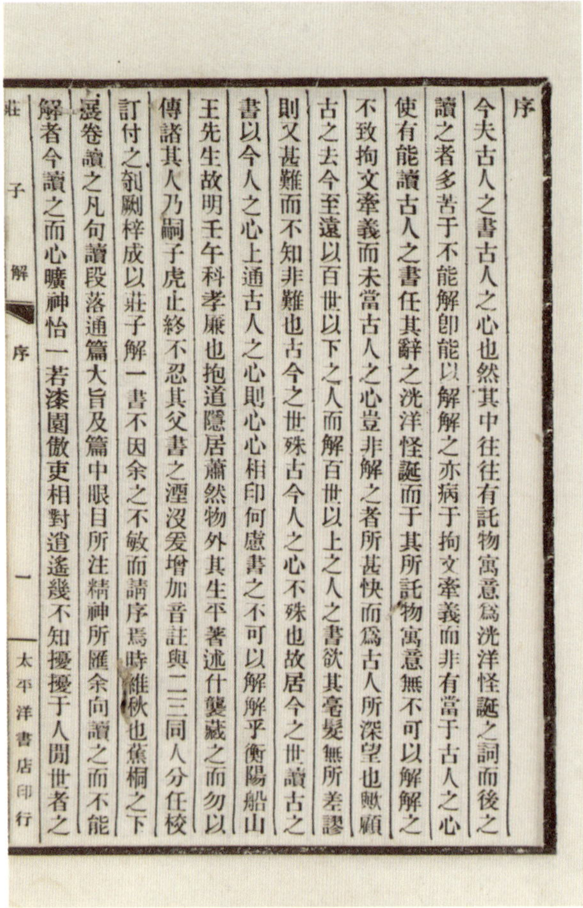

序

今夫古人之書古人之心也然其中往往有託物寓意爲洸洋怪誕之詞而後之讀之者多苦于不能解即能以解解之亦病于拘文牽義而非有當于古人之心使有能讀古人之書任其辭之洸洋怪誕而于其所託物寓意無不可以解解之不致拘文牽義而未嘗古人之心豈非解之者所甚快而爲古人所深望也歟顧古之去今至遠以百世以下之人而解百世以上之人之書欲其毫髮無所差謬則又甚難而不知非難也古今之世殊古今人之心不殊也故居今之世讀古之書以今人之心上通古人之心則心心相印何慮書之不可以解解乎衡陽船山王先生故明壬午科孝廉也抱道隱居蕭然物外其生平著述什襲藏之而勿以傳諸其人乃嗣子虎止終不忍其父書之湮沒爰增加音註與二三同人分任校訂付之剞劂梓成以莊子解一書不因余之不敏而請序焉時維秋也蕉桐之下褎卷讀之凡句讀段落通篇大旨及篇中眼目所注精神所匯余向讀之而不能解者今讀之而心曠神怡一若漆園傲吏相對逍遙幾不知擾擾于人間世者之

莊子解　序　一　太平洋書店印行

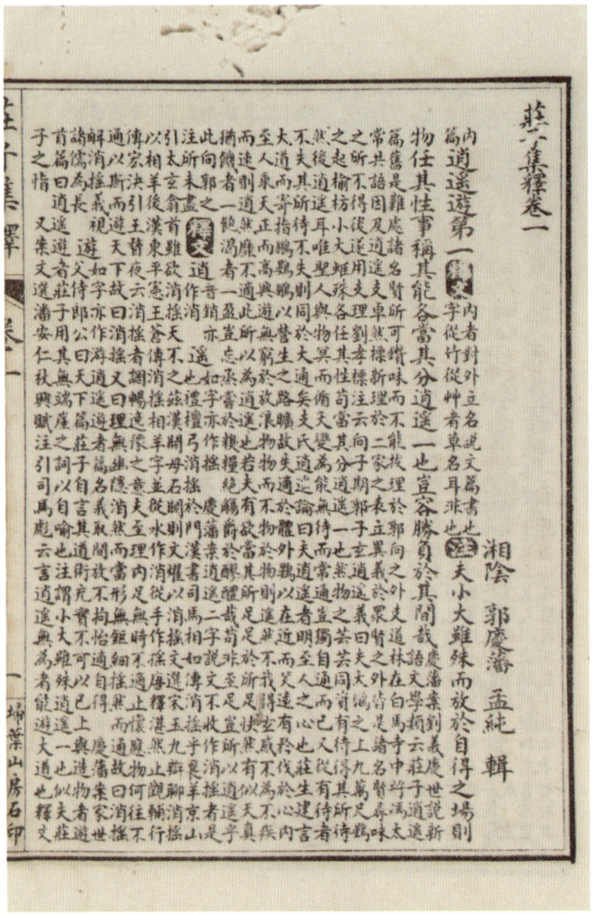

莊子集釋卷一

內篇逍遙遊第一

湘陰 郭慶藩 孟純 輯

物任其性事稱其能各當其分逍遙一也豈容勝負於其間哉

夫小大雖殊而放於自得之場則

莊子集釋　卷一　一　埽葉山房石印

0315　350000-2016-0000229　丙16　子部/道家類

**莊子解三十三卷**　（清）王夫之解　（清）王敔增注　民國二十二年（1933）上海太平洋書店石印船山遺書本　版框高15.4厘米，寬10.8厘米；开本高18.5厘米，寬12.4厘米；船山遺書，石印本，上下黑口，四周單邊，綫裝。

0316　350000-2016-0000234　丙17　子部/道家類

**莊子集釋十卷**　（清）郭慶藩輯　民國上海掃葉山房石印本　版框高16.1厘米，寬11.5厘米；开本高20厘米，寬13.5厘米；石印本，白口，左右雙邊，綫裝。

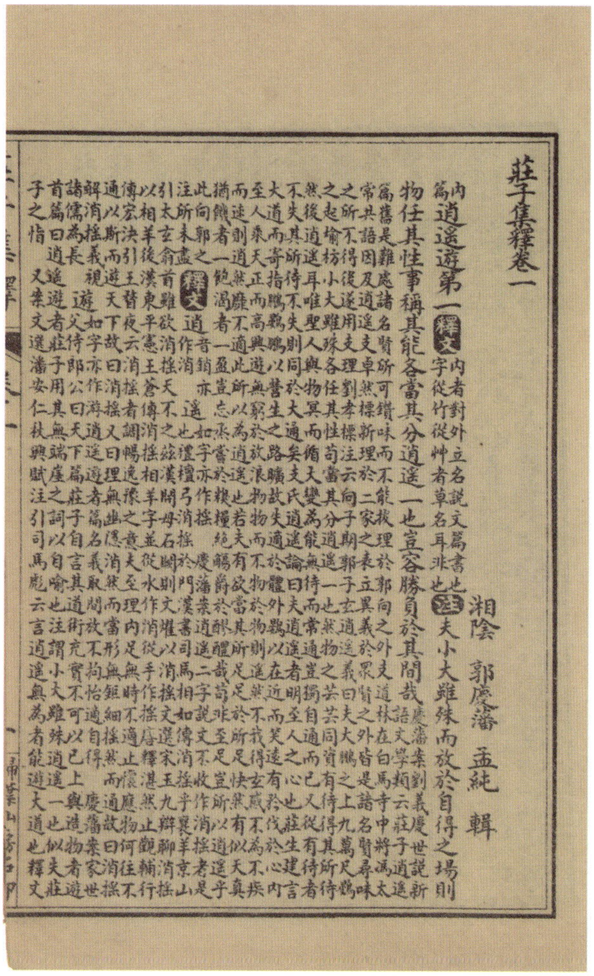

莊子集釋卷一

湘陰 郭慶藩 孟純 輯

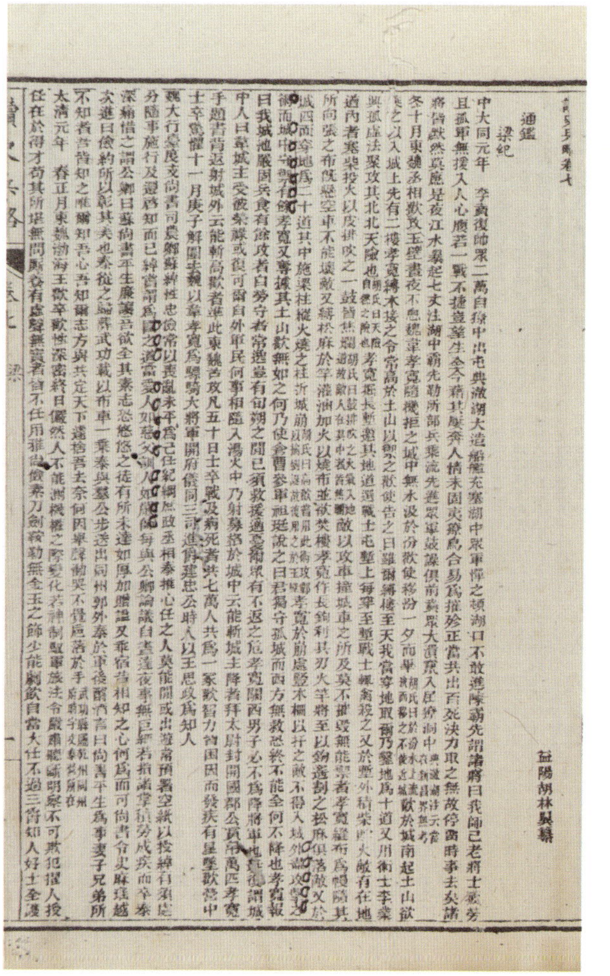

益陽胡林翼輯

0317 350000-2016-0000232 丙18 子部/道家類

**莊子集釋十卷** （清）郭慶藩輯 民國十二年（1923）上海掃葉山房石印本 版框高16.2厘米，寬11.2厘米；开本高20厘米，寬13.4厘米；石印本，白口，左右雙邊，綫裝。

0318 350000-2016-0000405 丙19 子部/兵家類/兵法之屬

**讀史兵略四十六卷** （清）胡林翼撰 民國石印本 版框高16.8厘米，寬11.2厘米；开本高20厘米，寬13.1厘米；石印本，白口，四周雙邊，綫裝。

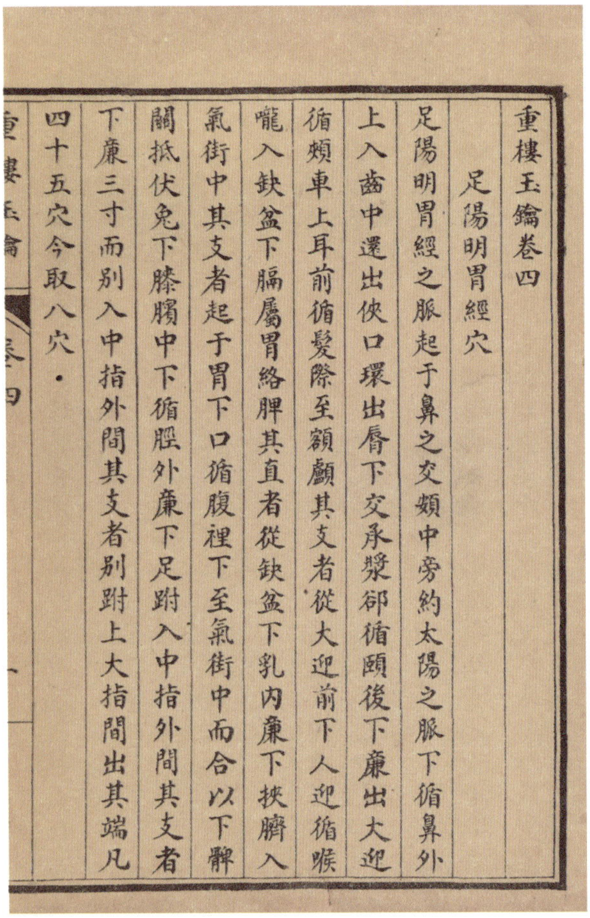
重樓玉鑰卷四

足陽明胃經穴

足陽明胃經之脈起于鼻之交頞中旁約太陽之脈下循鼻外上入齒中還出俠口環出脣下交承漿卻循頤後下廉出大迎循頰車上耳前循髮際至額顱其支者從大迎前下人迎循喉嚨入缺盆下膈屬胃絡脾其直者從缺盆下乳內廉下挾臍入氣街中其支者起于胃下口循腹裡下至氣街中而合以下髀關抵伏兔下膝臏中下循脛外廉下足跗入中指外間其支者下廉三寸而別入中指外間其支者別跗上大指間出其端凡四十五穴今取八穴·

重樓玉鑰 卷四 一

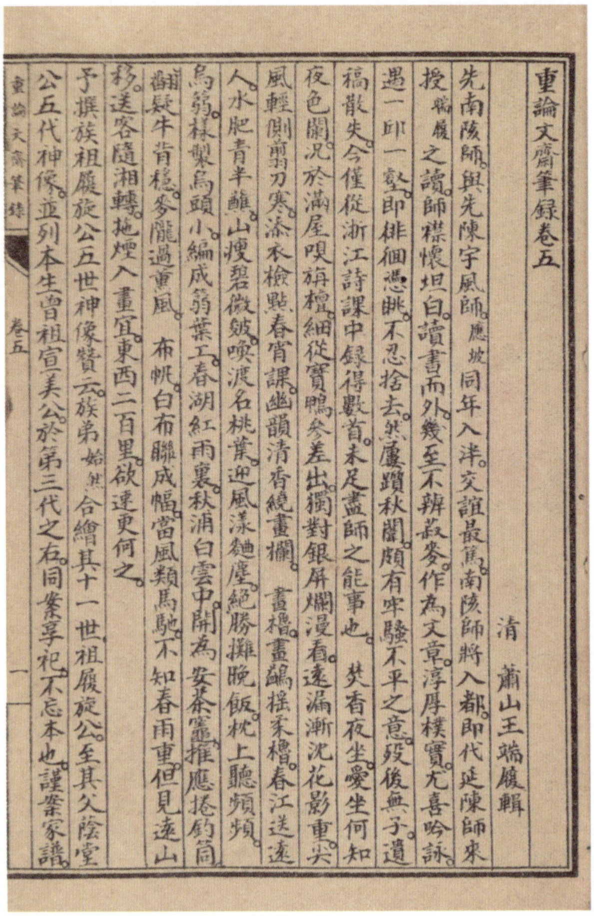
重論文齋筆録卷五

清 蕭山王端履輯

先南陔師與先陳宇風師應坡同年入泮。交誼最篤。南陔師將入都。即代延陳師來授端履之讀。師襟懷坦白。讀書而外幾至不辨菽麥。作為文章。淳厚樸實。尤喜吟詠。遇一邱一壑。即徘徊憑眺。不忍捨去。然屢躓秋闈。頗有牢騷不平之意。歿後無子。遺稿散失。今僅從浙江詩課中録得數首。未足盡師之能事也。焚香夜坐 夔坐何知夜色闌。况於滿屋唄旃檀。細從寶鴨參差出。獨對銀屏爛漫看。遠漏漸沈花影重。尖風輕側翦刀寒。添衣檢點春宵課。幽韻清香繞畫欄。 畫櫓 畫鷁搖柔櫓。春江送遠人。水肥青半蘸。山瘦碧微皺。喚渡名桃葉。迎風漾麯塵。絕勝攤晚飯。枕上聽頻頻。烏篛 樣製烏頭小。編成翦葉工。春湖紅雨裏。秋浦白雲中。鬧為安茶灶。推應捲釣筒。翻疑牛背穩。參髗過重風。 布帆 白布聯成幅。當風類馬馳。不知春雨重。但見遠山移。送客隨湘轉。拖煙入畫宜。東西二百里。欲速更何之。

予撰族祖履旋公五世神像贊云。族弟始然合繪其十一世祖履旋公。至其父陰堂公五代神像。並列本生曾祖宣美公於第三代之右。同案享祀。不忘本也。謹案家譜。

重論文齋筆録 卷五 一

0319　350000-2016-0000289　丙20　子部/醫家類/喉科口齒之屬

**重樓玉鑰四卷**　（清）鄭梅澗撰　民國九年（1920）上海章福記石印本　版框高17.4厘米，寬12厘米；开本高20厘米，寬13.5厘米；石印本，白口，四周雙邊，綫裝。

0320　350000-2016-0000363　丙21　子部/雜著類/雜説之屬

**重論文齋筆錄十二卷**　（清）王端履輯　民國上海文明書局石印本　版框高13厘米，寬9.1厘米；开本高15.5厘米，寬10.5厘米；石印本，上下黑口，四周雙邊，綫裝。

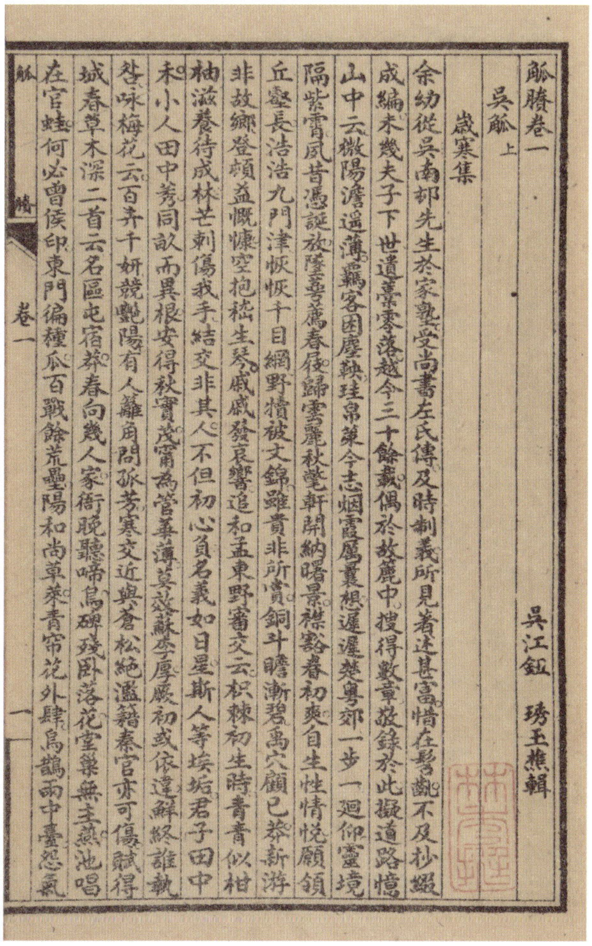

0321　350000-2016-0000080　丙22　子部/小說家類/雜事之屬

**觚賸八卷續編四卷**　（清）鈕琇輯　民國上海進步書局石印本　版框高13厘米，寬8厘米；开本高15.3厘米，寬10厘米；石印本，綫裝。

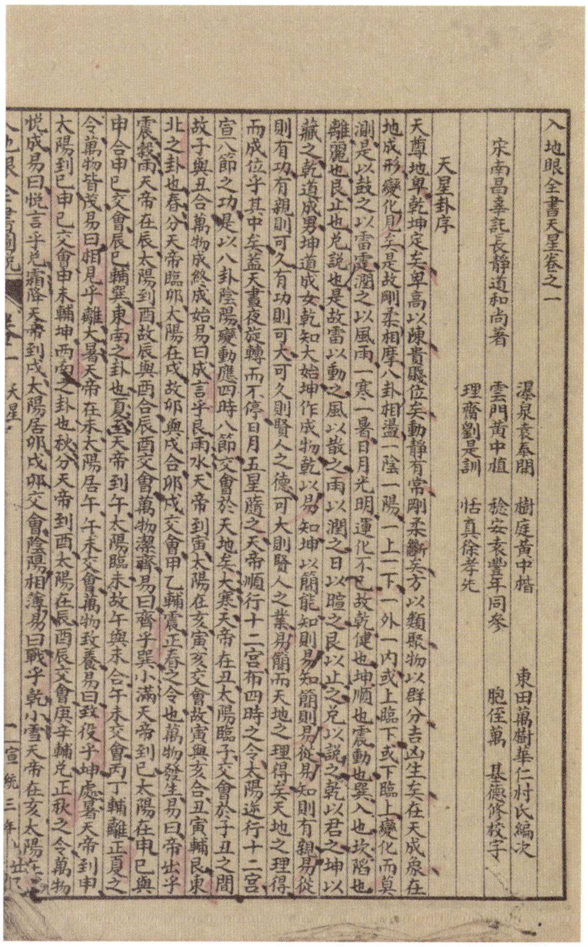

0322　350000-2016-0000150　丙23　子部/術數類/相宅相墓之屬

**入地眼全書圖說十卷**　（清）萬樹華等編纂　民國四年（1915）上海廣益書局石印本　版框高16.8厘米，寬11.9厘米；开本高19.5厘米，寬13.6厘米；石印本，白口，四周單邊，綫裝。

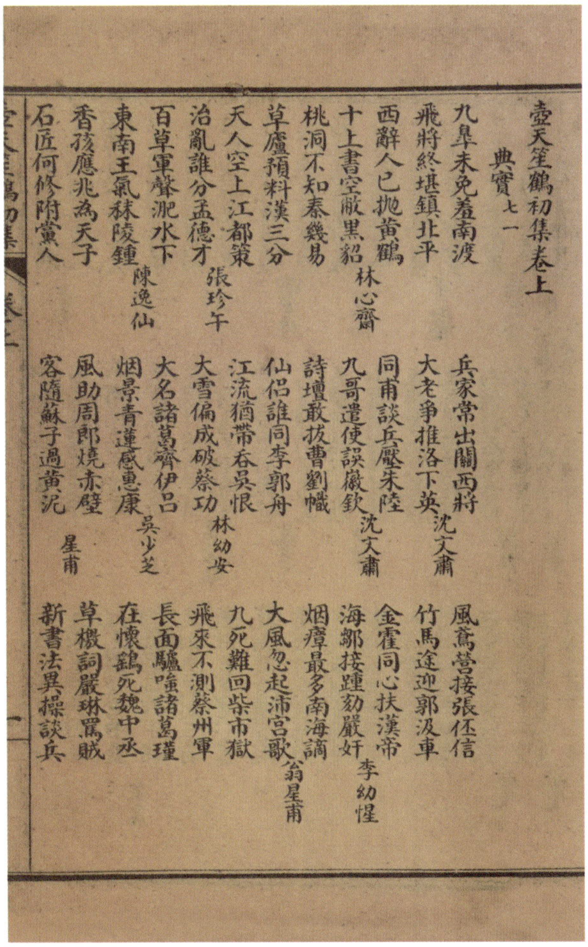

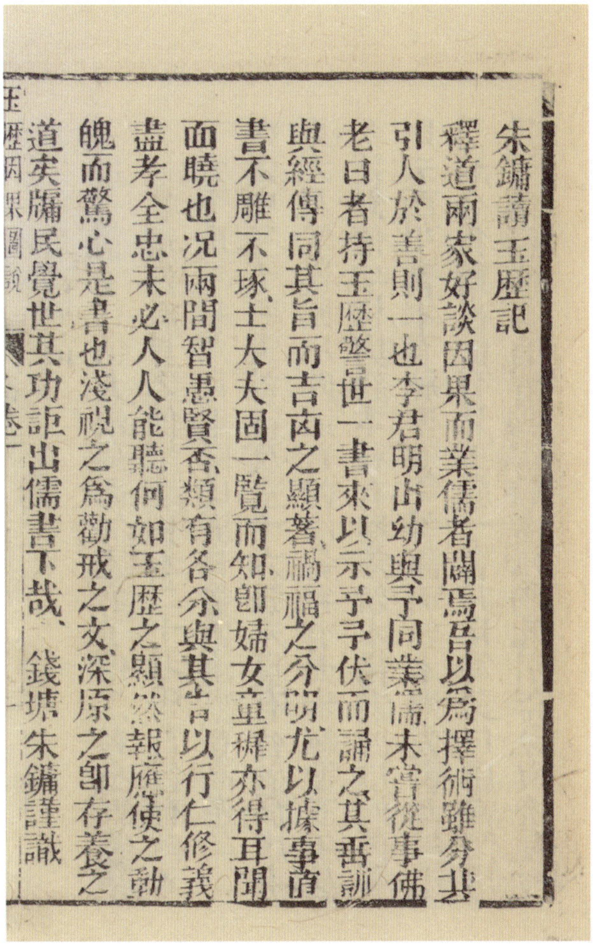

0323　350000-2016-0000413　丙24　子部/藝術類/遊藝之屬/詩鐘

壺天笙鶴初集二卷　林幼泉彙輯　雪鴻初集十卷續集七卷　（清）黄中選　民國五年（1916）石印本　版框高17.4厘米，寬12.3厘米；开本高20厘米，寬13.5厘米；石印本，白口，四周雙邊，綫裝。

0324　350000-2016-0000230　丙25　子部/宗教類/佛教之屬

重鐫玉歷因果圖證四卷　（□）□□撰　民國九年（1920）合川會善堂刻本　版框高20厘米，寬13.2厘米；开本高24.5厘米，寬16.5厘米；刻本，上下黑口，四周單邊，綫裝。

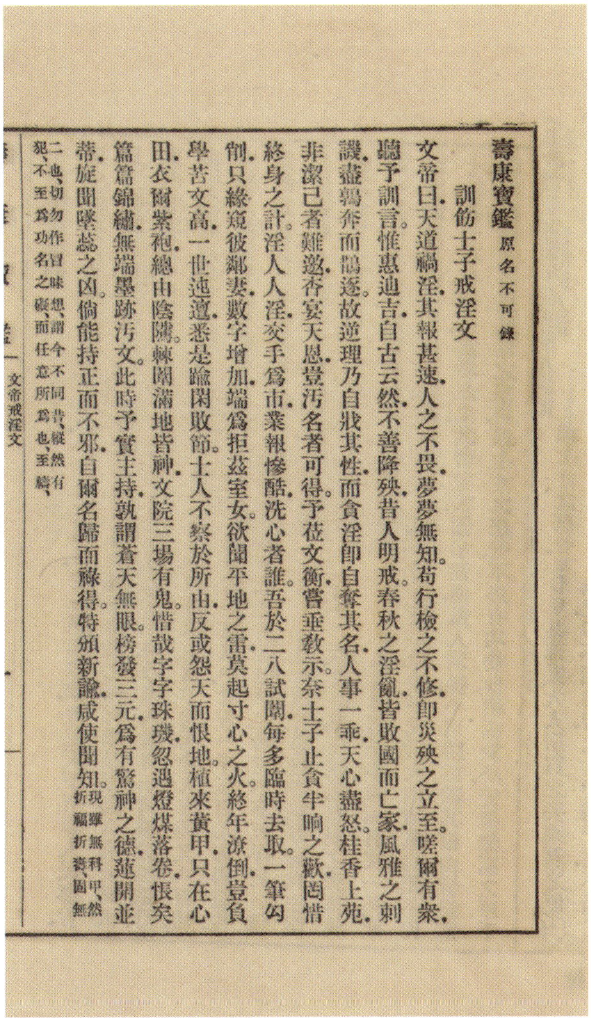

壽康寶鑑 原名不可錄

訓飭士子戒淫文

文帝曰。天道禍淫。其報甚速。人之不畏。夢夢無知。苟行檢之不修。卽災殃之立至。嗟爾有衆。聽予訓言。惟惠迪吉。自古云然。不善降殃。昔人明戒。春秋之淫亂。皆敗國而亡家。風雅之刺譏。盡鶉奔而鵲逐。故逆理乃自戕其性。而貪淫卽自奪其名。人事一乖。天心盡怒。桂香上苑。非潔己者難邀。杏宴天恩。豈汚名者可得。予莅文衡。嘗垂教示。奈士子止貪半晌之歡。罔惜終身之計。淫人人淫。交手爲市。業報慘酷。洗心者誰。吾於二八試闈。每多臨時去取。一筆勾削。只緣窺彼鄰妻。數字增加。端爲拒茲室女。欲聞平地之雷。莫起寸心之火。終年潦倒。豈負學苦文高。一世迍邅。悉是踰閑敗節。士人不察。於所由反或怨天而恨地。植來黃甲。只在心田。衣爾紫袍。總由陰隲。棘闈滿地皆神。文院三場有鬼。惜哉字字珠璣。忽遇燈煤落卷。悵矣篇篇錦繡。無端墨跡汚文。此時予實主持。孰謂蒼天無眼。榜發三元。爲有驚神之德。蓮開並蒂。旋聞墜蕊之凶。倘能持正而不邪。自爾名歸而祿得。特頒新諭。咸使聞知。現雖無科甲。然折福折壽。固無二也。切勿作冒昧想。謂今不同昔。縱然有犯。不至爲功名之礙。而任意所爲也。至禱。

壽康寶鑑 卷一 文帝戒淫文

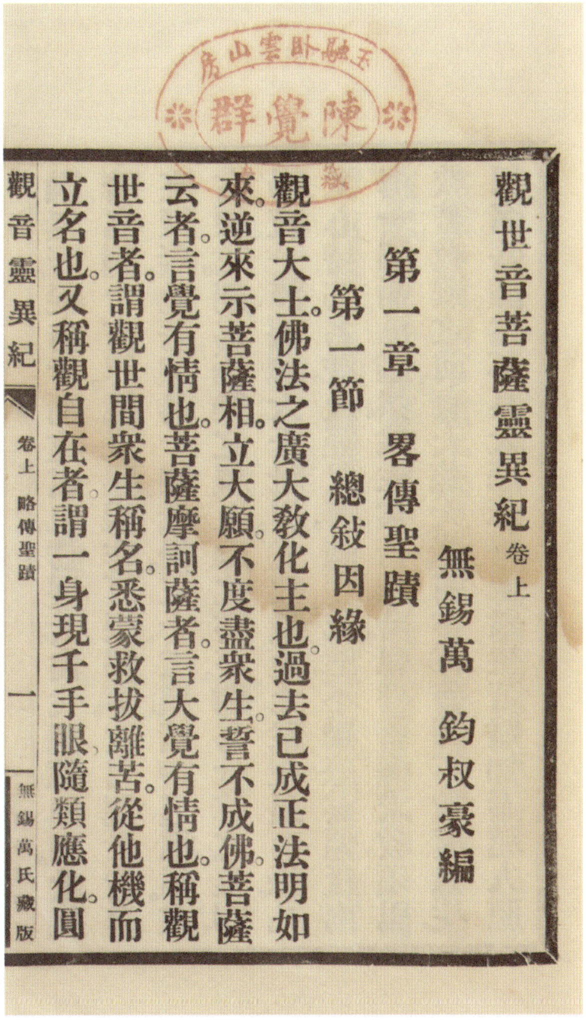

觀世音菩薩靈異紀 卷上

無錫萬 鈞叔豪編

第一章 畧傳聖蹟

第一節 總敘因緣

觀音大士。佛法之廣大教化主也。過去已成正法明如來。逆來示菩薩相。立大願。不度盡衆生。誓不成佛。菩薩云者。言覺有情也。菩薩摩訶薩者。言大覺有情也。稱觀世音者。謂觀世間衆生稱名。悉蒙救拔離苦。從他機而立名也。又稱觀自在者。謂一身現千手眼。隨類應化。圓

觀音靈異紀 卷上 略傳聖蹟 一 無錫萬氏藏版

0325　350000-2016-0000217　丙26　子部/宗教類/佛教之屬

**壽康寶鑑一卷**　釋印光增訂　民國十六年（1927）浙江印刷公司善書部鉛印本　版框高20厘米，寬12.8厘米；开本高24.5厘米，寬14.5厘米；鉛印本，白口，四周單邊，綫裝。

0326　350000-2016-0000358　丙27　子部/宗教類/佛教之屬

**觀世音菩薩靈異記二卷**　萬鈞編　民國十五年（1926）中央刻經院鉛印本　版框高16.1厘米，寬11厘米；开本高20厘米，寬12.7厘米；鉛印本，綫裝。

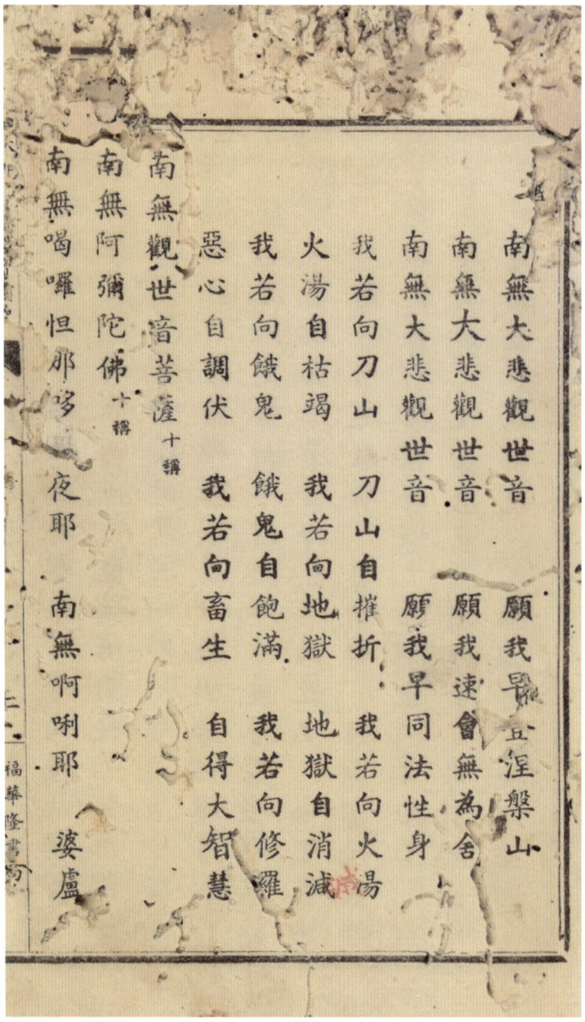

0327　350000-2016-0000371　丙28　子部/宗教類/佛教之屬

**大悲觀音靈感錄一卷**　釋性天編輯　民國三十六年（1947）福華隆書局鉛印本　版框高15.5厘米，寬10.5厘米；开本高19厘米，寬12.5厘米；鉛印本，白口，四周雙邊，綫裝。

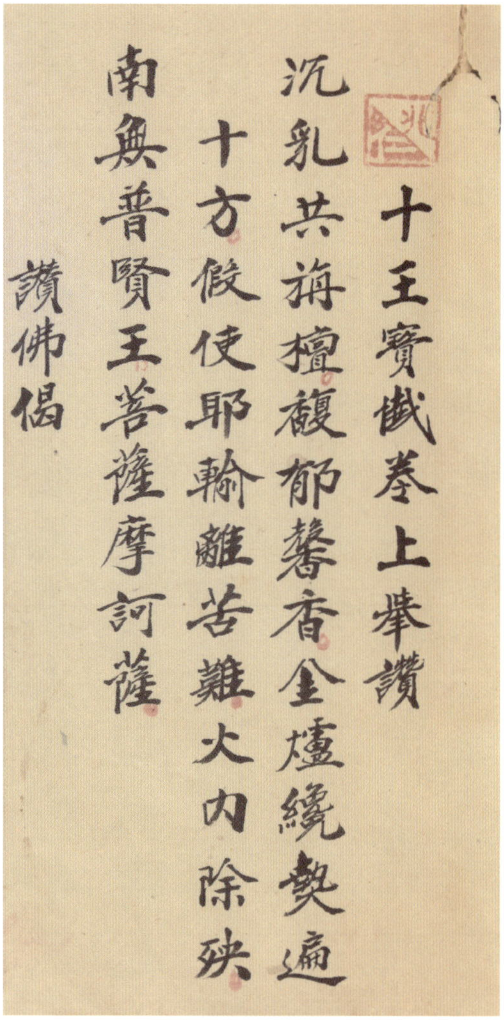

0328　350000-2016-0000082　丙29　子部/宗教類/佛教之屬

**十王寶懺□卷**　（□）□□輯　民國抄本　版框高23.5厘米，寬12.8厘米；开本高23.5厘米，寬12.8厘米；抄本，綫裝。

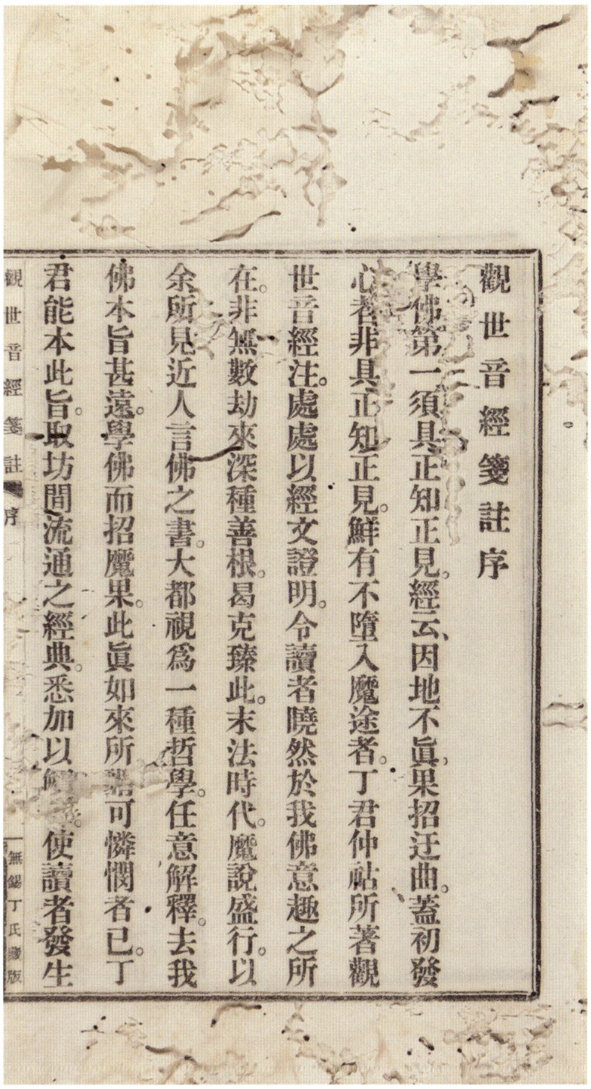

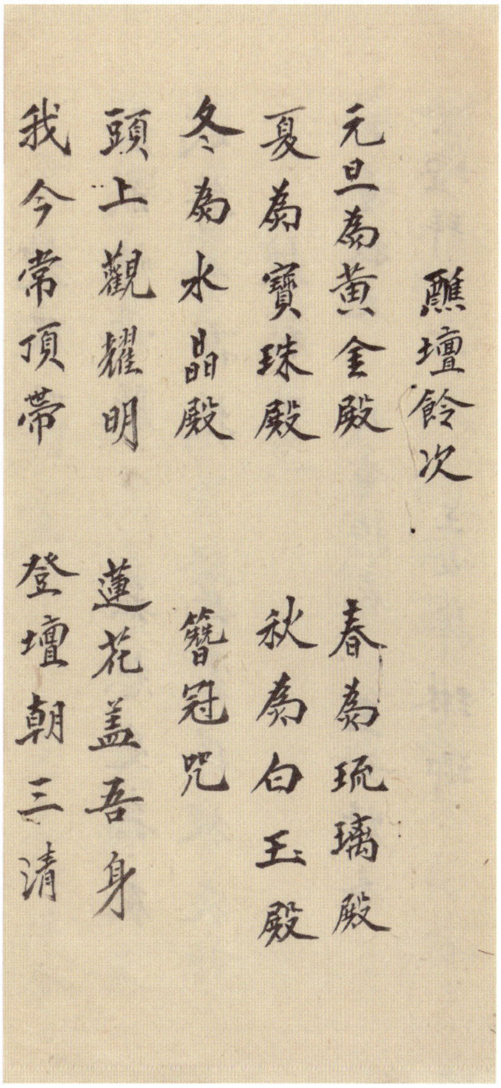

0329　350000-2016-0000331　丙30　子部/宗教類/佛教之屬/經

**觀世音經箋註一卷**　（後秦）釋鳩摩羅什譯　丁福保箋注　民國上海醫學書局鉛印佛學叢書本　版框高17.3厘米，寬12.2厘米；开本高26.5厘米，寬15厘米；佛學叢書，鉛印本，綫裝。

0330　350000-2016-0000295　丙31　子部/宗教類/道教之屬

**主師秘訣科文一卷**　林述香譯　民國抄本　版框高25厘米，寬13.2厘米；开本高25厘米，寬13.2厘米；抄本，綫裝。

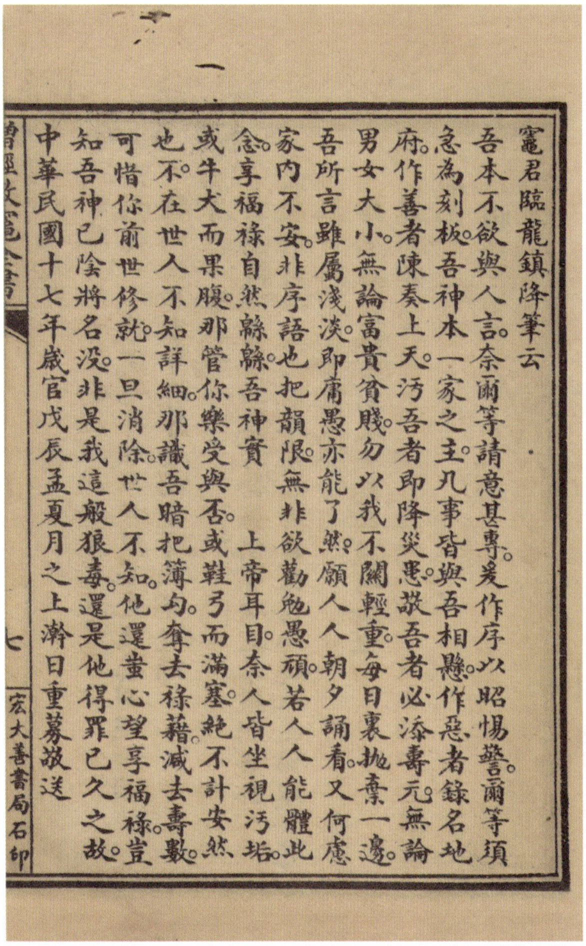

增經敬竈全書　七　宏大善書局石印

竈君臨龍鎮降筆云

吾本不欲與人言。奈爾等請意甚專。爰作序以昭惕警。爾等須急為刻板。吾神本一家之主。凡事皆與吾相聯。作惡者錄名地府。作善者陳奏上天。污吾者即降災愆。敬吾者必添壽元。無論男女大小。無論富貴貧賤。勿以我不關輕重。每日裏拋棄一邊。吾所言雖屬淺淡。即庸愚亦能了然。願人人朝夕誦看。又何慮家內不安。非序語也。把韻限無非欲勸勉愚頑。若人人能體此念。享福祿自然綿綿。吾神實 上帝耳目。奈人皆坐視污垢或牛大而果腹。那管你樂受與否。或鞋弓而滿塞。絶不計安然也不在世人不知詳細。那識吾暗把薄勾。奪去祿籍。減去壽數。可惜你前世修就。一旦消除。世人不知。他還畫心望享福祿。豈知吾神已陰將名沒。非是我這般狠毒。還是他得罪已久之故。

中華民國十七年歲官戊辰孟夏月之上澣日重募敬送

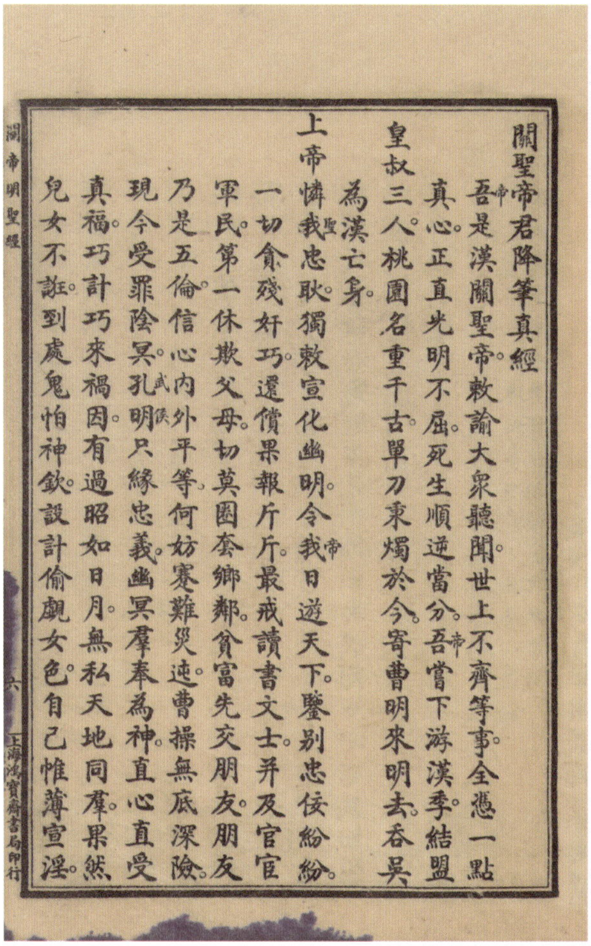

關帝明聖經　六　上海鴻寶齋書局印行

關聖帝君降筆真經

吾是漢關聖帝敕諭大衆聽聞。世上不齊等事。全憑一點真心。正直光明不屈。死生順逆當分。吾當下游漢季。結盟皇叔三人。桃園名重千古。單刀秉燭於今。寄曹明來明去。吞吳為漢亡身。

上帝憐我忠耿。獨敕宣化幽明。今我日遊天下。鑒別忠佞紛紛。一切貪殘奸巧。還償果報斤斤。最戒讀書文士。并及官宦軍民。第一休欺父母。切莫困苦鄉鄰。貧富先交朋友。朋友乃是五倫。信心內外平等。何妨蹇難災速。曹操無底深險。現今受罪陰冥。孔明只緣忠義。幽冥羣奉為神。直心直受真福。巧計巧來禍因。有過昭如日月。無私天地同羣。果然兒女不誑。到處鬼怕神欽。設計偷覷女色。自己帷薄宣淫。

0331　350000-2016-0000199　丙32　子部/宗教類/道教之屬

增經敬竈全書一卷　（□）□□纂　民國十七年（1928）上海宏大善書局石印本　版框高16.6厘米，寬12.1厘米；开本高20厘米，寬13.5厘米；石印本，白口，左右雙邊，綫裝。

0332　350000-2016-0000240　丙33　子部/宗教類/道教之屬

關帝明聖經一卷　（□）□□纂　民國十三年（1924）上海鴻寶齋書局石印本　版框高17厘米，寬11.7厘米；开本高20厘米，寬13.5厘米；石印本，白口，四周雙邊，綫裝。

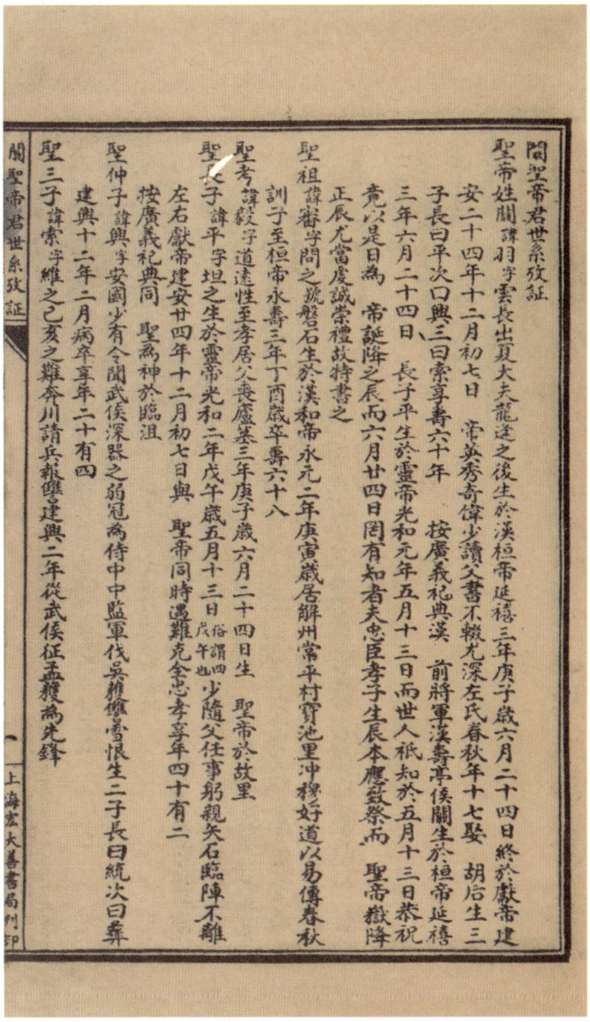

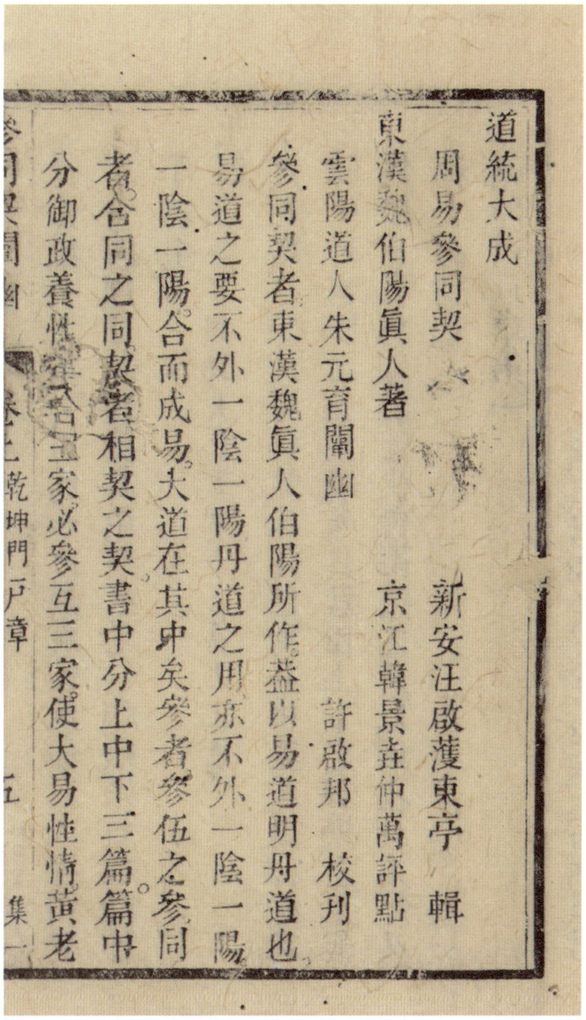

道統大成
周易參同契
東漢魏伯陽眞人著　新安汪啓濩東亭　輯
雲陽道人朱元育闡幽　京江韓景垚仲蕃評點
許啓邦　校刊
參同契者東漢魏眞人伯陽所作蓋以易道明丹道也
易道之要不外一陰一陽丹道之用亦不外一陰一陽
一陰一陽合而成易大道在其中矣參者參伍之參同
者合同之同契者相契之契書中分上中下三篇篇中
分御政養性伏食三家必參互三家使大易性情黃老
參同契闡幽　卷上乾坤門戶章　五　集一

0333　350000-2016-0000403　丙34　子部/宗教類/道教之屬

關聖帝君覺世經奉行錄一卷　（□）□□纂　民國上海宏文善書局石印本　版框高17厘米，寬11.5厘米；开本高20.3厘米，寬13.5厘米；石印本，白口，四周雙邊，綫裝。

0336　350000-2016-0000157　丙37　子部/宗教類/道教之屬/衆術

參同契闡幽二卷　（清）朱元育撰　民國八年（1919）合川會善堂刻重刊道藏輯要本　版框高21.5厘米，寬13厘米；开本高24.5厘米，寬16.5厘米；重刊道藏輯要，刻本，白口，四周單邊，綫裝。

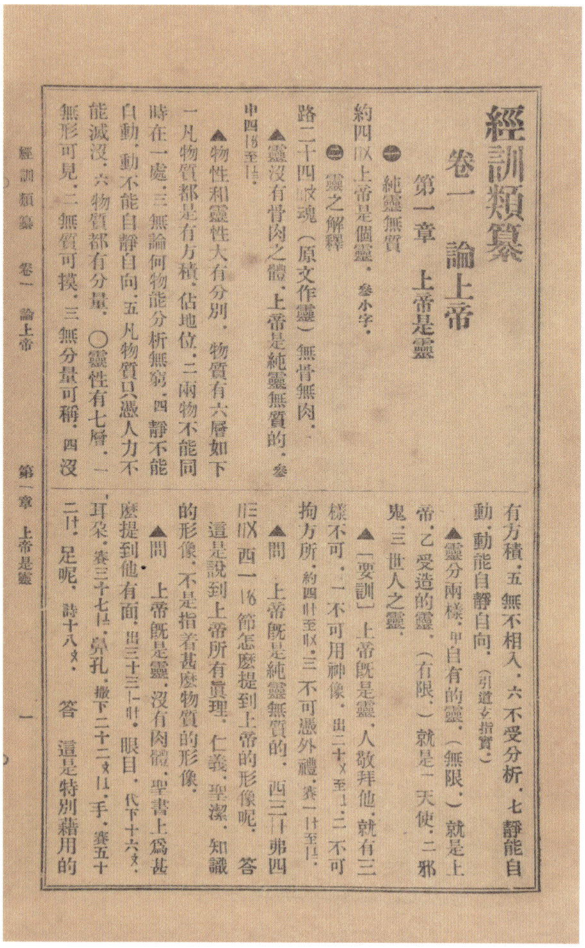

0337　350000-2016-0000326　丙38　子部/宗教類/其他宗教之屬/基督教

**經訓類纂五卷**　丁良才撰　民國十三年（1924）上海漢口聖教印書局鉛印本　版框高19.5厘米，寬13厘米；开本高24.5厘米，寬15厘米；鉛印本，綫裝。

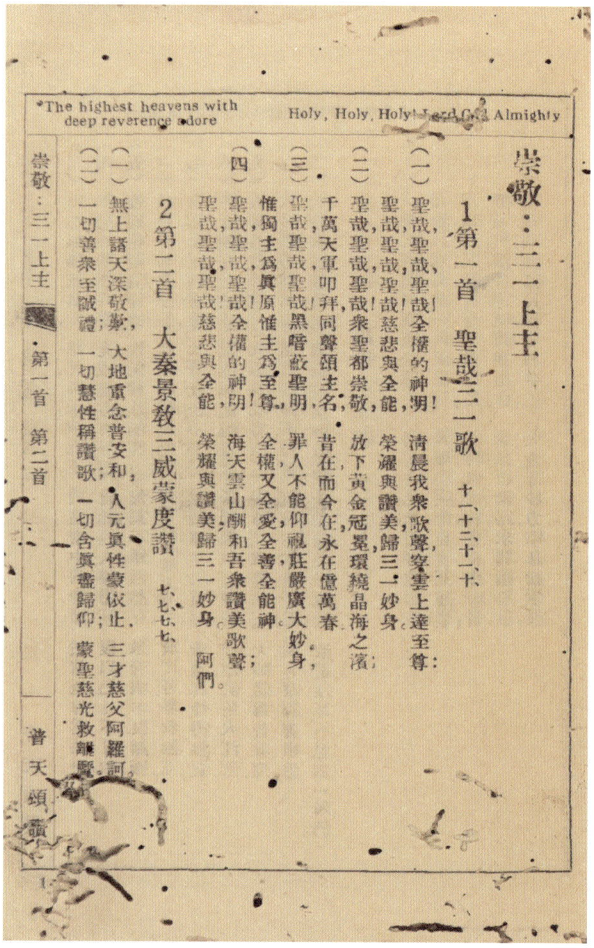

0338　350000-2016-0000450　丙39　子部/宗教類/其他宗教之屬/基督教

**普天頌讚不分卷**　六公會聯合聖歌委員會編　民國三十二年（1943）閩北基督教聖書協會鉛印本　版框高14.5厘米，寬10.2厘米；开本高18厘米，寬13厘米；鉛印本，綫裝。

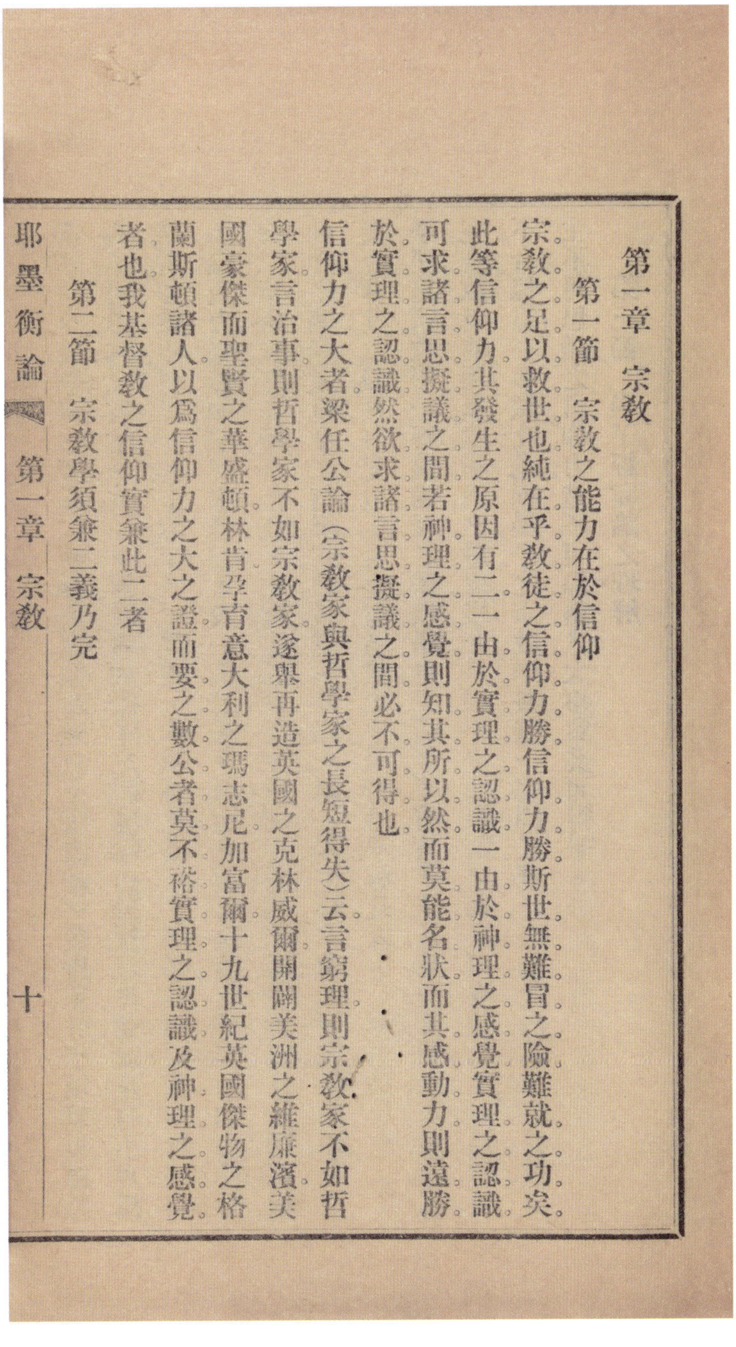

第一章　宗教

第一節　宗教之能力在於信仰

宗教之足以救世也純在乎教徒之信仰力勝信仰力勝斯世無難冒之險難就之功矣此等信仰力其發生之原因有二一由於實理之認識一由於神理之感覺實理之認識可求諸言思擬議之間若神理之感覺則知其所以然而莫能名狀而其感動力則遠勝於實理之認識然欲求諸言思擬議之間必不可得也

信仰力之大者梁任公論（宗教家與哲學家之長短得失）云言窮理則宗教家不如哲學家言治事則哲學家不如宗教家遂舉再造英國之克林威爾開闢美洲之維廉濱美國豪傑而聖賢之華盛頓林肯孕育意大利之瑪志尼加富爾十九世紀英國傑物之格蘭斯頓諸人以爲信仰力之大之證而要之數公者莫不藉實理之認識及神理之感覺者也我基督教之信仰實兼此二者

第二節　宗教學須兼二義乃完

耶墨衡論　第一章　宗教　十

**0339　350000-2016-0000292　丙40　子部/宗教類/其他宗教之屬/基督教**

**耶墨衡論五卷首一卷**　黃治基纂述　民國元年（1912）福州美華書局鉛印本　版框高19.9厘米，寬12.8厘米；开本高25厘米，寬15厘米；鉛印本，綫裝。

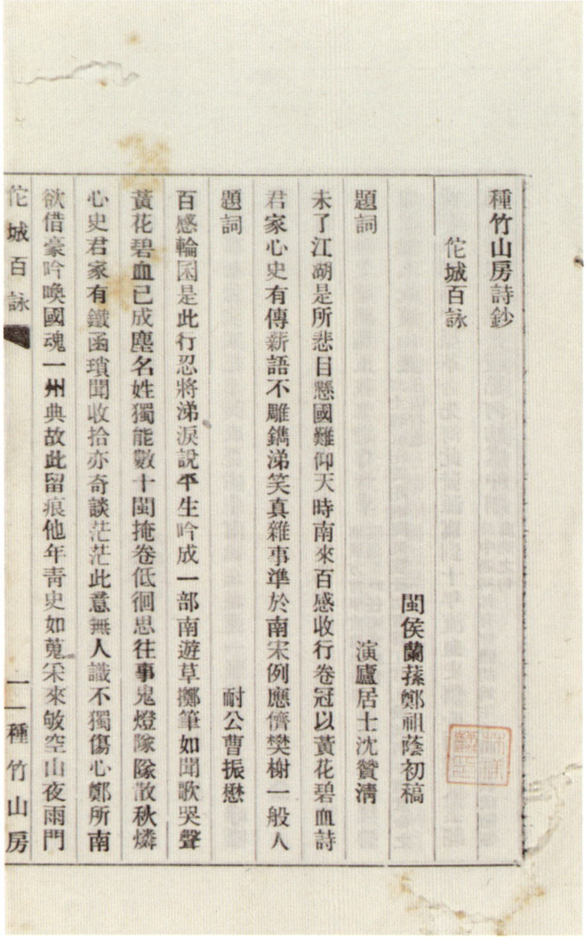

種竹山房詩鈔

侘城百詠

閩侯蘭蓀鄭祖蔭初稿

題詞　演盧居士沈贊清

未了江湖是所悲目懸國難仰天時南來百感收行卷冠以黃花碧血詩

君家心史有傳新語不雕鐫涕笑真雜事準於南宋例應儕樊榭一般人

題詞　耐公曹振懋

百感輪囷是此行忍將涕淚説平生吟成一部南遊草擲筆如聞歌哭聲

黃花碧血已成塵名姓獨能數十闉掩卷低徊思往事鬼燈隊隊散秋燐

心史君家有鐵函瓊聞收拾亦奇談茫茫此意無人識不獨傷心鄭所南

欲借豪吟喚國魂一州典故此留痕他年青史如蒐采來敏空山夜雨門

侘城百詠　一　種竹山房

0340　350000-2016-0000298　丁1　**集部/別集類**

**種竹山房詩鈔三卷**　鄭祖蔭撰　民國種竹山房鉛印本　版框高16厘米，寬11厘米；开本高20厘米，寬13.8厘米；鉛印本，白口，四周單邊，綫裝。

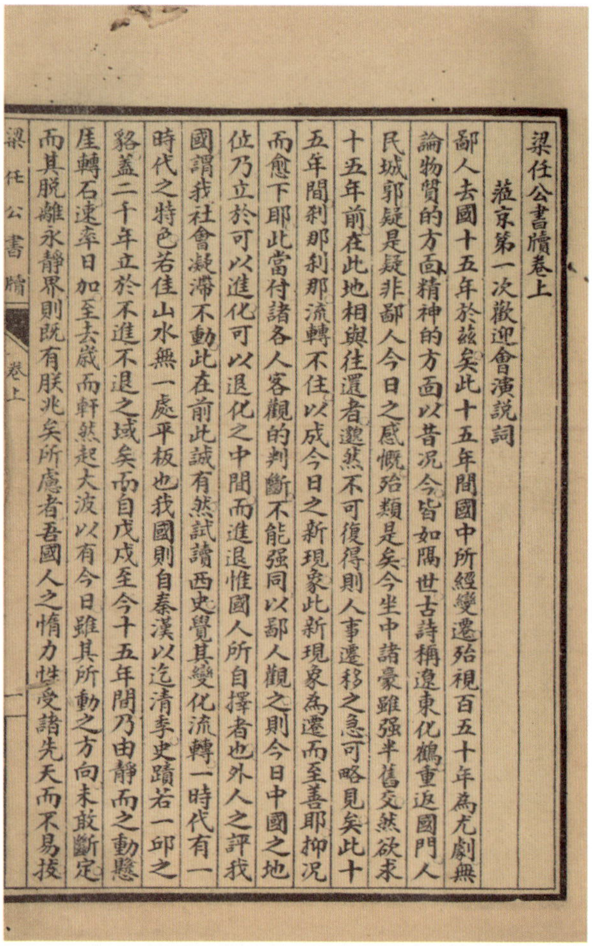

梁任公書牘卷上

蒞京第一次歡迎會演説詞

鄙人去國十五年於茲矣此十五年間國中所經變遷殆視百五十年為尤劇無論物質的方面精神的方面以昔況今皆如隔世古詩稱遼東化鶴重返國門人民城郭疑是疑非鄙人今日之感慨殆類是矣今坐中諸豪雖强半舊交然欲求十五年前在此地相與往還者邈然不可復得則人事遷移之急可略見矣此十五年間刹那刹那流轉不住以成今日之新現象此新現象為遷而至善耶抑況而愈下耶此當付諸各人客觀的判斷不能强同以鄙人觀之則今日中國之地位乃立於可以進化可以退化之中間而進退惟國人所自擇者也外人之評我國謂我社會凝滯不動此在前此誠有然試讀西史覺其變化流轉一時代有一時代之特色若佳山水無一處平板也我國則自秦漢以迄清季史蹟若一邱之貉蓋二千年立於不進不退之域矣而自戊戌至今十五年間乃由靜而之動懸崖轉石速率日加至去歲而軒然起大波以有今日雖其所動之方向未敢斷定而其脱離永靜界則既有朕兆矣所慮者吾國人之惰力性受諸先天而不易拔

梁任公書牘　卷上　一

0341　350000-2016-0000297　丁2　**集部/別集類**

**梁任公書牘二卷**　梁啓超撰　民國十年（1921）上海文瑞樓書莊石印本　版框高17厘米，寬11.7厘米；开本高20厘米，寬13.5厘米；石印本，下黑口四周雙邊，綫裝。

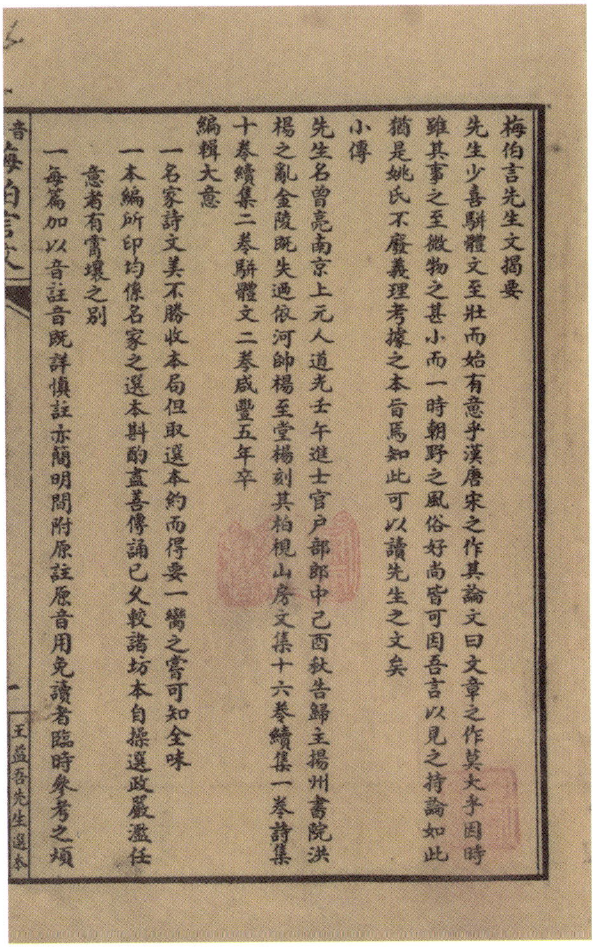
音註梅伯言文　一　王益吾先生選本

梅伯言先生文揭要
先生少喜駢體文至壯而始有意乎漢唐宋之作其論文曰文章之作莫大乎因時雖其事之至微物之甚小而一時朝野之風俗好尚皆可因吾言以見之持論如此猶是姚氏不廢義理考據之本旨焉知此可以讀先生之文矣
小傳
先生名曾亮南京上元人道光壬午進士官戶部郎中己酉秋告歸主揚州書院洪楊之亂金陵既失迺依河帥楊至堂楊刻其柏梘山房文集十六卷續集一卷詩集十卷續集二卷駢體文二卷咸豐五年卒
編輯大意
一名家詩文美不勝收本局但取選本約而得要一臠之嘗可知全味
一本編所印均係名家之選本斟酌盡善傳誦已久較諸坊本自操選政嚴濫任意者有霄壤之別
一每篇加以音註音既詳慎註亦簡明間附原註原音用免讀者臨時參考之煩

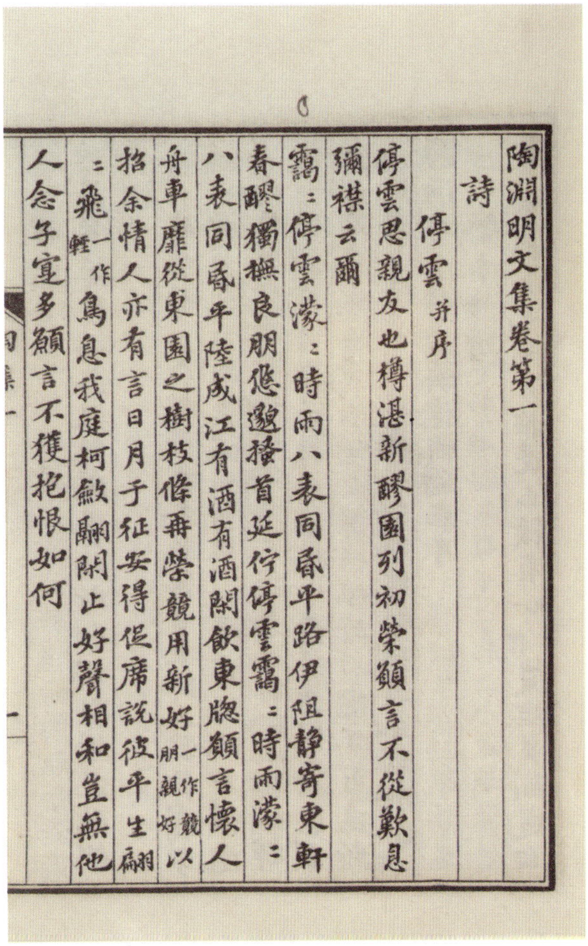
陶淵明文集卷第一
詩
停雲 并序
停雲思親友也罇湛新醪園列初榮願言不從歎息彌襟云爾
靄靄停雲濛濛時雨八表同昏平路伊阻靜寄東軒春醪獨撫良朋悠邈搔首延佇
停雲靄靄時雨濛濛八表同昏平陸成江有酒有酒閒飲東牕願言懷人舟車靡從
東園之樹枝條再榮競用新好（一作朋親 一作好）以招余情人亦有言日月于征安得促席說彼平生
翩翩飛（一作輕）鳥息我庭柯斂翮閒止好聲相和豈無他人念子寔多願言不獲抱恨如何

0344　350000-2016-0000006　丁5　集部/別集類/清別集

**音注梅伯言文一卷**　（清）梅曾亮撰　（清）沈伯經音注　王益吾選　民國12年（1923）上海文明書局石印本　版框高16厘米，寬11厘米；开本高20厘米，寬13.5厘米；石印本，綫裝。

0345　350000-2016-0000087　丁6　集部/別集類/唐五代別集

**陶淵明文集十卷**　（晉）陶潛撰　民國六年（1917）上海會文堂書局石印本　版框高16.1厘米，寬11.6厘米；开本高20厘米，寬13.5厘米；石印本，綫裝。

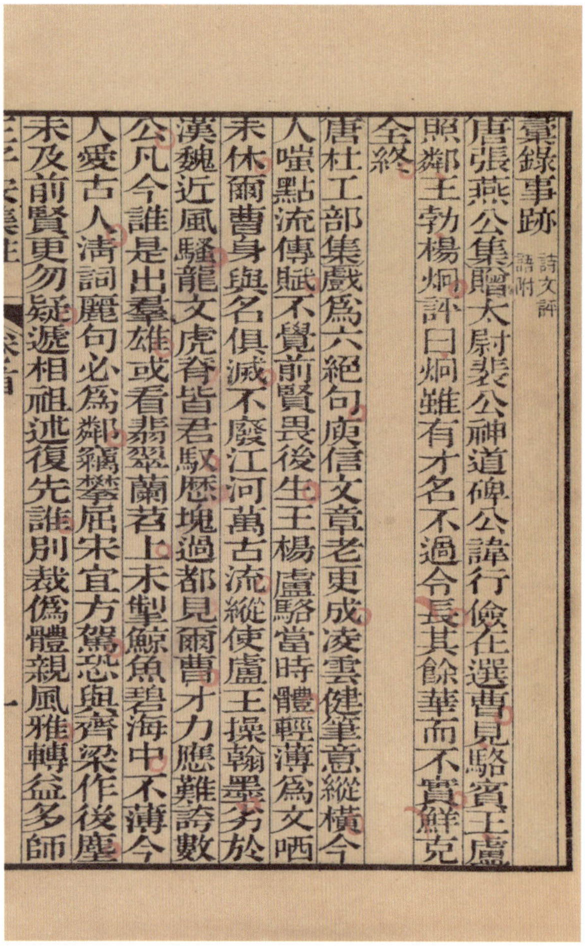

彙錄事跡 詩文評語附

唐張燕公集贈太尉裴公神道碑公諱行儉在選曹見駱賓王盧照鄰王勃楊炯評曰炯雖有才名不過令長其餘華而不實鮮克令終

唐杜工部集戲爲六絕句庾信文章老更成凌雲健筆意縱橫今人嗤點流傳賦不覺前賢畏後生王楊盧駱當時體輕薄爲文哂未休爾曹身與名俱滅不廢江河萬古流縱使盧王操翰墨劣於漢魏近風騷龍文虎脊皆君馭歷塊過都見爾曹才力應難誇數公凡今誰是出羣雄或看翡翠蘭苕上未掣鯨魚碧海中不薄今人愛古人清詞麗句必爲鄰竊攀屈宋宜方駕恐與齊梁作後塵未及前賢更勿疑遞相祖述復先誰別裁僞體親風雅轉益多師

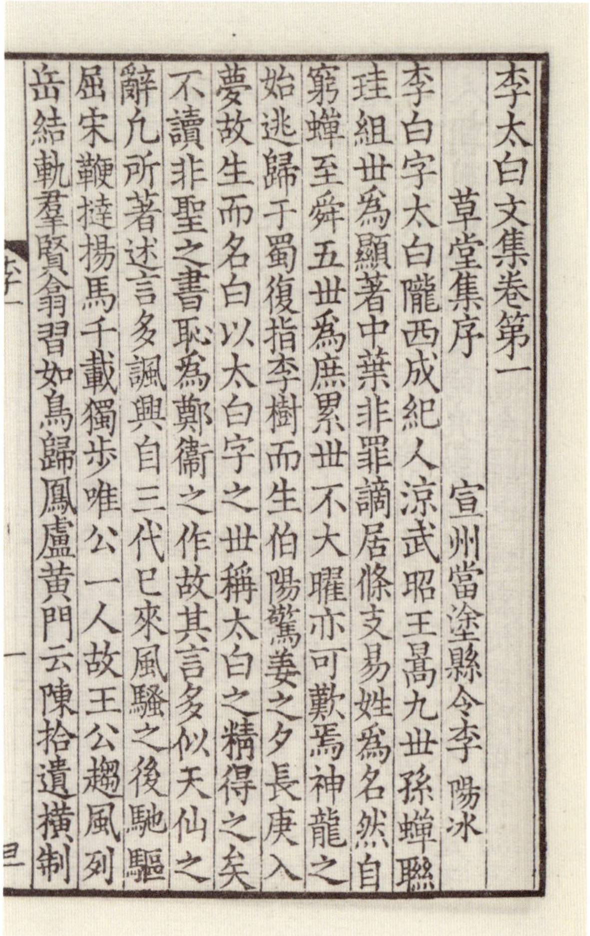

李太白文集卷第一

草堂集序 宣州當塗縣令李陽冰

李白字太白隴西成紀人涼武昭王暠九世孫蟬聯珪組世爲顯著中葉非罪謫居條支易姓爲名然自窮蟬至舜五世爲庶累世不大曜亦可歎焉神龍之始逃歸于蜀復指李樹而生伯陽驚姜之夕長庚入夢故生而名白以太白字之世稱太白之精得之矣不讀非聖之書恥爲鄭衛之作故其言多似天仙之辭凡所著述言多諷興自三代已來風騷之後馳驅屈宋鞭撻揚馬千載獨步唯公一人故王公趨風列岳結軌羣賢翕習如鳥歸鳳盧黃門云陳拾遺橫制

0346　350000-2016-0000068　丁7　集部/別集類/唐五代別集

**王子安集註二十卷首一卷末一卷**　（唐）王勃撰　（清）蔣清翊注　民國上海鑄記書局石印本　版框高16.5厘米，寬12.2厘米；开本高20厘米，寬13.7厘米；石印本，白口，左右雙邊，綫裝。

0347　350000-2016-0000175　丁8　集部/別集類/唐五代別集

**李太白文集三十卷**　（唐）李白撰　（宋）宋敏求編　（清）繆曰芑校正　民國二年（1913）上海文瑞樓石印本　版框高16.5厘米，寬10.2厘米；开本高20厘米，寬13.4厘米；石印本，綫裝。

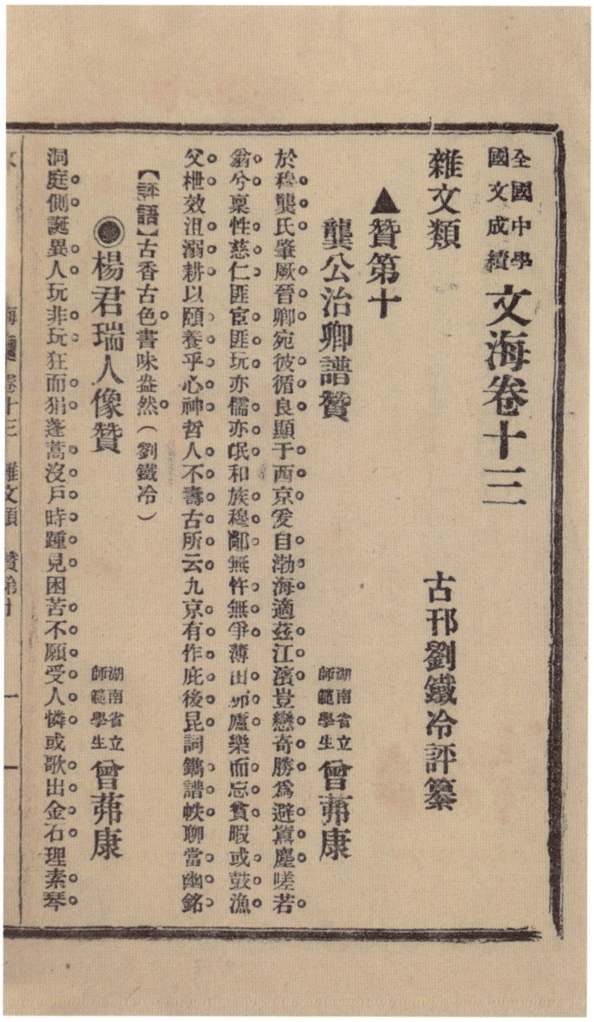

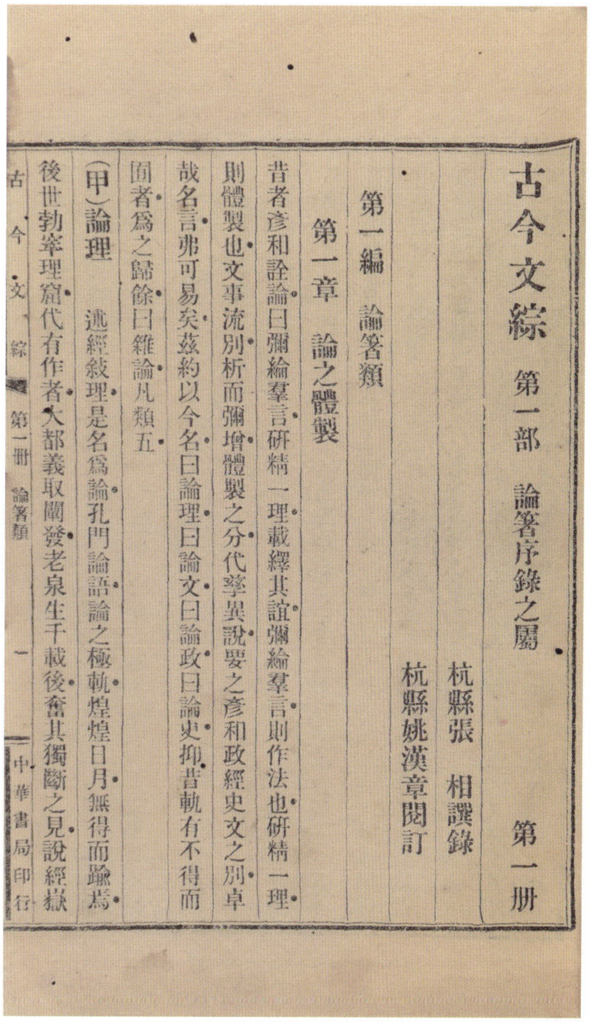

0348　350000-2016-0000213　丁9　集部/總集類/彙編之屬

**全國中學國文成績文海十五卷**　劉鐵冷評纂　民國十五年（1926）上海中原書局鉛印本　版框高13厘米，寬9厘米；开本高17厘米，寬10.8厘米；鉛印本，白口，四周雙邊，綫裝。

0349　350000-2016-0000250　丁10　集部/總集類/彙編之屬

**古今文綜**　張相撰録　民國五年（1916）中華書局鉛印本　版框高15.5厘米，寬11.3厘米；开本高19.8厘米，寬13.2厘米；鉛印本，綫裝。

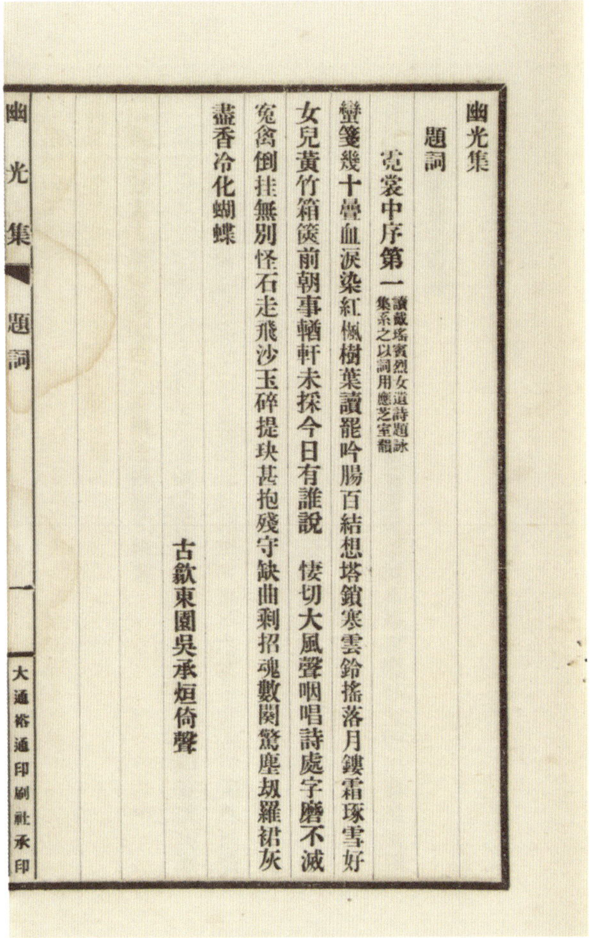

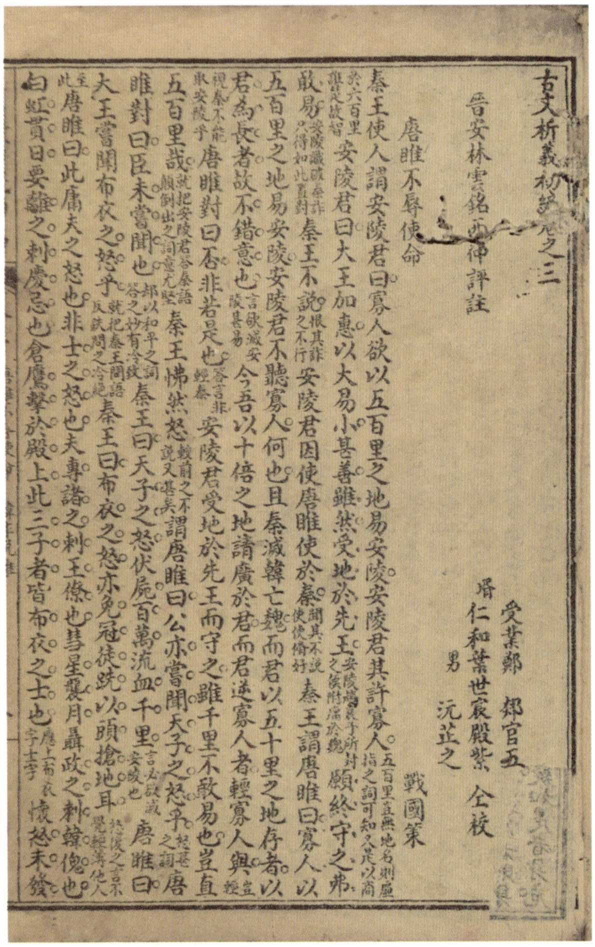

0350　350000-2016-0000388　丁11　集部/總集類/彙編之屬

**幽光集四卷**　寧澍甫輯　民國十八年（1929）雙桂堂鉛印本　版框高18.6厘米，寬11.4厘米；开本高26.8厘米，寬15.5厘米；鉛印本，上下黑口，四周單邊，綫裝。

0351　350000-2016-0000124　丁12　集部/總集類/選集之屬/通代

**古文析義初編六卷二編八卷**　（清）林雲銘評注　民國上海錦華書局石印本　版框高18.1厘米，寬12.2厘米；开本高20厘米，寬13.5厘米；石印本，白口，四周雙邊，綫裝。

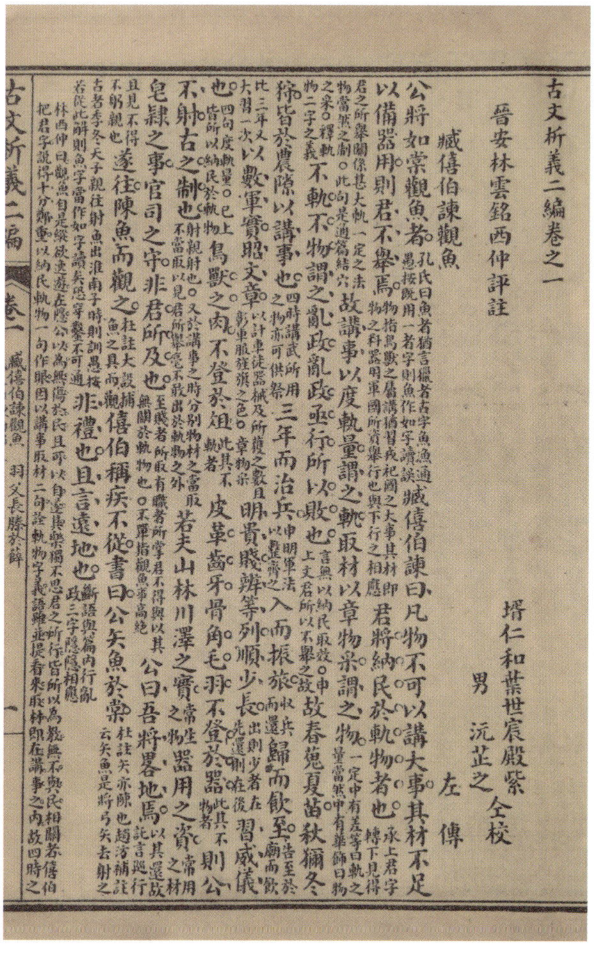

0352　350000-2016-0000026　丁13　集部/總集類/選集之屬/通代

古文析義初編六卷二編八卷　（清）林雲銘評注　民國上海錦章書局石印本　版框高18.2厘米，寬12.3厘米；开本高20厘米，寬13.5厘米；石印本，綫裝。

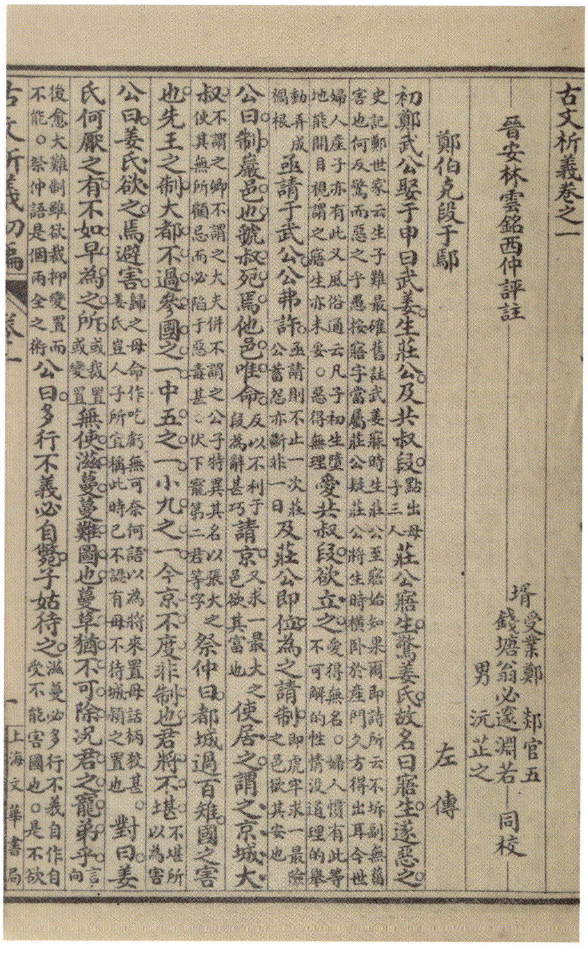

0353　350000-2016-0000028　丁14　集部/總集類/選集之屬/通代

古文析義初編六卷二編八卷　（清）林雲銘評注　民國四年（1915）上海文華書局石印本　版框高17.6厘米，寬12.5厘米；开本高20厘米，寬13.5厘米；石印本，下黑口，四周雙邊，綫裝。

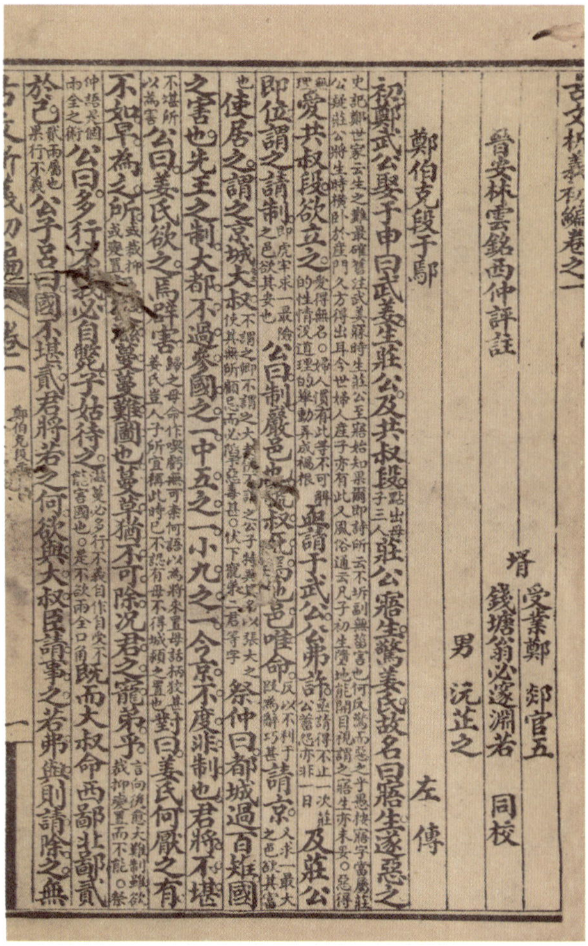

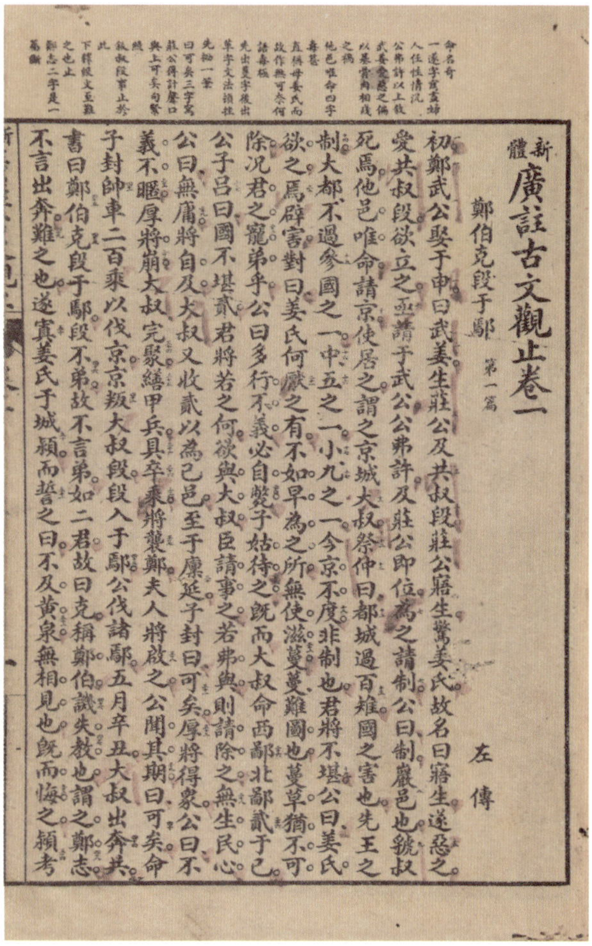

0355　350000-2016-0000032　丁16　集部/總集類/選集之屬/通代

古文析義初編六卷二編八卷　（清）林雲銘評注　民國十三年（1924）上海萃英書局石印本　版框高18.4厘米，寬12.5厘米；开本高20厘米，寬13.5厘米；石印本，下黑口，四周雙邊，綫裝。

0356　350000-2016-0000064　丁17　集部/總集類/選集之屬/通代

新體廣註古文觀止十二卷　（清）吴乘權　（清）吴大職輯　吴築巖　劉再蘇注釋　民國八年（1919）石印本　版框高16.3厘米，寬11.9厘米；开本高20厘米，寬13.5厘米；石印本，綫裝。

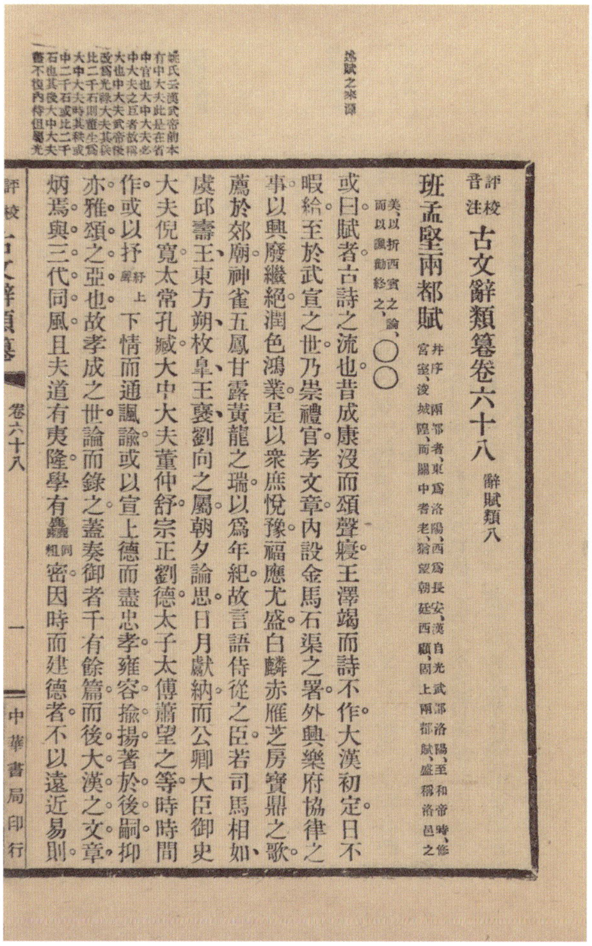

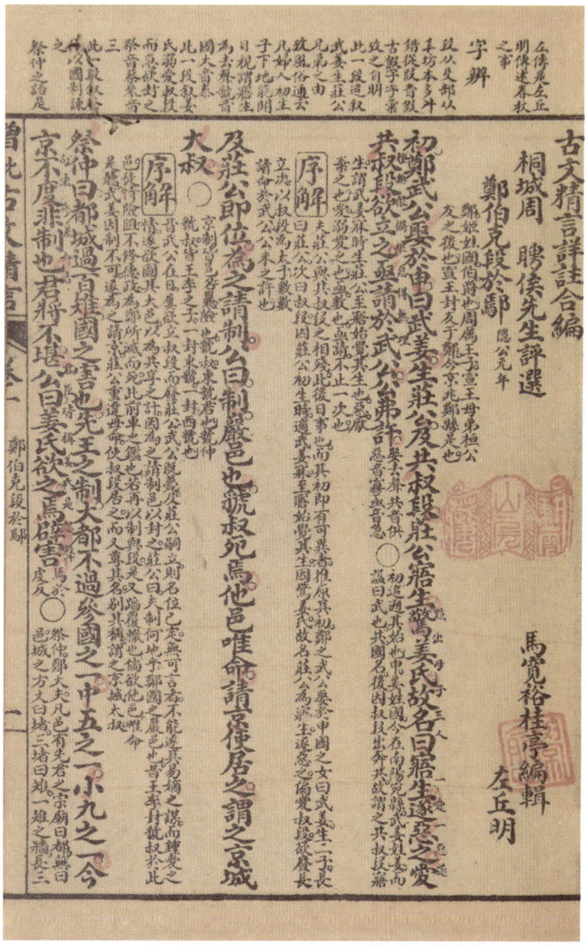

0357　350000-2016-0000190　丁18　集部/總集類/選集之屬/通代

評校音注古文辭類纂七十四卷（清）姚鼐纂　續古文辭類纂三十四卷　王先謙纂　民國中華書局鉛印本　版框高14.8厘米，寬10.9厘米；开本高18.8厘米，寬13.5厘米；鉛印本，下黑口，四周單邊，綫裝。

0358　350000-2016-0000346　丁19　集部/總集類/選集之屬/通代

增批詳註古文精言合編十六卷（清）周大璋評選（清）馬寬裕輯　民國十五年（1926）上海萃英書局石印本　版框高16.9厘米，寬12.4厘米；开本高20.1厘米，寬13.5厘米；石印本，綫裝。

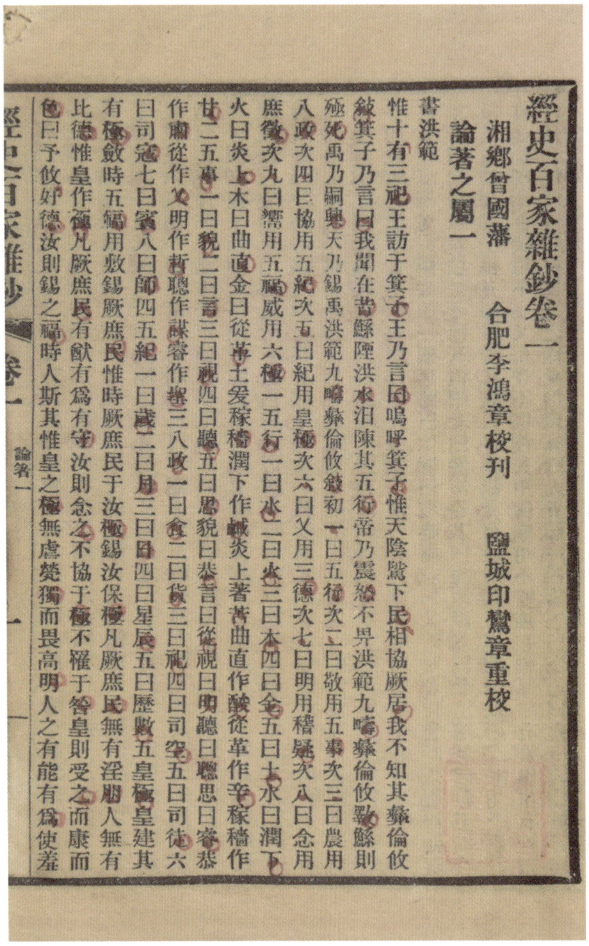
經史百家雜鈔卷一
湘鄉曾國藩　合肥李鴻章校刊　鹽城印鸞章重校
論著之屬一
書洪範
惟十有三祀王訪于箕子王乃言曰嗚呼箕子惟天陰騭下民相協厥居我不知其彝倫攸敘箕子乃言曰我聞在昔鯀陻洪水汨陳其五行帝乃震怒不畀洪範九疇彝倫攸斁鯀則殛死禹乃嗣興天乃錫禹洪範九疇彝倫攸敘初一曰五行次二曰敬用五事次三曰農用八政次四曰協用五紀次五曰建用皇極次六曰乂用三德次七曰明用稽疑次八曰念用庶徵次九曰嚮用五福威用六極一五行一曰水二曰火三曰木四曰金五曰土水曰潤下火曰炎上木曰曲直金曰從革土爰稼穡潤下作鹹炎上作苦曲直作酸從革作辛稼穡作甘二五事一曰貌二曰言三曰視四曰聽五曰思貌曰恭言曰從視曰明聽曰聰思曰睿恭作肅從作乂明作哲聰作謀睿作聖三八政一曰食二曰貨三曰祀四曰司空五曰司徒六曰司寇七曰賓八曰師四五紀一曰歲二曰月三曰日四曰星辰五曰歷數五皇極皇建其有極斂時五福用敷錫厥庶民惟時厥庶民于汝極錫汝保極凡厥庶民無有淫朋人無有比德惟皇作極凡厥庶民有猷有為有守汝則念之不協于極不罹于咎皇則受之而康而色曰予攸好德汝則錫之福時人斯其惟皇之極無虐煢獨而畏高明人之有能有為使羞

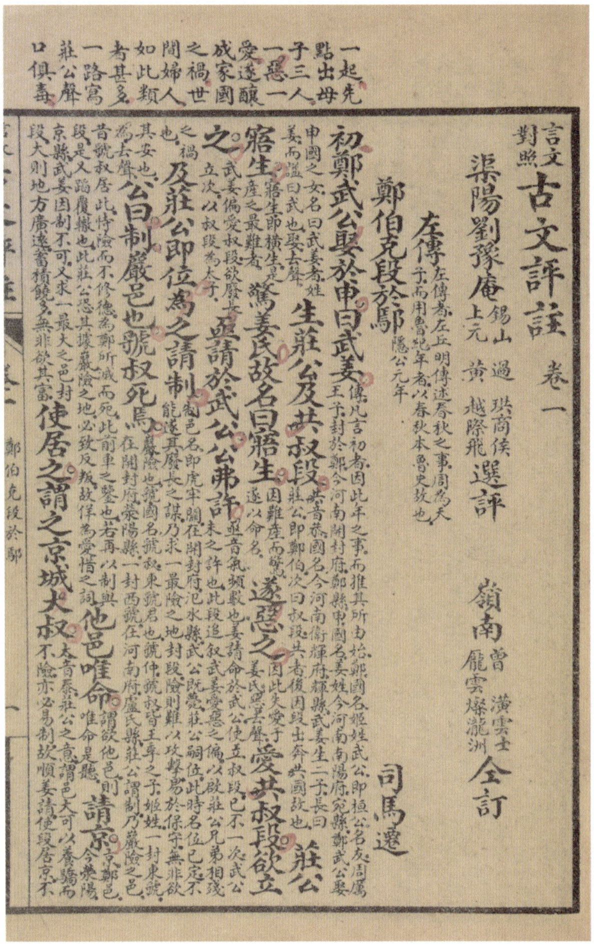
言文對照古文評註　卷一
渠陽劉豫庵　錫山過珙商侯　上元黃越際飛　選評
嶺南曾廣雲士　龐雲燦漉洲　仝訂
左傳
鄭伯克段於鄢
初鄭武公娶於申曰武姜生莊公及共叔段莊公寤生驚姜氏故名曰寤生遂惡之愛共叔段欲立之亟請於武公公弗許及莊公即位為之請制公曰制巖邑也虢叔死焉佗邑唯命請京使居之謂之京城大叔

0360　350000-2016-0000395　丁21　集部/總集類/選集之屬/通代

經史百家雜鈔三十六卷首一卷（清）曾國藩輯　民國十一年（1922）上海中華圖書館鉛印本　版框高17.2厘米，寬12厘米；开本高20厘米，寬13.5厘米；鉛印本，下黑口，四周單邊，綫裝。

0361　350000-2016-0000399　丁22　集部/總集類/選集之屬/通代

言文對照古文評註十二卷　（清）過珙　（清）黃越選評　民國十六年（1927）上海廣益書局石印本　版框高16.9厘米，寬12厘米；开本高20.2厘米，寬13.5厘米；石印本，綫裝。

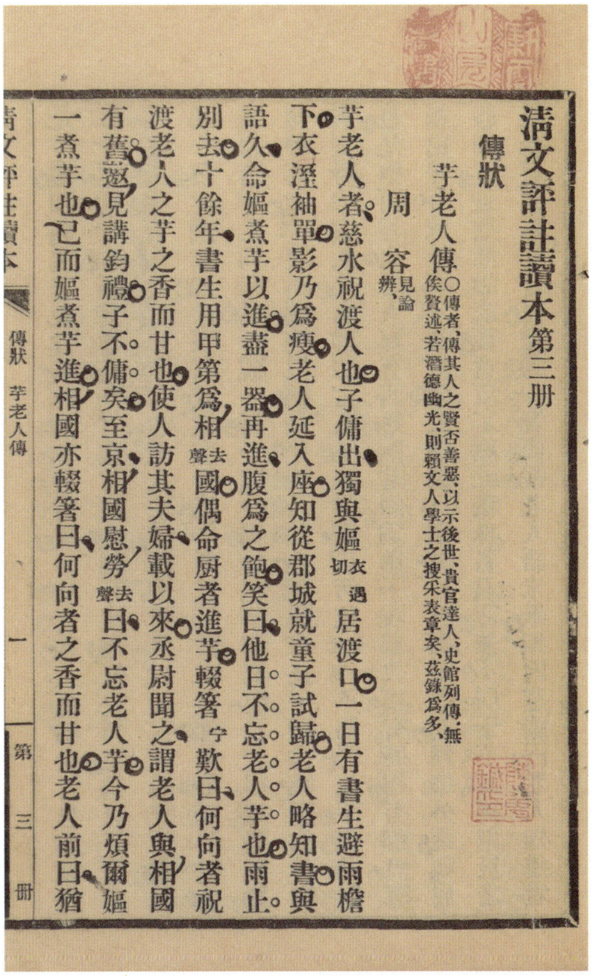
清文評註讀本第三册
傳狀
芋老人傳○傳者、傳其人之賢否善惡、以示後世、貴官達人、史館列傳、無侯贅述、若潛德幽光、則賴文人學士之搜采表章矣、茲錄爲多、
周　容見論辨、
芋老人者慈水祝渡人也子傭出獨與嫗衣遇切居渡口一日有書生避雨檐下衣溼袖單影乃爲瘦老人延入座知從郡城就童子試歸老人略知書與語久命嫗煮芋以進盡一器再進腹爲之飽笑曰他日不忘老人芋也雨止別去十餘年書生用甲第爲相去聲國偶命廚者進芋輟箸宁歎曰何向者祝渡老人之芋之香而甘也使人訪其夫婦載以來丞尉聞之謂老人與相國有舊邀見講鈞禮子不傭矣至京相國慰勞去聲曰不忘老人芋今乃煩爾嫗一煮芋也已而嫗煮芋進相國亦輟箸曰何向者之香而甘也老人前曰猶
清文評註讀本　傳狀　芋老人傳　一　第三册

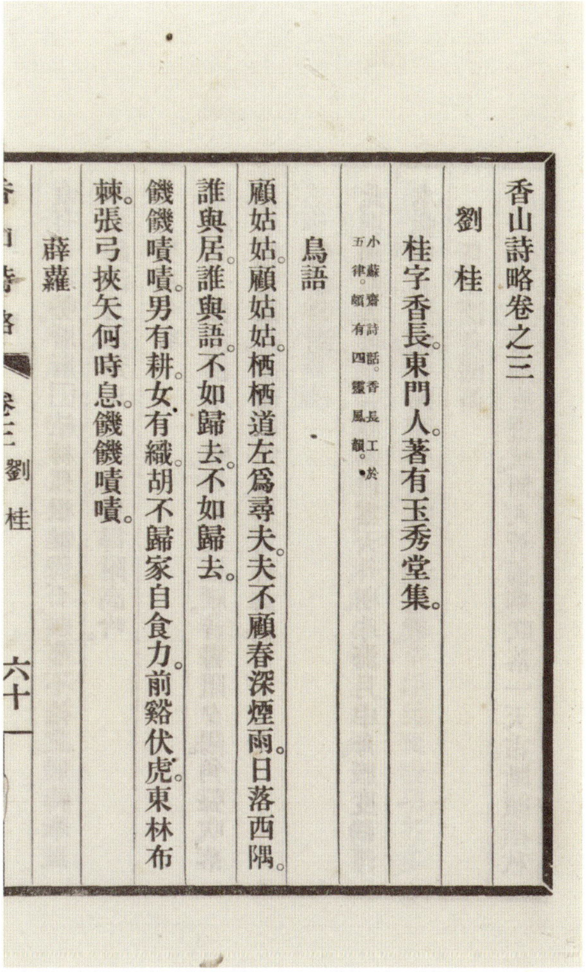
香山詩略卷之三
劉　桂
桂字香長。東門人。著有玉秀堂集。
小蘇齋詩話。香長工於五律。頗有四靈風韻。
鳥語
顧姑姑。顧姑姑。栖栖道左爲尋夫。夫不顧。春深煙雨日落西隅。誰與居。誰與語。不如歸去。不如歸去。
饑饑嘖嘖。男有耕。女有織。胡不歸家自食力。前谿伏虎東林布棘。張弓挾矢何時息。饑饑嘖嘖。
薜蘿
香山詩略　卷三　劉桂　六十

0362　350000-2016-0000359　丁23　集部/總集類/選集之屬/斷代

**清文評註讀本不分卷**　王文濡評選　沈秉鈞　郭希汾注釋　民國上海文明書局鉛印本　版框高16.8厘米，寬11.4厘米；开本高20厘米，寬13厘米；鉛印本，下黑口四周單邊，綫裝。

0363　350000-2016-0000019　丁24　集部/總集類/郡邑之屬

**香山詩略十二卷**　黄绍昌　劉熽芬纂輯　民國二十六年（1937）鉛印本　版框高14.4厘米，寬10.4厘米；开本高20厘米，寬13.2厘米；鉛印本，十行，行二十四字，下黑口，四周單邊，綫裝。

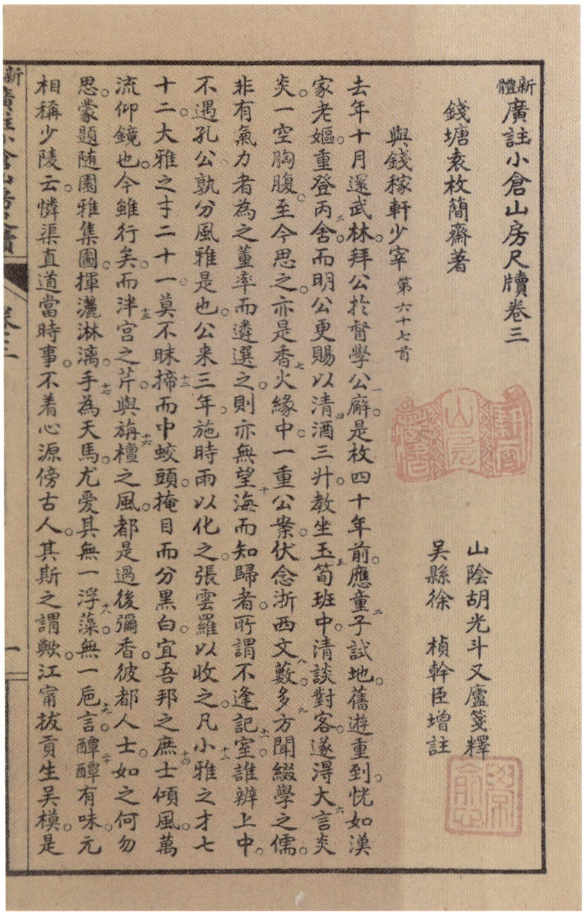
新體廣註小倉山房尺牘卷三

錢塘袁枚簡齋著

山陰胡光斗又盧箋釋

吳縣徐　楨幹臣增註

與錢稼軒少宰　第六十七首

去年十月還武林。拜公於督學公廨。是枚四十年前。應童子試地。舊遊重到。恍如漢家老嫗。重登丙舍。而明公更賜以清酒三升。教生玉筍班中。清談對客。遂得大言炎炎。一空胸腹。至今思之。亦是香火緣中一重公案。伏念浙西文藪。多方聞綴學之儒。非有氣力者為之董率而遴選之。則亦無望海而知歸者。所謂不逢記室。誰辨上中。不遇孔公。孰分風雅。是也。公來三年。施時雨以化之。張雲羅以收之。凡小雅之才七十二。大雅之才二十一。莫不眛擿而中蛟頭。掩目而分黑白。宜吾邦之庶士。傾風萬流。仰鏡也。今雖行矣。而泮宮之芹。與旃檀之風。都是過後彌香。彼都人士。如之何勿思。蒙題隨園雅集圖。揮灑淋漓。手為天馬。尤愛其無一浮藻。無一卮言。醰醰有味。元相稱少陵云。憐渠直道當時事。不着心源傍古人。其斯之謂歟。江甯拔貢生吳模是

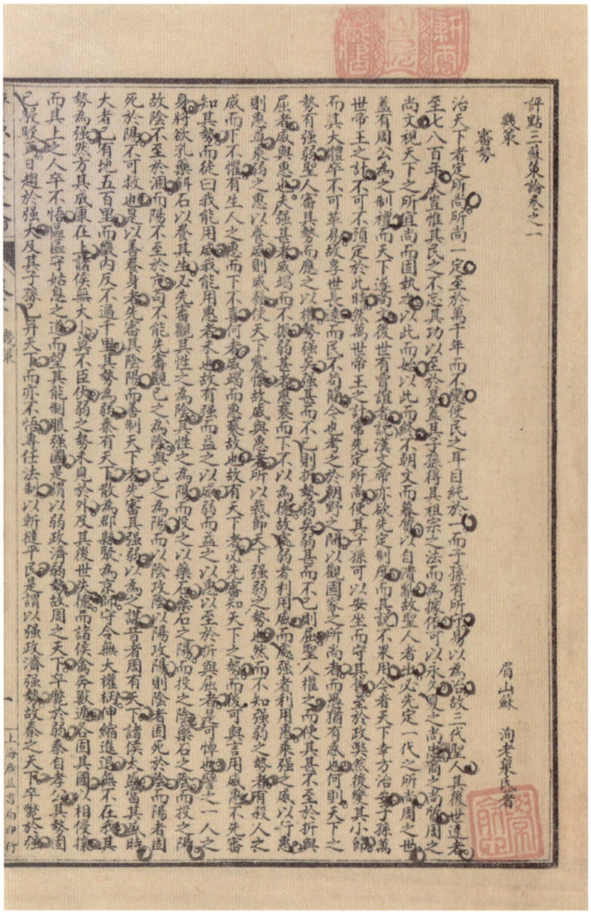
評點三蘇策論卷之一

幾策

審勢

眉山蘇　洵老泉著

0364　350000-2016-0000074　丁25　集部/總集類/尺牘之屬

**新體廣註小倉山房尺牘八卷**　（清）袁枚著　（清）胡光斗箋釋　（清）徐楨增注　民國十四年（1925）上海世界書局石印本　版框高16.5厘米，寬11厘米；开本高20厘米，寬13.5厘米；石印本，下黑口，四周單邊，綫裝。

0366　350000-2016-0000014　丁27　集部/總集類/氏族之屬

**評點三蘇策論十二卷**　（□）□□輯　民國五年（1916）上海廣益書局石印本　版框高17.6厘米，寬11.9厘米；开本高20厘米，寬13.5厘米；白口，四周雙邊，綫裝。

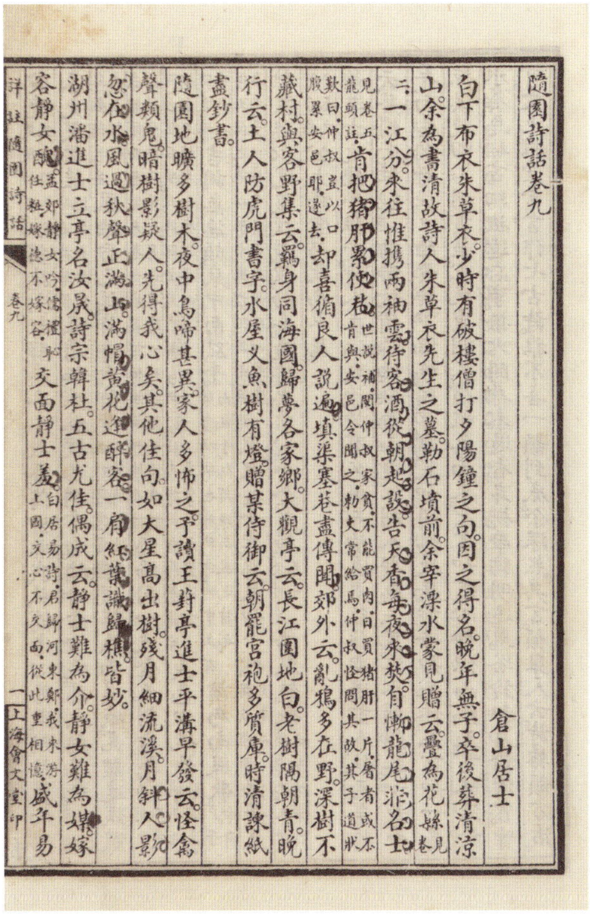

隨園詩話卷九　倉山居士

白下布衣朱草衣，少時有破樓僧打夕陽鐘之句，因之得名。晚年無子，卒後葬清涼山。余為書清故詩人朱草衣先生之墓，勒石墳前。余宰溧水，蒙見贈云：疊為花縣二一江分，來往惟携兩袖雲。待客酒從朝起設，告天香每夜來焚。自慚龍尾非名士，肯把豬肝累使君。卻喜循良人說遍，填渠塞巷盡傳聞。郊外云：亂鴉多在野，深樹不藏村。與客野集云：羈身同海國，歸夢各家鄉。大觀亭云：長江圍地白，老樹隔朝青。晚行云：土人防虎門書字，水屋叉魚樹有燈。贈某侍御云：朝罷宮袍多質庫，時清諫紙盡鈔書。

隨園地曠多樹木，夜中鳥啼甚異，家人多怖之。予讀王葑亭進士平滿早發云：怪禽聲類鬼，暗樹影疑人。先得我心矣。其他佳句如：大星高出樹，殘月細流溪。月斜人影忽在水，風過秋聲正滿山。滿帽黃花迎醉客，一肩紅葉識歸樵。皆妙。

湖州潘進士立亭名汝晟，詩宗韓杜，五古尤佳。偶成云：靜士難為介，靜女難為媒。嫁容靜女醜，交面靜士羞。盛年易

詳註隨園詩話　卷九　一　上海會文堂印

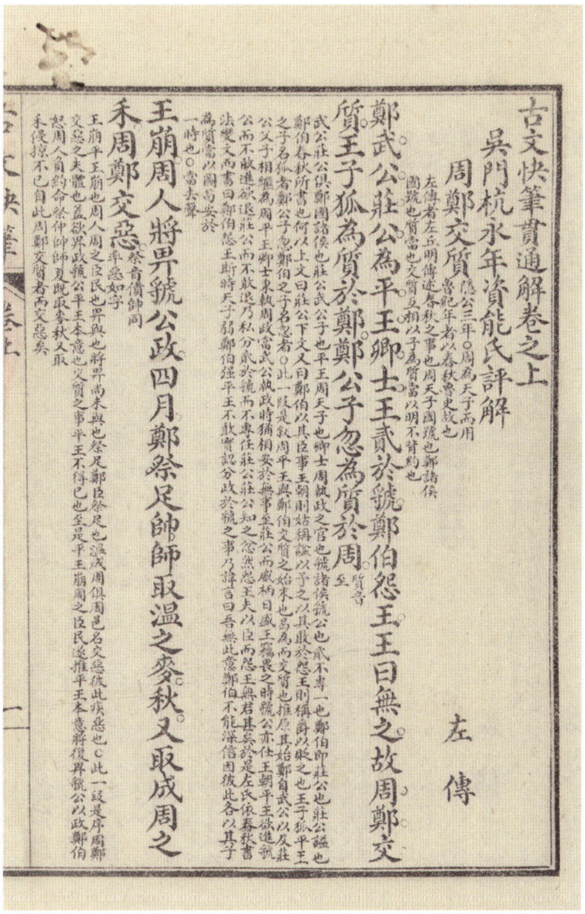

古文快筆貫通解卷之上

吳門杭永年資能氏評解

左傳

周鄭交質

鄭武公、莊公為平王卿士。王貳於虢，鄭伯怨王。王曰：無之。故周鄭交質。王子狐為質於鄭，鄭公子忽為質於周。

王崩，周人將畀虢公政。四月，鄭祭足帥師取溫之麥。秋，又取成周之禾。周鄭交惡。

0367　350000-2016-0000277　丁28　集部/詩文評類/詩評之屬

**隨園詩話十六卷補遺十卷**　（清）袁枚撰　謝瑢箋注　民國上海會文堂石印本　版框高16.5厘米，寬11.1厘米；开本高20厘米，寬13.5厘米；石印本，上下黑口，四周雙邊，綫裝。

0368　350000-2016-0000181　丁29　集部/詩文評類/文評之屬

**古文快筆貫通解三卷**　杭永年評解　民國五年（1916）上海廣益書局石印本　版框高17.6厘米，寬12.2厘米；开本高20厘米，寬13.5厘米；石印本，白口，四周雙邊，綫裝。

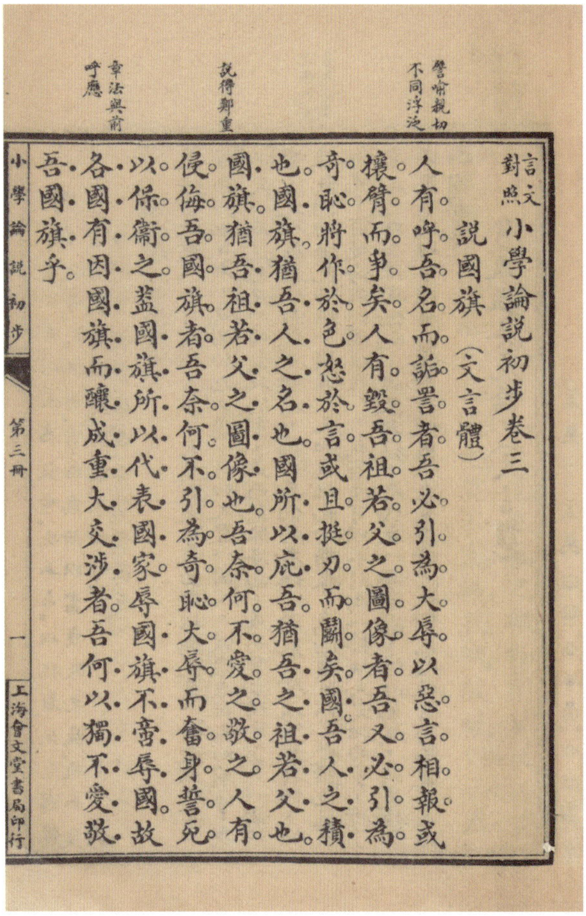

警喻親切不同浮泛
說得鄭重
章法與前呼應
言文對照小學論說初步卷三
說國旗（文言體）
人有呼吾名而詬詈者吾必引為大辱以惡言相報或
攘臂而爭矣人有毀吾祖若父之圖像者吾又必引為
奇恥將作於色怒於言或且挺刃而鬭矣國吾人之積
也國旗猶吾人之名也國所以庇吾猶吾之祖若父也
國旗猶吾祖若父之圖像也吾奈何不愛之敬之人有
侵侮吾國旗者吾奈何不引為奇恥大辱而奮身誓死
以保衛之蓋國旗所以代表國家辱國旗不啻辱國故
各國有因國旗而釀成重大交涉者吾何以獨不愛敬
吾國旗乎
小學論說初步 第三冊 一 上海會文堂書局印行

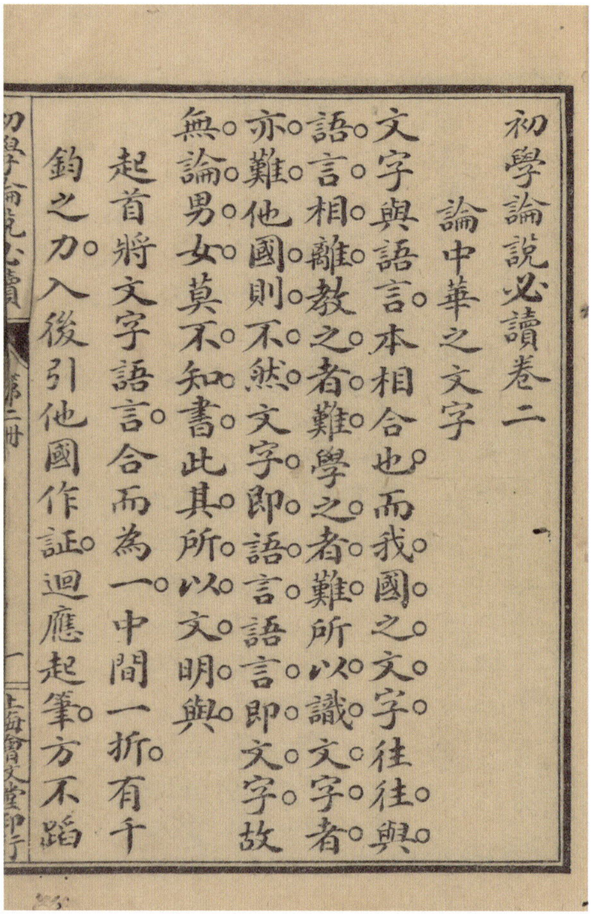

初學論說必讀卷二
論中華之文字
文字與語言本相合也而我國之文字往往與
語言相離教之者難學之者難所以識文字者
亦難他國則不然文字即語言語言即文字故
無論男女莫不知書此其所以文明與
起首將文字語言合而為一中間一折有千
鈞之力入後引他國作証迴應起筆方不蹈
初學論說必讀 第二冊 一 上海會文堂印行

0369　350000-2016-0000047　丁30　集部/詩文評類/文法之屬/文法

**言文對照小學論說初步四卷**　□□纂　民國十二年（1923）上海會文堂書局石印本　版框高16.6厘米，寬12厘米；开本高20厘米，寬13.4厘米；石印本，上下黑口，四周雙邊，綫裝。

0370　350000-2016-0000219　丁31　集部/詩文評類/文法之屬/文法

**初學論說必讀四卷**　孔憲彭著述　蔡郕評校　民國上海會文堂書局石印本　版框高16.4厘米，寬11.2厘米；开本高20厘米，寬13.5厘米；石印本，綫裝。

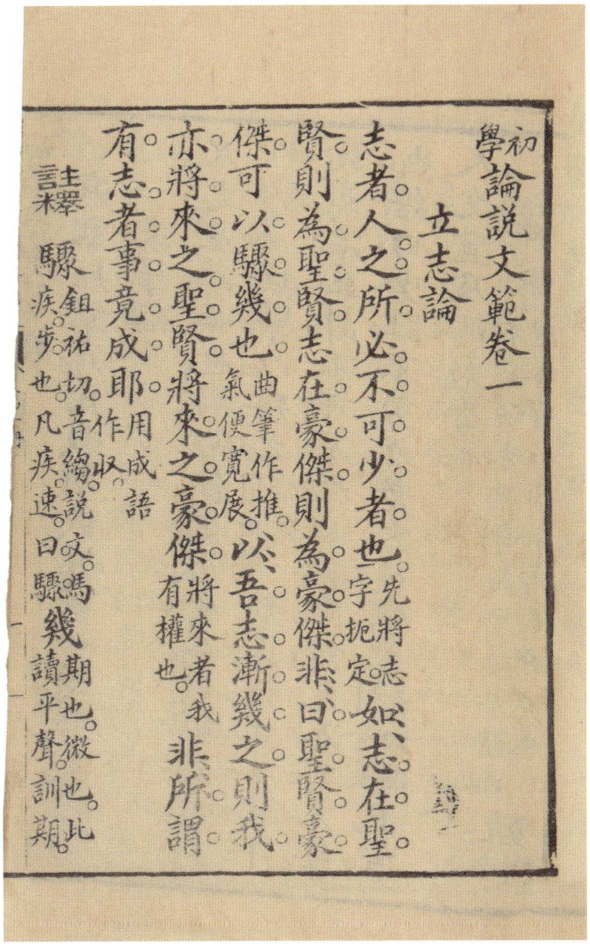

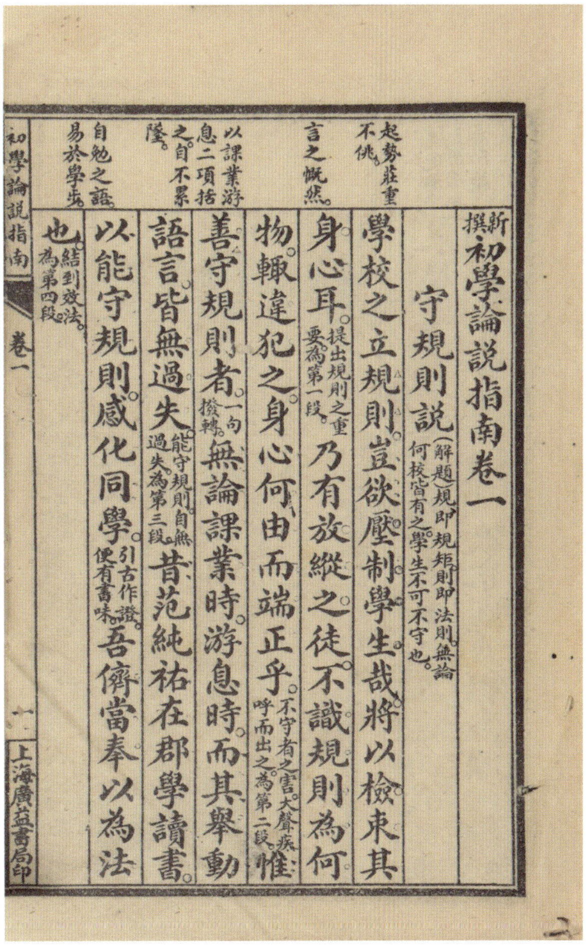

0371　350000-2016-0000160　丁32　集部/詩文評類/文法之屬/文法

**初學論説文範四卷**　邵伯棠撰述　民國四年（1915）上海石印書局刻本　版框高16.4厘米，寬11.5厘米；开本高20.5厘米，寬13.3厘米；刻本，綫裝。

0372　350000-2016-0000155　丁33　集部/詩文評類/文法之屬/文法

**初學論説指南四卷**　陸保璿撰　汪慶琪校訂　民國十六年（1927）上海廣益書局石印本　版框高16.8厘米，寬11.2厘米；开本高20厘米，寬13.4厘米；石印本，上下黑口，四周雙邊，綫裝。

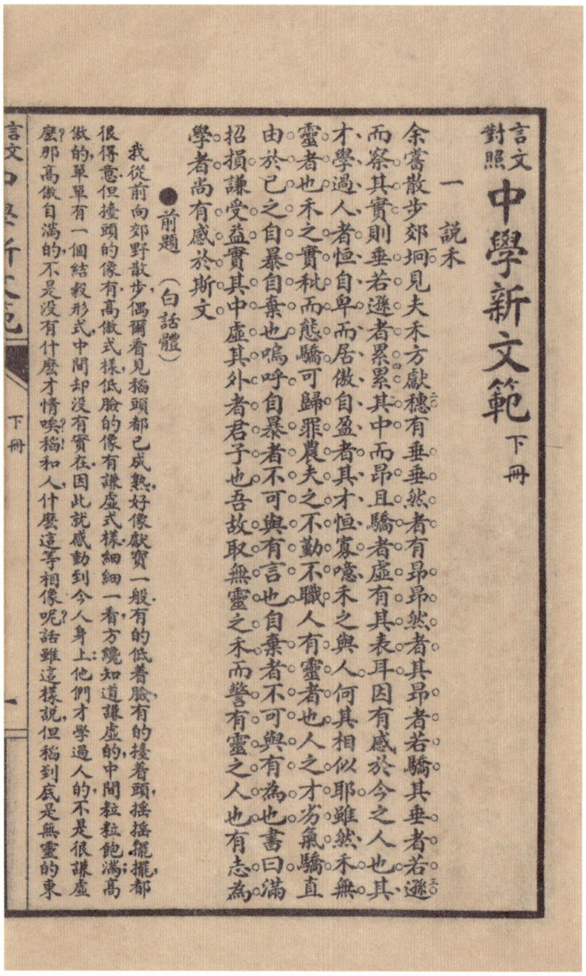
言文對照 中學新文範 下冊

一 說禾

余嘗散步郊坰見夫禾方穟穗有垂垂然者有昂昂然者其昂者若驕其垂者若遜而察其實則垂若遜者纍纍其中而昂且驕者虛有其表耳因有感於今之人也其才學過人者恒自卑而居傲自盈者其才恒寡噫禾之與人何其相似耶雖然禾無靈者也禾之實秕而態驕可歸罪農夫之不勤不職人有靈者也人之才劣氣驕直由於己之自暴自棄也嗚呼自暴者不可與有言也自棄者不可與有為也書曰滿招損謙受益實其中虛其外者君子也吾故取無靈之禾而警有靈之人也有志為學者尚有感於斯文

●前題（白話體）

我從前向郊野散步偶爾看見稻頭都已成熟好像穀實一般有的低着臉有的擡着頭搖搖擺擺都很得意但擡頭的像有高傲式樣低臉的像有謙虛式樣細一看方纔知道謙虛的中間粒粒飽滿高傲的單單有一個結穀形式中間却沒有實在因此就感動到今人身上他們才學過人的不是很謙虛麼那高傲自滿的不是沒有什麼才情唉稻和人什麼這等相像呢話雖這樣說但稻到底是無靈的東

言文對照中學新文範 下冊

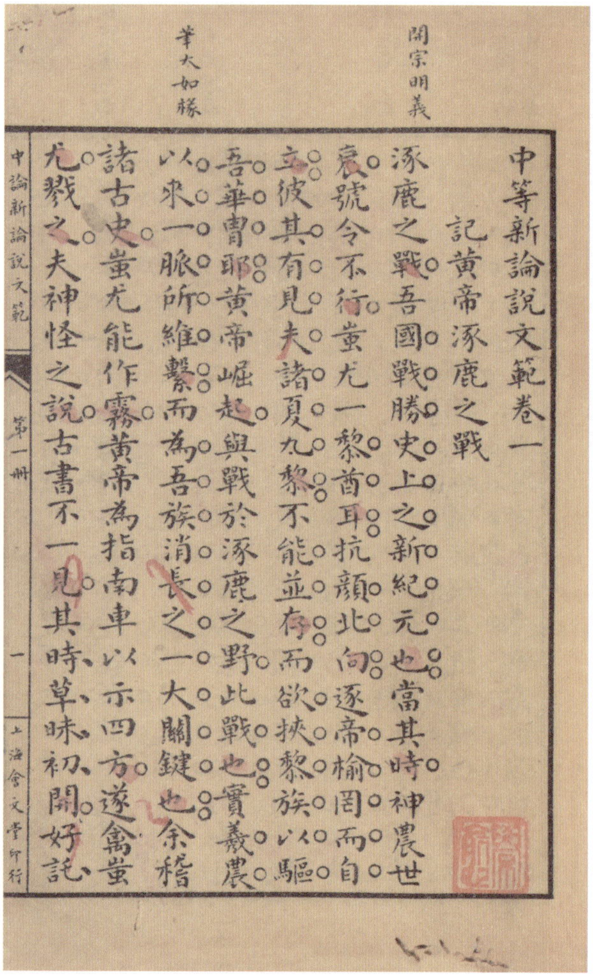
開宗明義

筆大如椽

中等新論說文範卷一

記黃帝涿鹿之戰

涿鹿之戰吾國戰勝史上之新紀元也當其時神農世衰號令不行蚩尤一黎酋耳抗顏北向逐帝榆罔而自立彼其有見夫諸夏九黎不能並存而欲挾黎族以驅吾華冑耶黃帝崛起與戰於涿鹿之野此戰也實羲農以來一脈所維繫而為吾族消長之一大關鍵也余稽諸古史蚩尤能作霧黃帝為指南車以示四方遂禽蚩尤戮之夫神怪之說古書不一見其時草昧初開好託

中論新論說文範 第一冊 一 上海會文堂印行

0373　350000-2016-0000111　丁34　集部/詩文評類/文法之屬/文法

**言文對照中學新文範二冊**　秦同培編　民國十四年（1925）上海世界書局石印本　版框高16.4厘米，寬10.8厘米；开本高20厘米，寬13.3厘米；石印本，綫裝。

0374　350000-2016-0000110　丁35　集部/詩文評類/文法之屬/文法

**中等新論說文範四卷**　蔡郕著述　邵希雍評校　民國上海會文堂書局石印本　版框高16厘米，寬11.1厘米；开本高20厘米，寬13.4厘米；石印本，綫裝。

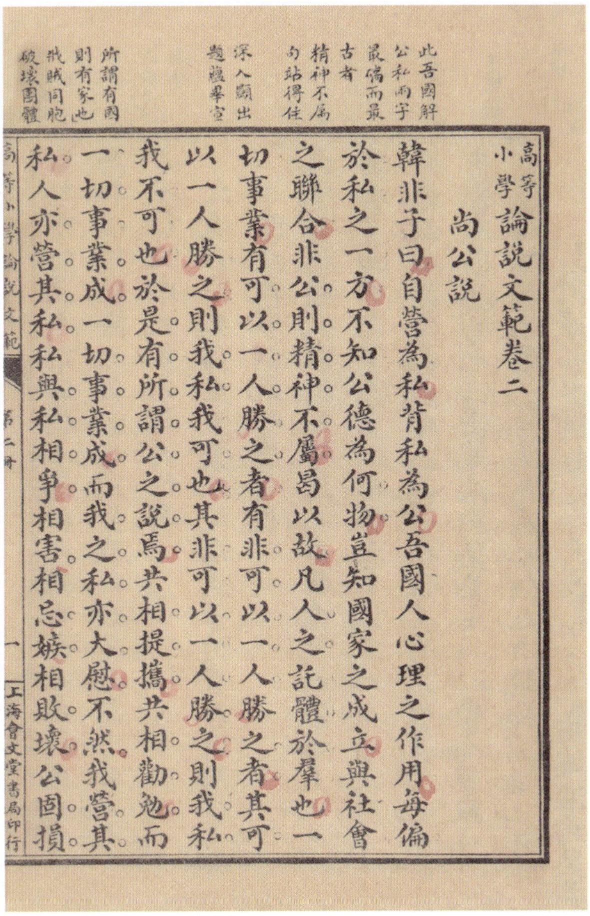
此吾國解公私兩字最備而最古者

精神不屬句站得住

深入顯出題蘊畢宣

所謂有國則有家也戕賊同胞破壞團體

高等小學論說文範卷二

尚公說

韓非子曰自營為私背私為公吾國人心理之作用每偏於私之一方不知公德為何物豈知國家之成立與社會之聯合非公則精神不屬以故凡人之託體於羣也一切事業有可以一人勝之者有非可以一人勝之者其可以一人勝之則我私我可也其非可以一人勝之則我私我不可也於是有所謂公之說焉共相提攜共相勸勉而一切事業成一切事業成而我之私亦大慰不然我營其私人亦營其私私與私相爭相害相忌嫉相敗壞公固損

高等小學論說文範　第二冊　一　上海會文堂書局印行

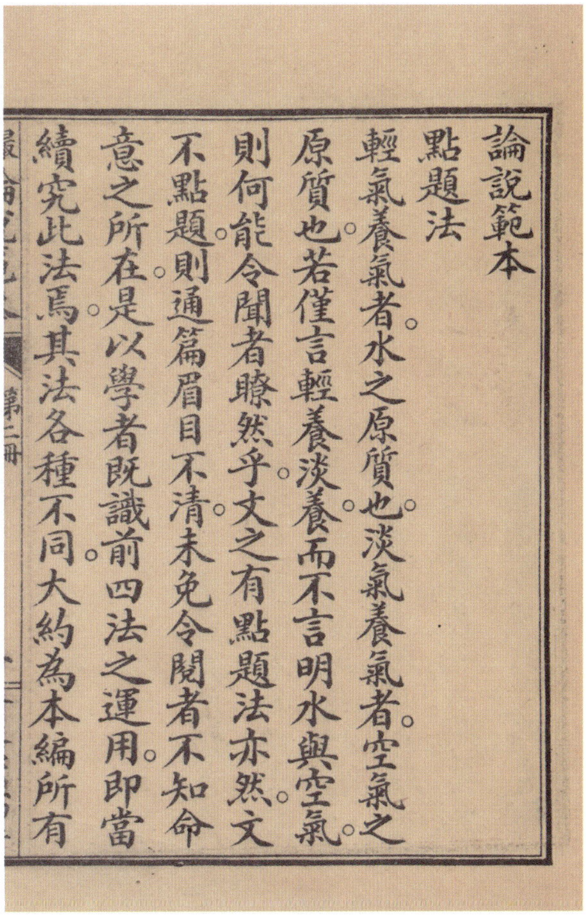
論說範本

點題法

輕氣養氣者水之原質也淡氣養氣者空氣之原質也若僅言輕養淡養而不言明水與空氣則何能令聞者瞭然乎文之有點題法亦然文不點題則通篇眉目不清未免令閱者不知命意之所在是以學者既識前四法之運用即當續究此法焉其法各種不同大約為本編所有

最新論說範本　第二冊

0375　350000-2016-0000015　丁36　集部/詩文評類/文法之屬/文法

**高等小學論說文範四卷**　邵伯棠撰　民國上海會文堂書局石印本　版框高16.3厘米，寬12厘米；开本高20厘米，寬13.2厘米；石印本，十行，行二十二字，小字雙行，行二十二字，上下黑口，四周雙邊，綫裝。

0376　350000-2016-0000288　丁37　集部/詩文評類/文法之屬/文法

**最新論說範本四冊**　杜瀚生著　民國上海會文學社石印本　版框高15.8厘米，寬11.4厘米；开本高20厘米，寬13.4厘米；石印本，白口，四周雙邊，綫裝。

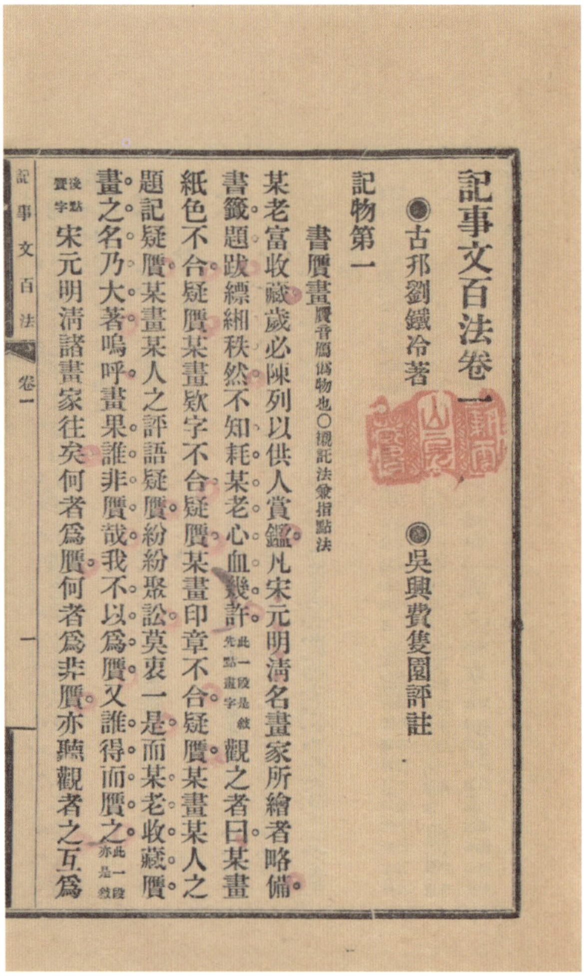

記事文百法卷一

古邗劉鐵冷著　吳興費隻園評註

記物第一

書贋畫（贋音鴈僞物也○襯託法彙指點法）

某老富收藏歲必陳列以供人賞鑑凡宋元明清名畫家所繪者略備書籤題跋縹緗秩然不知耗某老心血幾許（此一段是敘先點畫字）觀之者曰某畫紙色不合疑贋某畫欵字不合疑贋某畫印章不合疑贋某畫某人之題記疑贋某畫某人之評語疑贋紛紛聚訟莫衷一是而某老收藏贋畫之名乃大著嗚呼畫果誰非贋哉我不以爲贋又誰得而贋之（此一段亦是敘）（後點贋字）宋元明清諸畫家往矣何者爲贋何者爲非贋亦聽觀者之互爲

記事文百法　卷一　一

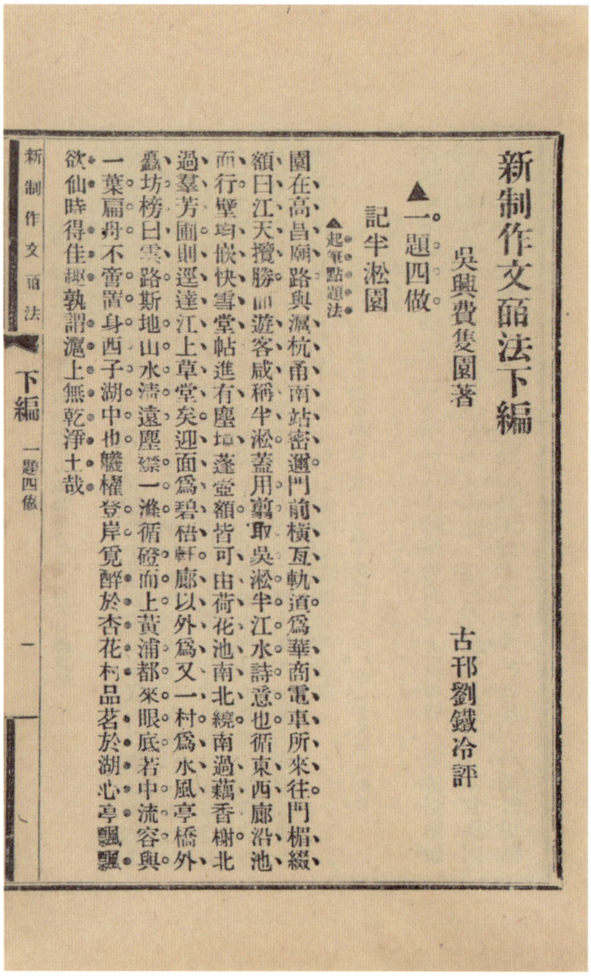

新制作文百法下編

吳興費隻園著　古邗劉鐵冷評

一題四做

記半淞園

（起筆點題法）

園在高昌廟路與滬杭甬南站密邇門前橫亙軌道爲華商電車所來往門楣綴額曰江天攬勝凡遊客咸稱半淞蓋用翦取吳淞半江水詩意也循東西廊沿池而行壁均嵌快雪堂帖進有塵垢蓬壺額皆可由荷花池南北繞南過藕香榭北過羣芳圃則逕達江上草堂矣迎面爲碧梧軒廊以外爲又一村爲水風亭橋外蟲坊榜曰雲路斯地山水清遠塵襟一滌循磴而上黃浦都來眼底若中流容與一葉扁舟不啻置身西子湖中也艤櫂登岸覓醉於杏花村品茗於湖心亭飄飄欲仙時得佳趣孰謂滬上無乾淨土哉

新制作文百法　下編　一題四做　一

0377　350000-2016-0000053　丁38　集部/詩文評類/文法之屬/文法

**記事文百法四卷**　劉鐵冷著　費隻園評注　民國十五年（1926）上海中原崇新書局排印本　版框高16厘米，寬10.6厘米；开本高20厘米，寬13.4厘米；鉛印本，上下黑口，四周雙邊，綫裝。

0378　350000-2016-0000054　丁39　集部/詩文評類/文法之屬/文法

**新制作文百法二編**　費雙園編纂　劉鐵冷校訂　民國十五年（1926）上海中原書局鉛印本　版框高15.5厘米，寬11.2厘米；开本高20厘米，寬13.4厘米；鉛印本，十二行，行三十一字，上下黑口，四周雙邊，綫裝。

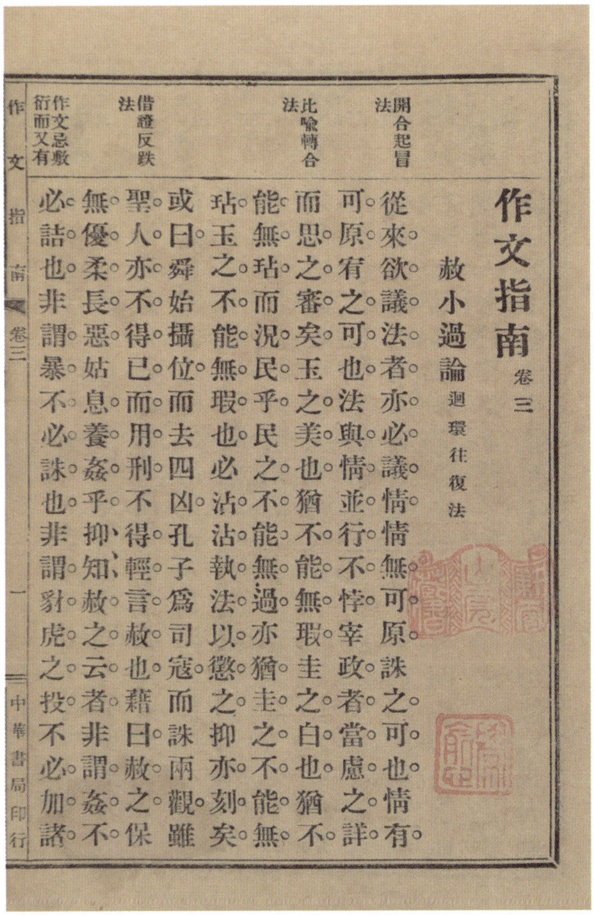

作文指南　卷三

敉小過論　迴環往復法

開合起冒法　比喻轉合法　借證反跌法

從來欲議法者亦必議情情無可原誅之可也情有可原宥之可也法與情並行不悖宰政者當慮之詳而思之審矣玉之美也猶不能無瑕圭之白也猶不能無玷而況民乎民之不能無過亦猶圭之不能無玷玉之不能無瑕也必沾沾執法以懲之抑亦刻矣或曰舜始攝位而去四凶孔子爲司寇而誅兩觀雖聖人亦不得已而用刑不得輕言赦也藉曰赦之保無優柔長惡姑息養姦乎抑知赦之云者非謂姦不必詰也非謂暴不必誅也非謂豺虎之投不必加諸

作文指南　卷三　一　中華書局印行

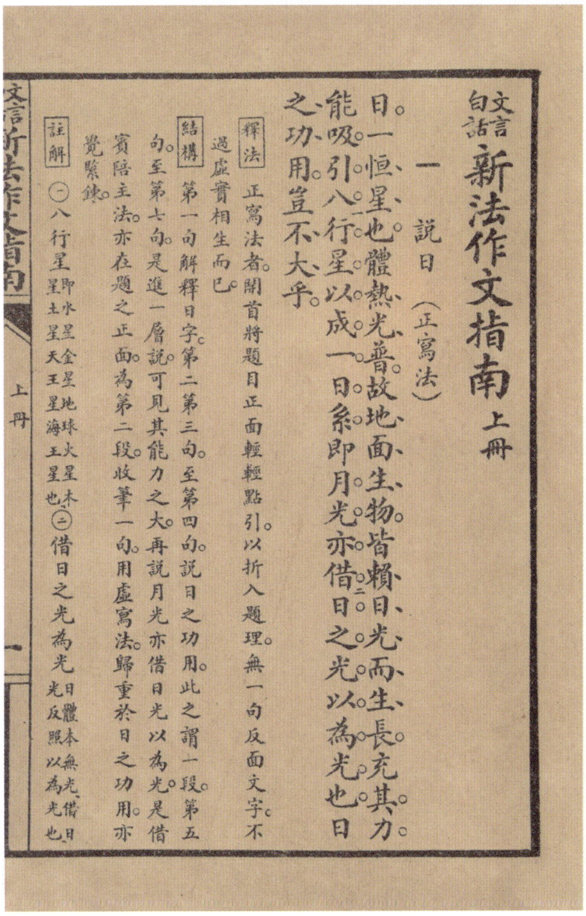

文言白話新法作文指南　上冊

一　說日（正寫法）

日。一恒星也。體熱光普。故地面生物。皆賴日光而生長。充其力。能吸引八行星。以成一日系。即月光亦借日之光以為光也。日之功用。豈不大乎。

釋法　正寫法者。開首將題目正面輕輕點引。以折入題理。無一句反面文字。不過虛實相生而已。

結構　第一句解釋日字。第二第三句。至第四句。說日之功用。此之謂一段。第五句至第七句。是進一層說。可見其能力之大。再說月光亦借日光以為光。是借賓陪主法。亦在題之正面。為第二段。收筆一句。用虛寫法。歸重於日之功用。亦覺緊鍊。

註解　㊀八行星　即水星金星地球火星木星土星天王星海王星也　㊁借日之光為光　月體本無光。借日光反照以為光也

文言白話新法作文指南　上冊　一

0379　350000-2016-0000320　丁40　集部/詩文評類/文法之屬/文法

**作文指南四卷**　陳仲星撰　民國五年（1916）中華書局鉛印本　版框高16厘米，寬11.2厘米；开本高19.8厘米，寬13.4厘米；鉛印本，綫裝。

0380　350000-2016-0000083　丁41　集部/詩文評類/文法之屬/文法

**文言白話新法作文指南二冊**　張侶俠　張雲石編輯　民國上海世界書局石印本　版框高17.4厘米，寬11.6厘米；开本高20厘米，寬13.4厘米；石印本，下黑口四周單邊，綫裝。

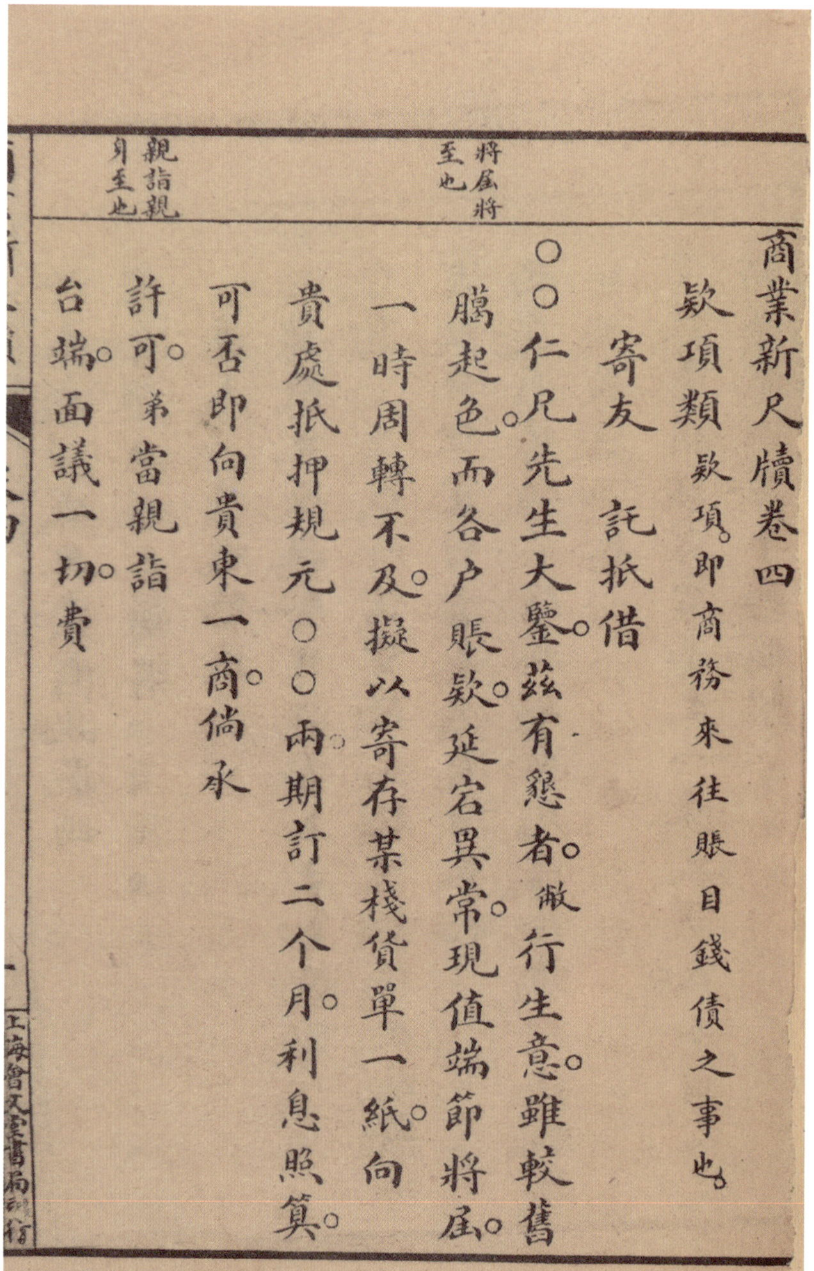

商業新尺牘卷四
欵項類 欵項。即商務來往賬目錢債之事也。
寄友 託抵借
○○仁兄先生大鑒。茲有懇者。敝行生意。雖較舊
臘起色。而各户賬欵。延宕異常。現值端節將屆。
一時周轉不及。擬以寄存某棧貨單一紙。向
貴處抵押規元○○兩。期訂二個月。利息照算。
可否即向貴東一商。倘承
許可。弟當親詣
台端面議一切。費

將屆 將至也
親詣 親身至也

0381　350000-2016-0000265　丁42　集部/詩文評類/文法之屬/函牘格式

商業新尺牘四卷　□□纂　民國二十二年（1933）上海會文堂書局石印本　版框高16.8厘米，寬12.2厘米；開本高20厘米，寬13.4厘米；石印本，綫裝。

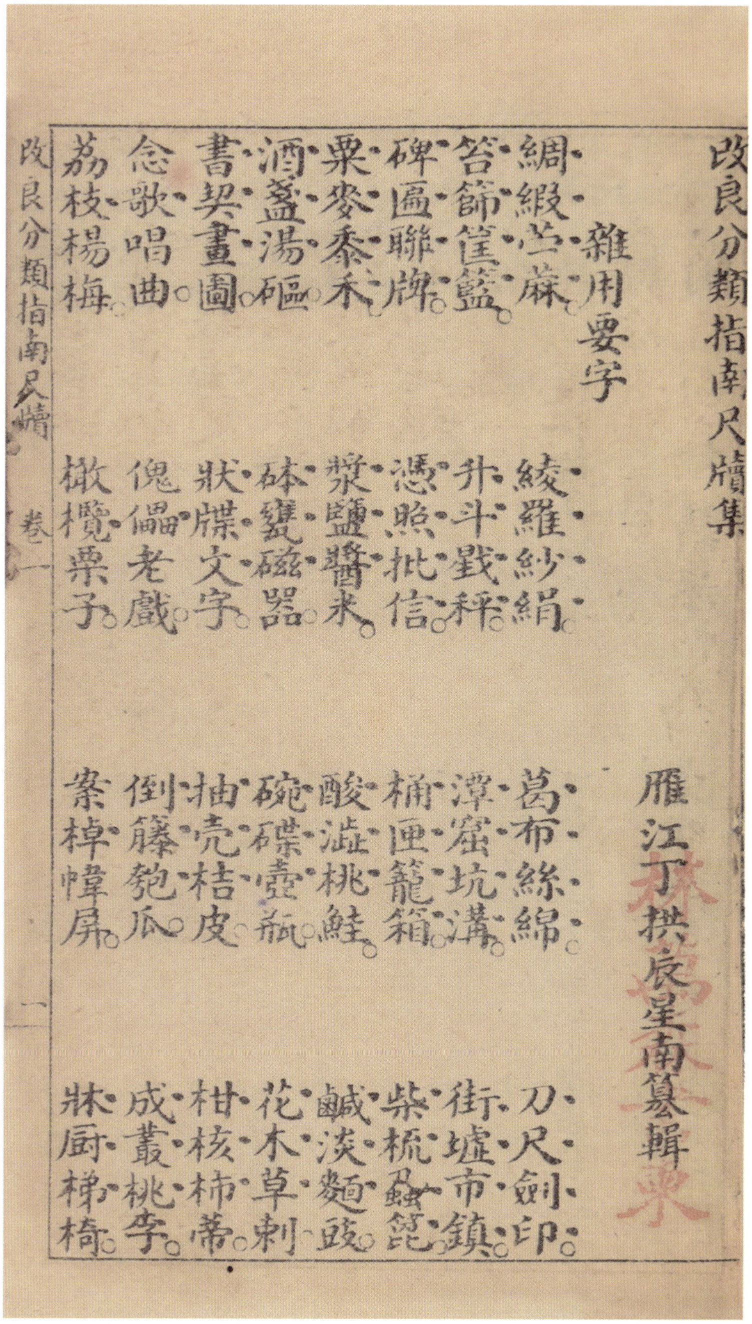

改良分類指南尺牘集

雁江丁拱辰星南纂輯

雜用要字

綢緞苧麻。笞飾筐籃。碑匾聯牌。粟麥黍禾。酒盞湯甌。書契畫圖。念歌唱曲。荔枝楊梅。

綾羅紗絹。升斗戥秤。憑照批信。漿鹽醬米。砵甕磁器。狀牒文字。傀儡老戲。橄欖栗子。

葛布絲綿。潭窟坑溝。桶匣籠箱。酸澁桃鮭。碗碟壺瓶。抽殼桔皮。倒籐匏瓜。案棹幃屏。

刀尺劍印。街墟市鎮。柴梳盔篦。鹹淡麵豉。花木草刺。柑核柿蒂。成叢桃李。牀廚梯椅。

改良分類指南尺牘 卷一 一

0382　350000-2016-0000239　丁43　集部/詩文評類/文法之屬/函牘格式

**改良分類指南尺牘四卷**　丁拱辰纂輯　民國上海萃英書局石印本　版框高14.9厘米，寬9.6厘米；开本高17.3厘米，寬10.3厘米；石印本，綫裝。

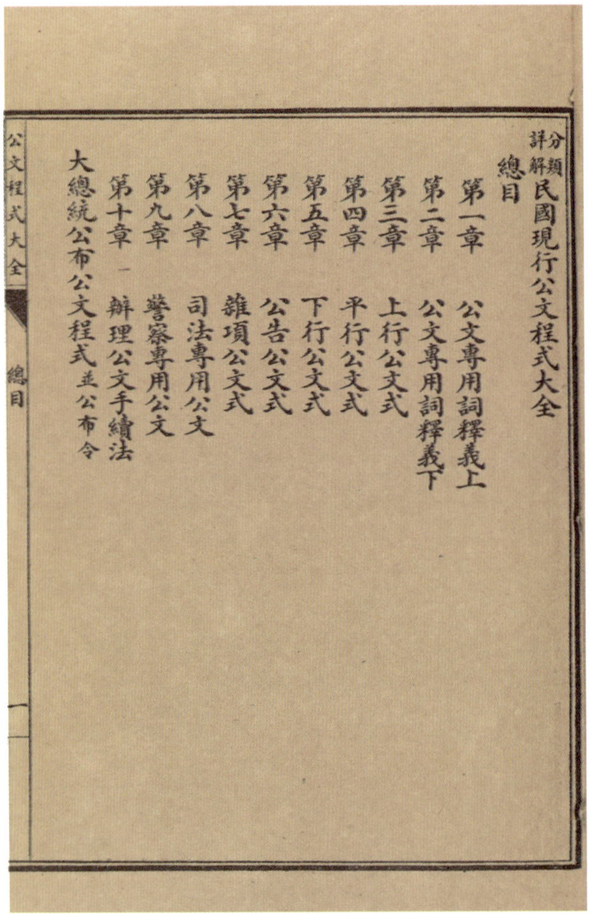
分類詳解民國現行公文程式大全
總目
第一章　公文專用詞釋義上
第二章　公文專用詞釋義下
第三章　上行公文式
第四章　平行公文式
第五章　下行公文式
第六章　公告公文式
第七章　雜項公文式
第八章　司法專用公文
第九章　警察專用公文
第十章　辦理公文手續法
大總統公布公文程式並公布令
公文程式大全　總目　一

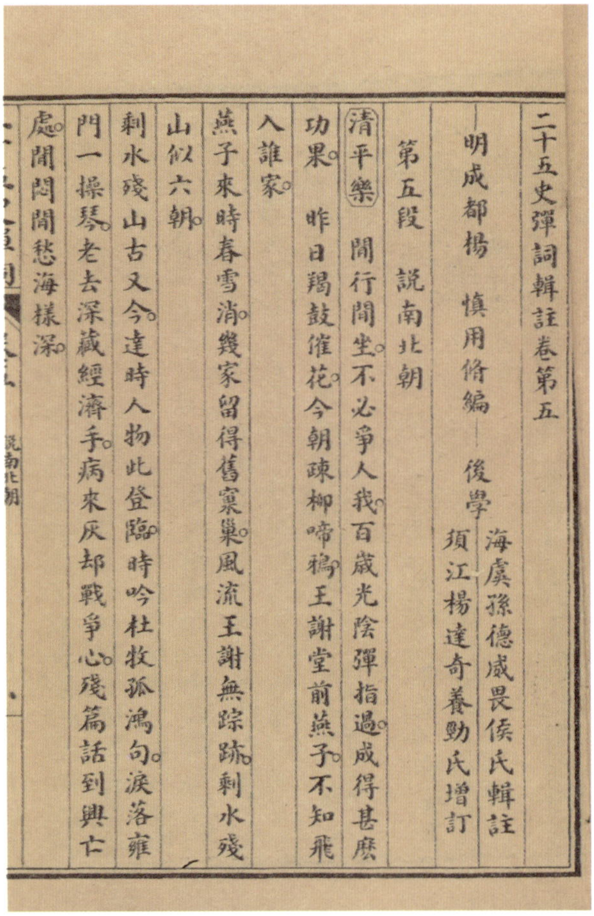
二十五史彈詞輯註卷第五
明成都楊　慎用脩編
後學　海虞孫德威畏傒氏輯註
須江楊達奇養勳氏增訂
第五段　說南北朝
清平樂　閒行閒坐。不必爭人我。百歲光陰彈指過。成得甚麽功果。　昨日羯鼓催花。今朝疎柳啼鴉。王謝堂前燕子。不知飛入誰家。
燕子來時春雪消。幾家留得舊窠巢。風流王謝無踪跡。剩水殘山似六朝。
剩水殘山古又今。達時人物此登臨。時吟杜牧孤鴻句。淚落雍門一操琴。老去深藏經濟手。病來灰却戰爭心。殘篇話到興亡處。閒閱閒愁海樣深。

0383　350000-2016-0000315　丁44　集部/詩文評類/文法之屬/公文程式

**分類詳解民國現行公文程式大全十章附大總統頒布公文程式**　張虛白編輯　民國十四年（1925）上海廣益書局石印本　版框高16.3厘米，寬12厘米；开本高20厘米，寬13.5厘米；石印本，綫裝。

0384　350000-2016-0000195　丁45　集部/曲類/彈詞之屬

**二十五史彈詞輯註十二卷**　（明）楊慎編　（清）孫德威輯注　楊達奇增訂　民國石印本　版框高17.2厘米，寬12厘米；开本高20厘米，寬13.3厘米；石印本，白口，四周雙邊，綫裝。

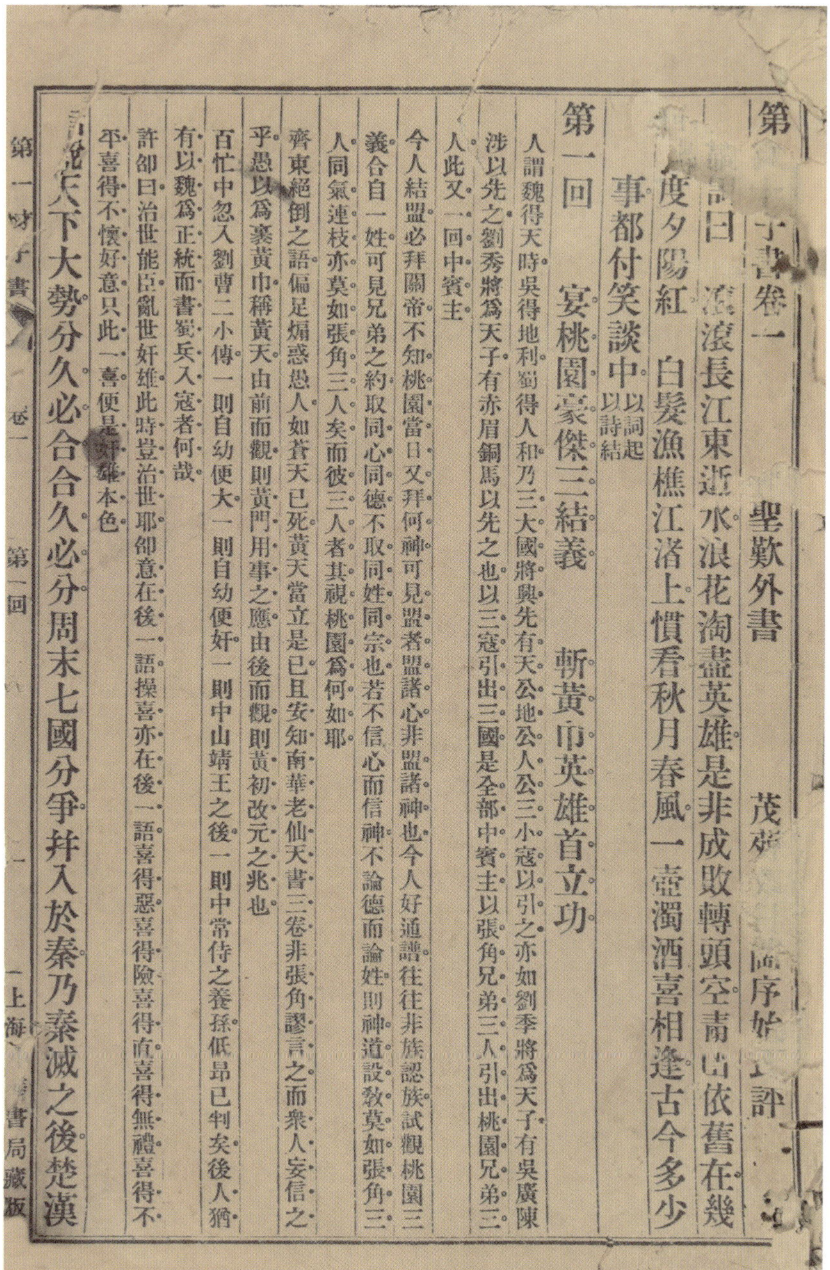
第一才子書卷一　聖歎外書　茂苑□□□序始□評
詞曰　滾滾長江東逝水浪花淘盡英雄是非成敗轉頭空青山依舊在幾度夕陽紅　白髮漁樵江渚上慣看秋月春風一壺濁酒喜相逢古今多少事都付笑談中以詞起以詩結

第一回　宴桃園豪傑三結義　斬黃巾英雄首立功

人謂魏得天時吳得地利蜀得人和乃三大國將興先有天公地公人公三小寇以引之亦如劉季將爲天子有吳廣陳涉以先之劉秀將爲天子有赤眉銅馬以先之也以三寇引出三國是全部中賓主以張角兄弟三人引出桃園兄弟三人此又一回中賓主

今人結盟必拜關帝不知桃園當日又拜何神可見盟者盟諸心非盟諸神也今人好通譜往往非族認族試觀桃園三義合自一姓可見兄弟之約取同心同德不取同姓同宗也若不信心而信神不論德而論姓則神道設教莫如張角三人同氣連枝亦莫如張角三人矣而彼三人者其視桃園爲何如耶

齊東絕倒之語偏足煽惑愚人如蒼天已死黃天當立是已且安知南華老仙天書三卷非張角謬言之而衆人妄信之乎愚以爲裹黃巾稱黃天由前而觀則黃門用事之應由後而觀則黃初改元之兆也

百忙中忽入劉曹二小傳一則自幼便大一則自幼便奸一則中山靖王之後一則中常侍之養孫低昂已判矣後人猶有以魏爲正統而書蜀兵入寇者何哉

許卲曰治世能臣亂世奸雄此時豈治世耶卲意在後一語操喜亦在後一語喜得惡喜得險喜得直喜得無禮喜得不平喜得不懷好意只此一喜便是奸雄本色

話說天下大勢分久必合合久必分周末七國分爭幷入於秦乃秦滅之後楚漢

第一才子書　卷一　第一回　一　上海□書局藏版

0386　350000-2016-0000344　丁47　集部/小說類/長篇之屬

**第一才子書□□卷一百二十回**　（明）羅貫中撰　（清）金人瑞　（清）毛宗崗評　民國上海中華書局鉛印本　版框高17.6厘米，寬12.5厘米；开本高20.3厘米，寬13.6厘米；鉛印本，白口，四周單邊，綫裝。

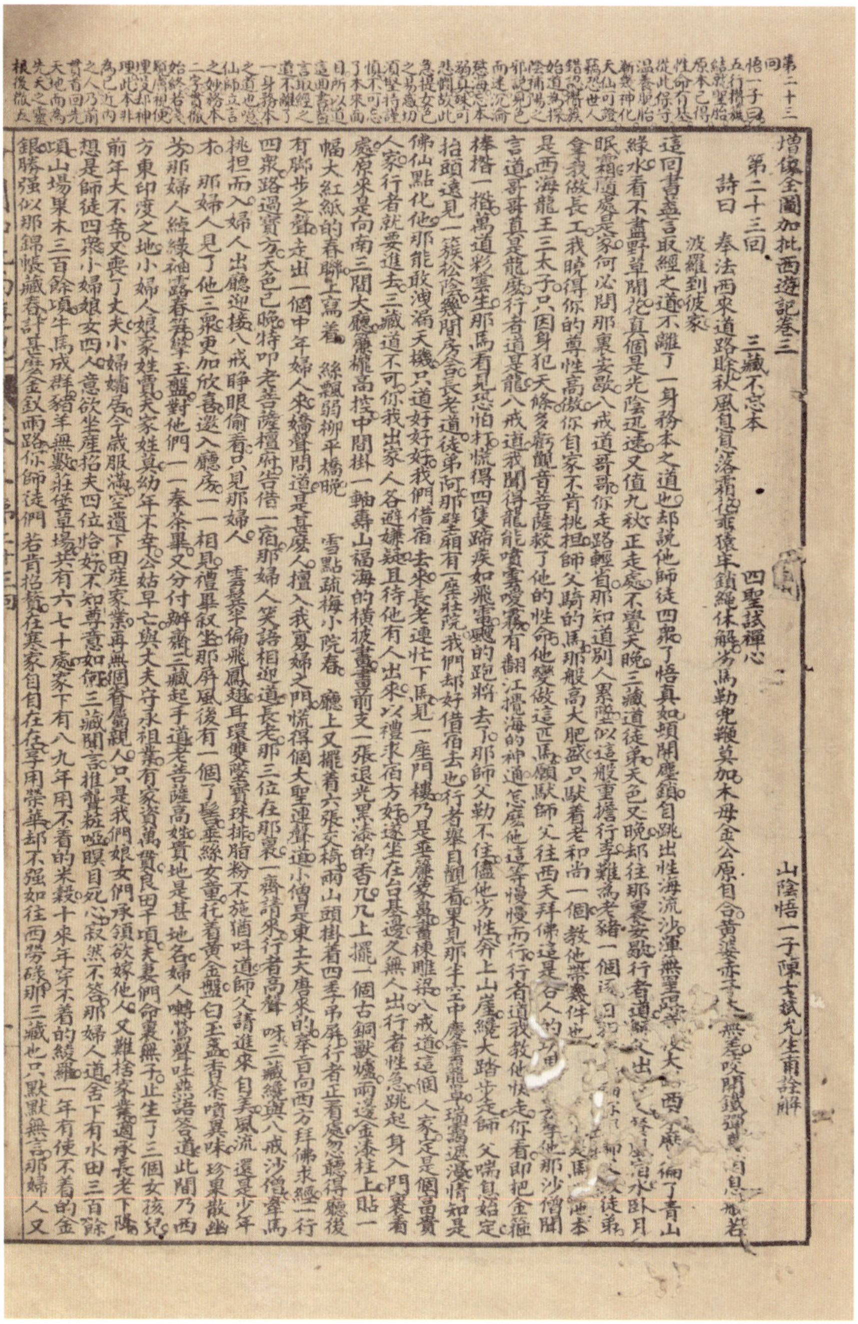

第二十三回　悟一子曰五行攢簇結就聖胎原本已得性命有所從此保守溫養脫胎漸覺神化天仙可證竊恐世人錯認攢簇始道無採陰補陽之邪說見色而迷沉淪慾海忘本弱真殊可悲憫故此急提女色之易惑切須堅持謹慎不可忘了本來面目所以道這回書盡言取經之道不離了一身務本之道也蓋仙師立言之妙務本二字實徹始終若[illegible]便理沒却神理此本非為己近內之人乃前賢首回先天地而為先天之靈根後徹五

增像全圖加批西遊記卷三　　山陰悟一子陳士斌允生甫詮解

第二十三回　三藏不忘本　四聖試禪心

詩曰　奉法西來道路賒秋風淅淅落霜花乖猿牢鎖繩休解劣馬勤兜鞭莫加木母金公原自合黃婆赤子本無差咬開鐵彈真消息般若波羅到彼家

這回書盡言取經之道不離了一身務本之道也卻說他師徒四眾了悟真如頓開塵鎖自跳出性海流沙渾無罣礙[illegible]大[illegible]西[illegible]歷遍了青山綠水看不盡野草閑花真個是光陰迅速又值九秋正走處不覺天晚三藏道徒弟天色又晚卻往那裏安歇行者道師父出[illegible]宿水臥月眠霜隨處是家何必問那裏安歇八戒道哥哥你走路輕省那知道別人累墜似這般重擔行李難為老豬一個[illegible]徒弟拿我做長工我曉得你的尊性高傲你自家不肯挑擔師父騎的馬那般高大肥盛只馱着老和尚一個教他帶幾件也[illegible]本是西海龍王三太子只因身犯天條多虧觀音菩薩救了他的性命他變做這匹馬願馱師父往西天拜佛這是各人的功[illegible]他那沙僧聞言道哥哥真是龍麼行者道是龍八戒道我聞得龍能噴雲噯霧有翻江攪海的神通怎麼他這等慢慢而行行者道我教他快走你看即把金箍棒搭一搭萬道彩雲生那馬看見恐怕打慌得四隻蹄疾如飛電颼的跑將去了那師父勒不住儘他劣性奔上山崖纔大踏步走師父喘息始定抬頭遠見一簇松陰內有幾間房舍長老道徒弟阿那壁廂有一座莊院我們卻好借宿去也行者舉目觀看果見那半空中慶雲籠罩瑞靄遮漫情知是佛仙點化他那能敢洩漏天機只道好好我們借宿去來長老連忙下馬見一座門樓乃是垂蓮象鼻畫棟雕梁八戒道這個人家定是個富貴人家行者就要進去三藏道不可你我出家人各避嫌疑且待他有人出來以禮求宿方好遂坐在台基邊久無人出行者性急跳起身入門裏看處原來是向南三間大廳簾櫳高控中間掛一軸壽山福海的橫披畫畫前支一張退光黑漆的香几几上擺一個古銅獸爐兩邊金漆柱上貼一幅大紅紙的春聯上寫着

絲飄弱柳平橋晚　雪點疏梅小院春

廳上又擺着六張交椅兩山頭掛着四季吊屏行者正看處忽聽得廳後有腳步之聲走出一個中年婦人來嬌聲問道是甚麼人擅入我寡婦之門慌得個大聖連聲道小僧是東土大唐來的奉旨向西方拜佛求經一行四眾路過寶方天色已晚特叩老菩薩檀府告借一宿那婦人笑語相迎道長老那三位在那裏請來行者高聲叫三藏纔與八戒沙僧牽馬挑擔而入婦人出廳迎接八戒睜眼偷看只見那婦人

雲鬢堆鴉偏飛鳳翅耳環雙墜寶珠排脂粉不施猶自美風流還是少年禾

那婦人見了他三眾更加欣喜以禮邀入廳房一一相見禮畢敘坐那屏風後有一個丫髻垂絲女童托着黃金盤白玉盞香茶噴異味珍果散幽芬那婦人綰綵袖露春筍擎玉盤對他們一一奉茶畢又分付辦齋三藏起手道老菩薩高姓貴地是甚地名婦人嚦鶯聲吐燕語答道此間乃西方東印度之地小婦人娘家姓賈夫家姓莫幼年不幸公姑早亡與丈夫守承祖業有家資萬貫良田千頃夫妻們命裏無子止生了三個女孩兒前年大不幸又喪了丈夫小婦孀居今歲服滿空遺下田產家業再無個眷屬親人只是我們娘女們承領欲嫁他人又難捨家業適承長老下降想是師徒四眾小婦娘女四人意欲坐產招夫四位恰好不知尊意如何三藏聞言推聾粧啞瞑目寧心寂然不答那婦人道舍下有水田三百餘頃山場果木三百餘頃牛馬成群豬羊無數莊堡草場共有六七十處家下有八九年用不着的米穀十來年穿不着的綾羅一年有使不着的金銀勝強似那錦帳藏春說甚麼金釵兩路你師徒們若肯招贅在寒家自自在在享用榮華卻不強如往西勞碌那三藏也只默默無言那婦人又

0387　350000-2016-0000299　丁48　**集部/小說類/長篇之屬**

**繪圖加批西遊記十卷一百回**　（明）吴承恩撰　（清）陳士斌詮解　清末民國上海廣益書局石印本　版框高17.2厘米，寬12.1厘米；开本高20.4厘米，寬13.8厘米；石印本，白口，四周單邊，綫裝。

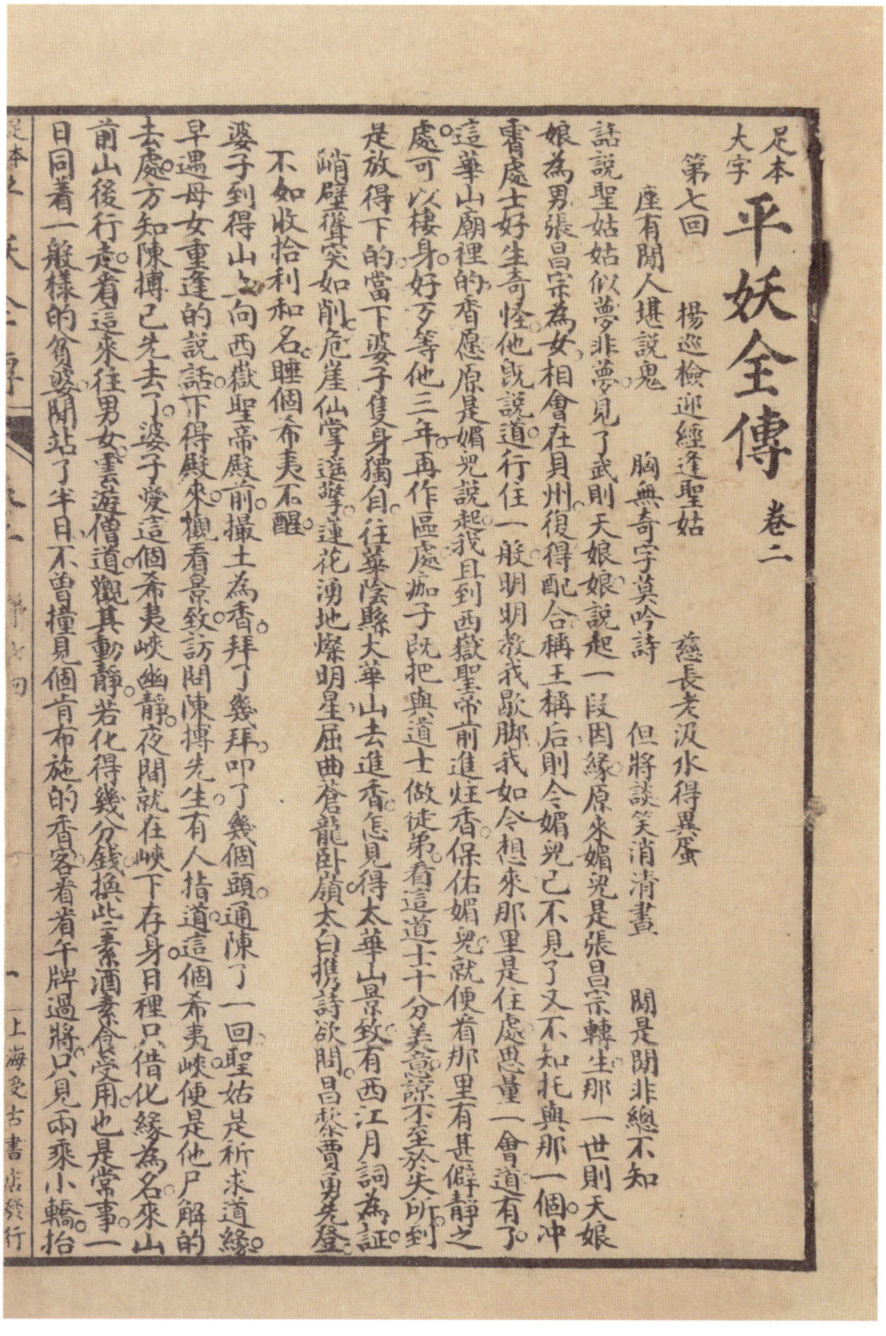
足本大字 平妖全傳 卷二
第七回 楊巡檢迎經逢聖姑 慈長老汲水得異蛋
座有閒人堪說鬼 胸無奇字莫吟詩 但將談笑消清晝 閒是閒非總不知
話說聖姑姑似夢非夢見了武則天娘娘說起一段因緣原來媚兒是張昌宗轉生那一世則天娘娘為男張昌宗為女相會在貝州復得配合稱王稱后則今媚兒已不見了又不知托與那一個冲霄處士好生奇怪他既說道行住一般明明教我歇脚我如今想來那里是住處思量一會道有了這華山廟裡的香壚原是媚兒說起我且到西嶽聖帝前進炷香保佑媚兒就便看那里有甚僻靜之處可以棲身好歹等他三年再作區處枷子既把與道士做徒弟看這道士十分美意諒不至於失所到是放得下的當下婆子隻身獨自往華陰縣太華山去進香怎見得太華山景致有西江月詞為証
峭壁聳突如削危崖仙掌遮擎蓮花湧地燦明星屈曲蒼龍卧嶺太白攜詩欲問昌黎賈勇先登
不如收拾利和名睡個希夷不醒
婆子到得山上向西嶽聖帝殿前撮土為香拜了幾拜叩了幾個頭通陳了一回聖姑是祈求道緣早遇母女重逢的說話下得殿來觀看景致訪問陳摶先生有人指道這個希夷峽便是他尸解的去處方知陳摶已先去了婆子愛這個希夷峽幽靜夜間就在峽下存身日裡只借化緣為名來山前山後行走看這來往男女雲遊僧道觀其動靜若化得幾分錢換些素酒素食受用也是常事一日同着一般樣的貧婆閒站了半日不曾撞見個肯布施的香客看着午牌過將只見兩乘小轎抬
上海受古書店發行

0388　350000-2016-0000244　丁49　集部/小說類/長篇之屬

**足本大字平妖全傳四十回**　（明）羅本撰　（明）馮夢龍增補　民國十六年（1927）上海受古書店石印本　版框高17.8厘米，寬12.1厘米；开本高20厘米，寬13.5厘米；石印本，綫裝。

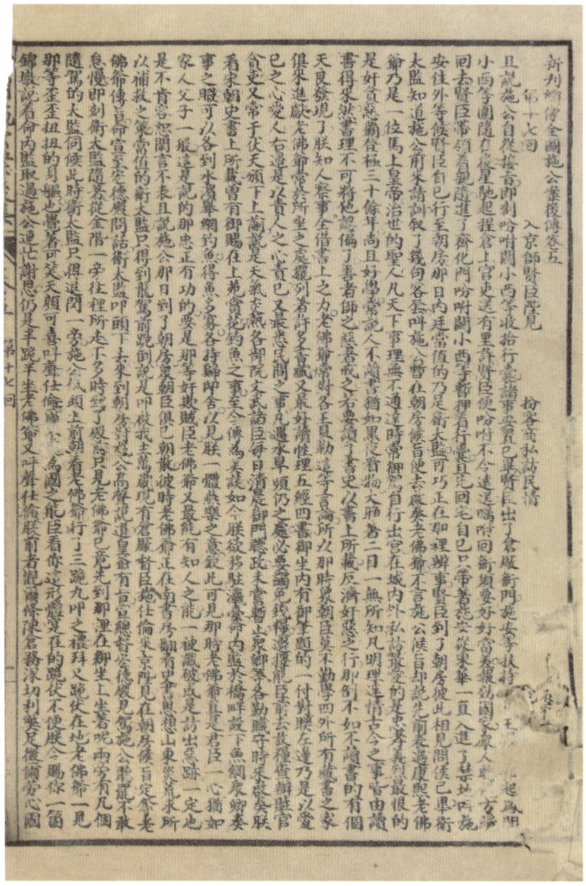

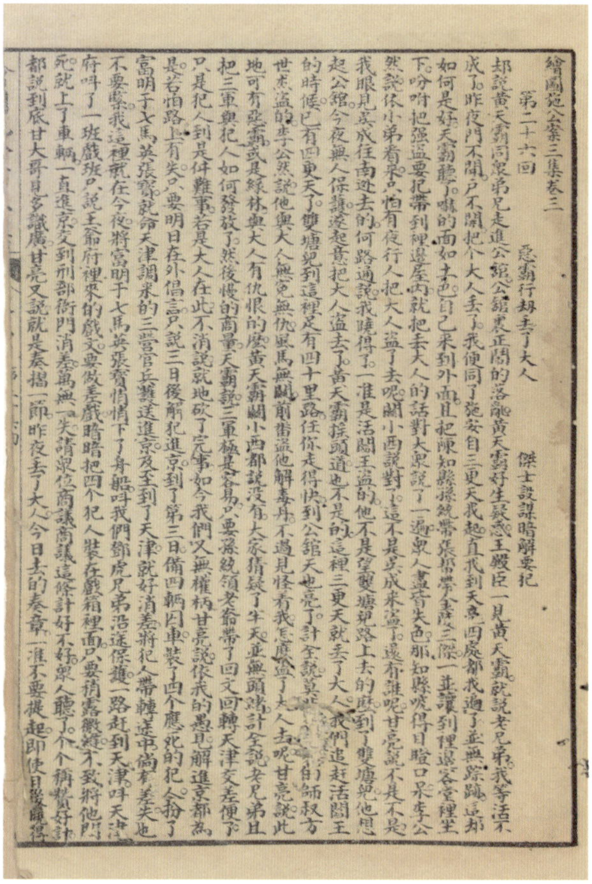

0389　350000-2016-0000011　丁50　集部/小說類/長篇之屬

繪圖施公案全集四十六卷五百四十一回　（□）□□撰　民國石印本　版框高17.5厘米，寬12.3厘米；开本高20.5厘米，寬13.8厘米；石印本，白口，四周單邊，綫裝。

0390　350000-2016-0000016　丁51　集部/小說類/長篇之屬

繪圖施公案全集四十六卷五百四十一回　（□）□□撰　民國上海廣益書局石印本　版框高17.3厘米，寬12.1厘米；开本高19.7厘米，寬13.2厘米；石印本，白口，四周單邊，綫裝。

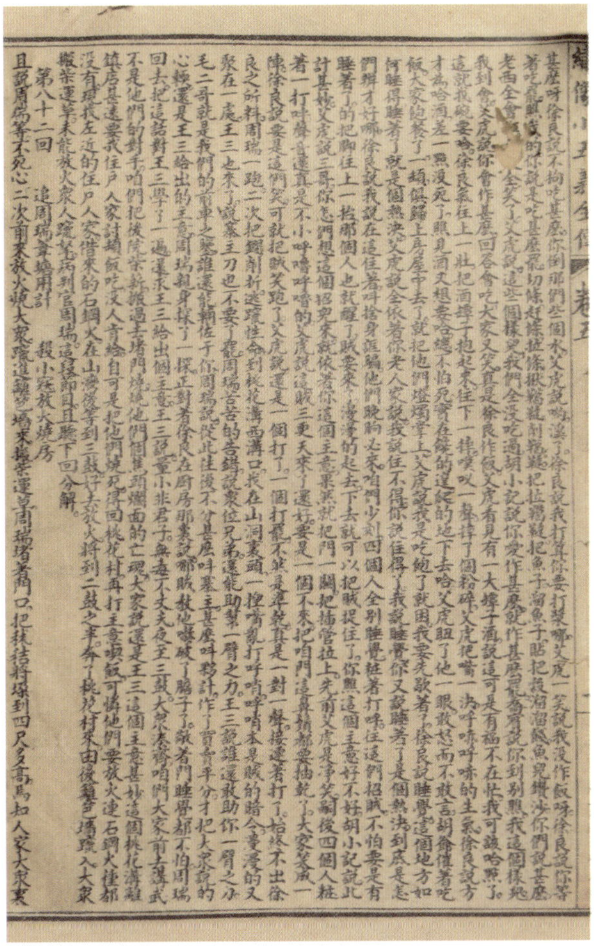

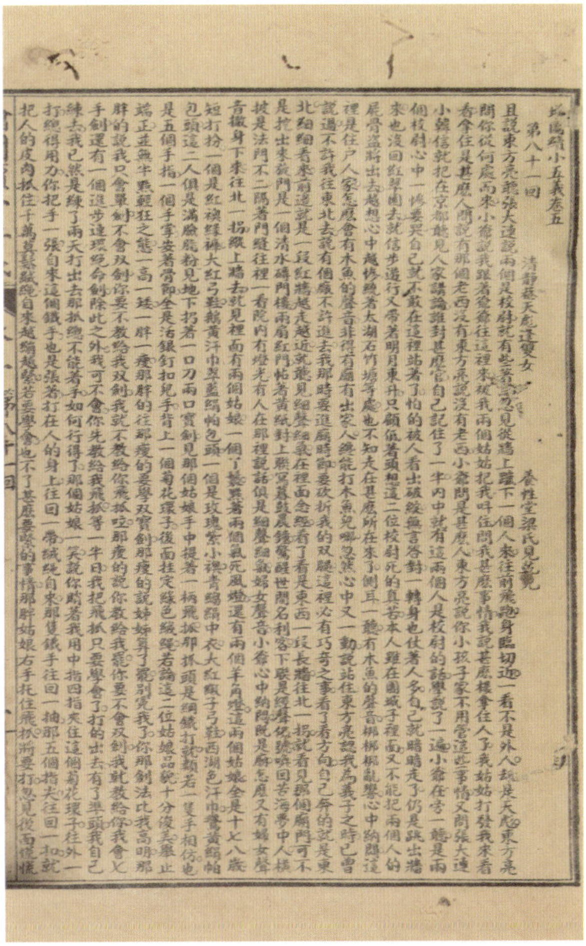

0391　350000-2016-0000401　丁52　集部/小說類/長篇之屬

**繡像小五義全傳□□卷一百二十四回**　（清）石玉崑撰　民國上海久敬齋書局石印本　版框高17.3厘米，寬12.2厘米；开本高20.5厘米，寬13.5厘米；石印本，白口，左右雙邊，綫裝。

0392　350000-2016-0000027　丁53　集部/小說類/長篇之屬

**繪圖續小五義□□卷一百二十四回**　（清）石玉崑著　民國五年（1916）石印本　版框高17.2厘米，寬12.2厘米；开本高20.5厘米，寬13.7厘米；石印本，綫裝。

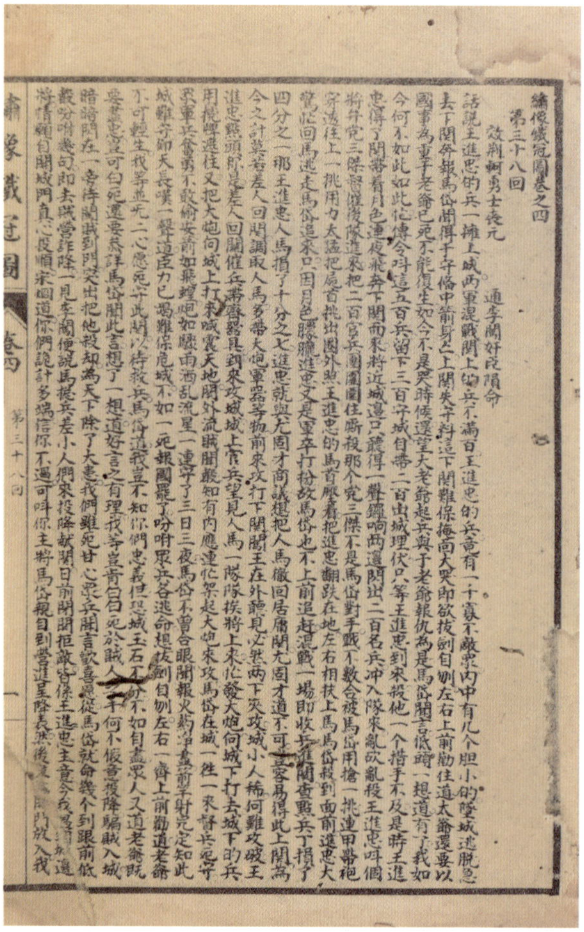

繡像鐵冠圖卷之四
第三十八回 效荊軻勇士喪元 遇李闖奸臣獻命

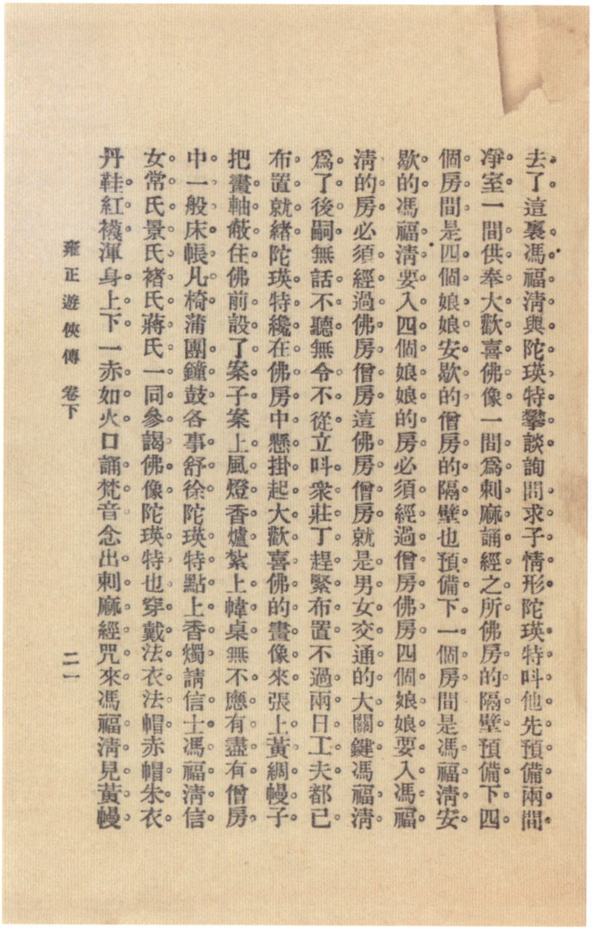

去了這裏馮福清與陀瑛特攀談詢問求子情形陀瑛特叫他先預備兩間淨室一間供奉大歡喜佛像一間爲剌麻誦經之所佛房的隔壁預備下四個房間是四個娘娘安歇的僧房的隔壁也預備下一個房間是馮福清安歇的馮福清要入四個娘娘的房必須經過僧房佛房四個娘娘要入馮福清的房必須經過佛房僧房這佛房僧房就是男女交通的大關鍵馮福清爲了後嗣無話不聽無令不從立叫衆莊丁趕緊布置不過兩日工夫都已布置就緒陀瑛特纔在佛房中懸掛起大歡喜佛的畫像來張上黃綢幔子把畫軸蔽住佛前設了案子案上風燈香爐紫上幃桌無不應有盡有僧房中一般床帳凡椅蒲團鐘鼓各事舒徐陀瑛特點上香燭請信士馮福清信女常氏景氏褚氏蔣氏一同參謁佛像陀瑛特也穿戴法衣法帽赤帽朱衣丹鞋紅襪渾身上下一赤如火口誦梵音念出剌麻經咒來馮福清見黃幔

雍正遊俠傳 卷下 二一

0393 350000-2016-0000410 丁54 集部/小說類/長篇之屬

**繡像鐵冠圖四卷五十回** （清）松滋山人編 民國石印本 版框高17.5厘米，寬11.9厘米；开本高20厘米，寬13.5厘米；石印本，白口，四周單邊，綫裝。

0394 350000-2016-0000362 丁55 集部/小說類/長篇之屬

**雍正遊俠傳二卷三十二回** 陸士諤撰 民國十四年（1925）世界書局鉛印本 版框高19厘米，寬13.4厘米；开本高19厘米，寬13.4厘米；鉛印本，白口，無版框，綫裝。

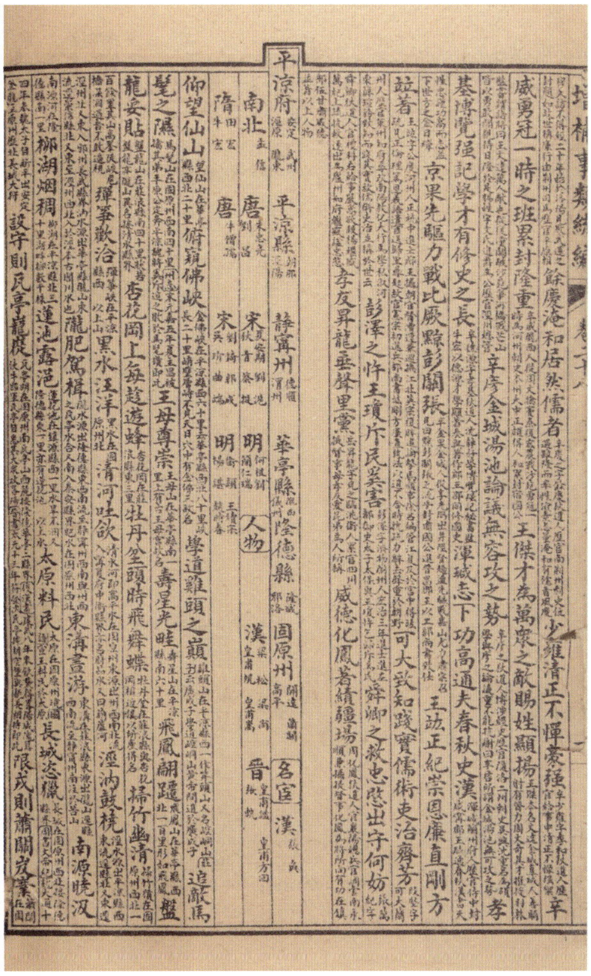

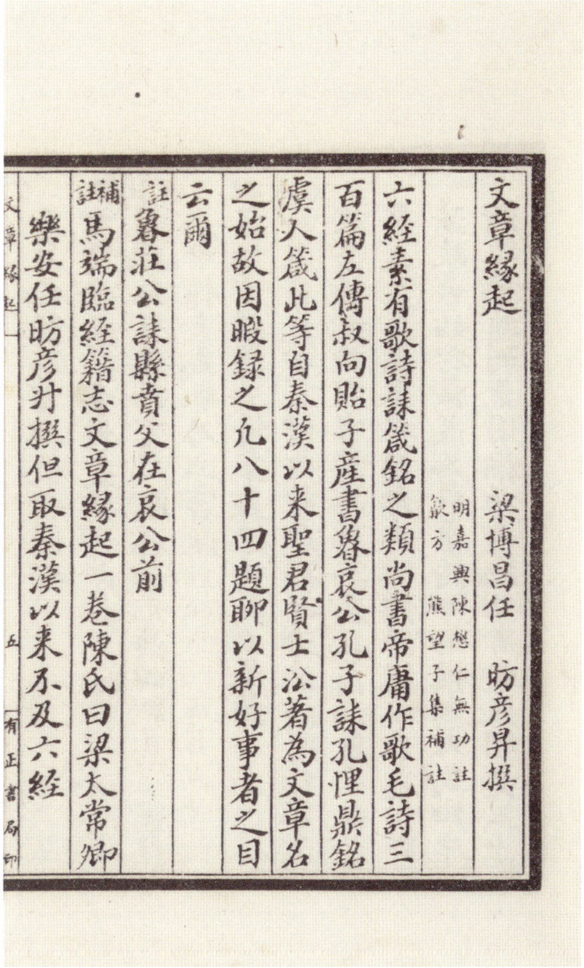

文章緣起　梁博昌任　昉彦昇撰

明嘉興陳懋仁無功註
歙方熊望子集補註

六經素有歌詩誄箴銘之類尚書帝庸作歌毛詩三百篇左傳叔向貽子産書魯哀公孔子誄孔悝鼎銘虞人箴此等自秦漢以来聖君賢士沿著為文章名之始故因暇録之凢八十四題聊以新好事者之目云爾

註魯莊公誄縣賁父在哀公前

補註馬端臨經籍志文章緣起一卷陳氏曰梁太常卿樂安任昉彦昇撰但取秦漢以來不及六經

文章緣起　五　有正書局印

0395　350000-2016-0000357　戊1　類叢部/類書類/通類之屬

**增補事類統編九十三卷首一卷**（清）黄葆真增輯　民國上海錦章圖書局石印本　版框高17.8厘米，寬12厘米；开本高20.2厘米，寬13.5厘米；石印本，白口，四周雙邊，綫裝。

0396　350000-2016-0000088　戊2　類叢部/類書類/專類之屬

**文學津梁十二種**　周鍾游輯　民國五年（1916）上海有正書局石印本　版框高14.8厘米，寬11厘米；开本高19.8厘米，寬13.2厘米；石印本，上下黑口，四周雙邊，綫裝。

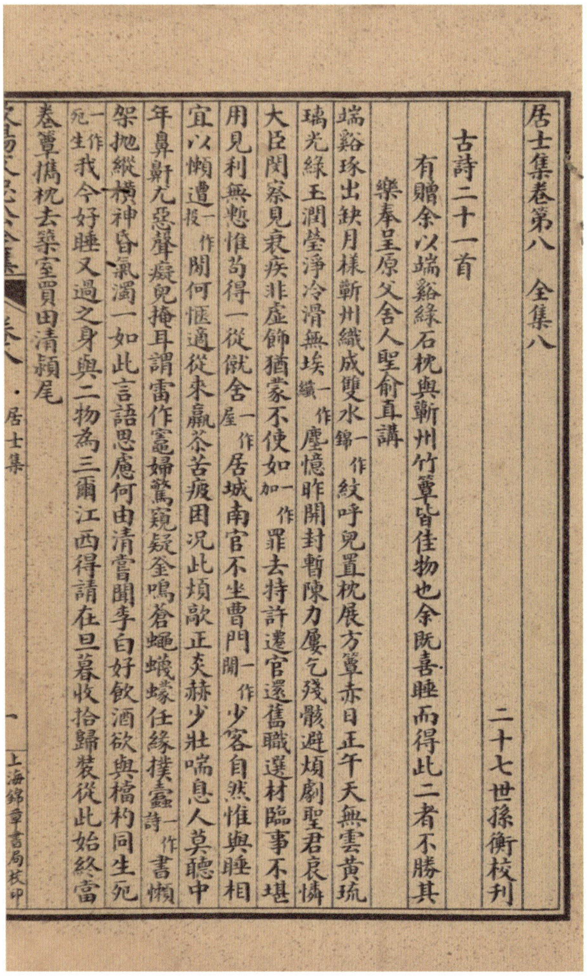

居士集卷第八　全集八　　二十七世孫衡校刊

古詩二十一首

有贈余以端谿綠石枕與蘄州竹簟皆佳物也余既喜睡而得此二者不勝其樂奉呈原父舍人聖俞直講

端谿琢出缺月樣蘄州織成雙水錦一作紋呼兒置枕展方簟赤日正午天無雲黃琉璃光綠玉潤瑩淨冷滑無埃纖一作塵憶昨開封暫陳力屢乞殘骸避煩劇聖君哀憐大臣閔察見衰疾非虛飾猶蒙不使如加一作罪去特許遷官還舊職選材臨事不堪用見利無魁惟苟得一從僦舍屋一作居城南官不坐曹門閑一作少客自然惟與睡相宜以懶遺役一作閑何愜適從來羸苶苦疲困況此煩歊正炎赫少壯喘息人莫聽中年鼻鼾尤惡聲癡兒掩耳謂雷作竈婦驚窺疑釜鳴蒼蠅蠛蠓任緣撲蠹詩一作書懶架拋縱橫神昏氣濁一如此言語思慮何由清嘗聞李白好飲酒欲與鐺杓同生死一作死生我今好睡又過之身與二物為三爾江西得請在旦暮收拾歸裝從此始終當卷簟攜枕去築室買田清潁尾

歐陽文忠公全集　卷八　·居士集　一　上海錦章書局校印

0397　350000-2016-0000242　戊3　類叢部/叢書類/自著之屬

**歐陽文忠公全集十八種首一卷附錄五卷**　（宋）歐陽修撰　（宋）胡柯輯　**廬陵歐陽文忠公年譜一卷**　（宋）胡柯撰　民國上海錦章書局石印本　版框高17.1厘米，寬11.7厘米；开本高20厘米，寬13.5厘米；石印本，白口，四周雙邊，綫裝。

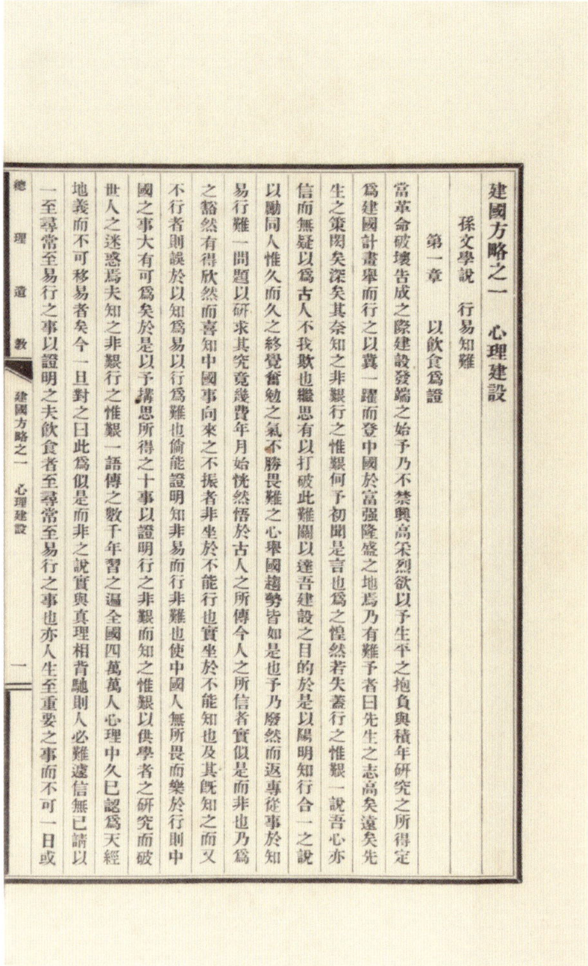

建國方略之一　心理建設

孫文學說　行易知難

第一章　以飲食爲證

當革命破壞告成之際建設發端之始予乃不禁興高采烈欲以予生平之抱負與積年研究之所得定爲建國計畫舉而行之以冀一躍而登中國於富強隆盛之地焉乃有難予者曰先生之志高矣遠矣先生之策閎矣深矣其奈知之非艱行之惟艱何予初聞是言也爲之惶然若失蓋行之惟艱一說吾心亦信而無疑以爲古人不我欺也繼思有以打破此難關以達吾建設之目的於是以陽明知行合一之說以勵同人惟久而久之終覺奮勉之氣不勝畏難之心舉國趨勢皆如是也予乃廢然而返專從事於知易行難一問題以研求其究竟幾費年月始恍然悟於古人之所傳今人之所信者實似是而非也乃爲之豁然有得欣然而喜知中國事向來之不振者非坐於不能行也實坐於不能知也及其既知之而又不行者則誤於以知爲易以行爲難也倘能證明知非易而行非難也使中國人無所畏而樂於行則中國之事大有可爲矣於是以予構思所得之十事以證明行之非艱而知之惟艱以供學者之研究而破世人之迷惑焉夫知之非艱行之惟艱一語傳之數千年習之遍全國四萬萬人心理中久已認爲天經地義而不可移易者矣今一旦對之曰此爲似是而非之說實與真理相背馳則人必難遽信無已請以一至尋常至易行之事以證明之夫飲食者至尋常至易行之事也亦人生至重要之事而不可一日或

總理遺教　建國方略之一　心理建設　一

0398　350000-2016-0000440　己1　新學/政治法律/政治

**總理遺教二集**　中國國民黨中央執行委員會編　民國二十年（1931）中國國民黨中央執行委員會鉛印本　版框高20厘米，寬14.2厘米；开本高27厘米，寬19厘米；鉛印本，綫裝。

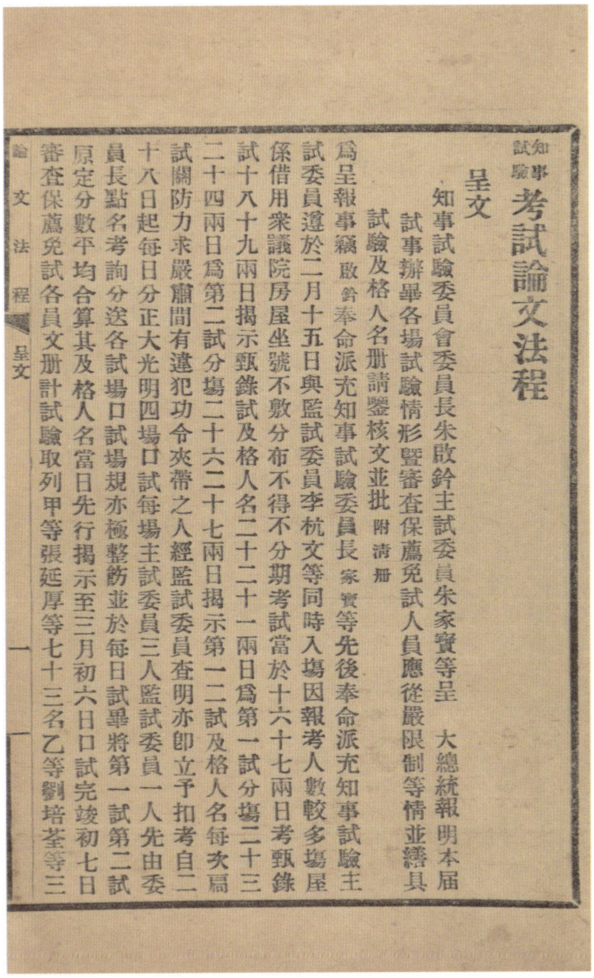

知事試驗　考試論文法程

呈文

知事試驗委員會委員長朱啟鈐主試委員朱家寶等呈　大總統報明本屆試事辦畢各場試驗情形暨審查保薦免試人員應從嚴限制等情並繕具試驗及格人名冊請鑒核文並批 附清冊

為呈報事竊啟鈐奉命派充知事試驗委員長家寶等先後奉命派充知事試驗主試委員遵於二月十五日與監試委員李杭文等同時入場因報考人數較多場屋係借用衆議院房屋坐號不敷分布不得不分期考試當於十六十七兩日考甄錄試十八十九兩日揭示甄錄試及格人名二十二十一兩日為第一試分場二十三二十四兩日為第二試分場二十六二十七兩日揭示第一二試及格人名每次扃試關防力求嚴肅間有違犯功令夾帶之人經監試委員查明亦即立予扣考自二十八日起每日分正大光明四場口試每場主試委員三人監試委員一人先由委員長點名考詢分送各試場口試場規亦極整飭並於每日試畢將第一試第二試原定分數平均合算其及格人名當日先行揭示至三月初六日口試完竣初七日審查保薦免試各員文冊計試驗取列甲等張延厚等七十三名乙等劉培荃等三

論文法程　呈文　一

0399　350000-2016-0000425　己2　新學/政治法律/制度

知事試驗考試論文法程一卷　第一次知事試驗主試委員會編　民國三年（1914）上海文藝社鉛印本　版框高16厘米，寬11.5厘米；开本高20厘米，寬13.5厘米；鉛印本，綫裝。

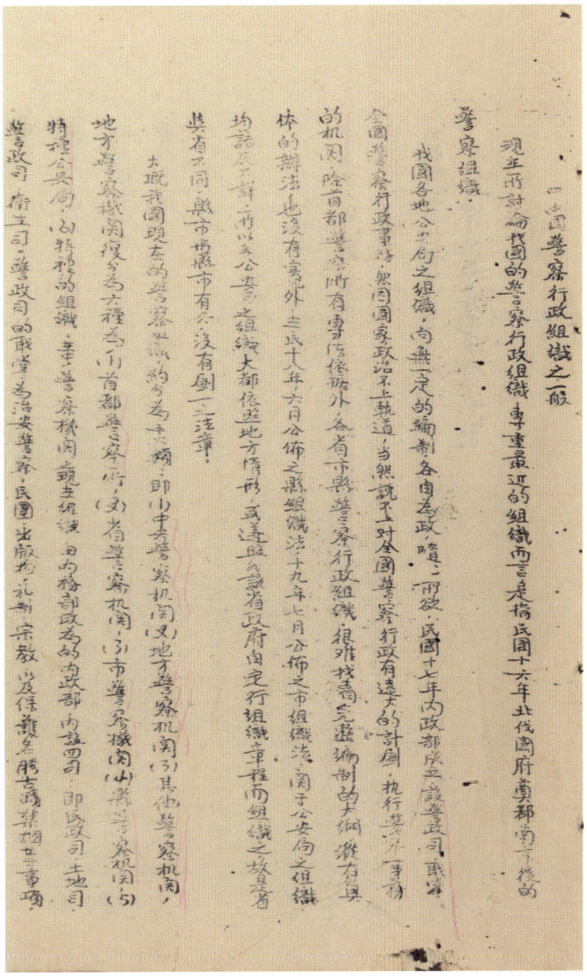

四　中國警察行政組織之一般

現在所討論我國的警察行政組織，專重最近的組織而言，是指民國十六年北伐國府奠都南京後的警察組織。

我國各地公安局之組織，向無一定的編制，各自為政……民國十七年內政部成立設警政司，職掌全國警察行政事務，然因國家政治不上軌道，当然說不上对全國警察行政有遠大的計劃……

0400　350000-2016-0000339　己3　新學/政治法律/制度

警察行政組織之研究一卷　（□）□□纂　公共衛生摘要一卷　（□）□□纂　民國油印本　版框高26.5厘米，寬18厘米；开本高26.5厘米，寬18厘米；油印本，綫裝。

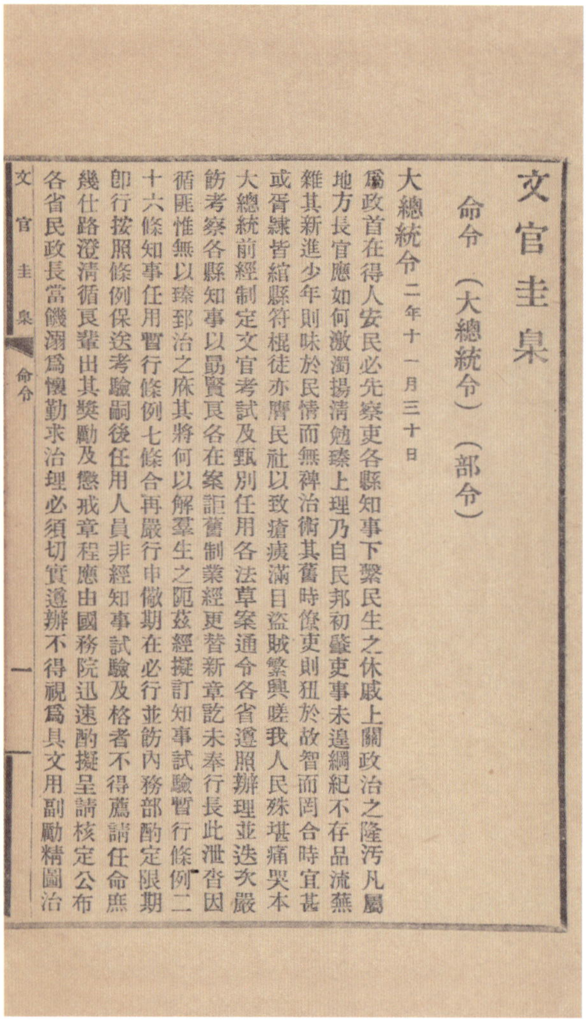

文官圭臬

命令　（大總統令）（部令）

大總統令 二年十一月三十日

為政首在得人安民必先察吏各縣知事下繫民生之休戚上關政治之隆汚凡屬地方長官應如何激濁揚清勉臻上理乃自民邦初肇吏事未遑綱紀不存品流蕪雜其新進少年則昧於民情而無裨治術其舊時僚吏則狃於故智而罔合時宜甚或胥隸皆綰縣符棍徒亦膺民社以致瘡痍滿目盜賊繁興嗟我人民殊堪痛哭本大總統前經制定文官考試及甄別任用各法草案通令各省遵照辦理並迭次嚴飭考察各縣知事以勗賢良各在案詎舊制業經更替新章尚未奉行長此泄沓因循匪惟無以臻郅治之庥其將何以解羣生之阨茲經擬訂知事試驗暫行條例二十六條知事任用暫行條例七條合再嚴行申儆期在必行並飭內務部酌定限期即行按照條例保送考驗嗣後任用人員非經知事試驗及格者不得薦請任命庶幾仕路澄清循良輩出其獎勵及懲戒章程應由國務院迅速酌擬呈請核定公布各省民政長當饑溺為懷勤求治理必須切實遵辦不得視為具文用副勵精圖治

文官圭臬　命令　一

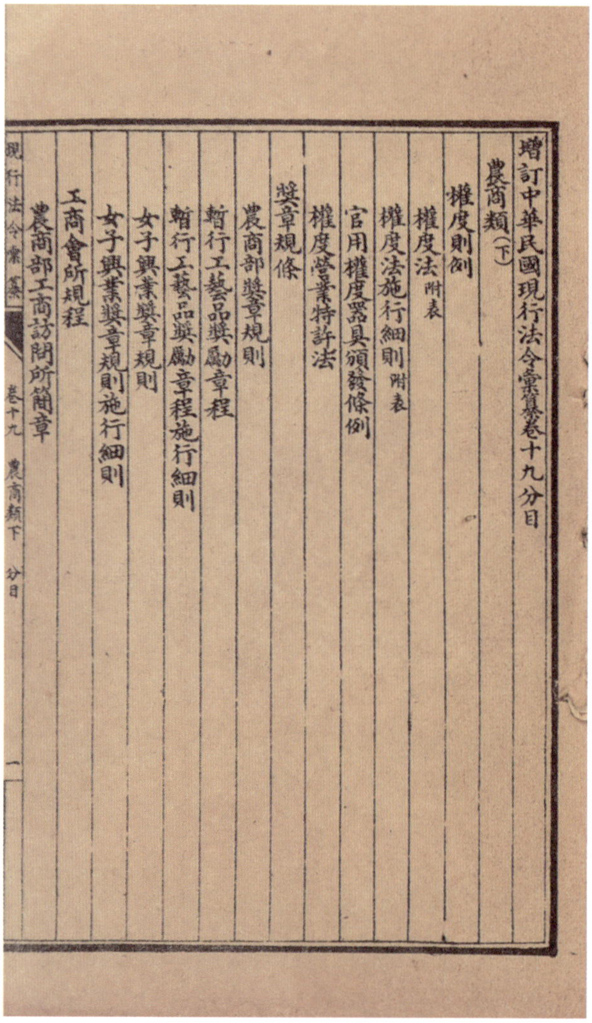

增訂中華民國現行法令彙纂卷十九分目

農商類（下）

權度則例

權度法 附表

權度法施行細則 附表

官用權度器具頒發條例

權度營業特許法

獎章規條

農商部獎章規則

暫行工藝品獎勵章程

女子興業獎章規則

女子興業獎章規則施行細則

工商會所規程

農商部工商訪問所簡章

現行法令彙纂　卷十九　農商類下　分目　一

0401　350000-2016-0000096　己4　新學/政治法律/律例

**文官圭臬不分卷**　□□纂　民國三年（1914）上海文藝社鉛印本　版框高16厘米，寬11.6厘米；开本高20厘米，寬13.5厘米；鉛印本　上下黑口，四周單邊，綫裝。

0402　350000-2016-0000274　己5　新學/政治法律/律例

**增訂中華民國現行法令彙纂二十二卷**　王浩、蔣萬里編輯　民國石印本　版框高11.9厘米，寬7.8厘米；开本高14.8厘米，寬9.3厘米；石印本，綫裝。

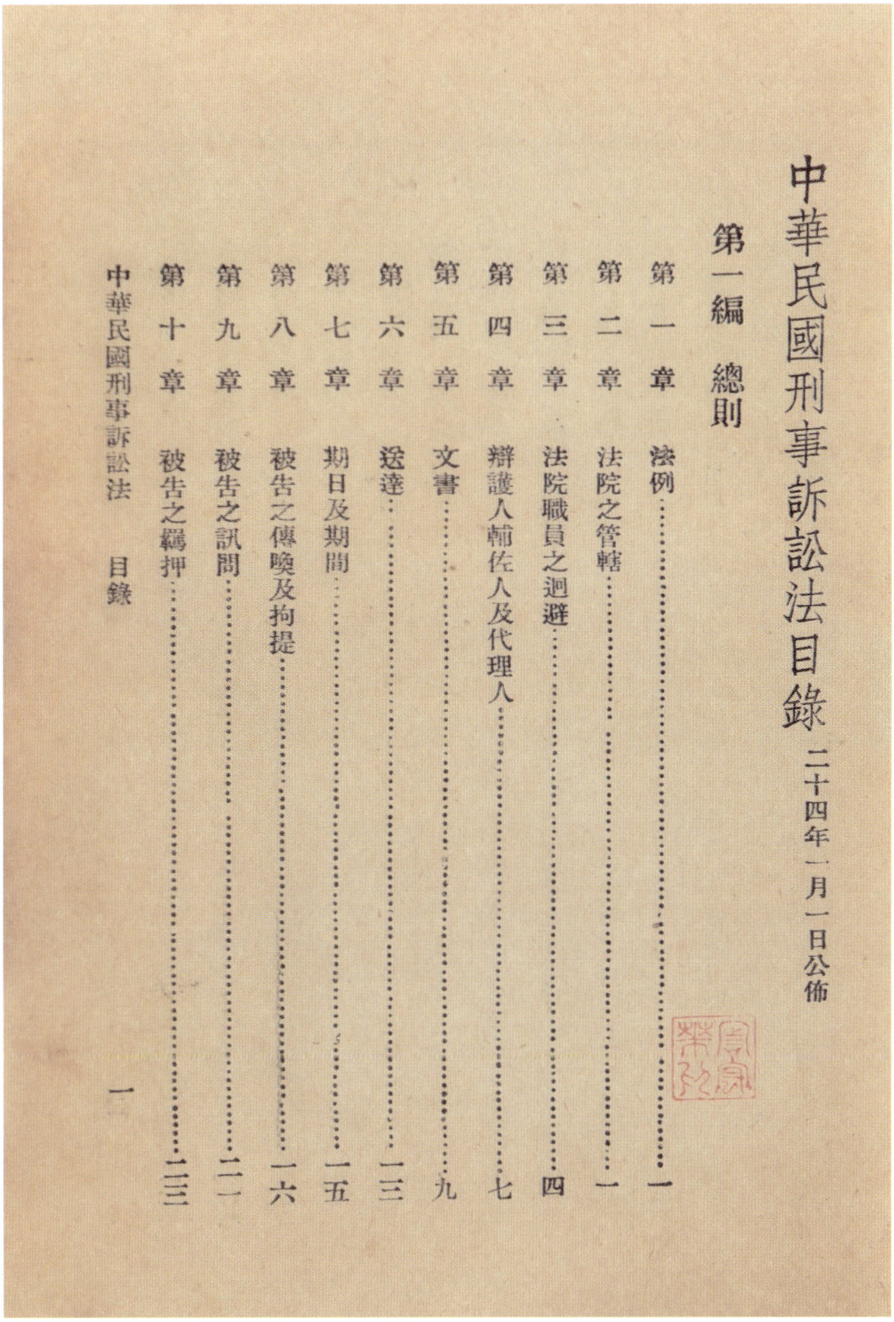

# 中華民國刑事訴訟法目錄

二十四年一月一日公佈

## 第一編 總則





0403 350000-2016-0000398 己6 新學/政治法律/刑法

**中華民國刑事訴訟法不分卷** 吴瑞書校閱 民國二十四年（1935）大達圖書供應社鉛印本 版框高18.8厘米，寬13.4厘米；开本高18.8厘米，寬13.4厘米；鉛印本，平裝。

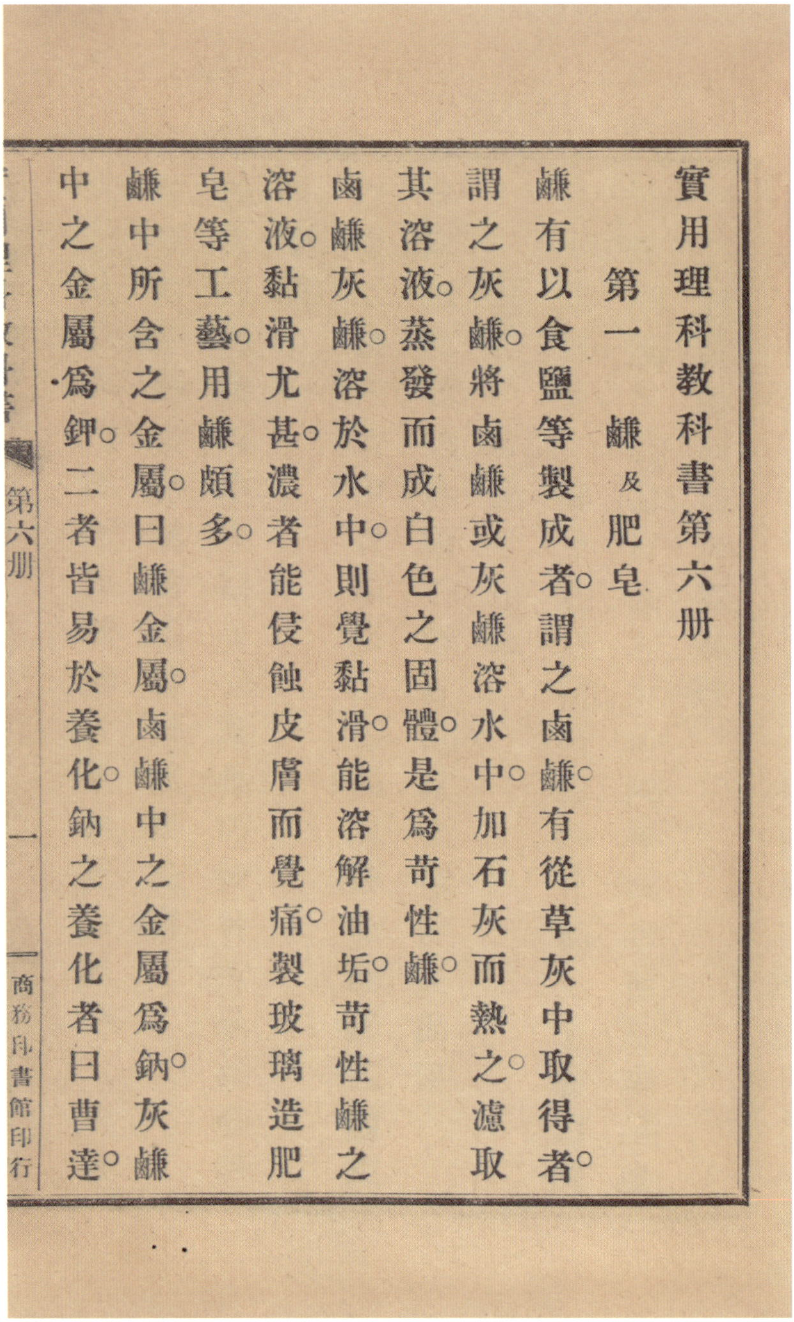
實用理科教科書第六冊

第一　鹻及肥皂

鹻有以食鹽等製成者。謂之鹵鹻。有從草灰中取得者。謂之灰鹻。將鹵鹻或灰鹻溶水中。加石灰而熱之。濾取其溶液。蒸發而成白色之固體。是爲苛性鹻。

鹵鹻灰鹻。溶於水中。則覺黏滑。能溶解油垢。苛性鹻之溶液。黏滑尤甚。濃者能侵蝕皮膚而覺痛。製玻璃造肥皂等工藝。用鹻頗多。

鹻中所含之金屬。曰鹻金屬。鹵鹻中之金屬爲鈉。灰鹻中之金屬爲鉀。二者皆易於養化。鈉之養化者曰曹達。

實用理科教科書　第六冊　一　商務印書館印行

0404　350000-2016-0000263　已7　新學/理學/理學

**實用理科教科書不分卷**　北京教育圖書社編纂　民國四年（1915）上海商務印書館鉛印本　版框高16.2厘米，寬11.3厘米；开本高20厘米，寬13厘米；鉛印本，白口，四周雙邊，綫裝。

# 中華民國刑事訴訟法

二十四年一月一日公佈

## 第一編　總則

### 第一章　法例

**第一條**　犯罪。非依本法或其他法律所定之訴訟程序。不得追訴處罰。

軍人軍屬之犯罪。除犯軍法應受軍事裁判者外。仍應依本法規定追訴處罰。

**第二條**　實施刑事訴訟程序之公務員。就該管案件。應於被告有利及不利之情形一律注意。

被告得請求前項公務員爲有利於己之必要處分。

**第三條**　本法稱當事人者。謂檢察官、自訴人、及被告。

### 第二章　法院之管轄

**第四條**　地方法院。於刑事案件。有第一審管轄權。但左列案件。第一審管轄權。屬於高等法院。

一　內亂罪。



0405　350000-2016-0000335　己8　新學/報章

**現代醫藥學社發行月刊（第一卷第式期）**　醫藥學社編輯股編輯　民國二十二年（1933）現代醫藥學社鉛印本　版框高25厘米，寬16.8厘米；开本高25厘米，寬16.8厘米；排印本，綫裝。

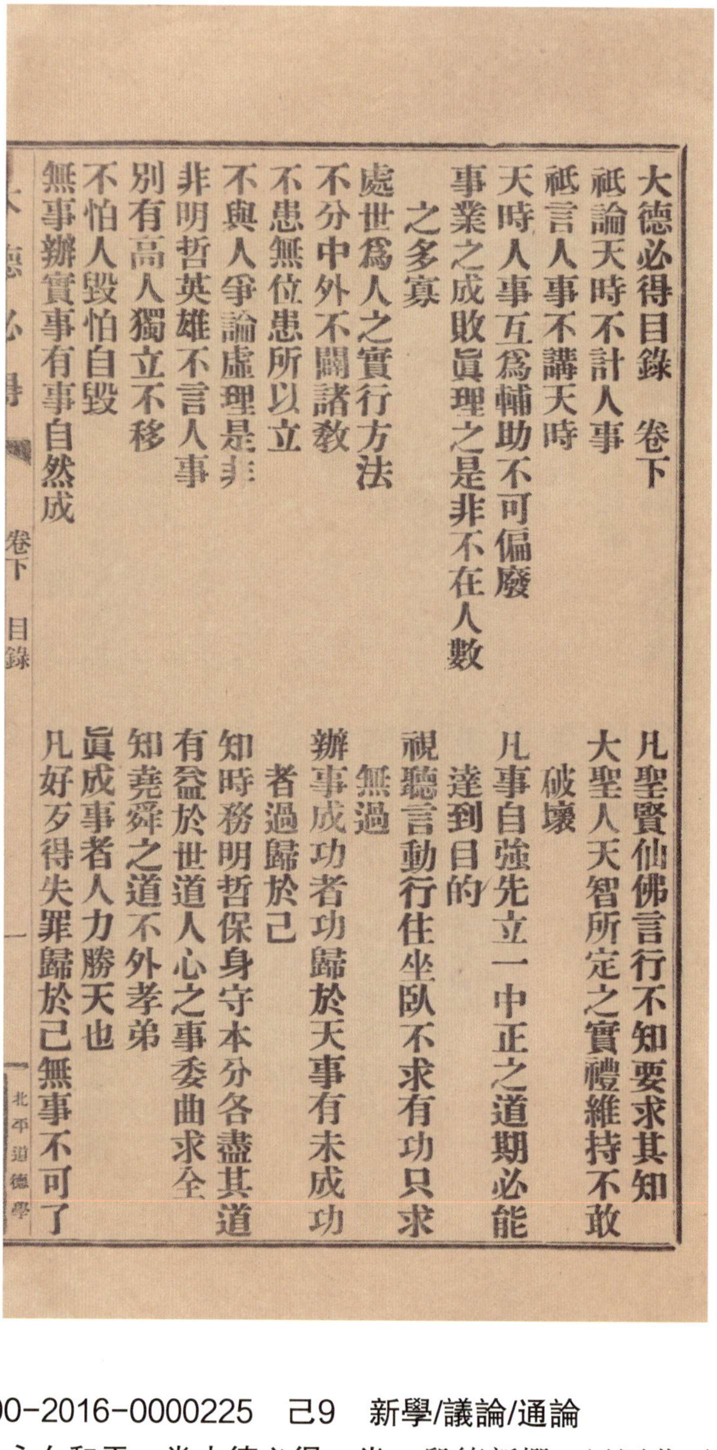



大德必得目錄　卷下



0406　350000-2016-0000225　己9　新學/議論/通論

**政治大同一卷永久和平一卷大德必得一卷**　段德新撰　民國北平道德學社鉛印本

版框高22.5厘米，寬13.8厘米；开本高26.5厘米，寬15.2厘米；鉛印本，綫裝。